Dietrich Thränhardt · Uwe Hunger (Hrsg.)

Migration im Spannungsfeld von Globalisierung und Nationalstaat

LEVIATHAN
Zeitschrift für Sozialwissenschaft

Sonderheft 22/2003

Dietrich Thränhardt · Uwe Hunger (Hrsg.)

Migration im Spannungsfeld von Globalisierung und Nationalstaat

Mit Beiträgen von
Hans von Amersfoort, Steffen Angenendt, Anita Böcker,
Michael Bommes, Dirk van den Boom, Christine B.N. Chin,
Frank Gesemann, Tomas Hammar, James F. Hollifield,
Uwe Hunger, Hon-Chu Leung, Susan Martin,
Mies van Niekerk, Oliver Schmidtke, Guiseppe Sciortino,
Thomas Straubhaar, Dietrich Thränhardt, Dita Vogel

Westdeutscher Verlag

Bibliografische Information Der Deutschen Bibliothek
Die Deutsche Bibliothek verzeichnet diese Publikation in der Deutschen Nationalbibliografie;
detaillierte bibliografische Daten sind im Internet über <http://dnb.ddb.de> abrufbar.

1. Auflage Dezember 2003

Alle Rechte vorbehalten
© Westdeutscher Verlag/GWV Fachverlage GmbH, Wiesbaden 2003

Der Westdeutsche Verlag ist ein Unternehmen von Springer Science+Business Media..
www.westdeutscher-verlag.de

Das Werk einschließlich aller seiner Teile ist urheberrechtlich geschützt. Jede Verwertung außerhalb der engen Grenzen des Urheberrechtsgesetzes ist ohne Zustimmung des Verlags unzulässig und strafbar. Das gilt insbesondere für Vervielfältigungen, Übersetzungen, Mikroverfilmungen und die Einspeicherung und Verarbeitung in elektronischen Systemen.

Die Wiedergabe von Gebrauchsnamen, Handelsnamen, Warenbezeichnungen usw. in diesem Werk berechtigt auch ohne besondere Kennzeichnung nicht zu der Annahme, dass solche Namen im Sinne der Warenzeichen- und Markenschutz-Gesetzgebung als frei zu betrachten wären und daher von jedermann benutzt werden dürften.

Umschlaggestaltung: Horst Dieter Bürkle, Darmstadt
Satz: Martina Fleer, Herford

Gedruckt auf säurefreiem und chlorfrei gebleichtem Papier

ISBN-13: 978-3-531-13807-7   e-ISBN-13: 978-3-322-80416-7
DOI: 10.1007/978-3-322-80416-7

Vorwort

Die Welt wächst enger zusammen, aber sie bleibt nationalstaatlich organisiert. Staaten versuchen durch Migrationspolitik, ihre ökonomische oder demographische Situation zu verbessern oder im Interesse ihrer Bürger und Unternehmen zu handeln. Sie kommen dabei zu sehr unterschiedlichen Politikentwürfen und faktischen Ergebnissen. Im vorliegenden Band werden die unterschiedlichen Migrationsregime in Europa, Amerika, Asien und Afrika verglichen und analysiert, einschließlich ihrer entwicklungs- und geschlechterpolitischen Aspekte.

Wie in anderen Ländern wird auch in Deutschland Migration meist aus den eigenen Traditionen, Kontroversen und Ideosynkrasien heraus diskutiert, es findet ein aufgeregtes Selbstgespräch statt. Wir freuen uns deshalb, dass wir hier einen sehr internationalen Band vorlegen können. Außer deutschen haben wir niederländische, schweizerische, schwedische, italienische, amerikanische, chinesische und malaysische Autorinnen und Autoren gewinnen können. Die einzelnen Beiträge haben vielfältige Querbezüge, immer geht es aber um die Regelungsfähigkeit der Nationalstaaten und die Auswirkungen ihrer Politik.

Herzlich danken wir Susanne in der Schmitten, Vivian Hermann und Ines Michalowski, alle Angehörige des Instituts für Politikwissenschaft der Universität Münster, für Übersetzungen aus dem Englischen, Margarete Kemper für die Betreuung des Manuskripts und den Herausgebern des Leviathan für die Anfangsdiskussion zu unserem Projekt. Beide Herausgeber bedanken sich für die Gastfreundschaft während eines Studienaufenthalts: Dietrich Thränhardt beim Netherlands Institute for Advanced Studies (NIAS) in Wassenaar während des Studienjahres 2002/03, Uwe Hunger beim Department for Sociology der University of California, Los Angeles und beim Center for Comparative Immigration Studies an der University of California, San Diego während des Studienjahres 2001/02.

Münster und Wassenaar, im Juni 2003 *Die Herausgeber*

Dietrich Thränhardt

Der Nationalstaat als migrationspolitischer Akteur

1. Nationalstaat, Globalisierung und Migration

Von Migration sprechen wir in der modernen Welt, wenn es um das Überschreiten der Grenzen von Nationalstaaten geht. Innerstaatliche Wanderungen werden als Mobilität betrachtet und als notwendig und unproblematisch eingeschätzt. Diese Kategorisierung enthält sicherlich ein Element von Willkür, kann es doch bei innerstaatlichen Wanderungen um riesige Entfernungen und große kulturelle Unterschiede gehen, zumal in Ländern wie China oder den USA, und kann man andererseits bei grenzüberschreitenden Wanderungen unter Umständen im selben Kulturraum bleiben, etwa an der amerikanisch-kanadischen, der bayerisch-österreichischen oder der niederländisch-belgischen Grenze. Gleichwohl wird diese Definition überall zugrundegelegt, meist allerdings stillschweigend. Sie wird auch dann vorausgesetzt, wenn intentional Kritik am Nationalstaat geübt wird.

Nach dem Ende des „kurzen 20. Jahrhunderts" (Hobsbawn) ist die Welt zu dem Prozess der Öffnung zurückgekehrt, den sie seit dem 16. Jahrhundert eingeschlagen hatte. Die kommunistischen und faschistischen Systeme, die in der Tradition des „geschlossenen Handelsstaates" (Fichte) auf Abschottung und totale Kontrolle gesetzt hatten, sind untergegangen oder haben – wie China und Nordkorea – ihren früheren Impetus und ihre Ausstrahlung verloren. Die USA haben ihre rassistisch einschränkende Schließungspolitik seit 1920/24 im Gefolge der Bürgerrechtsbewegung der sechziger Jahre aufgegeben und stärken ihre wirtschaftliche Dynamik wie vor 1914 durch Kapitaleinfuhr und Einwanderung in großem Stil.

Allerdings verfechten die dominanten reichen Länder der Welt ein sehr eingeschränktes Konzept der Öffnung. Sie erstreben freien Handel (mit Ausnahme der Agrarprodukte und ähnlicher Schutzbereiche) und den freien Fluss von Kapital und Dienstleistungen und fixieren dies in internationalen Verträgen und Organisationen. Migration aus den armen Ländern versuchen sie aber zu limitieren oder – wie Japan – gar völlig zu unterbinden. Sie beziehen sich dabei auf die Interessen und die Emotionen ihrer Bevölkerungen, die im Weltmaßstab privilegiert sind.

Damit ist das „liberale Paradox" von liberaler Weltwirtschaft und Nationalstaat (vgl. Hollifield in diesem Band) konstituiert. Dieser Grundwiderspruch ist als solcher stabil, in seinen Ausformungen, Auswirkungen und Veränderungen aber

Teil 2: Einwanderung in starken und schwachen Nationalstaaten

Oliver Schmidtke: Das kanadische Einwanderungsmodell: Wohlverstandenes Eigeninteresse und multikulturelles Ethos 205

Tomas Hammar: Einwanderung in einem skandinavischen Wohlfahrtsstaat: die schwedische Erfahrung 227

Giuseppe Sciortino: Einwanderung in einen mediterranen Wohlfahrtsstaat: die italienische Erfahrung 253

Susan Martin: Öffnung, Schließung, Ausbeutung: Drei Modelle amerikanischer Einwanderungspolitik 274

Hon-Chu Leung: Reiche Talente statt arme Kinder: Bürgerrecht und Exklusion von Festland-Chinesen in Hongkong 293

Christine B.N. Chin: Organisierte Randständigkeit als staatliches Modell: Frauen und Migration in Südostasien 313

Dirk van den Boom: Migration und Migrationspolitik in schwachen afrikanischen Nationalstaaten am Beispiel der Bundesrepublik Nigeria 334

Frank Gesemann: Arbeitskräfte ohne Rechte: Migration im Nahen Osten . . 346

Verzeichnis der Autorinnen und Autoren 367

English abstracts 369

Inhalt

Vorwort 7

Dietrich Thränhardt: Der Nationalstaat als migrationspolitischer Akteur . . 8

Teil 1: Migration, Globalisierung und Staatensystem

James F. Hollifield: Offene Weltwirtschaft und nationales Bürgerrecht: das liberale Paradox 35

Uwe Hunger: Brain drain oder brain gain: Migration und Entwicklung . . . 58

Thomas Straubhaar: Wird die Staatsangehörigkeit zu einer Klubmitgliedschaft? 76

Michael Bommes: Der Mythos des transnationalen Raumes. Oder: Worin besteht die Herausforderung des Transnationalismus für die Migrationsforschung? 90

Anita Böcker / Dietrich Thränhardt: Einbürgerung und Mehrstaatigkeit in Deutschland und den Niederlanden 117

Hans van Amersfoort / Mies van Niekerk: Einwanderung als koloniales Erbe: Akzeptanz, Nichtakzeptanz und Integration in den Niederlanden 135

Dita Vogel: Illegaler Aufenthalt. Konzepte, Forschungszugänge, Realitäten, Optionen 161

Steffen Angenendt: Regelung und Vermittlung: Die Rolle internationaler Migrationsorganisationen 180

sehr dynamisch. Sowohl das moderne Weltsystem (Wallerstein), wie es seit dem 16. Jahrhundert schrittweise entstanden ist, als auch die innere Ordnung und Struktur der Nationalstaaten verändern sich ständig. Das Weltsystem beinflusst die Nationalstaaten, sie müssen sich in ihm vor allem in ihrer Funktion als Handels- oder Wettbewerbsstaaten bewähren. Andererseits beeinflussen auch die Staaten das Weltsystem. Das gilt offensichtlich vor allem für die dominanten Staaten und den Welthegemon. Aber auch „*failed states*" und Außenseiter-Staaten beinflussen die internationale Ordnung, in dem sie sie herausfordern. Migration ist einer der Schlüsselbereiche, in denen das geschieht.

Gewiss sind in den letzten Jahrzehnten Elemente einer Weltöffentlichkeit geschaffen worden. Aber auch die kritischen Medien oder die NGOs müssen sich an die Staaten oder die Staatengemeinschaft wenden, wenn sie in Krisen Lösungen erreichen wollen. Ähnliches gilt für die Vereinten Nationen oder andere Staatenzusammenschlüsse. Man vergleiche dazu jüngst etwa die Appelle des UN-Hochkommissars für Flüchtlinge an die USA, in Liberia zu intervenieren und an die Europäische Union, eine gemeinsame, rationale und effektive Flüchtlingsaufnahmepolitik zu entwickeln.[1] Die Schaffung der Vereinten Nationen selbst macht das Prinzip der nationalstaatlichen Ordnung universell, nachdem koloniale Ordnungen nicht mehr als legitim gelten. Ironischerweise können sich auch Regierungen wie die von Präsident Bush dieser Logik nicht verschließen, die sich explizit dem *nation building* verweigern wollten. Wo keine funktionierenden Nationalstaaten bestehen, versucht die Weltgemeinschaft, sie zu schaffen. Eine Übersicht über die Funktionen der verschiedenen internationalen Organisationen zur Regelung von Migration gibt in unserem Band Steffen Angenendt.

Schon die Anfänge der sozialwissenschaftlichen Migrationsforschung haben sich auf diesen Zusammenhang bezogen. Dies gilt für die empirische Betrachtung ebenso wie für das Einfließen normativ-nationalistischer Ideologien und Perzeptionen. Man denke etwa an die große Studie von Thomas und Znaniecki über „The Polish Peasant in Europe and America" einerseits und an Max Webers Freiburger Antrittsvorlesung, auf die sich die historische Forschung noch heute bezieht,[2] in der national-demografische Befürchtungen systematisch entfaltet und erläutert werden. Dies geschieht auch heute, wenn auch vielfach weniger gut erkennbar und offengelegt. Damit entstehen explosive Mischungen aus Bedrohungsgefühlen und Definitionen des „Anderen" und Gefährlichen, die immer wieder durchschlagen und die Sozialwissenschaften in unreflektierter Weise an den politischen Diskurs anbinden. Seine Spiegelung findet dieser Diskurs in einem Gegendiskurs, der „post-

---

1 Ruud Lubbers, Put an end to their wandering. Europe should do more to support refugees in their regions of origin, in: The Guardian, 20.6.2003.
2 Klaus J. Bade, Arbeitsmarkt, Ausländerbeschäftigung und Sicherheitspolitik: Auslandsrekrutierung und Inlandsvermittlung ausländischer Arbeitskräfte vor dem Ersten Weltkrieg, in: Jochen Oltmer (Hrsg.), Migration steuern und verwalten. Deutschland vom späten 19. Jahrhundert bis zur Gegenwart, Göttingen 2003, S. 59-83.

national" argumentiert und vom „transnationalen Raum" schwärmt. In Bezug auf die normative Debatte ist dies sicherlich ein richtiges Thema, es fehlen aber empirische Belege für den Realitätsbezug.

Beide Diskurse bleiben an die Teilung der Welt in eine reiche und eine arme Sphäre gebunden. Die vier Freiheiten einschließlich der Wanderungsfreiheit sind nur innerhalb der Europäischen Union verwirklicht. Das Modell der EU ist deswegen faszinierend, weil es zu großer Stabilität führt und gleichzeitig den Individuen uneingeschränkte Entfaltung ermöglicht – ganz im Gegensatz zu den Befürchtungen, die es vor dem Beitritt Spaniens, Portugals und Griechenlands gegeben hat und die erneut vor dem Beitritt Polens und der anderen ostmitteleuropäischen Staaten bestehen. Diese Stabilität, der Abbau nationaler Spannungen und der Bedeutungsverlust der Grenzen bilden einen eklatanten Unterschied zu der Situation an der Grenze zwischen den USA und Mexiko, an der Stück für Stück eine Mauer Gestalt annimmt, die mehr Opfer fordert als früher die Mauer in Berlin. Wichtig waren im europäischen Zusammenhang enorme Investitions-, Finanz- und vor allem Stabilitätstransfers aus den wohlhabenderen in die ärmeren Länder, etwa durch die Einführung des Euro als gemeinsamer Währung. Über Europa hinausgehend existiert über die Visumsbefreiung eine Zone weitgehend freier Bewegungsmöglichkeit zwischen den Ländern der reichen Triade Europa-Amerika-Japan unter Einschluss Australiens und Neuseelands.

Dieser große Raum freier Bewegung in der privilegierten Welt auf Grund von gegenseitigen Verträgen[3] und einem Raum der Beschränkung in der armen Welt ist nicht neu. Schon vor 1914 waren nur die Europäer und Amerikaner, die „weißen" Nationen, in ihrer Bewegung über Grenzen weitgehend frei, einschließlich der Inbesitznahme anderer Kontinente und Länder, entweder zur Beherrschung oder auch zur Besiedlung, wie Nordamerika, Australien, Neuseeland, Südafrika, Kenia, das ehemalige Rhodesien und nach 1918 Palästina. „Nichtweiße" dagegen waren in ihren Mobilitätsmöglichkeiten erheblich eingeschränkt, selbst wenn ihre Staaten selbständig geblieben waren wie China und Japan. Von daher ist es eine historische Ironie, dass Japan heute mehr als Nordamerika und Europa an einer Schließungspolitik gegenüber den armen Ländern festhält.[4] Immer wieder wird diese wichtige Differenzierung in der Literatur weggelassen und die Zeit vor 1914 insgesamt als offene Welt dargestellt.[5] Migration gab es zwar auch in den Kolo-

---

3 Vgl. Andreas Wimmer, Nationalist Exclusion and Ethnic Conflict, Cambridge: Cambridge University Press 2002, S. 252; Rudolf Schlaepfer, Die Ausländerfrage in der Schweiz vor dem Ersten Weltkrieg, Zürich 1969, S. 87-98.
4 Vgl. Dietrich Thränhardt, Closed Doors, Back Doors, Side Doors. Japan's Nonimmigration Policy in Comparative Perspective, in: Journal of Comparative Policy Analysis: Research and Practice, 1. Jg. 1999, S. 203-223.
5 Vgl. z.B. Douglas S. Massey, Joaquin Arango, Graeme Hugo, Ali Kouaougi, Adela Pellegrino und J. Edward Taylor, Worlds in Motion. Understanding International Migration at the End of the Millennium, Oxford: Clarendon Press 1998, S. 292. Im selben Buch wird allerdings auch auf das „contract-cooli"-System in Südostasien eingegangen. Vgl. dazu auch

nialländern, aber auch nach dem Ende der Sklaverei war es eine von der Kolonialmacht gelenkte Migration. Der Kolonialbevölkerung war sogar das Betreten weiter Teile ihres eigenen Landes, vor allem der zu „weißen" Gebieten erklärten fruchtbaren Bereiche, vielfach verboten, außer zu Dienstleistungen.

Angesichts solcher Realitäten für die große Mehrheit der Menschheit in den Ländern des „Südens" ist es wichtig, dass unsere Analysen sich nicht nur auf die „entwickelte Welt" beziehen. Die Migrationssysteme in Ländern mit demografischem Überschuss und harschen politischen Regimen sind quantitativ bedeutend, weil es mehr Wanderung in der armen als in der reichen Welt gibt. Sie sind auch qualitativ relevant, weil wir ohne die Realitäten in Asien, Afrika und Lateinamerika Migration sehr unvollständig wahrnehmen. Die Differenzen und Gemeinsamkeiten zwischen den unterschiedlichen Migrationssystemen in der Welt im Vergleich ihrer Intentionen und ihrer Ergebnisse werfen auch ein erklärendes Licht auf die europäisch-amerikanischen Verhältnisse. Erhellend sind auch die Zusammenhänge zwischen den heutigen Migrationssystemen in den ehemaligen Kolonialländern und der kolonialen Tradition (vgl. Leung, Chin, van den Boom und Gesemann in diesem Band). So ist beispielsweise die Status-Differenzierung zwischen den Einheimischen und den verschiedenen zugelassenen Zuwanderergruppen im Nahen Osten ein Erbe des Kolonialismus, nur mit dem Unterschied, dass die „Weißen" heute nicht mehr uneingeschränkt an der Spitze der Pyramide stehen.

Die nationalstaatliche Ordnung, die im 19. Jahrhundert in Europa entstand, hat sich in den letzten Jahrzehnten weltweit entfaltet und ist völkerrechtlich immer mehr formalisiert worden. Kritik an ihr muss die Alternativen bedenken. Dirk van den Booms zeigt in unserem Band, wie ein schwacher Staat sich für Migranten auswirkt, und zwar am Beispiel Nigerias, einem im Unterschied zu anderen schwachen Staaten immerhin mit sehr viel Öl und Reichtum ausgestatteten Land. Daran schließt sich die Frage an, welche legitimatorische Kraft ins Zentrum rücken würde, wenn der Nationalstaat nicht existierte oder seine Kraft verlöre. Es würden sich andere Exklusionsmechanismen entwickeln. Migranten wären aber unter Umständen noch mehr gefährdet als andere Gruppen, weil sie meist schwach sind.

Dabei ist im Anschluss an Max Webers Formulierung von der „Vorstellung" vom Bestehen einer „legitimen Ordnung" und noch deutlicher seit Benedict Andersons Beschreibung der „imagined communities" selbstverständlich klar, dass der Nationalstaat ein Konstrukt ist, das soziale Realität geworden ist.[6] Er kann

Graeme Hugo, Population Movements in Indonesia during the Colonial Period, in: J. J. Fox u.a., Indonesia: Australian Perspectives, Canberra: Australian National University 1980, S. 95-135.
6 Max Weber, Wirtschaft und Gesellschaft, 5. rev. Aufl., Tübingen 1980, S. 16-19; Benedict Anderson, Imagined Communities. Reflections on the Origins and Spread of Nationalism, London 1983; vgl. auch die Formulierung „gedachte Ordnung" (M. Rainer Lepsius, Nation und Nationalismus in Deutschland, in: Ders. Interessen, Ideen und Institutionen, Opladen 1990, S. 232-246; und Peter L. Berger und Thomas Luckmann, Die gesellschaftliche

rekonstruiert und dekonstruiert werden, und zwar sowohl als Einzelstaat wie als Vergemeinschaftungsprinzip. Ersteres kann – wie wir jüngst am jugoslawischen Beispiel auch wieder in Europa erfahren haben – sehr schmerzhaft sein und bringt neue Nationalstaaten hervor, die in ihrer Entstehungsphase noch nationalistischer sind als ihre Vorgänger. Für letzteres gibt es keine erkennbaren Hinweise. Es ist verwunderlich, dass Jürgen Habermas auch nach dem 11. September und der Entfaltung des amerikanischen Unilateralismus an seiner Beschreibung einer „postnationalen Konstellation" festhält, ist doch die Realität inzwischen in extremer Weise vom *sacro egoismo* der USA geprägt, und zwar ganz in der Tradition dieses Machiavelli-Begriffs: der Heiligsprechung von Interessen.

Prinzipiell wäre es möglich, dass andere ideologische und zugleich materielle Konstrukte an die Stelle des nationalstaatlichen Systems treten. Nach dem Ende des kommunistischen Weltsystems (oder schon seit den sowjetisch-jugoslawischen und sowjetisch-chinesischen Auseinandersetzung) treten Alternativen zum System der Nationalstaaten aber eher zurück. War de Gaulle wegen seines im Kalten Krieg als unzeitgemäß empfundenen Insistierens auf den Nationen (einschließlich des „großen deutschen Volkes") noch als „Mann von vorgestern und übermorgen" bezeichnet worden, so ist die Kraft alternativer Ideologien heute schwächer geworden. Kaum jemand hängt ernsthaft der Idee einer Weltrepublik an. Auch neue wirkkräftige Ideologien wie der islamische Fundamentalismus im Iran und der christliche Fundamentalismus in den USA verwirklichen sich über Nationalstaaten. Und falls es wirklich gelingen würde, die Europäische Union aus einen „Staatenverbund" – so das Bundesverfassungsgericht – in einen Staat zu verwandeln, so würde damit nur aus 15 bzw. 25 Staaten einer. Es bleibt schließlich auch bemerkenswert, dass die Erringung der Staatlichkeit sowohl für Israel als auch für Palästina einen derart hohen Rang hatte bzw. hat.[7]

In der Migrationsforschung entspricht dem Postnationalismus-Theorem der „Mythos vom transnationalen Raum" (Bommes in diesem Band). Bommes widerlegt in seiner Analyse die Annahmen und Schlüsse der Transnationalismus-Schule theoretisch und weist nach, dass sie konzeptionell an den Nationalstaat gebunden bleiben und dass Assimilation in funktionalen Teilsystemen direkt mit Einwanderung zusammenhängt. Zugleich ist Hin- und Herwanderung und die Aufrechterhaltung enger Bindungen nicht Neues. Sie findet sich beispielsweise schon in der deutschen Auswanderung in die USA. Die jährliche Rückwande-

---

Konstruktion der Wirklichkeit. Eine Theorie der Wissenssoziologie, Frankfurt 1994 (1969). Nach einem Bonmot von Karl W. Deutsch (in Anlehnung an Renan) ist eine Nation „eine Gruppe von Menschen, die durch einen gemeinsamen Irrtum hinsichtlich ihrer Abstammung und eine gemeinsame Abneigung gegen ihre Nachbarn geeint ist" (Karl Deutsch, Der Nationalismus und seine Alternativen, München 1972, S. 9).

7 Vgl. Helga Baumgarten, Das Projekt eines palästinensischen Staates zwischen Demokratie und autoritärer Herrschaft, in: Uta Klein und Dietrich Thränhardt (Hrsg.), Gewaltspirale ohne Ende? Konfliktstrukturen und Friedenschancen im Nahen Osten, Schwalbach: Wochenschau 2002, S. 103-122.

rungsquote aus den USA nach Deutschland schwankte in den Jahren der Hochmigration 1870 bis 1880 um 22,3% und seit 1880 um etwa 14%.[8]

Vergleicht man das 19. Jahrhundert mit der heutigen Zeit, so findet man sowohl Momente, die die Assimilation fördern als auch solche, die sie hindern. Einerseits intensiviert die Marktgesellschaft die kapitalistische Durchdringung jeder individuellen Existenz in modernen Gesellschaften, die auf einer Standardsprache basieren. In der reichen Welt gibt es nur ganz wenige Situationen, in denen stabile Mehrsprachigkeit ohne politischen Zwang oder politische Manipulation existiert, wie in der schweizerischen Stadt Freiburg/Fribourg. Aus dieser Strukturbedingtheit moderner Gesellschaften ergeben sich starke Assimilierungstendenzen. Die Medien, die Bildungseinrichtungen und die Notwendigkeiten des Wirtschaftslebens wirken alle in dieser Richtung, falls sie nicht schon in der Weltsprache Englisch abgewickelt werden. Dieser direkte Anschluss aller Individuen an die allgemeine Kommunikation schließt die Möglichkeit aus, dass sich wie im Amerika des 19. Jahrhunderts große sprachlich-kulturelle Enklaven mit separater Kirchen- und Schulsprache bilden, wie es etwa für die deutschen Einwanderer in weiten Bereichen typisch war. Andererseits erleichtern die schnelleren und billigeren Verkehrsverbindungen und Kommunikationsmittel die Aufrechterhaltung enger Verbindungen zum Herkunftsland. Die Assimilierungsgeschwindigkeiten einzelner Gruppen gestaltet sich gleichwohl sehr unterschiedlich, sowohl innerhalb eines Landes wie auch im Vergleich bestimmter Herkunftsgruppen in verschiedenen Ländern. Dies lasst sich zum Beispiel mit einem Vergleich der Herkunftsgruppen der Anwerbe-Ausländer in Deutschland zeigen.[9] Die amerikanische Transnationalismus-Literatur untersucht typischerweise Gruppen, deren Assimilation in den USA auf Grund von Diskriminierung und Nichtakzeptanz gering ist. „You can become a citizen of the United States, but you will always be Haitian because they will continue to see you as Haitian." So lautet ein Schlüsselzitat im klassischen Buch zum Transnationalismus.[10] „Racial Barriers" wirken als „incentive to transnational connections".

8 Vgl. Günter Moltmann, American-German Return Migration in the Nineteenth and Twentieth Centuries, in: Central European History, 13 (1980), S. 378-392.
9 Vgl. Dietrich Thränhardt, Einwandererkulturen und soziales Kapital. Ein komparative Analyse, in: Ders. und Uwe Hunger (Hrsg.), Einwanderer-Netzwerke und ihre Integrationsqualität in Deuschland und Israel, Münster/London 2000, S. 15-52; Anita Böcker und Dietrich Thränhardt, Erfolge und Mißerfolge der Integration. Deutschland und die Niederlande im Vergleich, in: Aus Politik und Zeitgeschichte, B 26, 23.6.2003, S. 3-11.
10 Linda Basch, Nina Glick Schiller und Cristina Szanton Blanc, Nations Unbound. Transnational Projects, Postcolonial Predicaments and Deterritorialized Nation-States, Amsterdam: Gordon/Breach 1994, S. 234. Vgl. auch Arjun Appadurai und Carol Breckenridge, Why Public Culture?, in: Public Culture 1 (1), S. 5-9, 1988; Akhil Gupta, The Song of the Nonaligned World. Transnational Identities and the Reinscription of Space in Late Capitalisms, in: Current Anthropology 7 (1), S. 63-77, 1992; Michael Kearney, Borders and Boundaries of the State and Self at the End of Empire, in: Journal of Historical Sociology 4 (1), S. 52-74, 1991; Roger Rouse, Mexican Migration and the Social Space of postmodernism, in: Diaspora 1, S. 8-23, 1991; Roger Rouse, Making Sense of Settlement: Class Transformation, Cultural Struggle and Transnationalism among Mexican Migrants in the

In one way or another the members of each of the populations – Vincentian, Grenadian, Filipino, and Haitian – have found, although they don't always openly acknowledge it, that no matter what their citizenship or place of birth, U.S. racial constructions continue to see them as outside of the „real America". Consequently, and despite the impoverishment of their home countries, Carribean and Filipino migrants [...] have felt constrained to produce and maintain multiple layers of transnational social connections.[11]

Dies korrespondiert mit dem theoriebasierten Schluss Hartmut Essers, die Alternative zur Assimilation sei Diskriminierung. Anders ist dies bei privilegierten Gruppen. In der heutigen Welt sind Englischsprachige am wenigsten zur Anpassung gezwungen. Dominante Gruppen, etwa westliche Investoren in Entwicklungsländern, assimilieren sich wenig, sondern heben ihren Status gerade durch Aufrechterhaltung ihrer Besonderheit hervor. Der eine Typ von „Transnationalismus" resultiert also aus der Verbindung einer dominanten Supermacht, die internen Rassismus praktiziert, mit abhängigen peripheren Staaten. Resultat ist ein Transnationalismus der Diskriminierten mit Zügen von Ethnisierung und Gegen-Ethnisierung. Auf der anderen Seite steht ein Transnationalismus der Herrschenden, in dem Eliten aus den Metropolen ihre Staatsangehörigkeit behalten und „Kolonien" bilden, auch wenn sie lange Zeit in den peripheren Ländern leben, wie das für die Deutschen in Namibia und Lateinamerika, die „fünfte" Schweiz und die US-Präsenz weltweit gilt. All dies sind keine Vorboten einer neuen postnationalen Welt, sondern postkoloniale Phänomene, wie es auch im Titel des Buches von Basch/Glick Schiller/Szanton Blanc zum Ausdruck kommt. Auch die transnationale Verbundenheit vieler Juden in der westlichen Welt speist sich ja aus der Geschichte der Verfolgung und dem nachwirkenden Gefühl der Unsicherheit und Solidarität. Immerhin hat die Transnationalismus-Forschung das Verdienst, statt der individuellen Wanderungsperspektive und der Push-Pull-Ansätze die Wanderung in familiären und anderen Netzwerken in den Mittelpunkt zu stellen.

2. Nationale Diskurse und der neue Zauber des Weltkapitalismus

Diskurse über Einwanderung und Integration vollziehen sich weitgehend im nationalen Rahmen und knüpfen an nationale Traditionen, Ängste und Sendungsvorstellungen an.[12] In einer Situation, in der es in Europa weniger offene äußere

United States, in: Towards A Transnational Perspective in Migration: Race, Class, Ethnicity and Nationalism Reconsidered, in: Nina Glick Schiller, Linda Bach und Cristina Blanc Szanton (Hrsg.), Towards a Transnational Perspective on Migration: Race, Class, Ethnicity and Nationalism Reconsidered, New York: New York Academy of Sciences, S. 25-52, 1992. Vgl. auch die ältere österreichische Studie Elisabeth Lichtenberger und Heinz Fassmann, Leben in zwei Gesellschaften, Wien 1984.
11 Basch u.a. (1994, S. 234).
12 Dies ist das Thema von Michael Bommes und Dietrich Thränhardt (Hrsg.), National Paradigms of Migration Research, erscheint Osnabrück 2003.

Konflikte gibt als früher, dienen Migration und Migranten als ständige Projektionsfläche für die Rekonstruktion des Eigenbildes der Nation. Sie können als defizitär, als gefährlich, als nicht integriert, nicht aufgeklärt, zu religiös oder rückständig beschrieben werden.[13] Im Allgemeinen wird das Aufnahmeland als fortgeschritten und erzieherisch perzipiert, während bestimmte Einwanderergruppen als Problem definiert werden. Manchmal sind die Konfigurationen dabei bizarr. In Deutschland sind nach den Italienern, den Türken und den Asylbewerbern nun die Aussiedler aus der ehemaligen Sowjetunion an der Reihe.[14] Einer der Kritikpunkte ist dabei „Deutschtümelei" (Lafontaine). Kritiker sind dabei ironischerweise die Enkel der „Reichsdeutschen", die im Gegensatz zu den Rußlanddeutschen die Katastophe des Zweiten Weltkrieges verursacht haben. Entsprechend dem Diskurs wird die Zahl der Neuankömmlinge seit 1992 von Jahr zu Jahr gesenkt. Gleichzeitig findet in Italien eine entgegengesetzte Entwicklung statt: Privilegiert werden dort – wie Giuseppe Sciortino beschreibt – die zurückwandernden Nachkommen von Italienern. Soweit diese Enkel der Auswanderer nach Argentinien des Italienischen nicht mehr mächtig sind, lassen sie sich mit ihrem EU-Pass in Spanien nieder.

Auf Grund des Europa-Bewußtseins und der oben beschriebenen gemeinsamen europäischen Realität haben sich die Ausgrenzungsdiskurse allerdings verändert. Innereuropäische Konflikte sind zurückgetreten (eine gewisse Ausnahme bildet die britische Massenpresse) und die aggressiven xenophoben Bewegungen richten sich gegen außereuropäische Einwanderung, die in diesem Zusammenhang als Einwanderung armer, bedürftiger und andersartiger Gruppen perzipiert wird, wie es in dem niederländischen Sammelbegriff *nietwesterse Allochtone* (nichtwestliche Allochthone), der auch als statistische Kategorie verwendet wird, zum Ausdruck kommt. Als „nichtwestlich" werden dabei alle Nichtmitglieder der OECD plus die Türkei kategorisiert. Im selben Kontext ist auch der Antisemitismus weitgehend zurückgetreten, da Israel als „westliches" Land gilt. Er hat einem aggressiven Anti-Islamismus Platz gemacht.

Inzwischen konzentrieren sich auch die rechtsradikalen, xenophoben und po-

---

13 Für die Niederlande vgl. Baukje Prins, Het lef om taboes te breken. Nieuw realisme in het Nederlandse discours over multiculturalism, in: Dies. und Boris Slijper (Hrsg.), Hoe tolerant sijn we eigenlijk? Migrantenstudies, 18. Jg. 2002, S. 241-354.

14 Vgl. z.B. Immigranten. „Sozialer Sprengstoff", in: Der Spiegel, Nr. 9 vom 3.3.2003, S. 40-42. Siehe dagegen den sehr differenzierten Artikel „Die deutschen Russen vom Kanadaring", Süddeutsche Zeitung Nr. 76, 1.4.2003, in dem an Hand der Zahlen die im „Spiegel" konstatierte „Kriminalitätswelle" dementiert wird. Gleichzeitig wird beschrieben, wie einerseits die Integration in dem Schwerpunkt-Einwanderungsort Lahr gelingt und russlanddeutsche Aussiedler andererseits problematisiert werden, indem „gute alte" von „neuen gefährlichen" Aussiedlern unterschieden werden. Für die Konstruktion eines extremen Negativbildes vgl. auch Wilhelm Heitmeyer, Joachim Müller und Helmut Schröder, Verlockender Fundamentalismus. Türkische Jugendliche in Deutschland, Frankfurt 1997 und die Kritik von Bernhard Santel, Töten für den Islam? Eine holzschnittartige Studie über junge Türken in Deutschland, in: FAZ Nr. 159, 13.7.1998, S. 14.

pulistischen Parteien, Bewegungen und Exponenten auf die Abgrenzung gegenüber nichteuropäischen Gruppen. Dies gilt insbesondere für die erfolgreichste von ihnen, die Lijst Pim Fortuyn in den Niederlanden, die ganz überwiegend vom Ausgrenzungsdiskurs gegenüber Moslems lebte. Es gilt auch für Blochers Schweizerische Volkspartei, für den Vlaams Blok und die dänischen und die norwegischen populistischen Parteien. Auch Le Pens Front National lässt ihren traditionellen Antisemitismus weitgehend zurücktreten und konzentriert sich auf anti-arabische Gefühle. Einzig Haiders FPÖ kultiviert noch einen gewissen Antisemitismus, ist aber damit nicht erfolgreich. Möllemanns Versuch einer israelkritischen Kampagne in Deutschland fand kein Umfeld. Unbehagen über außereuropäische Immigranten zeigen auch die schwedischen Meinungsumfragen. Nur das Fehlen eines entsprechenden politischen Unternehmers führt dazu, dass Migration kein großes Negativthema der Politik in diesem Land geworden ist (vgl. Hammar in diesem Band). Nur in Kanada scheint die Stimmung gegenüber Immigranten positiv zu bleiben, was wohl mit dem Vorrang des ständig aktuellen Gegensatzes zwischen Anglo- und Franco-Kanadiern und der Politik ökonomischer Auslese bei der Einwanderung zusammenhängt (vgl. den Beitrag Oliver Schmidtkes).

Diese Aggressivität gegenüber Einwanderern aus der armen Welt und insbesondere aus islamischen Ländern in vielen Ländern Europas ist die aggressive Unterseite des neuen Diskurses über die Einwanderung, der stark auf die ökonomischen Belastungen bzw. Vorteile der Einwanderung abstellt. Wie entscheidend die Akzentuierung ökonomischer Vorteile der Einwanderung für das Gesamtklima sein kann, hat die Green-Card-Initiative Bundeskanzler Schröders im Jahr 2000 deutlich gemacht. Im öffentlichen Diskurs wurde mit Schröders Initiative die Migration mit der Standortdebatte verbunden und als Lösungsbeitrag für wirtschaftliche Probleme annonciert.[15]

Diese Tendenz lässt sich weltweit beobachten. Besonders eklatant ist sie im Zusammenhang der postkolonialen Situation Hongkongs und seiner neuen Position als Sonderwirtschaftszone Chinas (vgl. den Beitrag Hon-Chu Leungs). Hier wird die Logik der ökonomischen Optimierung der Bevölkerung besonders weit getrieben, indem statt der Kinder eigener Bürger die besten Absolventen der Pekinger Eliteuniversität Zugang haben sollen. An diesem abweichenden Fall wird klar, dass das in der internationalen Migrationsdiskussion oft verketzerte *ius sanguinis* eine wichtige demokratische Errungenschaft ist. Es gilt in allen Ländern der Erde (mit Ausnahme des Vatikanstaates) und gibt Kindern einen grundlegenden Schutz, ebenso wie das *ius soli*, dass in Einwanderungsländern in mehr oder weniger weitgehender Form zusätzlich existiert, entweder für alle im Lande geborenen Kinder wie in den USA oder für Kinder von im Lande geborenen Eltern wie in Frankreich, in den Niederlanden und künftig auch in der Schweiz oder in Zwischenformen wie in Deutschland. Es ist bezeichnend, dass ein solches Konzept

---

15 Vgl. Böcker/Thränhardt (2003); Holger Kolb, Einwanderung und Einwanderungspolitik am Beispiel der deutschen „Green Card", Osnabrück 2002.

in einem Gebiet ohne demokratische Regierungsform auftaucht – in einem Kontext, der einerseits in unmittelbarem Zusammenhang mit kolonialen Traditionen steht, in denen über die lokale Bevölkerung weitgehend nach Belieben verfügt werden konnte und andererseits in einem neuen autoritären Zusammenhang der Volksrepublik China, in der es traditionell keine freie Entscheidung über den Wohnort gab, sondern die Behörden nach sowjetischem Vorbild darüber bestimmten und insbesondere den Zuzug der armen Landbevölkerung in die wohlhabenderen Städte limitierten oder illegalisierten. Hinter diesen Beschränkungen steht die Sorge vor einer Überflutung durch Hunderte Millionen armer Bauern und das Konzept einer planmäßigen Bevölkerungsverteilung.[16]

In Europa wird eine ähnliche Abgrenzungsdiskussion in Bezug auf die „Zuheirat" geführt – den Zuzug neuer Familienmitglieder aus Einwanderungsländern über die Heirat von Partnern, die aus Entwicklungsländern kommen und als schwer integrierbar angesehen werden. Dies hat dazu geführt, dass in Dänemark und den Niederlanden Altersbeschränkungen beim Heiratsnachzug eingeführt worden sind, was andererseits in einem gewissen Gegensatz zur Besorgnis wegen zurückgehender Kinderzahlen steht. In Norwegen hat das Parlament sogar beschlossen, von moslemischen Männern, die über Eheschließung einwandern, eine Vereinbarung über die Möglichkeit einer Scheidung auf Initiative der Frau zu verlangen – eine Option, die von Katholiken nicht verlangt wird.[17] Familiennachzug war und ist in allen Einwanderungsländern ein wesentlicher Bestandteil der Einwanderung. In den USA ist er kontingentiert, was für einige Staatsangehörigkeiten zu langen Wartezeiten führt. Andererseits sind dort nachrangig aber auch Familienmitglieder außerhalb der Kernfamilie zuzugsberechtigt.

Aus einer ökonomischen Perspektive behandelt Straubhaars Beitrag „Vom Staat zum Klub" das Problem des Zugangs. Entsprechend den europäischen Normen und auch dem europäischen Geburtendefizit geht es dabei nicht um Verhinderung, sondern um Steuerung der Einwanderung hin zu einer möglichst optimalen Gestaltung. Interessant für die künftige Diskussion ist dabei der Aspekt der „Klubgüter", des gemeinsam Erworbenen und des Beitrags der Hinzutretenden. Straubhaars Argumentation verzichtet dementsprechend auf jeglichen ideologischen Überbau des Nationalstaats, vor allem seine „Heiligkeit" (Brubaker) und schafft ein pragmatisches Argumentationsklima. Ihm ist auch daran gelegen, die Kontraproduktivitäten der Zugangsregime zu beseitigen und den Zugang nach einer in vieler anderen Bereichen üblichen ökonomischen Logik neu zu durchdenken. Ansatzpunkte für eine derartige Ökonomisierung auch der Staatsangehörigkeit gibt

16 Eine statistische Analyse der legalen Wanderungen in China findet sich bei Bettina Gransow, Gender and Migration in China: Feminisation Trends, in: Mirjana Morokvasic-Müller, Umut Erel und Kyoko Shinozaki (Hrsg.), Crossing Borders and Shifting Boundaries, Opladen: Leske & Budrich 2003, S. 137-154.
17 Vgl. Bruce Bawer, A Trap for Muslim Women in Europe. Arranged marriages prevent integration, in: The New York Herald Tribune, 27.6.2003. Vgl. im einzelnen „Feminin Integrering", Human Rights Service, Oslo 2003.

es bereits. Irland vergibt seine Staatsangehörigkeit an Kapitalbesitzer, die mindestens eine Million Euro investieren. Kanada regelt einen Teil seiner Einwanderung nach einem Punktesystem, das auf Besitz und Bildung abstellt (vgl. Schmidtke). Schweizer Gemeinden verlangen zehntausende von Franken für ihr Bürgerrecht, das wiederum das Schweizer Bürgerrecht nach sich zieht.

Böcker und Thränhardt fragen nach der Rolle der Staatsangehörigkeit für die Bürger und gehen damit von den staatszentrierten und rechtsdogmatischen Perspektiven ab, die die Diskussion um Staatsangehörigkeit ganz überwiegend bestimmt. In ihrem Vergleich der Daten und Entwicklungen zwischen den Niederlanden und Deutschland stellen sie fest, dass das Interesse der Menschen für mehrere Staatsangehörigkeiten entsprechend ihrer jeweiligen Situation sehr unterschiedlich entwickelt ist: Angehörige der reichen OECD-Länder und insbesondere der EU-Länder entwickeln wenig Interesse und Motivation, weil sie ohnehin eine sicheren Status haben. Gerade die EU-Bürger werden aber durch die neue deutsche Gesetzesregelung privilegiert. Andererseits wünschen Flüchtlinge aus repressiven Ländern die Staatsangehörigkeit eines sicheren und reichen Landes, ohne an ihrer alten Staatsanhörigkeit festzuhalten. Nur für die große Gruppe zwischen diesen beiden Extremen ist die Frage nach der Tolerierung mehrerer Staatsangehörigkeiten wirklich entscheidend für die Einbürgerung. Leichter Zugang zur Staatsangehörigkeit kann allerdings zur Folge haben, dass in der Gesellschaft neue Klassifizierungen an Boden gewinnen, wie es in den Niederlanden zu beobachten ist, wo heute von „schwarzen" und „weißen" Schulen, Straßen und Stadtvierteln die Rede ist, wenn man sich auf türkische oder marokkanische Einwanderer bezieht.[18]

Wie stark der Staat gestaltend auf die Position von Einwanderungsgruppen einwirken kann, macht der Beitrag von Hans van Amersfoort und Mies van Niekerk deutlich. Fast wie in einem Großversuch kann man für die Niederlande verfolgen, wie bestimmte Gruppen aus den Kolonien als zugehörig definiert und schnell integriert worden sind, während andere exkludiert und in einem Zustand des Provisoriums gehalten wurden, was dann Randständigkeit, Konflikte und Ausgrenzung verursachte. Die Niederlande dienen hier zugleich als Beispiel für die Probleme postkolonialer Einwanderung und der Kontinuität und Entwicklung rassistischer Stereotypen – Entwicklungen, die Parallelen in Großbritannien, Frankreich, Portugal, Spanien, Italien, Japan und den USA haben. Im Zusammenhang mit dem Prozess der Entkolonialisierung wurden Fenster der Einwanderung geöffnet, die größere oder kleinere Folgewanderungsprozesse nach sich zogen. In den Niederlanden gilt dies jedoch nicht für Indonesien, das in einem blutigen Konflikt unabhängig wurde, in besonderer Weise aber für Surinam, dessen Unabhängigkeit von einer Torschlusspanik-Auswanderung in die Niederlande begleitet war, nachdem es achtzehn Jahre lang als gleichberechtigter Teil des Königreichs der Niederlande gegolten hatte. Interessanterweise werden gerade die Gruppen,

---

18 Vgl. Böcker/Thränhardt (2003). Vgl. auch Gianni D'Amato, Naturalisation en Suisse, Zürich: Avenir Suisse 2003.

die lange Zeit einem Prozess der Ausgrenzung unterlagen, heute in den Niederlanden und europaweit als bedürftige Objekte staatlicher Integrationsprogramme betrachtet.[19]

Drei Modelle amerikanischer Einwanderungspolitik entwickelt Susan Martin. Sie zeigt, wie das *Pennsylvania model* pluralistischer Gleichberechtigung sich gegenüber dem *Virginia model* der Sklaverei bzw. ausgrenzender Ungleichheit und dem *New England model* ideologischer Konformität durchsetzte, die anderen Modelle aber bis heute immer wieder als Unterströmungen auftauchen. Es findet ein permanenter Dialog der Nation mit sich selbst und ihrer Geschichte statt – ein Selbstgespräch, das sich auf immer neue Einwanderungsprozesse und -gruppen bezieht.

Das liberale Paradox ist der Natur der Sache nach nicht existent, wo es nur die eine Seite des Liberalismus gibt – das Prinzip der freien ökonomischen Entfaltung – oder wo es überhaupt keinen Liberalismus gibt. Ersteres gilt außer für Hongkong auch für Malaysia und Singapur, letzteres für die Golfstaaten. In den beiden südostasiatischen Staaten wird Einwanderung so funktionalisiert, dass sie der einheimischen Bevölkerung Aufstiegsprozesse erlaubt, wobei besonders auch die Arbeitskraft einheimischer Frauen freigesetzt werden soll – ein Prozess wirklicher „Unterschichtung", der gegenüber der Verwendung des Wortes im Zusammenhang mit europäischen Einwanderungsstaaten mit gleichberechtigter Rechtsstellung vorsichtig machen sollte. Wie sehr dies systematisch konzipierte Politik ist, wird im Beitrag von Christine Chin deutlich. Der malaysisch-singapurische Weg steht aber in scharfem Gegensatz zu der oben erwähnten Bevölkerungs-Veredelungspolitik Hongkongs. Geht es dort um die Anwerbung der Besten zur Steigerung der Leistungsfähigkeit der Wirtschaftsmetropole, so geht es hier um die Anhebung der gesellschaftlichen Position, des Wohlstands und der Leistungsfähigkeit der einheimischen Bevölkerung durch die Hinzunahme einer dienenden Schicht von Ausländern – eine Tradition, die an den Import minderberechtigter chinesischer Arbeitskräfte in der Kolonialzeit erinnert.

Auf die überraschenden Parallelen bei den Politikresultaten zwischen der italienischen Einwanderungspolitik und der Südostasiens wird unten im Abschnitt zum Verhältnis von staatlicher Politik und Frauenmigration Bezug genommen. In beiden Ländern ebenso wie in Israel ist es für ausländische Arbeiskräfte günstiger, wenn sie informell arbeiten, weil dann die staatlichen Negativeinflüsse wegfallen. In Malaysia und Singapur sind dies die besonderen Abgaben für die Beschäftigung von Ausländern, die ihre Verdienstmöglichkeiten drücken, in Israel die Abhängigkeit von lizensierten Arbeitgebern und ihren finanziellen Forderungen,[20] in Italien

---

19 Vgl. Ines Michalowski, Integration for Newcomers. A Dutch Model for Europe? erscheint in: Anita Böcker, Betty de Hart und Ines Michalowski (Hrsg.), New Challenges of Integration in Europe, Osnabrück 2004 (IMIS-Schriften).
20 Zeev Rosenhek, Migrant Workers in the Israeli Economy, in: Daniel Levy und Zeev Rosenhek (Hrsg.), Challenging Ethnic Citizenship. German and Israeli Perspectives on Immigration, New York/Oxford: Berghahn 2002, S. 137-153.

die permanente Unsicherheit des Aufenthaltsstatus (vgl. Sciortino). Die Verhältnisse in den Golfstaaten zeigen in Bezug auf die persönliche Abhängigkeit Parallelen mit diesen Systemen. Die Politik der Golfstaaten zielt aber nicht auf wirtschaftliche Effizienz, sondern entlastet die Einheimischen zugunsten ihres Rentier-Daseins (vgl. Gesemann).

In den nördlicheren europäischen Ländern ist Illegalität eher ein Randproblem, dessen Relevanz aber steigt und das auch die Atmosphäre und die Rahmenbedingungen beeinflusst.[21] In Deutschland fungierte bis 1993 der Asylantrag als Auffangsystem und erst seitdem gibt es steigende Zahlen nicht Registrierter. Insofern besteht ein enger Zusammenhang zwischen der Veränderung staatlicher Aufnahmekonzepte und der Zahl „Illegaler". Claudia Finotelli hat in diesem Kontext darauf hingewiesen, dass die Entwicklung der Wanderung und der Herkunft von Illegalen nach Italien und von Asylbewerbern nach Deutschland weitgehend parallel gingen, die entsprechenden Gruppen sich also entsprechend den staatlichen Rahmenbedingungen und faktischen Möglichkeiten in Italien als Illegale und in Deutschland als Asylbewerber befinden.[22] Dies hängt damit zusammen, dass es in Italien keine staatlichen Leistungen an Asylbewerber gibt und eine Meldung insofern eher belastende Folgen nach sich ziehen kann. Dita Vogel stellt die Ergebnisse der bisherigen Forschung zur „Illegalität" zusammen und entwirft Konzepte für das weitere Vorgehen.

In der öffentlichen Meinung Europas und auch in der Literatur wird Migration immer wieder als belastend und als entwicklungshemmend betrachtet. Demgegenüber steht die Beobachtung, dass immer wieder Länder mit einer sehr erfolgreichen Entwicklung gleichzeitig auch große Einwanderungsströme abgegeben haben: Großbritannien während seiner raschen Entwicklung im 18. Jahrhundert, Deutschland während seines *take off* im 19. Jahrhundert, Italien während des *miracolo economico* nach 1945, Österreich, Irland, Taiwan und Südkorea in den letzten Jahrzehnten. Eine Teilerklärung dafür ist der demografische Übergang, d.h. der hohe Arbeitskräfteüberschuss in diesen Perioden, eine zweite Erklärung die Freisetzung und die Neusortierung von Arbeitskräften in Zeiten wirtschaftlicher Dynamik. Schließlich kommen auch Wissens- und Kapitaltransfers in beiden Richtungen in Frage. So waren z.B. die Emigranten von 1849 eine sehr aktive Gruppe, die später zum großen Teil wieder nach Deutschland zurückkam und am wirtschaftlichen Prozess der „Gründerzeit" intensiv beteiligt war. Dazu gehörte beispielsweise die Gründung der Reichsbank und der Deutschen Bank.[23] Ein anderes

---

21 Vgl. dazu die Stadtstudie Philip Anderson, „...Dass Sie uns nicht vergessen". Menschen in der Illegalität in München, Eine Studie im auftag des Münchner Stadtrats, München 2003; Jörg Alt, Illegal in Deutschland, Karlsruhe 1999.
22 Vgl. Claudia Finotelli, A Comparative Analysis of Italian and German Asylum Policies, erscheint in: Böcker/de Hart/Michalowski (Hrsg.), 2004.
23 Vgl. als Biografie Benedikt Köhler, Ludwig Bamberger. Revolutionär und Bankier, Stuttgart: DVA 1999. Bamberger war ein führender Exponent des wirtschaftlichen und politischen Liberalismus 1948 und während der Reichsgründung, sein Bruder gründete die französische Großbank Paribas.

und aktuelles Beispiel ist die Rolle der Auslandschinesen in Südostasien. Uwe Hunger zeigt diesen Zusammenhang am Beispiel des Wissens- und Kapitaltransfers auf, der mit der Entwicklung der IT-Wirtschaft in Südindien verbunden ist, die in engem Zusammenhang mit der Auswanderung nach Kalifornien, der Rückwanderung und dem Aufbau enger Geschäfts- und Familienbezeihugen steht. Dies ist eine Perspektive auch der Entwicklungspolitik, die weiter verfolgt werden sollte.

3. Drei Typen von Einwanderungsregimen

Im Folgenden werden die Einwanderungsregime der Welt zusammenfassend idealtypisch klassifiziert und gegenübergestellt. Dabei wird jeweils das herrschende Regime benannt, obwohl es – wie im Beitrag von Susan Martin auch theoretisch-historisch dargestellt – immer auch Unterströmungen anderer Modelle geben kann. So ist klar, dass es auch in liberalen Regimen Nischen extremer Ausbeutung existieren könne, wie es für Deutschland in Günter Wallraffs „Ganz unten" oder jüngst durch einen Spiegel-Titel zur Prostitutions-Einwanderung gezeigt worden ist.[24] Andererseits kann es auch in sehr rigiden Regime Nischen der Großzügigkeit für privilegierte Migranten geben. Nicht einbezogen wurden schwache Staaten wie Nigeria (siehe dazu den Beitrag von Dirk van den Boom). Unterschieden werden Statusmodelle und Statuspassagen.

3.1 Statusmodelle im Vergleich

Im weltweiten Vergleich gibt es zwei Extreme:

(1) Gleichberechtigungsmodell (Integrationsmodell)
In diesem Modell, verwirklicht im Staatenverbund der Europäischen Union, existiert eine ganz weitgehende Gleichstellung, zuweilen mit einer Perfektion, die nationalstaatliche Garantien überholt. Jüngstes deutsches Beispiel dafür ist der Meisterzwang, der in Deutschland nur für Deutsche gilt, nicht aber für andere EU-Unternehmen, und unter anderem deshalb in der Kritik steht. Die EU ist ein Staatenverbund mit starken rechtlichen Garantien und einer stabilen inneren Struktur, die in Bezug auf die liberalen Grundprinzipien von einem stabilen Konsens getragen wird. Eine Auswirkung dieser Situation ist, wie oben schon gesagt, die Tendenz, Sündenböcke außerhalb der EU zu suchen.

Dieses Modell gilt für die EU-Staaten im gegenseitigen Verhältnis und wächst mit der Erweiterung der EU. Wichtige Elemente sind über die Rechtsprechung des EU-Gerichtshofs auch in die Rechtsverhältnisse von Angehörigen assoziierter Länder eingeflossen, vor allem in Bezug auf die Türkei. Daneben existieren in

24 Der Spiegel Nr. 26, 23.6.2003.

den EU-Staaten aber auch Elemente der im Folgenden skizzierten Modelle, vor allem auch Illegalität und zeitlich befristete Arbeitsverträge.

Das Gleichberechtigungs-Modell gilt weitgehend auch für Investoren, Manager und Inter-Company-Transfers, und zwar auf Grund von ökonomischen Interessen der Aufnahmestaaten. *Ubi bene, ibi patria.*

(2) Dualistische Modelle (Systematische Diskriminierungsmodelle)
Das andere Extrem stellen Modelle dar, die Ausländer gezielt disponibel machen und sie zugunsten einheimischer Interessen funktionalisieren und diskriminieren, ohne ihnen Rechte zu gewähren. Insbesondere vermitteln sie keine Statussicherheit und keine Perspektive auf Einbürgerung, sondern auf „Rückschaffung", wie das in der Verwaltungssprache der Schweiz bildlich heißt. Dabei lassen sich zwei Modi der Regulierung unterscheiden:

(2a) Staatlich-dualistisches Modell: Hier wird die Funktionalisierung und Diskriminierung staaatlich geregelt. In Singapur und Malaysia wird die Beschäftigung von Frauen für die Hausarbeit mit Abgaben belegt, die faktisch das Einkommen der Migrantinnen mindern. Zugleich werden sie weitgehend rechtlos ihren Arbeitgebern anheimgegeben. Dies ist eine gezielte Politik, um einheimische Frauen für den gehobenen Arbeitsmarkt verfügbar zu machen und zu fördern.[25] Anklänge an die Traditionen der Sklaverei und der gebundenen Kontraktarbeit lassen sich finden. Außer im Haushaltsbereich findet dieses Modell breiten Einsatz in der Fabrikarbeit und in Plantagen mit abgestuften Löhnen.

(2b) Privatisiert-dualistisches Modell: In dieser Variante werden die Arbeitskräfte an Privatpersonen (Golfstaaten) oder an Agenturen (Israel) gebunden. Es entstehen Systeme persönlicher Abhängigkeit, die den Vermittlern erlaubt, einen Teil der Löhne einzubehalten und auch bei Sozialkosten wie Krankheit zu manipulieren. In den Golf-Staaten ist dieses System des Garanten oder Sponsors *(Kafala)* eine der vielen Varianten der Ausschüttung von Annehmlichkeiten an die Staatsbürger dieser Rentier-Staaten. Für die Migranten führt dies zu weitgehender Abhängigkeit von ihren Sponsoren und zu hohen faktischen Lohndifferenzen zwischen Einheimischen und Migranten. Auf Grund des materiellen Interesses der Kafalas und ihrer Verbindungen in die Entscheidungshierarchie macht es zugleich eine Lenkung und Begrenzung der Einwanderung schwierig, die diese Staaten seit Jahren anstreben. Der Trend geht eher zu einer zunehmenden Feminisierung und Asiatisierung der Migrationsbevölkerung, was beides mit geringeren Möglichkeiten der Intersssenvertretung gegenüber den Kafalas bzw. größerer Abhängigkeit verbunden

---

25 Vgl. Christine Chin in diesem Band. Dies., In Service and Servitude. Foreign Female Domestic Workers and the Malaysian „Modernity" Project, New York 1998, B.S.A. Yeoh und S. Huang, Spaces at the Margins: Migrant Domestic Workers and the Development of Civil Society in Singapore, in: Environment and Planning, 31. Jg. 1999, S. 1149-1167.

ist, u.a. aus Gründen fehlender Sprachkenntnisse und der prekären Rechtsstellung von Frauen in diesen Ländern.[26]

In Israel übernehmen Agenturen und Arbeitgeber entsprechende Aufgaben. Auch hier existiert eine Bindung der Beschäftigten, was Abhängigkeit und verbreiteten Mißbrauch vielfältiger Art zur Folge hat. Es existiert eine starke Segmentation zwischen den jüdischen Staatsbürgern und den ausländischen Arbeitskräften. Nach Aussage israelischer Migrationsexperten[27] ist es in dieser Situation günstiger, als Illegaler zu arbeiten, weil dann die massiven Agentur-Gebühren wegfallen, man direkte Verbindung zum Arbeitgeber hat und auch die Möglichkeit eines Wechsels bei unbefriedigenden Arbeitsbedingungen besteht. Allerdings gibt es in Israel eine lebhafte Kritik an diesen Zuständen und einzelne Stadtverwaltungen wie die von Tel Aviv treten im Gegensatz zur Regierung für die Gewährung grundlegender sozialer Rechte wie des Rechts auf Schulbesuch für Kinder ausländischer Arbeitskräfte ein.[28] Israel hat in sehr kurzer Zeit – seit dem Beginn der Intifada – zehn Prozent seiner Arbeitskräfte aus dem Ausland rekrutiert. Es ist ein „westliches" Land mit einer asiatischen oder kolonialen Rekrutierungsstrategie, allerdings auch einer aktiven und kritischen Zivilgesellschaft. Für die Situation ist die delikate Parallele bezeichnend, dass sowohl in Kuwait wie in Israel im zweiten Irak-Krieg 2003 Gasmasken kostenlos an Staatsbürger verteilt wurden, dass ausländische Arbeitskräfte sie aber kaufen mussten, wobei die in Israel verkauften zudem noch abgelaufene Modelle waren.[29]

(2c) Illegalisierungs-Modell: Eie dritte Variante dieses Modells ist die Schließung des legalen Arbeitsmarktes und eine gewisse Tolerierung oder Hinnahme des illegalen Arbeitsmarktes. Dominierend ist diese Perspektive in Japan[30] (außer bei der Anwerbung von Spezialisten). In vielen Ländern ist dieses Modell im Menschenhandel vor allem im Prostitutionsbereich zu finden, ermöglicht durch Kombinationen staatlicher Repression und staatlichen Wegschauens.

(3) Marktzugangsmodell
Zwischen diesen Modellen ist das amerikanische Modell angesiedelt, das keine Gleichberechtigung garantiert und mit dem Ausschluss von Sozialleistungen in den ersten fünf Jahren bewusst diskriminiert, aber in vielen Bereichen wenig Zugangsschranken setzt, weil es weniger Regulierungen als in Europa gibt. In den USA existieren gleichzeitig aber auch dualistische Modelle, insbesondere Illegalisierung und ungeschützter Niedrig-Lohn-Sektor, und auch ein Integrationsmodell

---

26 Vgl. Gesemann in diesem Band und Massey u.a. (1998, S. 134-159).
27 Gespräch mit Yitzhak Schnell, Universität Tel Aviv. Vgl. auch Dietrich Thränhardt, Bevölkerungsentwicklungen und Migrationen im Nahen Osten und die Zukunft der palästinensischen Flüchtlinge, in: Klein/Thränhardt 2002, S. 175-189.
28 Rosenhek (2002).
29 Vgl. für Israel die Berichterstattung von Haaretz in der Zeit vor Kriegsbeginn, für Kuwait das Niederländische Fernsehen vom 19.3.2003; siehe auch Gesemann in diesem Band.
30 Thränhardt (1999).

für refugees (im Unterschied zu asylees). Für erfolgreiche Unternehmer oder Beschäftigte ist dieses Modell offener als das europäische, es enthält aber im Risikofall keine Schutzmechanismen.

3.2 Statuspassagen

Bisher haben wir einen System-Vergleich in statischer Betrachtung betrieben. Hinzu kommen dynamische Momente, nämlich die Möglichkeit des Erwerbs von Aufenthaltsrechten, sozialen Rechten und der Einbürgerung. In Bezug auf den Status der höchsten Sicherheit und Zugehörigkeit, der Einbürgerung, können wir unterscheiden zwischen den Extremen der erleichterten Einbürgerung nach wenigen Jahren auf der einen Seite und der Nichteinbürgerung auf der anderen. Dazwischen gibt es Abstufungen:

- Nichteinbürgerung: Israel (für Nichtjuden), Golf-Staaten.
- Hohe Schwierigkeit: Japan (einschließlich Nichteinbürgerungsmentalität), Italien für Nicht-EU-Bürger.
- Mittlere Schwierigkeit: USA (aber: Einbürgerungsmentalität), Deutschland, Großbritannien, Frankreich.
- Leichte Einbürgerung: Schweden, Niederlande, Belgien, Kanada.

Beim Status der Niedergelassenen oder Denizens gibt es entsprechend große Unterschiede in Bezug auf die soziale Sicherungen und Ansprüche wie Rente, Arbeitslosenunterstützung, Sozialhilfe, Unfall- und Krankenversicherung. Differenzierungen bei der Anspruchsberechtigung bestehen nach beitragsbezogenen Systemen, Staatsbürgerschaftssystemen und territorial definierten Systemen. Entsprechende Unterschiede gibt es bei der Ausgestaltung des Aufenthalts und der gesetzlichen oder richterlichen Garantien, etwa durch Anwendbarkeit der Menschenrechte.

Die beiden Zugangsweisen Einbürgerung und Zugang zum Denizen-Status können sowohl alternativ als auch additiv funktionieren, aber auch substitutiv. So hat der Zugang zu den sozialen Rechten in Ländern wie der Schweiz oder Deutschland lange Zeit den Zugang zur Staatsangehörigkeit weniger dringend gemacht. Sobald man in den Sozialversicherungen verankert war und solange man keine Ausweisungskriterien erfüllte (z.B. Schwerkriminalität), blieben nur wenige Unterschiede, vor allem das Wahlrecht.

Die Bindung an einen Arbeitgeber zu Beginn einer Rekrutierung ist anders zu betrachten als eine permanente Bindung, denn dabei kann es sich um einen ersten Schritt in einer Statuspassage handeln. In Frankreich kann man z.B. von dem Anwerbe-Arbeitgeber die Befreiung („lettre de liberté") bekommen.[31] In den

---

31 Ines Michalowski, Immigration to France. The Challenge of Immigrant Integration, Ms., 2003.

USA wächst man in dieser Zeit in die Möglichkeit der Green Card hinein, ist aber situativ besonders ausbeutbar, was Arbeitgeber ausnützen können.

Die deutschen Zeitverträge, soweit sie Arbeitskräfte aus Polen oder anderen Beitrittsländern betreffen, können auch als Element einer kollektiven Statuspassage gesehen werden. Der Abschluss entsprechender Verträge mit den Beitrittsländern beruhte unter anderem auf dem Motiv, das Hineinwachsen der Beitrittsländer in den europäischen Rahmen zu erleichtern.

Wird dagegen an der Abschottung festgehalten, so wird eine Dualität der Arbeitsmärkte staatlich permanent fixiert. Das in der Wirtschaftswissenschaft herrschende Theorem der Dualität der Arbeitsmärkte kann in Bezug auf die Wanderungsregime nachvollzogen werden. Staatlich organisierter Dualismus wie in Südostasien und im Nahen Osten mit hoher Lohnspreizung[32] kann von staatlich bekämpftem oder gemildertem Dualismus abgegrenzt werden, wie er in Europa mit dem Prinzip der Lohngleichheit für gleiche Arbeit und ihrer Garantie durch Tarifvertragssysteme zu finden ist. Die Situation in den USA kann als offen bezeichnet werden.

3.3 Integration in den Arbeitsmarkt

Arbeitslosigkeit und andere soziale Kosten sind in den dualistischen Modellen und dem Marktzugangsmodell ganz weitgehend ausgeschlossen. Statt dessen funktioniert die Illegalisierung als Überlaufmechanismus, da dies in solchen Fällen die einzige Chance ist, im Land zu bleiben. In den USA wird die Aufenthaltserlaubnis an die Erwerbsarbeit gebunden, also an den Marktmechanismus. Dies orientiert die Migration gleichzeitig stark am Konjunkturzyklus, wirkt in Boom-Phasen also stark attrahierend und in Baisse-Phasen zurückweisend. Beim staatlich-dualistischen Modell können darüber hinaus besondere Beschränkungen gegenüber Frauen durchgesetzt werden, etwa Schwangerschaftstests bzw. Ausweisung bei Schwangerschaft, wie es früher in der DDR und anderen Ostblockstaaten üblich war. Falls Kinder von ausländischen Arbeitskräften überhaupt toleriert werden, ist ihre Versorgung randständig. Im nahöstlichen Modell gibt es außerdem teilweise religiöse Repressionen wie das Verbot von Kirchen und Synagogen in Saudi-Arabien.

Der Anteil der aktiv arbeitenden Bevölkerung ist in diesen Modellen sehr hoch, im Idealfall liegt er bei 100 Prozent. Korrespondierend dazu kann es zu einer Privilegierung der einheimischen Bevölkerung kommen, die von unerwünschten Arbeiten entlastet wird und sich z.B. in den Ölstaaten auf die Staatsberufe konzentriert. Im Marktmodell sind andererseits durch den Zustrom der billigeren Zuwanderer Verdrängungseffekten möglich, z.B. älterer und teurer IT-Kräfte durch junge, billige und extrem arbeitsbereite. Im Integrationsmodell dagegen stehen die Mechanismen des Sozialstaates zur Verfügung. Dies kann den Effekt haben,

---

32 Eine Übersicht über empirische Belege dazu bei Massey u.a. (1998, S. 145 ff.).

dass Zuwanderer permanent in diese Systeme fallen, wenn sie nicht mehr gebraucht werden. Ein derartiges Beispiel ist die englische Textilindustrie, die bei Beginn ihrer Krise Pakistanis für die Nachtschichten anwarb und wenige Jahre später schloss und sie damit arbeitslos machte.[33] Gibt es Ausweichmechanismen wie die niederländische Erwerbsunfähigkeitsrente (WAO), in der jeder sechste Niederländer versorgt wird, so können die Immigranten dahin geschoben werden. Individuell ist das für sie befriedigend, als Gruppe geraten sie aber in die Situation, als nicht arbeitsfähige oder -bereite Gruppe betrachtet zu werden.[34] Eine andere Variante sind Beschränkungen bei der Arbeitsaufnahme, wie sie z.B. in Deutschland gegenüber Asylbewerbern und nachziehenden Familienangehörigen angewandt worden sind. Dies verursacht hohe Kosten und kann ähnliche Stigmatisierungs-Effekte haben.

3.4 Bewertung und Perspektiven

Es ist evident, dass die Praktiken unter (2) in vielfacher Weise gegen Menschenrechte und internationale Konventionen verstoßen. Dabei macht es einen Unterschied, ob es sich um systematisch erzeugte oder um kriminell-randständige Praktiken handelt oder ob in Randbereichen der Wirtschaft derartige Praktiken toleriert werden. Das institutionelle Arrangement ist dafür weitgehend entscheidend und prägt die Möglichkeiten, unterschiedliche Modelle durchzusetzen. Zweifellos wird es eine wichtige Aufgabe sein, grundlegende Menschenrechte auch für Migranten durchzusetzen und entsprechende Gleichberechtigungs-Standards zu entwickeln.

Die Durchsetzung menschenwürdiger Standards[35] steht in einem Spannungsverhältnis zur ökonomischen Konkurrenz und zum Primat der Nationalstaaten. Von daher entspricht die idealtypische Durchsetzung guter Standards in der EU der starken Institutionalisierung. Selbst hier gibt es aber ein Spannungsverhältnis zwischen guten Standards und den „vier Freiheiten", die auf die Konkurrenz um Preis und Löhne abstellen und sie europaweit garantieren.[36] Wenn beispielsweise die EU-Kommission über eine Direktive die regelmäßige Ausschreibung der Schlepper-Dienste in den EU-Häfen erzwingt, so setzt sie einen Mechanismus in Gang, der die Unternehmen zu kurzfristig-exploitativen Praktiken drängt. Dies steht in einem eigenartigen Verhältnis zu den Ausstattungen der EU-Offiziellen selbst, die

---

33 Vgl. Sigrid Baringhorst, Fremde in der Stadt. Multikulturelle Minderheitenpolitik, dargestellt an der nordenglischen Stadt Bradford, Baden-Baden: Nomos 1992.
34 Vgl. Böcker/Thränhardt (2003).
35 Vgl. Manolo Abella und A. Abrera-Mangahas, Sending Workers Abroad: A Manual for Low and Middle Income Countries, Genf: ILO 1995.
36 Vgl. zu diesem Problem im Bau-Bereich Uwe Hunger, Der rheinische Kapitalismus in der Defensive. Eine komparative Policy-Analyse zum Paradigmen-Wechsel in den Arbeitsmarktbeziehungen am Beispiel der Bauwirtschaft, Baden-Baden 2000.

von Beamten-Sicherheit, Überversorgung und einer gewissen Zahl korruptiver Praktiken gekennzeichnet sind.

Ein weiterer Fragenkomplex betrifft den privaten Status vieler Frauen-Arbeitsplätze in den Haushalten. Die Unterscheidung zwischen privat und öffentlich macht die Haushalte zu einem Raum, in dem Menschenrechte weniger durchsetzbar sind oder durchgesetzt werden. Die planmäßige ökonomische Einschränkung angeworbener Frauen und ihre Funktionalisierung zugunsten der ökonomischen Freisetzung einheimischer Frauen in Malaysia und Singapur ist eine besonders staatlich-politisierte Form des Einsatzes in reproduktiven Funktionen. Die Anwerbung in Haushalte in westlichen Ländern entspricht dem funktional, wenn es gleichzeitig eine entsprechende Bindung an den Haushalt (oder von Krankenpflegepersonal an ein Krankenhaus) gibt. In Deutschland und Italien mit ihrer Konzentration der Sozialpolitik auf die ältere Bevölkerung gibt es einen ähnlichen strukturellen Zusammenhang zwischen der Anwerbung kinderreicher Immigranten und der weitgehenden Kinderlosigkeit im akademischen Bereich.

Ein dritter Komplex betrifft die Gestalt des Sozialstaates. Wie Giuseppe Sciortino in unserem Band für Italien ausführt, kann auch ein umfangreicher Wohlfahrtsstaat spezifische Lücken haben, die dann die Beschäftigung minderbezahlter Immigranten in spezifischen Beschäftigungen zur Folge haben. Andererseits wirken der Mißbrauch des Wohlfahrtsstaates zur Verschleierung von Arbeitslosigkeit wie in dem riesig ausgebauten niederländischen Arbeitsunfähigkeitssystem (WAO) oder der Ausschluss von Migranten vom Arbeitsmarkt ebenfalls exkludierend, was Nachwirkungen für die ganze Gruppe haben kann.

Gleichberechtigung und gleiche Rechte sind ein Grunderfordernis einer guten Einwanderungsgesellschaft. Vergleichende Analysen, etwa der Vergleich zwischen Deutschland und den Niederlanden, machen allerdings skeptisch in Bezug auf die Wirkung von Anti-Diskriminierungsgesetzen.[37] Die Mechanismen können so angeordnet sein, dass sich kontraproduktive Effekte ergeben – so etwa die Nichteinstellung von Migranten, wenn die Arbeitgeber Folgemechanismen fürchten, die bei Nichteinstellung nicht zu erwarten sind. Demgegenüber scheinen integrative Mechanismen positive Wirkungen zu zeigen, wenn sie solidarisierende Wirkungen auslösen, wie dies etwa im deutschen Betriebsverfassungssystem angelegt ist.

---

37 Vgl. Roger Zegers de Beijl, Documenting discrimination against migrant workers in the labour market. A comparative study of four European countries, Genf: ILO 1999; Dietrich Thränhardt, Einwanderungs- und Integrationspolitik in Deutschland und den Niederlanden, in: Leviathan, 30. Jg. 2002, S. 220-249.

4. Wie Migrationstaaten Frauenpolitik machen

Ein faszinierender internationaler Einblick ergibt sich in unserem Band in Bezug auf die Frauenpolitik der Migrationsstaaten. Sehr eindeutig bestimmt Christine Chin in ihrem Beitrag über die spezifische Politik Malaysias und Singapurs den Zusammenhang. Einheimische Frauen sollen nach dem Konzept der Regierung die Hände frei haben, um gehobene Aufgaben in der Wirtschaft und der Verwaltung des Landes wahrzunehmen. Gleichzeitig sollen sie Kinder gebären und aufziehen. Um beides vereinbaren zu können, werden Frauen aus dem Ausland angeworben, die dem wachsenden Kreis der Mittelstandshaushalte zur Verfügung stehen. Der Staat sorgt für ihre Anwerbung, hält sie über seine Einwanderungsarrangements ständig disponibel und sorgt schließlich auch für ihre Rückführung ins Herkunftsland. Indem Haushalte für ihre Angestellten außerdem von Arbeitsschutzbestimmungen freigestellt werden, sind die angeworbenen Frauen ihren Arbeitgebern völlig ausgeliefert. Christine Chin bringt dafür in ihrer Dissertation[38] noch weitergehende und gravierende Beispiele. Während die malaysische Politik dabei volksgruppenorientiert vorgeht und vor allem die malayischstämmigen Familien stärken und privilegieren will, ist die Politik Singapurs an eugenischen Kriterien orientiert und will den Kinderreichtum vor allem von Akademikerinnen fördern. Die Politik beider Länder ist produktivistisch ausgerichtet und versucht, die Gesellschaften mit Hilfe der Strukturierung der sozialen Rollen der einheimischen und der ausländischen Frauen zu formen.

Vieles an diesen Konzepten der beiden postkolonialen Staaten erinnert an Systematiken des Kolonialzeitalters, in dem im gleichen Raum mit dem gezielten Import von Arbeitskräften für bestimmte Funktionen politische und wirtschaftliche Ziele verfolgt wurden, damals allerdings überwiegend mit dem Einsatz von Männern. Über Gebühren wird etwa die Hälfte des potenziellen Einkommens der angeworbenen Frauen abgeschöpft. In Singapur hat dies regulierenden Charakter, während es in Malaysia informelle Beschäftigung attraktiv macht und damit einen weiteren fließenden Übergang zu Mißbräuchen aller Art schafft – innerhalb wie außerhalb anwerbender Familien.

Gleichwohl ergibt sich bei den angeworbenen Frauen noch eine Stratifizierung. Englischsprechende Filipinas – unter Umständen besser ausgebildet als ihre Arbeitgeberinnen – haben einen höheren Status als Frauen aus Indonesien oder Sri Lanka. Dies hängt wiederum eng mit der Arbeitsexportpolitik von Ländern wie den Philippinen zusammen, die Qualifikation für den Export von Arbeitskräften betreiben und geschlechtsspezifisch spezifizieren.[39]

Im Unterschied zu der produktivistisch-modernisierenden Politik der beiden

---

38 Chin (1998).
39 Sylvia Chant und Cathy McIlwaine, Women at a Lesser Cost. Labour, Foreign Exchange and Philippine Development, London: Pluto Press 1995, insbesondere S. 122 ff.

südostasiatischen Staaten zeigt auch die Frauenpolitik der Ölstaaten am Golf die Züge einer Rentier-Ökonomie. Hier werden die einheimischen Frauen nicht freigesetzt, sondern nur von unerwünschten Arbeiten entlastet. In den meisten Golf-Staaten bleiben sie an das Haus gebunden, nur in Kuwait steigt der Anteil einheimischer Frauen in der öffentlichen Verwaltung.[40] Die Gesellschaft bleibt traditionalistisch, mit dem Effekt sehr hoher Geburtenraten – den höchsten in reichen Gesellschaften, was das System auf mittlere Sicht instabil macht, weil dieses Luxusniveau auch bei hohen Ölpreisen nicht auf immer mehr Köpfe ausgedehnt werden kann. Das Kafala-System und die weitgehende Rechtlosigkeit der Migranten wirkt sich auf Frauen noch stärker aus als auf Männer, weil es auch die Möglichkeit sexueller Ausbeutung enthält. Über die Jahrzehnte ist es nicht nur zu einer Asiatisierung, sondern auch zu einer Feminisierung der Migration gekommen, allerdings nicht als Ergebnis gezielter Politik, sondern indem den Wünschen der privilegierten Bürger der Golfstaaten nachgegeben wurde.

Überraschend an der Analyse Giuseppe Sciortinos ist, das die Politikergebnisse in Italien denen in Malaysia stark ähnelt. Hier wird dies nicht als staatliche Politik formuliert, sondern Italien hat ganz im Gegenteil ebenso wie andere europäische Staaten weitgehende Verpflichtungen über Menschenrechte, gleichberechtigte Entlohnung und Arbeitsschutz übernommen. Es hat diese Rechte für seine eigenen Bürger im Ausland auch immer wieder eingefordert. Sciortino zeichnet aber nach, dass diese Politikergebnisse durchaus Resultat staatlichen Handelns und staatlicher Strukturierung sind, mit der Migration ermöglicht, in die Nische der abhängigen Hausarbeit gelenkt, feminisiert und illegalisiert wurde. Möglich wurde dies durch die weitgehende Entscheidungsfreiheit der Behörden, die durch die Gesetzgebung wenig gebunden sind, indem die Gesetze schwammig formuliert sind und zudem durch Verwaltungsdekrete konterkariert werden. Mit dem Asylgesetz vom Juni 2003 ist die uneingeschränkte Entscheidungsfreiheit der Behörden noch einmal verstärkt worden.[41] Letztlich arbeiten Migranten deswegen in Italien ebenso wie in den beiden erwähnten asiatischen Ländern haushaltsabhängig, wenig produktiv und ohne Rücksicht auf ihre Qualifikation. All dies bezieht sich allerdings nur auf *Extracommunitari*, also Ausländer, die nicht Bürger der EU (oder Amerikaner und Japaner) sind. Zahlenmäßig ist der Anteil dieser Gruppe, wie Sciortino ausführt, ständig angewachsen.

Sciortino bezieht all diese Phänomene auf die Struktur des italienischen Wohlfahrtsstaates, der sich in seiner Struktur ganz weitgehend auf die Familien stützt und – abgesehen vom Gesundheitssektor – wenig direkte Dienste für Kinder, Senioren oder Pflegebedürftige anbietet. Mit zunehmender Berufstätigkeit der Mittelschicht-Frauen und der Chance für Arbeiterfrauen, andere Berufe zu ergreifen, kam es deswegen zu einem Bedarf an Haushaltsarbeitskräften, der mit Hilfe kirchlicher Kanäle hauptsächlich aus katholischen Ländern gedeckt wurde. Wenn Scior-

40 Massey (1998, S. 143).
41 Vgl. Corriere della Sera, 9.6.2003.

tinos These zutrifft, dass all diese Phänomene mit dem konservativen Typ des Wohlfahrtsstaates zusammenhängen, wie ihn Esping-Anderson definiert hat,[42] müssten all diese Phänome auch in anderen konservativen Wohlfahrsstaaten zu finden sein. In der Tat gibt es etwa in Deutschland eine zunehmende Zahl illegaler Arbeitskräfte, die in der Kinderbetreuung, der Altenpflege oder in Haushalten arbeiten. Ein großer Teil der Arbeit in der Altenpflege wird aber durch legale Arbeitskräfte ausgeübt, oft mit Migrationshintergrund. Im Vergleich zu Italien bietet Deutschland mehr staatliche oder wohlfahrtsverbandliche Dienstleistungen an, allerdings mit empfindlichen Lücken in der Kleinkinderbetreuung und bei der Halbtagsschule. Zudem ergibt sich ein Unterschied daraus, dass in Deutschland die Arbeitskräfte-Anwerbung nicht haushaltsbezogen, sondern industriebezogen begonnen hat und die Industrie bis heute dominiert. Die Haushaltsfalle schlägt also weniger scharf zu und wird nicht vom Staat organisiert. Im Gegensatz zu Italien wohnen auch illegale Arbeitskräfte in Deutschland typischerweise nicht im Haus des Arbeitgebers (mit allen Folgeabhängigkeiten), sondern sie bieten ihre Dienste stunden- oder tageweise an.[43] Für die neue informelle Einwanderung aus Osteuropa gilt aber ähnliches wie in Italien.

Sciortinos Argument gilt auch für den liberalen Typ des Wohlfahrtsstaates. In der Tat arbeitet auch in den USA eine große Zahl illegaler Frauen in Haushalten. Einzig im „sozialdemokratischen" Typ des Wohlfahrtsstaates, in dem staatlicherseits breitgestreute Dienste angeboten werden, ist dieses Phänomen – wie Sciortino argumentiert – nicht systembedingt. Besonders kritisch wird es in Verbindung mit einem rigiden Einwanderungs- und Grenzregime wie in den USA. In Europa ist es typisch für diesen Zusammenhang, dass die neue Rechtlosigkeit von Frauen sich inzwischen von den EU-Beitrittsstaaten auf Russland und die Ukraine verlagert hat.[44]

Insgesamt zeigen diese Analysen, dass sich die Erklärung gerade der spezifischen Formen der Frauenmigration und der entsprechenden Abhängigkeiten nicht einfach nur auf die ökonomische Ungleichheit beziehen kann. Vielmehr wirken Staaten strukturierend. Ökonomisch starke Staaten sind frei, Migrationsströme einzuleiten. Es ist allerdings schwer, sie abzubrechen oder einzuschränken. Wichtig ist der Hinweis Sciortinos, dass es nicht nur auf die explizite Politik ankommt, sondern dass Strukturen und andere Teilpolitiken den Rahmen setzen. Gerade bei der Einwanderung von Frauen zeigt sich, dass es Länder gibt, die sie in quantitativer Hinsicht sehr gering halten – wie etwa Japan, andere, die sie mit einem zielori-

---

42 Gøsta Esping-Andersen, The Three Worlds of Welfare Capitalism. Cambridge: Cambridge University Press 1900; Ders., Why We Need a New Welfare State, Oxford: Oxford University Press 2002.
43 Kyoko Shinozaki, Geschlechterverhältnisse in der transnationalen Elternschaft. Das Beispiel philippinischer Hausarbeiterinnen in Deutschland, in: Beiträge zur feministischen Theorie und Praxis, 62/2003, S. 67-85.
44 Gefesselt an unsichtbare Ketten, in: Süddeutsche Zeitung Nr. 140, 21.6.2003; Titelgeschichte Der Spiegel Nr. 26, 23.6.2003.

entierten Konzept hochfahren – wie Malaysia und Singapur –, andere wieder, die sie auf Grund der Implementationsart ihrer Einwanderungsverwaltung geschehen lassen – wie die Golfstaaten – und schließlich solche, die sie wegen der Lücken in ihrer Sozialpolitik strukturell benötigen – wie Italien und die USA. In einer Situation weltweiter ökonomischer Ungleichheit strukturieren Staaten die Positionen, die Migrantinnen einnehmen und die Möglichkeiten ihres Schutzes. Theoretische Ansätze, die dies vernachlässigen, greifen zu kurz.[45]

---

45 So in Bezug auf Saskia Sassens Theorie der „Global Cities" auch Massey u.a. (1998, S. 150). Hinzuzufügen ist die Beobachtung, dass es einerseits am Golf keine „global city", wohl aber eine starke Einwanderung gibt, andererseits in der Weltstadt Tokyo eine vergleichsweise geringe Einwanderung von unter einem Prozent. Vgl. dazu Thränhardt (1999, S. 203-223). Vgl. auch Brian Barry und Robert E. Goodin (Hrsg.), Free Movement: Ethical Issues in the Transnational Migration of People and of Money, ORT: Harvester 1992.

Teil 1: Migration, Globalisierung und Staatensystem

James F. Hollifield

Offene Weltwirtschaft und nationales Bürgerrecht: das liberale Paradox*

1. Einleitung

Die Warnung der deutschen IT-Industrie, fehlende Rekrutierungsmöglichkeiten von ausländischen Computer- und Softwareingenieuren bedeuteten für die deutschen Unternehmen einen internationalen Wettbewerbsnachteil, veranlasste die deutsche Bundesregierung im Mai 2000 ein „Green Card"-Programm einzuführen, mit dem bis zu 20.000 hochqualifizierten Arbeitskräften außerhalb der EU die Einreise nach Deutschland erlaubt werden sollte. Um Unterstützung für diese Initiative zu gewinnen, erklärte Bundeskanzler Gerhard Schröder, Deutschland müsse in Zeiten der Globalisierung weltoffen sein. Die internationale Konkurrenz um die besten Köpfe sei groß und Deutschland mache einen Fehler, wenn es an diesem Wettbewerb nicht teilnehme. Diese Äußerung spiegelt eine grundlegende Wende in der deutschen Ausländerpolitik hin zu einer Einwanderungspolitik wider. Neben der Änderung des deutschen Staatsangehörigkeitsrechts – das von der rot-grünen Regierung 1999 eingeführt wurde und zum ersten Mal den Erwerb der Staatsangehörigkeit qua Geburt auf dem Gebiet der Bundesrepublik (ius soli) vorsieht – verdeutlicht auch das neue Green Card-Programm die neue liberale Einwanderungspolitik Deutschlands. Zeitgleich mit der Verabschiedung des Green Card-Programms erklärte die Regierung Schröder allerdings, dass es den IT-Arbeitern nicht gestattet werden sollte, auch ihre Familien mitzubringen. Die Regierung korrigierte diese Politik jedoch kurz darauf und führte ein Niederlassungsrecht und Möglichkeiten der Familienzusammenführung ein, nachdem Menschenrechtsgruppen diese Politik kritisiert und Experten darauf aufmerksam gemacht hatten, dass es schwierig sein dürfte, eingeladene Spezialisten an einer Niederlassung zu hindern.

Diese jüngste Entwicklung in der deutschen Einwanderungsgeschichte spiegelt das Dilemma wider, mit dem moderne Staaten im Zuge der Globalisierung[1] und der Zunahme internationaler Bevölkerungsbewegungen konfrontiert werden. Sie sind in einem „liberalen Paradox" gefangen (Hollifield 1992a). Seit dem Ende

---

* Aus dem Englischen übersetzt von Vivian Herrmann, Universität Münster.
1 Hier definiert als Zunahme des internationalen Austausches.

des 2. Weltkriegs haben die internationalen ökonomischen Entwicklungen – Handel, (Direkt-)Investitionen und Migration – die Staaten auf der einen Seite zu immer weiterer Öffnung getrieben, während das internationale Staatensystem und mächtige (inländische) politische Interessen sie auf der anderen Seite zu einer größeren Abschottung drängten. Dies ist ein *liberales* Paradox, weil es einige der Widersprüche hervorhebt, die dem Liberalismus generell innewohnen.

Seit dem 18. Jahrhundert, als Adam Smith die Grundsätze des ökonomischen Liberalismus in seiner Abhandlung „The Wealth of Nations" (Vom Wohlstand der Nationen) niederlegte, dominiert die Ideologie des Freihandels die internationalen Beziehungen. Mit dem Ausbau des Britischen Empires – das seinen Höhepunkt im Viktorianischen Zeitalter im 19. Jahrhunderts erreichte – und der Vorherrschaft Amerikas im internationalen Staatensystem nach dem 2. Weltkrieg wurde es immer schwieriger, Smiths Argumente anzufechten, dass nämlich liberale Volkswirtschaften und Freihandel die besten Wege seien, Wohlstand, Macht und Sicherheit der Nationalstaaten zu mehren.[2] Die Katastrophe des Ersten Weltkriegs und seine Nachwirkungen von Isolationismus, übertriebenem Nationalismus, Protektionismus und Wirtschaftskrise haben letztlich nur dazu beigetragen, diese Auffassung zu bekräftigen. Nach 1945 beschlossen die westlichen Siegermächte, die Fehler der zwanziger und dreißiger Jahre nicht zu wiederholen, Großbritannien und die Vereinigten Staaten waren dabei federführend. Sie errichteten deshalb eine neue Weltordnung, die auf den Prinzipien des Freihandels und der Achtung grundlegender Menschenrechte basierte (Rosecrance 1986; Jacobson 1996).

Das Problem bestand jedoch darin, dass in den internationalen Beziehungen weiterhin die Nationalstaaten Inhaber von Macht und Autorität sind. Seit dem Westfälischen Frieden von 1648 hat sich das internationale Rechtssystem auf die Unantastbarkeit der Nationalstaaten gestützt. Gemäß der auf Hugo Grotius zurückgehenden Tradition des Völkerrechts muss ein Staat, um existieren zu können, ein Territorialgebiet, eine Bevölkerung sowie die Fähigkeit der Selbstregierung besitzen. Wenn ein Staat diese Kriterien erfüllt, kann er als unabhängig angesehen werden. Er besitzt damit Souveränität. Stephan Krasner (1999) bezeichnet dies ironisch als die „organisierte Scheinheiligkeit". Wenn ein Staat souverän ist, besitzt er eine Rechtspersönlichkeit und damit die Fähigkeit, mit anderen Staaten in Beziehung zu treten.

Transnationalismus, in Form von Handel, grenzüberschreitende Investitionen und Migration kann die Souveränität und die Unabhängigkeit eines Staates jedoch herausfordern. Migration stellt in diesem Sinne eine besondere Herausforderung dar, da eine (unbefugte) Überschreitung der Staatsgrenze eine Verletzung des Souveränitätsprinzips nach sich ziehen kann, was wiederum eine territoriale Schließung provoziert (Hollifield 1994b; Sassen 1996; Joppke 1998a). In jeder Region der

---

2 In diesem Zusammenhang ist es wichtig zu erwähnen, dass Smith nicht über das Ausmaß der internationalen Migration besorgt war, da, wie er es nennt, „der Mensch von allen Arten des Gepäcks das schwierigste zu transportieren ist".

Erde – mit Ausnahme von Westeuropa – sind die Staatsgrenzen unantastbar und verkörpern eine elementare Organisationsstruktur im internationalen System (Andreas/Snyder 2000). Im Gegensatz zum Güterhandel und den internationalen Finanzflüssen kann Migration die Bevölkerung verändern und spalten. Rey Koslowski (2000) hat dies treffend als „demografische Aufrechterhaltung des Systems" beschrieben. Wenn sich zu viele Ausländer im Staatsgebiet aufhalten, kann es für einen Staat problematisch werden, seine Bevölkerung gegenüber anderen Staaten genau zu bestimmen. Die einheimische Gesellschaft kann sich bedroht fühlen, und es kann zu sozialen oder politischen Bewegungen gegen Einwanderung kommen. Schließlich – und das betrifft den Kern des politischen Liberalismus – kann die Bürgerschaft oder der *demos* so umgeformt werden, dass die Legitimität der Regierung und die Souveränität des Staates untergraben werden. Dadurch kann Migration als eine Bedrohung der inneren Sicherheit angesehen werden, und es kann zu Konflikten innerhalb und zwischen Staaten kommen (Weiner 1993, 1995; Huntington 1996). Daher das liberale Paradox: Die ökonomische Logik des Liberalismus verlangt Offenheit, die politische und rechtliche Logik verlangen eher Abschottung. Wie kann ein Staat dieses Paradox auflösen?

Um diese Frage zu beantworten, müssen wir 1. die Ursachen und die Folgen internationaler Migration analysieren, 2. untersuchen, wie Staaten Migration im Zeitalter der Globalisierung zu regulieren versuchen, und zwar so, dass man 3. die Entwicklung nachvollziehen kann, die letztlich zur Transformation des Nationalstaates zu einer Art 'Migrationsstaat' führt.[3]

2. Ursachen und Konsequenzen internationaler Migration

Am Beispiel Deutschlands kann man zeigen, wie Migration zudem zu einem bedeutenden Charakteristikum für die internationale politische Ökonomie wurde. Im 18. und 19. Jahrhundert war Deutschland – damals nur ein loses Staatengebilde, bis es 1871 unter Bismarck vereint wurde – vor allem ein Auswanderungsland.

---

3 In den Theorien der Internationalen Beziehungen wurden Staaten zunächst aufgrund ihrer Sicherheitsfunktion definiert und charakterisiert (Waltz 1979), d.h. aufgrund ihrer Fähigkeit zum Schutz ihres Territorialgebietes und ihrer Bewohner. Mit dem Beginn der industriellen Revolution in Europa wurde die Sicherheitsfunktion um die Bedeutung von Macht und des internationalen Interesses erweitert. Die Interdependenztheorie (Keohane/Nye 1977) hat darauf aufmerksam gemacht, dass Staaten mehr und mehr durch den Welthandel und die internationale Finanzwirtschaft miteinander verflochten werden, was sie dazu zwingt, durch internationale Regime und Institutionen miteinander zu kooperieren. Richard Rosecrance (1986) ging einen Schritt weiter und sagte, dass die Staaten im 20. Jahrhundert stufenweise von ihrer territorialen Abhängigkeit und vom Militär als Machtquelle befreit wurden. Der Sicherheitsstaat wurde vom Handelsstaat abgelöst. An dieser Stelle könnte man daher argumentieren, dass Migration und Handel untrennbar miteinander verbunden sind – sie sind zwei Seiten der gleichen Medaille. Die zunehmende Bedeutung des Handelsstaats bringt daher auch eine steigende Bedeutung des Migrationsstaats mit sich.

Millionen von Deutschen wanderten nach Osteuropa und in Richtung des amerikanischen Kontinents aus (Bade 1992). Erst am Ende des 19. Jahrhunderts verzeichnete die deutsche Wirtschaft ein Wirtschaftswachstum, das den Bevölkerungs- und Arbeitskräfteüberschuss absorbieren konnte.

Starke *Supply-Push* Faktoren traten auf, die die Deutschen zwangen, ins Ausland zu gehen. Zur gleichen Zeit gab es starke *demand-pull* Kräfte, die Deutsche dazu brachten, ins benachbarte Ausland – nach Frankreich, in die Schweiz und die Benelux-Staaten – auszuwandern, um dort Arbeit zu suchen. Andere gingen nach Russland oder in die Vereinigten Staaten – angelockt durch die Aussicht billigen Landerwerbs und der Möglichkeit eines Neubeginns. In Russland wurde diese Migration durch die deutschstämmige Katharina die Große organisiert. Sie versuchte, durch Einwanderung die russische Landwirtschaft zu fördern und das Reich zu bevölkern. Ausgebildete deutsche Bauern sollten dabei als Pioniere dienen und den russischen Bauern neue Landwirtschaftstechniken näher bringen. Jahrhunderte lang haben Staaten Massenwanderungen organisiert, um ihre Kolonisierung und Wirtschaftsentwicklung voranzutreiben und damit einen wirtschaftlichen Vorsprung in der sich globalisierenden Wirtschaft zu gewinnen. In dieser Hinsicht ist Kanzler Schröders Bestreben, indische Softwareingenieure nach Deutschland zu bringen, das letzte Kapitel einer langen Geschichte dieser Art von Globalisierung.

Wenn sich jedoch erst einmal ein internationaler Arbeitsmarkt gebildet hat, ist es schwierig, ihn zu steuern und zu regulieren. Aufgrund von Kettenmigration und sozialen Netzwerken kann sich Migration schnell verselbstständigen (Massey 1987, 1998). Erzählungen von lukrativen Arbeitsmöglichkeiten im Ausland verbreiten sich von einer Familie auf die andere und von einem Dorf zum anderen – nicht selten wird dabei auch übertrieben. Zudem werden die Risiken und Kosten, die mit Migration generell verbunden sind, durch verwandtschaftliche Netzwerke reduziert, was zur Bildung größerer transnationaler Gemeinschaft führt und eine spezifische Form sozialen Kapitals erzeugt (Portes 1996, 1997). Aufgrund der Zunahme der internationalen Migration werden Staaten daher gewissermaßen gezwungen, neue Politiken zu erarbeiten, um mit der Aufnahme der Neuankömmlinge und ihrer Familien (im Aufnahmeland) bzw. mit der Abwanderung und der möglichen Rückkehr von Migranten umzugehen (bezogen auf das Herkunftsland). Ein Blick auf das 18. und 19. Jahrhundert – ein Zeitraum von relativ freier Migration für Europäer – zeigt, dass Staaten mit offenen Grenzen, wie etwa die USA oder Russland, froh darüber waren, Einwanderer aufzunehmen. Übervölkerte Gesellschaften, die durch Landflucht und anwachsende Städte gekennzeichnet waren, waren dagegen erleichtert, Massen von ungelernten und häufig ungebildeten Bauern und Arbeitern loszuwerden.[4]

---

4 Das Verhältnis von Land, Arbeitskräften und Kapital hat eine wichtige Rolle in der Geschichte der internationalen Migration gespielt, genau wie auch in der Geschichte des Handels (Rogowski 1989). Aber wie wir sehen werden, stellt dieser Typus der reinen Politischen Ökonomie nur eine Seite der Medaille dar.

Gegen Ende des 19. Jahrhunderts und Anfang des 20. Jahrhunderts befanden sich die Entsendegesellschaften mitten in der industriellen Revolution und traten in eine neue demografische Phase fallender Geburtenraten und einer stabileren Bevölkerungszahl ein. Der Nationalismus nahm zu (Hobsbawm 1990) und wurde im Hinblick auf die nationale Sicherheit für die Staaten zunehmend wichtiger, um ihre Bürger binden und demografische Aktiva aufbauen zu können (Koslowski 2000). Die Notwendigkeit, die nationale Bevölkerung für Steuer- und Wehrdienstzwecke zu regulieren, führte insbesondere seit dem 1. Weltkrieg zu einer Reisepass- und Visumsregelung und brachte gleichzeitig eine Einwanderungskontrolle und Einbügerungspolitik hervor (Torpey 1998).

Besonders amerikanische Botschafter und Rechtswissenschaftler haben bei der Durchsetzung des Prinzips mitgewirkt, dass ein Individuum nur eine Staatsbürgerschaft besitzen kann und der Besitz von nur einer Nationalität dem Individuum in einer feindlichen und anarchischen Staatenwelt das richtige Maß an Schutz bieten würde (Shaw 1997). Auswanderungsländer wie Deutschland tendierten dazu, ein Staatsangehörigkeitsrecht zu wählen, dass auf dem Abstammungsprinzip (ius sanguinis) basiert, während Einwanderungsländer wie die USA und Frankreich eine weiter gefasste politische Staatsangehörigkeitsregelung besitzen, der das ius soli Prinzip (Staatsangehörigkeit qua Geburt auf dem Territorium des Staates) zugrunde liegt. Das deutsche Staatsangehörigkeitsrecht von 1913 wurde konzipiert, um speziell die rückkehrenden Migranten aufzunehmen und den Kontakt mit den Auswanderern aufrecht zu erhalten. Dahingegen gilt in den USA das Recht auf Staatsangehörigkeit qua Geburt auf dem Gebiet der USA auch für Einwandererkinder, wie es im 14. Zusatzartikel (Amendment) der amerikanischen Verfassung festgelegt ist (Brubaker 1989, 1992; Schuck 1998). Es ist wichtig sich in Erinnerung zu rufen, dass der 14. Zusatzartikel in Folge des amerikanischen Bürgerkrieges eingeführt wurde. Hauptziel war es damals, ehemaligen Sklaven sofort und automatisch die amerikanische Staatsangehörigkeit zu geben. Im späten 19. und frühen 20. Jahrhundert entwickelte die amerikanische Einwanderungspolitik exkludierende Züge, wie dies etwa bei der Verabschiedung des 'Chinese Exclusions Act' von 1882 und des 'National Origins Quota System' im Jahre 1924 deutlich wurde (Smith 1997; King 2000; Hollifield 2000c).

Anhand dieser historischen Aufzeichnung können wir sehen, wie Migration die politischen und ökonomischen Entwicklungen in Europa und Amerika im 19. Jahrhundert beeinflusst hat. Bis zum Jahre 1914 wurde internationale Migration vor allem durch die Dynamik der Kolonisation sowie durch Sog und Druck internationaler ökonomischer Kräfte vorangetrieben (Hatton/Williamson 1998), obwohl viele Aufnahmeländer Probleme mit der Errichtung von nationalen Regulierungsmodellen zur Steuerung des wachsenden internationalen Arbeitskräftemarkts hatten. Illegale Einwanderung war noch nicht einmal das Hauptproblem der Politik. Es gab praktisch keine rechtlichen Regelungen für politische Migration, wie etwa für Flüchtlinge oder Asylsuchende. Alle Bemühungen um eine Regulierung der internationalen Migration wurden insbesondere durch den Ausbruch des Krieges 1914 in Europa verhindert, was auch die wirtschaftlich motivierte Migration stoppte. Krieg und Dekolonialisierung intensivierten den virulenten Nationalismus – häufig mit einer stark ethnischen Komponente. Krieg entzündete den Irredentismus und machte die neu gezogenen nationalen europäischen Grenzen brisant, was wiederum neue Formen von Migration hervorrief. Millionen von Vertriebenen, Flüchtlingen und Asylsuchenden überquerten im 20. Jahrhundert nationale Grenzen, um vor der „Gewalt zu flüchten" (Zolberg/Suhrke/Aguago 1989). Der 1. Weltkrieg markierte somit einen entscheidenden Wendepunkt in der Geschichte der Migration und der internationalen Beziehungen. Die Staaten kehrten nicht mehr zu der relativ offenen und freien Migration des 18. und 19. Jahrhunderts zurück, als ökonomische Faktoren (Push-Pull) noch als die Hauptgründe der Auswanderung galten (Thomas 1973). Statt dessen riegelte sich die Welt immer weiter voneinander ab, und man benötigte zum Reisen bald aufwendige Unterlagen. Der 1. Weltkrieg kennzeichnet den Höhepunkt und die letzte Phase des Imperialismus. Großbritannien und Frankreich kolonisierten den Mittleren Osten, und Unabhängigkeitskämpfe und Dekolonialisierung in Asien und Afrika kamen auf. Diese Entwicklung mündete letztendlich in der Vertreibung von Millionen von Menschen.

In der Zeit zwischen den zwei Weltkriegen wurde das „Westfälische System" der Nationalstaaten gestärkt und in den Kernstaaten der europäisch-atlantischen Region weiter institutionalisiert. Dieses System begann sich über den ganzen Globus auszubreiten und ging mit der Gründung von neuen Staaten bzw. oder der Neubildung von kleiner Staaten auf dem Gebiet der ehemaligen österreichisch-ungarischen Monarchie einher. Die Staaten hüteten ihre Souveränität wie ihren Augapfel, und die Menschen in allen Regionen identifizierten sich stärker mit staatsbürgerlicher und nationaler Identität. Im Zuge dieser Entwicklung bekam die Migration einen stärkeren politischen Charakter, indem die Existenz von Diasporas und die Bedeutung der Exil-Politik stärker in den Vordergrund traten (Shain 1989). Von diesem Zeitpunkt an hatten Grenzüberschreitungen das Potential, politisch zu sein, und Staaten versuchten, ihre Autorität mit aller Macht zu behaupten.

Die Zeit zwischen den Weltkriegen war durch starken Protektionismus und Nativismus gekennzeichnet (Eichengreen 1989; King 2000). Staaten erließen strikte Gesetze, um ihre Märkte und ihre Bevölkerungen zu schützen. Es zeigte sich, dass die internationale Gemeinschaft nicht darauf vorbereitet war, mit neuen Formen der politischen Migration umzugehen. Nach internationalem Recht sind Staaten nicht verpflichtet, Ausländer aufzunehmen. Wenn sie dies aber tun, dann verpflichten sie sich, sie in einer menschlichen und zivilisierten Weise zu behandeln. Der Sorge um die Rechte von Ausländern wurde ausdrücklich in Artikel 22 und 23 der Konvention des Völkerbundes Rechnung getragen, was eine Art rudimentäre

Menschenrechte hervorbrachte und darauf abzielte, Menschen in den Kolonien zu schützen (Shaw 1997).

Die Ereignisse der dreißiger und vierziger Jahre in Europa veränderten den Stellenwert der Migration in den internationalen Beziehungen jedoch für immer. Der 2. Weltkrieg, der Kampf gegen Faschismus und der nachfolgende Kalte Krieg führten zur Gründung der Vereinten Nationen und zu einem neuen Gesetzesgefüge für Flüchtlings- und Menschenrechte. Obwohl Staaten souveräne Kontrolle über ihr Territorium besaßen und das Prinzip der Nichteinmischung in innere Angelegenheiten anderer Staaten aufrechterhalten wurde, schuf die internationale Ordnung in der Nachkriegszeit doch neue Rechte für Individuen und Gruppen. So begründete die Genfer Flüchtlingskonvention von 1951 das Asylprinzip, das eine willkürliche Ausweisung oder ein Zurückschicken der Flüchtlinge in das Heimatland verhindert, wenn ein Individuum mit einer „wohlbegründeten Angst vor Verfolgung" einmal auf dem Gebiet eines sicheren Staates aufgenommen worden ist. Nach internationalem Recht hat der Einzelne das Recht auf eine rechtsförmige Anhörung, wobei jedoch kein Staat gezwungen werden kann, einen Asylsuchenden aufzunehmen (Goodwin-Gill 1996). Wenn ein Staat jedoch die Genfer Flüchtlingskonvention unterzeichnet hat, ist er nicht berechtigt, eine Einzelperson in ihr Heimatland zurückzuschicken, wenn ihr dort Verfolgung oder Gewalt angedroht wird. Dies ist das sogenannte Prinzip der Nicht-Zurückweisung.

Die Charta der Vereinten Nationen und die Allgemeine Erklärung der Menschenrechte, die im Dezember 1948 von der UN Generalversammlung verabschiedet wurden, bekräftigten das Prinzip der Rechte für Individuen „über Grenzen hinweg" (Jacobson 1996). Als direkte Antwort auf den Holocaust und andere Verbrechen gegen die Menschlichkeit unterzeichnete die Internationale Gemeinschaft 1948 die Konvention über die Verhütung und Bestrafung des Völkermordes. Neben diesen Entwicklungen des internationalen Rechts lässt sich generell eine wachsende Erweiterung der Menschenrechte in der Politik und der Rechtsprechung der mächtigsten freiheitlichen Staaten in Europa und Nordamerika erkennen (Cornelius/Martin/Hollifield 1994; Joppke 2001). Diese liberalen Entwicklungen des internationalen und nationalen Bürgerrechts befruchteten sich gegenseitig und brachten neue Rechte für Ausländer sowohl auf internationaler als auch auf nationaler Ebene hervor.[5]

Warum sind diese rechtlichen Entwicklungen so wichtig und wie können sie

---

5 In den letzten Jahren entwickelte sich eine Debatte zwischen Migrationsforschern über den Ursprung der Rechte für Migranten. Entspringen diese Rechte hauptsächlich aus innerstaatlichen Rechtsquellen (Joppke 2001) oder haben sie ihren Ursprung im internationalen Recht oder regionalen Menschenrechten (Soysal 1994; Jacobson 1996)? Offensichtlich spielen sowohl das inländische als auch das internationale Recht bzw. die internationalen Institutionen eine Rolle. Vom Standpunkt des internationalen Rechts sind Staaten aber immer noch die primären Schutzträger ihrer Bürger (Shaw 1996), und Menschenrechte hängen immer noch stark von dem Willen der mächtigsten freiheitlichen Staaten ab, diese Rechte voranzutreiben und einzufordern.

den Staaten helfen, sich von dem liberalen Paradox zu befreien? Im Gegensatz zu Handels- und Finanzflüssen, die durch internationale Institutionen wie der WTO und dem IWF vorangetrieben und reguliert werden, bedürfen die Wanderungen von Menschen über Grenzen hinweg qualitativ anderer Formen eines regulierenden Regimes – eines, das voll und ganz auf Bürger- und Menschenrechten basiert. Es ist fast eine Binsenweisheit zu sagen, dass Individuen, anders als Güter, Dienstleistungen oder Kapital, ihren eigenen Willen haben und dass sie Rechtssubjekte und Mitglieder von Gesellschaften (Hollifield 1992a; Weiner 1995) wie auch Bürger eines Gemeinwesens werden können (Koslowski 2000). Die Frage ist aber, in wie weit Staaten gewillt sind, ein internationales Regime zu schaffen, um die Bevölkerungswanderungen in geordneten Bahnen verlaufen zu lassen (Ghosh 2000), und in welchem Maße solch ein Regime auf nationale Bürgerrechte – im Unterschied zum internationalen Recht – angewiesen ist (Hollifield 2000a).

3. Migrationsregulierung im Zeitalter der Globalisierung

Die zweite Hälfte des 20. Jahrhunderts markiert ein wichtiges neues Kapitel in der Geschichte der Globalisierung. Durch Erleichterungen des Reiseverkehrs und der Verbesserung in der Kommunikationstechnologie nahm Migration weiter zu und erreichte ein neues Niveau. Anfang des 21. Jahrhunderts lebten ungefähr 150 Millionen Menschen außerhalb des Landes, in dem sie geboren waren oder dessen Staatsangehörigkeit sie besaßen (IOM 1996, 2000). Obwohl diese Zahl lediglich 2,5% der Weltbevölkerung ausmacht, ist ein exponentielles Wachstum bei internationalen Wanderungsbewegungen zu beobachten; es scheint ein anhaltendes Charakteristikum der globalen Wirtschaft zu sein. Es hat den Anschein, dass sich die ökonomischen Kräfte verstärken, die Menschen veranlassen zu wandern. Da mehr als die Hälfte der wandernden Weltbevölkerung aus den Entwicklungsländern stammt, sehen sich vor allem Staaten wie Südafrika und die Vereinigten Staaten, die an übervölkerte und unterentwickelte Staaten angrenzen, großen Herausforderungen und einem hohen Regulierungsbedarf gegenüber. Supply-Push-Kräfte bleiben stark, während Kommunikations- und Reiseerleichterungen die Migranten-Netzwerke verstärkt haben und es den potentiellen Migranten damit leichter als je zuvor machen, Informationen zu erhalten, die sie für ihre Entscheidung benötigen, ob sie auswandern wollen oder nicht.

Während die Angebotsdruck-Kräfte seit vielen Jahrzehnten gleichbleibend stark sind oder sogar zunehmen, variieren die demand-pull (Nachfragesog) Kräfte, und zwar sowohl in den OECD-Ländern als auch in den wohlhabenderen Entwicklungsländern, denen es vielfach an ausgebildeten, aber auch ungelernten Arbeitskräften mangelt. Die Öl-Scheichtümer am Persischen Golf sind hierfür wohl die besten Beispiele. Ein zunehmender Arbeitskräftemangel besteht aber auch in den Schwellenländern Ost- und Südostasiens (Fields 1994). Beispielsweise importieren

Singapur, Malaysia, Hong Kong und Taiwan billige Arbeitskräfte aus anderen südostasiatischen Ländern, vor allem aus den Philippinen und Thailand. Taiwan sieht sich einem Anstieg illegaler Migration vom Festland gegenüber, was eine Bedrohung der nationalen Sicherheit für das Inselvolk darstellt.

Mit wenigen Ausnahmen haben diese Entwicklungsländer keine ausgefeilten Gesetze oder Programme für die Migrationsregulierung entworfen. Und auch die wenigen existierenden Verträge oder Gastarbeiterprogramme umfassen keine Vorkehrungen für die Niederlassung oder Familienzusammenführung. Sie sehen nur wenige Rechte für Migranten vor und sind für Menschenrechtsverletzungen und willkürliche Vertreibungen anfällig. Die einzigen Schutzvorkehrungen, die sie haben, sind von den Regierungen ihrer Heimatländer vorgetragene Proteste gegen die schlechte Behandlung ihrer Staatsbürger. Aber in den meisten Fällen sind die Entsendeländer nicht bereit, einen Konflikt mit den Nachbarländern aufgrund einzelner Missbrauchsfälle zu riskieren. Sie haben Angst, den Zugang zu den Geldüberweisungen zu verlieren, die für viele Länder die größten Devisenquellen sind (Russell 1986). Deshalb sind es weiterhin ökonomische Motive, die internationale Migration in den Entwicklungsländern steuern. Das liberale Paradox ist damit ebenfalls nicht so akut, weil weniger rechtliche oder institutionelle Zwänge für das Verhalten von Staaten gegenüber ausländischen Bürgern bestehen.

In den fortgeschrittenen industrialisierten Demokratien stiegen die Einwanderungszahlen in der Nachkriegszeit ebenfalls. Über 40 Prozent der wandernden Weltbevölkerung befinden sich in Europa oder Amerika, ungefähr zehn Prozent der Bevölkerung dieser Länder ist im Ausland geboren (IOM 2000; OECD 1998). Die Bevölkerungswanderungen nach dem 2. Weltkrieg in die industrialisierten Kernstaaten Europas und Amerika verliefen in einigen ausgeprägten Schüben, was diese Bevölkerungswanderung von der transatlantischen Migration im 19. Jahrhundert und der heutigen wirtschaftlich motivierten Migration in der Dritten Welt unterscheidet. Wie bereits aufgeführt, war die erste Wanderungswelle nach dem 2. Weltkrieg hoch politisch, vor allem in Europa, wo große Bevölkerungsgruppen aufgrund von Grenzverschiebungen und ethnischen Säuberungen vertrieben wurden. Ein Großteil der überlebenden jüdischen Bevölkerung in Europa floh in die Vereinigten Staaten, nach Australien oder nach Israel, wohingegen die zahlenmäßig große deutschstämmige Bevölkerung in Osteuropa und Ostdeutschland in ein besetztes 'kleines' Deutschland umsiedelte. Bis zum Bau der Berliner Mauer 1961 kamen weitere 3 Millionen Flüchtlinge nach Westdeutschland. Viele von ihnen flohen bereits zum zweiten Mal. Als sich diese anfängliche Flüchtlingswelle erschöpft hatte und Europa sich in einem unruhigen Frieden befand, kamen neue Formen wirtschaftlich motivierter Migration auf, da durch die Aufteilung des Kontinents zwischen den beiden Supermächten Westdeutschland sowie auch andere Industriestaaten von dem traditionellen Angebot des Arbeitskräfteüberschusses in Osteuropa abgeschnitten wurden. Der schnelle Wiederaufbau der kriegsgeschädigten Volkswirtschaften Westeuropas in den fünfziger Jahren schöpfte das heimische Arbeitskräfteangebot vollständig ab, vor allem in Deutschland und Frankreich. Ebenso wie die USA, die über das Bracero-Programm (1942-1964) während des 2. Weltkriegs Gastarbeiter aus Mexiko angeworben hatten (Calavita 1992), schlossen auch die Industriestaaten im Nordwesten Europas bilaterale Abkommen mit Ländern in Südeuropa und der Türkei, die einen Arbeitskräfteüberschuss aufwiesen. Diese Abkommen sahen die Anwerbung von Millionen von Gastarbeitern während der fünfziger und sechziger Jahre vor (Miller/Martin 1982). Seit Beginn der Gastarbeiter-Phase wurden jedoch wichtige Unterschiede zwischen europäischen Staaten wie Frankreich, die eine echte Einwanderungspolitik verfolgten und Familienzusammenführung zuließen, und solchen Staaten wie der Schweiz deutlich, die eine strikte Rotations-Politik mit einem Minimum an Niederlassung und Familienzusammenführung anstrebten (Rogers 1985; Hollifield 1992a; Cornelius/Martin/Hollifield 1994). Deutschland entschloss sich ebenfalls, die Einwanderung auf Europäer zu begrenzen. Bis zum heutigen Tag hat Deutschland Probleme mit dem europäischen Charakter der Türkei und den türkischen Einwanderern in seinem Land. Großbritannien war in gewisser Weise ein Spezialfall und zwar in dem Sinne, dass die britische Wirtschaft weniger wuchs und Zugang zum irischen Arbeitskräftemarkt hatte, um Lücken zu füllen. Die Anstrengungen, die postkoloniale Migration zu regulieren, begann in Großbritannien zudem früher als in den ehemaligen Kaiserreichen des europäischen Kontinents (zum Beispiel in Frankreich und den Niederlanden), was in der britischen Politik eine Tendenz zu stärkeren Zuwanderungsbegrenzungen hervorbrachte.

Die Gastarbeiterphase endete in den USA mit der Abschaffung des bracero-Programms in den fünfziger Jahren. In Europa wurden die Gastarbeiterprogramme hingegen bis zu den ersten Zeichen einer wirtschaftlichen Abschwächung im Jahr 1966 fortgesetzt. Die große Wende in der westeuropäischen Migrationspolitik kam in den Jahren 1973-74, zum Zeitpunkt des ersten Ölpreisschocks und der Weltwirtschaftsrezession. Die europäischen Regierungen setzten alle Anwerbungsprogramme außer Kraft und ergriffen Maßnahmen zur Rückkehr der Ausländer in ihre Heimatländer. Es wurden Politikprogramme eingeführt, die die Niederlassung und Familienzusammenführung unattraktiver machen bzw. sie, wo möglich, verhindern sollten. Die vorherrschende Meinung war, dass die Migration von Gastarbeitern ausschließlich ökonomischen Grundsätzen folgte und dass Gastarbeiter einen Konjunkturpuffer darstellen sollten. Sie wurden in Zeiten eines hohen Wirtschaftswachstums und geringer Arbeitslosenquoten in den Arbeitsmarkt aufgenommen und sollten in Zeiten der Rezession wieder in ihr Heimatland zurückkehren (Miller/Martin 1982; Rogers 1985; vgl. auch Castles/Kosack 1973).

Waren die Regierungen Westeuropas mit der Verwirklichung eines internationalen Arbeitsmarktes im Hinblick auf die hohe Nachfrage nach ungelernten und angelernten Arbeitskräften erfolgreich, so kamen, als diese Arbeitskräfte nicht mehr gebraucht wurden, mächtige Supply-Push-Kräfte und Netzwerke ins Spiel, die eine Migration sogar nach der offiziellen Aufhebung der Anwerbe-Programme in den Jahren 1973-74 auf einem hohen Niveau aufrecht erhielten. In Frankreich setzte sich die Migration aus Nordafrika bis in die achtziger Jahre fort, in Deutschland hält die Migration aus der Türkei bis heute an. Allerdings ist diese Zuwanderung mehr eine Familien- als eine Arbeitskräftemigration. Die Familienzusammenführung in der Phase der Nachkriegsmigration wurde erst durch das Eingreifen und die Vermittlung von Gerichten möglich, als die Aufenthaltsrechte der Gastarbeiter und ihrer Familien erweitert wurden (Hollifield 1992a, 2000b). Die Regierungen und die Verwaltungsbehörden wurden durch rechtliche und verfassungsmäßige Beschränkungen in ihren Versuchen gestoppt, die Migrationsströme rückgängig zu machen. Staaten mit universalistischen und republikanischen Traditionen (wie die USA, Frankreich und im geringeren Maße auch Deutschland) und mit starker Gewaltenteilung, die eine starke und unabhängige Justiz einschließt (wie in den USA und Deutschland), hatten viel größere Schwierigkeiten, die Zuwanderung einzuschränken (Weil 1991; Hollifield 1994a, 1999b; Joppke 1998b, 2001). Großbritannien, dessen politisches System von parlamentarischer Dominanz, unitarischer Regierung und Abwesenheit einer universalistischen, republikanischen Tradition gekennzeichnet ist, ging rigider vor. Einige sprechen in Bezug auf Großbritannien daher von einem „abweichenden Fall" (Freeman 1994; vgl. Messina 1996/Hansen 2000).

Die Probleme bei der Gastarbeiteranwerbung hinsichtlich der Steuerung des Arbeitsmarktes in Westeuropa macht das 'liberale Paradox' sehr anschaulich. Der Arbeitskräfteimport war für Staaten und Arbeitgeber eine logische Maßnahme, um das hohe Niveau des nicht-inflationären Wachstums in den fünfziger Jahren aufrecht zu erhalten. Diese Maßnahmen wurden ergriffen, um den Trend der fortschreitenden Internationalisierung der Kapital-, Güter- und Arbeitskräftemärkte fortführen zu können. Von den internationalen Wirtschaftsorganisationen wurde das unterstützt, insbesondere von der OECD (Hollifield 1992a). Der Schweizer Schriftsteller Max Frisch prägte seinerzeit den Satz: „Wir riefen Arbeitskräfte, aber es kamen Menschen". Im Gegensatz zum Kapital können Migranten (als Menschen) Rechte erwerben, insbesondere im Zeitalter von Recht und Verfassung der freiheitlichen Staaten, die ihnen ein Mindestmaß an Rechtsstaatlichkeit und Gleichbehandlung gewähren. Als jedoch klar wurde, dass die Gäste „kamen, um zu bleiben" (Rogers 1985), reagierten die Regierungen mit der Verhängung eines Anwerbestopps für ausländische Arbeiter und versuchten, die bereits angesiedelten Migranten zur Rückkehr zu bewegen und Familienzusammenführung zu verhindern. Als ersichtlich wurde, dass dies nicht möglich war, lernten die Staaten nach und nach, sich mit der Tatsache abzufinden, dass eine große Anzahl von Gastarbeitern und ihre Familienmitglieder zu dauerhaften Einwanderern wurden. Die meisten Regierungen reagierten jedoch mit verstärkten Anstrengungen für eine weitere Einschränkung der Migration.

Das Regulierungsproblem der internationalen Migration führte in den achtziger Jahren dann zu verstärkten Grenzkontrollen, einem Anstieg interner Arbeitsmarktvorschriften und schließlich zur Integration der bereits sesshaften ausländischen Bevölkerung in die Aufnahmegesellschaften (Brochmann/Hammar 1999). Die Grenzkontrollen in Europa erforderten eine noch stärkere internationale Kooperation, vor allem unter den Mitgliedstaaten der Europäischen Gemeinschaft (EG). Die EG, heute EU, verpflichtete sich zu einem Europa ohne Grenzen, um die Idee eines gemeinsamen Marktes zu vollenden. Der Integrationsprozess erhielt durch die Einheitliche Europäische Akte (EEA) 1986 großen Auftrieb. Die Ratifizierung des Vertrags von Maastricht zur Europäischen Wirtschafts- und Währungsunion im Jahr 1993 begründete eine neue Art der Europäischen Staatsbürgerschaft (Caporaso 2000). Der Wunsch vieler Mitgliedstaaten, durch einen Einwanderungsstopp weitere Zuwanderung zu verhindern, führte zur Stärkung der gemeinsamen Außengrenzen und der Errichtung eines gemeinsamen Grenzregimes um das gemeinsame Gebiet sowie zur Harmonisierung der Asyl- und Einreisepolitik zur Schaffung eines grenzenlosen Europas (Hollifield 1992b; Uçarer 1997; Guiraudon/Lahav 2000).

Um den Aufbau eines europäischen Migrationsregimes zu unterstützen, wurden eine Reihe von Konventionen, die sich mit Migrations- und Sicherheitsauflagen beschäftigten, entworfen – das Schengener Abkommen von 1985 miteingeschlossen – bei denen sich die EU-Regierungen zur Abschaffung von Grenzkontrollen verpflichteten. Im Zuge der Abschaffung der Grenzkontrollen wurden die Einreisebestimmungen vereinheitlicht, um Wanderungsbewegungen von Staatsangehörigen aus Drittländern zu kontrollieren. So sieht der „Dubliner Vertrag" von 1990 vor, dass Asylsuchende ihren Asylantrag im ersten 'sicheren Land', in dem sie ankommen, zu stellen haben. Die Abkommen von Schengen und Dublin machten damit die ehemals kommunistischen Länder Mittel- und Osteuropas zu einer Art 'Pufferstaaten'. Die EU-Mitgliedstaaten konnten dadurch die Asylsuchenden in diese sicheren Drittstaaten zurückschicken, ohne gegen das Verbot der Zurückweisung der Genfer Konvention zu verstoßen. Die Abkommen von Schengen und Dublin sahen zudem die Beseitigung des sog. 'Asyl-Shopping' vor, in dem die Unterzeichnerstaaten dazu aufgefordert wurden, die Asylentscheidungen anderer Mitgliedstaaten zu akzeptieren. Demnach darf ein Asylsuchender nur in einem Staat Asyl beantragen. Voraussetzung ist, dass er nicht vorher schon ein sicheres Drittland im gemeinsamen Gebiet durchquert hat.

Die Verwirklichung der Einheitlichen Europäischen Akte (EEA) bis zum Jahr 1992 setzte, zusammen mit den Zielen des Vertrages von Maastricht, den bisher ehrgeizigsten Plan für eine regionale Integration und wirtschaftliche Liberalisierung in der Weltgeschichte in Gang. Aber gerade als dieser Prozess in den Jahren 1989-90 begann, veränderte sich mit dem Ende des Kalten Krieges und dem Kollaps der UdSSR und ihrer Satellitenstaaten in Mittel- und Osteuropa die strategische Situation in Europa gravierend. Dieser Wandel im internationalen System, der in den achtziger Jahren während der Glasnost-Ära unter Michael Gorbatschow begann, machte es für die Menschen einfacher, aus dem ehemaligen Ostblock auszuwandern und im Westen Asyl zu suchen. Das Ergebnis war ein drastischer Anstieg der Zahl der Asylsuchenden in Westeuropa, und zwar nicht nur aus Osteuropa, sondern aus der ganzen Welt.

In den achtziger und neunziger Jahren erreichte die internationale Migration mit Flüchtlingswanderungen und Asylsuchenden ein seit der Nachkriegszeit nie dagewesenes Niveau. Die Situation in Europa war durch das Wiederaufleben eines ethnischen Nationalismus jedoch komplizierter geworden (Brubaker 1996), so z.B. durch den Krieg auf dem Balkan und durch den dramatischen Anstieg der Flüchtlingszahlen in fast allen Regionen der Erde. Mitte der neunziger Jahre gab es weltweit über 16 Millionen Flüchtlinge, zwei Drittel davon aus Afrika und dem Nahen Osten. Das UN-Regulierungssystem für Flüchtlingsmigration, das während des Kalten Krieges entstanden war, um vor allem politisch Verfolgte aus kommunistischen Ländern aufzunehmen, kam plötzlich unter massiven Druck (Teitelbaum 1984). Das Amt des Hohen Flüchtlingskommissars der UN (UNHCR) wurde praktisch über Nacht zu einer der wichtigsten internationalen Institutionen. Beim Versuch der westlichen Demokratien, die Flut der Asylsuchenden einzudämmen, wurde dem UNHCR eine Rolle als Migrationskrisen-Manager geradezu aufgedrängt. Der Großteil der Asylanträge in Westeuropa und den USA wurde abgelehnt, was dazu führte, dass die westlichen Regierungen und die Öffentlichkeit zu dem Schluss kamen, dass die meisten Asylsuchenden eigentlich Wirtschaftsflüchtlinge seien (Fetzer 2000). Viele Menschenrechtsorganisationen fürchteten, dass die wirklich berechtigten, 'echten' Flüchtlinge in den Strudel der 'falschen' (also nicht berechtigten) Asylsuchenden hineingezogen würden.

Welche Schlussfolgerung auch immer aus der hohen Nichtanerkennungsrate der Asylanträge gezogen wird, es ändert nichts an der Tatsache, dass Flüchtlingsbewegungen in den letzten beiden Jahrzehnten des 20. Jahrhunderts schlagartig zunahmen, was die freiheitlichen Staaten in neue Probleme führte (Teitelbaum 1980, 1984). Ein großer Prozentsatz der Asylsuchenden, deren Antrag abgelehnt wurde, blieb in dem Gastland entweder legal – zur Entscheidung über ihre Fälle oder nachdem sie einige Jahre gewartet hatten – oder aber illegal, indem sie einfach untertauchten. Die begrenzten Möglichkeiten einer legalen Einwanderung nach Westeuropa führten zu einem enormen Anstieg illegaler Migration. Aufgrund der öffentlichen Wahrnehmung im Westen, dass die Einwanderung außer Kontrolle gerate, und mit dem Aufkommen von rechtsradikalen und fremdenfeindlichen Parteien und Bewegungen in einer zunehmenden Zahl westeuropäischer Staaten, zeigten die Regierungen eine deutliche Abneigung gegenüber Regelungen, die zu einer Erhöhung der legalen Einwanderung bzw. der derzeitigen Quoten geführt hätten.

Im Gegenteil, der öffentliche Druck hat zu einer Zunahme restriktiver Maßnahmen in Westeuropa und den USA geführt. Beispielsweise hat Deutschland 1993 durch eine Grundgesetzänderung das umfassende Recht auf Asyl, das im Artikel 16 GG verankert war, stark eingeschränkt. Auch Frankreich hat in den Jahren

1995-96 eine Reihe von Gesetzen (die Pasqua- und Debré-Gesetze) verabschiedet, die die Rechte der ausländischen Bevölkerung begrenzten und die Einbürgerung von Einwanderern erschwerten (Brochmann/Hammar 1999). 1996 erließ der republikanisch dominierte US-Kongress die 'Illegal Immigration Reform' und den 'Immigrant Responsibility Act', die die sozialen und wohlfahrtsstaatlichen Rechte der Einwanderer (der legalen sowie der illegalen) und die rechtsstaatlichen Rechte der illegalen Einwanderer und Asylsuchenden ebenfalls empfindlich einschränkten.

Während die Rechte der Einwanderer beschnitten wurden, unternahm der amerikanische Kongress auf Drängen des Präsidenten jedoch auch Schritte, um die legale Einwanderung auszuweiten. Dies galt insbesondere für hochqualifizierte Zuwanderer. So wurde Ende der neunziger Jahre das sog. H-1B Programm erweitert, das es amerikanischen Unternehmen ermöglicht, Ausländer anzuwerben, die über Qualifikationen verfügen, die in den USA nicht in ausreichendem Maß vorhanden sind. Die Mitte-Links-Regierungen in Frankreich und Deutschland verabschiedeten 1997 bzw. 1999 Gesetze, die die Einbürgerung liberalisierten. Die meisten europäischen Regierungen akzeptieren, dass ihre Länder nun multikulturelle Gesellschaften bzw. Einwanderungsgesellschaften sind. Versuche, auf Kosten der sesshaft gewordenen ausländischen Bevölkerung populistische Wählergruppen zu gewinnen, resultieren in noch mehr Fremdenfeindlichkeit und Rassismus. Darüber hinaus setzten die europäischen Regierungen neue Anwerbungsprogramme durch, um den stagnierenden oder sinkenden Bevölkerungszahlen und dem akuten Mangel hochqualifizierter Arbeitskräfte entgegenzuwirken. Sie eifern damit der amerikanischen und kanadischen Einwanderungspolitik nach und versuchen, ihre Ökonomien in einer sich schnell globalisierenden Welt wettbewerbsfähiger zu machen. Wie können diese scheinbar entgegengesetzten Trends erklärt werden? Haben Staaten einen Weg aus dem liberalen Paradox gefunden? Werden sie den ökonomischen Kräften folgen, die sie zu weiterer Öffnung antreiben, oder den politischen Kräften, die auf Schließung drängen?

4. Das Entstehen des 'Migrations-Staates'

In den kommenden Jahrzehnten werden internationale Bevölkerungsbewegungen wahrscheinlich weiter zunehmen, sofern nicht katastrophale internationale Ereignisse wie Krieg oder wirtschaftliche Depression eintreten. Die Gründe hierfür sind einleuchtend. Weltweite wirtschaftliche Ungleichheit bedeutet, dass Supply-Push-Kräfte stark bleiben, während sich zur gleichen Zeit Demand-Pull-Kräfte intensivieren (Martin/Widgren 1996). Die wachsende Nachfrage nach hochqualifizierten Arbeitskräften und der Bevölkerungsrückgang in den industrialisierten Demokratien werden für Einwanderer neue Türen öffnen. Transnationale Netzwerke werden immer dichter und effizienter und verflechten die Herkunfts- und Aufnahmeländer immer mehr. Diese Netzwerke helfen, Kosten und Risiken von

Migration zu senken, und machen es für die Menschen einfacher, sich über weite Entfernungen und über nationale Grenzen hinweg zu bewegen. Wenn Migration darüber hinaus legal nicht möglich ist, greifen Migranten mehr und mehr auf professionelle Schlepperbanden zurück, die sie illegal in die Zielländer schleusen. Die weltweite Industrie des sog. Migranten-Schmuggels – zumeist eine Art organisierter Kriminalität – ist in den letzten Jahrzehnten des 20. Jahrhunderts geradezu hochgeschnellt. Kaum eine Woche vergeht, in der nicht Menschen ihr Leben im Migranten-Schmuggel verlieren.

Migration kann nicht, wie andere transnationale ökonomische Aktivitäten (etwa Handel und Auslandsinvestitionen) in einem legalen oder institutionellen Vakuum stattfinden. Wie wir gesehen haben, haben sich die Staaten sehr früh mit der Organisation und Regulation von Migration beschäftigt und tun dies noch immer. Die Ausweitung der Rechte für Nichtstaatsangehörige war ein wichtiger Teil der Geschichte der internationalen Migration in der Zeit nach dem 2. Weltkrieg. In den meisten Fällen rühren die Rechte, die den Migranten zugesprochen werden, von einem freiheitlichen und rechtsstaatlichen Schutz her, der allen Mitgliedern der Gesellschaft garantiert wird (Hollifield 1992a, 1999a; Joppke 2001). Falls es demnach dem einzelnen Migranten gelingt, Anspruch auf Niederlassung auf dem Territorialgebiet eines freiheitlichen Staates zu erhalten, erhöhen sich die Chancen zu bleiben und sich niederzulassen. Gleichzeitig hat die Entwicklung der internationalen Menschenrechte dazu beigetragen, die Position des einzelnen Menschen gegenüber dem Nationalstaat zu festigen, und zwar in der Hinsicht, dass der Einzelne bzw. bestimmte Gruppen eine Art internationale juristische Persönlichkeit erworben haben. Dies hat zu Spekulationen geführt, ob wir bereits eine post-nationale Ära betreten, die durch 'universelle Personalität' (Soysal 1994), Ausweitung der 'Rechte über Grenzen hinweg' (Jacobson 1995) und sogar 'transnationale Staatsbürgerschaft' (Bauböck 1994) gekennzeichnet ist.

Die Regulierung internationaler Migration verlangt deshalb die Beachtung der (Menschen- oder Bürger-) Rechte des Einzelnen durch die Staaten. Wenn freiheitliche Staaten die Bürgerrechte nicht achten, riskieren sie, ihre eigene Legitimität zu verlieren (Hollifield 1999a). Sobald es mehr internationale Migration gibt, erhöht sich der Druck auf die freiheitlichen Staaten, neue und kreative Wege zur Steuerung der Migrationsströme finden. Die Ausgestaltung des internationalen Rechts muss diese Wirklichkeit berücksichtigen. Erworbene Rechte werden darüber hinaus zu einem immer zentraleren Thema der Außenpolitik. Neue Formen von internationalen Regimen müssen errichtet werden, um ein offeneres, dem Freihandel zugewandtes, internationales System zu etablieren. Eine auf Bürgerrechte gestützte internationale Politik muss daher auf die Agenda der internationalen Politik gesetzt werden (Cornelius/Martin/Hollifield 1994; Ghosh 2000).

Viele Politiker und politische Entscheidungsträger hoffen weiterhin auf marktgestützte Lösungen für die Probleme der internationalen Migration. Handel und ausländische Investitionen – die den Menschen Kapital und Arbeitsplätze entweder durch private Investitionen oder durch offizielle Entwicklungshilfe bringen – sollen Migration langfristig ersetzen, indem die Supply-Push- und Demand-Pull-Kräfte verringert werden (Martin/Widgren 1996). Handel soll auf lange Sicht zu einer Angleichung der Faktorpreise führen, wie es in der Europäischen Union der Fall war (Stolper/Samuelson 1941; Mundell 1957; Straubhaar 1988). Werden jedoch weniger entwickelte Länder den Marktkräften ausgesetzt, resultiert dies kurz- oder mittelfristig in einer Erhöhung (viel eher als in einem Rückgang) der Migration, wie man ganz eindeutig in der NAFTA-Zone und den amerikanisch-mexikanischen Beziehungen sehen kann (Martin 1993). Handel von Dienstleistungen stimuliert die 'Eliten'-Migration ebenfalls, weil diese Produkte häufig nicht ohne die Mobilität von Menschen produziert oder verkauft werden können (Ghosh 1997).

Kurz gesagt, die weltweite Integration der Güter-, Dienstleistungs- und Kapitalmärkte bringt einen höheren Grad internationaler Migration mit sich. Wenn Staaten Freihandel und Investitionen vorantreiben wollen, müssen sie deshalb auf eine Zunahme der Migration vorbereitet sein. Viele Staaten (wie z.B. Deutschland) sind offen und interessiert daran, 'Eliten'-Migration zu fördern, weil sich die Zahlen steuern lassen und es wahrscheinlich ist, dass der politische Widerstand bei Zuwanderung von hochqualifizierten Gruppen eher klein ist. Bei einer großen Zahl ungelernter und weniger ausgebildeter Arbeitskräfte ist es dagegen sehr wahrscheinlich, auf politischen Widerstand zu stoßen. Dies gilt sogar auch für Branchen, denen eine Arbeitskräftenachfrage besteht, wie etwa im Baugewerbe oder im Gesundheitswesen. In diesen Fällen neigen die Regierungen dazu, zu den alten Gastarbeitermodellen zurückzukehren, in der Hoffnung, gerade so viele zeitlich befristete Arbeitskräfte anzuwerben, um die Lücken auf dem Arbeitsmarkt zu schließen. Hier werden zumeist strikte Verträge zwischen ausländischen Arbeitnehmern und ihren Arbeitgebern geschlossen, die die Aufenthaltszeit und die Möglichkeit der Niederlassung oder der Familienzusammenführung begrenzen (Miller/Martin 1982; Hönekopp 1997). Die Alternative hierzu besteht in illegaler Einwanderung und einem wachsenden Schwarzarbeitsmarkt.

Im 19. und 20. Jahrhundert ist ein Staatstyp entstanden, den Richard Rosecrance (1986) als „Handelsstaat" bezeichnet hat. In der letzten Hälfte des 20. Jahrhunderts entwickelten sich „Einwanderungsländer". In der Tat gehen – von einem strategischen, wirtschaftlichen und demographischen Standpunkt aus betrachtet – Handel und Migration Hand in Hand, da der Wohlstand, die Macht und die Stabilität des Staates jetzt mehr denn je vom Willen abhängt, sich auf Außenhandel und Migration einzulassen (Lusztig 1996; Hollifield 1998). Mit der Einführung eines gemäßigten 'Green Card'-Programms versucht Deutschland eindeutig, den USA nachzueifern, unter der Annahme, dass Amerikas weltweite Konkurrenzfähigkeit und Macht eng mit der Bereitschaft zusammenhängt, eine große Zahl von hochqualifizierten Einwanderern aufzunehmen. Bei der Einwanderungsregelung zur Erlangung ökonomischer Sicherheit und Wahrung internationaler Konkurrenzfähigkeit folgen die Deutschen im besonderen und die Europäer im allgemeinen jedoch nur ungern amerikanischen und kanadischen Beispielen. Aber in einer wichtigen Hinsicht haben Deutschland und Europa in der Tat einen Vorteil gegenüber den USA, Kanada und Australien. Deutschland ist Teil einer regionalen wirtschaftlichen Unternehmung (der Europäischen Union), die nicht nur eine freie Handelszone geschaffen hat, sondern auch einen Raum für freien Personenverkehr. Mit der dritten Erweiterungsrunde der Europäischen Union, bei der im Jahr 2004 Estland, Lettland, Litauen, Polen, Tschechien, die Slowakei, Ungarn, Slowenien, Malta und Zypern sowie zu einem späteren Zeitpunkt Rumänien und Bulgarien aufgenommen werden sollen, wird der Bereich der Stabilität und des freien Verkehrs fast ganz Europa umfassen. Die Erfahrung zeigt, dass dies nicht in einen chaotischen Personenverkehr münden wird, sondern eher in molekulare Vor- und Rückwärtsbewegungen, die vollständig in der Verantwortlichkeit der Menschen liegen und die nicht von Erschütterungen und Ängsten angetrieben werden, sondern von persönlichen Anstrengungen (Thränhardt 1996).

Internationale Stabilität – ohne die Handel und Migration nicht möglich wäre – hängt zu einem großen Maße von der Fähigkeit der Staaten ab, mit Migration umzugehen. Es ist für Staaten extrem schwierig, wenn nicht sogar unmöglich, Migration nur unilateral oder bilateral zu steuern und zu kontrollieren. Man braucht immer irgendeine Art eines multilateralen oder regionalen Regimes ähnlich dem der Europäischen Union. Das EU-Modell, so wie es sich von Rom über Maastricht bis nach Amsterdam entwickelt hat, weist den Weg zu den Migrations-Regimen der Zukunft, weil es nicht völlig auf einem homo oeconomicus beruht, sondern Rechte für einzelne Migranten einschließt, die schrittweise erweitert werden (Carporaso 2000). Durch die Erweiterung der EU und die immer weitere Öffnung der Grenzen, wird das Problem der Staatsangehörigen von Drittstaaten, Einwanderern und ethnischen Minderheiten immer dringlicher. Um damit umgehen zu können, müssen neue Institutionen und Rechte geschaffen werden (Geddes 1994; Guiraudon 1998). Durch die Errichtung eines regionalen Migrations-Regimes und einer supranationalen Behörde zur Regelung der Migrations- und Flüchtlingsproblematik kann es der EU schließlich gelingen, das liberale Paradoxe zu überwinden.

Regionale Integration verfestigt den Handelsstaat und wird so zu einer Art Geburtshelfer für einen Migrationsstaat. In der Europäischen Union erwerben Migranten, Personen aus Drittstaaten miteingeschlossen, allmählich Rechte, die es ihnen erlauben, auf dem Gebiet der Mitgliedstaaten zu arbeiten und zu leben (Groenendijk; Guild/Barzilay 2000). Regionale Integration verwischt nach und nach die Territorialgrenzen, lindert die Probleme der Ausländerintegration und der nationalen Identität. Die Tatsache, dass es eine wachsende Trennung zwischen Volk und Lebensraum gibt – was in der Vergangenheit eine Krise der nationalen Identität hervorgerufen und die Legitimität der Nationalstaaten untergraben hat – ist ein geringeres Problem, wenn der Staat in ein regionales Regime, wie das der EU, eingebunden ist. Das bedeutet natürlich nicht, dass es keinen Widerstand gegen freien Handel oder Migration geben wird. Proteste gegen Globalisierung und Nativismus haben in der ganzen OECD-Welt zugenommen. Trotzdem macht regionale Integration – vor allem, wenn sie eine lange Geschichte hat und tief verwurzelt ist, wie dies in Europa der Fall ist – es für Staaten leichter, sich auf Außenhandel und Migration einzulassen und für Regierungen die Formen von politischen Koalitionen zu schaffen, die für die Unterstützung und Institutionalisierung einer weiteren Öffnung notwendig ist.

Es überrascht daher nicht, dass der neue mexikanische Präsident Vincente Fox ebenso wie sein Vorgänger Europa als Modell zur Problemlösung regionaler Integration ansieht, vor allem beim schwierigen Thema der illegalen mexikanischen Einwanderung in die USA. Sein Argument ist, dass freier Personenverkehr und offene Grenzen, die logische Fortsetzung der Nordamerikanischen Freihandelszone (NAFTA) darstellen. Die frühere mexikanische Regierung unter Ernesto Zedillo machte mit der Einführung einer Garantie der doppelten Staatsbürgerschaft für mexikanische Staatsbürger, die nördlich der Grenze leben, einen großen Schritt in diese Richtung. Die US-Regierung zögert jedoch, die wirtschaftliche und politische Integration so zügig voranzutreiben. Sie bevorzugt eher die Einführung eines neuen Gastarbeiterprogramms oder die Fortführung des bisherigen Systems, das eine massive illegale Einwanderung aus Mexiko toleriert. Nordamerika ist dennoch eindeutig die Region, die als nächste Schritte in Richtung eines regionalen Migrations-Regimes im Stile der EU unternehmen wird.

Obwohl es in Asien eine große Anzahl von ökonomisch motivierten Einwanderern gibt, ist diese Region in relativ geschlossene und oftmals autoritäre Gesellschaften geteilt, mit wenig Aussicht darauf, Migranten und Gastarbeitern Rechte zu gewähren. Die freiheitlicheren und demokratischen Staaten wie Japan, Taiwan und Südkorea sind Ausnahmen, aber sie haben erst kürzlich damit begonnen, sich mit den Problemen der Migration auseinander zu setzten (Cornelius 1994, 1998; Thränhardt 1999). Afrika und der Nahe Osten – beides Regionen, die eine hohe Zahl von Migranten- und Flüchtlingen aufweisen – sind dagegen sehr instabil. Diese Staaten haben zu unsichere institutionelle und juristische Kapazitäten, um mit internationaler Migration fertig zu werden. In den meisten reichen Ländern des Nahen Ostens und Südostasiens stellen zudem staatlich geförderte Ungleichheiten und Ausbeutung das Muster der Einwanderungspolitik dar (Chin 1998; Thränhardt 2002).

Als Fazit ist festzuhalten, dass Migration beides ist: eine Ursache und eine Folge von politischen und wirtschaftlichen Entwicklungen. Internationale Migration hat ebenso wie Handel beim Aufbau einer freiheitlichen Nachkriegsordnung eine Rolle gespielt. Weil Staaten immer liberaler und offener geworden sind, hat Migration zugenommen. Ob die Zunahme von Migration jedoch ein Tugend- oder ein Teufelskreis sein wird, wird sich noch zeigen. Sie kann destabilisierend wirken, das jetzige System aus dem Gleichgewicht bringen und das internationale System insgesamt in Anarchie, Unordnung und Krieg stürzen. Sie kann aber auch zu einer größeren Offenheit, zu einer Zunahme des Wohlstands, zu menschlicher Entwicklung führen. Entscheidend ist, wie Migration von den weltpolitisch einflussreichen freiheitlichen Staaten geregelt und reguliert wird. Um eine heftige politische Reaktion gegen Migration zu verhindern, wird es wichtig sein, die Rechte der Migranten zu achten und die Kooperation der Staaten bei der Schaffung eines internationalen Migrations-Regimes zu stärken. Wir haben davon gesprochen, dass die ersten zögerlichen Schritte in Richtung eines solchen Regimes in Europa unternommen wurden und dass Nordamerika wahrscheinlich folgen wird. Nur wenn freiheitliche Staaten kooperieren und dieses außergewöhnlich komplexe Phänomen gemeinsam lösen, wird es möglich werden, ein wirklich internationales Migrations-Regime unter der Schirmherrschaft der UN zu errichten. Es ist aber erlaubt, in dieser Hinsicht Zweifel anzumelden, da die Interessenasymmetrien vor allem zwischen der entwickelten und der weniger entwickelten Welt wohl zu groß sind, um die entstehenden Koordinations- und Kooperationsprobleme zu überwinden. Auch wenn Staaten unabhängiger von Handel und Migration geworden sind, ist es daher wahrscheinlich, dass sie noch für Jahrzehnte im liberalen Paradox gefangen bleiben.

Literatur

Andreas, Peter und Timothy Snyder (Hrsg.), 2000: The Wall Around the West: State Borders and Immigration Controls in Europe and North America, Boulder, Co.: Rowman & Littlefield.
Bade, Klaus J. (Hrsg.), 1992: Deutsche im Ausland-Fremde in Deutschland: Migration in Geschichte und Gegenwart, München.
Bauböck, Rainer, 1994: Transnational Citizenship: Membership and Rights in International Migration, Aldershot: Edward Elgar.
Brochmann, Grete und Tomas Hammar (Hrsg.), 1999: Mechanisms of Immigration Control: A Comparative Analysis of European Regulation Policies, Oxford: Berg.
Brubaker, Rogers (Hrsg.), 1989: Immigration and the Politics of Citizenship in Europe and North America, Lanham, Maryland: University Press of America.
Brubaker, Rogers, 1992: Citizenship and Nationhood in France and Germany, Cambridge, Mass.: Harvard University Press.
Brubaker, Rogers, 1996: Nationalism Reframed. Nationhood and the National Question in the New Europe, Cambridge: Cambridge University Press.
Calavita, Kitty, 1992: Inside the State: The Bracero Program, Immigration and the INS, New York: Routledge.
Caporaso, James A., 2000: Transnational Markets, Thin Citizenship, and Democratic Rights in the European Union: From Cradle to Grave or From Job to Job? Unpublished paper presented at the Annual Meeting of the International Studies Association, Los Angeles, CA.
Castles, Stephen und Godula Kosack, 1973: Immigrant Workers and Class Structure in Western Europe, London: Oxford University Press.
Chin, Christine B. N., 1998: In Service and Servitude. Foreign Female Domestic Workers and the Malaysian „Modernity" Project, New York: Columbia University Press.
Cornelius, Wayne A., 1998: The Role of Immigrant Labor in the U.S. and Japanese Economies, San Diego: Center for U.S.-Mexican Studies.

Cornelius, Wayne A., Philip L. Martin und James F. Hollifield (Hrsg.), 1994: Controlling Immigration: A Global Perspective. Stanford, California: Stanford University Press.
Eichengreen, Barry, 1989: The Political Economy of the Smoot-Hawley Tariff, in: Research in Economic History 12, S. 1-43.
Espenshade, Thomas J. und Charles A. Calhoun, 1993: An Analysis of Public Opinion Toward Undocumented Immigration, in: Population Research and Policy Review 12, S. 189-224.
Fetzer, Joel S., 2000: Public Attitudes toward Immigration in the United States, France, and Germany, Cambridge: Cambridge University Press.
Fields, Gary, 1994: The Migration Transition in Asia, in: Asian and Pacific Migration Journal 3/1, S. 7-30.
Freeman, Gary P., 1994: Britain, the Deviant Case, in: Wayne A. Cornelius, Philip L. Martin und James F. Hollifield (Hrsg.), Controlling Immigration: A Global Perspective, Stanford, California: Stanford University Press.
Geddes, Andrew, 1995: Immigrant and Ethnic Minorities and the EC's Democratic Deficit, in: Journal of Common Market Studies 33/2, S. 197-217.
Ghosh, Bimal, 1997: Gains from Global Linkages: Trade in Services and Movement of Persons, London: Macmillan.
Ghosh, Bimal, 2000: Managing Migration: Time for a New International Regime, Oxford: Oxford University Press.
Goodwin-Gill, Guy S., 1996: The Refugee in International Law, Oxford: Clarendon.
Groenendijk, Kees, Elspeth Guild und Robin Barzilay, 2000: The Legal Status of Third Country Nationals who are Long-Term Residents in a Member State of the European Union, Nijmegen: University of Nijmegen-Centre for Migration Law.
Guiraudon, Virginie, 1998: Third Country Nationals and European Law: Obstacles to Rights' Expansion, in: Journal of Ethnic Studies 24/4, S. 657-674.
Guiraudon, Virginie und Gallya Lahav, 2000: A Reappraisal of the State Sovereignty Debate: the Case of Migration Control, in: Comparative Political Studies.
Hammar, Tomas (Hrsg.), 1985: European Immigration Policy: A Comparative Study, New York: Cambridge University Press.
Hammar, Tomas, 1990: Democracy and the Nation-State: Aliens, Denizens and Citizens in a World of International Migration, Aldershot: Avebury.
Hansen, Randall, 2000: Immigration and Citizenship in Postwar Britain, Oxford: Oxford University Press.
Hatton, Timothy J. und Jeffrey G. Williamson, 1998: The Age of Mass Migration: Causes and Economic Impact, New York: Oxford University Press.
Hobsbawm, Eric, 1990: Nations and Nationalism since 1780, Cambridge: Cambridge University Press.
Hollifield, James F., 1992a: Immigrants, Markets and States: The Political Economy of Postwar Europe, Cambridge, Mass.: Harvard University Press.
Hollifield, James F., 1992b: Migration and International Relations: Cooperation and Control in the European Community, in: International Migration Review 26/2, S. 568-595.
Hollifield, James F., 1994a: Immigration and Republicanism in France: the Hidden Consensus, in: Wayne A. Cornelius, Philip L. Martin und James F. Hollifield (Hrsg.), Controlling Immigration: A Global Perspective, Stanford, California: Stanford University Press.
Hollifield, James F., 1994b: Entre droit et marché, in: Bertrand Badie und Catherine Wihtol de Wenden (Hrsg.), Le défi migratoire: Questions de relations internationales, Paris: Presses de la Fondation Nationale des Sciences Politiques.
Hollifield, James F., 1997a: L'Immigration et L'Etat-Nation à La Recherche d'un Modèle National, Paris: L'Harmattan.

Hollifield, James F., 1997b: Immigration and Integration in Western Europe: A Comparative Analysis, in: Emek M. Uçarer und Donald J. Puchala (Hrsg.), Immigration Into Western Societies: Problems and Policies, London: Pinter.
Hollifield, James F., 1998: Migration, Trade and the Nation-State: The Myth of Globalization, in: UCLA Journal of International Law and Foreign Affairs 3/2, S. 595-636.
Hollifield, James F., 1999a: Ideas, Institutions and Civil Society: On the Limits of Immigration Control in Liberal Democracies, in: IMIS-Beiträge, 10/January, S. 57-90.
Hollifield, James F., 1999b: On the Limits of Immigration Control in France, in: Grete Brochmann und Tomas Hammar (Hrsg.), Mechanisms of Immigration Control, Oxford: Berg.
Hollifield, James F., 2000a: Migration and the 'New' International Order: The Missing Regime, in: Bimal Ghosh (Hrsg.), Managing Migration: Time for a New International Regime, Oxford: Oxford University Press.
Hollifield, James F., 2000b: Immigration and the Politics of Rights, in: Michael Bommes und Andrew Geddes (Hrsg.), Migration and the Welfare State in Contemporary Europe, London: Routledge.
Hollifield, James F., 2000c: Immigration in Two Liberal Republics, in: German Politics and Society 18/1, Spring, S. 76-104.
Hönekopp, Elmar, 1997: Labour Migration to Germany from Central and Eastern Europe-Old and New Trends, in: Labour Market Research Topics, No. 23, Nürnberg: Institut für Arbeitsmarkt- und Berufsforschung der Bundesanstalt für Arbeit.
Huntington, Samuel P., 1996: The West: Unique, Not Universal, in: Foreign Affairs 75/6, S. 28-46.
IOM, 1996: Foreign Direct Investment, Trade, Aid and Migration, Geneva: International Organization for Migration.
IOM, 2000: World Migration Report 2000, Geneva: International Organization for Migration.
Jacobson, David, 1996: Rights Across Borders: Immigration and the Decline of Citizenship, Baltimore, Maryland: Johns Hopkins University Press.
Joppke, Christian (Hrsg.)., 1998a: Challenge to the Nation-State: Immigration In Western Europe and the United States, Oxford: Oxford University Press.
Joppke, Christian, 1998b: Why Liberal States Accept Unwanted Migration, in: World Politics 50/2, S. 266-293.
Joppke, Christian, 1998c: Immigration and the Nation-State, Oxford: Oxford University Press.
Joppke, Christian, 2001: The Legal-Domestic Sources of Immigrant Rights, in: Comparative Political Studies 34/4, S. 339-366.
Keohane, Robert O. und Joseph S. Nye, 1977: Power and Interdependence: World Politics in Transition, Boston: Little Brown.
King, Desmond, 2000: Making Americans: Immigration, Race and the Diverse Democracy, Cambridge, Mass.: Harvard University Press.
Koslowski, Rey, 2000: Migrants and Citizens: Demographic Change in the European System, Ithaca, New York: Cornell University Press.
Krasner, Stephen D., 1999: Sovereignty: Organized Hypocrisy, Princeton: Princeton University Press.
Layton-Henry, Zig, 1992: The Politics of Race: Immigration, 'Race' and 'Race' Relations in Post-war Britain, Oxford: Blackwell.
Lusztig, Michael, 1996: Risking Free Trade: The Politics of Trade in Britain, Canada, Mexico and the United States, Pittsburgh: University of Pittsburgh Press.
Martin, Philip L., 1993: Trade and Migration: NAFTA and Agriculture, Washington: Institute for International Economics.
Martin Philip L. und Jonas Widgren, 1996: International Migration: A Global Challenge, in: Population Bulletin 51/1, S. 1-48.

Massey, Douglas S., 1987: Return to Aztlan: The Social Processes of International Migration from Western Mexico, Berkeley: University of California Press.
Massey, Douglas S. u.a., 1998: Worlds in Motion: Understanding International Migration at the End of the Millennium, Oxford: Oxford University Press.
Messina, Anthony M., 1996: The Not So Silent Revolution: Postwar Migration to Western Europe, in: World Politics 49/1, S. 130-154.
Miller, Mark J. und Philip L. Martin, 1982: Administering Foreign Worker Programs, Lexington, Mass.: D.C. Heath.
Mundell, Robert A., 1957: International Trade and Factor Mobility, in: American Economic Review 47, S. 321-335.
OECD, 1998: Trends in International Migration, Paris: SOPEMI/Organization for Economic Cooperation and Development.
Portes, Alejandro, 1996: Transnational Communities: Their Emergence and Significance in the Contemporary World-System, in: R.P. Korzeniewidcz und W.C. Smith (Hrsg.), Latin America in the World Economy, Westport, Connecticut: Greenwood.
Portes, Alejandro, 1997: Immigration Theory for a New Century, in: International Migration Review 31/4, S. 799-825.
Rogers, Rosemarie (Hrsg.), 1985: Guests Come to Stay: The Effects of European Labor Migration on Sending and Receiving Countries, Boulder, Colorado: Westview.
Rogowski, Ronald, 1989: Commerce and Coalitions: How Trade Affects Domestic Political Alignments, Princeton: Princeton University Press.
Rosecrance, Richard, 1986: The Rise of the Trading State, New York: Basic Books.
Russell, Sharon Stanton, 1986: Remittances from International Migration. A Review in Perspective, in: World Development 41/6, S. 677-696.
Sassen, Saskia, 1996: Losing Control? Sovereignty in an Age of Globalization, New York: Columbia University Press.
Schuck, Peter H., 1998: Citizens, Strangers and In-Betweens: Essays on Immigration and Citizenship, Boulder, Colorado: Westview.
Shain, Yossi, 1989: The Frontier of Loyalty: Political Exiles in the Age of the Nation-State, Middletown, Connecticut: Wesleyan University Press.
Shaw, Malcolm N., 1997: International Law, Cambridge: Cambridge University Press.
Smith, Rogers, 1997: Civic Ideals: Conflicting Visions of Citizenship in U.S. History, New Haven: Yale University Press.
Soysal, Yasemin N., 1994: Limits of Citizenship: Migrants and Postnational Membership in Europe, Chicago: University of Chicago Press.
Stolper, Wolfgang Friedrich und Paul A. Samuelson, 1941: Protection and Real Wages, in: Review of Economic Studies 9, S. 58-73.
Straubhaar, Thomas, 1988: On the Economics of International Labor Migration, Bern: Haupt.
Tapinos, Georges, 1974: L'Economie des migrations internationales, Paris: Colin.
Teitelbaum, Michael S., 1980: Right Versus Right: Immigration and Refugee Policy in the United States, in: Foreign Affairs 59/1, S. 21-59.
Teitelbaum, Michael S., 1984: Immigration, Refugees and Foreign Policy, in: International Organization 38/3, S. 429-450.
Thomas, Brinley, 1973: Migration and Economic Growth, Cambridge: Cambridge University Press.
Torpey, John, 1998: Coming and Going: On the State's Monopolization of the Legitimate 'Means of Movement', in: Sociological Theory 16/3, S. 239-259.
Thränhardt, Dietrich, 1996: Europe – A New Immigration Continent. Policies and Politics in Comparative Perspective, Münster: Lit.

Thränhardt, Dietrich, 1999: Closed Doors, Back Doors, Side Doors: Japan's Nonimmigration Policy in Comparative Perspective, in: Journal of Comparative Policy Analysis: Research and Practice, Vol. 1, S. 203-223.

Thränhardt, Dietrich, 2002: Bevölkerungsentwicklung und Migrationen im Nahen Osten und die Zukunft der palästinensischen Flüchtlinge, in: Uta Klein und Dietrich Thränhardt (Hrsg.), Gewaltspirale ohne Ende? Konfliktsstrukturen und Friedenschancen im Nahen Osten, Schwalbach: Wochenschau, S. 175-189.

Uçarer, Emek M., 1997: Europe's Search for Policy: The Harmonization of Asylum Policy and European Integration, in: Emek M. Uçarer und Donald J. Puchala (Hrsg.), Immigration Into Western Societies: Problems and Policies, London: Pinter.

Waltz, Kenneth N., 1979: Theory of International Politics, Reading, Mass.: Addison-Wesley.

Weil, Patrick, 1991: La France et ses étrangers: L'aventure d'une politique de l'immigration 1938-1991, Paris: Calmann-Lévy.

Weiner, Myron, 1995: The Global Migration Crisis: Challenge to States and to Human Rights, New York: HarperCollins.

Weiner, Myron (Hrsg.), 1993: International Migration and Security, Boulder, Colorado: Westview.

Zolberg, Aristide R., Astri Suhrke und Sergio Aguayo, 1989: Escape from Violence: Conflict and the Refugee Crisis in the Developing World, New York: Oxford University Press.

Uwe Hunger

Brain drain oder brain gain: Migration und Entwicklung

1. Einleitung

In jüngster Zeit erscheinen vermehrt Studien, die sich mit der Wanderung hoch qualifizierter Migranten beschäftigen und ihre Auswirkungen auf Abgabe- und Aufnahmeländer neu interpretieren. Bisher wurde die Emigration von Hochqualifizierten zumeist als ein abgeschlossener Prozess gesehen, der für die Abgabeländer (zumeist Entwicklungsländer) in einem Humankapitalverlust (brain drain) und für die Aufnahmeländer (meistenteils Industrieländer) in einem Humankapitalgewinn (brain gain für Industrieländer) resultiert. Heute wird die Elitenmigration jedoch mehr und mehr als ein zirkulärer Prozess der Hin- und Her- bzw. Weiterwanderung angesehen, von dem nicht nur Industrieländer, sondern potentiell auch Entwicklungsländer profitieren können. Einst ausgewanderte Eliten könnten – so die neueren Ansätze – wieder in ihr Heimatland zurückkehren und dort ihr im Industrieland gewonnenes Know-how, Kapital und die Netzwerkkontakte in den Entwicklungsprozess einbringen (brain gain für ein Entwicklungsland). Das Ziel wäre, langfristig eine win-win-Strategie für Abgabe- und Aufnahmeländer zu etablieren, von der alle profitieren.

Diese Forschungsrichtung geht auf einen Ansatz des französischen Migrationsforschers Ladame zurück, der bereits in den siebziger Jahren angemerkt hat, dass eine endgültige Beurteilung der brain drain-Wanderungen der fünfziger und sechziger Jahren erst zu einem späteren Zeitpunkt möglich sein würde. Es sei damals noch nicht absehbar gewesen, so Ladame (1970), ob die ausgewanderten Eliten aus den Entwicklungsländern nicht eines Tages in ihre Heimatländer zurückkehren und damit aus dem brain drain einen brain gain machen würden. Um diese Option theoretisch zuzulassen, schlug Ladame den Begriff der „circulation des élites" vor, der sich heute in seiner englischen Variante als „brain circulation" weitgehend etabliert hat.[1] Die neue Perspektive soll, dem Diktum Ladames folgend, mögliche positive Effekte der Wanderung Hochqualifizierter nicht nur für Aufnahme- sondern auch für Abgabeländer mit einschließen.

---

1 Alternativ wird auch der Begriff „brain exchange" verwendet, mit dem eine Balance in der Zahl von abgegebenen und aufgenommenen Hochqualifizierten eines Landes ausgedrückt werden soll (vgl. Straubhaar 2000).

Die inzwischen in wachsender Zahl vorliegenden Studien aus dieser Perspektive sehen vor allem im Aufbau von sog. „Diaspora"-Netzwerken (z.B. Meyer 2001; Meyer u.a. 2001; Gaillard/Gaillard 1997), in der Rückkehr von Migranten (z.B. Barett 2002; Iredale/Guo 2000) oder in der Kombination aus beiden Faktoren eine Chance für Entwicklungsländer. Ein Teil dieser Studien beschäftigt sich mit Wissenschaftsnetzwerken, die von emigrierten Wissenschaftlern zur Unterstützung des wissenschaftlichen Austausches zwischen Abgabe- und Aufnahmeland und des Transfers von Technologie und Wissen aufgebaut wurden (für erfolgreiche Beispiele solcher Vernetzung und ihrer positiven Effekte für Entwicklungsländer vgl. etwa Brown 2000; Karnath 1998). Diese Netzwerke bestehen entweder nur virtuell (über das Internet) oder real in Form von Wissenschaftsforen, Austauschprogrammen u.ä. und sollen den Austausch zwischen ausgewanderter Diaspora und inländischer Wissenschaftselite fördern.

Eine zweite Gruppe von Veröffentlichungen befasst sich eingehender mit Unternehmensnetzwerken, die Investitionen und Rückwanderungsprozesse in das Herkunftsland befördern sollen. Diese Organisationen werden zunächst im Ausland gegründet und dann auf die Strukturen des Heimatlandes übertragen. Die wichtigsten Studien zu diesem Komplex beschäftigen sich vor allem mit Entwicklungsländern wie Indien (Fromhold-Eisebith 2002; Hunger 2001; Khadria 1999), China bzw. Taiwan (Chang 1992; Saxenian 2000; Gill u.a. 2002), aber auch mit entwickelten Industrieländern wie Irland (Barett 2002; Barett/Trace 1998) oder Schweden (Grönberg 2003). Hierbei wird jeweils versucht, die Bedeutung von Remigranten – in den genannten Beispielen zumeist Unternehmer im Technologiebereich – für den Entwicklungsprozess des ursprünglichen Abgabelandes zu ermitteln. Einige der in den sechziger und siebziger Jahren ausgewanderten Hochqualifizierten aus den genannten Entwicklungsländern sind in den neunziger Jahren (zumindest zeitweilig) wieder in ihre Heimat zurückgekehrt, um dort ein Unternehmen zu gründen und die lokalen komparativen Kostenvorteile zu nutzen. Den genannten Studien ist das Ziel gemein, allgemeine Bedingungen für einen positiven Effekt der Elitenwanderungen auf die abgebenden Entwicklungsländer auszumachen und die Ergebnisse auf andere Länder zu übertragen. In diesem Zusammenhang erscheinen v.a. folgende Aspekte von Bedeutung: Rückwanderungsanreize und Entwicklungsfortschritte im Herkunftsland, die Positionierung und Etablierung der Auswanderer im Aufnahmeland, der Aufbau von transnationalen Netzwerken und eine offizielle Rückwanderungspolitik der Herkunftsländer.

Im vorliegenden Aufsatz soll diskutiert werden, inwieweit aus den bisher vorliegenden Forschungen tatsächlich eine neue Perspektive für die internationale Entwicklungszusammenarbeit und Migrationspolitik erwächst. Wird sich die wachsende Mobilität Hochqualifizierter weiter negativ auf Entwicklungsländer auswirken und profitieren allein die Industrieländer von der Aufnahme der Hochqualifizierten? Oder gelingt es auf Grundlage der Erfahrungen der letzten Jahrzehnte, aus der Migration Hochqualifizierter tatsächlich eine für beide Seiten gewinnbringende Strategie zu entwickeln? Im Folgenden soll anhand dreier Fallbeispiele (China/ Taiwan, Indien und Mexiko) diesen Fragen nachgegangen werden.

2. Studien zum „brain gain"

2.1 China / Taiwan

China und Taiwan zählen zu den wichtigsten und bisher am besten erforschten Beispielen einer möglichen Entwicklung vom brain drain zum brain gain. Insbesondere China gilt als ein (Entwicklungs-)Land, das bereits in großem Maße von seinen ca. 60 Millionen im Ausland lebenden Staatsbürgern (overseas chinese) profitiert hat. Es wird geschätzt, dass etwa 60-65% aller Auslandsinvestitionen in China von ehemaligen Auswanderern getätigt wurden und damit ganz wesentlich zur Kapitalisierung des (von Haus aus kapitalarmen) Landes beigetragen haben.[2] Diese Entwicklung hat bereits seit der Öffnung des Landes zu mehr Marktwirtschaft Ende der siebziger Jahre begonnen und sich insbesondere in den neunziger Jahren intensiviert. Auslandschinesen werden besondere Anreize für Investitionen im Heimatland geboten, wie z.B. in Form von Vergünstigungen beim Erwerb von Grundbesitz oder bei der Abschreibung von Investitionen. Es wurden speziell für die overseas chinese „Investitionsparks" (besonders im Technologiebereich) eingerichtet, in denen Rückwanderer unternehmerisch tätig werden.[3]

Vorbild für diese Politik ist die taiwanesische Entwicklung, für die bereits seit den achtziger Jahren eine stärkere Rückwanderung von Studierenden, Wissenschaftler und anderen Hochqualifizierten konstatiert werden konnte. Obgleich in der Entwicklungsforschung vor allem die Rolle des taiwanesischen Staates bei der Förderung von Technologie, Wissenschaft und Bildung herausgehoben wird (vgl. etwa Field 1995), so lässt sich auch zeigen, dass die Ausbildung transnationaler Netzwerke zwischen Taiwan und anderen Industrieländern (insbesondere den USA) und die Rückwanderung von taiwanesischen Hochqualifizierten eine wichtige Rolle für den Entwicklungsprozess Taiwans gespielt haben (vgl. Saxenian 2000). Bereits in den siebziger und achtziger Jahren wurden taiwanesische Experten aus dem Ausland nach Taiwan zurück geworben, um von dem in anderen Ländern akku-

---

2 Zur Bedeutung der Kapitalisierung von overseas chinese in anderen südostasiatischen Ländern siehe Gambe (1999).
3 In jüngerer Zeit wird zudem ein Trend beobachtet, dass vermehrt im Ausland studierende Chinesen (gleiches gilt für Taiwanesen und Koreaner) nach ihrem Studium (vor allem in den USA) in ihr Heimatland zurückkehren. Diese Entwicklung ist vor dem Hintergrund der blutig beendeten Studentenunruhen in China Ende der achtziger Jahre besonders bemerkenswert. Der Trend zur Rückwanderung hängt sicherlich mit den verbesserten ökonomischen und sozialen Bedingungen in China zusammen, aber auch mit der aktiven Politik der chinesischen Regierung, die spezielle Anreize zur Rückkehr chinesischer Studierender wie auch chinesischer Wissenschaftler aus dem Ausland bietet (Madl 2002).

mulierten Wissen zu profitieren. Einige führende Politiker sind z.B. Rückwanderer aus den USA. In den achtziger und neunziger Jahren intensivierten sich die Beziehungen zwischen Taiwan und den USA zusätzlich. Die taiwanesische Regierung rief eine spezielle Agentur, die National Youth Commission, ins Leben (vgl. Chang 1992), die die Rückkehr der taiwanesischen Studierenden und hoch qualifizierten Fachkräfte aus den USA fördern sollte und als Anlaufstelle für alle Rückkehr-Interessierten fungierte (das sog. „reverse brain drain"-Programm). Seit dieser Zeit stiegen die Zahlen der Rückkehrer aus den USA kontinuierlich an (vgl. Johnson/ Regets 1998). Zusätzlich pendelten viele Taiwanesen zwischen Heimat- und Aufnahmeland hin und her und beteiligten sich als transnationale Unternehmer an der Entwicklung ihres Landes. Taiwan hat sich seitdem von einem Niedriglohnland zu einem Weltmarktführer in der Technologieentwicklung entwickelt (vgl. Lin 1998; Field 1995). Die Bedeutung der Auslands-Taiwanesen für diesen Prozess lässt sich u.a. daran verdeutlichen, dass mehr als 50% der Unternehmen in einem der größten Technologieparks in Taiwan, dem Hsinchu Science-Based Industrial Park, von Rückkehrern aus den USA gegründet worden sind (Saxenian 2000).

Das Besondere an beiden Länderbeispielen ist der ausgesprochen große Erfolg der ausgewanderten chinesischen und taiwanesischen Eliten in den USA, der die Basis für die Rückübertragung einer großen Menge an Kapital und Know-how nach China bzw. Taiwan darstellt. Eine Studie der US-Geografin Anna Lee Saxenian (2001) zum Aufschwung der amerikanischen IT-Industrie in den neunziger Jahren hat gezeigt, dass der weltweit beachtete Boom im Silicon Valley in den neunziger Jahren zu einem bedeutenden Teil auf chinesische und taiwanesische Einwanderer zurückgeht. Diese waren für etwa 20% aller Unternehmensneugründungen zwischen 1995 und 1998 in dieser Region verantwortlich. 1998 erwirtschafteten die von Chinesen bzw. Taiwanesen geführten Unternehmen ca. 15% des gesamten Umsatzes aller High-Tech-Unternehmen im Silicon Valley und waren für die Entstehung von mehreren Zehntausend Arbeitsplätzen verantwortlich (vgl. Tabelle 1). Der Erfolg der chinesischen bzw. taiwanesischen Unternehmen (aber auch indischen Unternehmen; vgl. hierzu den folgenden Punkt) in den USA geht auf die Ausbildung spezifischer (ethnischer) Netzwerke für Unternehmer und High-Tech-Angestellte zurück, die sich seit den achtziger Jahren ausgehend vom Silicon Valley über das gesamte US-Gebiet ausgedehnt haben. Diese Netzwerke wurden inzwischen auch auf andere Länder, insbesondere die Heimatländer der Auslandseliten in den USA, übertragen. Für das Länderbeispiel China wird in diesem Zusammenhang auf die Rolle des „Bamboo Network" bei der Kanalisierung der Auslandsinvestitionen der overseas chinese nach China und für Taiwan die Rolle der Monte Jade Science Technology Association (MJSTA) bei der Förderung der Kooperation zwischen den USA und Taiwan hingewiesen.[4]

---

4 Für weitere Netzwerke siehe Saxenian (2001, 2002).

Tabelle 1: Umsätze und Beschäftigung von High-Tech-Unternehmen im Silicon Valley, die 1998 von Einwanderern indischer oder chinesischer bzw. taiwanesischer Herkunft geführt wurden

	Anzahl der Unternehmen	Gesamtumsatz	Gesamtbeschäftigung
Chinesen/Taiwanesen	2.001	13.237	41.684
Inder	774	3.588	16.825
Insgesamt	2.775	16.598	58.282
Anteil an allen High-Tech-Unternehmen im Silicon Valley	24%	17%	14%

Quelle: Saxenian (2001).

2.2 Indien

Indien befindet sich auf einem ähnlichen Weg wie China und Taiwan bzw. versucht, der positiven Entwicklung in beiden Länder nachzueifern. Vergleichbar mit dem auf Auslandseliten und von ihnen aufgebauten Unternehmensnetzwerken basierenden Aufstieg Taiwans im Technologie- und hier besonders im Hardwarebereich, wo Taiwan zu einem der Weltmarktführer aufgestiegen ist, möchte Indien im Softwarebereich von den im Ausland lebenden Indern profitieren, um zu einer „IT-Superpower" des 21. Jahrhunderts aufzusteigen (wie es in offiziellen Regierungsdokumenten heißt, vgl. Lakshminarayan 1992). Dieses Ziel bedeutet für das Entwicklungsland, das bis heute zu den 50 ärmsten Ländern der Erde zählt,[5] eine neue Perspektiven im Kampf gegen Armut und Unterentwicklung und wird von führenden Entwicklungshilfeinstitutionen, wie der Weltbank, als durchaus realistisch eingeschätzt (World-Bank 1994). Der IT-Sektor ist in Indien bis heute der einzige Wirtschaftszweig, der als international wettbewerbsfähig gelten kann (vgl. Kruse 2001). Allein in diesem Bereich sind in den vergangenen 15 Jahren über 400.000 neue Arbeitsplätze entstanden, und es wird geschätzt, dass bis zum Jahr 2008 weitere zwei Millionen hinzukommen werden (NASSCOM 2001). Dieser Boom hat auch zu Spill-over-Effekten auf andere Branchen, wie den Bankensektor (e-banking) und den Staatsapparat (e-governance), geführt, so dass die neuen Technologien nicht nur zu einem der bedeutsamsten Arbeitgeber, sondern auch zu einem wichtigen Instrument für den wirtschaftlichen und gesellschaftlichen Fortschritt des Landes insgesamt geworden sind.

Die Rolle der Auslandsinder (Non Resident Indians, NRI) in diesem Prozess ist jedoch umstritten. In Teilen der Literatur wird der Beitrag der NRI für die Entwicklung Indiens eher (zu) gering eingeschätzt. Abgesehen von der Bedeutung

---

5 Gemessen am Human Development Index (HDI) der Vereinten Nationen, vgl. UNDP (2001b).

der Rücküberweisungen, die in der Vergangenheit immerhin das Handelsdefizit Indiens mehr als ausgeglichen haben, hätten NRI nur einen symbolischen Beitrag durch ihren Erfolg im Ausland und den dadurch bedingten Imagegewinn Indiens geleistet (Kapur 2001; Khadria 2002; Aneesh 2001). Dieser Literaturzweig sieht – ganz in der Tradition der brain drain-Diskussionen der sechziger und siebziger Jahre[6] – gerade in der aktuellen sehr umfangreichen Auswanderung indischer Computerexperten in die USA (vgl. Tabelle 2) aber auch in andere Industrieländer, wie Australien, Großbritannien oder Deutschland eine Gefahr für die Entwicklungschancen Indiens und fürchtet einen Facharbeitskräftemangel insbesondere im indischen IT-Sektor, der die Entwicklungschancen dieses Bereichs beeinträchtigen wird (Khadria 2002). Im Gegensatz dazu gibt es aber auch Stimmen, die die Auswanderung indischer Eliten auf Überkapazitäten in der Ausbildung technischen Personals zurückführen und davon ausgehen, dass Indien auch im IT-Sektor einen Überfluss an gut ausgebildeten Fachkräften produziert. Außerdem wird angenommen, dass wie in China und Taiwan ein Teil der ausgewanderten Spezialisten langfristig wieder nach Indien zurückkehren wird und dann aufgrund ihres im Ausland angereicherten Know-hows und Kapitals einen größeren Beitrag zur Entwicklung des Landes leisten kann. Diese Kontroverse spiegelt exakt die aktuelle wissenschaftliche Diskussion zum brain drain/brain gain wider.

Tabelle 2: Einwanderung von Indern in die USA 2002

	Permanente Einwanderer	*H1B-Visum*	Studierende	*unternehmensinterne Transfers*
2002	71.105	81.091	48.708	20.413

Quelle: INS.

In der Literatur werden im wesentlichen zwei Faktoren (bzw. deren Kombination) genannt, die sich auf Indiens Entwicklung positiv ausgewirkt haben (Heeks 1996; Bajpai/Shastri 1998). Zum einen wird ein ökonomischer Faktor in Form eines komparativen Wettbewerbsvorteils der indischen IT-Wirtschaft genannt, der sich aus der Kombination geringer Lohnkosten (die etwa ein Viertel des US-Niveaus betragen) und einem hohen Qualifikationsniveau der Beschäftigten ergibt. Zum anderen wird die Rolle der Politik als ein zweiter zentraler Einflussfaktor angesehen, der die Entstehung des beschriebenen ökonomischen Wettbewerbsvorteils wesentlich befördert hat. Hier werden im Allgemeinen zwei Schritte als we-

---

6 Ende der neunziger Jahre wurde die weltweite indische Auslandspopulation auf ca. 20-25 Millionen Menschen geschätzt (Khadria 1999, S. 54). Diese im Ausland lebenden Inder bzw. nicht in Indien lebenden Menschen indischer Abstammung, die inzwischen eine ausländische Staatsangehörigkeit angenommen haben, sind über den gesamten Globus verteilt. Für die brain drain/brain gain-Thematik sind besonders die indischen Eliten in westlichen Industrieländern von Bedeutung (vgl. hierzu Gosalia 2002).

sentlich angesehen: (1) der Umschwung der generellen indischen Wirtschaftspolitik von einer sog. self-reliance-Strategie zu einer offenen Marktwirtschaft Anfang der neunziger Jahre (Wagner 1997); und (2) die spezielle Förderung des IT-Sektors als einem Prioritärsektor der indischen Volkswirtschaft seit Mitte der achtziger Jahre. Dieser Strategiewechsel und die spezielle Förderungspolitik brachte für die indische Softwarewirtschaft erhebliche Liberalisierungen, Steuer- und Importbefreiungen sowie umfangreiche Investitionen in Infrastruktureinrichtungen, vor allem in die technische Infrastruktur und das Bildungssystem des Landes. Infolge dieser Politik verfügt Indien heute über gute, international wettbewerbsfähige Technologieparks und weist nach den USA das zweitgrößte englischsprachige Wissenschafts- und Technikpersonal auf, das durch die Ausbildung an den inzwischen weltweit anerkannten indischen Management- und Technikinstituten (Indian Institutes of Management (IIMs)/Indian Institutes of Technique (IITs)[7]) jährlich sowohl in Quantität als auch in Qualität anwächst.[8]

Darüber hinaus lässt sich im speziellen Fall Indiens aber auch ein dritter, sozialer (migrationsbedingter) Einflussfaktor annehmen. Eine eigene Untersuchung hat gezeigt (vgl. Hunger 2003), dass von den 20 erfolgreichsten Softwareunternehmen in Indien, die insgesamt 40% der Gesamtumsätze erwirtschaften, 10 von ehemaligen NRI gegründet wurden oder heute von ihnen gemanagt werden – NRI, die seit Anfang der neunziger Jahre in ihr Heimatland zurückgekommen sind, um die beschriebenen wirtschaftlichen Vorteile des Technologiestandorts Indien zu nutzen (vgl. Abbildung 1, dunkelgraue Segmente). Vier weitere Unternehmen (Mahindra-British Telecom, IBM, i-flex, Cognizant Technology Solutions) sind joint ventures zwischen indischen und ausländischen Unternehmen (vgl. Abbildung 1, mager schraffierte Segmente). Jedes dieser Unternehmen hat heute ehemalige NRI in seinem Topmanagement. Die verbleibenden sechs Unternehmen sind alteingesessene indische Unternehmen (Tata, Wipro and HCL und ihre Tochterunternehmen), von denen fünf ebenfalls NRI in ihrem Topmanagement aufweisen (vgl. Abbildung 1, fett schraffierte Segmente). Dies bedeutet, dass nur eines der 20 Topunternehmen ohne Hilfe aus dem Ausland entstanden ist und damit insgesamt 19 der 20 Top Software Unternehmen in Indien unter Beteiligung von NRI gegründet wurden bzw. gegenwärtig von ihnen geleitet werden. Darüber hinaus hat ein durchgeführter Internetsurvey ergeben, dass mindestens 30% aller

---

7 Seit 1998 gibt es auch die Indian Institutes of Information Technology (IIITs).
8 Derzeit existieren sechs IITs in ganz Indien. Nach Plänen der indischen Regierung und des zentralen Branchenverbands NASSCOM („National Association of Software and Service Companies") soll bis 2007 in jedem der 22 indischen Bundesstaaten mindestens ein IIT eingerichtet werden. Die Zahl der IIT-Absolventen liegt aktuell bei etwa 165.000 pro Jahr und soll in den nächsten Jahren noch um ein Vielfaches gesteigert werden. Die Absolventen der indischen IITs (IIITs und IIMs) gelten weltweit als sehr gut ausgebildet und werden entsprechend nachgefragt.

Abbildung 1: Anteil der 20 größten Softwareunternehmen, die von NRI gegründet wurden oder in denen NRI im Topmanagement sind (2000)*

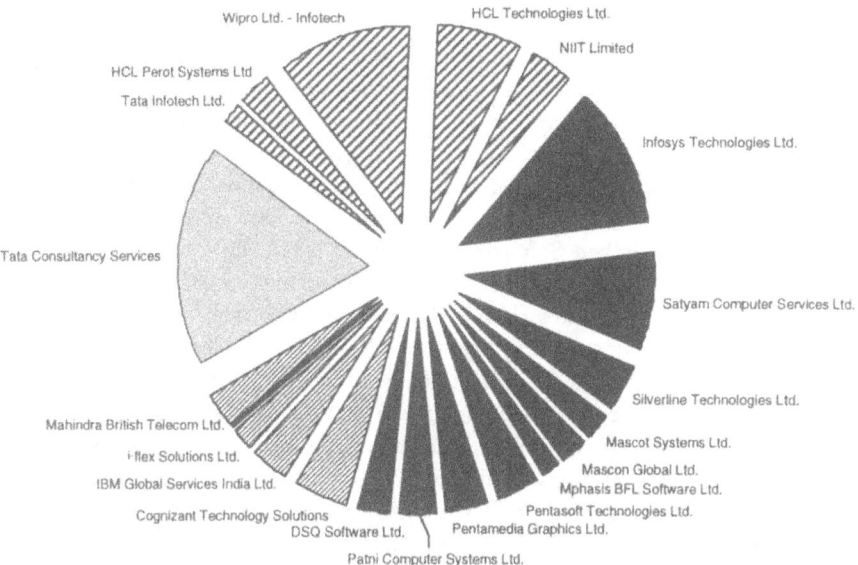

* Die Größe der Segmente repräsentiert den Anteil des jeweiligen Unternehmens am Gesamtumsatz der 20 erfolgreichsten indischen Softwareunternehmen

Quelle: NASSCOM; eigene Untersuchung.

Softwareunternehmen in Indien von NRI gegründet wurden oder NRI in ihrem Topmanagement haben.[9]

Zudem wurden auch zentrale Branchen-Organisationen, die wesentlich zum Aufschwung des indischen Softwaresektors beigetragen haben, unter Beteiligung von NRI in den USA ins Leben gerufen. Die wichtigste Organisation ist die „National Association of Software and Service Companies" (NASSCOM), die seit Beginn des Softwarebooms als Lobby-Organisation wesentlichen Einfluss auf politische Liberalisierungsinitiativen ausübt und zudem großen Anteil am Aufbau eines Marktes für Venture Capital in Indien hatte, wodurch die Entstehung von neuen Unternehmen in Indien beschleunigt wurde. Eine zweite wichtige Organisation ist „The Indus Entrepreneur" (TIE), die Anfang der neunziger Jahre von den im Silicon Valley ansässigen indischen Unternehmern gegründet wurde (vgl.

---

9 Basierend auf einer Zufallsstichprobe von n = 88 Unternehmen aus einer Grundgesamtheit von n = 896 Software-Unternehmen in Indien, die Mitglied in der zentralen Arbeitgebervereinigung NASSCOM sind und zusammen 96% des Gesamtumsatzes des Sektors erwirtschaften. Das 95%-Konfidenzintervall beträgt ±10 des in der Zufallsstichprobe bestimmten Wertes.

Saxenian 2001, 2002) und sich zur Aufgabe gemacht hat, jungen indischen Unternehmern beim Aufbau ihrer Unternehmen zu helfen. Ihre Strukturen wurden inzwischen von den USA (wo bereits 19 Niederlassungen im gesamten US-Gebiet unterhalten werden) nach Indien und in andere Länder ausgeweitet. In Indien trägt die TIE neben ihrer Netzwerkfunktion auch zur Finanzierung der erwähnten IITs, der zentralen IT-Ausbildungszentren in Indien, bei.[10]

Die Bedeutung der aus den USA nach Indien remigrierten Softwarespezialisten für den Erfolg der Softwarewirtschaft in Indien lässt sich schließlich auch daran ablesen, dass der Aufschwung der indischen Softwareindustrie ganz wesentlich von Exporten in die USA getragen wurde. Im Jahr 2000 gingen 70% der Gesamtumsätze der indischen Softwarewirtschaft in Höhe von knapp 6 Mrd. US$ auf Exporterlöse zurück, von denen 62% auf Nordamerika entfielen. Niederlassungen indischer Softwareentwicklungshäuser in den USA haben hierbei eine sehr wichtige Funktion als Marketing-Agenturen (front office), die die notwendigen Aufträge für die indische Softwarewirtschaft akquirieren, während die Niederlassungen in Indien (back office) lediglich zur Auftragsabwicklung dienen. Mehr als die Hälfte der indischen Softwareunternehmen (mindestens 56%)[11] verfügt heute über eine entsprechende Konstruktion.

Auch wenn nur ein Teil der IT-Unternehmer aus den USA für immer nach Indien zurückkehrt und nur ein Teil dieser Rückkehrer ein Unternehmen in Indien gründet (oft nur als Zweigniederlassung eines bereits in den USA bestehenden Unternehmens, vgl. auch Saxenian 2001, 2002), so sprechen alle Ergebnisse zusammen dennoch für einen separaten und messbaren Beitrag der NRI zum Aufschwungprozess in der indischen Softwarewirtschaft. Ihre Rolle scheint ebenso bedeutsam wie die des Staates, der zwar einerseits die Rückwanderung von NRI durch aktive Maßnahmen, wie die Erleichterung von Geldtransfers und der Einführung von Steuerbefreiungen im IT-Sektor, gefördert hat, andererseits aber in vielen Bereichen immer noch sehr schwerfällig ist.

Inwiefern der geschilderte brain gain den ursprünglichen und gegenwärtigen brain drain aufwiegen kann, ist unklar. Auf der einen Seite hat der Human Development Report (2001, S. 5) Kosten des gegenwärtigen brain drain im indischen

---

10 Derzeit gibt es innerhalb der TIE Überlegungen, den IITs Finanzhilfen im Umfang von einer Mrd. US$ bereitzustellen. Die Gelder stammen zum Großteil von Indern aus den USA. Das IIT Bombay hat in diesem Zusammenhang eine eigene Alumni-Organisation ins Leben gerufen, mit deren Hilfe in den letzten Jahren drei Mio. US$ in den USA gesammelt werden konnten (vgl. Chakravarty 2001). Über diese Organisationen hinaus haben sich in den USA private Initiativen gebildet, die Indien Entwicklungshilfe (z.B. in Form von Alphabetisierungsprogrammen) leisten (vgl. etwa die Organisation „Asha for Education", Berkeley, CA). Zusätzlich sind Zeitungen und Informationsportale entstanden, die über aktuelle Entwicklungen im US-amerikanischen und indischen Softwaresektor informieren (vgl. etwa www.siliconindia.com).
11 Basierend auf den Ergebnissen der in der vorletzten Fußnote beschriebenen Stichprobenerhebung.

IT-Bereich in Höhe von 2 Mrd. US$ im Jahr 2000 errechnet. Auf der anderen Seite überstiegen im selben Jahr jedoch die indischen Softwareprodukt-Exporterlöse in die USA diese Summe. Es kann angenommen werden, dass diese Erlöse ohne die Unterstützung von NRI in den USA so nicht realisierbar gewesen wären, zumindest nicht in diesem Umfang.

2.3 Mexiko

Im Gegensatz zu Indien bzw. China und Taiwan gilt Mexiko nicht als klassisches „brain drain"-Land, obwohl eine große Zahl hoch qualifizierter Mexikaner im Ausland leben (1990 etwa 340.000 in den USA), die für die Entwicklung des Landes damit nicht unmittelbar zur Verfügung stehen. In Relation zu der großen Gesamtzahl in die USA emigrierter Mexikaner macht die Gruppe der Hochqualifizierten jedoch nur einen kleinen Prozentsatz aus. Bezogen auf die Gesamtzahl aller Hochqualifizierten mit mexikanischer Staatsbürgerschaft liegt der Verlust (brain drain) für Mexiko aber immerhin bei mehr als 10%, und damit höher als in Indien (ca. 3%) und China (ca. 3%) bzw. Taiwan (ca. 9% in 1990). Da mittlerweile insgesamt 20% der mexikanischen Staatsangehörigen in den USA lebt, hat die Frage, welche Unterstützung diese Bevölkerungsgruppe für das Entwicklungsland Mexiko leisten kann, in den letzten Jahren an Bedeutung gewonnen. In den neunziger Jahren wurden vor diesem Hintergrund verschiedene Initiativen gestartet, um die im Ausland lebenden Mexikaner nach dem Vorbild anderer Länder wieder stärker für ihr Heimatland zu interessieren und an es zu binden. So wurde u.a. das „Instituto de los Mexicanos en el Exterior" (IME) gegründet, das Auslandsmexikaner stärker als Ressource für die Entwicklung Mexikos zu nutzen versucht.

Die Förderung der Rückwanderung Hochqualifizierter spielt hierbei ebenfalls eine Rolle. Seit 1991 existiert eine Regierungsinitiative, die auf die Rückwanderung der in den USA promovierten Mexikaner abzielt. Aktuellen Stipendiaten des Programms wird während ihres Auslandsaufenthaltes eine Stelle in Mexiko in Aussicht gestellt, wobei der Staat für den Fall, dass der Forscher oder Stipendiat nach Mexiko zurückkehrt, für den Zeitraum eines Jahres das Gehalt übernimmt. Die Meinungen über den Erfolg dieses Programms sind jedoch geteilt. Während eine offizielle Regierungsstudie von einer Rückkehrerquote von 95% ausgeht, hat eine unabhängige Universitätsstudie herausgefunden, dass maximal 25% der Geförderten zurückkehren (Castaños-Lomnitz 2000). Darüber hinaus gibt es nur wenige Studien, die über die Rückkehr von hoch qualifizierten Mexikanern und deren Beitrag für die mexikanische Wirtschaft (brain gain) Auskunft geben. Einer Studie der International Organization for Migration (IOM 2000, S. 33) zufolge kann Mexiko aber von jeder Person, die in den USA ein Jahr Berufserfahrung gesammelt hat, acht Mal mehr profitieren, als wenn die entsprechende Person in Mexiko geblieben wäre (vgl. auch Deutscher Bundestag 2002, S. 252). Die Datenbasis dieser Mexiko-Untersuchungen ist im Vergleich zu den anderen dargestellten Länderstudien (Indien, China/Taiwan) jedoch noch relativ dünn, was auch an der geringen Zahl hoch qualifizierter Rückwanderer liegen mag. Die Politik Mexikos konzentriert sich daher zunächst darauf, die Situation der Mexikaner in den USA zu verbessern. Eine Aufgabe des erwähnten IME besteht dementsprechend darin, sich als Lobby-Organisation der Mexikaner in den USA zu etablieren. Das IME setzt sich dabei besonders für die Förderung der Bildungsmöglichkeiten der Mexikaner in den USA ein, wozu z.B. die Förderung des bilingualen Unterrichts oder die Forderung nach Zulassung illegaler Einwanderer an US-Universitäten gehören (Groß-Bölting 2003; Consejo Consultivo del Instituto de los Mexicanos en el Exterior 2000).

Eine strategisch wichtige Aufgabe stellt auch die Förderung der Rücküberweisungen mexikanischer Migranten aus den USA dar, die nach den Einnahmen durch Erdöl und Tourismus die drittwichtigste Deviseneinnahmequelle Mexikos ausmachen (CEPAL 2001, S. 27). In den vergangenen Jahren sind die Zahlungen stetig angestiegen und beliefen sich im Jahr 2002 auf über 9 Mrd. US$. Die Rücküberweisungen werden seit Jahren durch eine Initiative des mexikanischen Entwicklungsministeriums unterstützt, indem jeder überwiesene Dollar aus den USA vom mexikanischen Staat verdreifacht wird. Ein Problem stellen in diesem Zusammenhang die hohen Transfergebühren dar, die sich bei Auslandsüberweisungen von den USA nach Mexiko auf bis zu 30% belaufen, so dass nur rund zwei Drittel des sog. „Migradollars" letztendlich in Mexiko ankommen (Espinosa López 2002, S. 20). Aus diesem Grund will sich das IME auch dafür einsetzen, dass die hohen Transfergebühren reduziert werden (Groß-Bölting 2003). Inwiefern diese Bemühungen erfolgreich sein werden, ist heute noch nicht abzusehen. Die Initiativen des IME gehen nur langsam voran. Es hat seit der ersten Ankündigung des Präsidenten Fox (der im Übrigen auch ein hoch qualifizierter Rückkehrer aus den USA ist) allein drei Jahre gedauert, bis konkrete Schritte für eine brain-gain-Politik und die Förderung der Mexikaner in den USA eingeleitet worden sind (Groß-Bölting 2003). Theoretisch könnte auch durch die Verbesserung des Status der Mexikaner in den USA langfristig ein brain gain für Mexiko erzielt werden, falls so das Know-How und Kapital der Auslandsmexikaner angereichert werden kann und dieses schließlich nach Mexiko zurückfließt.

3. Perspektiven

Der Überblick über die Beispiele einer (möglichen) Entwicklung vom brain drain zum brain gain hat gezeigt, dass in den vergangenen Jahren zurecht Dynamik in die wissenschaftliche Beurteilung der Wanderung Hochqualifizierter gekommen ist. Nachdem die Abwanderung Hochqualifizierter über Jahrzehnte als Einbahnstraße und als schwerwiegender Verlust (brain drain) für die Entwicklungsländer gewertet wurde (für einen Überblick vgl. Körner 1999), ist die Perspektive in den letzten Jahren dahingehend erweitert worden, dass nun auch potentielle Profite aus der Elitenmigration für die Entwicklungsländer gesehen werden (brain gain). Dies scheint vor allem bei Schwellenländern beobachtbar zu sein (Indien, China, Taiwan, Mexiko). Die Beispiele von Diaspora-Netzwerken und Rückwanderungsinitiativen und -bewegungen zeigen, dass in dieser Hinsicht auch Bewegung in die Politik und die Zivilgesellschaft vieler Entwicklungsländer gekommen ist. Die Forschung hat erst langsam damit begonnen, diese Prozesse gezielter zu analysieren.

Die Beobachtung dieser Prozesse ist vor allem deswegen wichtig, weil die Mobilität hochqualifizierter Arbeitskräfte weltweit in den letzten Jahren zugenommen hat und weiter zunehmen wird (vgl. etwa OECD 2002). Nachdem in der zweiten Hälfte des vergangenen Jahrhunderts die Mobilität des Kapitals die entscheidende Triebfeder der wirtschaftlichen Entwicklung war, wird im neuen Jahrhundert die Mobilität des Faktors Arbeit, insbesondere die Mobilität Hochqualifizierter, an Bedeutung zunehmen. Immer mehr Industrieländer entdecken die Einwanderungspolitik als Instrument ihrer generellen Wirtschafts- und Strukturpolitik, mit dem sie Engpässe auf dem heimischen Arbeitsmarkt ausgleichen und technische und ökonomische Innovationen fördern wollen. Nachdem Entwicklungsländer in den vergangenen Jahrzehnten vor allem als verlängerte Werkbank der Industrieländer dienten, ist nun der Trend zu verzeichnen, Entwicklungsländer vermehrt auch als verlängerte Ausbildungsbank (brain bank) zu nutzen. Nicht zuletzt vor dem Hintergrund der demografischen Negativ-Entwicklung in Europa haben die meisten Industriestaaten damit begonnen, spezielle Programme einzuführen, mit denen sie weltweit hoch qualifizierte Arbeitskräfte für ihren Arbeitsmarkt anwerben.[12] Dabei stehen sie in einem intensiven Wettbewerb untereinander. Der außerordentliche Erfolg der US-Wirtschaft (insbesondere im Technologiebereich) zum Ende der neunziger Jahre, der zu einem großen Teil auf die Anwerbung vieler Millionen Hochqualifizierter weltweit zurückgeht (Saxenian 2001, 2002), hat diese Entwicklung stark befördert.

Diese Entwicklung könnte für die Entwicklungs- und Schwellenländer erneut schwerwiegende negative Auswirkungen haben, solange die angedeuteten positiven brain gain-Prozesse nicht einsetzen. Nach wie vor wirken die Lebensumstände in den meisten Entwicklungsländern als starke Triebkräfte für die Abwanderung aus Entwicklungsländern. Hinzu kommen die Lockangebote der Industrieländer. Die Beispiele Indien, China und Taiwan zeigen aber, dass ausgewanderte Eliten durch die Einführung von substanziellen Reformen zur Liberalisierung der Märkte und

---

12 Inzwischen existieren in fast allen OECD-Ländern spezielle Anwerbeprogramme, mit denen Hochqualifizierte aus aller Welt angezogen werden sollen. Dieses Instrumentarium ist in einigen Ländern (Australien, Kanada) inzwischen sehr ausgefeilt, und es werden Anreize nicht nur für Hochqualifizierte, sondern auch für deren Familienmitglieder gesetzt (u.a. auch in den Niederlanden).

durch spezielle Anreizstrukturen zu einer Rückkehr und zu Investitionen im Heimatland motiviert werden können. Die verschiedenen Studien zu diesem Thema zeigen auch, dass hierbei offenbar vor allem Strategien zur Förderung von Investitionen und Unternehmensgründungen (immigrant entrepreneurship) am wirksamsten sind. Voraussetzung ist dabei, dass die hierfür notwendigen Bedingungen in dem Entwicklungsland geschaffen werden können.[13] Bei der Rückwerbung ausgewanderter Eliten ohne unternehmerischen Hintergrund (z.B. Wissenschaftler), die über die o.g. unmittelbaren Anreizstrukturen (wie günstige Konditionen bei Unternehmensgründungen etc.) nicht angezogen werden, müssen andere Anreizstrukturen gesetzt werden, wie z.B. langfristig angelegte generelle Verbesserungen im Wissenschaftssystem (u.a. auch durch höhere Gehälter). Dies hat in einigen Ländern, wie Taiwan und Südkorea, Erfolg gehabt. Wenn diese Voraussetzungen nicht gegeben sind, erscheinen die Erfolgsaussichten solcher Rückwerbeprogramme momentan eher begrenzt, wie das Beispiel Mexikos gezeigt hat. In diesen Fällen ist die Bildung transnationaler (Wissenschafts-)Netzwerke Erfolg versprechender, die auch ohne physische Rückwanderung der Auslandselite die Entwicklung im Herkunftsland unterstützen können (Subodh 1995).

Für die Realisierung eines brain gain in einem Entwicklungsland ist aber neben den nötigen Strukturvoraussetzungen für die Rückkehr der Eliten in das Heimatland auch die Größe und der Status der Auslandspopulation in den Industrieländern von Bedeutung. Beide Aspekte sollen nachfolgend in einem Schaubild veranschaulicht werden (Abbildung 2). Es wird dabei die Zahl der in die USA emigrierten Eliten aus einem Entwicklungsland (Größe der brain drain-Population; Y-Achse) zu Beginn der neunziger Jahre in Beziehung gesetzt zu einem Index für die Investitionssicherheit im jeweiligen Entwicklungsland (als Indikator für den Anreiz zur Remigration und zum Kapitaltransfer; X-Achse).[14] Durch die vereinfachte Darstellung wird veranschaulicht, dass vor allem in den Ländern, die über eine große Hochqualifizierten-Population in Industrieländern (hier in den USA) verfügen und gleichzeitig ein relativ hohes Niveau an Investitionssicherheit bieten, gute Chancen für einen brain gain bestehen. Dies konnte insbesondere für Indien, China, Taiwan und auch Südkorea (Bang-Soon 1992) bereits nachgewiesen werden. Mexiko und die Philippinen weisen ebenfalls eine hohe Zahl Hochqualifizierter in den USA auf. Dass diese Länder bislang kaum brain gain-Effekte verzeichnen konnten, hängt mit der dortigen geringeren Investitionssicherheit im Vergleich zu den o.g. Ländern zusammen. Länder wie Brasilien, Thailand und Malaysia verfügen

---

13 Vgl. etwa für Tunesien Cassarino (2000).
14 Zur exakten Bestimmung des brain gain-Potentials eines Landes bedarf es einer weiteren Konkretisierung. Beispielsweise wirkt sich das Fachgebiet der Eliten (im Idealfall Zukunftsberufe) und ihr im Aufnahmeland erreichter sozio-ökonomischer Status (im Idealfall großes Kapital, das in den Entwicklungsprozess des Heimatlandes eingebracht werden kann) auf das Potential aus. Außerdem wird das brain gain-Potential auch von den im Entwicklungsland bereits bestehenden Strukturen und den für die einzelnen Branchen realisierbaren Anreizen beeinflusst.

Abbildung 2: Größe der Brain drain-Population* (Y-Achse) und Investitionssicherheit** (X-Achse) ausgewählter (Entwicklungs-)Länder

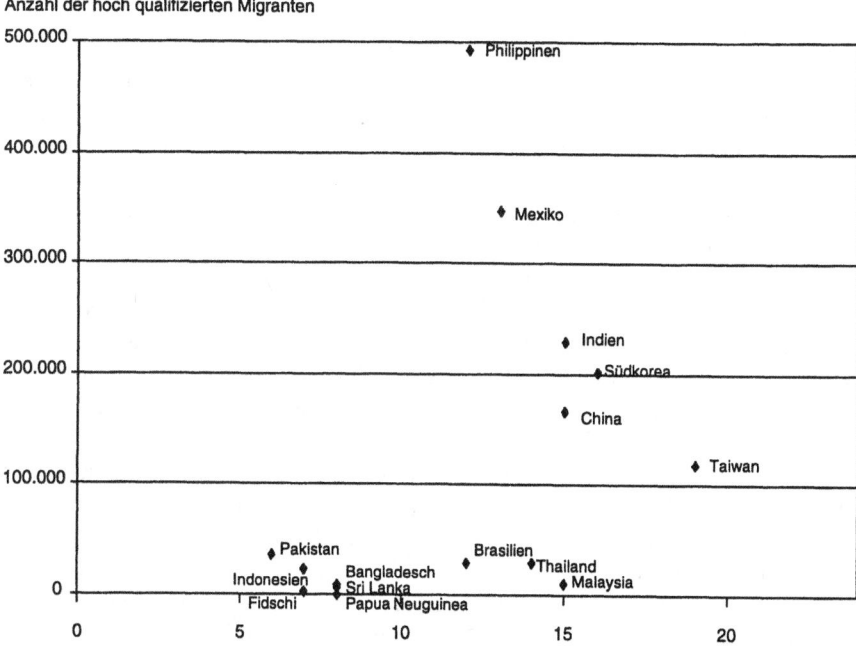

* Absolute Zahlen der Auslandspopulationen der jeweiligen Länder mit einer Schulausbildung von 13 oder mehr Jahren in den USA 1990.

** Gemessen am Indikator der US-Unternehmensberatung Dun & Bradstreet (db-Indikator); '0' bedeutet keine Investitionssicherheit, '25' bedeutet höchste Investitionssicherheit; es wurden ökonomische und politische Grunddaten in die Berechnung der Indices aufgenommen.

Quelle: IFM (1998); Dun & Bradstreet (2001); eigene Darstellung.

über eine relativ kleine Elitenpopulation in den USA. Die Chancen auf einen „brain gain" sind infolgedessen eher gering, auch wenn die Investitionssicherheit zumindest in Thailand und Malaysia durchaus mit dem Niveau in Indien vergleichbar ist. Bangladesch, Papua Neu Guinea, Sri Lanka, die Fidschi Inseln, Indonesien und Pakistan verfügen weder über nennenswerte Auslandseliten (in den USA) noch bieten sie Investitionssicherheit. Problematisch wird der brain drain darüber hinaus wohl weiterhin für arme Entwicklungsländer sein (insbesondere in Afrika, die in dieser Darstellung nicht berücksichtigt wurden), die ihren Auslandseliten kaum Anreize zur Rückkehr bieten können (vgl. hierzu auch UNDP 2001, S. 92).

Entscheidend für eine mögliche brain gain-Entwicklung wird auch die Politik der Industriestaaten sein. Derzeit spielen entwicklungspolitische Überlegungen bei der Gestaltung der Einwanderungspolitik (im Hinblick auf Hochqualifizierte) nur eine untergeordnete Rolle. Vorherrschend ist der Versuch, hochqualifizierte Arbeitskräfte aus Entwicklungsländern oder auch anderen Industriestaaten abzuwerben, ohne dabei die Folgen dieser Politik für die Abgabeländer zu berücksichtigen. Dies hat in einigen Ländern, wie in Großbritannien und den Niederlanden, bereits zu öffentlichen Diskussionen geführt, z.b. ob medizinisches Personal (Ärzte und Krankenschwestern) aus einem Entwicklungsland wie Südafrika abgeworben werden darf, wo eine der höchsten Aidsraten in der Welt und gleichzeitige Personalengpässe im medizinischen Bereich zu beklagen sind (vgl. Rieck 2003).[15] Entwicklungspolitische Überlegungen haben auch bei der Einführung der deutschen Green Card, mit der ausländische Computerexperten angeworben werden sollen, nur eine Nebenrolle gespielt. Dabei zeigt insbesondere das Beispiel der Migration indischer IT-Spezialisten in die USA, dass durch die in Gang gesetzte brain circulation möglicherweise wirtschaftliche Vorteile für beide Seiten erzielt werden könnten.

Eine Schlussfolgerung sollte daher darin bestehen, dass einwanderungs- und entwicklungspolitische Maßnahmen in Zukunft stärker aufeinander bezogen werden. Wie einer Studie des deutschen Instituts für Entwicklungspolitik (vgl. Wiemann 2000, S. 7) zu entnehmen ist, wurde eine der besten Ausbildungseinrichtungen für IT-Fachkräfte in Indien, das IIT Madras, maßgeblich durch deutsche Entwicklungshilfegelder aufgebaut. Die Vorteile dieser Investitionen wurden jedoch in viel stärkerem Maße von den USA als von Deutschland genutzt. Es sind daher in Zukunft Programme denkbar, die entwicklungs- und migrationspolitische Maßnahmen von vornherein stärker aufeinander beziehen. Allerdings ist in diesem Zusammenhang darauf hinzuweisen, dass der positiven indisch-amerikanischen Entwicklung ein sehr langfristiger Prozess vorausgegangen ist, der nicht innerhalb von drei Jahren – der ursprünglichen Laufzeit der deutschen Green Card – aufgeholt werden kann. Langfristige Migrationstraditionen und -netzwerke spielen in diesem Zusammenhang eine entscheidende Rolle, so dass es heute nicht ohne Weiteres möglich ist, die bestehenden Wanderungsströme beliebig in andere Länder umzulenken. In Bezug auf Deutschland ergeben sich in diesem Zusammenhang aber Chancen mit der Türkei und mit den Ländern aus Mittel- und Osteuropa, aus denen nach Indien die zweitmeisten IT-Fachkräfte im Rahmen der Green Card nach Deutschland gekommen sind, die heute noch nicht gesehen werden.

Zusammenfassend lässt sich sagen, dass vor dem Hintergrund der neueren Erfahrungen mit der Migration Hochqualifizierter eine Strategie zur Stimulierung einer brain circulation insgesamt einen wesentlich größeren Erfolg für Entwick-

---

15 Dass angesichts dieser Problematik von einem entsprechenden Rekrutierungsprogramm in einem Industrieland wieder Abstand genommen wird, wie dies in den Niederlanden und Großbritannien der Fall war, ist eher die Ausnahme als die Regel (vgl. Hoesch 2003).

lungsländer verspricht als die alten Ideen zur Vermeidung des brain drain, wie z.B. die Einführung einer sog. brain drain-Steuer *("taxing the brain drain")* oder Auswanderungsverbote (etwa in Ägypten), die letztlich nicht langfristig durchsetzbar waren. Beispiele für einen möglichen brain gain, wie in China/Taiwan und Indien, können anderen Entwicklungsländern, die unter einem brain drain leiden, eine neue Perspektive aufzeigen: nach der Abwanderung vieler Hochqualifizierter und ihrer Etablierung im Industrieland kann mit Hilfe von entsprechenden Strukturverbesserungen und Rückkehr-Anreizen eine Rückwanderung der Eliten und/ oder die Bildung transnationaler Netzwerke erreicht werden.

Literatur

Aneesh, A., 2001: Rethinking Migration: On-Line Labor Flows from Inida to the United States, in: W.A. Cornelius, T.J. Espenshade und I. Salehyan (Hrsg.), The International Migration of the Highly Skilled. Demand, Supply, and Development Consequences in Sending and Receiving Countries, San Diego: CCIS Anthologies 1, S. 351-372.

Bajpai, N. und V. Shastri, 1998: Software Industry in India: A Case Study, Harvard Institute for International Development: Development Discussion Paper No. 667.

Bang-Soon, Y., 1992: Reverse Brain Drain in South Korea, in: Studies in Comparative International Development, Nr. 1, S. 4-26.

Barett, A., 2002: Return Migration of Highly Skilled Irish into Ireland and their Impact on GNP and Earnings Inequality, in: OECD (Hrsg.), International Mobility of the Highly Skilled, Paris, S. 151-157.

Barett, A. und F. Trace, 1998: Who is coming back? The Educational Profile of Returning Migrants in the 1990s, in: Irish Banking Review, Summer.

Brown, M., 2000: Using intellectual diaspora to reverse the brain drain: some useful examples, in: ECA/IDRC/IOM (United Nations Economic Commission for Africa, International Development Research Centre, International Organization for Migration) (Hrsg.), Brain Drain and Capacity Building in Africa, S. 90-106.

Cassarino, J.-P., 2000: Tunisian new entrepreneurs and their past experiences of migration in Europe: resource mobilization, networks, and hidden disaffection, Aldershot, Hants, Burlington, VT: Ashgate.

Castaños-Lomnitz, H., 2000: Emigration of Mexican Talent: What Price Development? Insitute of Economics, Nationale University of Mexico. Mexiko-Stadt.

CEPAL, 2001: Torres, Frederico Las Remesas y el desarrollo rural en las zonas de alta intesnsidad migratoria de México. Arbeitspapier der CEPAL.

Chang, S., 1992: Causes of Brain Drain and Solutions: The Taiwan Experience, in: Studies in Comparative International Development, Nr. 1, S. 27-43.

Consejo Consultivo del Instituto de los Mexicanos en el Exterior, 2000: Asociación Nacional para la Educación Bilingue. Arbeitspapier Mexiko-Stadt.

Deutscher Bundestag (Hrsg.), 2002: Schlussbericht der Enquete-Kommission. Globalisierung der Weltwirtschaft, Opladen.

Espinosa López, M., 2002: Remesas de mexicanos en el exterior y su vinculación con el desarrollo económico, social y cultural de sus comunidades de origen. Arbeitspapier der ILO, Genf.

Field, G., 1995: Economic Growth and Political Change in Asia, Houndsmills u.a.

Fromhold-Eisebith, M., 2002: Internationale Migration Hochqualifizierter und technologieorientierte Regionalentwicklung. Fördereffekte interregionaler Migrationssysteme auf Industrie- und Entwicklungsländer aus wirtschaftsgeographischer Perspektive. 19/2002, in: IMIS-Beiträge, Nr. 19, S. 21-41.

Gaillard, J. und A. M. Gaillard, 1997: The International Mobility of Brains: Exodus or Circulation?, in: Science, Technology and Society, Nr. 2, S. 195-228.

Gambe, A. R., 1999: Overseas Chinese. Entrepreneurship and Capitalist Development in Southeast Asia, Münster u.a.

Gill, B., H. Yeng, S. Chin u.a., 2002: Talent Migration in Taiwan. MBA Dissertation, Nanyang Technological University.

Gosalia, S., 2002: Indische Diaspora und kulturelle Identität, in: W. Draguhn (Hrsg.), Indien 2002. Politik, Wirtschaft, Gesellschaft, Hamburg: Institut für Asienkunde, S. 233-245.

Grönberg, P.-O., 2003: Internationale Migration und die Remigration Schwedischer Ingenieure in den 1990er Jahren. Vortragspapier zur Konferenz Migration und Entwicklung am 5./6. Juni 2003 in Münster.

Groß-Bölting, J., 2003: Der „Brain Drain" in Mexiko und die Auswirkungen auf den Entwicklungsprozess, Magisterarbeit, Münster.

Heeks, R., 1996: India's Software Industry. State Policy, Liberalisation and Industrial Development, Neu Delhi.

Hoesch, K., 2003: Eine „Green Card" für Ärzte?, in: IMIS-Beiträge 2003 (im Erscheinen).

Hunger, U., 2003: Vom brain drain zum brain gain. Die Auswirkungen der Migration von Hochqualifizierten auf Abgabe- und Entsendeländer. Forschungsinstitut der Friedrich-Ebert-Stiftung, Reihe „Gesprächskreis Migration und Integration" (hrsg. vom Wirtschafts- und sozialpolitisches Forschungs- und Beratungszentrum Abteilung Arbeit und Sozialpolitik), Bonn.

IMF, 1998: How Big is the Brain Drain, IMF Working Paper 98/102 (written by W.J. Carrington and E. Detragiache), Washington DC.

IOM, 2001: World Migration Report 2000, New York.

Iredale, R. und F. Guo, 2000: Return skilled and business migration and social transformation: the view from Australia. Paper presented at the Return Migration Workshop, University of Wollongong.

Johnson, J. M. und M. C. Regets, 1998: International Mobility of Scientists and Engineers to the United States – Brain Drain or Brain Circulation? National Science Foundation Issue Brief (NSF 98-113).

Kapur, D., 2001: Diasporas and Technology Transfer, in: Journal of Human Development, Nr. 2, S. 265-286.

Karnath, S. J., 1998: 'Brain Drains' and 'Brain Gains': A Critical Look at the Literature on the Economics of the International Migration of Human Capital, in: The Indian Journal of Economics, Nr. 78, S. 371-407.

Khadria, B., 1999: Second-Generation Effects of India's Brain Drain, Sage, New Delhi.

Khadria, B., 2002: Skilled labor migration from developing countries: Study on India, Paper for the International Labor Organization, Genf.

Körner, H., 1999: „Brain Drain" aus Entwicklungsländern, in: IMIS-Beiträge, Nr. 11, S. 55-64.

Kruse, B., 2001: Zur Globalisierung in Indien, in: W. Draguhn (Hrsg.), Indien 2001. Politik, Wirtschaft, Gesellschaft, Hamburg: Institut für Asienkunde, S. 263-278.

Ladame P., 1970: Contestée: La circulation des élites, in: International Migration Review, Nr. 1/2, S. 39-49.

Lakshminarayan, N., 1992: Indian Software Production for the World Market, in: G. Cyranek und S. C. Bhatnagar (Hrsg.), Technology Transfer for Development. The Prospects and Limits of Information Technology, Neu Delhi, S. 118-128.

Lin, O., 1998: Science and Technology Policy and Its Influence on Economic Development in Taiwan, in: H. S. Rowen (Hrsg.), Behind East Asian Growth. The Political and Social Foundations of Prosperity, London.

Madl, B., 2002: Auslandsstudium, Brain-Drain und Regierungspolitik am Beispiel der VR China, Frankfurt a.M.

Marcelli, E. A. und W. Cornelius, 2001: The changing profile of Mexican Migrants to the United States. New Evidence from California and Mexico, in: Latin American Research Review, Nr. 36, S. 105-131.

Meyer, Jean-Baptiste, 2001: Network Approach versus Brain Drain: Lessons from the Diaspora, in: International Migration, Nr. 5/2001 (Special Issue International Migration of the Highly Skilled), S. 91-110.

Meyer, Jean-Baptiste, D. Kaplan und J. Charum, 2001: Scientific nomadism and the new geopolitics of knowledge, in: International Social Sciences Journal, Nr. 168.

NASSCOM, 2001: The IT Software and Services Industry in India. Strategic Review 2001, Neu Delhi.

OECD (Hrsg.), 2002: International Mobility of the Highly Skilled, Paris.

Rieck, A., 2003: Flucht erster Klasse?! Brain Drain im medizinischen Wirtschaftssektor in Südafrika. Vortragspapier zur Konferenz Migration und Entwicklung am 5./6. Juni 2003 in Münster.

Saxenian, A., 2000: Brain drain or brain circulation? The Silicon Valley-Asia Connection, Paper presented at the South Asia Seminar, Weatherhead Center for International Affairs, 29 September.

Saxenian, A., 2001: Silicon Valley's New Immigrant Entrepreneurs, in: W. A. Cornelius, T. J. Espenshade und I. Salehyan (Hrsg.), The International Migration of the Highly Skilled. Demand, Supply, and Development Consequences in Sending and Receiving Countries, San Diego: CCIS Anthologies 1, S. 197-234.

Saxenian, A., 2002: Local and Global Networks of Immigrant Professionals in Silicon Valley, Public Policy Institute of California.

Straubhaar, Thomas, 2000: International Mobility of the Highly Skilled: Brain Gain, Brain Drain or Brain Exchange, HWWA Working Paper Nr. 88, Hamburg.

Subodh, Mahanti u.a., 1995: Scientific Communities and Brain Drain: A Sociological Study, Neu Delhi.

UNDP, 2001: Human Development Report 2001. Making New Technologies Work for Human Development, New York, Oxford.

Wagner, Christian, 1997: Politischer Wandel und wirtschaftliche Reformen in Indien. Rostocker Informationen zu Politik und Verwaltung 7, Rostock.

Weltbank, 1994: Exploiting Information Technology for Development. A Case Study of India. Discussion Paper Nr. 246 (written by N. Hanna), Washington DC.

Wiemann, Jürgen, 2000: Von Indien lernen! Entwicklungspolitische Bewertung der Anwerbung qualifizierter Arbeitskräfte aus Entwicklungs- und Transformationsländern, Berlin: Deutsches Institut für Entwicklungspolitik.

Thomas Straubhaar

Wird die Staatsangehörigkeit zu einer Klubmitgliedschaft?*

Wie eine riesige Welle rollte die „Globalisierung" am Ende des letzten Jahrhunderts über Europa. Technologische Basisinnovationen im Transport- und im Telekommunikationsbereich sowie politische Prozesse – wie beispielsweise die Schaffung eines grenzenlosen europäischen Binnenmarktes mit ursprünglich 6, heute 15 und ab 2004 25 Mitgliedsländern – haben in der Zeit nach dem Zweiten Weltkrieg gleichermaßen zu einem Abbau natürlicher und künstlicher Distanzkosten geführt. Es kam zu einer mit dem Etikett „Globalisierung" bezeichneten *ökonomischen Verkürzung räumlicher und zeitlicher Distanzen*.

Die Globalisierung veränderte das Spannungsfeld von Migration und Nationalstaat in ganz besonderer Weise. Sie brach alte „volkswirtschaftliche" Strukturen auf und sprengte die Territorialität nationalen Rechts. Es kam und kommt zu einer „Entmonopolisierung des Nationalen"[1] und einer „schleichenden Entnationalisierung des Wirtschaftsrechts".[2] Traditionelle Versuche, wirtschaftliche Aktivitäten mit den *territorial begrenzten Rechtsmitteln der Nationalstaaten* zu regulieren, sind angesichts dieser Entwicklungen mehr und mehr nur noch von eingeschränkter *realpolitischer Relevanz*.

Die voranschreitende Globalisierung schwächt die Nationalstaatlichkeit. Am Anfang des 21. Jahrhunderts stehen Nationalstaaten weltweit vor dem Problem, dass ihre Bürger(innen) unabhängiger werden. Die sinkenden *ökonomischen Mobilitätskosten* machen für immer mehr Menschen ein *Exit* aus nationalstaatlichen Fesseln leichter finanzierbar. Die voranschreitende *Individualisierung der Gesellschaft* verringert die *sozialen* Kosten des Weggehens. Beide Prozesse schränken Macht und Willkür politischer Entscheidungsträger ein, stärken die Mündigkeit der Menschen und disziplinieren somit letztlich die Wirtschaftspolitik.

„Staatlichkeit" lässt sich immer weniger „administrativ" anordnen. In weit stärkerem Masse als in vergangenen Zeiten erhalten Menschen die ökonomischen Möglichkeiten und teilweise auch das Recht, sich jene *soziale Gemeinschaft* als

---

* Dieser Aufsatz ist Teil des HWWA-Forschungsprogramms „International Mobility of Firms and Labour".
1 W. Schäfer, Deutsche Europapolitik im Zeichen der Globalisierung, in: Wirtschaftsdienst 81 (2001), S. 30.
2 R. Stober, Globalisierung der Wirtschaft und Rechtsprinzipien des Weltwirtschaftsrechts, in: Festschrift für Bernhard Großfeld zum 65. Geburtstag, Heidelberg 1998: Verlag Recht und Wirtschaft, S. 1175.

Identifikationsgruppe auszusuchen, die ihren individuellen Wünschen am besten entspricht. Die durch Zufall erworbene Nationalität wird dabei zunehmend von einer selbstbestimmten Wahlentscheidung überlagert. Neue soziale und lokale Bewegungen (Grüne, Graue Panther, Esoteriker, Sekten, Quartiervereine) werden wichtiger als (historische) nationale Gemeinsamkeiten. Rationales Kalkül verdrängt emotionale Nationalgefühle. Wichtiger als die nationale Klammer werden *funktionale Beziehungsnetze*. Dies gilt nicht nur in der globalisierten Wirtschaft, sondern auch im gesellschaftlichen und politischen Bereich. Weniger die Frage, ob Inland oder Ausland bzw. Inländer oder Ausländer, wird entscheidend, als vielmehr die faktische Antwort, ob gemeinsame Probleme effizient gelöst werden. Ein typisches Beispiel hierfür liefern die Netzwerke der NGO (Nichtregierungsorganisationen), die problemorientiert, aufgabenbezogen, meist ohne klassische demokratische Legitimation und oft in eigendefinierter Verantwortung losgelöst von territorialen oder hoheitlichen Zwängen tätig werden.

Mit der Globalisierung stellt sich die in meinem Beitrag behandelte Frage, ob nicht heute Nationalstaaten vor ähnlichen Fragestellungen stehen wie „Vereine" oder „Klubs"? Oder anders gefragt, ob nicht die Staatsangehörigkeit immer mehr zu einer (mehr oder weniger freiwilligen) Klubmitgliedschaft wird? Die Zugehörigkeit zu einer Nation als Staatsbürger(in) erlaubt doch auch, teilzuhaben am gemeinsamen Inventar von öffentlichen Gütern (oder eben besser Klubgütern). Dazu gehören auch Traditionen, Normen und Spielregeln. Jeder Klub gibt sich Statuten (Satzungen), die festlegen, wer unter welchen Bedingungen als neues Vereinsmitglied aufgenommen wird – so auch der Nationalstaat, der genau definieren kann, wer unter welchen Bedingungen mit welchen Rechten „dazugehört" oder „draußen" zu bleiben hat.

1. Die Klub-Analogie

Klubs sind Zweckgemeinschaften. Die Mitglieder finden sich *freiwillig* zusammen, um gemeinsam ein oder mehrere „Klubgüter" zu schaffen.[3] Entscheidend ist dabei,

---

3 Vgl. hierzu z.B. J. M. Buchanan, An Economic Theory of Clubs, in: Economica 32 (1965), S. 1-14, aber auch Ch. P. Kindleberger, International Public Goods without International Government, in: American Economic Review 76 (1986), S. 1-13. Ein Überblick zur Theorie des Klubs findet sich im Grundsatzartikel von T. Sandler und J. T. Tschirhart, The Economic Theory of Clubs, An Evaluative Survey, in: Journal of Economic Literature 18 (1980), S. 1481-1521 oder bei W. Schäfer, Soziale Harmonisierung oder Wettbewerb der Systeme in der Integration Europas, in: R. Biskup (Hrsg.), Dimensionen Europas (= Beiträge zur Wirtschftspolitik 68), Bern 1998: Paul Haupt, S. 285-304. – Klubgüter sind einerseits Güter, deren Konsum bis zu einem gewissen Grad nicht-rivalisiert (d.h. der Konsumnutzen am Klubgut durch Individuum A reduziert vorerst den Konsumnutzen anderer Individuen am selben Klubgut nicht). Andererseits ist das Ausschlussprinzip auf deren Nutzung anwendbar. Typische Klubgüter sind Sportanlagen, Nationalparks, Radio- und Fernsehsendungen, Verkehrsanlagen u.a.m.

dass sich die Nutzung der Klubgüter auf die Mitglieder beschränken lässt. Nicht-Mitglieder können ausgeschlossen werden. Die Mitgliedschaft zum Klub lässt sich an verschiedene Bedingungen knüpfen, wie Geburt, Zutrittsgesuch, Einkauf, Auslese, Wahl, u.a.m.

Ein Tennisverein mag ein anschauliches Beispiel eines Klubs liefern. Nicht alle Menschen können oder wollen sich den Luxus eines eigenen Tennisplatzes leisten. Deshalb schließen sich einige zusammen, um gemeinsam eine Tennisanlage zu errichten und zu betreiben. Die Klubmitglieder müssen insgesamt Betrieb und Unterhalt der Tennisanlage finanzieren. Sie haben sich Regeln zu geben, wer welchen Beitrag in welcher Form zu leisten hat und welche Gegenleistungen dafür in Anspruch genommen werden dürfen. Wer eine Jahresgrundgebühr entrichtet, darf beispielsweise in Randzeiten ohne weitere Kosten und in Stoßzeiten gegen eine Zusatzgebühr die Tennisanlage nutzen. Einmal pro Saison sind die Plätze für die Vereinsmeisterschaft reserviert, müssen alle bei Organisation und Durchführung mithelfen und sind dafür abends Gäste des Jahresfests im Klubhaus.

Also: Der Tennisklub gibt sich Regeln, die festlegen, welche Rechte und Pflichten mit der Mitgliedschaft verbunden sind. Hier folgen die meisten Vereine einem „Durchschnittsverfahren": Die Lasten und Pflichten des Betriebs und Unterhalts der Tennisanlagen werden so auf die Mitglieder umgelegt, dass deren Beiträge gerade genügen, die gemeinsamen Vereinsziele zu erreichen – also im wesentlichen die Tennisanlagen zu finanzieren. Überschüsse, die nicht für künftige Investitionen angehäuft werden, sind in der Regel nicht mit den Satzungen vereinbar, wie übrigens auch das deutsche Vereinsrecht verhindert, dass „Gewinne" erzielt werden dürfen.

Besondere Regeln sind für den *Erwerb der Klubmitgliedschaft* vonnöten. Hier sind verschiedene Strategien denkbar, aber letztlich geht es im Kern um ein Optimierungsproblem. Dabei lautet die Optimierungsbedingung, dass neue Mitglieder dann aufgenommen werden sollten, wenn deren „Leistungen" für den Klub größer sind als die „Lasten", die sie den Altmitgliedern auferlegen. „Leistungen" können hierbei direkter finanzieller Art sein (Aufnahmegebühren), oder lediglich immaterieller Art – etwa wenn Personen mit hohem öffentlichen Ansehen beitreten und so eine Sogwirkung auf weitere Beitrittswillige ausüben. „Lasten" entstehen den Altmitgliedern, wenn wegen der neuen Mitglieder längere Wartezeiten bei der Nutzung der Tennisplätze in Kauf zu nehmen sind.

Diese *Ballungs- und Verdrängungskosten* sind unmittelbar einsichtig. Für einige Altmitglieder ergeben sich durch Neumitglieder aber auch andere, weit weniger offensichtliche „Probleme". Dies mag damit beginnen, dass sich (gewisse) Altmitglieder durch die „Neuen" in ihrem Selbstverständnis herausgefordert sehen. Beispielsweise kann sich die Altersstruktur, die Frauenquote, die Nichtraucherquote, die Biertrinkerquote verändern, die Kleidungsvorschriften mögen ins Wanken geraten, die „Platzhirsche" fürchten um ihren Meisterpokal, kurz: das vertraut-gewohnte Vereinsleben und die eingespielten Klubregeln werden auf den Prüfstand gestellt.

Wie reagieren die Altmitglieder auf diese Herausforderungen? Die Reaktionen hängen entscheidend vom gegenwärtigen Klubzustand ab. Ein junger Verein mit schönen, neuen, aber noch wenig genutzten Tennisplätzen und mit noch wenigen Mitgliedern und entsprechend hohen Jahresbeiträgen wird allein schon aus wirtschaftlichen Gründen relativ offen sein müssen für neue zahlungswillige und -kräftige Neumitglieder. Jedes neue Mitglied senkt in diesem Fall den durchschnittlichen Jahresbeitrag wesentlich – ohne dadurch lange Warteschlangen zu verursachen. Vereine mit bereits vielen Mitgliedern werden Neuaufnahmen gegenüber reservierter sein. Ebenso werden Klubs dann weniger aufnahmefreudig sein, wenn ihre Altmitglieder relativ homogene Vorstellungen über die Klubregeln haben und diese Homogenität durch neue Mitglieder gefährdet scheint.

Etwas abstrakter formuliert, geht es bei der Frage der *optimalen Klubgröße* für die „Alt-Mitglieder" um das Spannungsfeld zwischen Abgrenzung – also dem „optimalem Ausschluss" von Nicht-Mitgliedern – und Eingrenzung – also dem „optimalem Einbezug" von Neu-Mitgliedern.[4] Klubgüter sind durch Externalitäten- und Skaleneffekt charakterisiert.[5] Anders aber als bei öffentlichen Gütern besteht nur innerhalb einer gewissen Mitgliederzahl keine Nutzungs-Rivalität. Ab einer bestimmten Klubgröße zeigen sich Ballungs- oder Verdrängungseffekte. Damit steigen aus der Sicht der Alteingesessenen die Grenzkosten der Nutzung durch zusätzliche neue Mitglieder.

Solange keine Nutzungs-Rivalität vorliegt, sind für die Alt-Mitglieder die Grenzkosten der Nutzung durch Neu-Mitglieder Null. Jeder Finanzierungsbeitrag, den die Neu-Mitglieder leisten – unabhängig, ob über die direkte Einkommens-

---

4 Vgl. Buchanan (S. 13). Besonders spannend ist die Frage nach der optimalen Ein- bzw. Ausgrenzung mit Blick auf intertemporale Beziehungen zwischen den Generationen. Wie neue Zuwanderer konkurrieren auch Neugeborene mit den Alteingesessenen um die Nutzung knapper öffentlicher (Klub-)Güter. Ebenso verweisen M. O. Heisler und B. Schmitter Heisler, Citizenship – Old, New, and Changing: Inclusion, Exclusion and Limbo for Ethnic Groups and Migrants in the Modern Democratic State, in: J. Fijalkowki et al., Dominant National Cultures and Ethnic Identities, Berlin: Free University of Berlin 1991 auf den Aspekt, dass „sequence matters", was vor allem auch mit Blick auf nationale Minderheiten von Bedeutung ist, die im Gegensatz zu den Einwanderern volle politische Rechte genießen und somit auch über die Gestaltung gemeinsamer öffentlicher (Klub-)Güter mitbestimmen können.

5 Wird bei einem Klubgut das an sich mögliche Ausschlussprinzip aus normativen Gründen nicht wahrgenommen, oder weil es nur mit relativ hohen Kosten möglich ist, nicht-zahlungswillige Nutzer auszuschließen, liegt ein Infrastruktur- oder Allmendegut vor. Beispiele hierfür finden sich bei Straßen, Kreuzungen, Innenstädten, Kanalisationsanlagen, Telefonnetzen u.a.m. Dazu gehören auch Allmenden, öffentliche Plätze, Naherholungsgebiete, Naturparks, der Allgemeinheit zugängliche Museen und (Bau-)denkmäler. Zwar konkurriert die Nutzung (im Sinne der Verwendung) sehr wohl, somit liegt also Rivalität vor. Andererseits ist ein Ausschluss nicht gewollt oder wegen der hohen Ausschlusskosten ökonomisch wenig sinnvoll.

oder die indirekten Konsumsteuern erbracht – vermindert die durchschnittliche Finanzierungslast für die Alt-Mitglieder. Entsprechend sind innerhalb des Bereichs der Nicht-Rivalität mehr Mitglieder besser als weniger Mitglieder.

Sobald die Zahl der Nutzungsberechtigten die Grenze der Nicht-Rivalität überschreitet, und Neu-Mitglieder mit den Alteingesessenen um den Konsum des Klubgutes rivalisieren, schmälern neue Mitglieder den Nutzen der Alteingesessenen. Der Nutzen aus dem Bündel an Klubgütern muss nun mit einem zusätzlichen Nachfrager geteilt werden. Jetzt werden Neu-Mitglieder nur noch zugelassen, wenn deren Finanzierungsbeiträge die Grenzkosten in Form des Nutznießungsverlusts der Alt-Mitglieder kompensieren. Mehr Mitglieder sind nun nicht mehr in jedem Fall besser als weniger Mitglieder.

Heutige *Nationalstaaten* können zunehmend als Institutionen gesehen werden, die ein Bündel *öffentlicher Güter* anbieten, dessen Nutzung sie an gewisse Bedingungen koppeln. Soweit Nicht-Gruppenmitglieder (Ausländer) von der Nutzung bestimmter durch die Alteingesessenen gemeinsam erbrachter öffentlicher Leistungen ausgeschlossen werden können, entsprechen die gemeinsam produzierten öffentlichen Leistungen „Klubgütern". Die Staatsbürgerschaft wird somit zu einer Klubmitgliedschaft.

Zwar ist wohl richtig, dass Nationen nicht unbedingt entstanden sind, weil sich einzelne Menschen freiwillig zusammengeschlossen haben, um gemeinsam ein „Klubgut" zu produzieren und zu nutzen. Natürlich legitimieren auch machtpolitische, politologische, kulturelle, gesellschaftliche und ethnologische Faktoren die Existenz von Staaten. Ebenso ist richtig, dass Nationen nicht nur ein einzelnes Klubgut produzieren, sondern ein ganzes Bündel sehr unterschiedlicher Leistungen erbringen (sollten). Aber letztlich sind diese Hinweise auf die historische Entstehungsgeschichte und auf die Komplexität nationalstaatlicher Aufgaben doch nur graduelle Vorbehalte gegenüber der Klub-Analogie. Im Kern einigen sich Menschen auf gemeinsame *Spielregeln,* die sie dann Verfassung, Grundgesetz oder Rechtssystem nennen. Sie sind bereit, durch ihre Steuern und Abgaben gemeinsame öffentliche Güter und Dienstleistungen (Straßen, Krankenhäuser, Kraftwerke) zu finanzieren. Und sie wachen sorgsam darüber, wer Staatsbürger(in) ist, werden darf und wer ausgeschlossen bleiben soll.

2. Eckpfeiler einer guten Klubpolitik

Die wirtschaftspolitische Empfehlung der Klubtheorie lautet, dass die Klubgröße solange um zusätzliche Mitglieder (= Einwanderer) zu erweitern sei, wie aus der Sicht der Alteingesessenen der Grenznutzen eines zusätzlichen Mitglieds (in Form von Finanzierungsbeiträgen an die gemeinsamen Klubgüter oder in Form positiver Externalitäten) dessen Grenzkosten (in Form der Ballungs- oder Verdrängungskosten für die Alt-Mitglieder oder in Form der Integrationskosten) übersteigt.

Jetzt wird entscheidend, ob die Einwanderer aus ihren laufenden Abgaben an Steuern und Gebühren aller Art mehr an den Fiskus abzuliefern haben, als sie öffentliche Leistungen in Anspruch nehmen. Leisten sie mehr Fiskalabgaben, als sie gemeinsame Klubgüter nutzen oder Transfers vom Fiskus zurückerhalten, sinkt die durchschnittliche Steuerlast der Alteingesessenen. Allerdings muss der Steuerüberschuss auch genügen, um jenen Bestandsanteil zu finanzieren, den die Neueintretenden an öffentlichen Gütern nutzen können, die in der Vergangenheit bereits erstellt wurden.[6]

In jedem Fall sollten die Alteingesessenen von den Neu-Mitgliedern einen Beitrittspreis verlangen. Solange die Nutzung des gemeinsamen Bündels der Klubgüter nicht rivalisiert, muss der Beitrittspreis lediglich das Nutzungsanrecht am bereits bestehenden Bündel der Klubgüter und der nationalen öffentlichen Güter abgelten sowie die sozioökonomischen Kosten der Integration der Neu-Mitglieder kompensieren.

Die *Zugehörigkeit* zu einer Gemeinschaft oder Nation *hat einen Wert*. Sie erlaubt, teilzuhaben am gemeinsamen Inventar von öffentlichen (Klub-)Gütern, Traditionen, Normen und Gesetzen, die in der Vergangenheit teils in hartem politischen Ringen etabliert, teils aber auch im allmählichen gesellschaftlichen Prozess herausgebildet wurden. Entsprechend wird auch bei laufenden Grenzkosten der Mitnutzung des Klubgutes von Null für die Rechte und den Bestand in der Vergangenheit finanzierter öffentlicher (Klub-)Güter, die mit der Mitgliedschaft erworben werden, ein Beitrittspreis verlangt. Die Teilhabe am Bündel bereits geschaffener gemeinsamer Klubgüter wird *nicht kostenlos* an Nicht-Mitglieder bzw. neue Mitglieder abgegeben oder mit neuen Zuwanderern geteilt. Vielmehr untersteht der Erwerb der Mitgliedschaft strengen Regeln.[7]

Wer sich von der *Klub-Analogie* einigermaßen überzeugen lässt, wird relativ einfach die Grundzüge einer *Migrationspolitik* erkennen können. Es geht schlicht um die Frage, wem unter welchen Bedingungen ermöglicht wird, nationale Klubgüter zu nutzen und die nationale Klubpolitik mitzubestimmen. Damit können schon im voraus mit einigen wenigen Grundgedanken allenfalls kontroverse Diskussionspunkte aus der Welt geräumt werden:

1. Es ist aus ökonomischer Sicht für eine Gemeinschaft durchaus effizient, *nicht die Grenzen zu öffnen* und eine unbeschränkte Freizügigkeit für alle zu gewähren.

---

6 Sind die bestehenden öffentlichen Güter in der Vergangenheit mit Staatsschulden finanziert worden, die von der heute aktiven Erwerbsgeneration noch zurückzubezahlen sind, ist die Zuwanderung ebenfalls positiv zu bewerten (vgl. D. Usher, Public Property and the Effects of Migration upon Other Residents of the Migrants' Countries of Origin and Destination, in: Journal of Political Economy 85 (1974), S. 1001-1020).

7 Entsprechend ist die Klubpolitik darauf ausgerichtet, Besitzstände, Eigenständigkeit und Souveränität gegen außen zu verteidigen. In ökonomischer Terminologie ausgedrückt, wird zum Klubgut ein privates Gut als Kuppelprodukt angehängt. Dadurch kann ein Klubgut auch im Bereich der Nicht-Rivalität zu einem Eintrittspreis verkauft werden, wobei der Eintrittspreis dem Preis des privaten Kuppelprodukts entspricht.

Hier besteht ein klarer Unterschied zur liberalen Freihandelsdoktrin. Die Begründung liegt in der Existenz (nationaler) Klubgüter, die nicht kostenlos und unbesehen mit Neumitgliedern geteilt werden. Neben den unmittelbaren Klubgütern (Medizinische Grundversorgung, Krankenhäuser, Schulen, Straßen) sind vor allem die Rechtsstaatlichkeit, die politische Stabilität und die funktionsfähige Administration Gemeinschaftsgüter mit hohem Wert. Sie erzeugen Sicherheit, Freiheit und damit die Voraussetzungen für materiellen Wohlstand.

2. Es ist durchaus gerechtfertigt, dass eine Migrationspolitik primär und vor allem den *Interessen der Altmitglieder* dient. Auch hier wird der Unterschied zur Freihandelsdoktrin deutlich. Mit generell offenen Märkten und ohne künstliche Grenzen für alle Güter werden beim Handel die nationalen Interessen automatisch bestens wahrgenommen. Bei der Freizügigkeit soll und muss durch politische Eingriffe die Freiheit der Migration eingeschränkt werden, um so die Interessen der Klubs (Nationalstaaten) – oder besser: der Klubmitglieder (Staatsangehörige) – zu schützen. Die *zentrale* Forderung besteht aber darin, dass Klubs offen sein sollen – zwar nicht generell für alle, aber für all jene, die bereit sind die Klub*regeln* zu respektieren und ihre Klub*beiträge* zu bezahlen.

3. Eine Migrationspolitik muss prioritär eine zweifache Selektionsfunktion erfüllen: a) Wer darf als *„Gast"* die nationalen Klubgüter zu welchem Preis *nutzen?* Hier geht es um Einwanderung, Aufenthalt und die damit verbundenen Rechte und Pflichten. b) Wer wird vollwertiges *Klubmitglied* und erhält Mitsprache bei der Festlegung der *Klubregeln* und der *Klubpolitik?* Hier geht es um den Erwerb und Verlust einer Staatsangehörigkeit.

4. Eine Migrationspolitik soll die Selektionsfunktion nicht mit mehr oder weniger willkürlich gewählten, nicht änderbaren „gottgegebenen" oder „zufälligen" Diskriminierungskriterien wahrnehmen, wie Rasse, Nationalität, Geschlecht oder Alter. „Religion" und „Sprache" sind deshalb Grenzfälle, weil sie den Gemeinsamkeits-Charakter der Klubgüter in Frage stellen können und möglicherweise auch höhere Kosten der Integration verursachen. Im Grundsatz soll jedoch gelten, dass als neuer Gast oder gar neues Klubmitglied aufgenommen werden soll, wer die Klubregeln respektieren *will* und die Klubbeiträge bezahlen *kann*. Differenzierungskriterium werden somit die *Zahlungsfähigkeit* und das *Rechtsbewusstsein*.

5. Grundsätzlich haben die Altmitglieder das Recht, auf ihre Homogenität und die Respektierung ihrer selbst gewählten Klubregeln zu pochen. Auch werden sie sorgsam auf „unfriendly takeovers" zu achten haben. Also, dass Neumitglieder die Klubpolitik an sich reißen und beginnen, Altmitgliedern ungewollte „fremde" Regeln aufzudrängen. Diese „affaire à suivre" bedarf gewisser Sicherungsmechanismen ähnlich der *Unantastbarkeitsklausel* (Artikel 79, Absatz 3) des deutschen Grundgesetzes.

Zusammengefasst lautet die abstrakte Regel der Klubpolitik: Wer die Klubregeln respektieren *will* und die Klubbeiträge bezahlen *kann*, soll einwandern dürfen. Damit gilt es, die Höhe der Klubbeiträge festzulegen und die Klubregeln zu konkretisieren. Diese beiden Schritte werden nun getrennt diskutiert. Unterschieden wird hierbei zwischen den mit der „Einwanderung" verbundenen Rechten und Pflichten der Einreise und des Aufenthalts und den mit der „Staatsangehörigkeit" gekoppelten Sachverhalten.

3. Wer soll einwandern dürfen?

Ein Einwanderungsgesetz mit einfachen und transparenten Regeln hat festzulegen, wer unter welchen Bedingungen mit welchen politischen, sozialen und wirtschaftlichen Rechten und Pflichten nach Deutschland einwandern, hier leben und arbeiten darf.[8] Die Analogie zu einem Gebäude mit zwei Eingängen veranschaulicht hier eine liberale Migrationspolitik. Wer ins deutsche Haus will, soll wählen können zwischen der Seitenpforte „Asyl- oder Flüchtlingspolitik" und dem Hauptportal „Arbeitsmigration". Entscheidend ist, dass die beiden Eingänge völlig getrennt sind und ausschließlich Zugang zu einer der beiden Wohnungen ermöglichen.

Die *Seitenpforte* öffnet sich einzig aus humanitären Gründen. Sie führt in einen Raum, der all jenen Menschen Obdach bietet, die vor Gewalt fliehen, verfolgt oder bedroht werden. Wer nach Asyl sucht oder auf der Flucht ist, erhält ein rasches, rechtsstaatliches Verfahren, das die Aufnahmeberechtigung klärt. Innerhalb Westeuropas sind hierbei einem einheitlichen Vorgehen und einer Erstaufnahmeland-Regelung zu folgen.

Wer durch die Seitenpforte eintritt, muss das deutsche Haus auch wieder durch die Seitentür verlassen. Es darf keine Verbindungstüre zu anderen Gebäudeteilen geben. Anerkannte Asylsuchende dürfen solange – aber eben wirklich nur solange – unter dem Schutzdach des deutschen Hauses bleiben, bis eine Rückkehr in Sicherheit und Würde gewährleistet werden kann. Entfällt der Grund zur Aufenthaltsberechtigung, müssen sie das Gebäude innerhalb einer angemessenen Frist durch die Seitentüre verlassen. Es bleibt ihnen jedoch jederzeit möglich, an der zweiten Eintrittspforte – dem Hauptportal – um Einlas als Arbeitskräfte nachzusuchen.

Wer als Ausländer in Deutschland *arbeiten* will, muss das *Haupttor* benutzen. Dabei entscheiden die Interessen der alten Klubmitglieder, für wen das Portal wie weit und wie lange zu öffnen ist. Für die arbeitsuchenden Ausländer stehen zwei Wohnräume offen. Wer nur vorübergehend für ein bestimmtes (saisonales) Projekt in Deutschland tätig werden will, bedarf lediglich eines gültigen Arbeitsvertrags mit einem deutschen Arbeitgeber. Die Arbeitserlaubnis ist zeitlich befristet (1,3,6

---

8 Um nicht allzu abstrakt zu bleiben, habe ich hier Deutschland als konkretes Beispiel im Auge. Die Überlegungen wären aber selbstverständlich auch für andere Länder gültig!

Monate) und bindet die ausländische Arbeitskraft an den Arbeitgeber. Der Arbeitgeber muss für die Arbeitserlaubnis eine *Gebühr* bezahlen. Ein über 6 Monate hinaus verlängertes Arbeitsverhältnis ist ausgeschlossen. Der ausländische Arbeitnehmer kann Familienangehörige gegen eine entsprechend erhöhte Gebühr mitbringen. Ihnen wird aber die Erwerbstätigkeit *nicht* erlaubt – es sei denn, sie finden einen deutschen Arbeitgeber, der für sie eine Arbeitserlaubnis erwirbt.

Wer längere Zeit in Deutschland leben und arbeiten und auch seine Familie mitbringen möchte, muss an der Tür zum nächsten Wohnraum anklopfen. Er erhält Einlass, wenn er fähig und willens ist, eine *Eintrittsgebühr* zu entrichten. Wer die von der Regierung festgelegte Klubaufnahmegebühr bezahlt hat, erwirbt das Recht, einzureisen, sich aufzuhalten, niederzulassen und zu arbeiten. Wer sich eine deutsche Arbeitserlaubnis erkauft hat, kann gegen eine *zusätzliche* Pauschalgebühr seine Familienangehörigen mitbringen, die dann auch erwerbstätig werden dürfen.

Wie wird die Regierung die *Eintrittspreise* für temporäre und permanente ausländische Arbeitskräfte festlegen? Im Vordergrund stehen die Bedürfnisse des deutschen Arbeitsmarktes. Fehlen Arbeitskräfte, wird die Regierung den Eintrittspreis senken und möglicherweise für bestimmte Berufe sogar Anreize zur Einwanderung schaffen. Stehen die Einheimischen Schlange vor den Arbeitsämtern, wird der Preis angehoben, so dass die Einwanderung nur noch für Menschen mit hoher Wertschöpfung attraktiv bleibt.

Im Falle des Verlusts des Arbeitsplatzes müsste den ausländischen Arbeitskräften gestattet sein, sich während einer bestimmten Zeit auf dem deutschen Arbeitsmarkt um Arbeit zu bewerben. Die bereits in Deutschland verbrachte Erwerbszeit könnte für die gewährte Suchzeit den Maßstab liefern. An ihr bemisst sich auch, wie lange arbeitslosen Ausländern die selben Ansprüche auf Unterstützungsleistungen zustehen wie deutschen Arbeitslosen. Nach einigen Jahren dürfen die ausländischen Arbeitskräfte in den ersten Stock des deutschen Hauses aufsteigen. Die Aufenthaltserlaubnis wird nun unbeschränkt erteilt. Sie ist also nicht mehr an die Erwerbstätigkeit gekoppelt.

Flankierend zu regeln bleibt, dass eine Nichteinhaltung der Klubregeln *sehr hart* sanktioniert wird. Wer gegen die Regeln des Einwanderungsgesetzes verstößt oder versucht, durch schlecht gesicherte Fenster ins deutsche Haus einzudringen, verwirkt jegliches Recht auf spätere Einreise und Aufenthalt in Deutschland. Vor allem aber werden auch die deutschen Arbeitgeber illegal beschäftigter Ausländer wesentlich härter zur Kasse gebeten als heute. Im Geiste des „three strokes and you are out" könnte eine Bestrafungskaskade zuerst ein Strafgeld, dann eine Haftstrafe und schließlich eine Geschäftsschließung zur Folge haben.

4. Wer soll die Staatsangehörigkeit erhalten?

Wer soll Klubmitglied bzw. deutscher Staatsangehöriger werden dürfen? Zwei Positionen stehen sich gegenüber: Die einen wollen den deutschen Pass nahezu ausschließlich Kindern deutscher Eltern vorbehalten (jus sanguinis). In Ausnahmefällen kann die deutsche Staatsbürgerschaft auch erworben werden – dann aber nur unter Aufgabe der vorherigen Staatsangehörigkeit. Andere sind offener: Wer lange in Deutschland gewohnt hat oder sogar hier geboren wurde, soll Deutsche(r) werden können (jus solis). Zu entscheiden bleibt dann, ob mit dem Erwerb der deutschen Staatsangehörigkeit auf andere Staatsbürgerschaften verzichtet werden muss.

Wieso eigentlich orientiert sich bei dieser schwierigen Problematik die Politik nicht am Erfolgsmodell erfolgreicher europäischer Fußballmannschaften? Wen kümmert bei Real Madrid, Manchester United oder Bayern München Geburt oder Staatsangehörigkeit? Fußballer aus ganz Europa mit unterschiedlichen Nationalitäten sind hier einträchtig vereint. Wichtig ist einzig die Bereitschaft, für Wohl und Erfolg des Vereins sein Bestes zu geben. Sicher: Aus der Leichtigkeit des Sports lässt sich wohl nur begrenzt für die Ernsthaftigkeit des Lebens lernen. Trotzdem: Wieso sollten nicht unbesehen von Geburt und Vorleben Menschen aus freien Stücken ihr Bestes für Deutschland geben dürfen – im Wissen, dass der Vereinserfolg auch immer dem Eigennutz dient? Wieso versteht sich Deutschland nicht als Klub der Gleichgesinnten? Wer gemeinsame Spielregeln akzeptiert und einen Beitrag zugunsten der Gemeinschaft leistet, dürfte Klubmitglied werden und bleiben. Nicht die Zufälligkeit der elterlichen Nationalität würde entscheiden, sondern der eigene Wille Klubmitglied zu sein.

Ist eine mehrfache Loyalität gegenüber einem Staat möglich? Diese Fragen berühren tiefe emotionale Empfindungen. Entsprechend schwieriger fällt hier eine rationale Interessenabwägung. Welche Argumente sprechen *für* eine doppelte oder mehrfache Staatsbürgerschaft? Vielleicht könnten wir uns zunächst daran erinnern, dass ein Klub sowohl nimmt wie gibt. Ein Tennisverein verlangt Beiträge und fordert, die Klubregeln einzuhalten. Dafür erlaubt er die Mitnutzung der Vereinsanlagen und lässt die Mitglieder am Klubleben teilhaben. Solange Mitglieder bereit sind, den Jahresbeitrag zu bezahlen, bleiben sie Vereinsmitglieder – völlig unabhängig davon, ob ein Mitglied gleichzeitig noch anderen Tennisklubs angehört. Auf die Staatsbürgerschaft übertragen heißt das: Solange ein „Mitglied" willens ist, einen Jahresbeitrag für die „Klubmitgliedschaft" zu bezahlen, kann es vorherige Staatsbürgerschaften behalten. Also: Wer in Deutschland lebt, hier sein Einkommen versteuert und deutsche Gesetze respektiert, sollte nach einer Probezeit von wenigen Jahren deutscher Staatsbürger werden, ohne dabei seine frühere Staatsbürgerschaft aufgeben zu müssen. Er wird Doppelstaatsbürger und könnte die deutsche Staatsbürgerschaft auch nach einem Wegzug aus Deutschland beibehalten, solange er dafür einen Jahresbeitrag von einigen Prozent des versteuerbaren Einkommens bezahlt. Übrigens: Hat dieses Modell nicht eine gewisse Ähnlichkeit mit Kirchenmitgliedschaft und Kirchensteuer?

Die jährliche Pass-Erneuerungsgebühr für Deutsche im Ausland wäre weniger eine Steuer als vielmehr eine *Versicherungsprämie*. Denn Auslanddeutsche bleiben völkerrechtlich Deutsche. Sie können jederzeit die konsularischen Dienste Deutschlands beanspruchen. Als Deutsche haben sie Rechtsansprüche und Klagemöglichkeiten bei internationalen Gerichtshöfen. Sie haben weiterhin jederzeit die Möglichkeit, nach Deutschland zurückzukehren – und sei es schlimmstenfalls auch als Zufluchtsstätte und letzter sicherer Hafen. Auch sollten Deutsche im Ausland ein aktives Wahlrecht ausüben können.

Wer auf die mit der deutschen Staatsbürgerschaft gewährten Bürgerrechte verzichten will, stoppt seine Mitgliedszahlungen. Ein Verzicht auf Beitragszahlungen hat unmittelbar den Verlust der deutschen Staatsbürgerschaft zur Folge. Die Koppelung der Pass-Erneuerungsgebühr an das *laufende* Jahreseinkommen verhindert, dass Auslanddeutsche allein aus wirtschaftlicher Not der deutschen Staatsbürgerschaft verlustig gehen. Varianten sind möglich: So kann nach einer Mitgliedschaft von 25 Jahren eine kostenlose unbeschränkte Passerneuerung gewährt werden. Damit würde für die meisten Auslanddeutschen alles beim heutigen Recht bleiben. Oder im Geiste von Recht und Gegenrecht könnten Auslanddeutsche in einzelnen Staaten von der Gebühr befreit werden – beispielsweise wenn sie in anderen EU-Ländern leben. Übrigens: *Schweizer im Ausland* mussten immer schon während mehrerer Jahre einen monetären „Militärpflichtersatz" leisten, der eine starke Ähnlichkeit mit der hier vorgeschlagenen Pass-Erneuerungsgebühr aufweist!

Und damit zurück zur Kernfrage: Können Menschen gleichzeitig mehreren Gemeinschaften angehören und dennoch loyal sein? Bei vielen Vereinigungen – Kirchengemeinden eingeschlossen – bleibt diese Frage ungestellt, solange Beiträge bezahlt und Gemeinschaftsregeln respektiert werden. Aber gilt dies auch für die Staatsangehörigkeit? Sicher, hier geht es um weit mehr. Letztlich spielt eine Rolle, dass an die Staatsbürgerschaft eben nicht nur Rechte, sondern auch Pflichten gekoppelt sind. Und dabei sind es eben nicht nur materielle Beitragszahlungen, die zu leisten sind. Vielmehr ist der entscheidende Unterschied, dass der Staat seine Bürger dazu zwingen kann, Leib und Leben zum Schutz der Gemeinschaft zu opfern. Dieser bedingungslose Verzicht auf das eigene Wohl deckt die Grenzen einer Gleichsetzung von Staatsbürgerschaft und Klubmitgliedschaft auf.

Um hier die Diskussion etwas zu öffnen, ist zu fragen, welcher Stellenwert der Staatsangehörigkeit im Zeitalter von Globalisierung und Europäisierung in Zukunft überhaupt noch zukommen wird. Werden noch immer „Landesverteidigung" und der Kampf „wir" gegen die „anderen" im Zentrum stehen? Sicher auch, aber wer sind „wir" und wer werden die „anderen" sein? Moderne Verkehrsmittel, technologische Fortschritte der Telekommunikation und des Internets haben die Welt kleiner werden lassen. Weil Menschen ohne große direkte ökonomische Kosten und mit geringem sozialen Widerstand abwandern können, schwächt sich das Wir-Gefühl ab. Solidarität und Verantwortung gegenüber der nationalen Gemeinschaft schwinden.

Eine mehrfache Staatsbürgerschaft erleichtert ohne Zweifel ein Abstimmen mit den Füßen und dem Möbelwagen. Sie diszipliniert aber gleichzeitig auch die Politik und die Handhabung der staatlichen Autorität. Das Damoklesschwert der Abwanderung und des Klubwechsels als Strafe für eine schlechte Politik werden eine ständige Drohung und damit Herausforderung an die Machtträger sein, ihre Politik tatsächlich an den Interessen der ihnen anvertrauten Menschen zu orientieren. Diese Entwicklung ist vor allem auch mit Blick auf das künftige polit-ökonomische Spannungsfeld innerhalb eines Nationalstaates von Bedeutung.

Was in der polit-ökonomischen Literatur als Konzept von „Abwanderung" und „Widerspruch" Eingang fand,[9] wird nun in einem breiteren Ausmaße auch für weitere Produktionsfaktoren möglich. Die sinkenden Arbitragekosten verleihen dem „voting on foot"[10] eine wesentlich weitere Dimension. Allein schon die Drohung abzuwandern, zwingt Volkswirtschaften – oder besser deren Regierungen – zu einer ständigen Überprüfung, Anpassung und Optimierung der von ihnen gesetzten Standortbedingungen. Je geringer die Kosten des „Exit" (Arbitragekosten) werden, desto glaubwürdiger ist nämlich die Drohung abzuwandern und desto ernsthafter müssen Volkswirtschaften auf die Präferenzen der mobilen Menschen eingehen. „Abwanderung" und „Widerspruch" stehen einerseits in einer disjunktiven und andererseits in einer komplementären Beziehung:[11] „Voice" (Protest, Widerspruch) wird um so stärker, je besser die „Exit"-Möglichkeiten ausgebaut sind. Deshalb vergrößert allein schon die glaubwürdige Drohung, abzuwandern, die Wirksamkeit des Widerspruchs.

5. Schlussbemerkungen

Einwanderung berührt neben ökonomischen Sphären ebenso unmittelbar soziale Belange. Im Spannungsfeld von Globalisierung und Nationalstaat geht es insbesondere um Mitgliedschaft und Zugehörigkeit. Letztere sind wichtig, „weil die Mitglieder einer politischen Gesellschaft einander etwas schulden, was sie Außenstehenden nicht – oder doch zumindest nicht in gleichem Maße – schulden".[12] Kein Wunder, werden Mitgliedschaft und Zugehörigkeit und die damit verbun-

---

9 A. O. Hirschman, The Strategy of Economic Development, New Haven 1958 und A. O. Hirschman, Exit, Voice and Loyalty, Cambridge 1970.
10 Vgl. Ch. M. Tiebout, A Pure Theory of Local Expenditures, in: Journal of Political Economy 64 (1956), S. 416-424.
11 Vgl. M. Tietzel und M. Weber, Autokratische Monilitätspolitik, in: ORDO 44 (1993), S. 291-305.
12 M. Walzer, Spheres of Justice, New York: Basic Books 1983.

denen Rechte nicht kostenlos mit allen geteilt. Für die bisherigen Mitglieder (Staatsbürger) stellt sich unmittelbar die Frage nach den Vor- und Nachteilen einer Aufnahme neuer Mitglieder. Dabei gilt es zwischen dem Eintritt (Einwanderung) und der Mitgliedschaft (Einbürgerung) zu trennen.

„Staatsbürgerschaft", „Ein- und Auswanderung" gehören zu den *Schlüsselbereichen* nationalstaatlichen Selbstverständnisses. Während immer mehr Menschenrechte immer universalere Gültigkeit erlangen, bleibt die Unterscheidung zwischen In- und Ausländern weltweit ein „letzter Hort der Diskriminierung" *(Jörg Fisch)*. Nationalstaaten würden eines ihrer zentralen konstitutiven Rechte verlieren, wenn sie darauf verzichteten, festzulegen, welche Rechte und Pflichten mit „Zuwanderung", „Aufenthalt" und „Niederlassung" verbunden sind. Entsprechend schwierig und auch normativ ist hier eine Diskussion. Es geht schlicht um so fundamentale Werte des menschlichen Zusammenlebens wie etwa „Zugehörigkeit", „Loyalität" und „Solidarität". Oder, in den Worten *Michael Walzers*: „Das erste und wichtigste Gut, das wir aneinander zu vergeben und zu verteilen haben, ist Mitgliedschaft in einer menschlichen Gemeinschaft."[13] Mit wem sind wir bereit, diese Gemeinschaft zu bilden und zu teilen? Wer soll unter welchen Bedingungen dazu gehören dürfen, wer nicht?

Wer Nationalstaaten weniger als emotionale Gebilde und vielmehr als *Zweckgemeinschaften* sieht, wird kaum Mühe haben, die Staatsangehörigkeit als Klubmitgliedschaft zu verstehen. Damit aber wird auch die Politik eine neue Dimension erhalten. Sie wird mehr denn je zu einer Klubpolitik werden müssen. Genau wie der Mitgliederbeitrag als Gegenleistung für die Nutzung von Vereinsanlagen verstanden und freiwillig bezahlt wird, werden auch Steuern von den Staatsangehörigen in unmittelbarem Zusammenhang zu den dafür gebotenen Klubgütern gesehen werden. Mehr noch: Wie beim Golfsport längst praktiziert, werden sich Gemeinschaften herausbilden, die gerade durch exklusive Klubgüter eine hohe Zahlungsbereitschaft ihrer Mitglieder finden werden. Das Silicon Valley in Kalifornien, der Kanton Tessin in der Schweiz oder die City in London mögen hierfür als Beispiele stehen.

Staatsangehörige, die sich als Klubangehörige verstehen, werden dann bereit sein, Schulen, Straßen und Krankenhäuser mit zu finanzieren, wenn für sie *Steuern* und dafür bereitgestellte öffentliche Leistungen in einem angemessenen Verhältnis stehen. Denn entgegen aller gegenteiliger Behauptungen sind Menschen durchaus bereit, ihren Finanzierungsbeitrag für die Gemeinschaft zu leisten. Die viel beklagte *Steuerhinterziehung* ist oft nur die Trotzreaktion auf einen als unverhältnismäßig beurteilten Abgabezwang und eine als verfehlt oder verschwenderisch eingestufte Politik.

An der Stelle scheint es auch sinnvoll, die Erfahrung bereits existierender *Willensnationen* zu nutzen. So lässt sich aus dem sowohl theoretisch wie auch empirisch

---

[13] Walzer, a.a.O.

gut untersuchten Schweizer Beispiel lernen.[14] „Mündige" Bürger(innen) sind durchaus bereit, Steuern zu zahlen und Abgaben zu entrichten, wenn sie dafür ein Paket öffentlicher Güter und Dienstleistungen zurückerhalten, das ihnen angemessen zu sein scheint. Wichtig ist, dass die Besteuerten über permanente und weitgehende (direkt-demokratische) Mitsprache- und Mitwirkungsrechte hinsichtlich sowohl der Festlegung des Umfanges und der Struktur der öffentlichen Leistungen als auch bezüglich der Bestimmung des Steuerfußes oder der Verschuldung verfügen – beispielsweise durch eine sehr dezentral (also föderativ) organisierte Steuererhebungskompetenz. In weiten Teilen entsprechen also die Erfahrungen einer *Willensnation* den Erwartungen der *Klubtheorie*.

Wird die Staatsangehörigkeit zur Klubmitgliedschaft, werden neue Fragen wichtig. Wer soll nach welchen Regeln in den Verein aufgenommen werden? Könnte hier nicht, was Kanada, Monaco oder der Schweiz billig ist, auch für Deutschland eine attraktive Strategie sein? Nämlich, die Staatsbürgerschaft an zahlungskräftige Neumitglieder zu *verkaufen*. Wer mehr Steuern in Deutschland zahlen würde, als zusätzliche Kosten für Straßen, Krankenhäuser oder Schulen zu verursachen, sollte mit offen Armen willkommen geheißen werden. Wer bereit ist, eine Einwanderungsgebühr zu bezahlen und die deutschen Gesetze zu respektieren, sollte nach einer gewissen Aufenthaltszeit die deutsche Staatsangehörigkeit erhalten können.

Zusammengefasst stellt sich die Frage, ob ein Verkauf der Staatsbürgerschaft nicht amoralisch und ungerecht sei? Wie ist es mit jenen Bewerbern, die nicht viel verdienen, noch weniger versteuern und die trotzdem in den Klub „Deutschland" eintreten möchten? Zugegeben, wie nahezu jeder Klubbeitritt ist auch der Erwerb der Staatsangehörigkeit nicht kostenlos. Damit kommt unweigerlich eine Diskriminierung ins Spiel: Solange wir jedoch nicht in einer Welt ohne Grenzen leben (wollen), erfordert jede Ausgrenzung zwischen „Staatsangehörigen" und „Ausländern" eine Selektion. Aber anstatt diese Entscheidung dem Zufall zu überlassen, werden nach dem Klubmodell Zahlungsfähigkeit, Zahlungswilligkeit und Akzeptanz der Gemeinschaftsregeln die Kriterien. Und weil die Staatsangehörigkeit neben Pflichten auch Rechte bedeutet, darf ihr Erwerb auch ruhig etwas kosten. Für die Finanzierung dieser Kosten ließen sich mit wenig Phantasie viele Ideen entwickeln, die auch wenig begüterte Menschen, die in den Klub „Deutschland" eintreten möchten, gangbare Wege öffnen.

---

14 H. Weck-Hannemann und W. W. Pommerehne, Einkommensteuerhinterziehung in der Schweiz: Eine empirische Analyse, in: Schweizerische Zeitschrift für Volkswirtschaft und Statistik 125 (1989), S. 515-556 und W. W. Pommerehne und H. Weck-Hannemann, Steuerhinterziehung: Einige romantische, realistische und nicht zuletzt empirische Befunde, in: Zeitschrift für Wirtschafts- und Sozialwissenschaften 112 (1992), S. 433-466.

Michael Bommes

Der Mythos des transnationalen Raumes. Oder: Worin besteht die Herausforderung des Transnationalismus für die Migrationsforschung?

Einem Diktum Hartmut Essers zufolge gibt es zur Assimilation von Migranten keine Alternative, sofern man ein Interesse daran hat, dass Migranten die sozialen Statuspositionen der nicht-migrierten Bevölkerung und die damit verbundenen sozialen Teilnahmechancen erreichen (Esser 2001a). Dieses Diktum ist mit Bezug auf eine seit einiger Zeit in der Migrationsforschung laufende Debatte formuliert. In dieser sehen sich klassische Ansätze der sozialwissenschaftlichen Forschung, die Migration vor allem als Problemstellung der sozialen Integration und Assimilation von Migranten im Einwanderungskontext konzipieren, durch eine Forschungsrichtung herausgefordert, die gestützt auf neuere empirische Untersuchungen zur internationalen bzw. transnationalen Migration die Unangemessenheit dieser klassischen Konzepte der Migrationsforschung und die Notwendigkeit, sie durch ganz neue theoretische, an sog. transnationalen Strukturentwicklungen ausgerichtete Konzepte und Bezugsrahmen zu ersetzen, behauptet.

Nachfolgend wird im ersten Teil diese Debatte zwischen Transnationalisten und Assimilationisten, wie die Opponenten hier aus Gründen der Abkürzung benannt werden, vorgestellt, indem die Positionen, wie sie von europäischen und US-amerikanischen Migrationsforschern vertreten worden sind, skizziert werden. Im zweiten Teil wird gezeigt, dass es sich bei den Positionen des Transnationalismus und Assimilationismus um eine falsche Gegenüberstellung handelt, sofern angenommen wird, es ginge vorrangig um theoretische Auffassungsdifferenzen. Rekonstruiert man die vorgetragenen Argumente systematisch im Bezugsrahmen einer Theorie der modernen Gesellschaft, die die Gesellschaft als funktional differenziert begreift, dann zeigt sich, dass Transnationalisten – trotz zum Teil gegenteiliger Behauptungen – gar nicht so sehr in Frage stellen, dass Migranten sich assimilieren, sondern ihre Kernbehauptung vielmehr darin besteht, dass der soziale Bezugsrahmen für Assimilationsprozesse sich verändert hat. Assimilationisten und Transnationalisten vertreten vor allem differente, empirisch zu entscheidende Hypothesen über die Struktur der Assimilationsbedingungen in der modernen Gesellschaft unter den Bedingungen der Globalisierung. Vor diesem Hintergrund wird im dritten Teil genauer auf einige theoretische Selbstmissverständnisse der Transnationa-

Der Mythos des transnationalen Raumes 91

listen eingegangen, die den Hintergrund dafür bilden, dass die Transnationalisten durch die Form ihrer theoretischen Selbstinszenierung selbst den systematischen Gehalt ihrer Untersuchungen verstellen. Es wird gezeigt, dass sie entgegen ihren eigenen Deklarationen dem Bezugsrahmen nationalstaatlichen Denkens verhaftet sind und gerade darum Raum – meist mehr eine Metapher als ein Begriff – so zentral stellen. Geschuldet ist dies im wesentlichen einer mangelnden Auseinandersetzung mit der allgemeinen soziologischen Theorie und Gesellschaftstheorie. Im vierten Teil wird in einem Ausblick skizziert, was für die weitere Forschung mit dem Bezug auf diese Theorietraditionen zu gewinnen wäre.[1]

1. Transnationalismus vs. Assimilationismus: Konturen einer Kontroverse

1. Europa ist seit dem Zweiten Weltkrieg zu einer der bedeutenden Zuwanderungsregionen in der Welt geworden (Bade 2000; Castles/Miller 1993). Damit verbunden war ein sozialstruktureller Wandel, der inzwischen vielfache politische und wissenschaftliche Aufmerksamkeit erfahren hat. Er wird in der Migrationsforschung mit den Topoi „multikulturelle Gesellschaft" (Leggewie 1990; Bade 1996a; Radtke 1990) und „Emergenz transnationaler Strukturen und Räume" (Pries 1997b; Faist 2000) indiziert. In diesem Text werden aber nicht unmittelbar die Strukturfolgen von Multikulturalität oder Transnationalismus diskutiert. Vielmehr wird zunächst eine wissenschaftliche Auseinandersetzung in den Mittelpunkt gerückt, in der Transnationalisten ihre Behauptungen über die Strukturfolgen internationaler Migration mit einer Kritik an der klassischen Migrationsforschung verknüpft haben.

Transnationalisten[2] haben der etablierten Migrationsforschung entgegengehalten, dass diese sich ihrer alten Zöpfe entledigen und Distanz zu ihrem methodologischen Nationalismus[3] finden müsse. Denn mit den sich herausbildenden transnationalen Strukturen würden die Beschränkungen eines national geschnittenen Gesellschaftsbegriffs als eines „Container-Begriffs" ebenso sichtbar wie der eingeschränkte Bezugsrahmen der Assimilationsforschung. Diese konzipiere als Kernproblemstellung (und anzustrebendes Resultat) von Migration (und Migrationsforschung) nach wie vor die Angleichung von Migranten an die „Einwanderungsgesellschaft" und ihre dominanten Gruppen und damit als Problem der kulturellen Angleichung. Empirisch richteten transnationale Migranten ihre Lebensführung jedoch gar nicht mehr an einem solchen Container-Verständnis von Gesellschaft

---

1 Der Text fasst Argumente zusammen, die an anderer Stelle ausführlicher entwickelt sind; vgl. Bommes (2002a, b).
2 Aus der Vielzahl von Literatur vgl. nur Bauböck (1994); Glick/Schiller/Blanc-Szanton (1995); Faist (2000), Hannerz (1996); Levitt (2001); Ong (1997); Portes (1996); Pries (1997a, 2001); Vertovec (2001); allgemein als Reader Vertovec/Cohen (1999).
3 Smith (1979); s. auch Dittrich/Radtke (1990), Wimmer/Glick-Schiller (2001).

aus, sondern führten ihr Leben zunehmend in den Strukturzusammenhängen transnationaler Räume. Diese entzögen sich aber einer Forschung, die in einem nationalstaatlich eingeschränkten Bezugsrahmen konzipiert sei.

Kern der vorgetragenen Argumentationen ist die Behauptung, dass Migranten zunehmend zu „Transmigranten" (Pries 2001) geworden seien, deren Lebensführung nicht mehr nach dem klassischen Muster der Auswanderung aus einer Herkunftsgesellschaft und der Einwanderung in eine Zielgesellschaft beschrieben werden könne. Vielmehr seien die Lebensläufe von Migranten zunehmend durch die Teilnahme an transnational verfassten sozialen Strukturen gekennzeichnet und daher nicht mehr „uni-" oder „bidirektional", sondern mehrfach „multidirektional" ausgerichtet. Dies führe zur Herausbildung einer „plurilokalen Lebensführung" dieser Migranten und „plurilokalen Wirklichkeiten". Migration sei daher zu einem in Raum und Zeit kontinuierlichen Prozess geworden. Transmigration und die neuen plurilokalen sozialen Räume seien nicht einfach eine Extension von Herkunftsgemeinden, sondern eine eigene Strukturbildung. Damit verbunden sei die Entstehung einer „gebunden-nomadischen" Lebensweise. Der Typus des Transmigranten gewinne in dieser Perspektive unter Bedingungen der Globalisierung sowie der Entwicklung der neuen Kommunikations- und Transporttechnologien immer mehr an Bedeutung.[4]

Solche Entwicklungen seien besonders gut mit neuen Forschungsansätzen zu beschreiben, die sich mit Migrationsnetzwerken und -kreisläufen, Modellierungen kumulativer Verursachungen und Migrationssystemen sowie dem Zusammenhang zwischen Globalisierung und Migration befassten.[5]

2. Gegen diese Behauptungen und Ansprüche sind sowohl in der amerikanischen wie in der deutschen Diskussion eine Reihe von Einwänden vorgebracht worden (Alba/Nee 1997; Brubaker 2001; Esser 2001a, b):

Diese besagen zusammengefasst, dass ein theoretisch hinreichend durchdachtes Konzept der Assimilation immer noch am besten dazu geeignet sei, auch gegenwärtige Migrationsprozesse zu verstehen. Dazu bedürfe es zwar einiger Ergänzungen und Rekonzeptualisierungen des klassischen Assimilationskonzeptes von Milton Gordon (Gordon 1964). Seine fortbestehende Leistungsfähigkeit sei aber kaum bestreitbar.

Insbesondere Richard Alba und Victor Nee (1997) sowie Rogers Brubaker (2001) haben sich vor diesem Hintergrund mit den empirischen Resultaten der

---

[4] Auf der Grundlage dieser Argumentation werden gelegentlich auch starke Ansprüche formuliert: „In dieser Perspektive auf Transnationalismus und Transmigration und durch die mit ihr verbundenen Rekonzeptualisierungen von Gesellschaft, Gemeinschaft und Nationalstaat erhält Migration einen neuen Stellenwert in der sozialwissenschaftlichen Diagnose gegenwärtiger sozialer Transformationen" (Pries 2001, S. 53).

[5] Die Ansätze, auf die hier referiert wird, sind zusammenfassend dargestellt in Massey u.a. (1998). Wichtig auch der Band Kritz u.a. (1992). Die Vereinnahmung dieser Forschungen durch Transnationalisten wie Pries ist kaum zwingend und auch nicht unbedingt im Sinne von Autoren wie Massey.

(US-amerikanischen) Immigrationsforschung auseinandergesetzt und gezeigt, dass diese sich durchaus im Sinne eines sukzessiven Assimilationsprozesses auch der Migranten der jüngeren Einwanderungswellen seit den 1960er Jahren lesen lassen: Die Mehrzahl der aktuellen Migranten suche auf offenen Arbeitsmärkten nach Arbeit, und diese seien offener als häufig behauptet. Zugleich seien diese Migranten in der Lage, in überschaubaren Zeiträumen Löhne zu erzielen, die sich immer mehr den Löhnen der Nicht-Zugewanderten anglichen. Diese Autoren argumentieren damit gegen die Überschätzung ethnischer Ökonomien und ihres Transnationalismus. Vergleichbares zeigen Alba/Nee für die Bereiche des Wohnens, der Erziehung und der Sprache. Die vorliegenden Ergebnisse der Forschung seien zwar zum Teil uneindeutig, es spreche aber sehr viel für fortschreitende Assimilationsprozesse. Diese seien durchaus vergleichbar mit denen, die im Gefolge früherer Einwanderungswellen in die USA beobachtet wurden.

Das Fazit der genannten Autoren lautet: „Assimilation still matters." Hartmut Esser (2001a, b) hat darüber hinausgehend argumentiert, dass Assimilation nicht nur weiterhin bedeutsam, sondern alternativlos sei. Denn dem erfolgreichen Durchlaufen des Bildungssystems komme eine immer größere Bedeutung bei dem Versuch zu, auf modernen Arbeitsmärkten zu bestehen und den Zugang zu den bedeutsamen Ressourcen für die Lebensführung zu erlangen. Weil das Bildungssystem nationalkulturell geprägt sei, führe an dem Erwerb der nationalen Sprache im Einwanderungsland für Migranten kein Weg vorbei.

Trotz verschiedener Vermittlungsversuche wie etwa dem der amerikanischen Soziologin und Historikerin Morawska (2002) bleibt klärungsbedürftig, worin genau die sachhaltigen und theoretischen Auffassungsdifferenzen zwischen Assimilationisten und Transnationalisten bestehen. Hier soll versucht werden, dies schärfer herauszuarbeiten. Dazu werden zunächst einige (im weiteren nicht mehr diskutierte) Prämissen formuliert, die nachfolgend zugrunde gelegt werden: Es wird die Auffassung der Multikulturalisten und Transnationalisten akzeptiert, dass kulturelle Pluralisierungsprozesse eine Folge internationaler Migration sind und dass Transnationalisierung in einem empirischen Sinne beobachtet werden kann. Eine Vielzahl von Migranten orientiert ihre Lebensführung nicht vorrangig oder gar ausschließlich am Bezugsrahmen des Nationalstaates. Sie sind zugleich mehr oder weniger dauerhaft in nationalstaatliche Grenzen übergreifende Sozialbezüge familiärer, ökonomischer, rechtlicher, politischer oder erzieherischer Art eingebunden. Aus diesen Sachverhalten ergibt sich jedoch nicht zwingend das Erfordernis, wie dies Transnationalisten auf theoretisch unklarer Basis nahe legen, in der Migrationsforschung auf „ganz neue Konzepte" umzustellen. Vielmehr ist weitgehend ungeklärt, wie sich die von den konträren Positionen jeweils vorgetragenen Argumente zueinander verhalten.

2. Ändern sich durch transnationale Migration die Assimilationsverhältnisse in der modernen Gesellschaft?

Man kann zwischen dem Bezugsrahmen unterscheiden, der den empirischen Analysen der Assimilationsforschung operational zugrunde liegt, und ihrer gelegentlichen Selbstauffassung. Eine Schwäche der klassischen Migrationsforschung und ihrer Problemstellung von Integration und Assimilation ist die Orientierung entweder am Gruppenbegriff oder an einem Begriff der nationalen Gesellschaft; mit anderen Worten: Soziale Strukturen werden wesentlich als Kollektivstrukturen aufgefasst und Soziales wird dann entweder mit Bezug auf „Gruppe" oder „Gesellschaft" beschrieben. Entsprechend wird von nationalen Herkunfts- und nationalen Aufnahme- oder Einwanderungsgesellschaften ausgegangen und der Nationalstaat und sein Programm der „Integration" wird mehr oder weniger unhinterfragt zugrunde gelegt.

Für das weitere wird anstelle eines Begriffs von Gesellschaft als Kollektiv ein Konzept der modernen Gesellschaft zugrundegelegt, das diese als funktional differenziert in verschiedene Funktionsbereiche und moderne Organisationen begreift (Luhmann 1997). Damit sind zwei weitere Implikationen verbunden: 1) Die Teilnahmechancen von Individuen und ihre Zugriffsmöglichkeiten auf soziale Ressourcen sind wesentlich vermittelt über Funktionssysteme und Organisationen (Bommes 2001). 2) Kulturelle Pluralisierungsprozesse und Prozesse der nationalen Schließung bzw. transnationalen Öffnung sind abhängig von der Strukturentwicklung sozialer Systeme.

Auf dieser Grundlage wird hier bezüglich der Debatte zwischen Transnationalisten und Assimilationisten folgende These vertreten: Bereits die Behauptung der wachsenden Multikulturalität der Einwanderungsländer hatte übertrieben.[6] Der Transnationalismusansatz schließt sich dieser Übertreibung mit anderen empirischen und theoretischen Mitteln an. Dies ist vorrangig theoriepolitisch motiviert und nicht überzeugend. Gegen solche Übertreibungen ist zu unterstreichen: *Jede Migration ist mit Assimilationsprozessen verbunden.*

Genau besehen bilden den Bezugshorizont der empirischen Assimilationsforschung nicht „Gruppen" oder „die Gesellschaft". Wenn man Assimilation als einen Prozess der Angleichung versteht, dann ist zu klären, an wen oder was Angleichung erfolgt (1). Zudem ist zu erläutern, in welchen Hinsichten eine solche Angleichung stattfindet (2).

1. Individuen wandern aus unterschiedlichen Gründen: Es kann sich um Arbeits-, Bildungs-, Krankheits-, Flucht-, Familien- oder Umweltmigranten handeln. Für alle diese Fälle ist es nicht plausibel, das Problem der Angleichung, sei es mit Bezug auf Gruppen, sei es mit Bezug auf Gesellschaft, zu konzipieren. Um zu

---

6 Dazu Bade (1996a), Hoffmann-Nowotny (1996), Leggewie (1990), Radtke (1990).

Der Mythos des transnationalen Raumes

arbeiten oder zu studieren, um einen Asylantrag zu stellen oder sich behandeln zu lassen, kann man sich weder an Gruppen, noch an *die* Gesellschaft halten: Denn Gruppen vergeben keine Arbeitsplätze, behandeln keine Kranken, bilden nicht aus, vergeben keine Abschlüsse und bearbeiten keine Asylanträge. Das Gleiche gilt für *die* Gesellschaft, an diese kann man sich nicht wenden und sich entsprechend auch nicht an sie angleichen bzw. von ihr abweichen.[7]

Angleichung vollzieht sich in den für die Lebensführung relevanten Hinsichten in Organisationen der wichtigen Funktionsbereiche der modernen Gesellschaft, also in Organisationen wie Unternehmen, Krankenhäusern, Hochschulen, Verwaltungen. Dies geschieht, indem Individuen dort arbeiten oder sich um eine Leistung bemühen wie den Erwerb eines Guts, Krankenbehandlung, Ausbildung, Recht, Sozialleistung o.ä. Jeder, der zwecks Gelderwerb arbeiten oder sich erfolgreich um eine solche Leistung bemühen will, muss die Erwartungen erfüllen, die die soziale Voraussetzung für den Erfolg dieser Bemühungen sind: Man muss also wissen, was es heißt zu arbeiten und wie man sich als Patient, Klient, Schüler, Student oder Publikum einer Verwaltung verhalten muss.[8]

Betrachtet man vor dem Hintergrund dieser einfachen Überlegungen empirisch das Verhalten der verschiedenen Migrantenkategorien – Arbeitsmigranten, Fluchtmigranten, Bildungsmigranten etc. –, dann sieht man sofort, dass sie alle sich, wenn auch in unterschiedlichem Ausmaß, assimilieren, d.h. an den genannten Rollen und den damit verbundenen Bündeln von Verhaltenserwartungen ausrichten. Sie nehmen die Rollen von Organisationsmitgliedern ein, und es ist nicht zu sehen, wie ihnen dies gelingen könnte, wenn sie sich nicht an die damit verbundenen Erwartungen angleichen würden, d.h. ihnen entsprechen und sie selbst als Erwartenserwartungen aufbauen würden.

So gesehen ist der Sachverhalt der Assimilation unter den sozialen Strukturbedingungen der modernen Gesellschaft gewissermaßen trivial. Er gehört zu den Grundbedingungen der Lebensführung von Individuen in dieser Gesellschaft. Weil für niemand mehr selbstverständlich qua Geburt oder Abstammung die soziale Zugehörigkeit sowie die Möglichkeiten der Lebensführung festgelegt sind (Luhmann 1989), muss sich jeder selbst um Teilnahmemöglichkeiten an den sozialen Systemen der Gesellschaft bemühen. Assimilation erfolgt dann jeweils *kontextspe-*

---

7 Der Gesellschaftsbegriff ist ein schwieriger Begriff, der darum schon von Weber aus methodologischen Gründen vermieden worden ist. Man kann annehmen, dass er erst im Bezugsrahmen einer differenztheoretischen Basierung wieder eingeholt werden kann. Er bezeichnet dann den Zusammenhang aller füreinander erreichbaren Kommunikationen (Luhmann 1997) – unter Bedingungen funktionaler Differenzierung die Weltgesellschaft. Diese kann nicht sinnvoll als unmittelbarer Bezugsrahmen für die Anpassung des Verhaltens von Individuen verstanden werden, sondern nur die System-/Umweltverhältnisse der differenzierten Sozialsysteme dieser Gesellschaft.
8 Systemtheoretisch wird dieser Zusammenhang in Begriffen von Inklusion und Exklusion gefasst (Luhmann 1995). Zur Stellung des Arbeitsbegriffs in diesem Kontext vgl. Bommes/Tacke (2001).

zifisch, d.h. im Sinne der Theorie gesellschaftlicher Differenzierung: *systemspezifisch*. Alle Individuen werden in die Wirtschaft, die Politik, das Recht, die Erziehung, die Wissenschaft, die Gesundheit oder die Massenmedien sowie die entsprechenden Organisationen nur einbezogen, wenn sie die jeweiligen Voraussetzungen für eine kompetente Teilnahme in diesen Systemen erfüllen. Andernfalls fallen sie heraus. Sie müssen zahlungsfähig, erziehbar oder krank sein, um an der Wirtschaft, an Ausbildung oder am Gesundheitssystem teilzunehmen. Und sie müssen rechtsfähig sein, kompetent und diszipliniert, um Mitgliedschaftsrollen in Organisationen einnehmen zu können. Mit anderen Worten: Individuen in der modernen Gesellschaft ist abverlangt, ihre Lebensführung an den Bedingungen auszurichten, die für die Teilnahme in sozialen Systemen gelten, und dafür eine entsprechende Teilnahmefähigkeit und -bereitschaft auszubilden. Sie müssen sich alle „assimilieren". Migranten bringen diese Assimilationsbereitschaft gewissermaßen schon durch den Sachverhalt der Migration selbst zum Ausdruck. Denn Migration in der modernen Gesellschaft bezeichnet den Versuch der Teilnahme an sozialen Systemen an einem anderen geographischen Ort (Bommes 1999).

Assimilation als permanentes Erfordernis der Ausrichtung des Verhaltens und Handelns an den Strukturbedingungen sozialer Systeme bezeichnet also eine allgemeine Existenzbedingung aller Individuen in der modernen Gesellschaft. Die Frage nach der Assimilation von Migranten zielt so gesehen auf nicht mehr (und nicht weniger) als auf die Bedingungen, unter denen ihnen die Erfüllung der Teilnahmevoraussetzungen in sozialen Systemen unter den Bedingungen von Migration gelingt bzw. auch misslingt.

2. Um die Teilnahmebedingungen in sozialen Systemen für Individuen genauer zu beschreiben, ist es sinnvoll, verschiedene Hinsichten zu unterscheiden, unter denen Assimilation erfolgt. Dazu kann man zwanglos an Unterscheidungen anschließen, wie sie Hartmut Esser im Anschluss an Gordon (und in Modifikation seiner Überlegungen) vorgeschlagen hat (1980). Er unterscheidet *kognitive, strukturelle, soziale* und *identifikative Assimilation*. Betrachtet man Assimilation im Bezugsrahmen von sozialen Systemen und nicht von Gruppen oder *der* Gesellschaft, dann sieht man sofort den Sinn dieser Unterscheidungen:

Kognitive Assimilation bezeichnet die Anpassung der Strukturvoraussetzungen auf Seiten der Individuen zur Erfüllung von Teilnahmevoraussetzungen in sozialen Systemen; sie erwerben Sprache, Fertigkeiten, Verhaltens- und Situationsmuster, Normenkenntnisse, Mobilitätsorientierung etc.

Strukturelle Assimilation bezeichnet die mehr oder weniger erfolgreiche Einnahme von Rollen in Organisationen, damit verbundenen Einkommenserwerb, die berufliche Stellung, erworbene Rechtspositionen, Bildung und Ausbildung. Diese Assimilation bezeichnet also die Struktur der empirischen Teilnahme von Migranten an sozialen Systemen (im Plural!) und die darüber vermittelten sozialen Ressourcen wie Einkommen, Bildung, Rechte, Gesundheit, Ansehen etc., die ihren sozialen Status ausmachen. Mit der Untersuchung struktureller Assimilationsprozesse steht die Migrationsforschung in der Tradition der soziologischen Ungleichheitsforschung: Sie geht davon aus, dass Ungleichheit in der modernen Gesellschaft strukturierte und nicht zufällig variierende soziale Ungleichheit ist und dass diese Strukturen auch den Zugang von Migranten zu solchen Ressourcen regulieren, die für die Lebensführung in der modernen Gesellschaft bedeutsam sind. Darauf ist später zur Profilierung der Position des Transnationalismus noch einmal genauer einzugehen.

Soziale Assimilation bezeichnet die sozialen Beziehungen von Migranten, wie sie diese in Freundschaftsverhältnissen, Ehen, Vereinen und anderen Assoziationen oder sozialen Netzwerken eingehen. Die Migrationsforschung stellt hier die interethnischen Beziehungen zentral und nimmt an, dass Abhängigkeiten zwischen struktureller und sozialer Assimilation bestehen.

Und schließlich bezeichnet *identifikative Assimilation* den Modus, in dem Migranten selbst soziale Zugehörigkeit reklamieren, und die Identitätsformen, die sie dabei präferieren. Auch dies wird klassisch untersucht, indem man sich für Rückkehr- oder Naturalisierungsabsichten interessiert, nach ethnischer Zugehörigkeit, Sprachgebrauch und nach politischen Orientierungen fragt.

Auf der Basis dieser Unterscheidungen rückt die Assimilationsforschung zwei weitere bedeutsame Sachverhalte in den Blick:

a) Assimilationsversuche von Migranten treffen selbstverständlich auf soziale Barrieren. Solche Barrieren sind wiederum system- oder kontextspezifisch zu untersuchen: Sie finden sich in Unternehmen hinsichtlich des Zugangs zu Arbeitsplätzen und in Schulen hinsichtlich des schulischen Erfolgs von Migrantenkindern; sie finden sich in Staaten hinsichtlich des Zugangs zur Staatsbürgerschaft und zu sozialen Rechten; sie finden sich in Familien z.B. hinsichtlich des Erwerbs von Ausbildungen oder des Eingehens von Freundschaften usw.

b) Die Migrationsforschung hat auf dieser Grundlage in ihrer Geschichte unter Assimilation nicht immer genau das Gleiche verstanden. Generell aber hat sie ein mehr oder weniger starkes Entsprechungsverhältnis zwischen den genannten Hinsichten der Assimilation angenommen. Dies ist auf den ersten Blick plausibel: Wer mehr kognitive Voraussetzungen mitbringt, wird differenziertere Rollenanforderungen erfüllen können. Wer eine sichere und mehr oder weniger gut bezahlte berufliche Position inne hat, wird leichteren Zugang zu Gesundheit, Bildung, Recht und Politik haben, mehr soziale Anerkennung finden und eher soziale Kontakte in diesem Umfeld eingehen können. Und wer sich in solchen sozialen Kontexten bewegt, kann wiederum entsprechende kognitive Strukturen aufbauen usw.

Entsprechend verhält es sich umgekehrt: Es erscheint unwahrscheinlich, dass man in einem engen ethnischen Milieu kognitive Voraussetzungen erwirbt, derer man bedarf, um die Anforderungen der Schule zu erfüllen oder um beruflich erfolgreich zu sein und entsprechend für attraktive, gut bezahlte Positionen in Organisationen rekrutiert zu werden. Ausgehend davon ist es ebenfalls unwahrscheinlich, dass man Zugang zu entsprechenden sozialen Netzwerken, Freundschaftsbeziehungen oder Vereinen findet oder sich anderen Zusammenhängen zugehörig fühlt als dem eigenen engen Milieu. Beides – die erfolgreiche Assimilation an die Erwartungen sozialer Systeme ebenso wie ihr Ausbleiben – scheint einen hohen selbst-stabilisierenden Charakter zu besitzen.

Man kann diese Annahme der Entsprechung zuspitzend so charakterisieren: Assimilationisten gehen von einer engen oder strikten Kopplung zwischen den verschiedenen Assimilationsformen aus.[9]

In welchem Verhältnis steht die Behauptung der Entstehung und Stabilisierung transnationaler Beziehungen zu dieser Annahme der engen Kopplung der Assimilationsformen in der Assimilationsforschung? Die Transnationalismus-These ist im Kern eine empirische Infragestellung der These der strikten Kopplung zwischen den verschiedenen Assimilationsformen. Der Transnationalismus steht genau besehen nicht im Gegensatz zur Assimilationsthese, sondern behauptet eine aus Globalisierung resultierende lose Kopplung zwischen den Formen der kognitiven, strukturellen, sozialen und identifikativen Assimilation. Es stehen sich also, so wird hier behauptet, mit den diskutierten Positionen eher zwei empirisch überprüfbare Hypothesen über die Folgen internationaler Migration und nicht zwei theoretisch vollständig verschieden konzipierte bzw. zu konzipierende Forschungsansätze gegenüber.

Mit der Behauptung der Ausdehnung *transnationaler Beziehungen* oder *Räume* wird darauf hingewiesen, dass soziale Systeme, an denen Individuen teilnehmen, nicht nationalstaatlich eingehegt sind.[10] Entsprechend kann auch die Lebensführung von Individuen mehr oder weniger dauerhaft staatsgrenzübergreifend orientiert sein: Dies kann wieder die verschiedensten Bereiche wie die Familie, Bildung, Gesundheit, Ökonomie oder Politik betreffen. Migranten können also beispielsweise im Einwanderungskontext arbeiten, um das Geld im Herkunftskontext zu investieren, die Familie zu versorgen und sich dort in lokale oder nationale politische Projekte einzumischen. Sie können als erfolgreiche Migranten Geld in der Herkunftsregion investieren und entsprechende Industrien aufbauen wie im Fall indischer IT-Spezialisten. Diese transnationalen Formen der Lebensführung kommen in unterschiedlichen Kombinationen auf der Basis unterschiedlicher Ressourcenverfügung von Migranten und in unterschiedlichen sozialen Kontexten vor (für viele Hunger 2000; Levitt 1998, 2001; Müller-Mahn 2000; Singhanetra-Renard 1992).

Aber solche transnationalen Entwicklungen widersprechen Assimilationsannah-

---

9 Sie streiten sicher darüber, welche Assimilationsformen den Primat für das Einsetzen von erfolgreichen oder eingeschränkten Assimilationsversuchen haben. Eine solche enge Kopplungsannahme lässt sich insbesondere bei Alba/Nee und Brubaker erkennen. Esser sieht insbesondere bezüglich der identifikativen Assimilation die Möglichkeit vor, dass hier losere Zusammenhänge bestehen.
10 Davon geht die Theorie der funktionalen Differenzierung ohnehin aus und ist deshalb als Theorie der Weltgesellschaft konzipiert (Stichweh 2001a).

men gar nicht. Denn auch transnationale Migranten müssen sich assimilieren – an die Erfordernisse der Sozialsysteme, an denen sie teilnehmen. Dafür müssen sie zum Beispiel familiäre Erwartungen im Herkunftskontext und die Leistungsanforderungen an ihrer Arbeitsstätte oder in der Ausbildungsorganisation im Einwanderungskontext und die darüber vermittelten sozialen Optionen ausbalancieren.

Was also ist eigentlich zwischen Assimilationisten und Transnationalisten strittig? Die Kritik der konventionellen Migrationsforschung durch die Transnationalisten wirft dieser wie ausgeführt vor, zu sehr in einer Art „methodologischem Nationalismus" befangen zu sein und deshalb Assimilation im Bezugsrahmen einer Container-Vorstellung von Gesellschaft und mit den Mitteln eines nationalstaatlich gedachten Integrationsbegriffs zu formulieren. Das ist richtig und falsch zugleich: *richtig*, sofern Gesellschaft als Nationalgesellschaft und letztlich als nationales Großkollektiv konzipiert ist; *falsch*, sofern empirisch von der Assimilationsforschung wie gezeigt etwas ganz anderes untersucht wird, nämlich der *Zusammenhang* zwischen den verschiedenen Assimilationsformen. Und diesbezüglich wird eine starke sozialstrukturelle Hypothese vertreten: nämlich die *Annahme einer engen Kopplung zwischen den verschiedenen Assimilationsformen.* Dies sei noch einmal verdeutlicht, um im Anschluss daran zu zeigen, in welcher Weise diese Hypothese durch den Transnationalismus in Frage gestellt wird.

Assimilationsforscher gehen davon aus, dass ein enger Zusammenhang zwischen den individuellen kognitiven Strukturvoraussetzungen für Assimilation, struktureller Assimilation, sozialer Assimilation und identifikativer Assimilation besteht. Die Kernthese der Assimilationsforscher beinhaltet im Prinzip zwei Aussagen: Man kann erstens empirisch beobachten, dass Migranten in solche gekoppelten Assimilationsprozesse eintreten, d.h. sie treten in Ausbildungsprozesse ein, erreichen beruflichen Status, ändern ihre Netzwerke und Selbstidentifikationen. Assimilation in diesem Sinne bleibt also für sie bedeutsamer Bezugshorizont (und das wird von den Transnationalisten bezweifelt). Man kann zweitens zeigen, dass gelingende Assimilation eine Bedingung dafür ist, in ihren Lebenschancen mit der nicht-migrierten Bevölkerung gleichzuziehen. Andernfalls scheitern sie und bilden z.B. seggregierte ethnische Milieus. Alles in allem mag es Diversifizierung geben, aber der Fortgang von Assimilation sei wahrscheinlicher und letztlich unabdingbar.

Diesen Aussagen liegt eine weitere These zugrunde, die jedoch durch den zurecht kritisierten „methodologischen Nationalismus" und die damit verbundene Verwendung eines nationalen Gesellschaftsbegriffs als empirisch interessante These verdeckt ist. Man kann diese These aber deutlich erkennen, wenn man Assimilation in der hier vorgeschlagenen Weise rekonstruiert. Sie lautet: Der nationalstaatliche Bezugsrahmen bleibt auch in einer globalisierten Weltgesellschaft für die Struktur der Verteilungsverhältnisse relevant. In diesem Bezugsrahmen sind auch die Querverbindungen zwischen den Assimilationsformen reguliert und gekoppelt. Diese sind also auch unter Bedingungen von Globalisierung nicht lose gekoppelt und es ist daher unwahrscheinlich, dass kognitive, strukturelle, soziale und identifikatorische Assimilationsformen frei gegeneinander variieren können. Hartmut Esser hat dies mit dem Verweis auf die nationalkulturelle Prägung des Erziehungssystems und der daraus resultierenden Bedeutung der Sprache noch einmal unterstrichen.

Dieser Argumentationsweise der Assimilationsforschung liegen das Paradigma der allgemeinen soziologischen Ungleichheitsforschung und deren Annahmen zugrunde, die sich knapp so zusammenfassen lassen:

- Die Verteilungsverhältnisse der modernen Gesellschaft sind strukturierte Verhältnisse: Sie bringen strukturierte soziale Ungleichheit und auf dieser Grundlage sich bildende soziale Gruppen, eben Schichten oder Klassen hervor.
- Diese Ungleichheitsstrukturen sind nach wie vor wesentlich nationalstaatlich vermittelt: Unterhalb einer übergreifenden internationalen Ungleichheit, die vor allem durch ein Nord-Süd- und West-Ost-Gefälle gekennzeichnet ist, sind die Strukturen sozialer Ungleichheit ganz wesentlich nationalstaatlich segmentiert und binnenstrukturiert.[11]
- Strukturierte soziale Ungleichheit, das heißt eine Verteilung sozialer Ressourcen wie Geld, berufliche Position, Bildung, Gesundheit, Recht und politischer Einfluss, die nicht zufällig variiert, sondern in der Form integriert ist, dass Vor- und Nachteile jeweils kumulieren, wird als reproduktive und sich selbst stabilisierende soziale Ungleichheit verstanden: Individuen mit guten Teilnahmechancen an sozialen Systemen und darüber vermitteltem Zugang zu sozialen Ressourcen bilden Netzwerke zur Sicherung dieser Positionen und entsprechende kollektive Identitäten aus. Sie gewährleisten dadurch zugleich für sich und ihren Nachwuchs, dass sie entsprechende individuelle Strukturen zum Erhalt ihrer Teilnahmekompetenzen und den darüber vermittelten Zugang zu den erreichten Ressourcen aufbauen und sichern.

Assimilationstheorien übertragen im Kern diese Annahmen auf den Bereich der Migration: Die Messung von Assimilation in den verschiedenen Dimensionen wird als Indikator für das Gelingen oder Misslingen des Eindringens in die jeweiligen Verteilungsstrukturen verstanden. Interethnische Beziehungen zeigen dann zum Beispiel das Eindringen von Migranten in die relevanten Reproduktionsnetzwerke sozialer Ungleichheit an.

Vor diesem Hintergrund betrachtet kann man die Thesen des Transnationalismus gut profilieren, wenn man von einigen seiner konzeptuellen Unklarheiten absieht, auf die wir weiter unten zurückkommen und die die Grundlage der eigentümlichen Unschärfe der vorgetragenen Positionen des Transnationalismus bilden. Seine zentrale Aussage lautet: Empirisch ist eine *Entkopplung der verschiedenen Assimilationsformen* zu beobachten. Eine weitere damit verbundene, für die allgemeine soziologische Ungleichheitsforschung relevante Aussage lautet: Transnatio-

---

11 Ähnlich unterstreicht Stichweh (1998) die Bedeutung nationaler Wohlfahrtstaaten als „institutionalisierte Ungleichheitsschwellen".

Der Mythos des transnationalen Raumes

nale Entwicklungen sind Teil eines allgemeinen Prozesses der Ent- oder zumindest Umstrukturierung sozialer Ungleichheit – ein Prozess, der auch außerhalb der Migrationsforschung registriert worden ist und in seiner theoretischen Bedeutung umstritten ist. Diese Entkopplungsthese wird auf folgende empirische Indizien gestützt:

- Die Teilnahme von mehr und mehr Migranten an verschiedenen sozialen Systemen verteile sich über mehrere Orte („Plurilokalität") und übergreife dauerhaft nationalstaatliche Grenzen (sei also „transnational"). Strittig ist, ob es sich tatsächlich um dauerhafte und stabile Prozesse handelt, mit denen sich die Zusammenhänge und Querverbindungen zwischen familiären, ökonomischen, politischen, rechtlichen, edukativen oder gesundheitlichen Teilnahmechancen verändern und ob diese Prozesse sich damit den überkommenen national- und wohlfahrtsstaatlichen Vermittlungen längerfristig entziehen bzw. diese an Reichweite einbüßen.
- Für die Teilnahme an sozialen Systemen seien migrantenspezifische transnationale Netzwerke zentral; diese verschafften Zugang und Teilnahmechancen. Verbunden wird damit die stärkere These, dass soziale Assimilation in dem erläuterten Sinne an Bedeutung verliere. Wenn Assimilationisten von der Annahme ausgehen, dass das Fortbestehen ethnischer Milieus ein Indikator für die Reproduktion strukturierter, Migranten in ihren Möglichkeiten einschränkender Ungleichheitsstrukturen sind, dann akzentuiert der Transnationalismus dagegen das Chancenvermittlungspotential solcher Netzwerke und Milieus.
- Die Diversifikation kollektiver Identitäten wird als Symptom für die Ausrichtung an nationalstaatlich entkoppelten sowie transnational und migrationsfallspezifisch vermittelten identifikativen Assimilationsstrukturen interpretiert.
- Schließlich zeige die Herausbildung transnationaler Kompetenzen auch die Wandlung der Strukturen kognitiver Assimilation, die sich an den transnationalen Bedingungen der Teilnahme in verschiedenen Sozialsystemen ausrichte.

Zusammengefasst vertreten die Transnationalisten also im Gegensatz zu den Assimilationisten eine Entkopplungsthese: *Die Assimilationsformen entkoppeln sich im Prozess fortschreitender Globalisierung und unter Bedingungen des Transnationalismus entstehen neue Variationsmöglichkeiten zwischen ihnen.* In diesem Sinne sind die Assimilationsformen unter Globalisierungsbedingungen loser gekoppelt und freier für Variationen. Der nationalstaatliche Bezugsrahmen verliert für die Integration, d.h. die Einschränkung des Variationsspielraums der Assimilationsformen an Bedeutung.

In dieser Weise gegenübergestellt, bezeichnen Transnationalismus und Assimilationismus also nicht primär theoretisch verschiedene Forschungsansätze. Die Sachverhalte, die zwischen ihnen strittig sind, machen keine je verschiedenen theoretischen Bezugsrahmen erforderlich – im Gegenteil: Mit der Gegenüberstellung der beiden Ansätze im hier verwendeten einheitlichen Bezugsrahmen wird erst das zwischen ihnen Strittige deutlich sichtbar – ebenso wie ihre blinden Flecken, die selbst instruktiv sind:

Transnationalisten machen einsichtig, dass assimilationsorientierte Analysen den nationalstaatlichen Bezugsrahmen ihrer Analysen oftmals stillschweigend voraussetzen, nicht zuletzt aufgrund des zugrundeliegenden nationalen Gesellschaftsbegriffs. Die nationalstaatliche bzw. wohlfahrtsstaatliche Vermittlung der von ihnen beschriebenen Ungleichheits- und Assimilationsverhältnisse ist eher Prämisse ihrer Analysen, denn empirisch selbst bemerkenswerter und in seinen Voraussetzungen thematisierter Sachverhalt. Das heißt: Die Assimilationisten müssten die Diskussion stärker in eine Richtung öffnen, in der sowohl die Rolle des Nationalstaates als auch die Form der Kopplung der Assimilationsformen als kontingent zu betrachten wäre und damit alternative Möglichkeiten konzeptionell zugelassen und dann empirisch offen untersucht werden könnten. Es ginge dann entsprechend nicht mehr um die falsche Alternative: entweder Transnationalismus oder Assimilation, sondern um eine Beschreibung der sozialen Strukturen, die unter Bedingungen der Globalisierung aus ggf. veränderten Assimilationsverhältnissen resultieren.

Assimilationisten machen umgekehrt mit ihrer Kritik einsichtig, dass die Transnationalisten die national- und wohlfahrtsstaatlich vermittelte Struktur der Teilnahmechancen von Migranten aufgrund begriffsstrategischer Entscheidungen verwerfen. Sie gehen im Bezugsrahmen ihrer transnationalen Raummetaphern vom Bedeutungsverlust des Nationalstaates aus. Sie sehen daher nicht, dass transnationale Strukturbildungen, wie sie von ihnen beschrieben werden, auch Folge der spezifischen Struktur des Umgangs von nationalen Wohlfahrtsstaaten mit Migranten und ihres politischen Einbezugs bzw. Ausschlusses sein können (Koopmans/ Statham 2002; Sciortino in diesem Band). Transnationale Entwicklungen haben vielfach den Nationalstaat zur Voraussetzung – und nicht seinen Bedeutungsverlust. Transnationalisten vermögen die eigentliche Herausforderung der von ihnen beschriebenen Phänomene kaum strukturtheoretisch angemessen zu formulieren: Eine Konsequenz transnationaler Entwicklungen, d.h. der Herausbildung einer transnational strukturierten Lebensführung kann die Entstrukturierung bislang national- und wohlfahrtsstaatlich vermittelter Verteilungs- und Ungleichheitsverhältnisse sein. Darin könnte die eigentlich neue Problemstellung für bisherige Assimilationsanalysen bestehen – aber nicht, weil es keine Assimilation mehr gibt, sondern weil die unter nationalstaatlich vermittelten Ungleichheitsverhältnissen etablierten, eng gekoppelten Assimilationsverhältnisse eben sukzessive entkoppelt werden, sich also die Ungleichheitsverhältnisse re- oder entstrukturieren. Ein solcher Wandlungsprozess kann jedoch nicht konzeptionell hergeleitet, sondern einzig empirisch aufgewiesen werden.

3. Migration und 'Transnationaler Raum' – Suggestionen des Nationalstaates als Theoriedesign

In der vorgelegten Rekonstruktion der Position der Transnationalisten ist kaum an Begrifflichkeiten angeschlossen worden, wie sie dort vorgeschlagen werden. Dies hat zunächst seinen Grund darin, dass hier versucht worden ist, die vertretenen Positionen aufeinander beziehbar zu machen und unnötige, eher theoriepolitisch motivierte Pointierungen von Differenzen beiseite zu lassen. Darüber hinaus zeigt sich bei genauerem Hinsehen, dass Transnationalisten vielfach von ihnen kritisierte theoretische Ansätze und Begriffe durch Metaphern wie „transnationale Räume" und unscharf verwendete Begriffe wie den des Netzwerks zu ersetzen suchen und damit den klaren Blick auf Vergleichbarkeiten, Übereinstimmungen und Differenzen verstellen. Die nachfolgend begründete Behauptung lautet: Weil die Transnationalisten der Suggestion des von ihnen so kritisch beleuchteten klassischen Nationalstaates, dass die Gesellschaft eine nationale und der Staat das Zentrum und die Spitze dieser Gesellschaft sei, selbst noch erliegen, haben sie keinen strukturtheoretischen Begriff von Gesellschaft mehr, können daher Globalisierung nur ohne bzw. mit geschrumpftem Nationalstaat denken und produzieren damit den aktuell in der Migrationsforschung prominenten Mythos der wachsenden Bedeutung transnationaler Räume.

Die Stärke der Forschungsbeiträge im Bezugsrahmen des Transnationalismus liegt in ihrem empirischen Irritations- und Auflösevermögen für eingefahrene Problemstellungen der Migrationsforschung. Dies betrifft ihren „methodologischen Nationalismus" sowie damit im Zusammenhang stehend ihre Leitfragen nach sozialer Integration und sozialer Ungleichheit, deren Bezugsrahmen mit der Entkopplung von Gesellschaftsbegriff und Nationalstaat verschwimmt (Bommes 1999). Das daraus resultierende Desiderat der theoretischen Wiedereinbettung der Forschung wird aber gerade an dem Vorschlag sichtbar, empirische Phänomene, wie sie mit transnationalen Wanderungsstrukturen verbunden sind, theoretisch unter Rückgriff auf das Konzept des „transnationalen" bzw. „transstaatlichen Raumes" und durch die Verwendung von Netzwerkansätzen zu erfassen (Faist 2001a, b; Pries 2001): Das Konzept des „transnationalen Raumes" substituiert den nationalstaatlich eingeschränkten *Gesellschafts*begriff durch den Begriff des Raumes und bleibt gerade deshalb im verworfenen Bezugsrahmen des Nationalstaates hängen. Die Verwendung des Netzwerkbegriffs verharrt unentschlossen und konzeptionell freischwebend zwischen den Optionen stärker formal ausgelegter Netzwerkanalysen und einer Klärung des Begriffs in einem sozialstrukturtheoretischen Bezugsrahmen. Dies wird nachfolgend in fünf Schritten erläutert:

1. Die theoretische Zentralstellung der Untersuchung „transnationaler" *Räume* bezieht ihre Plausibilität aus der Form der Negation des nationalstaatlichen Be-

zugsrahmens. Das Konzept der 'transnationalen Räume', formuliert in Reaktion auf das offensichtlich eingeschränkte territoriale Grenzziehungsvermögen des Nationalstaates, schreibt mit dem Versuch der Erfassung grenzüberschreitender sozialer Prozesse die vorrangige Bedeutung von Territorialität bzw. Räumlichkeit als Form der sozialen Grenzziehung bzw. der Strukturierung sozialer Prozesse fort und generalisiert sie zu einem theoretischen Leitkonzept.

2. Raum bezeichnet eine irreduzible Dimension sozialen Sinns, neben der zeitlichen, der sachlichen und der sozialen Dimension.[12] Das Transnationalismus-Konzept setzt voraus, dass die Grenzziehung sozialer Systeme in der Raumdimension erfolgt. Darüber hinaus wird nicht unterschieden zwischen Raum als möglicher Form der Grenzziehung sozialer Systeme und Raum als sozialer Strukturbildung in Systemen. Die unvermittelte Zentralstellung von Raum für die Beschreibung sozialer Strukturbildungen, wie sie mit dem angebotenen theoretischen Leitkonzept des 'transnationalen Raumes' verbunden ist, überspringt diese Fragen. Diese Form der Abgrenzung von der Nationalstaatszentrierung erliegt ersichtlich noch der Suggestion des Nationalstaates, sozialen Systemen bzw. der Gesellschaft seien Grenzen durch Raum gezogen.

3. Das Konzept des 'transnationalen Raumes' ist aus der Absetzung von einem nationalen Gesellschaftsbegriff gewonnen. Daraus bezieht es sein Profil und beerbt zugleich die Unschärfen. Entsprechend ist sein theoretisches Unterscheidungs- und Fassungsvermögen beschränkt. 'Transnationaler Raum' bezeichnet gleichsam selbst einen 'Container-Begriff', in den eingefüllt wird, was sich dem kritisierten Konzept der nationalen Gesellschaft im Modus von Transnationalität nicht fügt. Als Beispiele für die Herausbildung 'transnationaler Räume' gelten in der Literatur üblicherweise: a) Migranten, die in ihrem Lebensverlauf mehrfach wandern ('Transmigranten') und deren Lebensführung 'plurilokal' strukturiert ist; b) soziale System- bzw. Strukturbildungen wie Organisationen und Netzwerke, die an solchen Migrationen kristallisieren und u.a. ihre Dauerhaftigkeit ermöglichen; c) die Herausbildung von staatsgrenzenübergreifenden sozialen Strukturen in den Bereichen der Ökonomie, der Politik, des Rechts, der Massenmedien, des Gesundheitssystems oder der Ausbildung, die aus solchen Migrationen resultieren. Mit der Subsumtion dieser Phänomene unter die Kategorie 'transnationaler Raum' wird das Raumverständnis jedoch metaphorisch. Es tritt an die Stelle des verworfenen Gesellschafts-

---

12 Vgl. Luhmann (1984) und in Erweiterung dazu Stichweh (2000b); nur am Rande sei darauf hingewiesen, dass die von Pries verwendete Unterscheidung zwischen einem Flächen- und einem Sozialraum ein notorisches Problem auch in der Soziologie fortschreibt: Es wird nicht hinreichend unterschieden zwischen Raum als unhintergehbarer Umwelt sozialer Systeme, die allenfalls Gegenstand einer Ökologie sozialer Systeme sein kann, und Raum als „Medium der Kommunikation", das auf Leitunterscheidungen von Objekten und Stellen und Ferne und Nähe aufruht" (Stichweh 2000b, S. 190). Der 'Flächenraum' des Nationalstaates bezeichnet selbstverständlich eine räumliche Form der Grenzziehung, wie sie im sozialen System der Politik im Rekurs auf dieses Medium verwendet wird. Anders aber wiederkehrend Pries.

begriffs, ohne ihn strukturtheoretisch ersetzen zu können. Dies zeigt sich einerseits daran, dass soziale Strukturen, die im Bezugsrahmen von Nationalstaaten angemessen erfassbar zu sein scheinen, in den Texten zum Transnationalismus weiterhin als Strukturen nationaler Gesellschaften referiert werden.[13] Der Vorschlag, 'transnationale Räume' stärker in die Analyse von Migrationsprozessen und ihren sozialstrukturellen Folgen einzubeziehen, schrumpft damit substantiell zu einem Ergänzungsprogramm, das für das etablierte Integrations- und Ungleichheitsparadigma in der Migrationsforschung theoretisch weitgehend folgenlos bleibt und es strukturtheoretisch keinesfalls zu substituieren vermag. Aufgrund dieser Unklarheiten bleibt dann wie gezeigt auch undeutlich, worin die eigentliche empirische und theoretische Herausforderung der transnationalen Forschungen für dieses Paradigma bestehen könnte. Entsprechend trifft die Kritik Essers (2001a) am Transnationalismus-Konzept einen wichtigen Punkt. Sie weist darauf hin, dass mit dem Aufspringen auf die aktuell modische Nationalstaatskritik und mit der Abwendung vom nationalstaatlichen Rahmen die weiterhin bedeutsamen Probleme der Integration und sozialen Ungleichheit nur liegen gelassen und dass Raummetaphern strukturtheoretische Bestimmungen nicht zu ersetzen vermögen.

4. In dieser Fluchtlinie erweist sich auch das Konzept transnationaler Migration noch dem Nationalstaat und seiner räumlichen Form der Grenzziehung verpflichtet. Migration bezeichnet strukturtheoretisch betrachtet eine erwartbare Form der sozialen Mobilität in der modernen Gesellschaft: Individuen versuchen hier durch Wanderung Teilnahmechancen in sozialen Systemen wie Arbeitsmärkten, Erziehungseinrichtungen, Recht oder Gesundheit zu realisieren. Der Fall der Binnenmigration zeigt, dass räumliche Strukturen für die Realisierung dieser Teilnahmechancen keine konstitutive Rolle spielen. Sie wird daher auch kaum als solche thematisiert. Erst das Überschreiten von Staatsgrenzen bringt Raum als politische Form der Grenzziehung ins Spiel, die den staatlich erhobenen Souveränitätsanspruch über ein Territorium und eine Bevölkerung betrifft. Damit ist der für das Migrationsproblem der modernen Gesellschaft konstitutive strukturelle Kontext bezeichnet:[14] Auf der Basis seiner Konstitutionsform interveniert der Nationalstaat in Migrationen unter den Gesichtspunkten von politischer Loyalität und der Inanspruchnahme wohlfahrtsstaatlich vermittelter sozialer Leistungen und wird so zum folgenreichen Filter für die sozialstrukturellen Möglichkeiten von Migranten. Der Fehlschluss des Transnationalismus-Konzeptes besteht darin, ausgehend von dieser Interventionsform und der Vermutung ihrer abnehmenden Relevanz[15] anzunehmen, dass die von ihm fokussierten transnationalen oder transstaatlichen Wanderungen durch soziale Strukturen ermöglicht seien, die ihrerseits primär

---

13 Dies gilt für Autoren wie Pries, Faist, Glick Schiller/Basch/Szanton Blanc u.a.
14 Im Unterschied etwa zu Gesellschaften, in denen Migrationen durch ständische Differenzierungsformen reguliert sind; dazu: Bommes (1999, S. 58-64).
15 Kritisch dazu für viele etwa: Joppke (1998).

räumlich zu fassen seien. Die oben bezeichnete Suggestion des Nationalstaates wirkt sich in dieser Weise auf das Konzept transnationaler Migration aus.

5. Das strukturtheoretische Defizit, das aus der Primärsetzung des Raumkonzeptes resultiert, springt auch auf die Verwendung des Netzwerkbegriffes über. Bei der Erklärung des Umfangs, der Stabilität und Dauerhaftigkeit transnationaler Migrationen sowie der Beschreibung der damit verbundenen Sozialstrukturen wird der Begriff des Netzwerkes zentral gestellt.[16] Damit liegt der Transnationalismus-Ansatz im Trend, denn das Netzwerk-Konzept erfreut sich seit einigen Jahren großer Prominenz in verschiedenen (Sub-)Disziplinen der Sozialwissenschaften.[17] Zugleich ist zu beobachten, dass 'Netzwerk' zu einem Bestandteil der Semantik der Selbstbeschreibung der modernen Gesellschaft geworden ist. Damit verbindet sich aber auch eine systematische Unübersichtlichkeit und Unentschiedenheit in der Forschung. Der Netzwerkansatz bezeichnet zum einen eine universal einsetzbare Methode zur formalen Analyse von Sozialstrukturen. Grundlagentheoretisch liegt dem zumeist die im Hinblick auf Handlungserklärungen „antikategorial" (Emibayer/Goodwin 1994, S. 1414) motivierte Annahme zugrunde, dass alles Handeln immer schon in soziale Beziehungen eingebettetes Handeln ist (Granovetter 1985). Netzwerke sind so gesehen sozial nicht hintergehbar, d.h. nicht kontingent.[18] Ziel ist dann die Analyse ihrer formalen Struktureigenschaften (prominent Burt 1982). Dies begründet eine mittlerweile ausdifferenzierte Forschungslandschaft (Trenzzini 1998).

An diese Forschungen sowie ihren eigentümlichen und vielfach kritisierten Formalismus schließt auch die Migrationsforschung nur selten an, und dies hat einen einfachen Grund: Hier wie in anderen Forschungsbereichen gelten Netzwerke im Vergleich zu anderen Sozialstrukturen als bemerkenswertes, also kontingentes Phänomen. Netzwerke bezeichnen also *eine* unter mehreren sozialen Strukturbildungen der modernen Gesellschaft, die deswegen an Bedeutung gewinnt, weil sie zahlreiche verschiedene Bereiche von Gesellschaft zu betreffen scheint. Entsprechend werden Policy-, Unternehmens-, Verwaltungs-, Innovations-[19] oder eben Migrationsnetzwerke untersucht. Ein Problem solcher Untersuchungen besteht darin, dass die Netzwerke durch Angabe der Bereiche, in denen sie bedeutsam sind, also quasi durch Namensgebung identifiziert werden. Damit bleibt unklar, welche soziale Struktur mit Netzwerken eigentlich bezeichnet ist und welcher soziale Strukturkontext erklärbar macht, dass Netzwerkbildungen in dem Ausmaß an Bedeutung gewinnen, in dem dies in der neueren Netzwerkforschung unterstellt wird. In der

---

16 Als Überblick: Gurak/Caces (1992); zuletzt: Faist (2000); Massey u.a. (1998); Pries (2001).
17 Als aktuellen Überblick zur formalen Netzwerkanalyse und damit verbundenen Problemen s. etwa: Emirbayer/Goodwin (1994) und Trenzzini (1998); zu verschiedenen Forschungsfeldern zuletzt Weyer (2000).
18 Dazu und zum folgenden Tacke (2000).
19 Vgl. Heidling (2000), Knill (2000), Ladeur (1993), Kenis/Schneider (1996), Kowol/Krohn (1995).

Migrationsforschung wird vor diesem Hintergrund einerseits darauf hingewiesen, dass soziale Netzwerke für das Ausmaß und den Verlauf von Migrationen immer schon von ausschlaggebender Bedeutung waren.[20] Andererseits wird der Bedeutungszuwachs von Netzwerken insbesondere für die jüngsten transnationalen Migrationen reklamiert bzw. werden diese vor allem als Netzwerke beschrieben. Es wird also eine gegenwärtig gesteigerte Relevanz von Netzwerken angenommen. Damit bleibt für diese Forschung jedoch zu präzisieren, was soziale Netzwerke bezeichnen, an welchen anderen sozialen Strukturvoraussetzungen sie sich bilden, warum sie aktuell an Bedeutung gewinnen und in welcher Weise dabei schließlich Raumunterscheidungen in einer Weise bedeutsam werden, dass es – in einem dann genauer zu bestimmenden Sinne – zur Herausbildung von transnationalen Räumen kommt.

4. Transnationale Migrationsforschung und soziologische Theorie

Die Analyse der Herausbildung 'transnationaler Räume und Netzwerke' im Gefolge von Migrationsprozessen und ihrer sozialstrukturellen Folgen schrumpft aufgrund der selbsterzeugten Schwierigkeiten dieser Forschungsrichtung weitgehend zu einem Ergänzungsprogramm zu dem etablierten, im nationalstaatlichen Rahmen verankerten Integrations- und Ungleichheitsparadigma in der Migrationsforschung. Mit einfachen Überlegungen kann man einsichtig machen, dass die Probleme des Transnationalismus-Ansatzes daraus resultieren, dass er in seinem Kern an zentralen Problemstellungen und Theoriebeständen der Soziologie vorbei und in mangelnder Auseinandersetzung mit ihnen formuliert ist.

Unter Bedingungen der weltweiten Durchsetzung von Staatlichkeit als Organisationsform der Politik[21] ist jede internationale Migration in der modernen Gesellschaft von dieser räumlichen Form der Grenzziehung tangiert. Dies betrifft auch transnationale Wanderungen. Trivialerweise muss zudem jeder Wanderer sich räumlich orientieren. Er muss die Raumstelle sozialer Teilnahmechancen kennen. Das impliziert jedoch nicht, dass diese Chancen, also das Vorfinden von Unternehmen oder Organisationen des Bildungs-, Rechts- und Gesundheitswesens selbst unmittelbar durch räumliche Bedingungen vermittelt sind. Unternehmen nutzen lokale Bedingungen im globalen Bezugsrahmen unter dem Gesichtspunkt ihrer

20 Hier wird für den Fall der US-Einwanderung etwa auf die soziologische Pionier-Studie von Thomas/Znaniecki (1958, zuerst 1918/1921) und für die vielfach staatlich organisierte Arbeitsmigration in Europa nach dem Zweiten Weltkrieg auf die Studie von Engelbrektsson (1978) hingewiesen.
21 Vgl. Meyer (1997); dies wird auch von Autoren nicht ernsthaft in Frage gestellt, die die Souveränität des Nationalstaates inzwischen erheblich eingeschränkt sehen. Die Bildung und die Aufrechterhaltung von Staaten misslingt wiederkehrend, und dies führt zu regionalen Zusammenbrüchen sozialer Differenzierung. Die Abwesenheit von Staatlichkeit wird dabei regelmäßig als Abweichung registriert.

erfolgreichen Selbstreproduktion. Diese hängt dann etwa davon ab, dass ein ausgebildetes Personal, passende Rechtsstrukturen und eine Infrastruktur für berechenbare politische Entscheidungen sowie für Wissenschafts-, Erziehungs- und Gesundheitsleistungen vorhanden sind. Umgekehrt sind politische, rechtliche, wissenschaftliche oder edukative Systembildungen jeweils wechselseitig aufeinander und auf eine funktionierende Ökonomie angewiesen und bilden füreinander Steigerungsgelegenheiten. Die Geographie ist dafür zunächst kontingent. Historisch regional differente soziale Kontexte begünstigen oder blockieren die Herausbildung und die strukturellen Kopplungen zwischen verschiedenen sozialen Systemen. Wo es zu solchen Verdichtungen kommt, werden diese mit räumlichen Indexierungen (wie zum Beispiel aktuell: Region[22]) versehen. Räumliche Nähe bzw. Distanz zwischen Funktionsbereichen und Organisationen begründen dann die weltweite Herausbildung erheblich ungleichgewichtiger Sozialstrukturen, verbunden mit weltweit differenzierten sozialen Ungleichheitsverhältnissen. Raumstrukturen sind entsprechend zu rekonstruieren als Teil der Strukturbildungen sozialer Systeme und nicht als ihre Voraussetzung. Erst auf dieser Basis bezeichnen sie zugleich Bedingungen weiterer Sozialstrukturentwicklung, deren Auswirkungen auf die Lebensverhältnisse erst in diesem Zusammenhang zu bestimmen sind.

Auf den Punkt gebracht: Die These der wachsenden Bedeutung 'transnationaler Räume' ist bislang jenseits und in Vermeidung der Auseinandersetzung mit einer gesellschaftstheoretischen Tradition in der Soziologie formuliert, in der die moderne Gesellschaft als funktional differenzierte Weltgesellschaft beschrieben wird.[23] Die These der funktionalen Differenzierung impliziert den Primat der Sachdimension (vor der Sozial- oder Raumdimension) für die Ausdifferenzierung und Grenzziehung sozialer Systeme sowie ihre innere Strukturbildung. In dieser Sicht beruht die Ausdifferenzierung der Funktionsbereiche der modernen Gesellschaft,

---

22 Als Region werden dann auch Gebiete bezeichnet, in denen solche Verdichtung misslingt und als unwahrscheinlich gilt. Die Marginalisierung solcher Regionen drückt sich darin aus, dass sie negativ durch misslingende Strukturbildung definiert sind. Die Beobachtung von Gebieten in dieser Weise unter globalen Prämissen kann – wie etwa für Teile Afrikas – zu tiefgreifenden Marginalisierungsprozessen bis hin zur „Zwangsabkoppelung" vom Weltmarkt führen; vgl. Altvater/Mahnkopf (1996).

23 Die Auseinandersetzung mit dieser Tradition ist in der Transnationalismus-Diskussion marginal. Es findet sich allenfalls der unzutreffende Hinweis (Pries 1997b, S. 26 f.), dass sich etwa in der Systemtheorie kein Raumkonzept finde (dazu: Stichweh 2000b), und dies dient dazu, die Theorie der funktionalen Differenzierung insgesamt und undiskutiert auf Distanz zu bringen. Dabei ist die Theorie der funktionalen Differenzierung älter als die Theorie der Weltgesellschaft und lässt sich in unterschiedlichen Varianten zurückverfolgen bis zu Marx, Simmel, Durkheim und Weber (Schimank 1996). Die Einschränkung auf den nationalen Rahmen gilt aber auch noch für Parsons. Zentraler Teil der systemtheoretischen Variante der Theorie funktionaler Differenzierung bei Luhmann ist dann die Klärung der Frage, wie funktionale Differenzierung als Prozess der Systemdifferenzierung erfasst und beschrieben werden kann (Bommes 1999, S. 66-83). In der Konsequenz dieses Programms liegt die Formulierung des Konzepts der Weltgesellschaft (schon in Luhmann 1975, dann ders. 1997).

Der Mythos des transnationalen Raumes

der Ökonomie, des Rechts, der Wissenschaft oder der Erziehung auf Leitunterscheidungen, die die Verknüpfung von Universalität und Spezifizität unter verschiedenen Funktionsgesichtspunkten ermöglichen und auf dieser Grundlage in Schüben der Globalisierung[24] Kommunikation weltweit in ihren Sog ziehen und daran ausrichten. Ergebnis der Durchsetzung einer solchen Differenzierungsstruktur ist die weltweite Institutionalisierung der Erwartung, dass die Ökonomie durch die Zahlung von Geld reguliert ist (Wallerstein 1974; Luhmann 1988), die Stabilisierung von Erwartungen auf der Basis von positiv gesetztem Recht ermöglicht wird (Luhmann 1993), gesichertes Wissen die Form wissenschaftlichen Wissens annimmt (Luhmann 1990; Stichweh 1999), Erziehung in Schulen und Universitäten stattfindet (Ramirez/Meyer 1980; Meyer/Ramirez/Soysal 1992) oder eben Politik in der Form der Staatlichkeit organisiert ist (Meyer u.a. 1997).

Was kann mit dem Bezug auf einen solchen Theorierahmen für die Ausarbeitung der Problemstellungen, die die transnationale Migrationsforschung adressiert, gewonnen werden? Das soll abschließend mit Bezug auf die Bedeutung von Nationalstaaten (a) und die Rolle von Netzwerken (b) verdeutlicht werden, denn auf der Kritik des Nationalstaates ebenso wie der Art der Prominentstellung von Netzwerken sind wesentliche Ansprüche des Transnationalismus hinsichtlich der Reichweite der vorgetragenen Argumente gebaut.

a) Durch den Vergleich der verschiedenen Funktionsbereiche rückt in der Theorie funktionaler Differenzierung zunächst die *Besonderheit* der Differenzierungsform der Politik, ihre binnensegmentäre Differenzierung in Staaten als weltweit etablierte Organisationsform der Politik und die damit verbundene Bedeutung *von Raum als Grenzziehungsform* im politischen System in den Blick. Der Modus der Grenzziehung von Staaten auf der Basis von Territorialität und Staatsbevölkerung wird historisch als eine strukturelle Voraussetzung für die Freisetzung funktionaler Differenzierung bestimmt (Hahn 1993). Anderen Funktionsbereichen sind demgegenüber ihre Systemgrenzen nicht staatlich gezogen. Ihre Grenzen sind nicht räumlich eingerichtet, sondern die territoriale Indexierung der Funktionssysteme durch Staaten und die damit verbundenen Unterbrechungen verschaffen historisch den Spielraum zu ihrer weiteren Ausdifferenzierung – mit regional variierenden Strukturbildungen, die sich auch in variierenden wohlfahrtsstaatlichen Interventionstypen (Esping-Anderson 1990) und daraus resultierenden, politisch vermittelten Ungleichheitsverhältnissen niederschlagen.

Dieser staatlich ermöglichte Spielraum erreicht dann historisch einen Punkt, der auf der Grundlage der universalen Ausrichtung der Funktionssysteme schließ-

---

24 Der Begriff der Globalisierung wird hier zur Beschreibung empirischer Phänomene verwendet. Im Hinblick auf die laufende Diskussion ist aber darauf hinzuweisen, dass Globalisierung einen Beobachtungsbegriff bezeichnet: eine Reaktion auf Entwicklungen, die nicht neu sind (oft gesagt), die aber anders registriert werden – und entsprechend eine Wissenssoziologie auf den Plan rufen, die diese Beobachtungsweise zum Gegenstand macht; dazu Nassehi (1999).

lich das Einsetzen dynamischer Prozesse der Globalisierung ermöglicht.[25] Das Verhältnis zwischen der Politik und ihrer segmentär räumlichen Differenzierungsform in nationale Territorialstaaten einerseits und den übrigen Funktionsbereichen andererseits ist in dieser Theorieanlage also systematisch als ein historisch empirisch variierendes gefasst. Fasst man das Funktionssystem der Politik mit seiner Binnendifferenzierung in Staaten von vornherein als ein System unter mehreren und gar nicht erst als Spitze der Gesellschaft, entfällt der Zwang, die Bedeutung des Nationalstaates in der modernen Gesellschaft zu über- oder zu untertreiben. Die These der fortbestehenden Bedeutung funktionierender Staatlichkeit in der modernen Gesellschaft impliziert keine Annahme über die empirische Reichweite der Souveränität von Staaten, die historisch und regional erheblich variiert und sich aktuell diversen Beschränkungen gegenübersieht.

Die Analyse von Migrationsprozessen kann auf dieser theoretischen Grundlage differenzierter angelegt werden: Denn der Verlauf von Migrationen, die daraus resultierenden sozialen Strukturbildungen, betreffend die Assimilation von Migranten und ihre Positionierung in den Verteilungsverhältnissen, ist im Hinblick auf je differente Systemkontexte und die sich zwischen ihnen einspielenden, mehr oder weniger festen Kopplungen zu untersuchen. Die Relevanz transnationaler Raumstrukturen kann dabei nicht vorausgesetzt werden, sondern diese ist als eine offene, empirisch zu untersuchende und in ihren theoretischen Implikationen zu klärende Frage zu behandeln. Dies betrifft negativ die behauptete abnehmende Relevanz von Wohlfahrtsstaaten als nationale Räume für die Regulation von Migrationsströmen, die Moderation von Zugangschancen zu sozialen Systemen und den dort vermittelten Ressourcen sowie für die Lebensführung von Migranten als orientierender Bezugsrahmen – kurz ihre Relevanz für die Struktur der Migrations- und Assimilationsverhältnisse. Dies betrifft positiv die genauere Bestimmung der Struktur sozialer Systeme, die transnational operieren und dabei sei es Migranten einbeziehen, Migration veranlassen oder aus Migration resultieren. Die Verwendung von Raum als Teil der Strukturbildung solcher Systeme ist erst zu zeigen und zu analysieren[26] – und dabei dürfte nicht zuletzt bedeutsam sein, dass auch hier stark an je unterschiedliche politisch nationalstaatlich artikulierte Raumstruk-

---

25 Dies betrifft die Ökonomie ebenso wie das Recht, die Wissenschaft, die Erziehung, die Gesundheit oder auch den Sport. Sie sind mit Blick auf die globale Durchdringung ihrer Vollzüge zum Umbau ihrer national und regional spezifischen Strukturbildungen gezwungen, wie dies neben der Ökonomie auch für die Bereiche des Rechts, der Politik, der Wissenschaft oder der Erziehung augenfällig ist. Dabei sei hier nur in Erinnerung gerufen, dass die großen Kriege der ersten Hälfte des 20. Jahrhunderts die Globalisierungsdynamik des 19. Jahrhunderts bis in die 1970er Jahre hinein unterbrochen haben.
26 Bislang steht der Raumbegriff dagegen wie gezeigt eher dafür, strukturtheoretische Unterbestimmungen zu überspielen; darüber hinaus ist schwer zu sehen, wie man sich wohl ein transnationales soziales System vorzustellen hat, das Raum als Grenzziehung zur Unterscheidung zwischen dem System und seiner Umwelt verwendet.

turen, wie sie etwa Einteilungen in Dörfer, Städte und Regionen zugrunde liegen, angeschlossen wird.

b) Im Bezugsrahmen der Theorie funktionaler Differenzierung ist auch der indizierte Klärungsbedarf der transnationalen Migrationsforschung, wie er aus der Zentralstellung von Migrationsnetzwerken für die Rekonstruktion transnationaler Strukturbildungen resultiert, genauer bestimmbar. In der Konsequenz funktionaler Differenzierung liegt die Führung der Strukturbildung sozialer Systeme in der Sachdimension: Individuen werden in Abhängigkeit von ihrem funktionalen Beitrag zur Fortsetzung des systemspezifischen Geschehens einbezogen, im Übrigen bleiben sie außen vor. Dies bezeichnet die strukturelle Grundlage für Migrationen in der modernen Gesellschaft und die Assimilationsanforderungen an Migranten (Bommes 1999). Damit wird eine genauere Spezifikation der Strukturmerkmale erforderlich, die Netzwerkbildungen wahrscheinlich und zu einem Charakteristikum in der Weltgesellschaft machen. Denn die Bildung von Netzwerken ist nicht definiert in der Sach-, sondern in der Sozialdimension: Netzwerke kombinieren individuelle oder organisatorische Adressen.

Mit der Fokussierung von Netzwerken werden die sozialen Beziehungen zwischen Individuen für den strukturierten Fortgang eines sozialen Geschehens zentral gestellt. Die Prominenz des Netzwerkbegriffs liegt in der Annahme begründet, dass strukturierte soziale Beziehungen (eben Netzwerke) zunehmend entbunden sind aus Bedingungen räumlicher Nähe und der sozialen Anschaulichkeit von Interaktionen. Solche sozialen Netzwerke gewinnen aber ihre Entstehungs- und Reproduktionsgelegenheiten offensichtlich erst an sozialen Systemen, die die angesprochene räumliche Dekontextualisierung und daher potentiell globale Operationsweise von in ihrer Größe begrenzten Netzwerken erst ermöglichen: z.B. an Arbeitsmärkten, Unternehmen, Familien, Staaten, Universitäten, Schulen, Kommunikationsunternehmen, Transportgesellschaften, Parteien, religiösen Organisationen. Netzwerke kombinieren, indem sie Adressen miteinander verknüpfen, die sachlichen Möglichkeiten, die den in die Netzwerke einbezogenen Individuen zur Verfügung stehen: Arbeitsstellen, Transport, Wohnraum, Durchsetzungsmacht, Recht, Ausbildung, Verbreitungsmedien, Trost, Behandlung, Hilfe etc.[27] Die über Netzwerke erreichbaren Ressourcen bezeichnen für Individuen ihr soziales Kapital (Portes 1995 im Anschluss an Coleman). Eine der zentralen Thesen des Transnationalismus besteht wie gezeigt genau besehen darin, dass die im Kontext transnationaler Migrationsverhältnisse entstehenden sozialen Netzwerke und die darüber vermittelten sozialen Ressourcen eine veränderte Struktur der Verteilungsverhältnisse und daraus resultierend der Assimilationsorientierungen von Migranten in dem unter Punkt 3 ausgeführten Sinne nach sich ziehen. Dies kann aber empirisch

---

27 Als eindringliche Fallstudien, an denen diese unwahrscheinlichen Kombinationen von sozialen Möglichkeiten durch Netzwerkbildung im Kontext von Migration gut nachvollziehbar sind, vgl. Müller-Mahn (2000), Levitt (1998), Singhanetra-Renard (1992).

nur geklärt werden, indem die Relation zwischen solchen Netzwerken und den sozialen Systemen, an denen sie kristallisieren und in denen die Herstellung und Verteilung sozialer Ressourcen geschieht, genauer bestimmt wird.

Die durch Netzwerke gewährleistete Kombination von Möglichkeiten und ihre sozialstrukturellen Folgen setzen die Systemkontexte, an denen sie sich bilden, voraus: dies sowohl in dem empirischen Sinne, dass sie auf die je vorfindbaren Ressourcen zurückgreifen und diese durch Adressenkombination steigern, als auch in dem systematischen Sinne, dass der Bezug auf die Strukturkontexte funktionaler Differenzierung erst die Herausbildung räumlich und sozial dekontextualisierter Netzwerke ermöglicht – die dann wiederum durch den Bezug auf Raum wie z.B. regionale Herkunft und soziale Nähe im Sinne von Verwandtschaft und Gemeinschaftsbildung stabilisiert werden können. Es bezeichnet in diesem Zusammenhang entsprechend theoretisch und empirisch bedeutsame Fragen, unter welchen Voraussetzungen sich Netzwerke an sozialen Systemen bilden, ob Netzwerke sich primär vermittelt über Vergemeinschaftsmechanismen wie Familie und Verwandtschaft sowie räumliche Indexierungen wie Herkunft konstituieren und ausbreiten,[28] ob solche Formen eher zur Stabilisierung und Reproduktion von Netzwerken dienen und welchen Beschränkungen Netzwerke abhängig von ihren Stabilisierungsformen unterliegen.

Die klassische Annahme der Assimilationsforschung besagt, dass solche aus Migration resultierenden Netzwerke und ihre Stabilisierungsformen – erfasst als Ethnizität – Beschränkungen hinsichtlich der Wahrscheinlichkeit des Zugangs zu anderen Netzwerken mit sich führen, insbesondere zu solchen, die einen hohen Einfluss auf die Verteilung der für die Lebensführung relevanten Ressourcen besitzen, und die Verteilungsrelevanz solcher Netzwerke auch nicht substituieren können. Es ist bislang – jenseits von faszinierenden Fallstudien – weder theoretisch noch empirisch überzeugend gezeigt worden, dass die Bildung transnationaler Netzwerke und damit verbundene sozialstrukturelle Entwicklungen diese empirisch bewährte Annahme systematisch außer Kraft setzen.

28 Dies wird in der Literatur meist vorausgesetzt oder es bleibt undiskutiert.

Literatur

Alba, Richard und Victor Nee, 1997: Rethinking Assimilation Theory for a New Era of Immigration, in: International Migration Review 31, S. 826-874.
Altvater, Elmar und Birgit Mahnkopf, 1996: Grenzen der Globalisierung: Ökonomie, Ökologie und die Politik der Weltgesellschaft, Münster.
Bade, Klaus J. (Hrsg.), 1996a: Die multikulturelle Herausforderung: Menschen über Grenzen – Grenzen über Menschen, München.
Bade, Klaus J. (Hrsg.), 1996b: Migration – Ethnizität – Konflikt. Systemfragen und Fallstudien, Osnabrück.

Bade, Klaus J., 2000: Europa in Bewegung. Migration vom späten 18. Jahrhundert bis zur Gegenwart, München.
Bauböck, Rainer, 1994: Transnational Citizenship: Membership and Rights in International Migration, Aldershot.
Bommes, Michael, 1999: Migration und nationaler Wohlfahrtsstaat. Ein differenzierungstheoretischer Entwurf, Wiesbaden.
Bommes, Michael, 2001: Organisation, Inklusion und Verteilung. Soziale Ungleichheit in der funktional differenzierten Gesellschaft, in: Veronika Tacke (Hrsg.), Organisation und gesellschaftliche Differenzierung, Wiesbaden, S. 236-258.
Bommes, Michael, 2002a: Migration, Raum und Netzwerke. Über den Bedarf einer gesellschaftstheoretischen Einbettung der transnationalen Migrationsforschung, in: Jochen Oltmer (Hrsg.), Migrationsforschung und Interkulturelle Studien. Zehn Jahre IMIS, Osnabrück, S. 91-106.
Bommes, Michael, 2002b: Ist die Assimilation von Migranten alternativlos? Zur Debatte zwischen Transnationalismus und Assimilationismus in der Migrationsforschung, in: Michael Bommes, Christine Noack und Doris Tophinke (Hrsg.), Sprache als Form. Festschrift für Utz Maas zum 60. Geburtstag, Wiesbaden, S. 225-242.
Bommes, Michael und Jost Halfmann (Hrsg.), 1998: Migration in nationalen Wohlfahrtsstaaten. Theoretische und vergleichende Untersuchungen, Osnabrück.
Bommes, Michael und Veronika Tacke, 2001: Arbeit als Inklusionsmedium moderner Organisationen. Eine differenzierungstheoretische Perspektive, in: Veronika Tacke (Hrsg.), Organisation und gesellschaftliche Differenzierung, Wiesbaden, S. 61-83.
Brubaker, Rogers, 2001: The Return of Assimilation? Changing Perspectives on Immigration and its Sequels in France, Germany, and the United States, in: Ethnic and Racial Studies 24, H. 4, S. 531-548.
Burt, Ronald S., 1982: Towards a Structural Theory of Action. Network Models of Social Structure, Perceptions and Action, New York.
Castles, Stephen und Mark J. Miller, 1993: The Age of Migration: International Population Movements in the Modern World, London.
Dittrich, Eckhard J. und Frank-Olaf Radtke (Hrsg.), 1990: Ethnizität, Wissenschaft und Minderheiten, Opladen.
Emirbayer, Mustafa und Jeff Goodwin, 1994: Network Analysis, Culture, and the Problem of Agency, in: American Journal of Sociology 99, S. 1411-1454.
Engelbrektsson, Ulla-Britt, 1978: The Force of Tradition: Turkish Migrants at Home and Abroad, Göteborg.
Esping-Andersen, Gøsta (1990): The Three Worlds of Welfare Capitalism, Cambridge.
Esser, Hartmut, 1980: Aspekte der Wanderungssoziologie, Neuwied.
Esser, Hartmut, 2001a: Kulturelle Pluralisierung und strukturelle Assimilation: das Problem der ethnischen Schichtung, in: Schweizerische Zeitschrift für Politikwissenschaft 7, H. 2, S. 97-108.
Esser, Hartmut, 2001b: Integration und ethnische Schichtung. Arbeitspapiere Nr. 40, Mannheimer Zentrum für Europäische Sozialforschung. Universität Mannheim.
Faist, Thomas, 2000: The Volume and Dynamics of International Migration and Transnational Social Spaces, Oxford.
Glick Schiller, Nina, Linda Basch und Christina Blanc-Szanton, 1995: From Immigrant to Transmigrant: Theorizing Transnational Migration, in: Anthropological Quarterly 68, S. 48-63.
Gordon, Milton M., 1964: Assimilation in American life: the role of race, religion, and national origins, New York.
Granovetter, Mark S., 1985: Economic Action and Social Structure: The Problem of Embeddedness, in: American Journal of Sociology 91, S. 481-510.

Gurak, Douglas T. und Fe Caces, 1992: Migration Networks and the Shaping of Migration Systems, in: Mary M. Kritz, Lin Lean Lim und Hania Zlotnik (Hrsg.),: International Migration Systems. A Global Approach, Oxford, S. 150-176.
Hahn, Alois, 1993: Identität und Nation in Europa, in: Berliner Journal für Soziologie 3, S. 193-203.
Hannerz, Ulf, 1996: Transnational Connections: Culture, People, Places, New York.
Heidling, Eckhard, 2000: Strategische Netzwerke. Koordination und Kooperation in asymmetrisch strukturierten Unternehmensnetzwerken, in: Johannes Weyer (Hrsg.), Soziale Netzwerke. Konzepte und Methoden der sozialwissenschaftlichen Netzwerkforschung, München/Wien, S. 63-85.
Hoffmann-Nowotny, Hans-Joachim, 1996: Soziologische Aspekte der Multikulturalität, in: Klaus J. Bade (Hrsg.), Migration – Ethnizität – Konflikt. Systemfragen und Fallstudien, Osnabrück, S. 103-126.
Hunger, Uwe, 2000: Vom 'Brain-Drain' zum 'Brain-Gain'. Migration, Netzwerkbildung und sozio-ökonomische Entwicklung: das Beispiel der indischen 'Software-Migranten', in: IMIS-Beiträge, H. 16, S. 7-21.
Joppke, Christian, 1998: Immigration Challenges the Nation State, in: ders. (Hrsg.), Challenge to the Nation-State. Immigration in Western Europe and the United States, Oxford, S. 5-46.
Kenis, Patrick und Volker Schneider (Hrsg.), 1996: Organisation und Netzwerk. Institutionelle Steuerung und Netzwerk, Frankfurt a.M./New York.
Knill, Christoph, 2000: Policy-Netzwerke. Analytisches Konzept und Erscheinungsform moderner Politiksteuerung, in: Johannes Weyer (Hrsg.), Soziale Netzwerke. Konzepte und Methoden der sozialwissenschaftlichen Netzwerkforschung, München/Wien, S. 111-133.
Koopmans, Ruud und Paul Statham, 2002: How national citizenship shapes transnationalism. A comparative analysis of migrant and minority claims-making in Germany, Great Britain and the Netherlands, in: Ewa Morawska und Christian Joppke (Hrsg.), Toward Assimilation and Citizenship in Liberal Nation-States, London (im Erscheinen).
Kowol, Uli und Wolfgang Krohn, 1995: Innovationsnetzwerke. Ein Modell der Technikgenese, in: Jost Halfmann (Hrsg.), Technik und Gesellschaft. Jahrbuch 8: Theoriebausteine der Techniksoziologie, Frankfurt a.M./New York, S. 77-105.
Kritz, Mary M., Lin Lean Lim und Hania Zlotnik (Hrsg.), 1992: International Migration Systems. A Global Approach, Oxford.
Ladeur, Karl Heinz, 1993: Von der Verwaltungshierarchie zum administrativen Netzwerk, in: Die Verwaltung 26, S. 137-165.
Leggewie, Claus, 1990: Multi Kulti – Spielregeln für die Vielvölkerrepublik, Berlin.
Levitt, Peggy, 1998: Local Level Global Religion: The Case of U.S.-Dominican Migration, in: Journal for the Scientific Study of Religion 37, S. 74-89.
Levitt, Peggy, 2001: The Transnational Villagers, University of California Press.
Luhmann, Niklas, 1975: Die Weltgesellschaft, in: ders., Soziologische Aufklärung 2, Opladen, S. 51-71.
Luhmann, Niklas, 1984: Soziale Systeme. Grundriß einer allgemeinen Theorie, Frankfurt a.M.
Luhmann, Niklas, 1988: Die Wirtschaft der Gesellschaft, Frankfurt a.M.
Luhmann, Niklas, 1989: Individuum, Individualität, Individualismus, in: Niklas Luhmann, Gesellschaftsstruktur und Semantik, Bd. 3, Frankfurt a.M., S. 149-258.
Luhmann, Niklas, 1990: Die Wissenschaft der Gesellschaft, Frankfurt a.M.
Luhmann, Niklas, 1993: Das Recht der Gesellschaft, Frankfurt a.M.
Luhmann, Niklas, 1995: Inklusion und Exklusion, in: Niklas Luhmann, Soziologische Aufklärung 6, Wiesbaden, S. 237-264.
Luhmann, Niklas, 1997: Die Gesellschaft der Gesellschaft, Frankfurt a.M.

Massey, Douglas S. et al., 1998: Worlds in Motion. Understanding International Migration at the End of the Millenium, Oxford.
Meyer, John W. u.a., 1997: World Society and the Nation-State, in: American Journal of Sociology 103, S. 144-181.
Meyer, Jon W., Francisco O. Ramirez und Yasemin Soysal, 1992: World Expansion of Mass Education, 1879-1980, in: Sociology of Education 65, S. 128-149.
Morawska, Ewa, 2002: Immigrant Transnationalism and Assimilation: A Variety of Combinations and the Analytic Strategy it Suggests, in: Ewa Morawska und Christian Joppke (Hrsg.), Toward Assimilation and Citizenship in Liberal Nation-States, London (im Erscheinen).
Müller-Mahn, Detlef, 2000: Ein ägyptisches Dorf in Paris. Eine empirische Studie zur Süd-Nord-Migration am Beispiel ägyptischer 'Sans-papiers' in Frankreich, in: Michael Bommes (Hrsg.), Transnationalismus und Kulturvergleich. IMIS-Beiträge, H. 15, Osnabrück, S. 79-110.
Nassehi, Armin, 1999: Globalisierung. Probleme eines Begriffs, in: Geographische Revue 1, S. 21-33.
Ong, Aihwa (Hrsg.), 1997: Ungrounded Empires: The Cultural Politics of Modern Chinese Transnationalism, New York.
Portes, Alejandro (Hrsg.), 1995: The Economic Sociology of Immigration: Essays on Networks, Ethnicity and Entrepreneurship, New York.
Portes, Alejandro, 1996: Transnational Communities: Their Emergence and Significance in the Contemporary World-System, in: Roberto Patricio Korzniewidcz und William C. Smith (Hrsg.), Latin America in the World Economy, Westport, CT.
Pries, Ludger (Hrsg.), 1997a: Transnationale Migration (Soziale Welt, Sonderbd. 12), Baden-Baden.
Pries, Ludger, 1997b: Neue Migration im transnationalen Raum, in: ders., Transnationale Migration (Soziale Welt, Sonderbd. 12), Baden-Baden, S. 15-44.
Pries, Ludger, 2001: The Disruption of Social and Geographic Space. Mexican-US Migration and the Emergence of Transnational Social Spaces, in: International Sociology 16, S. 55-74.
Radtke, Frank-Olaf, 1990: Multikulti: Das Gesellschaftsdesign der 90er Jahre?, in: Informationsdienst zur Ausländerarbeit, H. 4, S. 27-34.
Ramirez, Francisco O. und John W. Meyer, 1980: Comparative Education: The Social Construction of the Modern World System, in: Annual Review of Sociology 6, S. 369-399.
Schimank, Uwe, 1996: Theorien gesellschaftlicher Differenzierung, Opladen.
Singhanetra-Renard, Anchalee, 1992: The Mobilization of Labour Migrants in Thailand: Personal Links and Facilitating Networks, in: Mary M. Kritz, Lin Lean Lim und Hania Zlotnik (Hrsg.),: International Migration Systems. A Global Approach, Oxford, S. 190-204.
Smith, Anthony D., 1979: Nationalism in the 20th Century, London.
Stichweh, Rudolf, 1998: Migration, nationale Wohlfahrtsstaaten und die Entstehung der Weltgesellschaft, in: Michael Bommes und Jost Halfmann (Hrsg.), Migration in nationalen Wohlfahrtsstaaten. Theoretische und vergleichende Untersuchungen, Osnabrück, S. 49-61.
Stichweh, Rudolf, 1999: Globalisierung der Wissenschaft und die Region Europa, in: Gert Schmidt und Rainer Trinczek (Hrsg.), Globalisierung. Ökonomische und soziale Herausforderungen am Ende des zwanzigsten Jahrhunderts, Baden-Baden, S. 275-292.
Stichweh, Rudolf, 2000a: Die Weltgesellschaft. Soziologische Analysen, Frankfurt a.M.
Stichweh, Rudolf, 2000b: Raum, Region und Stadt in der Systemtheorie, in: ders., Die Weltgesellschaft. Soziologische Analysen, Frankfurt a.M., S. 184-206.
Tacke, Veronika, 2000: Netzwerk und Adresse, in: Soziale Systeme 6, S. 291-320.

Thomas, William I. und Florian Znaniecki, 1958: The Polish Peasant in Europe and America, New York (zuerst 1918/1921).
Trenzzini, Bruno, 1998: Konzepte und Methoden der sozialwissenschaftlichen Netzwerkanalyse: Ein aktueller Überblick, in: Zeitschrift für Soziologie 27, S. 378-394.
Vertovec, Steven, 2001: Transnational Social Formations: Towards Conceptual Cross-Fertilization. Paper presented at the Workshop on 'Transnational Migration: Comparative Perspectives', Princeton University.
Vertovec, Steven und Robin Cohen (Hrsg.), 1999: Migration, Diasporas and Transnationalism, Cheltenham/Northhampton, MA.
Wallerstein, Immanuel, 1974: The Modern World System, New York.
Weyer, Johannes (Hrsg.), 2000: Soziale Netzwerke. Konzepte und Methoden der sozialwissenschaftlichen Netzwerkforschung, München/Wien.
Wimmer, Andreas und Nina Glick-Schiller, 2001: Methodological Nationalism and Beyond. Nation-State Building, Migration and the Social Sciences. Paper presented at the Workshop on 'Transnational Migration: Comparative Perspectives', Princeton University, June.

Anita Böcker / Dietrich Thränhardt

Einbürgerung und Mehrstaatigkeit in Deutschland und den Niederlanden

1. Nationale und internationale Trends zur Öffnung

„*Die früher vorherrschende und zum Teil noch jetzt anzutreffende Vorstellung, es handele sich bei der Zuerkennung der Staatsangehörigkeit um eine Abgrenzung des Staatsvolkes unter ordnungspolitischen Gesichtpunkten, die der Staat nach seinem Ermessen [...] vornehmen könne, entspricht nicht dem Verständnis des demokratischen und sozialen Rechtsstaats im Sinne des Grundgesetzes.*"[1] Mit diesem bürgerrechtlichen Kernsatz begründete das Bundesverfassungsgericht 1974 sein Urteil über die Vererbung der Staatsangehörigkeit nicht mehr nur durch den Vater, sondern auch durch die Mutter – mit der Folge breiter Akzeptanz mehrfacher Staatsangehörigkeiten in einer großen Anzahl von Fällen. Das Gericht grenzte sich in diesem Urteil gleichzeitig von der Praxis des damaligen „Ostblocks" ab, in gegenseitiger Abstimmung Doppelstaatsangehörigkeit auszuschließen und die Betroffenen zur Option zu zwingen. In anderen Urteilen hob es „*das Kind als Grundrechtsträger*" und die „*mitgliedschaftliche Bindung an die staatliche Gemeinschaft der Bundesrepublik Deutschland*" hervor.[2]

Diese Veränderung war nicht auf Deutschland beschränkt. In allen OECD-Ländern und in vielen Entwicklungsländern erfolgte in den siebziger Jahren eine Abwendung von der patriarchalischen Vorstellung der Vererbung der Staatsangehörigkeit nur durch den Mann und die Übernahme dieser Staatsangehörigkeit durch die Ehefrau und die Kinder und eine Hinwendung zu Vorstellungen der Gleichberechtigung. Die meisten Länder nahmen dabei eine wesentliche Vermehrung der Zahl der Mehrstaatigen aus Ehen mit unterschiedlichen Staatsangehörigkeiten hin. Nur wenige Länder – beispielsweise Japan – legten fest, dass sich die Kinder aus solchen Familien für eine Staatsangehörigkeit entscheiden müssen, wenn sie erwachsen werden.

Das traditionelle Konzept einer einheitlichen Staatsangehörigkeit der Familie und die Vererbung nur über den Vater war in sich konsequent und sollte Probleme

---

1 BVerfGE vom 21.5.1974. Entscheidungen des Bundesverfassungsgerichts (herausgegeben von den Mitgliedern des BVerfG). 37. Band, Tübingen 1975, S. 239.
2 BVerfGE vom 21.5.1974, S. 252 f.

minimieren. Es war der Kern internationaler Abkommen, die auf dem Prinzip beruhten, jeder Mensch solle eine und nur eine Staatsangehörigkeit haben.[3] Einer der wichtigsten Promotoren dieses Konzepts, der amerikanische Botschafter in Norddeutschland und Nordeuropa Bancroft, hatte Mehrstaatigkeit mit großer moralischer Überzeugung immer wieder als ebenso verwerflich wie „Bigamie" verurteilt und mit Bismarck die Entlassung von Auswanderern in die USA aus der preußischen Staatsbürgerschaft ausgehandelt[4] – obwohl viele Auswanderer ihre deutsche Staatsangehörigkeit beibehalten wollten.[5] Insgesamt schlossen die USA 26 derartige Abkommen mit europäischen Staaten.[6] Der Völkerbund goss das Konzept der *einen und nur einen Staatsangehörigkeit* auf Grund von Gutachten der Harvard-Universität in ein internationales Vertragssystem. Nach 1945 nahmen die UN und der Europarat diese Konzepte auf.[7] Diese Verträge sind immer noch gültig, werden von den Staaten aber immer weniger beachtet. Für Anwerbe-Ausländer hat der Europarat ein Zusatzabkommen geschaffen, das ausdrücklich Mehrstaatigkeit zulässt.[8] Auch ehemalige Kolonialmächte haben mehrfache Staatsangehörigkeit erleichtert, beispielsweise Großbritannien gegenüber Kanada, Australien und Neuseeland und Spanien gegenüber elf lateinamerikanischen Staaten,[9] ebenso Russland gegenüber anderen GUS-Staaten nach dem Zerfall der Sowjetunion.[10] Viele Auswandererstaaten wie die Türkei, Mexiko, die Dominikanische Republik, Ecuador, Italien und Kolumbien haben in den letzten Jahren mehrfache Staatsangehörigkeit erleichtert. Kanada hat sie sowohl für Einwanderer wie für Auswanderer zugelassen. Gleichwohl bleibt mehrfache Staatsangehörigkeit vielfach in einer moralischen Grauzone – beispielsweise in den USA, wo bei der Einbürgerung

3 „It is in the interest of the international community to secure that all members should recognize that every person should have one nationally and should have one nationality only" (Völkerbund, Präambel, Hague Convention on Certain Questions Relating to the Conflict of Nationality Laws, 12. April 1930, Genf, League of Nations Treaty Series 89).
4 Vgl. Rey Koslowski, Migrants and Citizens: Demographic Changes in the European States System, Cornell Univ. Press 2000, S. 75-77; Lilian Handlin, George Bancroft: The Intellectual as Democrat, New York 1984, S. 279.
5 Vgl. Kai Hailbronner, Einbürgerung von Wanderarbeitnehmern und doppelte Staatsangehörigkeit, Baden-Baden 1992, S. 40.
6 Nissim Bar-Yaakov, Dual Nationality, London 1961, S. 193.
7 International Law Commission Yearbook 1954, Section 42, S. 48; Council of Europe, Convention on the Reduction of Cases of Multiple Nationality, European Treaty Series, Nr. 43, Straßburg 1963.
8 Council of Europe, European Convention on Nationality, European Treaty Series, Nr. 166, Straßburg 1997.
9 Council of Europe, European Bulletin on Nationality DIR/JIR 97, Straßburg, März 1997.
10 Council of Europe 1997, S. 151. Am 10.4.2003 unterzeichneten die Präsidenten Putin und Nijasow jedoch ein Abkommen, das die Doppelbürger innerhalb von zwei Monaten zur Entscheidung zwischen Russland und Turkmenistan zwingt. Optieren sie für Russland, so verlieren sie ihren Besitz in Turkmenistan. Der turkmenische Präsident hofft damit, Oppositionellen die Bewegungsfreiheit zu entziehen. Vgl. Panik bei Doppelbürgern in Turkmenistan. Hat Moskau seine Landsleute verkauft?, in: Neue Zürcher Zeitung 105, 8.5.2003.

ein archaisch formulierter und an christliche Bekehrungen im Mittelalter erinnernder Eid zu leisten ist, *„to renounce and abjure absolutely and entirely all allegiance and fidelity to any foreign prince, potentate, state, or sovereignty"*,[11] während faktisch andere Staatsangehörigkeiten gleichwohl toleriert werden.

Das ehemann- und vaterzentrierte Konzept widersprach den Menschen- und Bürgerrechten und der Gleichberechtigung der Frau, wie sie in den Verfassungen und den Menschenrechtserklärungen seit dem zweiten Weltkrieg allgemein festgelegt wurden. Mit der Abkehr davon war angesichts der steigenden Zahl national gemischter Ehen ein Durchbruch vollzogen. Aber nicht nur in dieser Hinsicht, sondern auch in Bezug auf andere Gruppen lässt sich beobachten, dass in den letzten Jahrzehnten in den meisten Ländern eine größere Toleranz gegenüber mehrfacher Staatsangehörigkeit festzustellen ist.

Für eine Analyse der Trends zu mehr Einbürgerung und der Relevanz der Zulassung mehrfacher Staatsangehörigkeit ist eine vergleichende Betrachtung der Entwicklung in den Niederlanden und in Deutschland besonders aufschlussreich. Die niederländischen Einbürgerungsquoten sind wesentlich höher als die der meist in der Literatur angeführten Länder wie Frankreich und die USA.[12] Die Niederlande haben 1992 die mehrfache Staatsangehörigkeit offiziell provisorisch zugelassen und großzügig praktiziert. Diese großzügige Regelung wurde 1997 wieder aufgegeben, als das entsprechende Gesetz in der Ersten Kammer scheiterte. Aber auch heute noch wird in achtzig Prozent der Fälle mehrfache Staatsangehörigkeit zugelassen. Im Vergleich der europäischen Länder weisen die Niederlande – wie Tabelle 1 zeigt – zusammen mit Schweden über ein Jahrzehnt die höchsten Einbürgerungsquoten auf. Deutschland hingegen bewegte sich lange am unteren Ende der europäischen Skala (auch unterhalb seiner eigenen Werte aus dem 19. Jahrhundert[13]), und erst in den letzten Jahren stiegen die Einbürgerungsquoten. Betrachtet man die absoluten Zahlen, so lag Deutschland im Jahr 2000 an der Spitze Europas, denn angesichts von 7,3 Millionen Ausländern hat es ein großes Einbürgerungspotential. Gleichwohl ist die niederländische Einbürgerungsquote noch immer dreimal so hoch wie die deutsche.

Ein Effekt der hohen Einbürgerungsquote in den Niederlanden über lange Jahre zeigt sich in der großen Zahl von Politikern und Abgeordneten mit Einwanderungshintergrund, nicht nur bei den Parteien der Linken und der Mitte, sondern auch in der Establishment-Partei VVD und selbst in der xenophoben Lijst Pim Fortuyn. Ein weiterer großer Unterschied zwischen den beiden Ländern besteht in der extremen Politisierung der Frage der doppelten Staatsangehörigkeit

---

11 Rey Koslowski, Challenges of International Cooperation in a World of Increasing Dual Nationality, Paper, 2001, S. 13.
12 Vgl. Rogers Brubaker, Citizenship and Nationhood in France and Germany, Cambridge, Mass. 1992; Hagedorn (2002).
13 Hailbronner (1992, S. 40) weist darauf hin, dass die Einbürgerungsrate im Bismarck-Reich 2-3 Prozent betrug, 1985 dagegen nur 0,8 Prozent.

Tabelle 1: Einbürgerungsquoten in europäischen Ländern 1990-2000 (in %)

	Niederlande	Schweden	Frankreich	Belgien	Großbritannien	Österreich	Schweiz	Deutschland*
1990	2,0	3,7	2,5	1,0	3,2	2,1	0,8	0,4
1991	4,2	5,7	2,7	0,9	3,4	2,3	0,8	0,5
1992	4,9	5,9	2,7	5,0	2,4	2,0	0,9	0,6
1993	5,7	8,5	2,8	1,8	2,3	2,1	1,0	0,7
1994	6,3	6,9	3,7	2,8	2,2	2,2	1,1	0,9
1995	9,4	6,0	2,7	2,8	2,0	2,0	1,3	1,0
1996	11,4	4,8	3,3	2,7	2,2	2,2	1,4	1,2
1997	8,8	5,5	3,5	3,5	1,9	2,2	1,4	1,1
1998	8,7	8,9	3,8	3,8	2,6	2,4	1,5	1,4
1999	9,4	7,6	4,5	2,7	2,5	3,3	1,5	2,0
2000	7,6	8,9	4,7	6,9	3,7	3,2	2,0	2,5
Ø	7,1	6,6	3,3	3,1	2,6	2,4	1,3	1,1

* Einbürgerungen von Aussiedlern wurden nicht berücksichtigt.

Quelle: H. Waldrauch und D. Çinar, Staatsbürgerschaftspolitik und Einbürgerungspraxis in Österreich, in: Heinz Fassmann und Irene Stacher (Hrsg.), Österreichischer Migrations- und Integrationsbericht, Wien 2002.

in Deutschland und der Nichtthematisierung dieser Frage in den Niederlanden, trotz des extremen Umschwungs der öffentlichen Meinung und der Politik in vielen anderen Fragen der Einwanderung und des Zusammenlebens mit Einwanderern seit der Pim-Fortuyn-Wahl im Mai 2002. Inzwischen ist die schärfste Wortführerin des islamkritischen Diskurses in den Niederlanden eine Einwanderin: die VVD-Abgeordnete Ayaan Hirsi Ali. Sie wurde in der Öffentlichkeit zunächst als „die linke Antwort auf Pim Fortuyn"[14] bezeichnet und ist seit der Wahl im Januar 2003 Abgeordnete für die einwanderungskritische VVD. Dass die VVD sie, die bis dahin für die sozialdemokratische Parteistiftung gearbeitete hatte, für ein Abgeordnetenmandat nominierte, war eine Mediensensation.

In den Niederlanden besteht eine fast experimentelle Situation, weil sie ihr Verhalten gegenüber der mehrfachen Staatsangehörigkeit in Bezug auf die „erste Generation" zweimal geändert haben. Es lässt sich feststellen, ob dies die Bereitschaft zur Einbürgerung entscheidend beeinflusst. Zudem führen die Niederlande Statistiken über weitere Staatsangehörigkeiten – im Gegensatz zu Deutschland, wo ohne verlässliche Zahlen und vielfach sehr ideologisch über mehrfache Staatsangehärigkeit diskutiert wird. Schließlich sind die beiden Länder eng aufeinander bezogen. Bei der Rücknahme der Toleranz gegenüber mehrfacher Staatsangehörigkeit äußerte sich das in dem Hinweis eines Abgeordneten in der Ersten Kammer

---

14 „Het linkse antwoord op Pim Fortuyn". Titel des Magazins HP De Tijd, 13. Jg., Nr. 40, 4.10.2002.

des niederländischen Parlaments, in Deutschland gebe es diese Großzügigkeit auch nicht.[15]

2. Die deutsche und die niederländische Entwicklung

Schon das deutsche Grundgesetz enthält öffnende Bestimmungen über die Staatsangehörigkeit ohne Rücksicht auf etwaige andere Staatsangehörigkeiten. Verfolgte des Nationalsozialismus und deren Abkömmlinge haben ein Anrecht auf die Rückgabe der deutschen Staatsangehörigkeit (116 II GG). Deutsche Volkszugehörige erhalten ebenfalls die deutsche Staatsangehörigkeit, wenn sie in Deutschland „Aufnahme gefunden" haben (116 I GG). Beide Bestimmungen gelten ohne Rücksicht auf weitere Staatsangehörigkeiten. Im Fall der nationalsozialistisch Verfolgten war von Vornherein klar, dass mehrfache Staatsangehörigkeiten entstehen würden. Bedenken dagegen wies der Hauptausschuss des Parlamentarischen Rates einstimmig zurück, es war eine Diskussion „auf höchstem moralischem Niveau", an der auch Verfolgte des Nationalsozialismus wie der KPD-Abgeordnete Renner mitwirkten.[16] Der CDU-Rechtsexperte von Mangoldt erklärte: „Man sollte es ruhig darauf ankommen lassen, daß einmal eine doppelte Staatsangehörigkeit entsteht."[17] Bis heute wird die Praxis fortgesetzt, die deutsche Staatsangehörigkeit in solchen Fällen zu verleihen. Sie hat quantitative Bedeutung vor allem in Israel, wo es heute etwa 60.000 deutsch-israelische Doppelstaatler gibt,[18] kaum dagegen in den USA oder in Kanada. Für die Volksdeutschen und später für die Aussiedler bzw. Spätaussiedler war zunächst keine Praktizierung mehrfacher Staatsangehörigkeit zu erwarten, da sie nicht freiwillig in den kommunistischen Machtbereich zurückkehrten. Erst mit dem Ende des Kalten Krieges ergab sich hier eine Öffnung zur realen Nutzung etwa der deutschen und der polnischen oder der deutschen und der russischen Staatsangehörigkeit, ohne dass der deutsche Gesetzgeber in dieser Hinsicht Beschränkungen eingeführt hätte.

Eine weitere Öffnung ereignete sich seit 1989 in Richtung auf ehemals deutsche Staatsbürger und ihre Nachkommen in früher deutschen Gebieten, hauptsächlich in Oberschlesien. Auf Grund der deutschen Rechtslage, insbesondere dem verfassungsmäßigen Verbot der Entziehung der Staatsangehörigkeit, konnte diese Personengruppe seit 1990 wieder deutsche Pässe erhalten und benutzen, zusätzlich

---

15 Kamerstukken Eerste Kamer, vergaderjaar 1994-1995, 23 029 (R1461), nr. 226a, S. 1-2; Handelingen Eerste Kamer, 25.6.1996, S. 36-1777.
16 Günter Hinken, Die Rolle der Staatsangehörigkeit bei der Konzeption des Grundgesetzes, in: Dietrich Thränhardt (Hrsg.), Einwanderung und Einbürgerung in Deutschland, Jahrbuch Migration 1997/98, Münster 1998, S. 247. Hinken bezieht sich auf: Parlamentarischer Rat. Stenographische Berichte über die Verhandlungen des Hauptausssschusses, Bonn 1949, 39. Sitzung am 14.1.1949, S. 485.
17 Parlamentarischer Rat, S. 487, zitiert nach Hinken, Rolle, S. 247.
18 Auskunft des Leiters der Konsularabteilung der Deutschen Botschaft in Israel.

zu ihren polnischen Dokumenten. Bis zum Jahr 2003 wurden dort 280.000 deutsche Pässe ausgestellt.

All dies erregte keine öffentliche Aufmerksamkeit. Die deutsch-israelische und die deutsch-polnische Doppelstaatigkeit sind nie kontrovers diskutiert worden. Die Entscheidung über die Gewährung der Staatsangehörigkeit für die Volksdeutschen, die nach Deutschland umgesiedelt worden waren, war von den Alliierten schon in der unmittelbaren Nachkriegszeit getroffen worden. *"You will require the persons of German extraction transferred to Germany be granted German nationality with full civil and political rights"*, instruierte die britische Regierung ihre Militärverwaltung in Deutschland.[19] Dem Parlamentarischen Rat blieb nur, diese Entscheidung nachzuvollziehen. Angesichts der fortdauernden Diskriminierung der Deutschen in den kommunistischen Staaten wurde es anschließend bis zum Ende des Kalten Krieges deutsche Politik, möglichst viele Deutsche aus Polen, Rumänien und Russland herauszuholen, auch mit massiven finanziellen Zugeständnissen. Nach dem Ende des Kalten Krieges wurde diese Politik schrittweise zurückgefahren. Sie war nicht „ethnisch" sondern politisch bedingt.[20] Die Frage der doppelten Staatsangehörigkeit wurde dabei nicht diskutiert.

Die Einbürgerung Nichtdeutscher war direkt nach dem Krieg nicht relevant. Deutschland war moralisch ebenso wie materiell zerstört. Die in Deutschland befindlichen Ausländer standen unter alliiertem Schutz, sie wurden als *Displaced Persons* bezeichnet und blieben nur dann in Deutschland, wenn sie – etwa wegen Krankheit – nicht auswandern konnten oder – etwa durch Heirat – deutsche Bindungen entwickelten. Die Anwerbung ausländischer Arbeitskräfte seit 1955 stand zunächst unter der Erwartung der Rückkehr, an der gerade die Heimatregierungen und die Betroffenen lange festhielten. Aktuell wurde die Frage der Permanenz der Einwanderung erst in den siebziger Jahren, als die meisten dieser Arbeitskräfte in Deutschland Familien gegründet hatten und jedes neunte Kind in Deutschland mit einer ausländischen Staatsangehörigkeit geboren wurde. Heinz Kühn, der erste Ausländerbeauftragte, schlug deswegen die Einbürgerung vor allem der „zweiten Generation" vor. Ohne dass es der Öffentlichkeit bewusst wurde, war dies eine Wiederaufnahme der Debatte von 1913, als Sozialdemokraten und Liberale für das ius soli in Deutschland eintraten, aber in der Minderheit blieben.[21]

---

19 Public Record Office, Foreign Office 371/85268/C2972, S. 11 f. Vgl. auch Josef Foschepoth, Potsdam und danach. Die Westmächte, Adenauer und die Vertriebenen, in: Wolfgang Benz, Die Vertreibung der Deutschen aus dem Osten: Ursachen, Ereignisse, Folgen, Frankfurt a.M. 1996 und Hans W. Schoenberg, Germans from the East: A Study of Their Resettlement and Subsequent Group History, Den Haag 1970.

20 Amanda Klekowski von Koppenfels, Politically Minded. The Case of Aussiedler as an Ideologically Defined Category, in: Uwe Hunger, Karin Mendermann, Bernhard Santel und Wichard Woyke (Hrsg.), Migration in erklärten und unerklärten Einwanderungsländern, Münster/London 2001, S. 89-120.

21 Vgl. zur Gesamtinterpretation Heike Hagedorn, Wer darf Mitglied werden? Einbürgerung in Deutschland und Frankreich im Vergleich, Opladen 2001.

Der Vorstoß ging aber in der nach 1980 anschwellenden Kontroverse um eine Verminderung der Zahl der Türken in Deutschland unter,[22] die im „Rückkehrförderungsgesetz" von 1984 gipfelte – einem Gesetz, das einige Jahre später mit der Eröffnung einer Rückkehr nach Deutschland für Jugendliche, die mit ihren Eltern in die Türkei gegangen und sich dort nicht zurechtgefunden hatten, vollends ad absurdum geführt wurde.[23] Gegen den Kühn-Vorschlag hatten sich aber auch viele Ausländerorganisationen ausgesprochen, hauptsächlich mit dem Argument einer Entfremdung der Jugendlichen von ihren Familien und ihrer Herkunft.

Ein großer Schritt zur Erleichterung der Einbürgerung wurde dann mit dem Ausländergesetz von 1990 vollzogen, das auf Einbürgerungsmöglichkeiten für die 1955-1973 angeworbenen Ausländer zielte. Es war zunächst befristet und wurde 1993 auf Grund des Asylkompromisses aus dem Dezember 1992 („Nikolaus-Papier") entfristet und erweitert. Seitdem stiegen die Einbürgerungszahlen langsam an, allerdings mit extremen regionalen und lokalen Unterschieden. Die Politik der Länder und Kommunen reichte von einer Förderung und Propagierung der Einbürgerung bis zu weitgehender Verweigerung. Ein wichtiger Zusammenhang war die Dauer der Verfahren, die sogar innerhalb Nordrhein-Westfalens zwischen wenigen Wochen und mehreren Jahren schwankte.[24] Besonders expansiv war die Entwicklung in Berlin. Dort stiegen die Einbürgerungszahlen rasch an, erleichtert durch eine konsequente Anwendung der Klausel über die Möglichkeit der Beibehaltung der türkischen Staatsangehörigkeit, solange die Türkei die Entlassung aus der Staatsangehörigkeit von der Ableistung des Wehrdienstes abhängig machte.

Für Deutschland insgesamt ist besonders bemerkenswert, dass das Einbürgerungsrecht nach dem Ausländergesetz vom 1.1.1991 großzügig war, aber zunächst kaum Auswirkungen zeigte. Das Gesetz sah keine Sprachprüfungen vor und bürdete den Einbürgerungswilligen nur geringe Kosten auf, mit 100 DM lag es am unteren Ende der internationalen Skala. Für junge Antragsteller ohne Einkommen war das Verfahren kostenfrei.[25] Da dieses Gesetz aber 1990 im Schatten der Wiedervereinigung zustande kam und die öffentliche Debatte sich 1992/93 auf die Asylkrise und die Einschränkung des Asylrechts konzentrierte, trat seine Liberalität

---

22 Vgl. Dietrich Thränhardt, Fremdenfeindlichkeit und Rassismus in der Konkurrenzdemokratie, in: Leviathan, 21. Jg. 1993, S. 336-357.
23 Eine Evaluation des Rückkehrförderungsgesetzes bei Elmar Hönekopp, Rückkehrförderung und Rückkehr ausländischer Arbeitnehmer – Ergebnisse des Rückkehrförderungsgesetzes, der Rückkehrhilfe-Statistik und der IAB-Rückkehrbefragung, in: Ders. (Hrsg.), Aspekte der Ausländerbeschäftigung in der Bundesrepublik Deutschland, Nürnberg 1987, S. 187-341. Er kommt zu dem Schluss, dass auf Grund des Gesetzes im Saldo nur 45.000 Türken mehr in ihre Heimatland zurückgingen als sonst dazu bereit gewesen wären.
24 Dietrich Thränhardt, Regionale Ansätze und Schwerpunktaufgaben der Integration von Migrantinnen und Migranten in Nordrhein-Westfalen, in: Ders. (Hrsg.), Text zur Migration und Integration in Deutschland, Münster 1999 (Arbeitsstelle für interkulturelle Kommunikation).
25 Vgl. im einzelnen Hagedorn (2001) und Ausländergesetz § 86, in: Deutsches Ausländerrecht, Beck-Texte, 10. Aufl. 1996.

Abbildung 1: Warum wurde trotz Interesse kein Einbürgerungsantrag gestellt? (Deutschland 1993 in %)

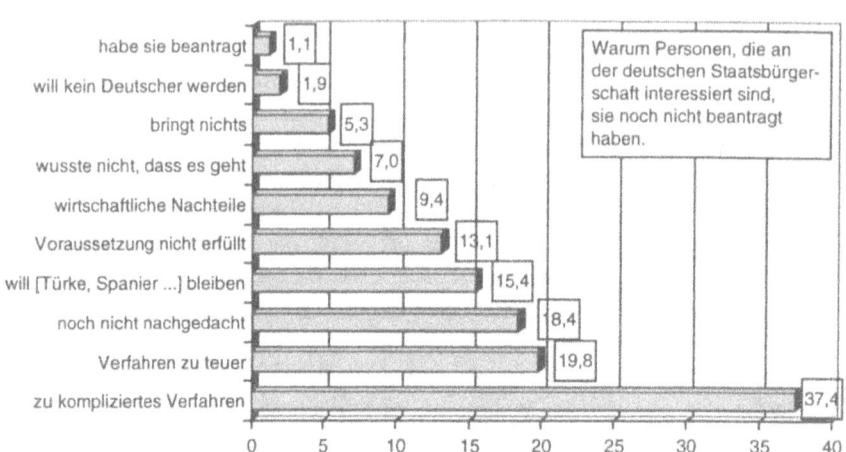

Schaubild: Dietrich Thränhardt u.a., Ausländerinnen und Ausländer in Nordrhein-Westfalen, Düsseldorf 1994, S. 236.

kaum ins Bewusstsein der Betroffenen. Umfragen zeigten, dass die Ausländer hohe Kosten und langwierige Verfahren perzipierten. „Zu kompliziertes Verfahren", „Verfahren zu teuer" und „Noch nicht nachgedacht" waren die drei am meisten gegebenen Antworten in unserer Umfrage 1993 bei Ausländern, die Interesse an einer Einbürgerung hatten. Noch weitergehender war die Fehlinformation in der internationalen Öffentlichkeit und auch der Fachliteratur, zum Teil begünstigt durch den großen Erfolg des Buches von Brubaker und eine vereinfachende Rezeption.[26] Immer wieder war von „Blutrecht" die Rede. Castles schrieb ohne Rücksicht auf die Fakten noch 1999, neun Jahre nach Inkrafttreten des Gesetzes, Deutschland verlange „high fees".[27]

Erst 1999 stieg die Einbürgerungsquote in Deutschland – Aussiedler unberücksichtigt – auf 2,0 und im folgenden Jahr auf 2,5 Prozent. Zu dieser Zeit war Einbürgerung zum Hauptthema der politischen Debatte geworden. Im Winter 1998-1999 wurde das neue Einbürgerungsgesetz in Bundestag und Bundesrat behandelt, es folgte die Unterschriftensammlung in Hessen gegen die mehrfache Staatsangehörigkeit, die den Ausgang der Landtagswahlen entschied. Damit war eine umfassende, wenn auch nicht unbedingt fehlerfreie Information der Bevölkerung und auch der Betroffenen sichergestellt. Das Gesetz selbst brachte para-

26 Brubaker (1992); zur Kritik vgl. Hagedorn (2001) und Dietrich Thränhardt, Prophecies, Ius soli and Dual Citizenship. Interpreting the Changes in the German Citizenship System, erscheint in: James F. Hollifield und Dietrich Thränhardt (Hrsg.), Magnet Societies, 2003.
27 Stephen Castles, Democracy and Multiculturalism in Europe, in: Leslie Holmes und Philomena Murray (Hrsg.), Citizenship and Identity in Europe, Aldershot 1999, S. 59.

doxerweise einige Erschwerungen gegenüber der alten Rechtslage: nun mussten Sprachkenntnisse nachgewiesen werden und auch die Gebühr wurde höher.[28] Sie sollte für die Kommunen kostendeckend sein und damit administrative Hindernisse beseitigen helfen. Ein Durchbruch war die Ius-soli-Regelung für etwa die Hälfte der in Deutschland geborenen Kinder von Ausländern. Seitdem werden zusätzlich etwa 50.000 Kinder pro Jahr als Deutsche geboren, das entspräche einer Einbürgerungsquote von zusätzlich 0,8%. Damit ist zunächst dafür gesorgt, dass die Zahl der Ausländer sich nicht einfach aus demographischen Gründen ständig vermehrt, die Einbürgerungsrate bleibt aber weiterhin sehr viel niedriger als die der Niederlande. Im Jahr 2002 kam es in Deutschland zu 154.547 Einbürgerungen, das waren nur 2,1% der 7,3 Millionen Ausländer. In den Niederlanden waren es im gleichen Jahr ca. 46.000 Einbürgerungen, was einer Einbürgerungsrate von 6,7% entspricht. Die Vermeidung von Mehrstaatigkeit und die Länge des Verfahrens dürften die Hauptursachen für die niedrigen deutschen Werte sein. Für die Gruppe der EU-Bürger in Deutschland, die besonders niedrige Einbürgerungsraten haben, wurde mit der Kündigung des deutsch-italienischen Übereinkommens zur Vermeidung der Mehrstaatigkeit inzwischen ein neuer Weg eröffnet. Seit dem 22.12.2002 machen Italien und Deutschland auf Gegenseitigkeit die doppelte Staatsangehörigkeit für ihre Bürger möglich. Anfang 2003 erfolgte die Proklamation einer deutsch-französischen Doppelstaatsangehörigkeit – ein symbolischer Akt, der der Intensivierung der gegenseitigen Bindungen dienen soll.

In den Niederlanden wurde 1892 das seit 1850 geltende Geburtsrecht abgeschafft. Hauptargumente dafür waren mangelnde Bindung von zufällig im Lande geborenen Kindern ausländischer Eltern an die Niederlande und das Entstehen zu vieler preußisch-niederländischer Doppelstaatsangehörigkeiten auf Grund der Überlappung von niederländischem ius soli und preußischem ius sanguinis.[29] Diese Veränderung passte in die nationalistische Zeitströmung, die in ganz Europa und Amerika auf die Abgrenzung der Nationen ausgerichtet war. Sie beschränkte die Vererbung der Staatsangehörigkeit zudem auf den Vater, während es beim ius soli auf den Geburtsort ankommt, der von der Mutter bestimmt wird. Das Gesetz galt von 1892 bis 1984 und hatte damit eine noch längere Geltungsdauer als das deutsche Gesetz von 1913, das 1999 abgelöst wurde. Nur für staatenlose Kinder der dritten Generation wurde das ius soli beibehalten. 1953 wurde diese Regelung auf alle Kinder der dritten Generation ausgeweitet, also Kinder von Ausländern, die selbst schon in den Niederlanden geboren worden waren. Das Argument war, Personen, die sich nicht von anderen Niederländern unterschieden, auch zu Nie-

---

28 Ein schematischer Vergleich siehe bei Hagedorn (2001).
29 Eric Heijs, Van vreemdeling tot Nederlander. De verlening van het Nederlanderschap aan vreemdelingen 1813-1992, Amsterdam 1995, S. 64-69, 73 f.; Betty De Hart, Onbezonnen vrouwen. Gemengde relaties in het nationaliteitsrecht en vreemdelingenrecht, Amsterdam 2003, S. 78.

derländern zu machen.[30] Das Entstehen mehrfacher Staatsangehörigkeit wurde dabei hingenommen.

Die Vererbung der Staatsangehörigkeit nicht nur durch den Vater, sondern auch durch die Mutter wurde in den Niederlanden erst mit dem Gesetz von 1985 eingeführt, auch hier mit der Konsequenz der Vererbung zweier Staatsangehörigkeiten.[31] Gleichzeitig wurde das Optionsrecht der ausländischen Frau bei Heirat abgeschafft, und zwar deswegen, weil man es sonst auch den zuheiratenden Männern hätte zuerkennen müssen. In diesem Zusammenhang wurden Scheinehen befürchtet, die in der Debatte aber nur ausländischen Männern zugeschrieben wurden. In sehr besonderer Weise wurde diese Sorge von einem Mitglied der Ersten Kammer ausgedrückt: „Die Anziehungskraft niederländischer Frauen wird damit für große Gruppen von Fremden vielleicht zu sehr erhöht."[32] Wie so oft wurde bei dieser Entscheidung auf das Beispiel Deutschland verwiesen.

Mit dem Gesetz von 1985 wurde der „zweiten Generation", also in den Niederlanden geborenen Kindern ausländischer Eltern, eine Optionsmöglichkeit zum Erwerb des Staatsangehörigkeit gegeben, wie das seit langem in Frankreich der Fall war. Die Option kann vom 18. bis zum 25. Geburtstag ausgeübt werden und ist nicht an den Verzicht auf die bisherige Staatsangehörigkeit gebunden. Für die erste Generation wurde das Erfordernis beibehalten, die alte Staatsangehörigkeit aufzugeben, und nur das Verfahren vereinfacht. Die gesamte Regelung war Bestandteil der Minderheitenpolitik, die seit 1983 von einem großen Konsens der niederländischen Parteien getragen und in einem Kompromiss formuliert wurde.[33] Die Einbürgerung galt dabei als ein Teil der rechtlichen Gleichstellungspolitik.

In Bezug auf die Optionsmöglichkeiten war das Gesetz ein voller Erfolg. Auch die Zahl der Einbürgerungen in der „ersten Generation" stieg an, aber nicht bei den beiden größten Zielgruppen, der türkischen und der marokkanischen. Zwei Drittel der Türken erklärten in einer Befragung, sie wollten nicht auf ihre türkische Staatsangehörigkeit verzichten. Viele Marokkaner sagten dasselbe, obwohl in diesen Jahren wegen der Unmöglichkeit einer Entlassung aus ihrer Staatsangehörigkeit bei dieser Gruppe die mehrfache Staatsangehörigkeit schon hingenommen wurde. Der Informationsstand in Bezug auf die Einbürgerungsmöglichkeiten war gering und weitgehend auf besser gestellte Gruppen beschränkt.[34]

---

30 Heijs (1995, S. 134-136).
31 Heijs (1995, S. 189).
32 Abgeordneter Polak (VVD), zitiert nach De Hart (2003, S. 82).
33 Dazu Anita Böcker und Kees Groenendijk, Einwanderungs- und Integrationsland Niederlande: Tolerant, liberal und offen?, in: Friso Wielenga (Hrsg.), Die Niederlande in Vergangenheit und Gegenwart, erscheint Bonn 2003 (Bundeszentrale für politische Bildung). Ein Vergleich bei Dietrich Thränhardt, Einwanderung- und Integrationspolitik in Deutschland und den Niederlanden, in: Leviathan, 30. Jg. 2002, S. 220-249.
34 Ruud van den Bedem, Motieven voor naturalisatie, Arnhem 1993.

1991 beschloss die neue Koalition aus Christdemokraten und Sozialdemokraten deshalb, auf die Entlassung aus der alten Staatsangehörigkeit zu verzichten. Der Wissenschaftliche Rat hatte eine entsprechende Empfehlung ausgesprochen, er hat diese Stellungnahme im Jahr 2001 wiederholt.[35] Die Regelung war Bestandteil eines Kompromisses, in dem die Sozialdemokraten auf die Einführung des Ausländerwahlrechts für alle Wahlen verzichteten und die Christdemokraten im Gegenzug ihre Bedenken gegen die mehrfache Staatsangehörigkeit aufgaben. Der Justizminister führte die Hinnahme der Mehrstaatigkeit 1992 im Blick auf die vereinbarte Gesetzesänderung administrativ ein. Die Gesetzesänderung stieß jedoch auf Widerstände und wurde schließlich Ende 1996 von einer CDA-VVD-Mehrheit in der Ersten Kammer abgelehnt. Wieder war die Situation in Deutschland dabei ein Argument. Daraufhin nahm der Justizminister 1997 die grundsätzliche Hinnahme der mehrfachen Staatsangehörigkeit wieder zurück, erließ jedoch eine Verwaltungsverordnung, mit der für 13 Kategorien von Einbürgerungswilligen Ausnahmen galten. Dabei geht es u.a. um Angehörige von Staaten, die grundsätzlich nicht ausbürgern, um Asylberechtigte, um Fälle schwerwiegender ökonomischer Nachteile bei Aufgabe der bisherigen Staatsangehörigkeit, um Vermeidung des Zwangs zur Ableistung der Wehrpflicht vor der Ausbürgerung, um in den Niederlanden Geborene und um mit einer Niederländerin bzw. einem Niederländer Verheiratete.[36] Zusammen machen diese Gruppen 80 Prozent der Einbürgerungsfälle aus, die Regelung ist sehr viel weitgehender als in Deutschland.

In diesen Jahren wurden die Niederlande insgesamt zum Einbürgerungsparadies. Die Quote stieg von Jahr zu Jahr und erreichte 1996, dem letzten Jahr der Tolerierung der mehrfachen Staatsangehörigkeit, mit 11,4 Prozent einen Höhepunkt. Anschließend sanken die Raten etwas ab, blieben aber immer noch auf einem vergleichsweise hohen Stand. Dies kann einmal mit dem weitgehenden Charakter der Ausnahmeregelung erklärt werden, zum anderen mit den Anschlusseffekten, die inzwischen ausgelöst worden waren. Inzwischen haben zwei Drittel der Einwanderer aus der Türkei und die Hälfte der Marokkaner die niederländische Staatsangehörigkeit. Interessant ist auch die Analyse der Aufgabe und Aufrechterhaltung der Staatsangehörigkeit. Von den 104.000 Türken, die 1995-1997 Niederländer wurden, gaben nur 60 ihre ursprüngliche Staatsangehörigkeit auf, von den Marokkanern nur 20. Auch mit Blick auf alle Staatsangehörigkeiten ergibt sich ein ähnliches Bild. Mehr als 80% der 1995-1997 Eingebürgerten behielten ihre ursprüngliche Staatsangehörigkeit.[37] Anders ist es nur bei Nationalitäten, de-

---

35 WRR, Allochtonenbeleid, Den Haag 1989, S. 31, 97-98; WRR, Nederland als immigratie samenleving, Den Haag 2002, S. 13, 203.
36 Kees Groenendijk und Eric Heijs, Einwanderung, Einwanderer und Staatsangehörigkeitsrecht in den Niederlanden 1945-1998, in: Ulrike Davy (Hrsg.), Einwanderung und politische Integration der ausländischen Wohnbevölkerung, Baden-Baden 1999, S. 105-146.
37 R.F.J. Tas, Aantal wijzigingen van nationaliteit sterk toegenomen in de jaren negentig, in: CBS Maandstatistiek van de Bevolking, 2000/9, S. 15.

nen die ursprüngliche Staatsangehörigkeit vom Heimatstaat bei Erwerb der niederländischen entzogen wird, wie beispielsweise bei Menschen aus Surinam, Irak, Deutschland und anderen EU-Staaten.

3. Ergebnisse des Vergleichs

Obwohl Deutschland 1998/99 eine große Auseinandersetzung um die Einbürgerung und die mehrfache Staatsangehörigkeit erlebt hat, die einige Monate lang zum Thema Nummer 1 der Politik wurde, sind die Ergebnisse im Vergleich mit den Niederlanden bescheiden. Auf der positiven Seite steht, dass die Einbürgerungsquote in Deutschland auf den Stand zurückgekehrt ist, den sie schon im 19. Jahrhundert hatte[38] und den die Niederlande in etwa beibehalten hatten. Damit ist auch die Fehlentwicklung beendet worden, dass die Zahl der Ausländer allein auf Grund von Geburten in Deutschland wächst. Weitgehend ist die Einführung des Geburtsrechts für ausländische Kinder mit einem mehr als acht Jahre ansässigen Elternteil. In diesem Punkt geht das deutsche Recht über das niederländische hinaus, ist aber mit der Einschränkung belastet, dass die Kinder sich bei Volljährigkeit für die deutsche oder die Staatsangehörigkeit der Eltern entscheiden müssen. Die Abwicklungsproblematik wird ab dem Jahr 2018 zu klären sein. Es wird entweder zu einer sehr aufwendigen Kontrollregelung ohne realen Wert kommen oder das Gesetz wird zugunsten einer Hinnahme mehrfacher Staatsangehörigkeit geändert werden.

Die niederländische Entwicklung demonstriert, dass ein entscheidender Durchbruch bei der Einbürgerung nicht ohne die Hinnahme von Mehrstaatigkeit erzielt werden kann. Dies gilt sowohl für die „erste" als auch für die „zweite" Generation der Einwanderer. Auch die Praxis anderer Länder wie der USA und Frankreich und die Berliner Erfahrungen mit der weitgehenden Ausschöpfung der Einbürgerungsmöglichkeiten bei Nichterfüllung der Wehrpflicht nach dem Recht von 1991 weisen in diese Richtung.[39] Insofern ist klar zu erkennen, dass Deutschland seine Einbürgerungspolitik mit dem Ausschluss mehrfacher Staatsangehörigkeit blockiert.

Andererseits ist im Vergleich der Einbürgerungszahlen beider Länder auch zu erkennen, dass das Einbürgerungsverhalten unterschiedlicher Gruppen von Ausländern extreme Unterschiede aufweist. Einerseits gibt es Gruppen, die sich auch im Einbürgerungsparadies Niederlande nicht einbürgern lassen. Das sind Bürger aus wohlhabenden und sicheren Staaten, die als EU-Bürger, als US-Amerikaner

---

38 Kay Hailbronner, Einbürgerung von Wanderarbeitnehmern und doppelte Staatsangehörigkeit, Baden-Baden 1992, S. 40.
39 Vgl. Dietrich Thränhardt, Die Reform der Einbürgerung in Deutschland, in: Friedrich-Ebert-Stiftung, Einwanderungskonzeption für die Bundesrepublik Deutschland, Bonn 1995, S. 63-116 (Gesprächskreis Arbeit und Soziales Nr. 50).

Tabelle 2: Einbürgerungsraten und Beibehaltung der ursprünglichen Staatsangehörigkeit: die 18 wichtigsten Ausländergruppen in den Niederlanden, 2001

Land der bisherigen Staatsangehörigkeit	Einbürgerungsrate	Beibehaltung der ursprünglichen Staatsangehörigkeit	Bevölkerungszahl am 1.1.2001 in Tausend
Irak[1]	27%	7%	8,6
Surinam[1]	24%	9%	8,5
China[1]	14%	25%	8,0
Marokko[2]	11%	100%	111,4
Polen	10%	99%	5,9
Jugoslawien	9%	99%	6,8
Türkei	5%	100%	100,8
Indonesien[1]	4%	9%	9,3
Griechenland[2]	2%	99%	5,7
Portugal	1%	98%	9,8
Italien[1]	1%	81%	18,2
Ver. Staaten	1%	99%	14,8
Deutschland[1]	1%	20%	54,8
Frankreich[1]	1%	89%	13,3
Großbritannien	1%	99%	41,4
Belgien[1]	1%	16%	25,9
Spanien[1]	1%	98%	17,2
Japan[1]	0%	67%	5,6
alle Nationalitäten insgesamt	7%	77%	667,8

1 Automatischer Verlust der Staatsangehörigkeit bei Einbürgerung in einem anderen Land.
2 Herkunftsland bürgert grundsätzlich nicht aus.
Quelle: Centraal Bureau voor Statistiek, Den Haag.

und Japaner in den Niederlanden leben und ein verlässliches Land hinter sich haben. So liegen die Einbürgerungsraten aller erfassten EU-Staaten und der USA in den Niederlanden im Jahr 2001 bei nur einem Prozent und die der Japaner sogar bei null Prozent. Das gilt weitgehend unabhängig davon, ob die Herkunftsländer ihrerseits mehrfache Staatsangehörigkeit tolerieren – wie Großbritannien, Italien, Spanien, die USA und Portugal – oder ob sie in solchen Fällen ihrerseits ausbürgern – wie Deutschland und Belgien (Tabelle 2).

Auf der anderen Seite gibt es Flüchtlingsgruppen, die jede Chance auf Einbürgerung wahrnehmen und – da sie von ihren Heimatregierungen nur Negatives erwarten können – keinen Wert auf den Fortbestand der alten Staatsangehörigkeit legen. Hier sind in den Niederlanden die Einbürgerungsraten sehr hoch, unabhängig davon, ob die alte Staatsangehörigkeit beibehalten werden kann oder nicht (Tabelle 2). Schon in unserer Umfrage von 1993 in Deutschland hatten fünf Prozent der Befragten *nur* die deutsche Staatsangehörigkeit angestrebt. Es war bemerkenswert, dass das deutsche Einbürgerungssystem damals auch diese fünf

Tabelle 3: Große Einbürgerungs-Gruppen in Deutschland und den Niederlanden und die Hinnahme von Mehrstaatigkeit (2000)

	Einbürgerungen in Deutschland			Einbürgerungen in den Niederlanden		
Land der bish. Staatsangehörigkeit		davon unter Hinnahme von Mehrstaatigkeit		Land der bish. Staatsangehörigkeit		davon unter Hinnahme von Mehrstaatigkeit
	insgesamt	absolut	in %		insgesamt	absolut	in %
Türkei	82.861	23.921	28,9	Marokko	13.471	13.464	99,9
Iran	14.410	14.368	99,7	Türkei	4.708	4.704	99,9
Jugoslawien	9.776	8.696	90,0	Bosnien-Herzegowina	2.646	2.629	99,4
Libanon	5.673	4.610	81,3	Irak	2.403	192	8,0
Marokko	5.008	4.263	85,1	Surinam	2.008	210	10,5
Afghanistan	4.773	4.411	92,4	Somalia	1.634	152	9,3
Sri Lanka	4.597	715	15,6	Iran	1.375	1.363	99,1
Russ. Föderation	4.583	1.867	40,7	China	1.002	228	22,8
Vietnam	4.489	2.633	58,7	Afghanistan	945	927	98,1
Bosnien-Herzegowina	4.002	500	12,5	Jugoslawien	924	919	99,5
Insgesamt	186.688	83.856	44,9	Insgesamt	50.120	38.023	75,9

Quelle: Die Beauftragte der Bundesregierung für Ausländerfragen, Berichte der Beauftragten der Bundesregierung für Ausländerfragen über die Lage der Ausländer in der Bundesrepublik Deutschland, Berlin 2002, S. 380; Centraal Bureau voor Statistiek, Den Haag.

Prozent nicht annähernd bewältigen konnte.[40] Ein eindrucksvolles Beispiel für die Einbürgerungswilligkeit von Flüchtlingen sind die hohen Einbürgerungsraten der Iraner in Deutschland nach dem Wegfall der Hemmnisse aus dem deutsch-iranischen Vertrag, der der iranischen Regierung die Blockade von Einbürgerungen erlaubt hatte und den iranischen Behörden zudem bei jedem Vorgang Einblick in Details der Identität der Flüchtlinge in Deutschland und ihre Adressen gab und sie eventuell auch auf ihre Verwandten im Iran aufmerksam machte (Tabelle 3). Da der Iran Staatsbürger im Allgemeinen nicht entlässt, wird hier die mehrfache Staatsangehörigkeit auch in Deutschland hingenommen. Auch im Jahr 2002 stellten Iraner mit 13.026 die zweitgrößte Einbürgerungsgruppe nach den Türken mit 64.631. Die nächststärksten Gruppen kamen aus dem ehemaligen Jugoslawien (8.375) und aus Afghanistan (4.750).[41]

40 Thränhardt u.a. (1994, S. 240).
41 Die FAZ (Nr. 136, 14. Juni 2003) kommentierte diese Zahlen: „Daß nur die Verzweifeltsten hier (in Deutschland) heimisch werden wollen, ist kein Grund zur Freude." Dabei wird übersehen, dass gerade Gruppen wie die iranischen Flüchtlinge ein hohes kulturelles und ökonmisches Potential mitbringen.

Einbürgerung und Mehrstaatigkeit in Deutschland und den Niederlanden

Während die Tolerierung der Beibehaltung der alten Staatsangehörigkeit also weder bei den Gruppen aus den reichen sicheren Ländern noch bei den Flüchtlingen in Notlage entscheidungsrelevant ist, spielt sie bei einer mittleren Gruppe eine wesentliche Rolle. Das sind Einwanderer aus ärmeren Ländern ohne EU- oder vergleichbaren Status, die gleichwohl Bindungen an ihr Herkunftsland aufrechterhalten wollen und deren Lebensplanung vielfach ungewiss ist bzw. Herkunfts- und Zielland einschließt. Ältere Türken pendeln beispielsweise vielfach zwischen der Türkei und Deutschland bzw. den Niederlanden, ähnlich wie vermögende ältere Deutsche und Niederländer zwischen ihrem eigenen Land und Mallorca. Da türkische Staatsangehörige sowohl in den Niederlanden wie in Deutschland eine ganz weitgehende Rechtssicherheit genießen und Zugang zu den Sozialsystemen haben, besteht auch keine unmittelbare Notwendigkeit zur Bewerbung um die niederländische bzw. deutsche Staatsangehörigkeit – im Gegensatz zu den USA, wo Nicht-Staatsbürger in ihren sozialen Rechten beschränkt sind.

Die Türken waren zu Beginn der Einbürgerungswelle in den Niederlanden die größte Ausländergruppe. Ihre Einbürgerungsraten wuchsen in der Zeit der Tolerierung der Beibehaltung der alten Staatsangehörigkeit stark an und erreichten 1996, im letzten Jahr vor der Rücknahme, mit 20 Prozent einen Höhepunkt. Inzwischen ist der überwiegende Teil der Einwanderer aus der Türkei in den Niederlanden eingebürgert. Als die Aufgabe der alten Staatsangehörigkeit dann

Abbildung 2: Einbürgerungsraten der Türken und Marokkaner in den Niederlanden

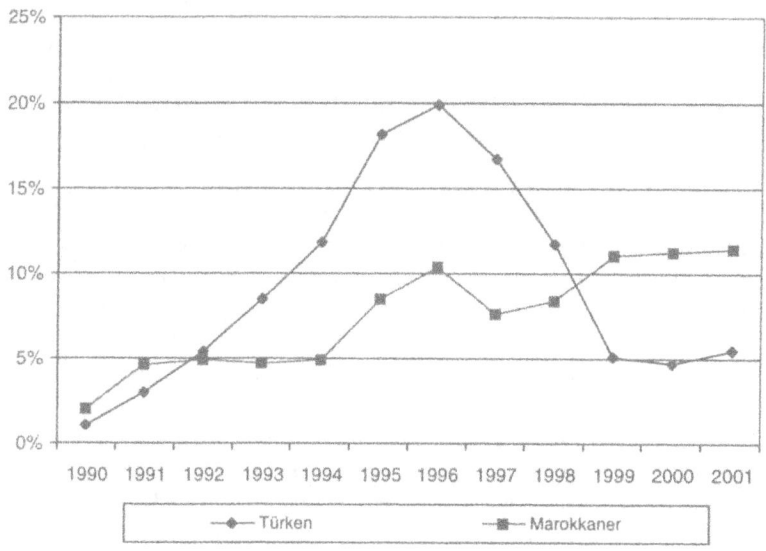

Quelle: CBS.

Tabelle 4: Ausländer und Doppelstaatler in Amsterdam am 1. Januar 2002

Staatsangehörigkeit	Ausländer	Doppelstaatler*	Doppelstaatler/ Ausländer
Marokko	22.829	34.845	1,53
Türkei	10.820	24.453	2,26
Großbritannien	6.822	3.375	0,49
Surinam	2.185	4.031	1,84
Deutschland	3.924	1.642	0,42
Vereinigte Staaten	3.429	1.477	0,43
Ghana	1.853	2.771	1,50
Italien	2.637	1.505	0,57
Ägypten	761	3.248	4,27
Frankreich	2.263	1.453	0,64
Portugal	2.566	554	0,22
ehem. Jugoslawien	738	2.284	3,09
übrige	24.830	22.364	0,90
insgesamt	85.657	104.002	1,21

* Niederländer mit mindestens einer zusätzlichen Staatsangehörigkeit.
Quelle: O+S, Amsterdam in cijfers, Jaarboek 2002, Amsterdam 2002.

seit 1997 in einem Teil der Fälle wieder verlangt wurde, sank die Zahl der Einbürgerungen ab. Für die Bedeutung dieser Änderung spricht auch die Tatsache, dass Einbürgerungen von Türken nach wie vor fast ausschließlich unter Beibehaltung ihrer alten Staatsangehörigkeit erfolgen. Türken, denen das nicht möglich gemacht wird, unternehmen den Schritt nicht. Aufschlussreich ist auch der Vergleich mit der marokkanischen Gruppe, bei der die alte Staatsangehörigkeit toleriert wird. Hier lief die Einbürgerungswelle langsamer an als bei den Türken (was wohl mit der geringeren Kommunikationsdichte innerhalb der marokkanischen Gruppe zusammenhängt), setzte sich aber fort. Auch die sinkende Einbürgerungsrate der Türken in Berlin nach der Einschränkung der großzügigen Praxis dort deutet in diese Richtung.

Für die Abgrenzung der drei beschriebenen Gruppen ist die niederländische Statistik aussagekräftiger, weil sie im Gegensatz zur deutschen auch Doppelstaatler erfasst. Insgesamt gab es im Jahr 2001 in den Niederlanden 668.000 Nur-Ausländer, 779.000 Doppelstaatler und 11.000 Mehrstaatler. Wir ziehen für die Analyse im einzelnen hier die Amsterdamer Statistik heran, weil sie eine größere Differenzierung erlaubt als die nationale Statistik (Tabelle 4). Es wird deutlich, dass aus allen erfassten EU-Ländern und den USA etwa doppelt so viele Ausländer wie Doppelstaatler in Amsterdam leben, bei den Japanern ist der Anteil der Doppelstaatler noch kleiner. Andererseits gibt es bei allen Gruppen außerhalb der EU-Nordamerika-Japan-Triade mehr Doppelstaatler als Ausländer.

Lebensweltlich ist die Unterschiedlichkeit gut nachvollziehbar: Besitzt man die Staatsangehörigkeit eines der Länder der reichen Triade, so bereitet sowohl die

Einreise wie der Aufenthalt in anderen Ländern wenig Probleme. Dagegen ist der Erwerb einer derartigen Staatsangehörigkeit für Staatsangehörige armer Länder ein wichtiges Aktivum, und zwar in Bezug auf die Reisefreiheit, die Sicherheit und auf die freie Entfaltung in wirtschaftlicher, sozialer und politischer Hinsicht. Der Erwerb einer zweiten derartigen Staatsangehörigkeit bringt dagegen relativ wenig Mehrwert, vor allem innerhalb der EU mit ihren Gleichbehandlungsgrundsätzen und dem EU-Bürgerrecht. Diesem instrumentellen Moment steht ein identitäres Moment zu Seite, das sich auf die Herkunft bezieht und die Aufgabe der ererbten Staatsangehörigkeit erschwert. Der Familiennachzug aus Drittländern ist für EU-Bürger in den Niederlanden sogar großzügiger geregelt als für niederländische Staatsbürger.

Was sind die Ergebnisse des Vergleichs? In beiden Ländern gibt es eine Differenzierung in der Behandlung der eigenen Staatsbürger und der Ausländer, an der festgehalten wird. Die Einbeziehung der Abkömmlinge auch von Frauen in die Staatsbürgerschaft führte nicht zu Forderungen nach Ausschluss von mehrfacher Staatsangehörigkeit. Ebenso war es bei speziellen Anliegen politischer Art, der Verfolgten des Nazi-Regimes und der Aussiedler. Einwandernde Ausländer wurden in beiden Ländern kritischer betrachtet. Der Gedanke, sie verstärkt einzubürgern, kam in beiden Ländern etwa gleichzeitig auf. In den Niederlanden wurde er stufenweise durchgesetzt, hatte hohen quantitativen Erfolg und führte zu einem pragmatischen Regime mit weitgehender Tolerierung mehrfacher Staatsangehörigkeit. In Deutschland führte er zu parteipolitischer Polarisierung und einer Lösung, die hohen bürokratischen Aufwand erfordert, in einigen Bundesländern und Gemeinden lange Warteschlangen entstehen lässt[42] und einen vergleichsweise geringen quantitativen Ertrag hat. Weitergehend ist die neue deutsche Ius-Soli-Regelung, deren bürokratischer Pferdefuß erst im Jahr 2018 sichtbar werden wird. Wie in anderen Politikfeldern finden wir ein hohes Maß an pragmatischer Konsensbildung und Kompromissfähigkeit zwischen den politischen Kräften in den Niederlanden und ideologischer Verhärtung in Deutschland.

Die weitgehende, wenn auch 1997 teilweise zurückgenommene Tolerierung der mitgebrachten Staatsangehörigkeit war für den breiten Erfolg der Einbürgerung in den Niederlanden entscheidend.[43] Die Aufrechterhaltung der ursprünglichen Staatsangehörigkeit ist bestimmten Gruppen, beispielsweise den meisten Türken, auch Erschwernisse wert, vor allem der Pflicht zur Ableistung der Wehrpflicht oder des Freikaufs mit verkürzter Wehrpflicht. Es wird interessant sein zu beobachten, ob diese Tendenz anhält, mit der die in den Niederlanden lebenden Dop-

---

42 Zu den gravierenden Diskrepanzen unter dem alten Recht vgl. Hagedorn (2001); Thränhardt (1995); Thränhardt (1999, S. 45-121).
43 Das gilt nicht für die Schweiz, wo die mehrfache Staatsangehörigkeit seit 1992 ebenfalls erlaubt ist, aber hohe Hürden in Bezug auf die Kosten der Einbürgerung (etwa 60.000 Franken in bestimmten Gemeinden) und in Bezug auf die Entscheidung über die Einbürgerung bestehen, in einigen Gemeinden sogar mit Abstimmungen aller Gemeindebürger über individuelle Anträge.

pelstaatler ihr Herkunftsland subventionieren. Auch nach der Suspendierung der Wehrpflicht in den Niederlanden gibt es hier ein Entlassungsverbot für Wehrpflichtige, das sich inzwischen nur noch auf wehrpflichtige Doppelstaatler und ihre Wehrpflicht in einem anderen Land bezieht und in Bezug auf Beschäftigung kontraproduktiv wirken kann, weil der niederländische Arbeitgeber das Risiko scheut.

Als relativierendes Moment im deutsch-niederländischen Vergleich der Einbürgerungspolitik wirkt die wachsende Tendenz in den Niederlanden, ethnische und kulturelle Grenzziehungen zu betonen, zu reifizieren und zu dramatisieren und damit die Zugehörigkeit zur niederländischen Nation zu relativieren. Seit dem Jahr 2002 ist im öffentlichen Diskurs immer selbstverständlicher von „schwarzen" und „weißen" Schulen, Straßen und Wohnvierteln die Rede.[44] Auch in Bezug auf den viel diskutierten Nachzug von Familienangehörigen hat es eine Veränderung in dieser Richtung gegeben. Seit den neunziger Jahren müssen nicht mehr nur Ausländer, sondern auch niederländische Staatsbürger beim Zuzug von Familienangehörigen aus dem Ausland immer mehr Nachweise über ein ausreichendes Einkommen erbringen.[45] Im Vergleich zu Deutschland, wo weniger eingebürgert wird, ist das eine gewisse Devaluierung der Staatsangehörigkeit.

Die Relevanz des Erwerbs einer sicheren Staatsangehörigkeit wächst mit der Unterschiedlichkeit der Lebensstandards zwischen den reichen und den armen Ländern, ebenso wie mit den Unterschieden des Maßes an Sicherheit. Mit der Terrorismusfurcht in den USA und in einem geringeren Maße in Europa nimmt sie deshalb zu. Andererseits nimmt die Relevanz unterschiedlicher Staatsangehörigkeiten ab, je stabiler das Staatensystem und je offener die Grenzen sind. In einem stabilen Staatenverbund wie der Europäischen Union ist diese Relevanz sehr gering. Annähernd ähnliche Verhältnisse finden wir zwischen den USA und Kanada. Bei derartigen Gruppen erfolgt die Angleichung weitgehend intergenerational, was den Ius-Soli-Elementen bzw. dem Optionsrecht bei Volljährigkeit verstärkte Bedeutung gibt. Das Interesse an den unterschiedlichen Staatsangehörigkeiten sinkt, wenn es keinen instrumentellen Mehrwert und wenig Identitätsabgrenzungen gibt. In einer idealen Welt kantianischer Republiken wäre unterschiedliche Staatsangehörigkeit eine weitgehend irrelevante Größe, ähnlich der Teilstaaten-Zugehörigkeit in Bundesstaaten.

---

44 Vgl. Thränhardt (2002); Anita Böcker und Dietrich Thränhardt, Integreert Duitsland beter?, in: Migrantenstudies, 19. Jg. 2003, S. 33-44.
45 Vgl. de Hart (2003).

Hans van Amersfoort / Mies van Niekerk

Einwanderung als koloniales Erbe: Akzeptanz, Nichtakzeptanz und Integration in den Niederlanden*

1. Einleitung

Nationalstaaten mit einer Kolonial-Geschichte spiegeln in ihrer Vergangenheit immer auch ihre Immigrationsgeschichte wider. Obwohl die Entwicklung moderner Transport- und Kommunikationsmittel die Mobilität von Gütern, Kapital und Menschen wesentlich erhöht hat, reflektieren die Muster dieser Bevölkerungsmobilität auch immer noch die traditionellen kulturellen und sozialen Verbindungen. Sprache, Einreise- und Aufenthaltsrechte sowie persönliche Netzwerke spielen in diesem Zusammenhang eine große Rolle. Die Niederlande sind in dieser Hinsicht keine Ausnahme, da die Einwanderung in die Niederlande nach dem 2. Weltkrieg zumindest in Bezug auf ihre vier Hauptmigrationsströme ein direktes Erbe der kolonialen Vergangenheit ist.

Frankreich ist das einzige westeuropäische Land, das sich schon seit dem 19. Jahrhundert als Einwanderungsland versteht. Es hat Einwanderung stark unter demografischen Aspekten gesehen und war immer zuversichtlich, dass aus allen Einwanderern am Ende echte Franzosen würden; wenn nicht in einer so doch auf jeden Fall in zwei Generationen. Gleichwohl wird die postkoloniale Einwanderung von einem bedeutenden Teil der Bevölkerung als eine Bedrohung für die nationale Identität und die Stabilität des Staates angesehen. In Großbritannien war die postkoloniale Migration eng mit Engpässen auf dem inländischen Arbeitsmarkt verbunden. Die Anwerbung von Arbeitern aus den Kolonien war infolgedessen der Ausgangspunkt für massive Migrationsbewegungen ins England der Nachkriegszeit.

Die Niederlande haben Anwerbung von Arbeitskräften in den sechziger Jahren dagegen nicht in ihren ehemaligen Kolonien, sondern in der Mittelmeerregion betrieben. Arbeitsmigration aus den Mittelmeeranrainerstaaten und der Zustrom von Asylsuchenden hatten sowohl mit Blick auf die Zahlen als auch mit Blick auf politische Diskussionen und Kontroversen über Einwanderung einen viel stärkeren Einfluss, zumindest in den vergangenen Jahrzehnten. Dennoch war Einwanderung aus den ehemaligen Kolonien in den ersten Jahrzehnten nach dem

* Aus dem Englischen übersetzt von Ines Michalowski, Universität Münster.

2. Weltkrieg eine wichtige Erfahrung sowohl für die Einwanderer selbst als auch für die niederländische Gesellschaft. Um den Einfluss der Einwanderung auf die niederländische Gesellschaft richtig einzuschätzen, ist es wichtig, daran zu erinnern, dass die Niederlande sich lange Zeit nicht als Einwanderungsland verstanden haben. Ganz im Gegenteil hielt die Regierung die Niederlande für „überbevölkert" und förderte in der Nachkriegszeit aktiv die Auswanderung. Bis 1983 bestritt die niederländische Regierung, dass es in den Niederlanden Einwanderer gab. Die niederländische Zurückhaltung in Bezug auf die Frage, ob und dass die Niederlande ein Einwanderungsland waren (und sind), hat zu allerlei symbolischen Maßnahmen geführt, wie nicht zuletzt der Vermeidung des Wortes „Einwanderer" selbst. Die Einwanderer aus den ehemaligen Kolonien wurden in der ersten Zeit nach dem 2. Weltkrieg als „Rückkehrer" bezeichnet, sind aber gleichwohl Teil der niederländischen Einwanderungsgeschichte.

In diesem Beitrag werden wir postkoloniale Einwanderungsströme aus Ostindien und Westindien behandeln. Aus dem heutigen Indonesien kamen nach dem 2. Weltkrieg zwei verschiedene Migrantengruppen. Der zweite große Einwanderungsstrom hatte seinen Ursprung in den ehemaligen Kolonien in Amerika, und zwar sowohl aus Surinam als auch von den Niederländischen Antillen. Die Entwicklung der Migration aus der karibischen Region war komplizierter als die Migration von den Ostindischen Inseln. Die karibische Migration in die Niederlande hat eine lange Geschichte, die schon vor dem 2. Weltkrieg beginnt und sich in ihrer sozialen und ethnischen Zusammensetzung während dieser Zeit immer wieder verändert hat und bis heute andauert. Deshalb ist die heutige karibische Bevölkerung in den Niederlanden in Bezug auf Aufenthalt, Bildungsabschlüsse und den ethnischen Hintergrund sehr heterogen.

2. Rückführung in ein unbekanntes Vaterland

2.1 Die Heimkehrer aus Indonesien

Während des 2. Weltkrieges besetzten die Japaner Niederländisch-Ostindien und beendeten damit die niederländische Kolonialherrschaft. Niederländische Frauen und Kinder wurden in Lagern unter oft entsetzlichen Bedingungen interniert, Männer wurden als Zwangsarbeiter zum Eisenbahnbau in Burma und in japanische Minen geschickt. Nach der Niederlage Japans versuchten die Niederlande zwar ihre Herrschaft über die indonesische Inselgruppe wiederherzustellen, doch hatte zum einen der indonesische Nationalismus so an Stärke gewonnen und sich zum anderen das internationale Kräftegleichgewicht zugunsten nationalistischer Bewegungen in den Kolonien gewandelt, dass im Dezember 1949 die niederländische Herrschaft formell an ihr Ende kam und die Republik Indonesien als unabhängiger Staat ausgerufen wurde.

Einwanderung als koloniales Erbe 137

Bereits das Ende des Krieges hatte zur Auswanderung von Menschen mit niederländischer Staatsangehörigkeit in die Niederlande geführt. Unter diesen Migranten waren viele Menschen, die während der Besetzung großes Leid erfahren hatten. Zu diesem Zeitpunkt wurde die Migration noch nicht als der Beginn eines vollständigen Exodus der niederländischen Bevölkerung aus Indonesien verstanden. Die Beziehungen zwischen Indonesien und den Niederlanden entwickelten sich jedoch so negativ, dass sie bald durch tiefe Abneigung und wachsenden Unfrieden gekennzeichnet waren, so dass auch diejenigen Niederländer, die eigentlich in Indonesien bleiben wollten und aus diesem Grund auch die indonesische Staatsbürgerschaft angenommen hatten, letztlich keine andere Möglichkeit sahen, als in die Niederlande auszuwandern. Über einen Zeitraum von beinahe zwanzig Jahren hat auf diese Weise die gesamte niederländische Bevölkerung Indonesien verlassen. Die Gesamtzahl der Personen, die aus Indonesien in die Niederlande kam, wird auf 250.000 bis 300.000 geschätzt.[1]

Rechtlich betrachtet waren all diese Einwanderer niederländische Staatsbürger. Unter sozialen Gesichtspunkten handelte es sich jedoch um eine sehr heterogene Gruppe. Um dies zu verstehen, ist es wichtig, die Definition von 'niederländisch' in diesem Fall genauer zu betrachten. Eine Gruppe bildeten die Europäer, die sich für einen kürzeren oder längeren Zeitraum in Niederländisch-Ostindien niedergelassen hatten, oft im Rahmen ihrer beruflichen Karriere z.B. als Beamter oder Marineoffizier. Diese Gruppe wird meist mit dem malayischen Wort *Totoks* bezeichnet. Viel größer und heterogener war jedoch die Gruppe derjenigen, die sich dauerhaft in den Kolonien niedergelassen hatten, ein Teil von ihnen bereits seit mehreren Generationen. Da es in dieser Gruppe jedoch nie eine entsprechend große Anzahl von weiblichen Einwanderern gegeben hatte, kam es zu zahlreichen Kontakten zur einheimischen Bevölkerung, so dass ethnisch gemischte Ehen besonders unter Europäern mit niedrigerem Sozialstatus keine Seltenheit waren. Ein Problem, das hieraus erwuchs, bestand in der Frage, auf welche Art die Nachkommen aus diesen Verbindungen in die rassistische Klassifizierung einbezogen würden, von der die Gesetze und Regeln der Kolonie ausgingen. Die Niederländer fanden hierfür eine legalistische Antwort: Waren die Nachkommen aus diesen Verbindungen rechtlich anerkannt, so galten sie als Niederländer, war die Beziehung nicht auf die eine oder andere Weise legalisiert, so gehörten sie der einhei-

---

1 Es gibt zwei wertvolle und detaillierte Studien zu diesen Migrationsbewegungen, auf denen diese Zusammenfassung basiert: De repatriëring uit Indonesië. Een onderzoek naar de integratie van de gerepatrieerden uit Indonesië in de Nederlandse samenleving, Den Haag 1957, und H.G. Surie, De gerepatrieerden, in: H.J. Verwey-Jonker (Hrsg.), Allochtonen in Nederland, Den Haag 1973 (2. Auflage), S. 47-110. Ein kürzerer zusammenfassender Artikel ist: J.E. Ellemers und R.E.F. Vaillant, Indische Nederlanders en gerepatrieerden: de grootste categorie naoorlogse immigranten, in: Tijdschrift voor geschiedenis, 100. Jg. 1987, S. 412-431. Eine englischsprachige Darstellung in: Hans van Amersfoort, Immigration and the formation of minority groups. The Dutch Experience 1945-1975, Cambridge 1982, S. 81-100.

mischen Bevölkerung an. Auf diese Weise war eine große Bevölkerungsgruppe mit ethnisch gemischten Vorfahren entstanden, die legaliter niederländisch war. Diese eurasische Bevölkerung wurde als *Indische Nederlanders* oder *Indos* bezeichnet. Ihre soziale Position in der Kolonie war sehr unterschiedlich. Im Allgemeinen besetzten diese *Eurasier* die unteren Schichten der Mittelklasse, beispielsweise als Verwalter oder Reserveoffiziere. Allerdings fand man Indos auch an der Spitze der Kolonialverwaltung und ebenso auf der untersten Ebene der Kolonialgesellschaft. Meistens wurden sie, obwohl sie rechtlich Niederländer waren, sozial nicht vollständig akzeptiert und litten an mehr oder weniger offenen Diskriminierungen und Stigmatisierungen. Dieses Gefühl, als „niederländische Bürger zweiter Klasse" zu gelten, wurde durch die turbulenten Nachkriegsjahre verstärkt, in denen die *Indische Nederlanders* den Eindruck erhielten, die niederländische Regierung wolle sie nicht in die Niederlande einreisen lassen. Ganz im Gegenteil wurde ihnen geraten, „voll und ganz Indonesier" zu werden. Erst nach 1950 erkannte die niederländische Regierung an, dass es für die eurasischen Bürger keine andere Möglichkeit gab, als in die Niederlande zu kommen, selbst wenn diese „Rückwanderung" in ein „Vaterland" erfolgte, das sie noch nie zuvor besucht hatten.[2]

2.2 Regierungspolitik

Der starke Zustrom aus Indonesien in die Niederlande wurde als großes Problem angesehen. Das Land war arm, und es dauerte mindestens zehn Jahre, bis es sich vom Weltkrieg erholt hatte. Der Wohnungsmangel war enorm, die Infrastruktur fast völlig zerstört, und da Deutschland in Trümmern lag, fehlte der Wirtschaft ihr natürliches Hinterland für den Export. Die Regierung ermunterte deswegen die Menschen, das Land in Richtung Kanada, Australien oder Neuseeland zu verlassen.

In den ersten Jahren gab es kaum eine Politik, die die Rückkehr der Personen aus der Kolonie regelte. Die *Totoks* verfügten ursprünglich über viele Familienverbindungen und andere Kontakte in den Niederlanden.[3] Nach 1950 kamen jedoch immer mehr Immigranten, die nicht über diese Familienkontakte und Ressourcen in den Niederlanden verfügten. Im Nachhinein ist es erstaunlich, wie effizient die Regierungspolitik verändert wurde, um die Neuzuwanderer aufzunehmen. Als offiziell wahrgenommen wurde, dass die niederländischen Staatsbürger und insbesondere die Eurasier unter ihnen keine wirkliche Chance hatten, im neuen Indonesien zu bleiben, und man die Bedrängnis, in der sich diese Personen

---

2 Repatriëring, S. 112, 149; Surie (1971, S. 75-76).
3 Die chaotischen Bedingungen dieser Zeit werden beschrieben in Wim Willems, De uittocht uit Indië 1945-1995, Amsterdam 2001, Kapitel 2, S. 19-49. Literarisch wird diese Geschichte behandelt in Wij vlogen uit Indië, von F. Springer, Allemaal Gelogen. De herinnering als mooi verhaal, Amsterdam 2002.

befanden, grob unterschätzt hatte, wurden von der niederländischen Regierung Schritte eingeleitet, diese Gruppen so schnell wie möglich in die Gesellschaft zu integrieren. Der Schlüsselbegriff dieser Politik hieß Staatsbürgerschaft. Ebenso wie die rechtliche Definition das Aufenthaltsrecht bestimmt, so wurde das Aufenthaltsrecht direkt mit der Aufnahme in die Gesellschaft verbunden. Im Kontext der „versäulten Gesellschaft"[4] der Niederlande wurde die Politik in enger Zusammenarbeit von staatlichen Behörden und sozialen Organisationen umgesetzt, die ein Komitee für Sozialfürsorge bildeten. Insbesondere dieses Komitee gab unter starkem Einfluss der Kirchen der Integrationspolitik einen moralischen Impetus: Es wurde als Pflicht angesehen, den Mitbürgern in Not zu helfen. Diese Herangehensweise wurde im Allgemeinen von oben nach unten durchgesetzt. Widerstand gegen die Akzeptanz der dunkel aussehenden Mitbürger mit ungewohnten Akzenten und Bräuchen wurde weitgehend ignoriert.

Mit einer Reihe konkreter Maßnahmen wurde die erste schwierige Zeit der Niederlassung im Großen und Ganzen gemeistert und die normale Teilnahme in den meisten gesellschaftlichen Teilbereichen, wie Wohnungsmarkt, Schulsystem und Arbeitsmarkt, ermöglicht.[5] Insbesondere die Maßnahmen, die darauf abzielten, den Einwanderern Obdach zu gewähren und sie so schnell wie möglich in den regulären Wohnungsmarkt weiterzuleiten, sind in Anbetracht der damaligen Situation als mutig zu bezeichnen. Die Regierung schloss Verträge mit privaten Pensionen ab, die Unterkunft und Essen gegen einen vereinbarten Preis zur Verfügung stellten. Diese Kosten sollten später von den Einwanderern je nach ihren wirtschaftlichen Möglichkeiten zurückgezahlt werden. Auf diese Weise wurden alle Rückkehrer von Beginn an zumindest mit Unterkunft und Essen versorgt. Insgesamt lebten 134.000 Personen in unterschiedlichen Zeiträumen in diesen Pensionen.[6] Um die Aufnahme in den Pensionen nicht zu einer permanenten Lösung werden zu lassen, wurde die sog. „Politik der Pensionen" durch eine „Fünf-Prozent-Klausel" ergänzt. Diese Klausel verpflichtete alle Gemeinden dazu, fünf Prozent ihrer neu errichteten Sozialwohnungen für die Rückkehrer aus Indonesien bereit zu halten. In Anbetracht des großen Wohnungsmangels und der starken Konkurrenz um Sozialwohnungen in dieser Zeit war auch dies ein mutiger Schritt. Die Klausel wurde recht mechanisch im ganzen Land und allen Gemeinden angewendet. Dies hatte auch einige negative Nebenwirkungen, da einige Familien in kleinen Gemeinden untergebracht wurden, wo es nur wenige Möglichkeiten gab, einen Arbeitsplatz zu finden und ein Sozialleben aufzubauen. Doch mit Aus-

---

4 Zur Funktionslogik dieser „versäulten Gesellschaft" siehe: Arend Lijphart, The politics of accommodation, pluralism and democracy in the Netherlands, Berkeley 1968; J. Goudsblom, Dutch Society, New York 1968.
5 C.S. van Praag, Het overheidsbeleid inzake allochtone groepen, in: H.J. Verwey Jonker, S. 30-32. H.C. Wassenaar-Jellersma, Van oost naar west: Relaas van de repatriëring van 1945-1965, Den Haag; Repatriëring etc.
6 Surie (1971, S. 99).

nahmen von der Regel hätte man zweifellos langwierigen Diskussionen Tür und Tor geöffnet, und es wäre ein starker Druck entstanden, immer weitere Ausnahmen zuzulassen. Eine Reihe weiterer flankierender Maßnahmen ergänzte diese grundlegenden Regelungen, die letztendlich eine schnelle Integration in den normalen Wohnungsmarkt brachten.

Wohnen war die erste Priorität, aber natürlich nicht der einzige wichtige Punkt. In den Niederlanden gab es auch große Sorgen wegen der Lage auf dem Arbeitsmarkt. Die gravierende Arbeitslosigkeit während der Weltwirtschaftskrise vor dem Krieg und die schleppende Erholung während der ersten Jahre nach dem Krieg hinterließen den Eindruck, dass Arbeitslosigkeit ein mehr oder minder dauerhaftes Problem sein würde. Dies ist auch der Grund, warum die Regierung die Auswanderung förderte und es lange Zeit ablehnte, die Niederlande als Einwanderungsland zu betrachten. Zusätzliche Arbeitsplätze für die Rückwanderer zu schaffen, wurde deswegen als großes Problem angesehen. Bildungsstand und Arbeitserfahrungen der Rückwanderer variierten stark, aber auch Personen mit guter Bildung und Berufserfahrung hatten oftmals Schwierigkeiten, sich in den niederländischen Arbeitsmarkt zu integrieren. Die Regierung schuf deswegen Anreize zur Umschulung und setzte 1955 in den Arbeitsämtern auch spezielle Berater für Rückkehrer ein. Fast zur gleichen Zeit begann die Wirtschaft wieder zu wachsen, und die allgemeine Arbeitsmarktlage verbesserte sich zügig. Dies ermöglichte eine erfolgreiche Integration auch in den Arbeitsmarkt. 1970 wurde das Problem weitgehend als gelöst betrachtet.

Ein wichtiger Punkt im Hinblick auf die langfristige Integration einer Migrantengruppe ist ihre Teilnahme am Bildungssystem des Aufnahmelandes. Viele Kinder der Rückkehrer hatten wegen der besonderen Umstände während des Krieges und der ersten unbändigen Jahre danach so gut wie keine Schulausbildung erhalten. In den Niederlanden wurde deswegen in den ersten Nachkriegsjahren ein umfangreiches System von Übergangsklassen und nachhaltigen pädagogischen Maßnahmen geschaffen. Als 1957 der Bericht zur Repatriierung erschien, war die Aufnahme in das niederländische Schulsystem bereits so weit fortgeschritten, dass das Konzept kaum Aufmerksamkeit erlangte. Der Grund für den Bildungserfolg war das starke Interesse der Eltern an Bildung und guter schulischer Ausbildung. Alle Lehrer, die für den Bericht zur Rückkehr interviewt worden sind, waren voll des Lobes über die Zusammenarbeit mit den Eltern der „Indo-Kinder".[7] Dies führt uns zur anderen Seite der Medaille, nämlich die Umorientierung der Einwandererbevölkerung.

---

7 Repatriëring, S. 298.

2.3 Neuorientierung und Anpassung

Die Rückkehrer im Allgemeinen, vor allem aber die „eurasische" Bevölkerung mit wenig oder gar keinen vorhergehenden Erfahrungen in den Niederlanden war in einer schwierigen Lage. Viele von ihnen hatten unter dem Krieg stark gelitten und zwischen Kriegsende und ihrer Abreise in die Niederlande eine Zeit großer Unsicherheit durchlebt. Für die meisten war der eigene soziale Status unklar, in Bezug auf die niederländische Indonesienpolitik waren sie frustriert. Der Verlust der Kolonie wurde von den Rückkehrern einerseits als Folge des Missmanagements der „Herren in Den Haag" gesehen. Andererseits waren die niederländische Staatsangehörigkeit und die Aufnahmepolitik der Niederlange ihre einzigen Zukunftshoffnungen. Wie sehr sie auch über die Regierung und die nicht immer freundliche Bevölkerung klagten – sie hatten kein anderes Vaterland. Viele „Eurasier" wanderten dennoch weiter, um ihr Glück anderswo zu finden. Es wird geschätzt, dass sich allein in Kalifornien ungefähr 18.000 Personen niederließen, aber für den Großteil gab es aber keine Alternative zu den Niederlanden. Insbesondere die „Eurasier" gingen in dieser Situation sehr rational vor. Sie nahmen einen gewissen Statusverlust in Kauf, um überhaupt einen Arbeitsplatz zu erhalten, und taten alles, was in ihrer Macht stand, um die schulische Bildung ihrer Kinder zu verbessern. „Die Flüchtlinge waren in der Tat davon überzeugt, dass ihre Kinder mehr Erfolg als sie selbst haben würden."[8] Überall herrschte ein starker Wille vor, sich den neuen Gegebenheiten anzupassen. Dies war ohne Zweifel eine charakteristische Haltung für die „eurasische" untere Mittelklasse, in der Höflichkeit und Respekt vor Gesetzen und Vorgesetzten schon immer als Tugend kultiviert worden waren. Gleichzeitig war diese Haltung aber auch eine Antwort auf die Möglichkeiten, die ihnen die niederländische Gesellschaft bot. Die Kombination aus der Entschlossenheit der „eurasischen" Rückkehrer, sich der Situation in den Nachkriegs-Niederlanden anzupassen, und der Entscheidung der niederländischen Regierung und Gesellschaft, die Neuankömmlinge zu akzeptieren, hat das Entstehen einer Minderheit mit niedrigem und generationsübergreifendem Sozialstatus verhindert. Als Surie 1971 seinen aufschlussreichen Essay schrieb, war das Problem der Aufnahme der Einwanderer aus Indonesien weitgehend gelöst.

2.4 Eine eurasische Identität?

Während des Rückkehrprozesses 1945-1965 war der Fokus der Forschung auf die sozialen Probleme dieser Migration gerichtet: Wie konnte man Wohnungen schaffen, wie die Migranten in den Arbeitsmarkt integrieren, wie die Kinder erfolgreich

---

8 J. Ex, Adjustment after migration, Den Haag 1966, S. 37.

in das Schulsystem einbinden? Aber diese wichtigen Punkte ließen die psychologischen Aspekte des Anpassungsprozesses unbeachtet. Wie bereits erwähnt, verhielten sich die „Indos" sehr rational. Doch angesichts der großen Heterogenität dieser Bevölkerungsgruppe war zu erwarten, dass die psychologischen Kosten dieser Anpassung nicht für alle leicht zu ertragen sein würden. So empfanden es insbesondere ältere Indo-Einwanderer, die recht wenige Kontakte zu höheren Kreisen der Kolonialgesellschaft und zur niederländischen Kultur hatten, es oft als schwierig, sich an das neue Leben zu gewöhnen. Es ist jedoch bezeichnend, dass Migrantenorganisationen, Clubs und Zeitungen nur wenig Erfolg hatten. Die bemerkenswerteste Ausnahme ist die Zeitschrift Tong-Tong, die der Autor Tjalie Robinson gründete. In ihrer Blütezeit hatte die Zeitschrift 10.000 Abonnenten und diente vor allem in Den Haag als Kommmunikationskanal für die „eurasischen" Gemeinde, die dort recht groß war. Doch sank dann die Zahl der Abonnenten stetig, da die Zeitschrift offensichtlich nur für eine ältere und damit zahlenmäßig zwangsläufig abnehmende Gruppe interessant war, die in der Kolonialzeit aufgewachsen war. Die junge Generation hingegen interessierte sich nicht allzu sehr für Geschichten über eine Kolonie, die nicht mehr existierte.[9] Die besondere Identität, die ein Teil der älteren Generation sicherlich gehabt hatte, schien Teil der Vergangenheit geworden zu sein, gerade wie die kolonialistische Situation selbst, dessen typisches Produkt der „Indo" war. Wie man jedoch oft unter den Nachkommen von Migranten feststellen kann, erwacht mit dem Erwachsenwerden einer neuen Generation auch ein neues Interesse für die Vergangenheit. So wie Herbert Gans das Sichtbarwerden einer Art symbolischer Ethnizität unter weißen amerikanischen Jugendlichen festgestellt hat, so hat der eurasische Hintergrund keine Konsequenzen mehr für gesellschaftliche Strukturen.[10] Wie die „Samstag-Abend-Italiener" in den USA sich italienisch fühlen, so geben sich „Indos" Erinnerungen über die Vergangenheit hin. Es werden noch immer regelmäßig Bücher über die Kolonialgeschichte und Romane, in denen der Exodus aus Indonesien eine Rolle spielt, veröffentlicht. Selbst Tjalie Robinson, der mit seiner Indo-Ideologie bereits mehr oder weniger ein Relikt der Vergangenheit gewesen war, wurde wieder als Prophet der Indo-Identität apostrophiert.[11] Wie lange das Interesse für die Vergangenheit und die Identifizierung mit ihr in den folgenden Generation

---

9 Surie (1971, S. 93-98).
10 Herbert J. Gans, Symbolic Ethnicity. The future of ethnic groups and cultures in America, in: Ethnic and Racial Studies, 2. Jg. 1979 (1), S. 1-20. Marlene de Vries, Why ethnicity? The ethnicity of Dutch Eurasians raised in the Netherlands, in: Maurice Crul, Flip Lindo und Ching Lin Pang (Hrsg.), Culture, structure and beyond. Changing identities and social positions of immigrants and their children, Amsterdam 1999.
11 Gute Beispiele für dieses Thema in der niederländischen Literatur finden sich in den Arbeiten von F. Springer, Verzameld Werk (Collected Stories), Amsterdam 2001, beispielsweise Tabee-New York, S. 179-239; Bandoeng-Bandung, S. 935-1021 und Kandy, S. 1025-1116. Vgl. auch Wim Willemsen, S. 229-251.

andauern wird, ist schwer zu sagen. Eine wesentliche Rolle in der sozialen Positionierung dieser voll integrierten Gruppe wird sie jedoch nicht mehr spielen.

3. Kolonialsoldaten in Notlage

3.1 Die Abwicklung einer Kolonialarmee

In Niederländisch-Ostindien existierte mit der Königlich Niederländisch-Indischen Armee (KNIL) eine besondere Armee. Während die Offiziere dieser Armee meist Niederländer waren, wurden die Soldaten fast ausschließlich vor Ort rekrutiert. Besonders viele Soldaten kamen hierbei aus Ambon und den umliegenden Inseln. Da auf diesen Inseln die protestantische Mission erfolgreicher gewesen ist als anderswo in Ostindien, waren ungefähr die Hälfte der ambonesischen Bevölkerung Kalvinisten. Eine Karriere bei der KNIL war in dieser protestantischen Bevölkerung besonders beliebt. Die Ambonesen galten als zuverlässige und gegenüber der niederländischen Krone absolut loyale Soldaten. Genau dieser Ruf machte sie bei der indonesischen Nationalbewegung jedoch unbeliebt und brachte sie im Prozess der Entkolonialisierung in eine schwierige Lage, da die Niederlande die KNIL auflösen mussten und die einheimischen Soldaten vor die Wahl zwischen Demobilisierung und dem Eintritt in die indonesische Armee gestellt wurden. Vor allem für die protestantischen Ambonesen war dies eine schwierige Entscheidung, so dass die Auflösung der Armee zu einem komplizierten Prozess wurde. Selbst 1951, d.h. zwei Jahre nach dem Ende der Kolonialherrschaft, waren noch nicht alle Soldaten der KNIL demobilisiert. Weil die Niederlande deswegen unter starken internationalen Druck gerieten, machten sie die Soldaten vorübergehend zum Teil der normalen niederländischen Armee und versuchten, sie anschließend auf Java zu entlassen. Ein Problem bestand hierbei jedoch darin, dass die Soldaten nach den alten KNIL-Regeln das Recht hatten, den Ort, an dem sie am Ende ihres Vertrages entlassen wurden, selbst zu bestimmen. Da die politische Situation in der neuen indonesischen Republik während der ersten Jahre jedoch sehr instabil war und die Kontroverse um die Staatsform (Föderation vs. Zentralstaat) wiederholt zu bewaffneten Konflikten führte, in die auch ambonesische ex-KNIL Soldaten involviert waren, bis 1951 auf Ambon die unabhängige Republik der Südmolukken (RMS: Republic Maluku Selatan) ausgerufen wurde, die auch unter den ambonesischen KNIL-Soldaten viele Anhänger fand, wollten die meisten in Ambon demobilisiert werden. Indonesien verweigerte den Niederländern jedoch den Transport der Soldaten nach Ambon, so lange die RMS bestand. Als die RMS in Ambon jedoch aufgelöst war, weigerten sich die Soldaten, dorthin entlassen zu werden und verlangten stattdessen in Ceram demobilisiert zu werden, wo es noch einige Widerstandsecken gab. Doch verständlicherweise ließ Indonesien dies nicht zu.

Die niederländische Regierung wusste daher nicht, was sie mit den verbleibenden Teilen ihrer ehemaligen Kolonialarmee machen sollte. Letztlich wurde beschlossen, dass die verbleibenden Männer und ihre Familien in die Niederlande gebracht und dort demobilisiert werden sollten. Nach ihrer Ankunft wurden die Soldaten dann entlassen und „vorläufig" in Lagern untergebracht – bis sie wieder auf die Molukken zurückkehren könnten.[12] Auf diese Weise wurden etwa 12.500 Personen mehr oder weniger gegen ihren eigenen Willen und sicherlich auch gegen den Willen der niederländischen Regierung in den Niederlanden angesiedelt.

3.2 Regierungspolitik

Die niederländische Regierung reagierte auf die Niederlassung der molukkischen Soldaten anders als bei den „Rückkehrern". Wurden letztere als Mitbürger verstanden, die so schnell und vollständig wie möglich integriert werden sollten, galten die Molukker als vorübergehende Bewohner, die nach Indonesien zurückgebracht werden mussten.[13] „Zwischenzeitlich" sollten sie in Lagern in meist ländlichen Gebieten und in der Nähe kleiner Städte untergebracht werden. Es wurde eine spezielle Behörde, das „Commissariaat Ambonezenzorg" (CAZ) eingerichtet, die alle Angelegenheiten dieser vorübergehenden Bewohner bearbeiten sollte. Um täglich anfallende Aufgaben zu erledigen, benannte das CAZ Repräsentanten in den Lagern, die meistens unter den Reserveoffizieren ausgesucht wurden und auf diese Weise ihren Status in einem gewissen Maße wiederherstellen konnten. Die Wohnsituation in den Lagern war in vieler Hinsicht mit den Soldatenunterkünften der Kolonialarmee vergleichbar und trug stark zur Isolierung der molukkischen Bevölkerung von der niederländischen Gesellschaft bei. Die Lager und die späteren Wohngegenden wurden somit zu Enklaven. Die Schulen waren trotz ihres offiziell niederländischen Status in Hinsicht auf Programm und Sprache ausschließlich molukkisch geprägt, und der Zugang zum Arbeitsmarkt war räumlich sehr begrenzt. Selbst als immer offensichtlicher wurde, dass es keine Repatriierungsmög-

---

[12] Die komplizierte Geschichte der Auflösung der KNIL wird hier nur in großen Linien dargestellt. Vgl. hierzu W. Manuhutu, Molukkers in Nederland. Migranten tegen wil en dank. Tijdschrift voor Geschiedenis, 100. Jg. 1987, (3), S. 432-445; Fridus Steylen, RMS van ideaal tot symbool. Moluks Nationalisme in Nederland 1951-1994, Amsterdam 1996, S. 33-63; Hans van Amersfoort, Immigration and the formation of minority groups. The Dutch experience 1945-1975, Cambridge 1982, S. 101-108. Die psychologischen Effekte der Auflösung der KNIL auf die ambonesischen Soldaten werden beschrieben in: T. Wittermans, Social organization among Ambonese refugees in Holland, Amsterdam 1991 (1955).

[13] In diesem Beitrag werden die Begriffe Ambonesen und Molukker synonym gebraucht, was jedoch genau genommen nicht korrekt ist. Die protestantischen Ambonesen bilden 90% der Molukker in den Niederlanden. Es gibt jedoch auch eine kleine Zahl muslimischer Ambonesen und eine kleine Zahl anderer Molukker von den Inseln Kei und Tanimbar (vgl. van Amersfoort 1982, S. 101-102).

lichkeit für die ehemaligen Soldaten geben würde, behielt die niederländische Regierung diese Politik bei.

1957 wurde eine Kommission eingerichet, die die Aufgabe hatte, das Problem des Provisoriums, das sich immer mehr als permanent erwies, zu untersuchen, aber erst zwei Jahre später sprach die Kommission Empfehlungen aus.[14] Die konkretesten Empfehlungen betrafen den Bau von Sozialwohnungen in neuen Wohngegenden. Dadurch sollte wenigstens die unbefriedigende Wohnsituation in den Lagern beendet werden. Die soziale Isolierung und die alleinige Zuständigkeit der CAZ für fast alle Angelegenheiten der demobilisierten Soldaten und ihrer Familien blieben jedoch unberücksichtigt. Erst im Jahr 1970 wurde die CAZ schließlich aufgelöst und ihre Zuständigkeiten den normalen Behörden übergeben. Auf diese Weise gab die niederländische Regierung schließlich zu, dass die Molukker keine vorübergehenden Bewohner der Niederlande waren, sondern für immer blieben. Dennoch blieb noch viel zu tun. Noch 1968 waren mehr als 80% der Molukker staatenlos.

3.3 Unmut, Anpassung und Gewalt

Als die niederländische Regierung sich bewusst wurde, dass man sich in Bezug auf den Umgang mit den ehemaligen KNIL-Soldaten in einer Sackgasse befand, war bereits viel Schaden entstanden. Die ehemaligen Soldaten waren über das Ende der Kolonialarmee frustriert. Die KNIL hatte ihnen nicht nur ein Einkommen geboten, sondern auch einen sicheren Status und einen Lebensstil als Soldaten vermittelt. Da die ehemaligen Soldaten der niederländischen Krone gegenüber immer loyal gewesen waren, fühlten sie sich, als ihre Dienste nicht länger gebraucht wurden, betrogen. Sie hatten all ihre Hoffnung auf eine unabhängige RMS gesetzt und von den Niederlanden eigentlich Unterstützung erwartet. Die Ambonesen taten sich schwer damit zu akzeptierten, dass die Niederlande endgültig keine Rolle mehr in Indonesien spielten. Nur ehemalige kolonialistische Kreise und orthodoxe Protestanten in den Niederlanden unterstützten die Ambonesen in ihrer Überzeugung, dass die niederländische Regierung immer noch Verantwortung für politische Entwicklungen in Indonesien übernehmen könnte. Während der Anfangsjahre in den Niederlanden blieb diese Überzeugung bestehen und verstärkte sich sogar. Allein das Ziel, die RMS zu gründen, schien erstrebenswert. Doch egal, welche Anziehungskraft dieses Ziel für die Molukker hatte, in den Niederlanden konnten sie nichts tun, was sie diesem Ziel näher gebracht hätte. Die isolierte Situation in den Lagern und Wohnvierteln förderte das Entstehen einer Art expressiver Führerschaft innerhalb der Gruppe, die ihren Führungsanspruch durch Opposition und Konfrontation gegenüber dem CAZ und den Niederlanden

---

14 Ambonezen in Nederland, Rapport van de commissie ingesteld door de minister van Maatschappelijk Werk. 's Gravenhage, 1957; van Amersfoort (1982, S. 105-125).

im Allgemeinen untermauerte. Vor allem die ältere Generation der Molukker hatte auf Grund ihrer traumatischen Vergangenheit das Gefühl, dass allein die Verwirklichung der RMS erstrebenswert sei.

Obwohl die Lage der Molukker sich kaum veränderte, war sie nicht völlig statisch. Eine wachsende Zahl von Personen verließen die Lager und Wohnviertel, wodurch sie automatisch in engeren Kontakt mit der niederländischen Gesellschaft kamen. Die jüngere Generation ging zur Schule und wuchs unter völlig anderen Bedingungen auf als die Mitglieder der KNIL in der alten Kolonialgesellschaft. Langsam wurde ihnen bewusst, dass ihre Eltern ihnen keine wirkliche Orientierung in der Welt bieten konnten, in der sie aufwuchsen. Obwohl sie am Rande der niederländischen Gesellschaft standen, lernten sie die moderne Welt nach und nach kennen. Die Situation in den molukkischen Familien wurde dadurch immer komplizierter. Es entstanden Konflikte zwischen jung und alt, zwischen Loyalität mit der eigenen Gemeinschaft und dem Streben nach Modernität.[15] Die Anführer der Molukker wiederholten immer wieder, dass das Problem der Molukker nicht sozialer, sondern politischer Natur sei und daher nur durch politisches Handeln der niederländischen Regierung zu lösen sei. Doch konnten sie weder die Umsetzung der RMS erreichen noch eine Antwort auf die konkreten sozialen Probleme finden, mit denen die Jugend konfrontiert war.

Diese Situation führte zu steigenden Spannungen und Abspaltungen in der RMS-Bewegung. Die ältere Generation sah ihre Autorität immer mehr schwinden, bis sich die Krise schließlich in einem Jahrzehnt voller Gewalt gegen interne Rivalen und gegen die niederländische Gesellschaft entlud. Mit dem Überfall auf die Residenz des indonesischen Botschafters in Wassenaar begannen 1970 eine Reihe von terroristischen Anschlägen, auf die die Niederländer jedoch relativ verhalten reagierten. Die Attentäter erhielten milde Urteile und wurden als irregeführte Idealisten betrachtet. Innerhalb der molukkischen Gemeinschaft gewannen diese „boys of action" jedoch großes Ansehen, was zu weiteren terroristischen Aktionen 1975 und 1977 anspornte. Abgesehen von der Wiederherstellung einer Einheit in der RMS-Bewegung ist es schwierig, konkrete Ziele in der vagen Rhetorik und den unerfüllbaren politischen Forderungen der Angreifer zu erkennen.[16] Weitere Anschläge auf einen Zug und eine Dorfschule im Jahr 1977 führten schließlich zu einer Eskalation. Die niederländische Regierung sah keinen anderen Ausweg, als militärische Gewalt einzusetzen, um den Aktionen ein Ende zu bereiten. Gleichzeitig verebbte innerhalb der molukkischen Gemeinschaft die Unterstützung für die Attentäter. Anstatt die Molukker in den Niederlanden zu verbinden, drohte

---

15 Zur Erziehungsproblematik der jungen Generation in den Niederlanden: Dieter Bartels, Moluccans in exile. A struggle for ethnic survival, Leiden 1989, insbesondere Kapitel 4 und 5. Zu den politischen Spannungen Steylen; van Amersfoort (1982).

16 Tete Siahaya, Mena-Muria. Wassenaar '70: Zuid Molukkers slaan terug, Amsterdam: De Bezige Bij. Der Beitrag vermittelt ein gutes Bild vom Gemütszustand eines molukkischen Terroristen.

diese Form des ziellosen Radikalismus zu weiteren Abspaltungen zu führen. Als 1978 eine Gruppe Jugendlicher den Sitz der Provinzregierung in Assen überfiel, war die Unterstützung innerhalb ihrer Gruppen gänzlich aufgezehrt. Die Zeit der terroristischen Anschläge war endgültig vorbei.

3.4 Letztendliche Normalisierung?

Gegen Ende dieser Periode der Gewalt befand sich die niederländische Regierung in einer schwierigen Situation. Zwar hatte sie bereits die falsche Vorstellung, dass Molukker nur vorübergehende Bewohner der Niederlande wären, fallen gelassen, doch war sie nicht in der Lage, ein zukunftsweisendes Konzept zur Lösung der Problematik zu entwickeln. Die soziale Lage der Molukker ließ viel zu wünschen übrig. Die Erfolge im Bildungsbereich waren gering, die Arbeitslosenquote hoch. Frühere Versuche, ein gemeinsames politisches Forum für die Regierung und Vertreter der Molukker zu schaffen, waren aufgrund der Antagonismen innerhalb der molukkischen Gemeinde und der Unerfüllbarkeit ihrer politischen Forderungen, die die Molukker zu Beginn vorbrachten, gescheitert. Beiden Seiten war jedoch die Notwendigkeit bewusst, die Vergangenheit ruhen zu lassen und einen neuen Anfang zu wagen. 1976 wurde ein Forum gegründet, auf dem politische Maßnahmen mit den Vertretern der molukkischen Gemeinde diskutiert werden konnten: das Inspraakorgaan Welzijn Molukkers (IWM). 1978 übergab die Regierung dem Parlament ein umfangreiches Weißbuch, das Vorschläge unterbreitete, wie die Teilnahme der Molukker an der niederländischen Gesellschaft, insbesondere in den Bereichen Bildung und Arbeitsmarkt, verbessert werden könnte.[17]

Das IWM hat sich nach einigen Anfangsschwierigkeiten als effektives Kommunikationsforum erwiesen, in dem gemeinsame Projekte entwickelt wurden. Ein typisches Beispiel hierfür war der Plan, eintausend Arbeitsplätze für Molukker im öffentlichen Dienst zu schaffen, um die hohe Arbeitslosenzahl zu reduzieren. Es hatte sich die Erkenntnis durchgesetzt, dass Arbeit, Bildung und soziales Wohlergehen wichtige Bereiche waren, in denen die Situation der molukkischen Bevölkerung und insbesondere der neuen Generation verbessert werden musste. Um die Integration, insbesondere der zweiten Generation, die sich bereits viel mehr an der niederländischen Gesellschaft orientierte, weiter zu verbessern, wurde eine Politik der „affirmative action" eingeführt. Ein Ergebnis dieser Entwicklung war, dass sich die Teilnahme in wichtigen Gesellschaftsbereichen, wie Arbeitsmarkt und Bildung, seit 1980 deutlich verbessert hat. Insbesondere die Bildungserfolge nahmen zu, die Arbeitslosigkeit sank ebenfalls, zudem war eine berufliche Aufwärtsbewegung zu verzeichnen. Auch wenn es nicht immer einfach ist, die statistischen Daten korrekt zu interpretieren, hat die zweite Generation der Molukker im

---

17 De problematiek van de Molukkers in Nederland. Regeringsnota aan de Tweede Kamer van de Staten Generaal, Den Haag 1978.

Großen und Ganzen im Vergleich zur ersten „Soldaten-Generation" doch einen deutlichen Sprung nach vorn gemacht. Einer Studie von Smeets und Veenman zufolge fühlen sie sich in den Niederlanden immer mehr zu Hause.[18] Praktisch alle Molukker sind heute niederländische Staatsbürger, was es jedoch gleichzeitig erschwert, die genaue Zahl der Molukker in den Niederlanden zu ermitteln. Zur Zeit können etwa 40.000 Personen als Molukker identifiziert werden.[19] Ein Großteil fühlt sich auch heute noch bis zu einem gewissen Grad mit den Molukkischen Inseln, von denen einst ihre Familien kamen, verbunden. Doch dieses Identifikationsmuster scheint heute kaum noch ein Hindernis zur Integration in die niederländische Gesellschaft zu sein. In dieser Hinsicht sind Molukker endlich „normale Einwanderer" geworden.

4. Die Surinamer: Mitbürger und Einwanderer

Angesichts der harten Kämpfe um die Unabhängigkeit in Indonesien war der Drang nach Unabhängigkeit in den niederländischen Kolonien Westindiens vergleichsweise gering. Gleichwohl wurde die Entkolonialisierung der niederländischen Karibik als notwendig betrachtet, so dass 1954 die Charta des Königreiches *(Het Statuut)* verkündet wurde, in der die Niederlande, Surinam und die Niederländischen Antillen zu drei autonomen Regionen eines gemeinsamen Königreichs der Niederlande ernannt wurden. Die drei Partner sollten jeweils für ihre eigenen inneren Angelegenheiten verantwortlich sein, während Außenpolitik und Verteidigung unter der Verantwortung des Königreiches stehen sollte.[20] Seit 1954 waren

18 H. Smeets und J. Veenman, More and more at home. Three generations of Moluccans in the Netherlands, in: Hans Vermeulen und Rinus Penninx (Hrsg.), Immigrant Integration. The Dutch case, Amsterdam 2000, S. 36-63; J. Veenman, De arbeidsmarktpositie van allochtonen in Nederland, in het bijzonder van Molukkers, Groningen 1990; Ders., De sociale integratie van Molukkers, Lelystad 1994, idem, Molukse jongeren in Nederland. Integratie met de rem erop, Assen 2001.
19 Gijs Beets, Evelien Walhout and Santo Koesoebjono, Demografische ontwikkeling van de Molukse bevolkingsgroep in Nederland. Maandstatistiek van de bevolking, 50, (Juni 2002), S. 13-17.
20 Der Aufbau des Königreiches der Niederlande ist einzigartig. Will man es mit anderen Strukturen zwischen ehemaligen „Mutterländern" und ihren Kolonien vergleichen, so kann man sagen, dass die niederländische Struktur verglichen mit den französischen Departements (wie Französisch Guyana), mehr Autonomie verleiht. Im Vergleich mit den Strukturen Großbritanniens kann man feststellen, dass Surinam und die Antillen über den Status innenpolitischer Selbstbestimmung verfügten. Der Schwachpunkt in der Struktur war und ist, dass die drei Teile des Königreichs zwar rechtlich in einer symmetrischen Beziehung zueinander stehen, tatsächlich aber die Niederlande die dominante Rolle spielen und auch für die Verteidigung, die Außenpolitik und die wirtschaftliche Unterstützung der kleineren Partner verantwortlich sind. Mit Blick auf die Entwicklung von Migrationsbewegungen, war und ist der wichtigste Aspekt der Charta des Königreiches, dass es nur einen einzigen Staatsbürgerstatus gibt. Die alte koloniale Gesetzgebung hatte noch zwischen Bürgern und Untertanen unterschieden.

also alle Bewohner der drei Mitgliedsstaaten niederländische Staatsbürger. Im Gegensatz zu den Niederländischen Antillen gewann Surinam jedoch 1975 vollständige Unabhängigkeit, was große Folgen auf die Migrationsbewegungen in das ehemalige Mutterland hatte. Obwohl die Migration von der Karibik in die Niederlande so alt wie die kolonialen Beziehungen selbst ist und die Migration aus beiden karibischen Gebieten in die Niederlande ähnlichen Mustern folgte, schlugen Surinam und die Niederländischen Antillen ab Mitte der siebziger Jahre verschiedene Wege ein.

4.1 Die Migrationstradition

Als die Niederländer 1667 Surinam von den Briten eroberten, konnten sie sich nicht ausmalen, welchen Einfluss dies in den folgenden Jahrhunderten auf beide Länder haben sollte, insbesondere nicht im Hinblick auf die Migration. Schon im 18. Jahrhundert kamen die ersten Surinamer in die Niederlande. Jedes Jahr wurden Hunderte von Sklaven von ihren Herren als Hausbedienstete und Konkubinen in die Niederlande gebracht.[21] Viel bedeutsamer wurde jedoch die Einwanderung von Studenten. Der niederländischen Kolonialelite nacheifernd, begannen die Kreolen im 19. Jahrhundert ihre Kinder zum Schulbesuch in die Niederlande zu senden.[22] Für lange Zeit blieb das Studium im Mutterland der wichtigste Migrationsstrom in die Niederlande. Für Menschen aus der Mittelschicht, die eine Position in der Verwaltung anstrebten, stellte ein niederländisches Diplom die Voraussetzung dar. Nach und nach wurde aus der Absicht, in den Niederlande zu studieren, ein „Standardmotiv" für jede Einwanderung in die Niederlande, unabhängig davon, was der wirkliche Migrationsgrund war. Immer wurde Schulbesuch in den Niederlanden als Grund angegeben.[23] Schließlich wurde hieraus ein Synonym für „eine bessere Zukunft".

Noch lange nach dem 2. Weltkrieg gingen vor allem kreolische Studenten gemischter europäisch-afrikanischer Abstammung in die Niederlande. Sie waren ganz überwiegend männlich und ließen sich in den Universitätsstädten nieder.

---

21 G. Oostindie, Kondreman in Bakakronde, in: G. Oostindie und E. Maduro, In het land van de overheerser II. Antillianen en Surinamers in Nederland 1634/1667-1954, Dordrecht 1986, S. 6-7. Für einen kurzen Überblick über die surinamesische Immigration in die Niederlande siehe: H. van Amersfoort, Van William Kegge tot Ruud Gullit, De Surinaamse migratie naar Nederland: realiteit, beeldvorming en beleid, in: Tijdschrift voor Geschiedenis, 100. Jg. 1987, S. 475-490.
22 Wie anderswo in der Karibik und Lateinamerika bezeichnete der Begriff „Kreole" in Surinam ursprünglich die Europäer, die in der Kolonie geboren wurden. Später erlangte dieser Begriff in Surinam eine besondere Bedeutung. Er bezeichnete die Personen mit gemischter afrikanisch-europäischer Abstammung. Siehe z.B. Van Lier, Frontier Society. A social analysis of the history of Surinam, Den Haag 1971 [1949], S. 2.
23 F. Bovenkerk, Emigratie uit Suriname, Amsterdam 1975.

Trotzdem gab es schon lange vor dem Krieg auch eine kleine Gruppe surinamesischer Einwanderer aus der schwarzen Unterschicht. Sie waren Seeleute, Abenteurer, Musiker oder andere Künstler.[24]

Nach dem 2. Weltkrieg nahm die Migration aufgrund der schnelleren und billigeren Transportmöglichkeiten sowie des steigenden Wohlstands in Surinam stark zu. Obwohl surinamesische Auswanderer auch in andere Teile der Karibik und in die USA auswanderten, ging ein Großteil in die Niederlande, da dies der einfachste legale Weg war, sich im Ausland niederzulassen. Dieser wachsende Migrationsstrom brachte auch eine langsame Veränderung der Einwandererbevölkerung mit sich, sowohl hinsichtlich der sozialen Schicht als auch hinsichtlich des Geschlechts. In der Mehrzahl hatten die Einwanderer noch immer einen kreolischen Hintergrund. Es kamen aber nicht mehr nur Studenten in die Niederlande, sondern auch andere Berufsgruppen, wie z.B. Arbeiter, Beamte, Angestellte, Krankenschwestern, Lehrer und Ärzte. Eine kleine Zahl dieser Einwanderer war in Surinam durch niederländische Unternehmen oder Organisationen eingestellt worden, doch die meisten Migranten kamen selbständig. Da es in der Zeit des Wiederaufbaus schwieriger war, ein Haus oder selbst ein Zimmer zu finden als eine Arbeit, machten die Surinamer mehr Erfahrungen mit Diskriminierung auf dem Wohnungsmarkt als im Bereich des Arbeitsmarktes. Unabhängig davon, ob diese Migranten zum Studieren oder zum Arbeiten in die Niederlande kamen, sie wollten alle sozial aufsteigen. Ihnen war klar, dass ein sozialer Aufstieg in den Niederlanden leichter zu erreichen war als in Surinam.

4.2 Surinams Unabhängigkeit und die Einwanderung

In den siebziger Jahren veränderte sich die Migration grundlegend. In Anbetracht des Ausbleibens des erwarteten ökonomischen Aufschwungs in Surinam verließen immer mehr Surinamer das Land Richtung Niederlande. Die Auswanderer gehörten nun vermehrt niedrigeren sozialen Schichten an und waren auch nicht mehr überwiegend kreolischer Abstammung. Langsam aber sicher entsprach die ethnische Zusammensetzung des Migrationsstroms der Zusammensetzung der surinamesischen Bevölkerung insgesamt. Ab den sechziger Jahren nahm auch die zweitgrößte ethnische Gruppe Surinams, die Ostinder, auch Hindustanis genannt, an der Migration teil. Sie alle waren auf der Suche nach besseren Lebensbedingungen und größerer sozialer Sicherheit. In Surinam hatte sich eine Migrationsatmosphäre entwickelt, in der sich weniger die Frage stellte, ob, sondern wann man auswandern sollte.[25] Die stark wachsende Zahl der surinamesischen Einwanderer beunruhigte die niederländische Regierung und brachte sie letztendlich dazu, die Entkolonia-

---

24 Oostindie/Maduro (1986).
25 H. van Amersfoort und R. Penninx, Migratieontwikkeling en migratiebeheersing, in: H. van Amersfoort (Hrsg.), Migratie, bevolking en politiek, Amsterdam 1993, S. 66.

lisierung zu beschleunigen.²⁶ Angesichts der zu erwartenden Unabhängigkeit Surinams 1975 verließen aber immer mehr Menschen das Land und suchten Sicherheit in den Niederlanden, da die Menschen Angst hatten, mit der Unabhängigkeit auch ihre niederländische Staatsangehörigkeit und damit das Recht auf Einreise in die Niederlande zu verlieren. Vor dem Hintergrund der Erfahrungen auf Britisch-Guyana war zudem die Furcht vor ethnischen Auseinandersetzungen nach dem endgültigen Abzug der Niederlande aus Surinam ein weiterer Auswanderungsgrund für viele Hindustanis sowie für viele Javanesen und Chinesen, die anderen ethnischen Gruppen des Landes. Manche sprachen sogar von einer „Psychose der Abreise" aus Surinam.²⁷ So hatte die Unabhängigkeit Surinams nicht eine Verminderung der Migration zur Folge, sondern den entgegengesetzten Effekt, nämlich eine dramatische Auswanderung. In den Jahren 1974/75 verließen mehr als 50.000 Surinamer das Land. Die Surinamer in den Niederlanden blieben niederländische Staatsbürger und konnten, wenn sie es wünschten, surinamesische Staatsbürger werden. Die Surinamer in Surinam wurden surinamesische Staatsbürger. Aber auf Grund des Abkommens zwischen den Niederlanden und Surinam konnten sie bis 1980 frei in die Niederlande einwandern. Erst nach 1980 wurde eine Visumspflicht für Surinamer eingeführt, um die Einwanderung einzudämmen. Die Ankündigung dieser Maßnahme führte in den Jahren 1979/80 jedoch wieder zu einer deutlichen Steigerung der Einwanderungszahlen. In dieser zweiten großen Auswanderungswelle reisten über 30.000 Surinamer in die Niederlande ein.²⁸

Während der achtziger Jahre nahm die Einwanderung zwar stark ab, hörte aber nie ganz auf und begann dann mit Beginn der neunziger Jahre als Folge der politischen und wirtschaftlichen Krise in Surinam wieder zu steigen. Für viele Menschen in Surinam sind die Niederlande weiterhin ein wichtiger Bezugspunkt, und viele Menschen wandern noch immer aus den unterschiedlichsten Gründen, wie Studium, Gesundheitsvorsorge, Familienzusammenführung und vor allem aus Gründen höherer sozialer Sicherheit in die Niederlande ein. In vielen Fällen können die Einwanderer dabei auf die Unterstützung ihrer Verwandtschaft in den Niederlanden zurückgreifen. Andersherum unterstützen die Einwanderer in den Niederlanden ihre Verwandten in Surinam materiell, da die Unabhängigkeit Surinams nicht zu einer Verbesserung der wirtschaftlichen Lage des Landes geführt hat, sondern eher der Lebensstandard der Mehrzahl der Surinamer sich im Gegenteil verschlechtert hat.

Die niederländische Regierung erkannte nur sehr langsam, dass wieder eine Zuwanderungsgruppe in die Niederlande gekommen war, um langfristig zu bleiben. Lange Zeit hielt der niederländische Staat recht stur an der Idee fest, dass die surinamesische Einwanderung eine Art Fehler der Geschichte war und dass die

---

26 H. van Amersfoort (1987).
27 T. Reubsaet, J. Kropman und L. Mulier, Surinaamse migranten in Nederland. De positie van Surinamers in de Nederlandse samenleving, Nijmegen 1982, S. 47.
28 Angesichts einer Gesamtbevölkerung von 400.000 Einwohnern waren dies enorme Zahlen.

Surinamer schon bald in ihr gerade unabhängig gewordenes Land zurückkehren würden. Auch nationalistisch eingestellte surinamesische Intellektuelle und Organisationen verbreiteten diesen Mythos der Rückkehr, da sie die surinamesischen Migranten als einen Teil des surinamesischen Volkes sahen. Doch die Zahl der Rückwanderungen bewegte sich immer auf einem sehr niedrigen Niveau. Ein Großteil der surinamesischen Migranten war zwar auf vielfältige Weise mit dem ehemaligen Mutterland verbunden, hatte aber weder die Mittel noch den Wunsch zurückzugehen. Heute ist die Rückwanderung kaum noch ein Thema; weder für die niederländische Regierung noch für die Surinamer selbst und erst recht nicht für die zweite Generation.

4.3 Soziale Position und Integration von Surinamern in den Niederlanden

Die wirtschaftliche Krise in den siebziger Jahren bedeutete in Verbindung mit dem Massenexodus der Surinamer einen unglücklichen Start für diese Einwanderer in der niederländischen Gesellschaft.[29] Die beiden Höhepunkte in der Einwanderung fielen genau mit den beiden Ölkrisen zusammen, die eine Zeit wirtschaftlicher Rezession und wachsender Arbeitslosigkeit einläuteten und damit von Beginn an die Integration vieler surinamesischer Neuzuwanderer behinderten. Die Arbeitslosigkeit stieg in bisher unbekannte Höhen und traf Niederländer genauso wie Surinamer. Dies hing nicht nur mit der wirtschaftlichen Lage im Land oder der großen Zahl von surinamesischen Einwanderern zusammen, sondern auch mit der Tatsache, dass die zuletzt angekommenen Einwanderer meist niedrig qualifiziert waren, die auf den niederländischen Arbeitsmarkt zu diesem Zeitpunkt nicht nachgefragt wurden. Als Folge gerieten viele Surinamer in die Abhängigkeit der Sozialhilfe, was zu einer Stigmatisierung der Surinamer führte. Die Konzentration sozialer Probleme in den großen Städten, in denen sich die Surinamer häufig niederließen, und die sichtbare Präsenz niedrig qualifizierter, afro-surinamesischer Männer[30] förderte das negative Bild der Surinamer in der niederländischen Öffentlichkeit weiter. Es entwickelte sich ein Prozess der Ausschließung und Abkap-

---

29 Für einen kurzen Überblick über die soziale Situation und Integration der Surinamer in den Niederlanden siehe M. van Niekerk, Paradoxes in Paradise. Integration and social mobility of the Surinamese in the Netherlands, in: H. Vermeulen und R. Penninx, Immigrant Integration. The Dutch case, Amsterdam 2000, S. 64-92. Zum Thema Integration und soziale Mobilität der beiden größten surinamesischen Gruppen, siehe M. van Niekerk, Premigration Legacies and Immigrant Social Mobility. The Afro-Surinamese and Indo-Surinamese in the Netherlands, Lanham 2002.
30 W. Biervliet, The hustler culture of young unemployed Surinamers, in: H. Lamur und J. Speckmann (Hrsg.), Adaptation of Migrants from the Caribbean in the European and American Metropolis, Leiden 1975, S. 191-201. P. Buiks, Surinaamse jongeren op de Kruiskade. Overleven in een etnische randgroep, Deventer 1983.

Einwanderung als koloniales Erbe　　　　　　　　　　　　　　　　　　　　　153

selung, insbesondere unter jungen, männlichen Afro-Surinamern aus niedrigen sozialen Schichten.[31]

Da viele Surinamer mit der Hoffnung auf eine bessere Zukunft im ehemaligen Mutterland ankamen, waren viele darüber enttäuscht, dass die Niederlande nicht das Paradies waren, das sie erwartet hatten. Dabei wiesen diese Surinamer sehr gute Voraussetzungen auf: sie besaßen die niederländische Staatsangehörigkeit und waren in niederländischer Sprache in einem niederländischen Schulsystem erzogen worden. Obwohl die Einwanderer in den siebziger Jahren aus den Unterschichten kamen und weitaus weniger gebildet waren als die früheren Einwanderer, verfügten sie doch über eine gewisse Kenntnis der niederländischen Gesellschaft, im Gegensatz zu vielen anderen Einwanderergruppen. Obwohl sie aus rechtlicher Sicht niederländische Staatsbürger waren, mussten viele Einwanderer aus den unteren Schichten bei ihrer Ankunft die Erfahrung machen, dass sie als Bürger zweiter Klasse behandelt und diskriminiert wurden.[32]

Erst als in den neunziger Jahren die Wirtschaft wuchs, hat sich die Arbeitsmarktsituation für die Surinamer verbessert. Das gleiche gilt auch für die Bildungssituation, insbesondere für die gegenwärtige Generation surinamesischer Studenten.[33] Zur Zeit leben etwa 315.000 Menschen surinamesischer Abstammung in den Niederlanden. Der Großteil gehört immer noch der ersten Generation an (186.000), wenngleich die zweite Generation (129.000) schnell heranwächst.[34] Außerdem führt eine recht hohe Zahl von ethnisch gemischten Ehen gerade unter Afro-Surinamern dazu, dass viele Jugendliche gemischt niederländisch-surinamesische Eltern haben. Im Einklang mit ihrer verbesserten wirtschaftlichen und sozialen Position hat sich auch das öffentliche Bild der Surinamer verbessert. In der „ethnischen Hierarchie" in den Niederlanden nehmen sie heute eine Position zwischen den Türken und Marokkanern auf der einen und den einheimischen Niederländern auf der anderen Seite ein.[35] Das negative Image scheint sich nun auf die anderen karibischen Einwanderer, die Antillaner, übertragen zu haben, auf die im nächsten Punkt eingegangen wird.

31　L. Sansone, Schitteren in de schaduw. Overlevingsstrategieën, subcultuur en etniciteit van Creoolse jongeren uit de lagere klasse in Amsterdam 1981-1990, Amsterdam 1992.
32　F. Bovenkerk (Hrsg.), Omdat zij anders zijn. Patronen van rasdiscriminatie in Nederland, Amsterdam/Meppel 1978.
33　Siehe z.B. P. Tesser und I. Ledema, SCP Rapportage minderheden 2001. Vorderingen op school, Den Haag 2001.
34　Quelle: Statistik Niederlande, 1. Januar, 2002. Die erste Generation wird hier als im Ausland geborene Personen definiert, die mindestens einen Elternteil haben, das ebenfalls im Ausland geboren ist. Die zweite Generation besteht aus den Personen, die in den Niederlanden geboren wurden und zumindest ein Elternteil haben, das im Ausland geboren wurde.
35　L. Hagendoorn und J. Hraba, Foreign, different, deviant, seclusive and working class. Anchors to an ethnic hierarchy in The Netherlands, in: Ethnic and Racial Studies, 12. Jg. 1989 S. 441-468.

5. Die Niederländischen Antillen und die Einwanderung

Die niederländischen Antillen sind viel weniger als Surinam eine national-politische Einheit. Sie bestehen aus sechs Inseln und teilen sich in zwei Inselgruppen, die in weit voneinander entfernt in der Karibik liegen. Die Inseln über dem Wind Saba, Sankt Eustatius und Sankt Martin (von der eine Hälfte französisch ist) befinden sich östlich von Puerto Rico. Die andere Inselgruppe, bestehend aus den Inseln unter dem Wind mit Curaçao, Aruba und Bonaire, befindet sich in der Nähe der venezuelanischen Küste. Die beiden Inselgruppen haben wenige Gemeinsamkeiten, wenn man von ihrer Kolonialgeschichte und der niederländischen Herrschaft seit dem 17. Jahrhundert einmal absieht. Anders als Surinam bilden die Niederländischen Antillen auch heute noch einen autonomen Teil des Königreiches der Niederlande. Dies ist ein grundlegender Faktor für die Migrationsgeschichte der Antillen.

5.1 Einwanderung von den Antillen: ein kürzlich entstandenes Problem

Die antillanischen Gesellschaften spiegeln weitgehend ihre Kolonialgeschichte wider. Die Bevölkerung besteht zu einem Großteil aus Nachkommen weißer Protestanten und jüdischer Kolonialeliten sowie schwarzer Unterschichten – zumeist Nachkommen afrikanischer Sklaven – und einer Mittelschicht von „Coloreds" mit gemischten Vorfahren. Diese segmentierte Gesellschaft ist eine besondere Charakteristik der größten Insel Curaçao,[36] die das Zentrum der niederländischen Kolonialmacht in der Karibik war. Die zweitgrößte Insel, Aruba, hatte während dieser Zeit nicht so große Bedeutung und besaß nie eine größere Sklavenbevölkerung. Die Bevölkerung ist hier stärker vermischt und homogener.

Wie auch in Surinam gab es eine Migration in das Mutterland, seit die karibischen Inseln zwischen 1634 und 1648 unter niederländische Herrschaft standen. Somit ist die Migration von den Niederländischen Antillen in die Niederlande an sich kein neues Phänomen. Das Migrationsmuster war dem surinamesischen recht ähnlich. Zunächst kamen Sklaven mit ihren weißen Herren in die Niederlande, später Hausbedienstete und Kindermädchen sowie einige Seeleute und Arbeiter. Anschließend bis weit in das 20. Jahrhundert hinein kamen vor allem die Kinder der Elite in Curaçao zum Studieren in die Niederlande. Später folgten Kinder der gemischten und der schwarzen Mittelklasse. Bis zum 2. Weltkrieg

---

36 Für die frühe Migration von den Niederländischen Antillen in die Niederlande im Zeitraum bis 1954 siehe: E. Maduro, Nos a bai Ulanda. Antillianen in Nederland 1634-1954, in: G. Oostindie und E. Maduro, In het land van de overheerser II. Antillianen en Surinamers in Nederland 1634/1667-1954, Dordrecht 1986, S. 133-254. Die Beschreibung der frühen Migration in die Niederlande in diesem Abschnitt beruht weitgehend auf dieser Studie.

blieb die Zahl der Studenten sehr klein. Die Zahlen stiegen erst in den fünfziger und sechziger Jahren an. Viele Studenten kamen aus der Unterschicht, um in den katholischen Schulen und Colleges zu studieren. Unter ihnen waren auch Jugendliche aus Aruba. Die englischsprachigen Inseln unter dem Wind orientierten sich mehr an der anglophonen Welt. In den sechziger Jahren wanderten Arbeiter und Krankenschwestern ein, die in Curaçao und Aruba angeworben wurden. Bis hierhin weist diese Migrationsgeschichte viele Ähnlichkeiten mit der surinamesischen auf.

Nach dem Niedergang der Plantagenwirtschaft am Ende des 19. und zu Beginn des 20. Jahrhunderts stellte die Auswanderung in andere Teile der Karibik eine Besonderheit der Geschichte der Antillen dar.[37] Um 1920 gewann die Ölindustrie in Curaçao und Aruba an Bedeutung, was einen langwährenden Einfluss auf die Inseln haben sollte. Die Ölindustrie eröffnete zahlreiche Beschäftigungsmöglichkeiten, brachte wirtschaftlichen Reichtum und hatte auch einen Einfluss auf die Migrationsströme. Shell und Esso waren damals die bedeutendsten Wirtschaftsunternehmen, die nicht nur die Menschen von der Auswanderung abhielten, sondern auch Arbeiter aus anderen Teilen der Karibik anzogen. Als die Beschäftigungsmöglichkeiten in der Ölindustrie mit Beginn der fünfziger Jahre jedoch rapide abnahmen und sich die Ölindustrie Mitte der achtziger Jahre schließlich endgültig zurückzog, bedeutete dies für die Wirtschaft der Inseln einen schweren Schlag. Die infolgedessen steigende Arbeitslosigkeit führte zu einer abermaligen Abwanderung. Von den sechziger Jahren an entschieden sich immer mehr schwarze Antillaner, die niedrig qualifiziert oder unqualifiziert waren, für eine Migration in die Niederlande. Besonders in den achtziger Jahren fand ein explosionsartiger Anstieg der Auswanderungszahlen statt. Lebten 1984 nur 34.000 Personen von den Antillen in den Niederlanden, so war ihre Zahl bis 1992 auf weit über 90.000 Personen angestiegen.[38] Zur Zeit leben circa 125.000 Personen antillanischer Abstammung in den Niederlanden, von denen 82.000 zur ersten und 43.000 zur zweiten Generation gehören.[39]

Während die frühere Einwanderung der Studenten und die kleine Zahl der Vertragsarbeiter von der niederländischen Gesellschaft kaum wahrgenommen wurde, ist die Präsenz der „anderen Antillaner", wie die Neueinwanderer jetzt genannt werden, seit den achtziger Jahren deutlich sichtbarer.[40] Dieser Trend wurde in den neunziger Jahren noch durch die Ankunft junger unqualifizierter und arbeitsloser Antillaner aus den Slums von Curaçao verstärkt. Da diese Einwanderer ohnehin schlecht auf eine Karriere in den Niederlanden vorbereitet waren und zudem

37 W. Koot, Emigratie op de Nederlandse Antillen, Amsterdam 1979. Siehe auch: W. Koot und A. Ringeling, De Antillianen, Muiderberg 1984.
38 H. van Hulst, A continuing construction of crisis. Antilleans in the Netherlands, in: H. Vermeulen und R. Penninx, Immigrant Integration. The Dutch case, Amsterdam 2000, S. 100.
39 Quelle: Statistik Niederlande, 1. Januar 2002.
40 Siehe: I. Amesz, F. Steijlen und H. Vermeulen, Andere Antillianen. Carrières van laaggeschoolde Antilliaanse jongeren in een grote stad, Amsterdam 1989.

noch mit geringen Bildungs- und Arbeitsperspektiven in den Niederlanden konfrontiert wurden, gerieten viele von ihnen auf die schiefe Bahn und wurden in Kriminalitäts- und Drogendelikte verwickelt.[41] Die Einreise von Drogenschmugglern in den letzten Jahren trug dazu bei, dass die antillanische Migration als akutes soziales Problem angesehen wurde, das dringend gelöst werden muss.

5.2 Unabhängigkeit: von den Antillanern nicht erwünscht

Wie zur Zeit der wachsenden surinamesischen Einwanderung in den siebziger Jahren kommen nun Fragen auf, wie die antillanische Einwanderung in die Niederlande kontrolliert werden kann. Da die Antillen einen Teil des Königreichs der Niederlande bilden, gibt es für die Antillaner keinerlei Einreisebeschränkungen. Deswegen haben die niederländische und die antillanische Regierung verschiedene Programme eingeführt, um die Situation der Jugendlichen auf den Antillen zu verbessern und sie so davon abzuhalten, in die Niederlande einzuwandern.[42] Der Erfolg dieser Maßnahmen ist jedoch gering. Für die meisten Antillaner bleiben die Niederlande das „gelobte Land".

Auch wenn die Beziehungen zwischen den Niederlanden und den Antillen formell auf Gleichheit beruht, so haben die Niederlande doch praktisch eine moralische und materielle Verpflichtung gegenüber der ehemaligen Kolonie in der Karibik. Zuletzt zwangen 1969 soziale Unruhen und gewalttätige Konflikte auf Curaçao die dortige Regierung dazu, die Niederlande um militärische Unterstützung zur Sicherung von Frieden und Ordnung zu bitten. Dieser Vorgang mehrte in den Niederlanden die Stimmen, die gegen die niederländische Einmischung in antillanische Angelegenheiten und für eine vollständige Unabhängigkeit der karibischen Inseln plädierten. Zu diesem Zeitpunkt waren es jedoch weniger die Antillen als die Niederlande, die eine völlige Unabhängigkeit anstrebten. Dies hatte seinen Grund vor allem darin, dass es den Ländern, die eng mit dem ehemaligen Mutterland verbunden geblieben sind, besser ging als ihren völlig unabhängigen Nachbarländern. Obwohl die Arbeitslosigkeit auf den Antillen und besonders auf Curaçao über die letzten Jahrzehnte hinweg stark gestiegen ist, ist hier der Lebensstandard insgesamt höher als in Surinam und den anderen unabhängigen Karibikstaaten.[43] Zudem bestehen ernsthafte Zweifel, ob die Antillen angesichts ihrer Größe überhaupt alleine bestehen könnten. Insgesamt treten die Niederländischen Antillen und Aruba für einen Status als autonome Teile des Königreiches

---

41 Siehe z.B. M. van San, Stelen en steken. Delinquent gedrag van Curaçaose jongens in Nederland, Amsterdam 1998.
42 Van Hulst, S. 115-119.
43 G. Oostindie, Ethnicity, nationalism and the exodus: the Dutch Caribbean predicament, in: G. Oostindie (Hrsg.), Ethnicity in the Caribbean. Essays in honor of Harry Hoetink, London 1996, S. 206-231.

Einwanderung als koloniales Erbe 157

der Niederlande ein. Aruba schloss 1986 einen entsprechenden Vertrag mit den Niederlanden, den sog. *Status Aparte,* um die alte Beziehung mit dem Mutterland weiterführen können und damit auch dem alten Antagonismus mit Curaçao ein Ende zu bereiten. Mit Blick auf die sozialen und wirtschaftlichen Probleme der Inseln erscheint vielen Antillanern die Auswanderung in die Niederlande eine bessere Lösung zu sein als die politische Unabhängigkeit.

5.3 Soziale Stellung und Integration von Antillanern in den Niederlanden

Das Bild der Antillaner in den Niederlanden blieb lange Zeit positiv. Dies hing mit ihrem hohen sozialen und wirtschaftlichen Status, ihrer kleinen Zahl und der reibungslosen Integration in die niederländische Gesellschaft zusammen. Selbst wenn die Niederländer eigentlich nicht wussten, wer die Antillaner eigentlich waren (sie wurden oftmals für Surinamer gehalten), so wurden sie doch positiv aufgenommen oder zumindest nicht diskriminiert. Zu einem Teil jedoch basierte dieses positive Bild auf der Unkenntnis der wirklichen Probleme der Antillaner. Bereits in den achtziger Jahren wurden einige Studien durchgeführt, die zeigten, dass die Arbeitslosigkeit unter Antillanern bedeutend höher war, als man dies bis dahin angenommen hatte.[44]

Mit der vermehrten Einreise von Antillanern aus der Unterschicht, und hier oft aus den schwächsten Teilen dieser Unterschicht, verschlechterte sich die Situation schrittweise. Es tat sich eine große Diskrepanz zwischen der ehemaligen Bildungselite, den Akademikern und anderen gut ausgebildeten Antillanern auf der einen und den unqualifizierten, erst kürzlich eingewanderten jungen Antillanern mit keiner oder wenig Bildung auf der anderen Seite auf, die zudem kaum Niederländisch sprachen. Neuere Forschungen bestätigen diese Kluft zwischen den ausgebildeten Antillanern, denen es im Durchschnitt besser geht als den meisten anderen Einwanderergruppen in den Niederlanden, und einer ebenso großen Gruppe von armen, arbeitslosen Antillanern, die von der Sozialhilfe leben.[45] Diese Gruppe von jungen, arbeitslosen Antillanern, vor allem Männern, hat ein überaus schlechtes Image in der niederländischen Öffentlichkeit, während die antillanische Elite und Einwanderer aus der Mittelklasse von der allgemeinen Öffentlichkeit kaum als Einwanderer wahrgenommen werden. Sie werden heute als ein mindestens genauso großes soziales Problem wahrgenommen wie damals die unterprivilegierten afro-surinamesischen Einwanderer, vielleicht sogar noch mehr. Dennoch sollte man nicht vergessen, dass diese sehr sichtbare Minderheit nur einen Teil der antillanischen Einwanderer in den Niederlanden repräsentiert. Die europäischen Antilla-

---

44 T. Reubsaet und J. Kropman, Beter opgeleide Antillianen op de Nederlandse arbeidsmarkt, Den Haag 1986. Für einen Überblick über die soziale Lage und Integration der Antillaner in den Niederlanden siehe: Van Hulst, a.a.O.
45 Van Hulst, S. 102.

nern (wie die weiße Elite genannt wird) und viele der gebildeten Antillaner aus der Mittelklasse distanzieren sich genauso von ihren schwarzen Mitbürgern wie die Niederländer. So lange die Niederländischen Antillen und Aruba nicht nach Unabhängigkeit streben, und dies ist in absehbarer Zukunft nicht sehr wahrscheinlich, wird die Migration zwischen den beiden Ländern weitergehen und die Nachwirkungen der kolonialen Vergangenheit fortbestehen.

6. Schlussbemerkungen

Die Migrationsströme aus den Kolonien haben wenig gemeinsam, sieht man einmal davon ab, dass sie alle durch die gemeinsame Kolonialgeschichte bedingt sind. Sie unterschieden sich in der Größe, Zusammensetzung, im Zeitraum der Migration und den Erwartungen, auf Seiten der Einwanderer sowie auf Seiten der Gesellschaft.

Der Verlauf der Integrationsprozesse der einzelnen Einwanderergruppen war immer das Ergebnis der Interaktion zwischen den Migranten auf der einen und der Aufnahmegesellschaft auf der anderen Seite. Im Falle der Rückkehrer und der molukkischen Soldaten waren die Bedingungen auf beiden Seiten völlig entgegengesetzt. Die Rückkehrer bildeten eine zahlenmäßig große Gruppe von etwa 300.000 Personen. Insbesondere die ungefähr 180.000 Eurasier unter ihnen hatten fast keine Kontakte und Erfahrungen mit den Niederlanden, die ihnen während der ersten Zeit der Niederlassung und Anpassung hätten helfen können. Doch andererseits verstanden sie sich selbst als Niederländer und waren entschlossen, sich und vor allem ihren Kindern einen Platz in der niederländischen Gesellschaft zu sichern. Nach einer gewissen Zeit des Zögerns entschied sich die Regierung für einen klaren Integrationskurs. In einer erstaunlich kurzen Zeit fand diese Integration dann auch wirklich statt. Dieser Prozess wurde sicherlich auch durch die günstigen wirtschaftlichen Rahmenbedingungen erleichtert, da nach 1955 die Wirtschaft wieder Fahrt aufnahm und der Arbeitsmarkt fast jeden aufnehmen konnte, der eine Arbeit suchte. Der günstige wirtschaftliche Kontext half jedoch nicht bei der Integration der kleinen Gruppe der Molukker. Hier stellten sowohl die Voraussetzungen auf Seiten der Einwanderer als auch die Reaktion der Aufnahmegesellschaft ein Integrationshindernis dar. Erst nach einer Zeit gewalttätiger Konflikte kam ein Integrationsprozess zu Stande.

Die beiden beschriebenen Einwanderungsströme aus der Karibik besitzen einen anderen Charakter. Sie entwickelte sich über einen langen Zeitraum und gestalteten sich in verschiedenen Phasen sehr unterschiedlich. Selbst wenn wir von der sehr frühen Migration von Sklaven und Konkubinen absehen, so begann die Migration von Personen aus der Mittelschicht bereits in der Mitte des 19. Jahrhunderts. Zahlenmäßig wurde die Migration jedoch erst nach 1954 bedeutsam, als Surinamer und Antillaner niederländische Staatsangehörige wurden. Die Integration der surinamesischen Bevölkerung ist am schwersten zu beurteilen, da die surinamesische Bevölkerung in den Niederlanden sehr heterogen ist, gerade mit Blick auf Variablen wie Länge des Aufenthaltes, Schicht und ethnische Zugehörigkeit. Die Migranten, die vor dem großen Exodus kamen, waren im Allgemeinen besser ausgebildet und auf das Leben in den Niederlanden vorbereitet. Diese Heterogenität wird besonders in der 2. Generation deutlich. Die sozioökonomische Stellung der älteren Kohorte der 2. Generation ist besser als spätere Alterskohorten. Unterschiede innerhalb der 2. Generation spiegeln zumeist die soziale Position der Eltern wider.[46] Während die „junge" zweite Generation aus Kindern von Surinamern besteht, die vor der Masseneinwanderung in die Niederlande kamen, umfasst die „ältere" zweite Generation Kinder surinamesischer Eltern, die in den siebziger Jahren ankamen. Für Einwanderer, die in der „Torschlusspanik" 1974-1980 kamen, bedeutete die wachsende Arbeitslosigkeit nach der Ölkrise einen negativen Integrationsfaktor. Ihre Teilnahme auf dem Arbeitsmarkt entwickelte sich erst mit dem Boom der neunziger Jahre wieder positiv.

Anders als die Migrationsströme aus Ostindien kamen die karibischen Migrationen nicht zu einem abrupten Ende, sondern gehen bis heute weiter. Die Migration von den Antillen in die Niederlande gewann später an Fahrt als die Migration aus Surinam. Sie nahm erst dann zahlenmäßig bedeutsame Ausmaße an, als sich die Arbeitsmarktbedingungen auf der Hauptinsel dauerhaft verschlechterten, was vor allem mit den Rationalisierungsprozessen in der Ölindustrie zusammenhing. Da insbesondere die Unterschichten auf Curaçao kaum Zukunftsaussichten auf der Insel haben, suchen viele ihr Glück in den Niederlanden. Zur Zeit ist die Integration insbesondere der wenig gebildeten Jugendlichen am problematischsten unter allen Migrantengruppen, die in diesem Beitrag diskutiert wurden.

Zum Schluss möchten wir unterstreichen, dass Staatsbürgerschaft sowohl bei der Entstehung der Migrationsströme als auch im Integrationsprozess eine wichtige Rolle gespielt hat. Erst als die Molukker nach einer konfliktreichen Phase niederländische Staatsbürger wurden, kam ihre Integration auf den Weg. Dies ist ein grundlegender Unterschied im Vergleich zu den Arbeitsmigranten aus den Mittelmeerstaaten, da in diesem Fall die Regulierung internationaler Migration auf Migranten abzielt, die kein automatisches Recht auf Einreise und Verbleib haben. In wieweit solche Regulierungsmaßnahmen mit einer Integrationspolitik für Migranten, die bereits in den Niederlanden leben kombiniert werden können, ist Gegenstand ständiger politischer Diskussionen.[47] An dieser Stelle möchten wir

46 Van Niekerk (2002, S. 123-140). Für ältere Kohorte in der 2. Generation siehe: A. van Heelsum, De etnisch-culturele positie van de tweede generatie Surinamers, Amsterdam 1997.
47 Hans van Amersfoort, Migration Control and Minority Policy: the case of the Netherlands, in: Grete Brochmann und Tomas Hammar (Hrsg.), Mechanisms of Immigration Control. A comparative analysis of European regulation policies. Oxford/New York 1999, S. 135-167.

lediglich darauf verweisen, dass Staatsbürgerschaft für postkoloniale Migranten ein wichtiger Aspekt ihrer sozialen Stellung in den Niederlanden ist.

Zusätzlich zur Staatsangehörigkeit besteht ein weiterer Punkt, in dem sich die postkolonialen Einwanderer von anderen Einwanderern, wie etwa den Arbeitsmigranten aus dem Mittelmeerraum, unterscheiden, in ihrer Vertrautheit mit der niederländischen Sprache und Kultur. Natürlich variiert die Kenntnis des Niederländischen mit dem formellen Bildungsstand, aber insgesamt haben postkoloniale Einwanderer einen Sprachvorteil gegenüber anderen Einwanderern. Außerdem sind die kolonialen Gesellschaften, aus denen sie stammen, stark durch die niederländische Kultur beeinflusst worden, wobei insbesondere die Elite und die Mittelklasse, die oft eine gemischte einheimisch-europäische Abstammung haben, bis zu einem gewissen Punkt „niederlandisiert" worden sind. Als Resultat ist der Anteil gemischter Ehen zwischen diesen postkolonialen Einwanderern und den einheimischen Niederländern recht hoch. Dies bedeutet auch, dass ein Großteil der Zweiten Generation ethnisch-gemischte Eltern hat, was für eine weitere Integration in die niederländische Gesellschaft sorgt.

Dita Vogel

Illegaler Aufenthalt. Konzepte, Forschungszugänge, Realitäten, Optionen

1. Einleitung

Illegaler Aufenthalt tritt auf, wenn Staaten Zuwanderung zwar einschränken, diese Einschränkung aber nicht hundertprozentig durchsetzen können oder wollen. In einer Welt, die durch vielfältige globale Beziehungen im Handel mit Waren, Dienstleistungen und Kapital und auch durch touristische Reisen geprägt ist, haben Staaten ein großes Interesse daran, ihre Grenzen für diese erwünschten Beziehungen zu öffnen. Daher konfligiert das Ziel, Zuwanderung zu begrenzen mit dem Ziel, globale Beziehungen zu unterhalten.[1]

Die reicheren Staaten bieten ihren Einwohnern einen weitgehenden Schutz vor sozialen Notlagen durch ausdifferenzierte Sozialleistungssysteme. Unkontrolliert wachsende Zuwanderung könnte dazu führen, dass diese Solidarsysteme aus ihrem prekären Gleichgewicht geworfen werden, wenn entweder Zuwanderer selbst Leistungen erhalten oder aber Einheimische vom Arbeitsmarkt verdrängt werden und dadurch unterstützungsbedürftig werden. Vor allem deshalb wird in Sozialstaaten die Notwendigkeit gesehen, die Aufnahme von Zuwanderern zu steuern und illegale Zuwanderung zu unterbinden.[2]

Dabei ist illegaler Aufenthalt aber für das finanzielle Gleichgewicht im Sozialstaat in der Regel weniger problematisch als manche Formen regulärer Zuwanderung. Wer illegal in einem Land lebt, arbeitet oft in Nischen des Arbeitsmarktes, die es ohne illegale Zuwanderung so nicht geben würde, so dass es nicht zu direkten Verdrängungseffekten kommt. Außerdem können Ausländer ohne Aufenthaltsstatus faktisch nur sehr begrenzt Ansprüche an den Sozialstaat stellen, ohne ihre Aufenthaltsmöglichkeit zu gefährden. Daraus ergibt sich ein – wenn

---

1 Dita Vogel, Migration Control in Germany and the United States, in: International Migration Review, 34. Jg. 2000, S. 390-422, S. 415; Bill Jordan und Franck Düvell, Irregular Migration. The Dilemmas of Transnational Mobility, Cheltenham, UK: Northampton, USA: Edward Elgar 2003.
2 Dita Vogel, Illegale Zuwanderung und soziales Sicherungssystem, in: Eberhard Eichenhofer (Hrsg.), Migration und Illegalität, Osnabrück: Rasch Universitätsverlag 1999, S. 73-90.

auch umstrittenes[3] – ökonomisches Interesse an der Tolerierung illegalen Aufenthalts.[4]

Die Kehrseite liegt darin, dass nun im Aufnahmeland Menschen schlechtere Lebensbedingungen hinnehmen und mit geringeren (durchsetzbaren) Rechten leben, als es dem Standard der Aufnahmegesellschaft entspricht. Die ungleiche Verteilung von Rechten und Ressourcen auf der Welt – die weltweite Gerechtigkeitslücke – wird durch illegalen Aufenthalt im Aufnahmeland spürbar.

Illegale Zuwanderung ist schließlich auch mit finanziellen Rücküberweisungen verbunden, die für den Ausgleich der Leistungsbilanz zwischen den Entsende- und Aufnahmeländern von hoher Bedeutung sind. Staaten, die illegale Arbeitskräfte „exportieren", haben ein ökonomisches Interesse an den Tätigkeiten ihrer Staatsangehörigen, das aber mit Rücksicht auf diplomatische Beziehungen nicht offen zugegeben werden kann.

Illegalität ist ein Thema, beim dem sich das Spannungsverhältnis von Globalisierung und Nationalstaat in konkreten gesellschaftlichen Veränderungen manifestiert. Vor diesem Hintergrund wird hier ein Einblick in die Vielschichtigkeit des Phänomens gegeben, wobei der Schwerpunkt auf der Entwicklung in Deutschland liegt. Zunächst werden verschiedene Arten vorgestellt, wie illegaler Aufenthalt und die betroffenen Migranten definiert werden. Der darauf folgende Abschnitt geht auf die Schwierigkeiten des Forschungszugangs ein. Im dritten Abschnitt werden ausgewählte Forschungsergebnisse vorgestellt. Dabei soll schwerpunktmäßig aufgezeigt werden, dass die Lebenssituation in der Illegalität davon abhängt, wie anonym und staatsfern Lebensbereiche generell gestaltet sind. Im letzten Abschnitt wird auf die zur Zeit diskutierte Frage über den angemessenen Umgang des Staates mit Illegalität eingegangen.

2. Konzepte

Der Aufenthalt eines Ausländers kann auf drei verschiedene Arten illegal werden:

- durch illegale Einreise – sei es mit falschen Papieren an einem regulären Grenzübergang, sei es heimlich über die grüne oder blaue Grenze,
- durch Ablauf des befristeten oder bedingten Aufenthaltstitels, zum Beispiel nach einem touristischen Aufenthalt, einem Arbeitsaufenthalt oder einem abgelehnten Asylgesuch,
- durch Arbeit ohne Arbeitsgenehmigung, denn ein an sich legaler Aufenthalt als Tourist oder Besucher wird durch unerlaubte Arbeit illegal.

---

3 Philip L. Martin, Network Recruitment and Labor Displacement, in: David Simcox (Hrsg.), U.S. Immigration in the 1980s, Boulder, Co.: Westview 1988, S. 67-91.

4 Jörg Alt, Illegal in Deutschland. Forschungsprojekt zur Lebenssituation 'illegaler Immigranten' ausgehend von Situationen in Leipzig, Karlsruhe: von Loeper 1999, S. 420.

Illegaler Aufenthalt

Der illegale Grenzübertritt ist zwar der spektakulärste und bekannteste Weg zu einem illegalen Aufenthalt, aber höchstwahrscheinlich nicht der häufigste. In den USA wird geschätzt, dass rund 60 Prozent der Ausländer ohne Aufenthaltsgenehmigung illegal über die grüne Grenze eingereist sind (EWIs, entry without inspection), während die restlichen 40 Prozent aus regulär eingereisten Ausländern besteht (visa overstayers).[5] In Deutschland dürfte der Prozentsatz der regulär Eingereisten höher sein, u.a. weil die Menschen aus den deutlich ärmeren Nachbarländern Deutschlands visumsfrei einreisen dürfen (Polen, Tschechien), während das für die ärmeren Nachbarn der USA (Mexikaner) nicht möglich ist.[6]

Damit ist die Frage der Benennung der Menschen angesprochen, die sich illegal in Deutschland aufhalten. Üblicherweise werden sie in den Medien als 'Illegale' bezeichnet. Dieser Begriff wird jedoch auch kritisiert, weil er eine fließende Grenze zwischen Illegalität und Kriminalität signalisiere und daher stigmatisiere.[7] Illegaler Aufenthalt ist in Deutschland strafbar, so dass rechtlich gesehen die Grenze zur Kriminalität tatsächlich überschritten ist, während in manchen anderen Ländern der Aufenthalt an sich nicht strafbar ist. Nach deutschem Recht kann illegaler Aufenthalt mit einer Gefängnisstrafe bis zu einem Jahr bestraft werden (§ 92 AusG).

Nun ist es ja an sich weder schädlich noch verboten, in Deutschland zu leben und zu arbeiten. Dieses an sich legitime Verhalten wurde nur für bestimmte Ausländergruppen unter Erlaubnisvorbehalt gestellt, da es zu schädlichen Konsequenzen führen könnte, wenn plötzlich sehr viele Menschen aus dem Ausland zum Leben und Arbeiten nach Deutschland kämen. Wer die an sich legitime Handlung dennoch ohne Erlaubnis vornimmt, handelt gegen das Gesetz und damit ordnungswidrig (Arbeit ohne Arbeitserlaubnis) oder macht sich sogar strafbar (Aufenthalt ohne erforderliche Genehmigung).[8] Damit gehören illegaler Aufenthalt und auch illegale Beschäftigung zur sogenannten 'opferlosen Kriminalität',[9] die von der Kriminalität mit Opfern (wie Mord, Diebstahl) unterschieden werden kann. Bei derartigen Tatbeständen wird deutlicher als im übrigen Recht, dass Gesetze die Voraussetzung dafür sind, etwas rechtlich als kriminell oder illegal einstufen zu können. Besonders in linken Gruppen wird daher oft von 'Illegali-

---

5 Alexander Thomas Aleinikoff, David Martin und Hiroshi Motomura, Immigration and Citizenship: Process and Policy, St. Paul, Minn.: West 1998, S. 601.
6 Vogel (2000, S. 398).
7 Die deutschen Bischöfe, Leben in der Illegalität – humanitäre und pastorale Herausforderung, Bonn: Sekretariat der Deutschen Bischofskonferenz 2001, S. 15; Ulrika Zabel, Aus der Beratungsarbeit mit Zuwanderern ohne Aufenthaltsrecht und Duldung im Caritas-Migrationsdienst Berlin, in: Klaus J. Bade (Hrsg.), Integration und Illegalität in Deutschland, Osnabrück: Institut für Migrationsforschung und Interkulturelle Studien (IMIS) 2001, S. 91-99, S. 91.
8 Hans-Jörg Albrecht, Eine kriminologische Einführung zu Menschenschmuggel und Schleuserkriminalität, in: Eric Minthe (Hrsg.), Illegale Migration und Schleusungskriminalität, Wiesbaden: Kriminologische Zentralstelle 2002, S. 29-53, S. 39.
9 Albrecht (2002, S. 48).

sierten' gesprochen,[10] um auf die Konstruktion von Illegalität durch staatliche Regelungen hinzuweisen (und deren Legitimität zugleich anzuzweifeln).

In Frankreich ist der Begriff 'Sans-Papiers' üblich, der ähnlich wie der englische Begriffe 'undocumented immigrants' darauf anspielt, dass den Betroffenen die richtigen Papiere fehlen. Die Vereinten Nationen verwenden 'irreguläre Migranten',[11] verschiedene US-Kommissionen haben sich auf 'unauthorized immigrants' geeinigt.[12] In diesem Beitrag werden die Begriffe 'Statuslose' oder 'Ausländer ohne Aufenthaltsstatus' für die Zugewanderten verwendet, die rechtlichen Phänomene aber als illegaler Aufenthalt und illegale Ausländerbeschäftigung bezeichnet.

Allerdings sollte man dabei nicht vergessen, dass legal und illegal nicht unbedingt dichotome Gegensätze sind. Im Bericht der Zuwanderungskommission der Bundesregierung werden Ausländer als illegal bezeichnet, wenn sie 'unerkannt' in Deutschland leben.[13] Davon unterscheidet die Kommission geduldete Ausländer, die ebenfalls zur Ausreise verpflichtet sind, bei denen die Behörden aber explizit auf eine Abschiebung verzichten. Wenn nach dem – zur Zeit wieder im Gesetzgebungsprozess befindlichen – Zuwanderungsgesetz Duldungen abgeschafft werden sollten, werden die bisher Geduldeten einen regulären Aufenthaltstitel erhalten oder illegal werden. Auch wenn in der politischen Diskussion meist positiv hervorgehoben wurde, dass dann viele bisher Geduldete einen regulären Status mit Aussicht auf Verstetigung erhalten werden,[14] sollte nicht vergessen werden, dass nicht alle, die heute geduldet sind, einen solchen Status erhalten würden. Im Gesetzesentwurf sind 'Soll-' und 'Kann'-Vorschriften enthalten, so dass sich die Frage stellt, was mit jenen geschieht, die keinen regulären Status erhalten.

Wird eine größere Zahl von Menschen durch das neue Gesetz illegal, so werden sie von heute auf morgen weder alle umziehen noch ausreisen oder abgeschoben werden. Damit wird sich die Zahl der Menschen ohne Aufenthaltsstatus vergrößern, deren Aufenthaltsort den Behörden bekannt ist. Auch heute schon gibt es Zugewanderte in unbekannter Zahl, die keinen Aufenthaltstitel und keine offizielle Duldung haben, aber trotzdem nicht 'untergetaucht' sind.[15]

---

10 Franck Düvell, Illegaler Aufenthalt. Ein Diskurs im Überblick, in: Jo Schmeiser et al. (Hrsg.), Staatsarchitektur. Vor der Information '98, Wien 1998, S. 174-183, S. 175, 181.
11 Wolf Rüdiger Böhning, Studies in International Labour Migration, London/Basingstoke: 1984.
12 U.S. Commission on Immigration Reform, Report to Congress. U.S. Immigration Policy: Restoring Credibility, Washington: Government Printing Office 1994.
13 Unabhängige Kommission Zuwanderung, Zuwanderung gestalten – Integration fördern, Berlin: BMI 2001, S. 196.
14 Ulrike Davy, Das neue Zuwanderungsrecht: Vom Ausländergesetz zum Aufenthaltsgesetz, in: Zeitschrift für Ausländerrecht und Ausländerpolitik, 22. Jg. 2002, S. 171-179, S. 177.
15 Anita Böcker und Dita Vogel, Duldung des Aufenthalts von Ausländern – Hypothesengenerierung am Beispiel Deutschlands und der Niederlande, Universität Bremen. Zentrum für Sozialpolitik. ZeS-Arbeitspapier 1997.

3. Forschungsfragen und Forschungszugänge

Fehlendes Wissen um die Situation von Ausländern ohne Aufenthaltsstatus begünstigt eine polarisierte politische Diskussion, in der diese einseitig als Bedrohung oder als Opfer erscheinen.[16]

Vereinigt man alle negativen Aspekte in einem einzigen Zerrbild, so lässt sich ein Ausländer ohne Aufenthaltstitel so charakterisieren: Er ist illegal mit Hilfe von kriminellen Schleppern eingereist, die neben dem Drogengeschäft auch den Menschenschmuggel entdeckt haben. Dann hat er in Deutschland Asyl beantragt, obwohl er in seiner Heimat nicht bedroht ist, sondern nur mit einem niedrigen Lebensstandard zu kämpfen hat. Dadurch hat er die Finanzierung des Sozialstaates gefährdet. Er arbeitet schwarz oder stiehlt und gefährdet dadurch entweder reguläre Arbeitsplätze oder aber die innere Sicherheit. Nach Ablehnung des Asylantrages taucht er unter und setzt seine illegalen Aktivitäten fort. Illegale Einreise und illegaler Aufenthalt müssen also in dieser ordnungspolitischen Perspektive aus drei Gründen bekämpft werden: als Bedrohung des Arbeitsmarktes, des Sozialstaates und der inneren Sicherheit. Die politische Fragestellung lautet: Wie kann illegaler Aufenthalt möglichst effektiv und kostengünstig bekämpft werden?[17]

Die alternative Perspektive nimmt den Ausländer ohne Aufenthaltsstatus primär als Opfer wahr. Auch hier eine überspitzte Charakterisierung: Er ist ein Flüchtling, dessen Leben in seinem Herkunftsland bedroht ist. Er hat keine andere Wahl, als illegal nach Deutschland zu kommen. Die immer striktere Grenzüberwachung macht ihm dies schwer, so dass er in die Arme krimineller Schlepper getrieben wird, wenn er keine wohlmeinenden Fluchthelfer findet. In Deutschland sucht er Schutz, doch die Bedrohungen, denen er in seinem Heimatland ausgesetzt ist, gelten entweder nicht als Asylgrund oder werden ihm nicht geglaubt. Deswegen wird sein Asylantrag abgelehnt, falls er überhaupt einen gestellt hat. Da er aber nicht zurückkehren kann, bleibt ihm nichts anderes übrig, als unterzutauchen, von der Wohltätigkeit von Helfern zu leben oder seinen Lebensunterhalt durch Schwarzarbeit zu verdienen, wobei ihm ständig die Angst vor einer Entdeckung, vor ausbeuterischen Arbeitgebern und einem Gesundheitsproblem, das er mangels Versicherung und Geld nicht behandeln lassen kann, im Nacken sitzt. Die politische Fragestellung lautet: Wie kann dem illegalisierten Flüchtling zu einer Le-

---

16 In diesen Abschnitt wurden einzelne Passagen übernommen und aktualisiert aus Dita Vogel, Illegaler Aufenthalt in Deutschland – methodische Überlegungen zur Datennutzung und Datenerhebung, in: Zeitschrift für Bevölkerungswissenschaft, 2. Jg. 1999, S. 165-185.
17 Als Beispiele für die Bedrohungsperspektive vgl. z.B. Michael Griesbeck, Asyl für politisch Verfolgte und die Eindämmung von Asylrechtsmißbrauch, in: Aus Politik und Zeitgeschichte. Beilage zur Wochenzeitung Das Parlament, B 46, 1997, S. 3-10; Klaus Severin, Illegale Einreise und internationale Schleuserkriminalität. Hintergründe, Beispiele und Maßnahmen, in: Aus Politik und Zeitgeschichte. Beilage zur Wochenzeitung Das Parlament, B 46, 1997, S. 11-19.

galisierung (bestenfalls) oder zumindest zu gewissen Hilfen in der Illegalität verholfen werden (z.B. Krankenversorgung)?[18]

Vor diesem Hintergrund hat eine wissenschaftliche Untersuchung die Aufgabe, ein differenziertes Bild der Situation von Ausländern ohne Aufenthaltsstatus zu zeichnen sowie die Dimension des Problems durch Abschätzung der Größenordnung der Bevölkerung ohne Aufenthaltsstatus einzugrenzen und dadurch eine sachlichere Diskussion zu ermöglichen.

Wenn es um die Abschätzung von Größenordnungen geht, stößt man in Deutschland auf größere Schwierigkeiten als z.B. in den USA, wo Schätzungen sogar im statistischen Jahrbuch veröffentlicht werden. Es gibt aber eine Reihe von Ansätzen, die den Umfang des Phänomens eingrenzen könnten. In den Niederlanden wurden unter anderem Methoden aus der Biologie verwendet, bei der die Schätzung der Population auf der Zahl der wiederholt aufgegriffenen Individuen beruht.[19] Auch für Deutschland wäre es möglich, seriöse Schätzungen anzustellen – es gibt sie aber nicht. Zum einen könnten nach dem Diskrepanzprinzip unterschiedliche Statistiken verglichen werden, um z.B. den Umfang der nicht untergetauchten Ausländer ohne Status zu ermitteln, zum anderen z.B. ausgewählte Arbeitsmarktkontrollen nach dem Zufallsprinzip durchgeführt werden, um einen Multiplikator zur Hochrechnung von illegal Beschäftigten zu erhalten. Voraussetzung für seriöse Schätzungen ist in der Regel eine Kooperation der Behörden und damit ein offizielles Interesse an solchen Schätzungen.

'Illegaler Aufenthalt' lässt sich in die Kategorie der sensiblen Themen (sensitive topics) einordnen, deren Erforschung mit besonderen Problemen verbunden ist.[20] Letztlich lassen sich alle Schwierigkeiten darauf zurückführen, dass illegaler Aufenthalt ein Tatbestand ist, den staatliche Instanzen mit Strafen, vor allem aber mit Abschiebung sanktionieren können. Daher haben Ausländer ohne Aufenthaltsstatus einen Anreiz, ihre Illegalität zu verstecken. Dies führt dazu, dass sie in prozessproduzierten Dateien wie z.B. Telefonbüchern oder Melderegistern ent-

---

18 Als Beispiel für die Opferperspektive vgl. z.B. FFM (Forschungsgesellschaft Flucht und Migration), Die Grenze. Flüchtlingsjagd in Schengenland, Hildesheim: Förderverein Niedersächsischer Flüchtlingsrat e.V.; Förderverein PRO ASYL e.V. 1998.
19 Das dortige statistische Amt hat einen guten Überblick über diese und andere Methoden verfasst. Centraal Bureau voor Statistiek (Hrsg.), Raming van het aantal niet in de GBA geregistreerden. Centraal Bureau voor de Statistiek. Sector Onderzoek en Ontwikkeling, Den Haag 2002.
20 Einen guten Überblick über diese Probleme und Lösungsansätze hat Lee zusammengestellt, er ist jedoch nicht spezifisch auf illegalen Aufenthalt ausgerichtet: Raymond M. Lee, Doing Research on Sensitive Topics, London u.a.: Sage 1993. In den USA gibt es eine Reihe von Texten, die auch Fragen des Forschungsdesigns und Datenzugangs in Bezug auf illegalen Aufenthalt diskutieren (insb. Wayne A. Cornelius, Interviewing Undocumented Immigrants: Methodological Reflections Based on Field Work in Mexico and the US, in: International Migration Review 16, 2, 1982, S. 378-404; Demetrios Papademetriou/ Nicholas di Marzio, Undocumented Aliens in the New York Metropolitan Area: An Exploration into Their Social and Labour Market Incorporation, New York: Center for Migration Studies 1986, S. 22-46.

weder nicht enthalten sind oder sich das Fehlen des Aufenthaltsstatus nicht feststellen lässt, so dass sich derartige Listen nicht zum Ziehen eines repräsentativen Samples eignen. Die gleichen Gründe führen dazu, dass es schwierig ist, mit Hilfe von Screening-Fragen in größeren Umfragen eine Stichprobe von Ausländern ohne Aufenthaltsstatus zu erhalten. Ausländer ohne Aufenthaltsstatus sind zwar wahrscheinlich in derartigen Umfragen enthalten, aber nicht identifizierbar.

Auch gegenüber nichtstaatlichen Einrichtungen, wie z.B. gegenüber Interviewern von Forschungseinrichtungen, bestehen Anreize, keine korrekten Informationen über den Aufenthaltsstatus und über bestimmte Merkmale zu machen, da Ausländer ohne Aufenthaltsstatus befürchten können, dass ihre Daten nicht sicher sind. Selbst wenn sie von der Vertrauenswürdigkeit des Interviewers und seiner Datensicherungsmaßnahmen überzeugt sind, könnten sie sich bemühen, als politisch korrekt geltende Antworten zu geben oder solche Antworten, von denen sie vermuten, dass sie nicht zum Schaden von Ausländern ohne Aufenthaltsstatus ausgelegt werden können. Ein gutes Beispiel ist eine von Alt berichtete Erfahrung: Die Geschichte einer abenteuerlichen Zahnextraktion unter Wodka-Narkose wurde bei einem späteren Gespräch als 'natürlich gelogen' bezeichnet. Die Gesprächspartner hätten angenommen, dass der Deutsche an traurigen Geschichten interessiert sein müsse.[21]

Auch die Forschenden selbst müssen sich damit auseinandersetzen, dass sie von einer strafbaren Handlung – nämlich dem illegalen Aufenthalt – Kenntnis erlangen. Allerdings sind sie nicht wie bestimmte öffentliche Stellen nach § 76 oder 77 Ausländergesetz zur Datenweitergabe aus eigener Initiative oder auf Anfrage verpflichtet.

Bei Interviews mit Ausländern ohne Aufenthaltsstatus muss – stärker noch als bei Befragungen in legalen Zuwanderergruppen – mit Sprachproblemen gerechnet werden. Aufgrund der benötigten Sprachkompetenz ist es aufwändig, eine Untersuchung über mehrere Nationalitäten auszudehnen, so dass allenfalls ein Vergleich von wenigen Nationalitäten, wie ihn Jordan und Düvell in England durchgeführt haben, realistisch ist.[22]

Das Grundproblem besteht also darin, dass die Bevölkerungsgruppe klein, schwer lokalisierbar und mit Anreizen zu bewusst falschen oder irreführenden Antworten ausgestattet ist und zudem in besonders hohem Umfang mit Sprachproblemen zu kämpfen hat, was viele üblicherweise angewendete quantitative empirische Zugänge ausschließt. Qualitative Interviews können jedoch durchgeführt werden. Damit lassen sich Lebenssituationen und -einstellungen, Migrationsverläufe, Problemsichten und Problemlösungsstrategien identifizieren. Es lassen sich

---

21 Alt (1999, S. 60). Andererseits werden derartige Geschichten nicht schlicht erfunden, sondern ranken sich typischerweise um reale Probleme und Ängste (vgl. auch ein ähnliches 'Erlebnis' eines Brasilianers bei Dita Vogel, Soziale Sicherung und illegaler Aufenthalt. Eine explorative Studie am Beispiel brasilianischer Zuwanderer in Berlin. ZeS-Arbeitspapier Nr. 13/96, Bremen: Zentrum für Sozialpolitik 1996, S. 13).
22 Jordan/Düvell, S. 79-167.

auch Aussagen dazu machen, ob es sich um typische oder untypische Muster handelt – u.a. durch Aussagen in Interviews und Vergleich von Interviews, durch Hinweise aus der Suche nach Interviewpartnern, Abschätzung des Umfeldes durch Expertenaussagen (Berater, Kontrollbehörden).[23] Es können keine Aussagen zu quantitativen Verteilungen von Merkmalen und zur Entwicklung solcher Verteilungen im Zeitablauf gemacht werden.

Die Untersuchungen nutzen Informanten als Ausgangspunkt oder Ersatz für eine Stichprobe, erstellen ein vollständiges Bild begrenzter Reichweite durch Schneeballtechniken, konzentrieren sich auf spezielle Orte oder Branchen oder kooperieren mit Hilfsorganisationen oder Verfolgungsbehörden, in dem sie deren Klientel zum Gegenstand der Untersuchung machen.[24]

4. Realitäten – Leben in der Illegalität

In diesem Abschnitt wird zunächst ein Eindruck von der Entwicklung illegalen Aufenthalts gegeben, anschließend wird auf Studien zur Beschreibung der Lebenssituation eingegangen. Abschließend wird vergleichend überlegt, inwiefern die Lebenssituation von Identifizierungsanforderungen in der Aufnahmegesellschaft abhängt.

Zur Entwicklung von illegalem Aufenthalt in Deutschland

Die Entwicklung illegalen Aufenthalts in Deutschlands wird – mangels quantitativer Schätzungen (s.o.) – vor allem aus der Diskussion des Themas, aus den Änderungen der Rahmenbedingungen und einigen (schwachen) Indikatoren hergeleitet und zur Diskussion gestellt.

Erst in den neunziger Jahren wurden illegale Ausländerbeschäftigung und illegaler Aufenthalt zu Themen, die die deutsche Öffentlichkeit beschäftigten.[25] Allerdings gab es schon seit den sechziger Jahren illegale Zuwanderung. Bis zum Anwerbestopp von 1973 war es übliche Praxis, dass Ausländer einreisten, Arbeit suchten und ihren Aufenthalt dann regularisieren konnten, ohne dass dies in der

---

23 Dies wird z.T. bestritten. Es wird in Diskussionen gern darauf verwiesen, dass in qualitativen Analysen nur kleine, nicht-repräsentative Fallzahlen analysiert werden. Die Alternative besteht aber nicht in großen repräsentativen Fallzahlen, sondern allenfalls in quantitativen Analysen mit Gruppen (z.B. Inhaftierten, Nutzern von Beratungseinrichtungen), die hochgradig selektiv sind und daher verzerrte Antworten erwarten lassen.
24 Vogel, Illegaler Aufenthalt (1999).
25 Norbert Cyrus und Dita Vogel, Immigration as a side effect of other policies – principles and consequences of German non-immigration policy, in: Anna Triandafyllidou (Hrsg.), Migration Pathways. A historic, demographic and policy review of four European countries, Brüssel: Europäische Kommission 2000, S. 9-37.

Illegaler Aufenthalt

Öffentlichkeit problematisiert wurde.[26] Danach wurde illegale Ausländerbeschäftigung vor allem von Türken gelegentlich thematisiert und die Kontrollgesetzgebung verschärft.[27] Als der Journalist Günter Wallraff 1983 in seinem Buch 'Ganz unten' die Zustände bei der illegalen Beschäftigung von Türken mit drastischen Erlebnisberichten anklagte, gab es nur wenige Studien zu diesem Thema.[28]

Angesichts der schlechten Arbeitsmarktlage wurde seit Anfang der 80er Jahre die Bekämpfung illegaler Beschäftigung – nicht nur von Ausländern – zunehmend als Möglichkeit gesehen, das soziale Sicherungssystem bei Arbeitslosigkeit moralisch und fiskalisch zu stützen. In den Arbeitsämtern wurden Abteilungen auf- bzw. ausgebaut, die auf die Bekämpfung von illegaler Ausländerbeschäftigung und Leistungsbetrug (unangemeldete Arbeit trotz Arbeitslosengeldbezug) spezialisiert waren und unangemeldete Inspektionsbesuche an Arbeitsplätzen abstatteten. Während zu Beginn der achtziger Jahre in Arbeitsämtern 50 Personen in diesem Bereich beschäftigt waren, sind es heute allein bei Arbeits- und Hauptzollämtern rund 5.000.[29] Wer mehr kontrolliert, findet auch mehr. Daher lässt sich der Anstieg der behördlich dokumentierten Fälle kaum als Beweis für einen Anstieg der illegalen Ausländerbeschäftigung deuten.

Dass 'Illegalität' Anfang der neunziger Jahre verstärkt zum Thema wurde, lässt sich leicht nachvollziehen. Nach dem Kollaps der DDR war die deutsche Ostgrenze zunächst faktisch offen und ermöglichte erlaubte und unerlaubte Zuwanderung in beinahe unbeschränktem Umfang. Vor allem die Aussiedler- und Asylpolitik war nicht darauf eingerichtet, dass plötzlich eine große Zahl von Menschen einreiste und sich um einen Status bemühte, da diese Menschen dann auf jeden Fall bis zur Entscheidung über den Antrag Anspruch auf Aufenthalt, Unterbringung und Versorgung hatten.

Auf diese Entwicklungen reagierte die Politik mit einer Mischung aus überwiegend schließenden und teilweise öffnenden Rechtsänderungen und dem Aufbau eines neuen Grenzkontrollregimes.[30] Bedeutende Rechtsänderungen kosten manchmal kaum mehr als das Papier, auf dem sie gedruckt werden – so die faktische Einführung eines Aussiedlerkontingentes 1990 – und fordern manchmal langwierige politische Diskussionen – so die Änderung des Asylrechtes 1993. Der Aufbau eines neuen Grenzkontrollregimes und die Einstellung neuen Personals

26 Zur Interaktion zwischen Behörden und Zuwanderern vgl. Knut Dohse, Ausländische Arbeiter und bürgerlicher Staat. Genese und Funktion von staatlicher Ausländerpolitik und Ausländerrecht. Vom Kaiserreich bis zur Bundesrepublik Deutschland, Berlin: Express Edition 1985.
27 Berthold Huber, Illegale Ausländerbeschäftigung und ökonomische Krise, in: Demokratie und Recht, 4. Jg. 1975, S. 370-373.
28 Ali Ucar, Die illegale Beschäftigung der ausländischen Arbeiter und die Ausländerpolitik in der Bundesrepublik Deutschland, Berlin: Express-Edition 1983.
29 Bundesregierung, Neunter Bericht der Bundesregierung über Erfahrungen bei der Anwendung des Arbeitnehmerüberlassungsgesetz – AÜG – sowie über die Auswirkungen des Gesetzes zur Bekämpfung der illegalen Beschäftigung – BillBG –. Berlin 2000, S. 70.
30 Cyrus/Vogel, S. 9-37.

Tabelle 1: Behördliche Daten mit Bezug zu illegalem Aufenthalt

Jahr	Asylanträge (Erst- und Folgeanträge)[a]	Entscheidungen des BAFl[a]	Entscheidungen/Asylanträge[b]	Tatverdächtige ohne Aufenthaltsstatus[c]	Illegale Einreisen über deutsche Grenzen[d]
1990	193.063	148.842	0,8	47.585	7.152
1991	256.112	168.023	0,7	43.455	23.587
1992	438.191	216.356	0,5	58.452	44.949
1993	322.599	513.561	1,6	88.148	54.298
1994	127.210	352.572	2,8	90.380	31.065
1995	166.951	200.188	1,2	97.007	29.604
1996	149.193	194.451	1,3	137.232	27.024
1997	151.700	170.801	1,1	138.146	35.205
1998	143.429	147.391	1,0	140.779	40.201
1999	138.319	135.504	1,0	128.262	37.789
2000	117.648	105.502	0,9	124.262	31.485
2001	118.306	107.193	0,9	122.583	28.560

Quellen: a) Bundesamt für die Anerkennung ausländischer Flüchtlinge (www.bafl.de unter Statistik); b) eigene Berechnung; c) Polizeiliche Kriminalstatistik, verschiedene Jahrgänge, enthalten teilweise BGS-Daten, 1991-1994 alte Länder und Gesamtberlin, ab 1995 gesamtes Bundesgebiet; d) Jahresberichte des Bundesgrenzschutzes, verschiedene Jahrgänge.

bei den Grenzkontroll- und Asylbehörden erfordert aber Organisation und Geld – und kann daher nur mit zeitlicher Verzögerung wirksam werden. In einer Zeit, in der legale Zuwanderungsmöglichkeiten stärker eingeschränkt werden als illegale und zudem viele Menschen aus einer prekären Legalität (als Asylbewerber oder Geduldete) auf ihr Herkunftsland zurückverwiesen werden, muss Illegalität ansteigen.

Dies spiegelt sich auch in quantitativen Indikatoren wider, die allerdings mit Vorsicht zu interpretieren sind.[31]

Ein Asylantrag bedeutet oft eine Bewegung aus der Illegalität in eine – wenn auch prekäre – Legalität, während eine Entscheidung über einen Asylantrag zur Fortsetzung der Legalität, zur Ausreise, aber auch zu einem Abtauchen in die Illegalität führen kann. Die Asylanträge erreichten ihren Spitzenwert im Jahr 1992 mit über 400.000. Da im gleichen Jahr nur rund halb so viele Entscheidungen getroffen werden konnten, war dies auch mit einem Anstieg der Verfahrensdauer verbunden, so dass ein Antrag auch als lohnenswert erscheinen konnte, um eine zeitweilige Legalität zu erreichen. Die Rechtsänderungen 1993 führten zu einem drastischen Rückgang der Neuanträge, während zugleich die Personalaufstockung in der Behörde die Entscheidungszahlen ansteigen ließ und so zu einem Abbau der Altfälle führte. Das bedeutet aber auch, dass in den folgenden Jahren besonders

---

31 Vgl. Harald Lederer (Hrsg.), Migration und Integration in Zahlen. Ein Handbuch, Bonn: Beauftragte der Bundesregierung für Ausländerfragen 1997 und Vogel, Illegaler Aufenthalt (1999, S. 317 ff.).

viele abgelehnte Asylbewerber mit der Alternative 'ausreisen oder untertauchen' konfrontiert waren. Ein Wert über 1 in der dritten Spalte zeigt an, dass in den Jahren 1993 bis 1996 deutlich mehr Entscheidungen getroffen als Neuanträge gestellt wurden. Dies kann als ein Indikator auf eine in diesen Jahren besonders hohe Bedeutung illegalen Aufenthalts gedeutet werden.

Die Zahl der Tatverdächtigen ohne Aufenthaltsstatus ist der Polizeilichen Kriminalstatistik entnommen. Sie enthält alle Fälle, in denen die Polizei bei einem Ausländer die Personalien überprüft und ihn des illegalen Aufenthalts verdächtigt hat. Dies kann z.B. bei einer allgemeinen Personen- oder Verkehrskontrolle vorkommen oder im Zuge von Ermittlungen wegen anderer Straftaten. Auch die vom Bundesgrenzschutz festgestellten illegalen Einreisen sind teilweise enthalten. Die Zahl der Tatverdächtigen ohne Status stieg bis 1998 und sank danach. Da die Kontrollintensität eher noch weiter gestiegen sein dürfte, deutet dies auf eine Verringerung illegalen Aufenthalts hin.

Die Daten über illegale Einreisen sind den Bundesgrenzschutzberichten entnommen. Sie haben zwei Höhepunkte 1993 und 1998. Hintergrund der erhöhten Aufgriffszahlen ist vor allem eine erhöhte Kontrollintensität durch mehr Personal und einfachere Kontrollmöglichkeiten im Binnenland. Da die Kontrollintensität nach 1998 nicht gesunken ist, deutet dies ebenfalls auf einen Rückgang illegalen Aufenthalts hin.

Insgesamt weisen die Indikatoren aus Polizei- und Verwaltungsstatistiken, deren Schwächen hier nicht im Detail diskutiert werden können, also darauf hin, dass die Bedeutung illegalen Aufenthalts nicht weiter wächst, sich aber auf einem vermutlich hohen Niveau stabilisiert hat.

Lebenssituation von Ausländern ohne Aufenthaltsstatus

Die bisher umfassendste Studie zur Lebenssituation von Ausländern ohne Aufenthaltsstatus hat Alt 1999 in Leipzig durchgeführt. Sie beruht auf teilweise wiederholten Gesprächskontakten mit 33 männlichen und 2 weiblichen Ausländern ohne Aufenthaltsstatus, auf Auswertungen von Informantenberichten über Einzelschicksale sowie auf Aktenauswertungen (Arbeitsamt, Ausländerbehörde) in ähnlichen Größenordnungen. Auf der Basis dieser Stichproben werden Migrationsgeschichten und Lebenssituationen im Aufnahmeland ausführlich beschrieben.[32] Eine Reihe weiterer Studien, die auch Frauen stärker einbeziehen, konzentrieren sich auf Berlin.[33] Die Erkenntnisse aus der Forschung beziehen sich also vor allem auf Großstädte in den neunziger Jahren.

32 Alt (1999, S. 89-230). Eine weitere Studie über München erscheint demnächst. Jörg Alt, Leben in der Schattenwelt. Problemkomplex illegaler Migration. Karlsruhe: von Loeper 2003.
33 Zu Brasilianerinnen und Brasilianern: Kylza Estrella, Bill Jordan und Dita Vogel, Leben

Sie zeigen zunächst einmal, dass die Lebenssituation von Ausländern ohne Aufenthaltsstatus vielfältig ist.[34] Ausländer ohne Aufenthaltsstatus kommen oder bleiben aus den gleichen Motiven, aus denen auch legale Zuwanderung entsteht. Liebe, Familienverbindungen, Arbeitssuche und Erwerbsmöglichkeiten, die Suche nach Schutz auf der Flucht oder die Angst vor der Rückkehr in ein (ehemaliges) Kriegs- oder Katastrophengebiet, Bildungsmöglichkeiten und Reiselust können Menschen dazu veranlassen, sich illegal in einem Land aufzuhalten, wenn ein legaler Aufenthalt nicht möglich ist.

Wie gut und sicher diese Menschen ihr Leben gestalten können, hängt von einer Vielzahl von Faktoren ab:

- als erstes und wichtigstes: ob sie starke oder schwache soziale Netze haben, die sie bei der Wohnungs- und Arbeitssuche unterstützen,
- ob sie von einem nahegelegenen Land pendeln oder auf unbestimmte Zeit weit von ihrem Heimatland entfernt in Deutschland leben,
- wie sehr sie sich vor der Aufdeckung ihres Status und der eventuellen Abschiebung in ihr Herkunftsland fürchten,
- ob sie sich auf selbst auf Deutsch verständigen können oder auf Vermittler angewiesen sind,
- ob sie dem Aussehen nach als Mitglieder der Mehrheitsgesellschaft oder einer großen Minderheit angesehen werden können,
- ob sie ernsthafte gesundheitliche Probleme haben oder nicht,
- ob sie kinderlos sind oder Kinder im Herkunftsland oder ohne Aufenthaltsstatus im Inland zu versorgen haben.

Während einige Faktoren in ähnlicher Weise für Ausländer ohne Aufenthaltsstatus in aller Welt gelten, hängen andere mit den spezifischen Rahmenbedingungen in

und Arbeiten ohne regulären Aufenthaltsstatus – ein Vergleich von London und Berlin am Beispiel brasilianischer Migranten und Migrantinnen; in: Leviathan-Sonderheft: Zuwanderung und Stadtentwicklung 1997, S. 215-231; Dita Vogel, Soziale Sicherung und illegaler Aufenthalt. Eine explorative Studie am Beispiel brasilianischer Zuwanderer in Berlin; Über verschiedene Aspekte polnischer Pendelmigration: Norbert Cyrus, Die befristete Beschäftigung von Arbeitsmigranten aus Polen, in: Jochen Blaschke (Hrsg.), Ost-West-Migration. Perspektiven der Migrationspolitik in Europa, edition parabolis 2001; Norbert Cyrus, Polnische Pendler/innen in Berlin. Bestandsaufnahme der rechtlichen und sozialen Lagen polnischer Staatsangehöriger in Berlin mit unsicherem, befristetem oder ohne Aufenthaltsstatus, Bericht für die Ausländerbeauftragte des Senats von Berlin auf Grundlage von Expertenbefragungen, Berlin 1995; Norbert Cyrus, Zur globalen Spezifität zirkulärer Arbeitsmigrationssysteme: Das Beispiel der polnischen Arbeitsmigration nach Deutschland, in: Hans H. Blotevogel, Jürgen Ossenbrügge, Gerald Wood (Hrsg.), Lokal verankert – weltweit vernetzt, Stuttgart: Franz Steiner 2000, S. 304-308, sowie im Überblick Erzbischöfliches Ordinariat (Hrsg.), Illegal in Berlin. Momentaufnahmen aus der Bundeshauptstadt, Berlin: Erzbischöfliches Ordinariat 1999; aus der Praxis der Sozialarbeit Zabel (2001).
34 Rainer Münz, Stefan Alscher und Veysel Özcan, Leben in der Illegalität, in: Klaus J. Bade (Hrsg.), Integration und Illegalität in Deutschland, Osnabrück: IMIS 2001, S. 77-90.

Deutschland zusammen. Diese werden nicht nur durch Politiken beeinflusst, die gezielt auf Ausländer ohne Status ausgerichtet sind, sondern auch durch die allgemeinen Identifizierungsanforderungen der Aufnahmegesellschaft. Dies wird im Folgenden näher erläutert.

Lebenssituation und Identifizierungsanforderungen

Staatliche Regulierungen und Kontrollen beeinflussen Art und Umfang der illegalen Zuwanderung, auch wenn sie nie in der Lage sein werden, illegale Zuwanderung auf Null zu reduzieren.[35] Dies ist aber kein Spezifikum für diesen Bereich, sondern gilt beinahe immer, da hundertprozentige Unterdrückung eines für unerwünscht erklärten Vorgangs in der Regel zu exzessiven sozialen und fiskalischen Kosten führen würde.[36] Das Besondere liegt darin, dass nicht nur die bestehende Bevölkerung in ihren Handlungsmöglichkeiten durch Gesetze und Kontrollen punktuell eingeschränkt wird, sondern dass eine Bevölkerungsgruppe hinzukommt, deren gesamte Lebenssituation in weiten Bereichen durch den fehlenden Status geprägt ist.

Wie stark dies der Fall ist, hängt nicht nur von den gezielt gegen Ausländer ohne Aufenthaltsstatus gerichteten Maßnahmen ab, sondern mehr noch davon, wie stark bestimmte Lebensbereiche im Aufnahmeland insgesamt anonym oder personal organisiert und in staatliche Melde- und Kontrollsysteme integriert sind.[37] Der alltägliche Konsum ist ein im Prinzip anonym organisierter Bereich. Jeder, der Geld hat, kann Brötchen kaufen, ohne seinen Namen zu nennen oder sich auszuweisen. In vielen Bereichen muss aber darüber hinaus die persönliche Identität offenbart werden.[38] Wer ein Konto eröffnen, ein Haus kaufen, eine private Versicherung abschließen oder ein Handy anmelden will, muss damit rechnen, dass nicht nur der Name, sondern auch ein gültiges Ausweispapier verlangt wird, braucht aber nicht zu befürchten, dass jemand bei fehlenden Papieren die Polizei holt. Wer selbst eine Wohnung mieten will, muss damit rechnen, dass der Vermieter

---

35 Horst Entorf, Rational Migration Policy Should Tolerate Non-Zero Illegal Migration Flows: Lessons from Modelling the Market for Illegal Migration, Forschungsinstitut zur Zukunft der Arbeit, IZA-Discussion Paper 2000; Gary Freeman, Can Liberal States Control Unwanted Migration?, in: Annals of the American Academy of Political and Social Sciences, Nr. 53, 1994, S. 417-430.
36 Christopher Hood, Administrative Analysis, Sussex/New York: Wheatsheaf St. Martin's 1986.
37 Dita Vogel, Identifying Unauthorized Foreign Workers in the German Labour Market, in: Jane Caplan und John Torpey (Hrsg.), Documenting Individual Identity: The Development of State Practices in the Modern World, Princeton/Oxford: Princeton University Press 2001, S. 328-344.
38 Zur Unterscheidung von sozialer und persönlicher Identität siehe Erving Goffmann, Stigma. Über Techniken der Bewältigung beschädigter Identität, Frankfurt a.M.: Suhrkamp 1994.

seine Daten der Meldebehörde weitergibt – bei der ein Ausländer ohne Status auffallen könnte. Wer irgendeinen regulären Job antreten will, braucht eine Lohnsteuerkarte und eine Sozialversicherungsnummer. Die Sozialversicherungsnummer würde der Arbeitgeber zwar problemlos bekommen, wenn er sie für den Arbeitnehmer beantragt, aber das Fehlen einer Arbeitserlaubnis würde bei einem späteren Datenabgleich auffallen. Auch in der gesetzlichen Krankenversicherung wird die Mitgliedschaft über die Sozialversicherungsnummer des Arbeitnehmers beantragt. Mit am stärksten kontrolliert dürfte wohl der Zugang zu einer Beschäftigung im öffentlichen Dienst sein, bei der von der Geburtsurkunde bis zum polizeilichen Führungszeugnis eine Fülle von Nachweisen verlangt wird.

Bei Amtskontakten muss generell damit gerechnet werden, dass nicht nur die Identität überprüft wird, sondern auch Daten weitergegeben werden. Jeder Mitarbeiter des öffentlichen Dienstes, der im Rahmen seiner Amtspflichten Identitätspapiere einsehen muss und so von illegalem Aufenthalt erfährt, ist verpflichtet, die Ausländerbehörde zu informieren (§ 76 Ausländergesetz), so dass ein Amtskontakt für einen Ausländer ohne Status nicht nur das Risiko birgt, die gewünschte Leistung nicht zu erhalten, sondern auch zur Aufdeckung und letztlich Abschiebung führen kann. So gelten denn auch die Lebensbereiche als besonders problematisch, in denen der Grad der persönlichen Identifizierungsanforderung besonders hoch ist: Arbeit, Wohnen, Gesundheitsversorgung, Schulbesuch von Kindern.[39]

Eine systematische Ausnahme bildet der Zugang zum Asylverfahren. Wer Schutz vor Verfolgung sucht, kann ihn – zumindest prinzipiell – unabhängig vom Vorhandensein eines Aufenthaltsstatus und von Papieren erhalten. Was die Identifizierungsanforderungen angeht, kann man leichter Asyl als einen Handyvertrag beantragen. Das macht das Asylverfahren zu einer Schwachstelle im allgemeinen Registrierungssystem. Seitdem im Dezember 1992 das Fingerabdruckidentifizierungssystem AFIS eingeführt wurde, ist es unmöglich, dass jemand diese Lücke in Deutschland mehrfach oder wiederholt nutzt. Mit Eurodac gilt dies seit Januar 2003 auch auf europäischer Ebene, wobei Erfahrungen mit der Funktionstüchtigkeit dieses Systems noch abzuwarten sind.

Die Grade und das Ausmaß der persönlichen Identifizierungsanforderungen sind in unterschiedlichen Ländern durchaus unterschiedlich ausgeprägt. Deutschland zeichnet sich vor allem dadurch aus, dass hier oft nicht nur Dokumente verlangt werden (die sich fälschen lassen), sondern dass auch in einzelnen Bereichen Verfahren zum Abgleich von Massendaten existieren (z.B. zwischen Beschäftigtendatei und Arbeitserlaubnisdatei) und regelmäßig Informationen bei anderen Stellen eingeholt oder an andere Stellen weitergegeben werden dürfen oder müssen. Wenn auch der Datenabgleich längst nicht so reibungslos und umfassend funktioniert, wie manche hoffen und andere fürchten, produzieren allein diese Möglichkeiten die Vorstellung eines 'allwissenden' Staates, die für andere Länder so nicht üblich ist.

39 Münz/Alscher/Özcan, S. 77-90.

Illegaler Aufenthalt 175

Wie die Lebenssituation von Ausländern ohne Aufenthaltsstatus von allgemeinen Identifizierungsanforderungen, Organisationsstrukturen und Kontrollmechanismen abhängen kann, wird an einigen Beispielen erläutert, in denen andere Staaten Ausländer ohne Aufenthaltsstatus stärker ausschließen wollten:

- In Großbritannien gibt es seit Mitte der achtziger Jahre Versuche, das interne Kontrollregime auszubauen. Sukzessive sind die öffentlichen Dienste aufgefordert worden, den Aufenthaltsstatus abzufragen, unter anderem auch im staatlichen Gesundheitsdienst.[40] Die Kontrollbestimmungen haben sich aber in der Praxis nicht durchgesetzt. Es gibt weder eine Meldepflicht noch die Verpflichtung, einen Personalausweis mit sich zu führen, so dass auch viele Briten nicht ohne weiteres ihre Staatsangehörigkeit nachweisen können.[41] Außerdem gehört es nicht zur Praxis der Mitarbeiter einer staatlichen Gesundheitsbehörde, Identitätsnachweise zu überprüfen und Einzelleistungen abzurechnen, während es im differenzierten Krankenversicherungssystem Deutschlands völlig normal ist, dass der bereichstypische Identitätsnachweis (Krankenversicherungskarte) vor der Behandlung verlangt wird. Dadurch wird in Deutschland zwar nicht unbedingt der fehlende Status, wohl aber die eventuell fehlende Zahlungsfähigkeit vor einer Behandlung offenbar, was bei einem längeren Krankenhausaufenthalt zu einer Benachrichtigung des Sozialamtes und Offenlegung des fehlenden Status führt.
- In den USA wurde ab 1988 ein computergestütztes Kontrollsystem (SAVE) aufgebaut, durch das der Rechtsstatus von Ausländern per Netzabfrage überprüft werden kann. Auf eine negative Antwort folgt eine unter Umständen langwierige Aktensuche, während der Anspruch auf Leistungen besteht. Es wird ausdrücklich sichergestellt, dass die Einwanderungsbehörde die Abfragen der Sozialbehörden nicht nutzen darf, um Ausländer ohne Aufenthaltsstatus aufzuspüren.[42] Ausländer ohne Aufenthaltsstatus können sich gefahrlos an Sozialbehörden wenden, erhalten aber in der Regel keine Leistungen. Während Vorschriften zum Verbot der Datenweitergabe den sozialpolitischen Ziele der Einzelbehörde Priorität einräumen, implizieren Vorschriften zum Gebot der Datenweitergabe in Deutschland eine Priorisierung der zuwanderungspolitischen gegenüber den sozialpolitischen Zielen.
- Auch die 1986 in den USA sukzessive eingeführte Möglichkeit, Arbeitgeber von Ausländern ohne Aufenthaltsstatus zu bestrafen, scheiterte letztlich an einer

---

40 Bill Jordan und Dita Vogel, Which policies influence migration decisions? A comparative analysis of qualitative interviews in London and Berlin as a contribution to economic reasoning, Universität Bremen: Zentrum für Sozialpolitik 1997, Arbeitspapier 14/97, S. 19.
41 Norbert Cyrus, Franck Düvell und Dita Vogel, Illegale Zuwanderung in Großbritannien und Deutschland – ein Vergleich, erscheint 2004 in: IMIS-Beiträge, Osnabrück.
42 Wendy Zimmermann, The SAVE Program: An Early Assessment, in: Michael Fix (Hrsg.), The Paper Curtain. Employer Sanctions' Implementation, Impact, and Reform, Washington D.C.: Urban Institute 1991, S. 129-156.

praktikablen Überprüfungsmöglichkeit. Da Arbeitgeber keine Dokumentenexperten sind und bei einer genaueren Überprüfung bestimmter Bewerber den Vorwurf der Diskriminierung fürchten mussten, war die Beschäftigung von Ausländern ohne Aufenthaltsstatus in regulären Jobs auch nach Einführung der Arbeitgebersanktionen problemlos möglich – allerdings nun mit Hilfe gefälschter Dokumente, die billig und in großen Mengen produziert wurden. Eine Regierungskommission schlug vor, eine Datei zur Verifizierung des Aufenthaltsstatus anzulegen, bei der wiederum sichergestellt sein musste, dass die Einwanderungsbehörde Anfragen nicht nutzen durfte.[43] Dies wurde aber nur versuchsweise umgesetzt. Nachdem sich die Einwanderungsbehörde zunächst auf die Verfolgung von Dokumentenfälschern konzentrierte,[44] gab sie schließlich Anstrengungen zur Durchsetzung von Arbeitgebersanktionen weitgehend auf. Ausländer ohne Aufenthaltsstatus können also weiterhin auch illegal in steuerbelasteten Beschäftigungsverhältnissen arbeiten. In Deutschland ist es nicht nur wegen höherer Sozialabgaben weniger attraktiv, sondern wegen Meldepflicht und Datenabgleich nahezu unmöglich, dass Ausländer ohne Aufenthaltsstatus längere Zeit ohne Arbeitsgenehmigung in einem regulären Job arbeiten.[45]

– In den Niederlanden traten in den neunziger Jahren eine Reihe von Maßnahmen in Kraft, die den Handlungsspielraum für Ausländer ohne Aufenthaltsstatus begrenzten. Seit 1991 muss der Aufenthaltsstatus bei der Beantragung einer Sozialversicherungsnummer nachgewiesen werden. Nach dem 'Identifizierungsgesetz' von 1994 mussten sich erstmals nicht nur Ausländer, sondern auch Niederländer bei bestimmten Gelegenheiten ausweisen können – vor allem am Arbeitsplatz und bei der Beantragung von Sozialleistungen. Außerdem wurde ein zentrales Ausländerregister eingeführt, um den Status eines Ausländers rascher feststellen zu können.[46] Mit dem Koppelungsgesetz von 1998 wurde der Empfang von Sozialleistungen – mit Ausnahme von medizinischen Notfallleistungen, des Schulbesuchs von Kindern und der Rechtshilfe – generell vom Aufenthaltsstatus abhängig gemacht. Damit wurde aber auch erreicht, dass illegale Ausländerbeschäftigung nicht mehr sozialversicherungspflichtig ist. Letztlich führten viele Maßnahmen dazu, ein Phänomen zu bekämpfen, dass in den Niederlanden 'weiße Illegalität' genannt wird: reguläre, sozial- und

---

43 U.S. Commission on Immigration Reform, Report to Congress. U.S. Immigration Policy: Restoring Credibility, Washington: Government Printing Office 1994, S. 54 f.
44 John R. Fraser, Preventing and Combating the Employment of Foreigners in an Irregular Situation in the United States, in: Organization for Economic Co-operation and Development (Hrsg.), Combatting the Employment of Foreign Workers, Paris: OECD 2000, S. 101-105.
45 Vogel (2001). Ausnahme ist die kurzfristige Beschäftigung oder eine Beschäftigung über 'geliehene' Papiere.
46 Godfried Engbersen et al., De ongekende stad 2: Inbedding en uitsluiting van illegale vreemdelingen, Amsterdam: Boom 1999, S. 31.

steuerbelastete Arbeit durch Ausländer ohne Aufenthaltsstatus und Arbeitsgenehmigung.[47]

Wie deutlich wurde, sind in Deutschland vor allem die regulären Arbeitsmöglichkeiten und damit auch die Absicherung über reguläre soziale Sicherungssysteme für Ausländer ohne Aufenthaltsstatus verschlossen. Daher geht es in der Diskussion um interne Maßnahmen zur Bekämpfung illegalen Aufenthalts fast ausschließlich um verdachtsunabhängige Kontrollen. Arbeitsplatzkontrollen sind relativ umfangreich,[48] können spontan erfolgen, reagieren aber typischerweise auf Hinweise aus der Bevölkerung.[49] Der Bundesgrenzschutz kontrolliert seit September 1998 auch im Inland und hat bei ca. einer Million Kontrollen rund 9.000 unerlaubte Ausländer festgestellt.[50] Auch wenn diese Kontrollen im Vergleich zu anderen Ländern relativ umfassend sind, wird ihnen oft mehr symbolische Relevanz zugeschrieben. So argumentiert Alt,[51] dass

illegaler Aufenthalt und illegale Ausländerbeschäftigung aus zwei Gründen toleriert wird: Erstens, weil der Status Quo einer Reihe von Interessengruppen mehr nützt als schadet, und zweitens, weil dadurch rechtlich-kontrollpolitisch nicht durchsetzbare bzw. noch schlechtere Alternativen vermieden werden können bzw. Hilflosigkeit kaschiert werden kann.

Ob dies nun zutrifft oder nicht: Arbeitsplatzkontrollen werden – selektiv – als Einschränkungen wahrgenommen. Bei Interviews mit in Berlin lebenden Polen wurde deutlich, dass auf dem Bau arbeitende Männer sehr wohl über die Risiken von Kontrollen nachdenken und Ausweich- sowie Umgangsstrategien entwickeln, während Kontrollen für in Privathaushalten putzende Frauen kein Thema sind.[52]

5. Die Diskussion um den adäquaten staatlichen Umgang mit Illegalität

Bei der Diskussion um den adäquaten staatlichen Umgang mit dem Phänonomen der Illegalität geht es nicht nur um Fragen der Bekämpfung der Illegalität, sondern auch um Wege aus der Illegalität, Strategien zur Prävention von Illegalität und Rechte in der Illegalität.

47 Dita Vogel, Die Niederlande als Einwanderungsland. Rahmenbedingungen, aktuelle Politik und Stand der Integration von Allochthonen, in: Dita Vogel (Hrsg.), Einwanderungsland Niederlande – Politik und Kultur, Frankfurt a.M.: IKO-Verlag 2003, S. 23-58, S. 43.
48 Ca. 600.000 Personenüberprüfungen 1998, siehe Bundesregierung 2000, S. 46.
49 Norbert Cyrus und Dita Vogel, Ausländerdiskriminierung durch Außenkontrollen im Arbeitsmarkt? Fallstudienbefunde – Herausforderungen – Gestaltungsoptionen, in: Mitteilungen aus der Arbeitsmarkt- und Berufsforschung 35, Nr. 2, 2002, S. 254-270.
50 Bundesgrenzschutz (Hrsg.), Jahresbericht des Bundesgrenzschutzes 2000/2001, 2002, S. 22.
51 Alt (1999, S. 420).
52 Norbert Cyrus und Dita Vogel, Managing Access to the German Labour Market. How Polish (Im)migrants Relate to German Opportunities and Restrictions, Universität Oldenburg, Fachbereich 11, IBKM, IAPASIS-Deutschland Working Paper 2002.

Es ist ein hartnäckiger Mythos, es gebe in anderen Ländern regelmäßige Legalisierungskampagnen, um mit dem Problem der Illegalität umzugehen. Das mag ex post so erscheinen. In der Tat gab es in einigen Ländern wiederholt Legalisierungskampagnen, in denen eine größere Zahl von Ausländern ohne Status in die Regularität überführt wurde.[53] Allerdings wird jede einzelne Legalisierung als letzte Chance angekündigt und in der Regel mit schärferen Kontrollgesetzen verbunden. Allenfalls für Italien ließe sich argumentieren, dass Legalisierungskampagnen dort nicht nur wiederholt, sondern auch erwartbar sind, auch weil dort nicht nur im Ausländerbereich, sondern in verschiedenen Rechtsbereichen Amnestien zu den üblichen und anerkannten Instrumenten des Umgangs mit komplexen und schwer kontrollierbaren Situationen gehören.[54]

Bei Legalisierung muss man aber nicht immer nur an großangelegte Kampagnen denken. Jedes Mal, wenn ein illegal eingereister Mensch Asyl oder eine Duldung beantragt, wird aus Illegalität eine prekäre Legalität (zumindest in Deutschland). Wenn nach Jahren weder eine Anerkennung noch eine Ausweisung erfolgte, helfen manchmal sogenannte Altfallregelungen zum Übergang in einen regulären Status. Diese Altfallregelungen haben damit ähnliche Funktionen wie Legalisierungskampagnen. Individuelle Legalisierungen sind darüber hinaus durch Härtefallregelungen möglich, die in besonders gelagerten Einzelfällen einen Status verschaffen.

Unter Prävention von Illegalität kann man verstehen, wenn die Entstehung von Illegalität vermieden wird. Legale Zugangsmöglichkeiten können geschaffen werden, wo Illegalität schwer vermeidbar und plausibel ist. Dabei hilft sicher nicht das Kontingent von IT-Spezialisten, denn für diese stellt ein illegaler Aufenthalt keine Alternative dar, wohl aber die Verbesserung der Möglichkeiten zum Familienzuzug, permanente Altfallregelungen und eine weniger restriktive Arbeitserlaubnisvergabe, vor allem für kurzfristige Beschäftigungen. Dauerhafte Jobs, für die in der derzeitigen Situation nur Ausländer ohne Status gefunden werden können, können für Inländer attraktiver gestaltet werden.[55] Dadurch wird ein Arbeitskräftesog in die Illegalität vermindert. Und last not least: Kontrollen können es für Ausländer ohne Status erschweren, illegal einen Job anzunehmen.

Weder durch Härtefallregelungen noch durch Prävention wird sich illegaler Aufenthalt in Deutschland jedoch auf Null reduzieren lassen. So weisen auch Alt und Cyrus[56] darauf hin, dass es für eine menschenrechtlich orientierte Migrationspolitik in erster Linie um Problemlinderung gehen muss.

53 Phillippe Bruycker (Hrsg.), Regularisations of Illegal Immigrants in the European Union, Brüssel: Bruylant 2000.
54 So das Argument von Claudia Finotelli vom Graduiertenkolleg 'Migration im modernen Europa' in Osnabrück, mündliche Kommunikation.
55 Klaus J. Bade, Die Festung Europa und illegale Migration, in: Klaus J. Bade (Hrsg.), Integration und Illegalität in Deutschland, Osnabrück: IMIS 2001, S. 65-76.
56 Jörg Alt und Norbert Cyrus, Illegale Migration in Deutschland. Ansätze für eine menschenrechtlich orientierte Migrationspolitik, in: Klaus Bade und Rainer Münz (Hrsg.), Migrationsreport 2002, Frankfurt a.M.: Campus 2002, S. 141-162.

Illegaler Aufenthalt

Eine derart pragmatische Linie scheint sich in der politischen Diskussion um den adäquaten staatlichen Umgang mit Illegalität durchzusetzen. Während vor Jahren noch Forderungen nach einer umfassenden Legalisierung oder einer konsequenten Bekämpfung allein die Diskussion beherrschten, geht es heute mehr und mehr um die faktische Sicherstellung grundlegender Rechte, die auch Ausländer ohne Aufenthaltsstatus haben, aber wegen der Furcht vor Aufdeckung nicht wahrnehmen können.[57]

So fordern die deutschen Bischöfe an erster Stelle, dass Kinder in die Schule gehen dürfen, der Zugang zu Hilfe bei Krankheit gesichert wird, der Lohn auch bei illegaler Arbeit einklagbar sein muss und dass Notaufnahmeeinrichtungen für Obdachlose allen Menschen offen stehen müssen.[58] Außerdem konzentrieren sie sich auf die Prävention von Illegalität: Vorschriften des Asylverfahrens- und Ausländergesetzes sollten nicht so eng ausgelegt werden, dass Menschen in die Illegalität gedrängt werden.

Die Unabhängige Kommission Zuwanderung konnte sich auf zwei Forderungen einigen:[59] Schulen sollten generell von der Pflicht zur Meldung an Ausländerbehörden ausgenommen werden, damit daran nicht der Schulbesuch von Kindern scheitern muss, und humanitäre Helfer sollten generell vom Verdacht der strafbaren Beihilfe zu illegalem Aufenthalt ausgenommen werden, damit weder Beratung noch Notfallhilfe in den Verdacht strafbarer Handlungen geraten und daher möglicherweise unterbleiben.

Die Sicherung grundlegender Menschenrechte von Ausländern ohne Aufenthaltsstatus, die Stärkung ihrer Konfliktfähigkeit sowie der Schutz humanitär motivierter Helfer bedeutet keine sozialpolitische Legitimierung von illegalem Aufenthalt, sondern dient dem Umgang mit einem Dilemma, das nicht lösbar ist, solange man Autarkie und Polizeistaat auf der einen Seite, offene Grenzen und Angleichung der Einkommensdifferentiale an das Niveau ärmerer Staaten auf der anderen Seite nicht als relevante Alternativen betrachtet.

---

57 Ralf Fodor, Rechtsgutachten zum Problemkomplex des Aufenthalts von ausländischen Staatsangehörigen ohne Aufenthaltsrecht und ohne Duldung in Deutschland, in: Jörg Alt und Ralf Fodor (Hrsg.), Rechtlos? Menschen ohne Papiere, Karlsruhe: von Loeper 2001, S. 125-223.
58 Die deutschen Bischöfe (2001, S. 51).
59 Unabhängige Kommission 'Zuwanderung' (2001, S. 197 f.).

Steffen Angenendt

Regelung und Vermittlung: Die Rolle internationaler Migrationsorganisationen

1. Einleitung

Welche Rolle werden internationale Migrationsorganisation in der neuen Weltordnung spielen, die sich im „Kampf gegen den Terror" abzeichnet? Es ist zu erwarten, dass sie künftig noch wichtiger als bisher werden. Zum einen werden grenzüberschreitende Wanderungsbewegungen weltweit zunehmen, zum anderen werden die einzelnen Regierungen diese Wanderungen immer weniger aus eigener Kraft steuern und ihre gesellschaftlichen Folgen bewältigen können. Der Bedarf an internationaler Regelung, Vermittlung und Beratung wird steigen. Für viele Migrationsorganisationen wird diese wichtigere Rolle mit Konflikten verbunden sein, vor allem zwischen der oftmals im Mandat verankerten Verpflichtung auf universalistische humanitäre Ziele und Zwängen zur Unterstützung von Interessen der finanzierenden Staaten. Solche Auseinandersetzungen sind heute schon in einigen Organisationen zu beobachten, und sie werden zunehmen, je stärker die neue Weltordnung sich unipolaren Strukturen annähern wird. Diese Entwicklung ist zumindest für diejenigen Organisationen problematisch, die zur Erfüllung ihrer Aufgaben darauf angewiesen sind, als unparteiisch und nur humanitären Grundsätzen verpflichtet angesehen zu werden, wie die Organisationen, die humanitäre Hilfe für Flüchtlinge und Vertriebene in Spannungsgebieten leisten.

Dieser Beitrag gibt einen Überblick über die in der Asyl- und Migrationspolitik aktiven internationalen Organisationen und regionalen Beratungsprozesse. Zudem wird erörtert, welchen Beitrag diese Organisationen und Prozesse zur Bewältigung der weltweiten Wanderungsprobleme leisten können. Dabei wird ausführlicher auf die drei wichtigsten Organisationen eingegangen, die Internationale Arbeitsorganisation (ILO), die Organization for Migration (IOM) und den Hohen Flüchtlingskommissar der Vereinten Nationen (UNHCR). Mit dieser Schwerpunktsetzung soll nicht unterstellt werden, dass die Arbeit von internationalen und nationalen Nichtregierungsorganisationen (NGOs) wie etwa des Internationalen Roten Kreuzes, der Ärzte ohne Grenzen, von Oxfam, Cap Anamur oder auch von menschenrechtlichen Organisationen wie Amnesty International oder des Europäischen Flüchtlingsrates (ECRE) nicht wichtig für die Bewältigung der humanitären Folgen von Wanderungsbewegungen sei. Das Gegenteil ist der Fall, und NGOs leisten vielfach Beiträge, zu denen die anderen Organisationen aufgrund ihrer eingeschränkten politischen Handlungsspielräume nicht fähig sind. Eine Darstellung dieser Aktivitäten würde aber den hier vorgegebenen Rahmen sprengen. Das gilt im Übrigen auch für die Arbeit von Regierungsorganisationen wie etwa USAID, über die ein Großteil der nationalen humanitären Hilfe etwa bei Massenfluchtbewegungen und komplexen humanitären Katastrophen abgewickelt wird.[1]

Die Arbeit der internationalen Organisationen wird aber nicht nur durch ihr Mandat und die politischen Interessen der Staaten bestimmt. Ebenso wichtig ist das rechtliche Umfeld, in dem sie handeln. Daher werden zunächst die wichtigsten wanderungsbezogenen internationalen rechtlichen Normen beschrieben; als erstes die allgemeinen Grundsätze zum Umgang des Staates mit internationalen Wanderungsbewegungen, dann die spezifischen Normen für die Behandlung von Flüchtlingen und Migranten.

2. Völkerrechtliche Normen für Asyl- und Migrationspolitik

Auch im Zeitalter der Globalisierung sind Nationalstaaten immer noch die entscheidenden Akteure bei der Steuerung internationaler Wanderungsbewegungen.[2] Sie sind allerdings in ein Netz internationaler, regionaler und zwischenstaatlicher Vereinbarungen eingewoben, die ihre Souveränität in mancher Hinsicht beschränken.

Die internationalen Normen sind vielfältig. Manche beruhen auf völkerrechtlichen Verträgen, wie beispielsweise die Genfer Flüchtlingskonvention (GFK), mit einer entsprechenden Bindung der Vertragspartner auch im nationalen Recht. Andere beruhen auf Völkergewohnheitsrecht oder auf bilateralen Verträgen, etwa die Rückübernahmeabkommen, welche die Herkunfts- oder Transitländer zur Rücknahme von Migranten und Flüchtlingen verpflichten, die von den Aufnahmeländern nicht akzeptiert werden. Einige Bereiche befinden sich noch in Entwicklung, wie etwa das Recht auf Familienzusammenführung; wiederum andere existieren

---

1 Zum Begriff und zur Politisierung der humanitären Hilfe vgl. Wolf-Dieter Eberwein, Die Politik Humanitärer Hilfe: Im Spannungsfeld von Macht und Moral, WZB-Discussion Papers, P 97-301, Berlin 1997; ders. Humanitäre Hilfe, Flüchtlinge und Konfliktverarbeitung, WZB-Papers P 01-302, Berlin 2001.
2 Vgl. Steffen Angenendt, Wanderungsbewegungen und Globalisierung, in: Christoph Butterwegge und Gudrun Hentges (Hrsg.), Flucht, Migration und Zuwanderungspolitik im Zeitalter der Globalisierung, Opladen: Leske und Budrich, 2003, 2. überarb. Aufl., und ders., Wanderungsbewegungen als internationale Herausforderung, in: Wolfgang Wagner et al. (Hrsg.), Jahrbuch Internationale Politik 1999-2000, München: Oldenbourg Verlag 2001, S. 1-12.

noch nicht einmal ansatzweise, wie beispielsweise Normen zur sozialen Integration von Eingewanderten.³

Staatliches Handeln ist grundsätzlich durch den Gegensatz von Autorität beziehungsweise Souveränität und Verantwortlichkeit geprägt. Weitgehend souverän sind die Nationalstaaten hinsichtlich der Frage, wem sie Zutritt zu ihrem Territorium gewähren, etwa durch Visabestimmungen, und wie sie ihre Grenzen gegen irreguläre Zuwanderer schützen. Aber auch hier haben die meisten Staaten sich zwischenstaatlichen oder internationalen Vereinbarungen angeschlossen, beispielsweise zum visumfreien Reiseverkehr auf Gegenseitigkeit, oder sie beraten sich regelmäßig mit anderen Staaten über Maßnahmen zur Bekämpfung von irregulärer Migration. Hierzu ist beispielsweise im Jahr 2000 ein UN-Übereinkommen gegen die grenzüberschreitende organisierte Kriminalität verabschiedet worden (allerdings noch nicht in Kraft), das u.a. Protokolle zur Bekämpfung des Menschenschmuggels und des Menschenhandels enthält.⁴ Dieses Übereinkommen würde die Vertragsstaaten verpflichten, aktiv gegen solche kriminelle Praktiken vorzugehen.

Zentrale Bereiche nationalstaatlicher Souveränität sind auch das Staatsbürgerschaftsrecht, also die Entscheidung des Staates, wem er unter welchen Bedingungen die Staatsbürgerschaft verleihen will, und Sicherheitsfragen. Die internationalen Konventionen erlauben es den Staaten ausdrücklich, Rechte von Nicht-Staatsbürgern, beispielsweise das Recht auf Freizügigkeit, einzuschränken, wenn dies aus Gründen der nationalen Sicherheit erforderlich ist,⁵ und verpflichten die Mitgliedstaaten ausdrücklich, effektive Grenzkontrollen zur Verhinderung von terroristischen Aktivitäten einzurichten.⁶

Diese grundsätzliche staatliche Autorität bzw. Souveränität bei der Steuerung von Wanderungsbewegungen wird durch internationale Normen eingeschränkt. Zu den durch völkerrechtliche Verträge abgesicherten Grundsätzen gehört beispielsweise das Refoulement-Verbot, also das Verbot, Menschen in Länder zurückzuschicken, in denen ihnen ernsthafte Gefahr droht.⁷ Im Prinzip sind Staaten auch verpflichtet, Menschen die Ausreise zu ermöglichen. Die Allgemeine Men-

---

3 Vgl. zum folgenden auch die gute Übersicht von T. Alexander Aleinikoff und Vincent Chetail (Hrsg.), International Legal Norms and Migration: An Analysis, Genf: International Organization for Migration 2003.
4 Übereinkommen gegen die grenzüberschreitende organisierte Kriminalität vom 15.11.2000 (UN Doc. A/RES/55/25) mit den drei Zusatzprotokollen: Protokoll zur Verhütung, Bekämpfung und Bestrafung des Menschenhandels, insbesondere des Frauen- und Kinderhandels, Protokoll gegen die Schleusung von Migranten, Protokoll zur Bekämpfung der unerlaubten Herstellung von und den unerlaubten Handel mit Schusswaffen.
5 Vgl. Internationaler Pakt über bürgerliche und politische Rechte vom 19.12.1966, Art. 12 und 13.
6 Internationales Übereinkommen zur Bekämpfung terroristischer Bombenanschläge vom 15.12.1997 (UN Doc. A/RES/52/164); Internationales Übereinkommen zur Bekämpfung der Finanzierung des Terrorismus vom 9.12.1999 (UN Doc.A/RES/54/109).
7 So durch die GFK und das UN-Übereinkommen gegen Folter und andere grausame, unmenschliche oder erniedrigende Behandlung oder Strafe vom 10.12.1984.

schenrechtserklärung schreibt vor, dass jeder Mensch das Recht hat, jedes Land zu verlassen, einschließlich seines eigenen, und in sein eigenes Land zurückzukehren.[8] Das Recht auf Ausreise ist allerdings nicht absolut, sondern kann eingeschränkt werden, um dem Staat beispielsweise eine strafrechtliche Verfolgung zu ermöglichen. Zudem hat der Migrant nur das Recht, in sein eigenes Land zurückzukehren, nicht aber in ein beliebiges anderes. Dem Recht auf Ausreise steht also kein entsprechendes Recht auf Einreise gegenüber. Durch Staatenpraxis und durch bi- und multilaterale Verträge ist zudem eine Verpflichtung entstanden, aus anderen Staaten zurückkehrende Staatsbürger wieder aufzunehmen.[9] Die Staaten sind darüber hinaus auch verpflichtet, einem Inhaftierten Kontakte zur konsularischen Vertretung seines Heimatlandes zu ermöglichen.[10]

2.1 Internationale Normen für Flüchtlinge

Eine völkerrechtliche Definition des Flüchtlings ist in der GFK von 1951 enthalten. Diese oder das Zusatzprotokoll von 1967, das einige räumliche und zeitliche Beschränkungen der Konvention aufgehoben hat, wurden bislang von über 140 Staaten ratifiziert. Die Konvention verpflichtet die Unterzeichnerstaaten nicht dazu, einem Flüchtling Asyl zu gewähren, sondern lediglich, ihn nicht in ein Land auszuweisen oder zurückzuweisen, in dem sein Leben oder seine Freiheit gefährdet wären („Refoulement-Verbot"). Mit der GFK ist ein internationales Flüchtlingsregime entstanden, dem der Gedanke zugrunde liegt, dass ein Staat Asyl gewähren kann, es aber nicht muss. Einige Staaten erkennen nur diejenigen als Flüchtlinge an, die eine individuelle politische Verfolgung durch staatliche Stellen nachweisen können, andere Staaten auch diejenigen, die vor nichtstaatlicher oder drohender Gewalt geflohen sind. Um den Rechtsstatus eines anerkannten Flüchtlings oder Asylberechtigten zu erhalten, der den besten Schutz und eine weitgehende Gleichbehandlung mit Einheimischen garantiert, muss der Asylbewerber einen Asylantrag stellen. Hierbei obliegt den Aufnahmeländern die Gestaltung der Form und Dauer der Asylverfahren sowie der Lebensbedingungen des Asylbewerbers. Den Status eines Konventionsflüchtlings kann ein Flüchtling erhalten, wenn er nicht als Asylberechtigter anerkannt wird, aber nach der GFK nicht zurückgeschoben werden darf, weil ihm wegen seiner Rasse, Religion, Nationalität, seiner Zugehörigkeit zu einer sozialen Gruppe oder wegen seiner politischen Überzeugung Gefahren für Leben und Freiheit drohen.

Angesichts der weltweit zunehmenden Flüchtlingswanderungen haben viele Staaten Maßnahmen eingeführt, um den Zuzug von Asylbewerbern zu reduzieren, wie z.B. die Visumspflicht für bestimmte Herkunftsländer, die Festlegung von

---

8 Allgemeine Erklärung der Menschenrechte vom 10.12.1948, Artikel 13 (2).
9 Ebenfalls enthalten im Protokoll zur Bekämpfung des Menschenhandels (s. Anm. 4).
10 Vgl. Wiener Übereinkommen über konsularische Beziehungen vom 24.4.1963, Art. 36.

sogenannten sicheren Herkunftsländern, für deren Staatsbürger die Eröffnung eines Asylverfahrens nur unter erschwerten Bedingungen möglich ist, oder die Definition von sogenannten sicheren Drittstaaten, in die ein Asylbewerber zurückgewiesen wird, wenn er sie vorher betreten hat. Zu den Maßnahmen gehören auch Sanktionen für Fluggesellschaften, wenn sie Passagiere ohne gültige Einreisedokumente befördern.

Für besonders schutzbedürftige Flüchtlinge, etwa Minderjährige, Folteropfer oder Opfer von Menschenhandel, gelten zusätzliche völkerrechtliche Normen, etwa die UN-Kinderrechtskonvention, die Antifolterkonvention und das Protokoll zur Verhinderung von Menschenhandel.[11]

Neben diesem auf völkerrechtlichen Verträgen beruhenden Schutz bieten viele Staaten auch andere Formen des Schutzes, manchmal aufgrund multilateraler Abkommen (wie beispielsweise von der EU beschlossen), meist jedoch aufgrund nationaler Regelungen. Diese Instrumente werden eingesetzt, um auf aktuelle Massenfluchtbewegungen reagieren zu können, deren Fluchtursachen eindeutig sind und in denen schnell gehandelt werden muss, oder falls die für die Durchführung von Asylverfahren notwendige Infrastruktur fehlt. So haben in den 1980er Jahren einige Staaten vietnamesische Bootsflüchtlinge als Kontingentflüchtlinge aufgenommen. Ein anderes Beispiel sind die Kosovo-Flüchtlinge, die seit April 1999 als Kriegs- und Bürgerkriegsflüchtlinge in Deutschland sind. Bei diesen Formen des Schutzes entscheidet der Aufnahmestaat im Rahmen seiner Souveränität über Zahl und Rechtsstatus der Aufzunehmenden.

Für Binnenvertriebene gibt es bislang keine völkerrechtlich verbindliche Definition. Darunter verstehen die UN diejenigen, die als Folge von innerstaatlichen bewaffneten Konflikten, Menschenrechtsverletzungen oder natürlichen und menschlich verursachten Katastrophen zum Verlassen ihres gewöhnlichen Aufenthaltsortes gezwungen wurden, dabei aber keine international anerkannte Staatsgrenze überschritten haben. Es gibt aber keine humanitäre Hilfsorganisation, die ein allgemeines Mandat zum Schutz von Vertriebenen hätte; in der Praxis wird ihre humanitäre Versorgung häufig vom UNHCR übernommen.

2.2 Internationale Normen für Migranten

Von Flüchtlingen und Vertriebenen sind Migranten zu unterscheiden, wobei die Völkergemeinschaft von der Vorstellung ausgeht, dass Migranten wandern, weil sie diese Option gewählt haben, Flüchtlinge aber, weil sie dazu gezwungen sind. Für Migranten ist in den letzten Jahrzehnten ebenfalls ein internationales Regime

---

11 UN-Übereinkommen über die Rechte des Kindes vom 20.11.1989, insb. Art. 22 (1); für Folteropfer: Europäische Konvention zum Schutze der Menschenrechte und Grundfreiheiten vom 4.11.1950; Protokoll zur Bekämpfung des Menschenhandels (s. Anm. 4).

entstanden, das allerdings völkerrechtlich und institutionell viel schwächer abgesichert ist als das Flüchtlingsregime.

Es gibt einige Grundrechte, die für alle auf dem Territorium des Vertragsstaates Lebenden, also auch für Migranten, gelten. Dies umfassen unter anderem das Recht auf Leben, den Schutz gegen Folter, Rechte in Strafverfahren, Gewissens-, Glaubens- und Religionsfreiheit sowie das Recht auf Gründung einer Familie. Im Internationalen Pakt über wirtschaftliche, soziale und kulturelle Rechte vom 16.12.1966 sind weitere Rechte aufgeführt, die jedem ungeachtet der Staatsbürgerschaft zugestanden werden müssen: das Recht auf Arbeit,[12] auf gerechte und günstige Arbeitsbedingungen, soziale Sicherheit, angemessenen Lebensstandard, Gesundheit und Bildung. Nicht nur für Staatsbürger, auch für Migranten gilt grundsätzlich ein Nicht-Diskriminierungs-Gebot.[13] Allerdings ist beispielsweise durch den Internationalen Pakt über bürgerliche und politische Rechte nicht jede unterschiedliche Behandlung von Staatsbürgern und Nicht-Staatbürgern verboten. Sie ist statthaft, wenn damit Ziele verfolgt werden, die im Sinn des Paktes legitim sind, wie etwa die Sicherung der öffentlichen Ordnung in einem Land.

Ein wichtiger und politisch umstrittener Bereich ist die Familienzusammenführung. Die Einheit der Familie ist zwar grundsätzlich besonders geschützt,[14] viele Staaten sehen aber den Familiennachzug insgesamt als zu hoch an und versuchen deswegen den Zuzug von Familienangehörigen durch Wartezeiten oder durch eine engere Definition der Familie zu reduzieren. Bislang gibt es keine verbindlichen internationalen Normen, die vorschreiben, was genau unter einer Familie zu verstehen ist und welche Rechte Einwanderer auf einen Nachzug ihrer Angehörigen haben. Präzisere Vorschriften gibt es lediglich bezüglich der Ausweisung und Rückführung von Familienangehörigen. Hierzu schreibt etwa die UN-Kinderrechtskonvention vor, dass bei Entscheidungen über die Ausweisung von Familienangehörigen das Kindeswohl beachtet werden muss.

Der staatliche Umgang mit Arbeitsmigranten ist häufig durch bi- und multilaterale Abkommen mitbestimmt, etwa durch mit den Herkunftsländern geschlossene Anwerbeabkommen oder durch Freizügigkeitsregelungen wie die (weitgehenden) in der EU oder die (kaum existierende) in der Nordamerikanischen Freihandelszone (NAFTA). Es gibt zudem einige internationale Normen, welche die Souveränität der Staaten im Umgang mit Arbeitsmigranten einschränken. Dazu gehören die Vorschriften des Allgemeinen Abkommens über den Handel mit

---

12 Hier allerdings verstanden als das Recht jedes einzelnen auf die Möglichkeit, seinen Lebensunterhalt durch frei gewählte oder angenommene Arbeit zu verdienen, vgl. Art. 6.
13 Vgl. u.a. Art. 26 des Internationalen Paktes über bürgerliche und politische Rechte vom 16.12.1966 sowie die Erklärung der Vereinten Nationen über die Beseitigung aller Formen der Rassendiskriminierung von 1963, wobei letztere bei der Unterscheidung zwischen Staatsbürgern und Nicht-Staatsbürgern Interpretationsspielräume aufweist.
14 U.a. durch der Allgemeinen Erklärung der Menschenrechte (insb. Art. 16) und durch das Übereinkommen über die Rechte des Kindes vom 20.11.1989 (insb. Art. 9).

Dienstleistungen[15] (General Agreement on Trade in Services, GATS) und die oben schon angesprochenen allgemeinen Anti-Diskriminierungsbestimmungen.

Am 1. Juli 2003 ist das Übereinkommen der UN zum Schutz der Rechte aller Wanderarbeitnehmer und ihrer Familienangehörigen (Wanderarbeiterkonvention) in Kraft getreten. Es präzisiert die Rechte, welche die Staaten den Arbeitsmigranten und ihren Familien zugestehen müssen, schränkt dabei allerdings die Souveränitätsrechte der Staaten nicht über die bereits bestehenden Begrenzungen hinaus ein. Diese Zurückhaltung hat einen guten Grund: Bislang war kein westlicher Industriestaat bereit, durch eine Unterzeichnung dieses Abkommens nationale Souveränität aufzugeben.

Weitere, wenn auch bislang nur von wenigen Staaten akzeptierte Rechtsgrundlagen für den Umgang mit Arbeitsmigranten sind die ILO-Konventionen Nr. 97 (Übereinkommen über Wanderarbeiter von 1949) und Nr. 143 (Übereinkommen über Missbräuche bei Wanderungen und die Förderung der Chancengleichheit und der Gleichbehandlung der Wanderarbeitnehmer von 1975). Die erste enthält Vorschriften über die wanderungsbezogenen Informationen, die Staaten austauschen sollen, und über die Unterstützungs- und Informationsangebote für Migranten sowie Regelungen zur Gesundheitsversorgung und Nicht-Diskriminierungsvorschriften. Die zweite Konvention ergänzt diese Bestimmungen und verpflichtet die aufnehmenden Staaten zum Schutz der Menschenrechte der Migranten. Trotz der allgemein gehaltenen Vorschriften wurden auch diese Konventionen bislang nur von wenigen Industriestaaten unterzeichnet. Ihre geringe Bedeutung wird auch dadurch unterstrichen, dass die ILO selbst diese Konventionen nicht zu den acht Kern- oder Menschenrechtsübereinkommen zählt, die sie als Orientierungs- und Handlungsmaximen ihrer Arbeit ansieht.

2.3 Internationale Normen und soziale Integration

Es gibt bislang keine internationalen Normen, die den Begriff „soziale Integration" näher bestimmen würden. In vielen Staaten wird Integrationsförderung als Verbesserung der rechtlichen, institutionellen und individuellen Voraussetzungen für eine gleichberechtigte Teilhabe der Einwanderer am ökonomischen, gesellschaftlichen, politischen und kulturellen Leben verstanden und als Werben für Toleranz, Akzeptanz und wechselseitigen Respekt zwischen den Bevölkerungsgruppen. Wie diese Förderung gestaltet wird, ob beispielsweise nur staatliche Integrationsangebote unterbreitet werden oder auch Pflichten der Einwanderer benannt werden, die mit der Inanspruchnahme der Integrationsangebote verbunden sind, ist den aufnehmenden Staaten überlassen. Verpflichtungen des Staates ergeben sich auch hier nur aus allgemeinen menschenrechtlichen Normen, etwa aus dem Grundsatz der Nicht-Diskriminierung.

15 Vgl. Abkommen zur Errichtung der Welthandelsorganisation vom 15.4.1994, Anhang I.B.

Darüber hinaus hat, wie oben schon angesprochen, jeder Staat das Recht, die Regeln zur Einbürgerung und zum Erwerb der Staatsbürgerschaft selbst zu bestimmen. Dieses Recht wird nur in wenigen Fällen durch internationale Menschenrechtsnormen begrenzt. So schreiben beispielsweise die internationalen und europäischen Abkommen zur Vermeidung von Mehrstaatigkeit[16] vor, dass Menschen, die sonst staatenlos würden, bei der Geburt die Staatsbürgerschaft des Aufenthaltslandes verliehen werden soll. Auch fordert die GFK die Mitgliedstaaten auf, die Einbürgerung von Flüchtlingen weitestgehend zu erleichtern. Ansonsten ist das Staatsbürgerschaftsrecht *domaine reservée* des aufnehmenden Staates, insbesondere im Hinblick darauf, ob der Erwerb der Staatsangehörigkeit eher durch Abstammungsrecht (ius sanguinis) oder durch Bodenrecht (ius soli) bestimmt sein soll.

Dieser kurze Überblick über die internationalen Normen zum Umgang mit Flüchtlingen und Migranten zeigt ein ambivalentes Bild: Es gibt Bereiche, in denen verbindliche Normen bestehen, etwa bezüglich des Umgangs mit Asylbewerbern. In anderen Bereichen, insbesondere bei Arbeitsmigranten, werden die Handlungsmöglichkeiten des Nationalstaaten hingegen nur durch allgemeine menschenrechtliche Normen eingeschränkt. Dies ist erstaunlich, weil die Staaten – insbesondere liberale Demokratien – bei der Steuerung von Wanderungsbewegungen prinzipiell auf eine enge Zusammenarbeit mit den Herkunfts- und Transitstaaten angewiesen sind.[17] Offensichtlich ziehen es viele Staaten vor, wanderungsbezogene Probleme durch bi- und multilaterale Vereinbarungen zu regeln. Daraus ergibt sich die Frage, welche Rolle internationale Organisationen bei der Regelung von wanderungsbezogenen Problemen spielen und welche Unterstützung sie den Staaten bieten. Die Vermutung ist, dass ihre Bedeutung bei der praktischen Bewältigung dieser Probleme erheblich größer ist als es die in vielen Bereichen rudimentären internationalen Rechtsnormen erwarten lassen.

3. Regionale Integrationsverbände und Beratungsprozesse

Auch wenn regionale Integrationsverbände üblicherweise nicht als internationale Organisationen im engeren Sinn angesehen werden, sind sie doch für die wanderungsbezogene Kooperation von erheblicher Bedeutung. Im Folgenden wird ausführlicher auf die EU eingegangen, weil sie zur Zeit der regionale Integrations-

---

16 Übereinkommen über die Verringerung von Mehrstaatigkeit und über die Wehrpflicht von Mehrstaatern vom 6.5.1963, Übereinkommen zur Verminderung der Staatenlosigkeit vom 30.8.1961, Übereinkommen zur Verringerung der Fälle von Staatenlosigkeit vom 13.9.1973.
17 Zur begrenzten Fähigkeit liberaler Demokratien, Einwanderung zu steuern, vgl. James F. Hollifield: Ideas, Institutions, and Civil Society. On the Limits of Immigration Control in Liberal Democracies, in: IMIS-Beiträge, Nr. 10, Januar 1999, S. 57-90.

verband mit dem stärksten Grad an wirtschaftlicher und politischer Integration ist und weil an ihrem Beispiel deutlich wird, welche Bedeutung eine solche regionale Integration für die Asyl- und Migrationspolitik der Mitgliedstaaten haben kann. Anschließend werden einige regionale Beratungsprozesse beschrieben.

3.1 Regionale Kooperation in der Europäischen Union

Seit der Gründung der Europäischen Wirtschaftsgemeinschaft (EWG) im Jahre 1957 war die wanderungsbezogene Zusammenarbeit ein wesentliches Element des europäischen Integrationsprozesses. Im Laufe der Zeit haben sich aber die Zielsetzung und die Instrumente dieser Kooperation stark verändert: Stand zunächst die Regelung der Binnenmigration innerhalb der EWG im Vordergrund, gilt es derzeit, die Aufgaben zu bewältigen, die sich aus der umfangreichen Einwanderung in die EU ergeben.[18]

Der Maastrichter Vertrag von 1992 nahm zwei asylrechtliche Aufgaben in den Bereich der gemeinschaftlichen Entscheidungsverfahren und in die unmittelbare Zuständigkeit der EU-Institutionen auf: die Bestimmung der visapflichtigen Drittstaaten und die einheitliche Visagestaltung. Für die anderen Felder der Asyl- und Migrationspolitik wurden zwischenstaatliche Kooperationsverfahren vorgesehen, deren Gestaltung den Mitgliedstaaten überlassen blieb. Die Regierungen verpflichteten sich lediglich zur Absprache und Konsultation. Der EU-Vertrag stellte in dieser Hinsicht ein Mischmodell zwischen intergouvernementalen und gemeinschaftlichen Regelungen dar, wobei die zwischenstaatliche Zusammenarbeit von größerer Bedeutung war.

Der Amsterdamer Vertrag von 1997 (in Kraft seit 1.5.1999) stärkte hingegen die gemeinschaftlichen Regelungen. Hierfür gab es mehrere Gründe:[19] Seit Beginn der 1990er Jahre waren die grenzüberschreitenden Probleme erheblich angewachsen, und die zunehmende Durchlässigkeit der Grenzen verlangte nach einer stärkeren Kooperation der Mitgliedstaaten. Zudem forcierten einige Mitgliedstaaten, die durch Wanderungsbewegungen besonders belastet waren, eine „Europäisierung" des Problems. Außerdem war die Innen- und Justizpolitik nach Ansicht einiger Mitgliedstaaten eine notwendige Ergänzung zu den mit der Vollendung des Binnenmarktes erzielten Integrationsfortschritten, die für die Bürger ihrer Staaten sichtbare Fortschritte der politischen Integration bringen sollten.

18 Vgl. zur historischen und aktuellen Entwicklung Steffen Angenendt, Auf dem Weg zu einer europäischen Asyl- und Migrationspolitik, in: Werner Weidenfeld (Hrsg.), Europa-Handbuch, 2. Aufl., Bonn 2002.
19 Vgl. Jörg Monar, Die Entwicklung des 'Raumes der Freiheit, der Sicherheit und des Rechts': Perspektiven nach dem Vertrag von Amsterdam und dem Europäischen Rat von Tampere, in: Integration, Nr. 1, 2000, S. 18-33, hier S. 19 f.; ders., Enlargement-Related Diversity in EU Justice and Home Affairs: Challenges, Dimensions and Management Instruments, Den Haag 2000.

Mit dem Amsterdamer Vertrag wurden wesentliche Bereiche der Asyl- und Einwanderungspolitik – beispielsweise die Kontrollen an den Außengrenzen – in die gemeinschaftliche Zusammenarbeit aufgenommen. Binnen fünf Jahren nach Inkrafttreten, also bis Mai 2004, müssen gemeinsame Normen und Verfahren für die Personenkontrolle an den Außengrenzen der EU sowie einheitliche Regelungen für die Erteilung von kurzfristigen Visa und für die Bestimmung des für das jeweilige Asylbegehren zuständigen Staates vereinbart werden. Ferner sollen Mindestnormen für die Aufnahme von Asylbewerbern, die Asylverfahren, die Anerkennung von Flüchtlingen und den vorübergehenden Schutz von Vertriebenen beschlossen werden. Innerhalb von fünf Jahren müssen außerdem gemeinsame Maßnahmen gegen die irreguläre Einwanderung und den irregulären Aufenthalt sowie zur Rückführung Ausreisepflichtiger ergriffen werden.

Der Vertrag hat weitere asyl- und migrationspolitische Themen benannt, zu denen gemeinschaftliche Regelungen zu finden sind, diese aber ausdrücklich von jedem zeitlichen Zwang zur Umsetzung ausgenommen. Dies sind ein Lastenausgleichsystem für die Aufnahme und Kostenübernahme für Flüchtlinge und Vertriebene sowie gemeinsame Regelungen für die Einreise und den Aufenthalt, die Erteilung langfristiger Visa, den Familiennachzug und die Freizügigkeit von Drittstaatsangehörigen.

Für die Dauer der Fünfjahresfrist werden die Entscheidungen im Rat einstimmig gefällt und anschließend muss auch einstimmig entschieden werden, ob qualifizierte Mehrheitsentscheidungen möglich werden sollen. Dies lässt erkennen, dass die Mitgliedstaaten mit dem Amsterdamer Vertrag zwar einen wichtigen Schritt unternommen haben, die Asyl- und Migrationspolitik zu vergemeinschaften, dass aber auch dieser Schritt noch zögerlich ausfiel.

Im Oktober 1999 fand der Europäische Gipfel in Tampere (Finnland) statt, der einer europäischen Asyl- und Migrationspolitik, der Schaffung eines europäischen Rechtsraums, der unionsweiten Kriminalitätsbekämpfung und dem gemeinsamen außenpolitischen Handeln neue Impulse geben sollte. Die von der EU-Kommission als „Meilenstein im Integrationsprozess" bezeichneten Beschlüsse fielen insgesamt weit weniger restriktiv aus, als viele Beobachter erwartet hatten. Die GFK wurde zur unantastbaren Grundlage der europäischen Asylpolitik erklärt, und es wurden Schutzmaßnahmen für Menschen aus Bürgerkriegssituationen beschlossen. Allerdings konnte keine Einigung über ein EU-Asylsystem mit einer entsprechenden Anpassung aller nationalen Regelungen oder über eine gerechte Lastenteilung erzielt werden.

Spätestens seit Tampere versteht sich die EU-Kommission als Motor einer gemeinschaftlichen Politik, was in den von ihr im November 2000 vorgelegten Mitteilungen über ein gemeinsames Asylverfahren[20] und über eine Migrationspolitik der Gemeinschaft[21] zum Ausdruck kommt. Sie hat die Mitgliedstaaten u.a. auf-

20 KOM (2000) 755 endg.
21 KOM (2000) 757 endg.

gefordert, gemeinschaftlich legale Einwanderungsmöglichkeiten für Arbeitsmigranten zu schaffen. Hierzu hat die Kommission inzwischen einen Vorschlag bezüglich der Einreise zur Ausübung einer unselbständigen oder selbständigen Erwerbstätigkeit vorgelegt. Weitere Vorschläge der Kommission haben sich mit dem Rechtsstatus langfristig anwesender Drittstaatler, mit Mindestnormen für die Aufnahme von Asylbewerbern, mit der Festlegung des für das Asylverfahren zuständigen Staates, mit dem Recht auf Familienzusammenführung, mit Kriterien für die Zu- bzw. Aberkennung der Flüchtlingseigenschaft und mit dem subsidiären Schutz von Flüchtlingen befasst. Zudem hat sich die Kommission mit der irregulären Einwanderung auseinandergesetzt und einen Richtlinienvorschlag für den Umgang mit kooperationswilligen geschleusten Einwanderern erarbeitet. Nach den terroristischen Anschlägen auf die USA hat sich die Kommission auch mit dem Zusammenhang von Einwanderung und innerer Sicherheit beschäftigt und dazu ein Arbeitsdokument veröffentlicht.

Angenommen und in unmittelbar geltendes nationales Recht überführt wurden bisher Richtlinien zum Gleichbehandlungsgrundsatz sowie zu Mindestnormen für den vorübergehenden Schutz bei einer Massenzuwanderung. Zudem stimmte der Rat im September 2000 einem Vorschlag der Kommission zu, der die Gründung eines Europäischen Flüchtlingsfonds zum Ausgleich für finanzielle Belastungen durch die Aufnahme von Flüchtlingen vorsieht. Der Fonds verfügt in der Periode von 2000 bis 2004 über einen Etat von 216 Millionen Euro. Zudem wurde eine zentrale Datenbank zur Erfassung von Fingerabdrücken von Asylbewerbern und illegal anwesenden Ausländern (EURODAC) eingerichtet (in Kraft seit 15.1.2003).

3.2 Regionale Kooperation in institutionalisierten Beratungsprozessen

Ein anderer Bereich zwischenstaatlicher Kooperation sind institutionalisierte Beratungsprozesse. In der letzten Dekade sind auf Initiative einzelner Staaten oder internationaler Organisationen (insbesondere von UNHCR, IOM und ILO) in fast allen Weltregionen solche regionalen Prozesse entstanden. Sie dienen vor allem dem Informationsaustausch zwischen Staaten, internationalen Organisationen und NGOs sowie der Diskussion migrationspolitischer Herausforderungen und Konzepte. Ihr Vorteil gegenüber anderen Formen der Kooperation ist, dass sie meist informell arbeiten, keinen schwerfälligen Apparat haben und thematisch wie zeitlich flexibel sind. Ihre Wirkung lässt sich naturgemäß nur schwer beurteilen; die Tatsache, dass einige von ihnen nun schon über ein Jahrzehnt bestehen, deutet aber darauf hin, dass die beteiligten Akteure die in sie investierten Ressourcen für sinnvoll halten.

Ein Beispiel für eine von Regierungen initiierte migrationspolitische Kooperation ist die Budapester Gruppe.[22] Sie entstand 1993 im Kontext der zu Beginn

22 Vgl. im Internet: http://www.icmpd.

der 1990er Jahre stark angewachsenen Ost-West-Wanderungen und beruhte auf der Erkenntnis der EU-Staaten, dass zur Bewältigung der Herausforderungen eine enge Zusammenarbeit mit den ostmitteleuropäischen Staaten nötig sei. Im Mittelpunkt der Debatte stand von Anfang an die Bekämpfung irregulärer Wanderungsbewegungen. Der Gruppe gehören inzwischen hochrangige Verwaltungsbeamte aus 40 Staaten und Vertreter von zehn internationalen Organisationen an. Mitte der 1990er Jahre gewann dieses Beratungsgremium im Kontext der allmählichen Einbeziehung der ostmitteleuropäischen Staaten in die EU-Migrationspolitik nochmals an Bedeutung. Die Prager Ministerkonferenz legte 1997 zahlreiche Vorschläge zur rechtlichen Harmonisierung, zur Vereinheitlichung der Visabestimmungen, zu Rückübernahmeabkommen und anderen Aspekten der Wanderungskontrolle vor. Zur Zeit gibt es Arbeitsgruppen u.a. zur Rückkehrförderung, zur Visaharmonisierung und zur irregulären Migration. Der Budapest-Prozess bezieht zunehmend die Entwicklung in den ostmitteleuropäischen Nicht-Beitrittsländern in die Debatte ein, insbesondere die Entwicklung in Russland, Moldawien, der Ukraine und dem Kaukasus.

Ein weiterer regionaler Beratungsprozess ist der 1996 eingerichtete „Puebla-Prozess", dem zehn Staaten Nord- und Zentralamerikas angehören. Die Teilnehmer dieser regelmäßig auf hoher Verwaltungsebene stattfindenden regionalen Migrationskonferenz haben 1997 in Panama einen Aktionsplan verabschiedet, der Gespräche beispielsweise über die Verhinderung irregulärer Wanderungen, die Standards des Flüchtlingsschutzes und die Rückkehrförderung von Migranten und Flüchtlingen und außerdem eine gemeinsame Ausbildung von Beamten in Migrations- und Grenzbehörden sowie eine gegenseitige Unterstützung beim Aufbau entsprechender Verwaltungsstrukturen vorsieht.[23]

Auch in Afrika gab es in den vergangenen Jahren mehrere Versuche, im Rahmen der regionalen Integrationsverbände, insbesondere der Südafrikanischen Entwicklungsgemeinschaft (SADC), der Wirtschaftsgemeinschaft Westafrikanischer Staaten (ECOWAS) und des Common Market for Eastern and Southern Africa (COMESA), Regelungen für die Personenfreizügigkeit zu finden. Inwieweit die im Juli 2002 als Nachfolgerin der Organisation für Afrikanische Einheit (OAU) gegründete Afrikanische Union (AU) in diesem Bereich aktiv wird und ähnliche grundlegende Vorstöße wagt wie ihre Vorgängerin, lässt sich noch nicht absehen. Die OAU hatte in der Flüchtlingskonvention von 1969 die Flüchtlingsdefinition der GFK erheblich erweitert und auch diejenigen als Flüchtlinge definiert, die ihre Heimat wegen einer schwerwiegenden Störung der öffentlichen Sicherheit, Fremdherrschaft oder äußerer Bedrohung verlassen haben.[24]

---

23 Vgl. kritisch dazu: Melanie Nezer, The Puebla Process: U.S. Migration Controls Move South of the Border, in: U.S. Committee for Refugees, World Refugee Survey 1999, http://www.refugees.org/world/articles/wrs99_migrationcontrols.htm.
24 Vgl. Übereinkommen der Organisation der afrikanischen Einheit (OAU) zur Regelung der Flüchtlingsprobleme in Afrika, http://www1.umn.edu/humanrts/instree/z2arcon.htm.

Ein Beispiel für eine von Regierungen initiierte multilaterale Kooperation zur Bewältigung von Wanderungsbewegungen sind die seit den 1960er Jahren geschlossenen Abkommen zwischen der Europäischen Gemeinschaft und den Maghreb-Staaten. Sie beinhalten Anti-Diskriminierungsvorschriften für nordafrikanische Arbeitskräfte hinsichtlich ihrer Arbeitsbedingungen, Löhne und sozialen Absicherung. Die im Juli 2000 von der EU beschlossene „Gemeinsame Strategie für den Mittelmeerraum" sieht darüber hinaus eine umfangreiche migrations- und asylpolitische Zusammenarbeit vor.

Ein anderes Beispiel für eine multilaterale migrationspolitische Zusammenarbeit war die Konferenz über die Flüchtlingsproblematik in der Gemeinschaft Unabhängiger Staaten (GUS) von 1996. Der UN-Generalsekretär hatte 1994 auf Wunsch der russischen Regierung UNHCR, IOM und die Organisation für Sicherheit und Zusammenarbeit in Europa (OSZE) mit der Ausrichtung und der langfristigen Auswertung der Ergebnisse dieser Konferenz beauftragt. Die teilnehmenden 47 Staaten und 25 Organisationen verabschiedeten einen Aktionsplan, der sowohl Prinzipien zur Flüchtlingspolitik als auch konkrete politische Maßnahmen enthielt. Die Konferenz hat nach allgemeiner Einschätzung erheblich zu einem gemeinsamen Problemverständnis beigetragen. Die Erwartung der GUS-Staaten, finanzielle Hilfe zur Bewältigung der Wanderungsbewegungen zu erhalten, wurde allerdings enttäuscht.[25]

Auf Initiative von UNHCR und IOM wurden in Südostasien zudem die Asia-Pacific Consultations (APC) eingerichtet, die dem Austausch der Regierungen über migrationspolitische Fragen dienen sollen. Ferner gibt es seit 1996 den von der IOM geförderten „Manila-Prozess", bei dem sich die Regierungen über irreguläre Wanderungsbewegungen informieren und versuchen, gemeinsame Regelungen zu finden, sowie seit 1999 den „South America Migration Dialogue", in dessen Rahmen sich neun südamerikanische Staaten über die Wanderungsbewegungen in ihrer Region austauschen. Weitere von IOM initiierte und organisierte Prozesse sind der Migration Dialogue for Southern Africa (MIDSA), der Migration Dialogue for Western Africa (MIDWA) und die Regional Conference on Migration (RCM).

4. Die mit Migration und Flucht befassten Organisationen der UN

Im Mittelpunkt der internationalen Kooperation der Asyl- und Migrationspolitik stehen die Organisationen der UN. Sie können nach ihrer institutionellen Zugehörigkeit und ihrer inhaltlichen Arbeit unterschieden werden: Das UN-System umfasst die Institutionen des Wirtschafts- und Sozialrates (ECOSOC), des Sekretariats, der Spezialorgane und Programme sowie der Sonderorganisationen.[26]

25 Vgl. im Internet: http://www.icva.ch/parinac/docs/iic/en/view.
26 Vgl. zur Übersicht: Sven Bernhard Garais und Johannes Varwick, Die Vereinten Nationen.

Der *Wirtschafts- und Sozialrat* übt als Hilfsorgan der Generalversammlung eine vornehmlich entwicklungspolitische Informations-, Beratungs- und Koordinierungsfunktion aus. Er unterhält funktionale Fachkommissionen, beispielsweise die mit Menschenschmuggel und Menschenhandel befasste Fachkommission für Verbrechensprävention, die Menschenrechtskommission und die Bevölkerungskommission. Die dem Rat angegliederten Regionalkommissionen beschäftigen sich u.a. mit Arbeitsmigration und damit verbundenen Fragen der regionalen Integration. Der Rat ist zudem das Bindeglied zu den UN-Sonderorganisationen wie der FAO, der UNESCO und der ILO, übt aber nur wenige operative Aufgaben aus.

Das *UN-Sekretariat* leitet im Rahmen seiner sowohl administrativen als auch politischen Aufgaben einige Hilfsorgane und Fachabteilungen, die sich mit Flucht und Migration befassen. Dazu gehört vor allem das für die Mobilisierung und Koordinierung von humanitärer Hilfe zuständige *Büro für Humanitäre Angelegenheiten* (Office for the Co-ordination of Humanitarian Affairs, OCHA).

Für die Erfassung und Erforschung von Bevölkerungsentwicklungen ist die *UN-Bevölkerungsabteilung* (UN Population Division) zuständig. Sie veröffentlicht Statistiken und hat in den letzten Jahren einige viel beachtete Prognosen und Modellrechnungen u.a. zum Zusammenhang von Migration und Bevölkerungsentwicklung erstellt.[27] Sie organisiert zudem wissenschaftliche und politische Fachtagungen und Konferenzen zu bevölkerungspolitischen Themen.

Im Sekretariat ist zudem noch das *Büro des UN-Hochkommissars für Menschenrechte* (Office of the UN High Commissioner for Human Rights, OHCRH) angesiedelt. Das Büro soll die Implementierung der internationalen Menschenrechtsnormen vorantreiben und überwachen. Ein Arbeitsschwerpunkt ist die Bekämpfung des Menschenhandels, wobei der Hochkommissar sich insbesondere um die Einbringung von menschenrechtlichen Normen in internationale und nationale Strategien zur Bekämpfung dieser Verbrechen bemüht. Das Büro hat eine Anzahl von Berichterstattern ernannt, unter anderem einen Sonderberichterstatter für die Menschenrechte von Migranten.

Bei den anderen UN-Organisationen ist zwischen Spezialorganen und Sonderorganisationen zu unterscheiden. Die Spezialorgane sind von der Generalversammlung eingesetzte Nebenorgane der UN. Sie sind weisungsgebunden, haben keinen eigenen völkerrechtlichen Status und keine Budgethoheit, selbst wenn sie eigene Einkünfte haben. Trotzdem treten sie aufgrund ihrer Größe und ihrer Mittelaus-

---

Aufgaben, Instrumente und Reformen, Opladen: Leske und Budrich 2002, 2. Aufl.; IOM, Compendium of Intergovernmental Organisations Active in the Field of Migration, Genf 2002.

27 Viel Beachtung in Forschung und Politik haben ihre Überlegungen zu „replacement migration" gefunden, also zum Beitrag von Zuwanderung als Gegengewicht zur demografischen Schrumpfung und Alterung der Bevölkerung in den entwickelten Industriestaaten. Vgl. UN Population Division, Replacement Migration, Is it A Solution to Declining and Ageing Populations?, New York 2000. Im Internet: http://www.un.org/esa/population/unpop.htm.

stattung nach außen häufig als eigenständige Organisationen auf. Aufgaben im Migrations- und Flüchtlingsbereich erfüllen neben dem *Flüchtlingshilfswerk* UNHCR und dem das *Hilfswerk für Palästina-Flüchtlinge* (UN Relief and Work Agency for Palestine Refugees in the Near East, UNRWA) auch das *UN-Kinderhilfswerk* (UN Childrens Fund, UNICEF), das *Welternährungsprogramm* (World Food Programme, WFP) und das *UN-Entwicklungsprogramm* (UN Development Programme, UNDP). Letzteres erstellt den jährlichen „Bericht über die menschliche Entwicklung"[28] und organisiert einen Informationsaustausch vor allem zwischen Entwicklungsländern über Migration und Fluchtbewegungen. Die Organisation fördert zudem die Demobilisierung und Reintegration von Konfliktbeteiligten sowie Projekte zur nachhaltigen Entwicklung nach der Beendigung von gewalttätigen Konflikten.

Die 16 Sonderorganisationen der UN sind im Gegensatz zu den Spezialorganen auf völkerrechtlichen Verträgen beruhende zwischenstaatliche Organisationen mit eigener Budgethoheit und eigener Mitgliedschaft, deren Zusammenarbeit mit den UN durch Abkommen geregelt sind. In Bezug auf internationale Wanderungsbewegungen ist hier vor allem die Internationale Arbeitsorganisation (ILO) zu nennen.

Im Folgenden werden die drei wichtigsten wanderungsbezogenen internationalen Organisationen betrachtet: ILO, IOM und UNHCR. Während ILO als Sonderorganisation und UNHCR als Spezialorgan zum UN-System gehören, steht IOM als intergouvernementale Organisation außerhalb dieses Systems. Der Schwerpunkt liegt dabei auf UNHCR, nicht nur wegen der Bedeutung für den internationalen Flüchtlingsschutz, sondern weil für diese Organisation die in der Einleitung angesprochenen Probleme besonders relevant sind.

4.1 Die Internationale Arbeitsorganisation (ILO)

Diese 1919 gegründete und als einzige UN-Organisation mit einer Struktur aus Arbeitgebern, Gewerkschaften und Vertretern der Mitgliedstaaten versehene Organisation ist, wie oben bereits angemerkt, für die Entwicklung und Verbreitung internationaler Arbeitsnormen zuständig. Die ILO betrachtet Arbeitsmigration grundsätzlich als positiv, da sie in vielen Gebieten der Welt erheblich zu Wachstum und Wohlstand beigetragen habe und auch immer noch eine wichtige Triebkraft für regionale Integration sei. Nach Einschätzung der ILO haben außerdem Rücküberweisungen von Migranten inzwischen für viele Herkunftsländer eine große wirtschaftliche Bedeutung, und viele Schwellenländer sind auf un- und angelernte

---

28 Letzte Ausgabe: UNDP, UN-Bericht über die menschliche Entwicklung 2002. Stärkung der Demokratie in einer fragmentierten Welt, Bonn 2002.

ausländische Arbeitskräfte angewiesen, ebenso wie viele Industrieländer auf hochqualifizierte Zuwanderer.[29]

Die ILO beschäftigt sich vor allem mit zwei Problembereichen, die mit der wirtschaftlichen Globalisierung und zunehmenden Einkommensgefälle zwischen entwickelten und weniger entwickelten Staaten zusammenhängen. Der erste Bereich ist die irreguläre Migration und die Ausbeutung von Arbeitskraft. Der Anteil der Irregulären unter den weltweit 80 bis 97 Millionen internationalen Arbeitsmigranten wird auf 15 Prozent geschätzt, mit steigender Tendenz aufgrund der restriktiven Einwanderungspolitik vieler Staaten. Dies ist mit einer wachsenden Bedeutung des Menschenschmuggels und der Ausbeutung in sklavenähnlichen Arbeitsverhältnissen verbunden, einschließlich der Kinderarbeit und Zwangsprostitution. Der zweite Problembereich betrifft den sog. *brain drain,* also die Abwanderung Hochqualifizierter aus Entwicklungsländern. Dies ist eine ambivalente Entwicklung, bei der für die Herkunftsländer Vorteile im Hinblick auf eine Entlastung des eigenen Arbeitsmarktes und einer späteren Rückkehr der dann über mehr Erfahrung und Kapital verfügenden Fachkräfte die Nachteile einer durch die Abwanderung der Fachkräfte möglicherweise noch weiter gebremsten Entwicklung gegenüber stehen.

Aus dieser Problemwahrnehmung hat die ILO zwei zentrale Arbeitsfelder abgeleitet: Zum einen bemüht sie sich um den Schutz der Rechte von Arbeitsmigranten und die Förderung ihrer Integration im Aufnahmeland. Hierzu bietet sie den Regierungen Beratungen über migrationspolitische Maßnahmen an, fördert das Bewusstsein für die ILO-Konventionen und führt Antidiskriminierungskampagnen zum Schutz ausländischer Arbeitskräfte und zur Bekämpfung des Menschenhandels durch. Der zweite Bereich betrifft die Förderung eines internationalen Austausches über die Steuerung von Migration. Hierzu bietet die ILO Untersuchungen und Studien über die Umsetzung der internationalen Arbeitsstandards, über die Effizienz staatlicher Migrationspolitik und regionaler Migrationspolitik sowie die Einrichtung entsprechender Diskussionsforen an. Diese Angebote werden durch Forschungs- und Dokumentationsdienstleistungen ergänzt, etwa zur internationalen Migration, über die Migration von Hochqualifizierten oder über die Feminisierung von Wanderungsbewegungen.

4.2 Die International Organization for Migration (IOM)

IOM wurde 1951 als Intergovernmental Committee on European Migration gegründet. Die Organisation hat im Laufe der Jahrzehnte ihre Aufgaben, die sich zunächst auf den Transport von Flüchtlingen im Nachkriegseuropa beschränkten,

---

29 Vgl. im Internet: http://www.ilo.org/public/english/protection.

erheblich ausgedehnt, ebenso wie ihren räumlichen Arbeitsbereich. Heute ist sie die bedeutendste wanderungsbezogene intergouvernementale Organisation.[30]

Der Kernbereich besteht nach wie vor in der logistischen Unterstützung beim Transfer von Flüchtlingen, Migranten und Binnenvertriebenen nach Beendigung von wanderungsauslösenden Konflikten. Zur Stabilisierung in ehemaligen Konfliktgebieten – wie beispielsweise in Afghanistan, Osttimor und Kosovo – bietet IOM neben der Hilfe bei der Versorgung mit humanitären Gütern auch die Entwicklung kurzfristiger Maßnahmen zur *community building* und zur Förderung von Kleinstunternehmen, ebenso wie Unterstützung bei der Demobilisierung ehemaliger Kämpfer an.

Des weiteren fördert IOM die internationale Arbeitsmigration durch Unterstützung der Herkunfts- und Aufnahmeländer bei der Auswahl und der Rekrutierung der Migranten. Hierzu gehört auch die Hilfe bei der Aufnahme und der Integration dieser Menschen. IOM bietet zudem Informationskampagnen für potenzielle Migranten an und vermittelt Informationen über die rechtlichen, sozialen und wirtschaftlichen Bedingungen im Aufnahmeland.

Außerdem organisiert IOM einen Austausch zwischen Regierungen, internationalen Organisationen und NGOs über migrationsbezogene Probleme, entwickelt Konzepte zur nachhaltigen Migrationspolitik und organisiert der Austausch von Erfahrungen mit migrationspolitischen Maßnahmen. Eine weitere Aufgabe ist die Unterstützung der Regierungen bei der (freiwilligen) Rückkehr von abgelehnten Flüchtlingen und irregulären Zuwanderern sowie von rückkehrwilligen Arbeitsmigranten und anerkannten Flüchtlingen.

Zur Bekämpfung des Menschenhandels bietet IOM neben Informationskampagnen in potenziellen Herkunftsländern auch eine Beratung für Betroffene sowie Hilfe bei der Rückkehr an und unterstützt die Regierungen bei einer Verbesserung der rechtlichen Instrumente und der technischen Einrichtungen zur Bekämpfung des Menschenhandels.

4.3 Der Hochkommissar für Flüchtlinge der UN (UNHCR)

Innerhalb des UN-Flüchtlingsschutzes ist der UNHCR die wichtigste Organisation.[31] Seine derzeitige Rolle wird erst vor dem Hintergrund seiner historischen Entwicklung deutlich. Das UN-Spezialorgan wurde im Dezember 1949 zunächst

---

30 Vgl. im Internet: http://www.iom.int; siehe zur Übersicht auch IOM, World Migration Report 2000, Genf 2000.
31 Zur Geschichte des internationalen Flüchtlingsschutzes und des UNHCR vgl. Gil Loescher, The UNHCR and World Politics, Oxford 2001; Volker Türk, Das Flüchtlingshochkommissariat der Vereinten Nationen (UNHCR), Berlin 1992; zum Folgenden: Steffen Angenendt, Das Weltflüchtlingsproblem und die Vereinten Nationen, in: Aus Politik und Zeitgeschichte, B 27-28/2002, S. 26-31.

nur für drei Jahre eingerichtet. Sein Mandat wurde als „unpolitisch und humanitär" definiert, ohne dass präzisiert wurde, was darunter zu verstehen sei. Zeitgleich wurde das UN-Hilfswerk für palästinensische Flüchtlinge (UNWRA) gegründet, das sich um die bei der Gründung des israelischen Staates aus ihrer Heimat vertriebenen Palästinenser kümmern und in den von ihnen bewohnten Gebieten Entwicklungsprojekte durchführen sollte.

Sowohl die Statuten des UNHCR als auch die im Juli 1951 verabschiedete und 1954 in Kraft getretene GFK sind auf den zentralen Begriff der „individuellen Verfolgung" ausgerichtet. Diese von den westlichen Staaten durchgesetzte Definition des Flüchtlings war eine politische Festlegung, die sowohl die Verfolgungen während des Zweiten Weltkrieges als auch den Ost-West-Konflikt reflektierte: Unter diese Definition fielen politische Flüchtlinge aus den kommunistischen Staaten ebenso wie Angehörige religiöser und ethnischer Minderheiten.

In den 1950er Jahren war der internationale Flüchtlingsschutz stark vom Kalten Krieg geprägt. Die vom UNHCR betreuten Flüchtlingen stammten fast ausschließlich aus kommunistischen Staaten. Für die westlichen Staaten bedeutete die Aufnahme dieser Flüchtlinge ein Beitrag zur Eindämmung des Kommunismus. 1957 dehnte UNHCR seine Hilfsleistungen erstmals auf außereuropäische Gebiete aus und unterstützte nach Hongkong geflohene Chinesen sowie algerische Flüchtlinge in Marokko und Tunesien.

Diese Internationalisierung der Arbeit des UNHCR setzte sich in den 1960er und 1970er Jahren fort. Der Hintergrund war die Entkolonialisierung und die Einbeziehung Afrikas und Asiens in die globale Konfrontation der Machtblöcke. Die Unabhängigkeitskriege und die damit verbundenen Massenfluchtbewegungen wurden von den westlichen Staaten als Sicherheitsrisiko angesehen, da sie den Ostblockstaaten die Ausdehnung ihres Einflussbereichs hätten ermöglichen können. Die Bewältigung von Flüchtlingskrisen wurde zu einem strategischen Ziel der westlichen Staaten. In diesem Zeitraum entwickelte sich der UNHCR zu einer weltweit tätigen humanitären Organisation und engagierte sich erstmals für Menschen in „flüchtlingsähnlichen Situationen".

In den 1980er Jahren wurden Flüchtlinge immer stärker in die Stellvertreterkriege in Asien, Afrika und Lateinamerika einbezogen. Einige Konfliktparteien rekrutierten Kämpfer unter den in die Nachbarländer Geflüchteten und nutzten die Flüchtlingslager als militärische Nachschubbasen oder Rückzugsgebiete. Viele Flüchtlingssituationen verstetigten sich ohne Aussicht auf baldige Beendigung. Der Unterhalt der Lager nahm erhebliche Finanzmittel und organisatorische Kapazitäten in Anspruch. Gleichzeitig nahm die Zahl der Flüchtlinge, die in den westlichen Staaten Zuflucht suchten, kontinuierlich zu. Die Beurteilung des UNHCR durch die westlichen Regierungen begann sich daher zu verändern: Sie werteten die Arbeit des Amtes zunehmend als ungeeignet zur Lösung von Flüchtlingskrisen. Als Folge bemühten die Regierungen sich selbst auf bi- und multilateraler Ebene um eine Bewältigung der Flüchtlingsprobleme und nahmen dabei immer weniger Rücksicht auf Forderungen und Positionen des Amtes.

Nach dem Ende des Ost-West-Konfliktes veränderte sich die Wahrnehmung der Flüchtlinge in zweifacher Hinsicht: Zum einen wurden Flüchtlinge nicht mehr als strategisches Instrument im Machtkampf der politischen Blöcke betrachtet, sondern zunehmend als Belastung empfunden. Zum anderen schürten die Massenfluchtbewegungen der 1990er Jahre die Furcht vor politischer Destabilisierung in den Herkunftsgebieten und wurden so ein Thema sicherheitspolitischer Debatten. In diesen Jahren autorisierte der UN-Sicherheitsrat erstmals humanitäre Interventionen, etwa im Nordirak, in Somalia, im ehemaligen Jugoslawien und in Haiti, um Fluchtbewegungen zu verhindern.

Unter der Leitung von Sadako Ogata ab dem Jahr 1991 beschleunigte sich die Entwicklung des UNCHR zu einer in pragmatischer Weise Nothilfe leistenden humanitären Organisation, und das Amt griff in einer Weise in die internen Angelegenheiten der von Flüchtlingskatastrophen betroffenen Staaten ein, die während des Kalten Krieges undenkbar gewesen wäre. So nahm die Hochkommissarin mehrfach militärische Unterstützung in Anspruch, um die immensen logistischen Aufgaben bewältigen zu können. Zudem dehnte sie ihre Hilfe auf immer mehr Bevölkerungsgruppen aus, insbesondere auf Binnenvertriebene und auf allgemein durch bewaffnete Konflikte bedrohte Menschen. Innerhalb von sechs Jahre stieg die Zahl der Menschen, für die der UNHCR zuständig war, von 15 auf 26 Millionen im Jahr 1997.

Die Industriestaaten entwickelten in dieser Phase immer restriktivere Maßnahmen, um die Zuwanderung von Asylbewerbern zu reduzieren. In diesem Zusammenhang wurden neue Schutzmechanismen, wie beispielsweise der befristete Schutz von Kriegs- und Bürgerkriegsflüchtlingen oder die Unterbringung in sogenannten Schutzzonen in den Herkunftsgebieten, u.a. im Nordirak oder in Bosnien, erprobt. Vom UNHCR verlangten die Industriestaaten größere Anstrengungen bei der Rückkehrförderung. Die Hochkommissarin kam diesen Wünschen auch nach, was unter anderem in der Abkehr von dem traditionellen Grundsatz, dass die Rückkehr von Flüchtlingen immer freiwillig zu erfolgen habe, deutlich wurde. Nun ging UNHCR dazu über, die organisierte Rückkehr auch dann zu unterstützen, wenn lediglich eine sichere Rückkehr gewährleistet war.

Dieser kurze Überblick zeigt, dass es ein Grundproblem des gegenwärtigen Flüchtlingsschutzes ist, dass die UN-Flüchtlingshilfe grundsätzlich unpolitisch und rein humanitär sein soll. Das war aber weder in der Vergangenheit der Fall noch gilt es für die Gegenwart: Regierungen weigern sich oft genug, humanitäre Hilfe zuzulassen, weil sie dies als Eingriff in ihre nationale Souveränität verstehen. Zudem ist die Arbeit der UN-Organisationen auch deshalb in hohem Grad politisch, weil sie Flüchtlingen und vor allem Binnenvertriebenen nur dann Hilfe zukommen lassen können, wenn sie mit den jeweiligen Machthabern verhandeln – mögen diese auch noch so offensichtlich Menschenrechtsverletzungen begangen haben und die eigentliche Ursache für die Fluchtbewegungen sein.

Zur Politisierung der Flüchtlingshilfe trägt ebenso bei, dass die UN-Organisationen in hohem Maße von den geldgebenden Regierungen abhängig sind. Der UNHCR beispielsweise wird fast ausschließlich von den USA, Japan und der EU beziehungsweise ihren Mitgliedstaaten finanziert. Dabei sind die Regierungen bei ihrer Mittelzuweisung in den letzten Jahren immer selektiver geworden. Dies wird darin deutlich, dass immer größere Anteile des UNHCR-Budgets „earmarked", also an eine Verwendung für bestimmte Zwecke oder Flüchtlingskatastrophen gebunden sind.

Beide Entwicklungen, die politische Instrumentalisierung und die Abhängigkeit von strategischen Zielen der Geldgeber, tragen zu dem dritten Hauptproblem bei: der UNHCR konnte in den vergangenen Jahren immer weniger seiner Hauptaufgabe, Flüchtlingen Schutz zu gewähren, nachkommen. Für die Führung des Amtes hatte es oft Priorität, den geldgebenden Regierungen zu beweisen, dass die Organisation in der Lage ist, komplexe humanitäre Katastrophen zu bewältigen und die damit verbundenen Flüchtlingsprobleme einzudämmen. Weniger wichtig war es, Erfolge beim Erhalt oder bei der Weiterentwicklung des rechtlichen Flüchtlingsschutzes zu erzielen. Das Eigeninteresse des UNHCR an einer politischen Aufwertung und am institutionellen Wachstum ist verständlich, hat aber die Abhängigkeit von den Geldgebern verstärkt. Dies wurde auch daran deutlich, dass das Amt in den 1990er Jahren oft nur äußerst zurückhaltend Kritik an Verschärfungen des Asylrechts in den Geberländern geäußert hat. Die Hintanstellung des Schutzaspektes hat zur gegenwärtigen Krise des Asylrechts beigetragen.

Das schnelle Wachstum des UNHCR und die Ausweitung seiner Tätigkeit ohne eine entsprechende Erweiterung oder Veränderung seines Mandats sowie die oft unzureichend organisierte und koordinierte Zusammenarbeit mit anderen UN-Institutionen und NGOs haben dazu geführt, dass in den letzten Jahren einige humanitäre Hilfsaktionen in Hinblick auf den Schutz der Flüchtlinge nicht optimal verlaufen sind oder den Flüchtlingen sogar geschadet haben, wie beispielsweise übereilte Rückführungen in noch unsichere Gebiete.[32]

5. Fazit

Um aus diesem Überblick Folgerungen für die künftige wanderungsbezogene internationale Zusammenarbeit zu ziehen, ist es sinnvoll, zwischen Flüchtlings- und Migrationspolitik zu unterscheiden.

Die zentrale Frage bezüglich des künftigen Flüchtlingsschutzes und der Rolle des UNHCR lautet: Soll es auch weiterhin eine UN-Organisation geben, deren

---

32 Vgl. hierzu u.a. Susan F. Martin, Forced Migration and the Evolving Humanitarian Regime (UNHCR, New Issues in Refugee Research, Nr. 20), Genf, Juli 2000.

Hauptzweck die Überwachung und Förderung des internationalen Flüchtlingsschutzes ist und die hierfür ein eindeutiges und alleiniges Mandat hat? Oder braucht die internationale Gemeinschaft eher eine Organisation, deren primäre Aufgabe die materielle Hilfe in komplexen humanitären Katastrophen ist und die mit den dafür nötigen Kapazitäten und einem entsprechenden Mandat ausgestattet wird, für die dann aber der Flüchtlingsschutz eine Aufgabe unter anderen ist?

Für die zweite Perspektive würde sprechen, dass Geberländer eher bereit sind, solchen Organisationen finanzielle Mittel zur Verfügung zu stellen, die einen substanziellen Beitrag zur Lösung ihrer Probleme leisten. Die grundsätzliche Fähigkeit dazu hat der UNHCR im letzten Jahrzehnt bewiesen. Dagegen steht, dass es zahlreiche andere UN-Organisationen und NGOs gibt, die humanitäre Hilfe in komplexen Katastrophen leisten können und diese eventuell sogar effizienter erbringen könnten, weil sie hinsichtlich des Personals und der Organisation flexibler wären und bei ihnen geringere Spannungen zwischen dem Mandat und der praktischen Tätigkeit entstünden.

Für die erste Perspektive, die Rückbesinnung auf den Flüchtlingsschutz, spricht, dass es keine andere internationale Organisation gibt, die über eine dem UNHCR vergleichbare personelle und institutionelle Expertise für den Flüchtlingsschutz verfügt. Der UNHCR wäre bei einer Konzentration auf seine Kernkompetenz auch besser in der Lage, seine Anliegen gegenüber Regierungen und anderen Akteuren zu vertreten, weil das Amt dann weniger Rücksicht auf deren politische und strategische Interessen nehmen müsste.

Es geht bei der Zukunft des Flüchtlingsschutzes im Grunde um die Frage, ob die internationale Gemeinschaft überhaupt noch eine institutionelle Zuständigkeit für Flüchtlinge haben will. Das Problem ist, dass spätestens seit Ende des Kalten Krieges eine Tendenz vorherrscht, Flüchtlinge vornehmlich unter Sicherheits- und Kontrollaspekten zu betrachten. Flüchtlinge und Asylbewerber werden in erster Linie als Bedrohung der nationalen, regionalen und internationalen Sicherheit verstanden:[33] Die nach innen gerichtete Variante dieses Denkens versucht, die Zuwanderung von Flüchtlingen zu verhindern oder ihre Anwesenheit zu verkürzen. Die nach außen gerichtete Variante zielt auf eine stärkere Einbindung von außen- und sicherheitspolitischen Aktivitäten in die Flüchtlingspolitik, etwa durch eine Forcierung von bi- und multilateralen Rückübernahmeabkommen, durch extraterritoriale Schutzgewährung oder durch humanitäre Interventionen zur Vermeidung von Fluchtbewegungen. In beiden Fällen wird der Flüchtling nicht primär als Opfer politischer Gewalt, sondern als Bedrohung wahrgenommen.

Dabei wird häufig nicht nur ignoriert, dass der individuelle Flüchtlingsschutz eine der wichtigsten zivilisatorischen Errungenschaften und für alle demokratischen Gemeinwesen konstitutiv ist, sondern auch, dass es inzwischen, wie oben beschrieben, zahlreiche völkerrechtliche und völkergewohnheitsrechtliche Verankerungen

---

33 Vgl. hierzu Guy S. Goodwin-Gil, After the Cold War: Asylum and the Refugee Concept Move On, in: Forced Migration, Nr. 10, April 2001, S. 14-16.

des Flüchtlingsschutzes gibt, an die sich Staaten zu halten haben. Hierzu gehören neben der GFK insbesondere die Allgemeine Erklärung der Menschenrechte, der Internationale Pakt über bürgerliche und politische Rechte, die Antifolter-Konvention der UN und die UN-Kinderrechtskonvention. So ist es inzwischen im internationalen Recht unbestritten, dass der Flüchtlingsschutz ein universelles Prinzip ist, dass Flüchtlinge Menschenrechte haben, dass zur Feststellung der Flüchtlingseigenschaft Verfahren notwendig sind, dass sich der Flüchtlingsschutz sowohl auf Individuen als auch auf Gruppenangehörige erstrecken muss und dass sich das Nicht-Zurückweisungsgebot in Länder, in denen Verfolgung droht, sowohl auf schon im Aufnahmeland Befindliche als auch auf an der Grenze um Asyl Nachsuchende erstrecken muss.

Eine Rückbesinnung des UNHCR auf seine traditionellen Kernaufgaben wäre allerdings nicht ausreichend. Es müssen vielmehr grundsätzliche Veränderungen am Mandat und an der Arbeitsweise der Organisation vorgenommen werden, damit der veränderten Flüchtlingsproblematik Rechnung getragen werden kann:

Erstens müssen die Unterzeichnerstaaten nachdrücklicher als bisher zur Einhaltung der Prinzipien der GFK angehalten werden. Die Verbreitung der Konvention muss gefördert werden. Dabei müssen durch entsprechende Ergänzungen der GFK und des UNHCR-Statuts die Schutzlücken für geschlechtsspezifisch und nichtstaatlich Verfolgte sowie für Binnenvertriebene geschlossen werden. Der zunehmenden Feminisierung der Fluchtbewegungen muss durch eine stärkere Berücksichtigung von geschlechtsspezifischer Verfolgung Rechnung getragen werden, da Frauen – wie auch Kinder – in gewalttätigen Auseinandersetzungen besonders gefährdet sind. In vielen Staaten wird zudem nur ein kleiner Teil der Asylbewerber anerkannt, während den abgelehnten Asylbewerbern, die wegen drohender Verfolgung oder aus anderen Gründen nicht in ihre Heimat zurück können, für lange Zeit lediglich ein rechtlich unsicherer Aufenthalt zugestanden wird. Es müssen dringend international verbindliche Versorgungsstandards für Menschen entwickelt werden, die einen solchen komplementären Status besitzen.

Zweitens muss sich die Organisation stärker um menschenrechtlich unbedenkliche Mindeststandards für den subsidiären Schutz von Kriegs- und Bürgerkriegsflüchtlinge außerhalb von Asylverfahren bemühen und regionale und internationale Vorkehrungen für die Aufnahme solcher Flüchtlinge und für eine entsprechende Lastenteilung fördern. Dazu würde auch gehören, die bereits in Südostasien, Haiti und im Kosovo angewendeten Verfahren für den Schutz von Flüchtlingen in der Herkunftsregion zu verbessern.

Drittens muss der UNHCR die Entwicklung von Verfahren vorantreiben, die Flüchtlingen vor ihrer Ausreise aus dem Heimatland Schutz bieten können, etwa durch die Einrichtung von entsprechenden UNHCR-Büros, die für eine geregeltes und sicheres Verlassen des Landes sorgen. Die bisherigen Versuche in Kuba oder Vietnam haben zwiespältige Ergebnisse gebracht.

Viertens ist der internationale Flüchtlingsschutz bislang auf Menschen beschränkt, die ihr Heimatland verlassen haben. Binnenflüchtlinge, die in der Regel das gleiche Schutz- und Versorgungsbedürfnis haben wie Flüchtlinge, die ins Ausland fliehen, fallen nicht unter die GFK. Hier müssen die Schutzvorschriften und die Zuständigkeiten der internationalen Organisationen angepasst werden.

Hinsichtlich des zweiten Politikbereiches, der internationalen Migration, ist davon auszugehen, dass in den hoch industrialisierten Ländern die Exportabhängigkeit angesichts der schrumpfenden und alternden eigenen und der wachsenden Weltbevölkerung künftig zunehmen wird, ebenso wie die Bedeutung der technologischen Innovationsfähigkeit. Da das zur internationalen Konkurrenzfähigkeit nötige Wissen schon seit langem nicht mehr in einem Land erzeugt werden kann, sind alle hoch entwickelten Industrieländer auf den Import und den grenzüberschreitenden Austausch von Wissen angewiesen. Sie werden in erheblich größerem Umfang als bisher internationale Mobilität fördern und ausländische Arbeitskräfte importieren müssen. Allerdings ist die internationale Konkurrenz um Hoch- und Höchstqualifizierte bereits heute groß. Um für die Einwanderer, die sie brauchen, attraktiv zu sein, werden die Industrieländer Zuwanderungshindernisse abbauen und eine „Aufnahmekultur" entwickeln müssen. Eine solche Öffnung für eine geregelte Einwanderung wird vielen Regierungen schwer fallen, wenn Einheimische diese Menschen weiterhin als zusätzliche Konkurrenten um Arbeitsplätze oder Sozialleistungen auffassen oder sie als Sicherheitsrisiko wahrnehmen.

Es ist offensichtlich, dass die Migrationspolitik mit ihren schon innerhalb der Staaten vielfältigen Herausforderungen und den auf sie wirkenden zahlreichen Interessen und Optionen, die in Einklang gebracht werden müssen, eine erhebliche zwischenstaatliche und internationale Kooperation erfordert, bei der internationale Organisationen und regionale Beratungsprozesse eine wichtige Rolle spielen können. Dabei werden vor allem zwei Bereiche von besonderer Bedeutung sein: Zum einen müssen die nationalen Instrumente zur Steuerung von Wanderungsbewegungen verbessert werden. Dies beinhaltet klare und transparente Einwanderungsbestimmungen und -verfahren der Aufnahmeländer und deren zwischenstaatliche Koordinierung. Zum anderen ist zur Steuerung der Wanderungsbewegungen ein internationales Migrationsregime notwendig, das in internationalen Abkommen festlegt, welche Verpflichtungen Herkunfts-, Transit- und Aufnahmeländer gegenüber Migranten haben. Bislang ist die Bereitschaft der Staaten zum Aufbau eines solchen Regimes gering. Auch hierbei könnten die internationalen Organisationen, vor allem IOM und ILO, eine wichtige Vermittlungsfunktion übernehmen.

Teil 2: Einwanderung in starken und schwachen Nationalstaaten

Oliver Schmidtke

Das kanadische Einwanderungsmodell: Wohlverstandenes
Eigeninteresse und multikulturelles Ethos

*1. Einleitung: Kanada als multikulturelle Einwanderungsgesellschaft
par excellence*

Kanada kann in vielfacher Hinsicht als paradigmatisches Beispiel für eine moderne Einwanderungsgesellschaft gelten: Dem kanadischen Staat kommt eine zentrale Rolle bei der Anwerbung und Integration von Einwanderer zu, deren wirtschaftliche und soziale Wirkung auf die kanadische Gesellschaft durch ein differenziertes Bündel an Maßnahmen zu optimieren versucht wird. Die beständig hohen Zuwanderungsraten im zwanzigsten Jahrhundert (jüngst jährlich etwa 250.000 Einwanderer) haben Kanada zu einer ethnisch-kulturell hochgradig differenzierten Gesellschaft werden lassen. Etwa jede fünfte Person ist nicht im Land selbst geboren, in Städten wie Toronto liegt dieser Anteil sogar bei über 40%, wodurch die unmittelbare Immigrationserfahrung einen prägenden Charakter für die verschiedensten Aspekte der kanadischen Gesellschaft erhält. Dies spiegelt sich auch in der öffentlichen Wahrnehmung der Einwanderung: Im Gegensatz zu den meisten europäischen Gesellschaften gilt es in Kanada weitgehend als Konsens, dass Einwanderer als ökonomische und kulturelle Bereicherung der eigenen Gemeinschaft verstanden werden und sich der Begriff dessen, was die kanadische Nation ausmacht, durch die verschiedenen Einwanderungsschübe fortwährend qualitativ wandelt.

Um die spezifischen Merkmale des kanadischen Einwanderungsmodells beleuchten zu können, wird als Interpretationsfolie der indirekte Vergleich mit europäischen Nationalstaaten herangezogen. Dieser Bezug bietet sich an, weil Kanada und Europa historisch auf der einen Seite auf einer ähnlichen Tradition nationalstaatlicher Gemeinschaftsbildung und Migrationserfahrung aufbauen, auf der anderen Seite aber in der zweiten Hälfte des zwanzigsten Jahrhunderts recht unterschiedliche Wege in der Anwerbung und Behandlung von Einwanderern gegangen sind. Im Zentrum der Diskussion wird hierbei der Prozess stehen, der es der kanadischen Gesellschaft erlaubte, die Idee ethnisch-kultureller Homogenität als Grundlage des sozialen und politischen Integrationsmodus schrittweise durch den Gedanken an eine durch geteilte wirtschaftliche Interessen und politische Werte getragene Gemeinschaft zu ersetzen. In dieser Hinsicht hat sich Kanada ein ganzes Stück dem liberalen Paradox entziehen können, wonach die universalistische Inklusion nach innen untrennbar an die partikularistischen und normativ arbiträren (da ethnisch-kulturell sanktionierten) Grenzen des Nationalstaates gebunden ist, ohne doch – wie im folgenden darzustellen ist – seiner Logik gänzlich zu entkommen.

In diesem Beitrag soll den geschichtlichen Grundlagen des kanadischen Einwanderungsmodells nachgegangen und die Frage beantwortet werden, wie sich Kanada im zwanzigsten Jahrhundert von einer kolonialen Siedlergesellschaft zu einer Nation mit einem hochmodernen Einwanderungssystem hat wandeln können. Das Hauptaugenmerk wird hierbei darauf liegen, wie sich in den Nachkriegsjahrzehnten die Regulierung von Einwanderung und Integration zunehmend an den komplementären programmatischen Zielen des sozio-ökonomischen Eigeninteresses und des Ethos eines multikulturellen Gemeinschaftssinns orientiert. In einem abschließenden Teil wird diskutiert, wie dieses Modell in Zeiten der Globalisierung und der veränderten Rolle des Nationalstaates wenn nicht in seiner Integrität gefährdet wird, so doch vor einem tiefgreifenden Wandlungsprozess steht.

2. Geschichtliche Grundlagen und aktuelle Entwicklungen des kanadischen Einwanderungsmodells

2.1 Einwanderung als nation-building

Die Ursprünge des kanadischen Einwanderungsmodells weisen paradoxe Züge auf: Auf der einen Seite ist Kanada in einem radikalen Sinn eine Gesellschaft, deren geschichtliche Existenz – sieht man einmal von der heute numerisch eher kleinen Gemeinschaft der Ureinwohner ab – auf das Zusammenleben von zumeist europäischen Einwanderergruppen zurückgeht. Gleichzeitig aber war Kanada seit seiner Konföderation im Jahr 1867 darum bemüht, seine europäisch-koloniale Identität insbesondere gegenüber seinem mächtigen Nachbarn im Süden zu verteidigen. Dieses Bestreben, Kanada als „white settler society or colony" (Stasiulis/Jhappan 1995) in seiner kulturell-ethnischen Eigenart zu bewahren, hat das Selbstverständnis dieser Nation bis weit in das zwanzigste Jahrhundert hinein geprägt. Die Loyalität gegenüber der britischen und französischen Kolonialmacht und die mit ihr historisch verbundene Abwehr der machtpolitischen Ansprüche der USA ließ die Regulierung von Einwanderung zu einem zentralen Instrument der Nationenbildung und somit zu einem höchst sensiblen Politikum werden. Besonders in der Wahrnehmung der politischen Elite des Landes wurde die ethnische Zusammensetzung der kanadischen Gesellschaft zum Gegenstand nationalen Interesses und zum Test für die Selbstbehauptung der jungen kanadischen Konföderation.

Das Resultat war ein hochgradig selektiver Prozess bei der Anwerbung von

Einwanderern, bei dem darauf geachtet wurde, Migranten insbesondere britisch-protestantischer Herkunft für ein Leben in Kanada zu gewinnen. In offenkundiger Analogie zum europäischen Modell ethnisch-kultureller Homogenität wurde die Integrität des Landes an die Bewahrung des britischen (bzw. französischen) Charakters geknüpft (Badgley 1998). In dieser Hinsicht war die staatliche Praxis der Auswahl und Integration von Einwanderern in dieser Zeit durch das Diktum bestimmt, nicht-europäischen Gruppen die Ansiedlung im Land so schwer wie möglich zu machen. Als eindringliches Beispiel für die Diskriminierung gegenüber bestimmten Einwanderergruppen kann die sogenannte „chinesische Kopfsteuer" *(Chinese Head Tax and Exclusion Act)* gelten, die bis 1923 Bestand hatte. Obgleich chinesische Migranten insbesondere bei dem Bau der Eisenbahn einen unverzichtbaren Teil der Arbeitskräfte stellten, wurden sie verpflichtet, hohe Steuern für ihre Einwanderung nach Kanada und auf nachkommende Familienangehörige zu zahlen. Damit wurden sie oftmals der Möglichkeit beraubt, sich langfristig in Kanada anzusiedeln. Offen wurde eine solch staatlich beförderte Exklusion mit Bildern einer in ihrer Integrität gefährdeten Nation und Images der kulturellen Überlegenheit des europäisch-britischen Zivilisationsmodells gerechtfertigt.

Das Selbstbildnis der kanadischen Gesellschaft, die sozialen und wirtschaftlichen Herausforderungen des Landes und mit ihr auch die Rolle, die der Einwanderung in diesem Kontext zugedacht wurde, änderten sich erst grundlegend im Verlauf des zwanzigsten Jahrhunderts (Whitaker 1991). Zwar war die Einwanderungspolitik bis weit nach dem Zweiten Weltkrieg durch die oben beschriebenen ethnischen Selektionskriterien bestimmt, doch gewannen in dieser Zeit zunehmend pragmatischere und weniger an Ideen ethnisch-kultureller Identität orientierte Bilder an Gewicht. Die Elemente der Kontinuität und des Wandels sind in der folgenden programmatischen Stellungnahme des damaligen Premierministers Mackenzie King deutlich, die dieser im Mai 1947 vor dem Parlament abgab (zitiert aus Green/Green 1999):

The policy of the government is to foster the growth of the population of Canada by the encouragement of immigration. The government will seek legislation, regulation and vigorous administration, to ensure the careful selection and permanent settlement of such numbers of immigrants as can advantageously be absorbed in our national economy [...] With regard to the selection of immigrants, much has been said about discrimination. I wish to make it quite clear that Canada is perfectly within her rights in selecting the persons whom we regard as desirable future citizens. It is not a „fundamental human right" of any alien to enter Canada. It is a privilege. It is a matter of domestic policy [...] There will, I am sure, be general agreement with the view that the people of Canada do not wish, as a result of mass immigration, to make a fundamental alteration in the character of our population. Large-scale immigration from the Orient would change the fundamental composition of the Canadian population. Any considerable Oriental immigration would, moreover, be certain to give rise to social and economic problems of a character that might lead to serious difficulties in the field of international relations.

In diesem Zitat kommt die Umbruchsituation nach dem Krieg zum Ausdruck: Auf der einen Seite noch dem tradierten Gedanken der europäischen, weißen Siedlernation verpflichtet (Badgley 1998; Broadfoot 1986), nimmt doch auf der andern Seite der pragmatische Gesichtspunkt der sozio-ökonomischen Modernisierung des Landes einen zentralen Stellenwert ein. Ein entscheidender Aspekt in dieser modernisierten Form der Nationenbildung war die Idee, dass einzig Einwanderung auf fortgesetzt hohem Niveau in der Lage sei, Kanadas wirtschaftliche und politische Unabhängigkeit insbesondere mit Blick auf den (über-)mächtigen Nachbarn im Süden zu garantieren.[1] Eine in den fünfziger Jahren dominante Sorge um den Fortbestand einer unabhängigen kanadischen Nation findet seinen Ausdruck in einer für die Zeit durchaus repräsentativen Äußerung im kanadischen Parlament: „If we want to remain a nation, instead of becoming the 49th state, we will need a larger population, as quickly as possible."[2] In ähnlich dramatischer Façon formulierte der einstige Ministerpräsident John Diefenbaker 1957 den berühmt gewordenen Ausspruch, dass Kanada, wenn es nicht zum Verschwinden verdammt sein wolle, wachsen müsse („Canada must populate or perish"). In dieser Perspektive war das Gebot nationaler Selbstbehauptung nicht mehr an die Loyalität gegenüber den vormaligen Kolonialmächten, sondern vorrangig an die wirtschaftliche Konkurrenzfähigkeit und das Wachstum der Bevölkerung gebunden (Badgley 1998; Reimers/Troper 1992).

Der Gedanke, dass der kontrollierten und staatlich gesteuerten Einwanderung ein zentraler und für die Zukunft des Landes unabdingbarer Status zukommt, ist in den sechziger Jahren zum unumstrittenen Prinzip kanadischer Politik geworden. Weitgehend unabhängig von der Parteizugehörigkeit haben liberale und konservative Regierungen in den letzten Jahrzehnten die Bedeutung unterstrichen, die der Einwanderung für die Entwicklung aller Bereiche der kanadischen Gesellschaft zukomme. Sowohl um den ökonomischen und demografischen Herausforderungen gerecht zu werden (Alterung der Gesellschaft, Knappheit spezialisierter Arbeitskräfte etc.) als auch mit Blick auf die grundsätzlichen politischen und humanitären Werte der kanadischen Gesellschaft nehme die Einwanderung einen bedeutenden Stellenwert für die Entwicklung des Landes ein (Knowles 1997).

Wirtschaftliche und humanitäre Aspekte haben dann auch folgerichtig zu einem Prozess geführt, in dessen Verlauf die Auswahl der Einwanderer schrittweise von Fragen der Herkunftsregion abgekoppelt und dem Kriterium der Qualifikation der Bewerber unterstellt wurde. Im Jahr 1962 wurde in Kanada das auf der Herkunftsregion basierende Auswahlprinzip für Einwanderer aufgegeben und 1967

---

[1] In einem zentralen Planungsbericht aus der Mitte der sechziger Jahre heißt es hierzu: „Without a substantial continuing flow of immigrants, it is doubtful that we could sustain a high rate of economic growth and the associated cultural development that are essential to the maintenance and development of our national identity beside the economic and cultural pulls of our neighbor in the South." (Canada's Immigration Policy: White Paper on Immigration, Ottawa: Information Canada, 1966, S. 7)

[2] House of Commons Debates, August 8, 1956, S. 7461.

Abbildung 1: Immigranten in Kanada nach Herkunftsregionen (%)

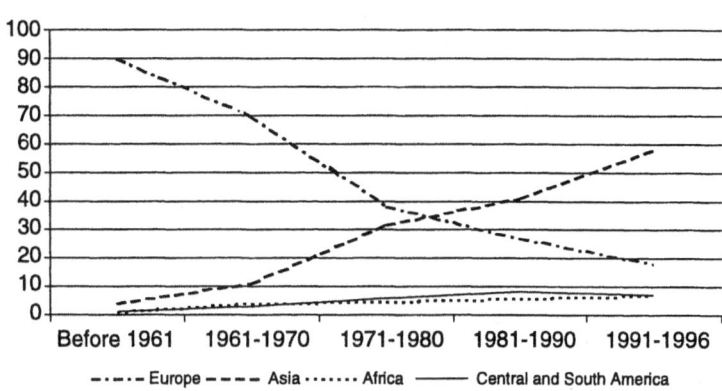

Quelle: Citizenship and Immigration Canada.

Tabelle 1: Einwanderung nach Kanada nach Herkunftsregion (Bewerber und Angehörige), 1999-2001

Region	1999	in %	2000	in %	2001	in %
Afrika und Mittlerer Osten	33.490	17,63	40.815	17,96	48.078	19,20
Asiatisch-pazifischer Raum	96.437	50,78	120.539	53,03	132.711	53,01
Süd- und Zentralamerika	15.221	8,01	16.944	7,45	20.129	8,04
USA	5.528	2,91	5.814	2,56	5.894	2,35
Europa und Großbritannien	38.930	20,50	42.885	18,87	43.204	17,26
Keine Angaben	316	0,17	316	0,14	330	0,13
Insgesamt	189.922	100,0	227.313	100,0	250.346	100,0

Quelle: Citizenship and Immigration Canada.

durch das sog. Punktesystem ersetzt, das das Kriterium der Nationalität durch das der individuellen Voraussetzungen ersetzte. Diese Neuordnung des Einwanderungssystem zugunsten eines an wirtschaftlichen Bedarfskriterien orientierten Modells[3] führte dazu, dass sich die Zusammensetzung der Einwanderer hinsichtlich ihrer Herkunftsregion dramatisch änderte. Der Anteil der europäischen und US-amerikanischen Einwanderer fiel von 95% im Jahr 1955 auf gut 20% im Jahr 1998, und zwar vor allem zu Gunsten von Zuwanderern aus asiatischen Ländern. Die nachfolgenden beiden Abbildungen beschreiben diese massive Verschiebung hinsichtlich der Herkunftsregionen.

---

[3] Es sollte hier nicht unerwähnt bleiben, dass diese wirtschaftlichen Kriterien auch stark durch solche ergänzt wurden, die den Bedürfnissen von Flüchtlingen und Familienangehörigen Rechnung tragen.

In den letzten Jahren kommt nur mehr eine Minderheit der Einwanderer vom europäischen Kontinent, während der asiatisch-pazifische Raum zur wichtigsten Herkunftsregion geworden ist. Von den 250.346 Einwanderer im Jahr 2001 kommen über die Hälfte aus den zehn wichtigsten Entsendeländern, wobei China (40.282), Indien (27.899) und Pakistan (15.342) Spitzenplätze einnehmen, an die die ehemalige Kolonialmacht Großbritannien (5.349) bei weitem nicht heranreicht. Die eurozentrische (und damit auch die britisch-französische) Voreingenommenheit der kanadischen Einwanderungspolitik gehört damit vollständig der Vergangenheit an.[4]

2.2 Wohlverstandenes Eigeninteresse: die kanadische Einwanderungs- und Integrationspolitik

Um den generellen Zielen der Wohlfahrtsmehrung und der humanitären Verantwortung Kanadas gerecht zu werden, erlaubt das Land Einwanderern unter drei allgemeinen Kategorien einzuwandern: Familienangehörige, wirtschaftliche Einwanderer (unabhängige Bewerber) und Flüchtlinge. Im Jahr 2001 entfielen auf die Kategorie der wirtschaftlich motivierten Einwanderer 61% (einschließlich Familienmitglieder), auf die Kategorie der Familienzusammenführung 27% und die der Flüchtlinge 11%.

Es liegt in der Rationalität des kanadischen Einwanderungsmodells und dessen primärer Orientierung auf ökonomische Nutzenerwägungen, dass die Kategorie der wirtschaftlichen Einwanderern über die letzten Jahrzehnte am stärksten gewachsen ist. Eine kleine, in der öffentlichen Wahrnehmung aber recht prominente Gruppe innerhalb dieser Kategorie bilden sogenannte *business immigrants* (etwa 10%), denen ein unbegrenztes Aufenthaltsrecht unter der Bedingung zugesprochen wird, dass sie Erfahrungen in der freien Wirtschaft haben und sich verpflichten, in Kanada zu investieren (mindestens Can$ 400.000) oder aber ihr eigenes Unternehmen zu gründen (mindestens Can$ 300.000). Das Kernstück des kanadischen Einwanderungsmodells und die größte Gruppe in dieser Kategorie aber bildet das oben bereits erwähnte Punktesystem, mit dessen Hilfe Individuen sich um die unbegrenzte Aufenthaltsgenehmigung bewerben können *(Skilled Worker Class Immigration)*. Der Selektionsprozess fußt auf Kriterien, die sowohl auf die Eingliederung in den Arbeitsmarkt als auch auf die allgemeine Integration in die kanadische Gesellschaft abzielen. Daneben müssen die Bewerber gesundheitliche Bedingungen erfüllen und den Nachweis wirtschaftlicher Unabhängigkeit erbringen. Im Jahr 2002 ist die Mindestpunktzahl, die ein Bewerber für einen erfolg-

---

4 An dieser Stelle sollte jedoch erwähnt werden, dass es ausdrückliches Ziel und das politische Privileg Quebecs ist, Einwanderer unter kulturellen Aspekten auszusuchen. In der Praxis spielt der Schutz der Frankophonie dann oftmals eine entscheidendere Rolle als die Qualifikation oder der erwartete wirtschaftliche Nutzen des Bewerbers.

Abbildung 2: Kategorien von Einwanderern nach Kanada in Prozent (seit 1980)

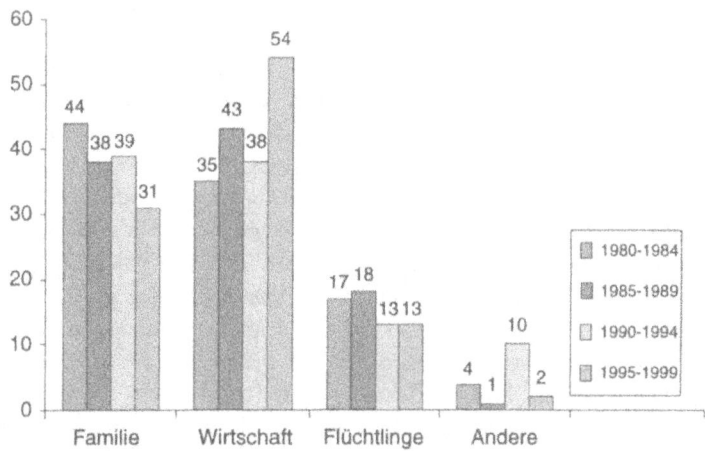

Quelle: Citizenship and Immigration Canada.

reichen Antrag erreichen muss, auf 75 von 100 Punkten heraufgesetzt worden. Die ausschlaggebenden Kriterien beziehen sich auf die berufliche Ausbildung und Erfahrung, deren spezifische Bewertung entsprechend den Bedürfnissen der kanadischen Volkswirtschaft und des Arbeitsmarktes verändert werden kann. Im Einzelnen erfolgt die Vergabe dieser Punkte nach dem folgenden System:[5]

Tabelle 2: Punktesystem der Kanadischen Einwanderungspolitik

Kriterium	Punkte
Ausbildung	25
Sprache (Englisch und Französisch)	24
Arbeitserfahrung	21
Alter	10
Bestehendes Arbeitsangebot	10
„Anpassungsfähigkeit" (Familienanschluss, Erfahrungen in Kanada etc.)	10

Über dieses Punktesystem kann der Staat relativ flexibel auf die Bedürfnisse und Veränderungen der kanadischen Gesellschaft reagieren. Ein gutes Beispiel für diese äußerst pragmatischen Kriterien, die die alljährlichen Zielvorgaben mit Blick auf Umfang und Qualifizierung der gewünschten Einwanderer leiten, ist die Äußerung des kanadischen Ministers für *Immigration and Citizenship,* Denis Coderre, der vor kurzem in einer Rede im Parlament für eine Ausweitung der Einwanderung auf 300.000 plädierte, um dem Alterungsprozess der Bevölkerung entgegen zu

---

5 Die Details können über die Webseite von *Immigration and Citizenship Canada* (http://www.cic.gc.ca/) bezogen werden.

steuern. Ebenso befürwortete er, Einwanderungswilligen mehr Punkte in dem Auswahlverfahren zuzugestehen, insofern sie sich dazu verpflichten, sich in ländlichen Gebieten anzusiedeln. Diese Beispiele zeigen, in welchem Ausmaß Einwanderung zu einem Steuerungsinstrument für staatliche Planungspolitik geworden ist, die sozialen und ökonomischen Imperativen folgt. Einwanderungspolitik orientiert sich hierbei aber eher an langfristigen demografischen und volkswirtschaftlichen Erwägungen denn an kurzfristigen Schwankungen im Arbeitsmarkt.

Ein weiteres Spezifikum des kanadischen Einwanderungsmodells ist das Bündel an ausgefeilten Maßnahmen, die die Eingliederung von Neuankömmlingen erleichtern, die Kosten für den Staat gering halten und den volkswirtschaftlichen Nutzen durch Einwanderer maximieren sollen. Dieser staatlich geförderte Prozess der Eingliederung bezieht sich sowohl auf den schnellen Einstieg in den Arbeitsmarkt als auch auf die zwanglose Assimilation in die kanadische Gesellschaft (Harles 1997). Die staatliche Praxis reflektiert, in welchem Maße Einwanderung als ein langwieriger Prozess begriffen wird, der sich bis hin zur beruflichen und sozialen Eingliederung erstreckt. Ein Überblick über das Budget des Ministeriums *Citizenship and Immigration Canada* aus dem Jahr 2001-2002 macht deutlich, in welchem Umfang und mit welchen zentralen Zielen der Staat Einwanderung auch über den schlichten Prozess der Anwerbung hinaus steuert.

Tabelle 3: Programme von Citizenship and Immigration Canada im Jahr 2001-2002: Ressourcen, Strategien und angestrebte Resultate (Angaben in Mill. Can$)

Programm/strategisches Ziel	2000-01	2001-02	2002-03 (geplant)	2003-04 (geplant)
Maximieren des Nutzens internationaler Migration	140,3	115,0	99,6	99,6
Bewahrung von Kanadas humanitärer Tradition	146,0	118,2	91,8	92,6
Förderung der Integration von Neuankömmlingen	326,6	312,2	312,2	312,2
Erleichterung des Zugangs nach Kanada	171,5	142,2	129,6	130,7
Staatliche Unterstützungs- und Serviceprogramme für Immigranten	130,0	135,8	148,6	144,1
Ausgaben (z.T. geplant)	914,4	823,4	781,8	779,2

Quelle: Citizenship and Immigration Canada (Übersetzung O.S.).

Diese Übersicht zeigt, dass der kanadische Staat – auf abnehmenden, doch nach wie vor hohem Niveau – beträchtliche Mittel zur Verfügung stellt, um Einwanderer bei ihrem Neubeginn in Kanada zu unterstützen und damit den Nutzen für das Land zu optimieren. Hinter den Programmbeschreibungen verbirgt sich ein ganzes Bündel an Maßnahmen, mit denen das Ministerium *Citizenship and Immigration Canada* die Anwerbung und Eingliederung von Immigranten organisiert. Ein Großteil der diesem Ministerium verfügbaren Mittel wird etwa für das aufwendige Bewerbungsverfahren, die soziale und wirtschaftliche Integration von Neuankömmlingen (Spracherwerb, Arbeitsuche, sogenannte *settlement programs*) und die Betreuung von Flüchtlingen aufgewendet. Neben diesen die Anwerbung und die Integration erleichternden Maßnahmen ist Einwanderung, anders als in den meisten europäischen Staaten, integraler Bestandteil einer ganzen Reihe von Feldern staatlicher Politik. In Anbetracht des Umfangs der Einwanderung nach Kanada und der Steuerungsinstrumente, die Regierungen auf den verschiedenen Ebenen des föderalen Systems Kanadas zur Verfügung stehen, kann es nicht überraschen, dass für die Planungen in allen Bereichen des Sozialsystems (Gesundheit, Renten, etc.) und des Arbeitsmarktes Einwanderer eine zentrale Größe in der Formulierung und Implementierung von Gesetzen sind. Im augenscheinlichen Gegensatz zu europäischen Nationalstaaten, in denen Einwanderung im Regierungshandeln bestenfalls eine marginale Stellung einnimmt, ist sie in Kanada konstitutiv auf verschiedene Bereiche des Regierungshandelns bezogen (Dirks 1995; Hawkins 1988).

Das strikte Auswahlverfahren, dem sich individuelle Bewerber als „Wirtschaftseinwanderer" unterziehen müssen, hat erhebliche Konsequenzen für die langfristige Wirkungen der Einwanderung: Vergleicht man Kanada mit der Bundesrepublik Deutschland, so erscheint der Unterschied rein quantitativ zwischen beiden Ländern nicht so erheblich. Gerechnet auf 1000 Einwohner hat Deutschland im letzten Jahrzehnt sogar mehr Zuwanderer aufgenommen als das klassische Einwanderungsland Kanada (wobei in längerfristiger Perspektive Deutschland mit 8% einen weitaus geringeren Anteil der nicht im Land Geborenen aufweist). Aufschlussreich für diesen Vergleich sind aber neben den rein quantitativen Daten ein Blick auf das Profil der Einwanderer in beiden Ländern. Die nachfolgende Abbildung gibt einen Überblick über die Ausbildung, über die Einwanderer bei ihrer Ankunft in verschiedenen OECD Staaten aufweisen.

Tabelle 4: Bildungshintergrund[6] bei der einheimischen und im Ausland geborenen Bevölkerung in OECD Ländern

	Untere Bildungsschicht		Mittlere Bildungsschicht		Obere Bildungsschicht	
	Ausländer	Einheim.	Ausländer	Einheim.	Ausländer	Einheim.
USA	35,0	15,7	24,1	35,0	40,9	49,3
Deutschland	48,5	13,2	37,0	62,2	14,4	24,6
Frankreich	63,3	33,4	22,9	45,4	13,8	21,1
Italien	46,1	56,3	38,3	34,3	14,6	9,3
Großbritan.	65,1	43,9	14,7	32,5	20,2	23,7
Kanada	22,2	23,1	54,9	60,3	22,9	16,6
Schweden	30,8	20,4	41,5	50,3	27,7	29,3

Quellen: Labour Force Surveys (Eurostat), Statistics Canada, US Bureau of the Census.

6 Die drei Bildungsgruppen beziehen sich auf die a) untere Bildungsschicht (einfacher Schulabschluss nach acht oder neun Jahren), b) mittlere Bildungsschicht (höherer Schulabschluss) und c) obere Bildungsschicht (Universitäts- oder Collegeausbildung).

Vergleicht man die Zahlen aus Kanada und Deutschland, so wird offenkundig, dass Kanada eine hoch qualifizierte Einwandererpopulation hat, die den Durchschnitt der kanadischen Bevölkerung im oberen Segment sogar übertrifft. Kanada nimmt damit im internationalen Vergleich einen Spitzenplatz ein, der etwa verschiedene politische Gruppen in den USA wiederholt dazu bewogen hat, das amerikanische Einwanderungssystem stärker an das kanadische anzulehnen. In Deutschland hingegen ist die Bildungslücke zwischen den Einheimischen und den Zugewanderten beträchtlich; der überwiegende Teil der Einwanderer kommt mit nur geringen Bildungsabschlüssen nach Deutschland. Dieser Trend spiegelt sich in den Arbeitslosenraten der verschiedenen Einwandererkohorten in Kanada und Deutschland wider: Während in Deutschland Immigranten überproportional (im Vergleich zur einheimischen Bevölkerung) von Arbeitslosigkeit betroffen sind, gelingt es Neuankömmlingen in Kanada, sich durch ihren Bildungshintergrund und den Grad ihrer professionellen Spezialisierung relativ problemlos in den Arbeitsmarkt zu integrieren (auf die jüngsten Veränderungen in dieser Hinsicht wird noch einzugehen sein).

2.3 Das Ethos des Multikulturalismus

Der in den sechziger Jahren einsetzende Prozess, die Einwanderung nach Kanada von ethnisch-kulturellen Kriterien zu entkoppeln und, neben humanitären Erwägungen in der Behandlung von Flüchtlingen, an Kriterien sozio-ökonomischen Nutzens zu orientieren, wurde durch einen tiefgreifenden Wandel im Verhältnis zwischen der kanadischen Gesellschaft und ihren Einwanderergruppen begleitet. Diese Entwicklung lässt sich mit dem Begriff des Multikulturalismus als staatlicher Praxis des Minderheitenschutzes wie auch als Ethos der Pluralität und der zwanglosen Integration von Einwanderer beschreiben (Inglis 1996; Day 2000). Drei Entwicklungen sind hier von besonderem Interesse: a) die staatliche Förderung von ethnisch-kultureller Differenz und Multikulturalismus, b) die grundlegende Transformation nationaler Identität und c) die Rolle der Zivilgesellschaft und Einwandererorganisationen.

a) Staatliche Förderung von Multikulturalismus
Die oben beschriebenen Ziele der *colour-blind* Einwanderungspolitik sind in ihrer Rationalität darauf angelegt, Einwanderer gezielt auszuwählen und sie dann möglichst schnell zu einem Teil der kanadischen Gesellschaft zu machen. Das kanadische Modell zeichnet in dieser Hinsicht vergleichsweise unkomplizierte Verfahren der Einbürgerung (als *permanent resident* oder als kanadischer Staatsbürger) aus, für die sich Neuankömmlinge in Kanada bereits nach wenigen Jahren qualifizieren und die durch eine Vielzahl von Integrationsprogrammen ergänzt werden. Neben diesen rechtlichen Rahmenbedingungen hat der kanadische Staat Ende der sech-

ziger Jahre mit einer weiteren tiefgreifenden Veränderung in seinem Selbstverständnis und in seiner Praxis Einwanderer gegenüber reagiert: Im Jahr 1965 empfahl die *Royal Commission on Bilinguism and Biculturalism* die Abkehr von dem Prinzip der britisch-französischen Bikulturalität, die in zunehmenden Maße mit der ethnisch-kulturellen Pluralisierung der kanadischen Gesellschaft in Widerspruch geriet. Pierre Elliot Trudeau und seine liberale Partei erklärten den Multikulturalismus im Jahr 1971 zur offiziellen Politik Kanadas, mit der über den exklusiven Bezug auf die „two founding peoples of Canada" (Stasiulis/Jhappan 1995, S. 110) hinausgegangen werden sollte. Den Kern des Multikulturalismus macht die Idee aus, dass ethnisch-kulturelle Vielfalt keine Gefährdung der sozialen und politischen Integrität des Gemeinwesens, sondern eine Bereicherung darstellt, die es staatlich anzuerkennen und zu fördern gelte.

Dies ist nicht der Ort, um über die Gründe für den offiziellen Multikulturalismus kanadischer Provenienz und dessen oftmals auch strategischen politischen Zielen nachzudenken.[7] Für den Kontext dieses Beitrages ist es hingegen wichtig, sich zu vergegenwärtigen, in welchem Maß die durch Trudeau eingeleitete Entwicklung einen Prozess in Gang gesetzt hat, in dessen Verlauf grundsätzliche Werte zur Disposition gestellt und um ein neues Ethos ethnisch-kultureller Pluralität ergänzt wurden (Troper/Weinfeld 1999). Trotz der oftmals vorgebrachten Kritik an einzelnen Aspekten des Multikulturalismus als einem Set an staatlichen Programmen hat sich ein Konsens in der kanadischen Gesellschaft herausgebildet, der dessen normativen Kern zum weitgehend geteilten Standard hat werden lassen. In welchem Umfang der Grundsatz der Förderung ethnisch-kultureller Pluralität Teil der politischen Kultur des Landes geworden ist, zeigt der Umstand, dass dieses Prinzip zum wesentlichen Bestandteil der Modernisierung der kanadischen Verfassung gemacht wurde. In der 1982 verabschiedeten *Canadian Charter of Rights and Freedoms* und später im *Multiculturalism Act* aus dem Jahr 1988 wurde die Anerkennung und Förderung von verschiedenen Kulturen rechtlich festgeschrieben. Der Schutz sprachlicher und ethnisch-kultureller Minderheiten wurde in diesen Dokumenten auf eine Stufe mit dem Schutz des Kanons individueller Freiheitsrechte gestellt (Abu-Laban/Nieguth 2000; Magsino/Long/Théberge 2000).[8]

---

7 Zyniker würden unterstellen, dass Trudeaus Multikulturalismus schlicht aus strategischen Erwägungen erwuchs, wie seine Partei die Unterstützung der Minderheiten im Land gewinnen könne und wie die politisch heikle Quebec-Frage am besten anzugehen sei. Ebenso wenig kann ich hier der aufschlussreichen Frage nachgehen, wie sich der offizielle Multikulturalismus zum Verhältnis von kanadischem Staat und seinen *native communities* verhält.

8 Die einschlägigen Paragraphen der Charter (Abschnitte 16-27) verleihen Minderheiten das Recht, ihre Sprache für öffentliche Angelegenheiten und in Bildungseinrichtungen zu benutzen sowie ihr kulturelles Erbe zu schützen. Der *Multiculturalism Act* ergänzt die Charter dahingehend, dass er den Staat verpflichtet, aktiv für den Schutz von Minderheitenkulturen und -sprachen einzutreten. Hier heißt es: „All federal institutions should promote policies, programs and practices that Canadians of all origins have an equal opportunity to obtain employment and advancement in those institutions."

Es ist kein historischer Zufall, dass die Einführung des Multikulturalismus in eine Zeit fällt, die politisch stark durch die Forderung nach Erweiterung sozialer und politischer staatsbürgerlicher Rechte geprägt war. Das politische Gebot der Chancengleichheit, das in den frühen siebziger Jahren von zentraler Bedeutung für die innenpolitische Debatte war, bildete auch den politischen Rahmen, innerhalb dessen Staat und Gesellschaft in Kanada ihr Verhältnis zu ihren Einwanderern und Minderheitengruppen neu definiert haben (Arat-Koc 1999; Jenson/Phillips 1996). Der Multikulturalismus und die Stärkung der Minderheitenrechte war in dieser Hinsicht Teil des sozialdemokratisch-liberalen Emanzipationsprojekts der siebziger Jahre, das sich an den Prinzipien der Fairness und Gerechtigkeit orientierte. Der Gedanke an eine Inklusion aller Kanadier in ein egalitären Prinzipien verpflichtetes Wohlfahrtsstaatssystem wurde auf Einwanderer und ihre Ansprüche übertragen (Foster 1998).

b) Transformation nationaler Identität
Diese Form des Multikulturalismus und die durch ihn indirekt sanktionierte neue Praxis von herkunftsunabhängiger Einwanderung wäre ohne einen tiefgreifenden Wandel des Begriffs der nationalen politischen Gemeinschaft politisch kaum durchsetzbar gewesen. Das tradierte Image einer britisch-französischen Siedlerkolonie wurde in diesen Jahren schrittweise durch ein Bild nationaler Identität ersetzt, in dem der Einwanderung und der mit ihr verbundenen kulturellen Differenzierung ein zentraler Platz zugewiesen wird. Das Spezifische am kanadischen Fall ist, dass der Gedanke an eine kulturell integrierte Gemeinschaft weitgehend durch die Idee ersetzt wurde, dass das Zusammenleben von Menschen verschiedenartigster Herkunft selbst zum Kern dessen wird, was die Identität der Gemeinschaft bestimmt (dies wird in der populären Metapher der kanadischen *Salad Bowl* beschrieben). Satzewich (1992) spricht in diesem Zusammenhang von einer bewusst vorgenommenen und politisch intendierten *deconstruction of a nation*. Die Narration des gemeinschaftsstiftenden Bandes zwischen Individuen und dem Gemeinwesen ist weitgehend seiner vor-politischen, kulturellen Grundlage beraubt, die die europäische Tradition der imaginierten nationalen Gemeinschaft so nachhaltig begründet hat (Brubaker 1992; Stolcke 1995). In Kanada ist die politische und soziale Integration vielmehr konstitutiv an staatliche Institutionen und eben auch an den positiv besetzten Wert kultureller Vielfalt gebunden. Breton (1988) spricht hier von einem spezifisch kanadischen *civil nationalism*.

In welchem Sinn das Bekenntnis zum Multikulturalismus eine ausschlaggebende Wirkung auf Bilder nationaler Identität gehabt hat, kommt beispielhaft in dem Umstand zum Ausdruck, dass Kanadas aktueller *Governor General*, dessen Aufgabe die Vertretung der britischen Königin ist, Adrienne Clarkson ist, die selbst als Kind von China nach Kanada einwanderte. Zum Anlass ihrer Berufung unterstrich Kanadas Premiermister Jean Chrétien, dass die Berufung einer Frau aus einer ethnisch-kulturellen Minderheit in das Amt, dem die Vertretung des königlichen Staatsoberhauptes obliegt, von außerordentlicher symbolischer Bedeutung sei: „Her appointment is a reflection of the diversity and inclusiveness of our society and an indication of how our country has matured over time."[9] Der multikulturelle Charakter der kanadischen Gesellschaft wird so zu einer Art Aushängeschild für den erfolgreichen Weg Kanadas im zwanzigsten Jahrhundert von der europäischen Kolonie zu einem selbständigen und durch eigenständige Werte und Institutionen gekennzeichneten Landes. Oftmals bemängelt (oder belächelt) als das Fehlen einer eindeutig formulierten nationalen Identität ist die innere Differenz, die kulturelle Vielgestaltigkeit selbst zum zentralen Merkmal des modernen Kanadas geworden.

In der Äußerung des kanadischen Ministerpräsidenten wird deutlich, wie stark der Staat selbst bestrebt ist, die kulturelle Vielfalt der kanadischen Gesellschaft öffentlichkeitswirksam zu vermitteln. Oftmals wird dieses Spezifikum auch in ganz pragmatischer Weise als kompetetiver Vorteil beschrieben, den Kanada als multikulturelle Nation besitze, um den Herausforderungen der Globalisierung erfolgreich zu begegnen. Das nachfolgende Zitat eines kanadischen Ministers unterstreicht, wie in der politischen Rhetorik Einwanderung und die ethnisch-kulturelle Pluralisierung der kanadischen Gesellschaft gleichsam als Standortvorteil, als überlegenes Projekt der Modernisierung 'verkauft' wird *(selling diversity)*:[10]

Canada has become a post-national multicultural society. It contains the globe within its borders, and Canadians have learned that their two international languages and their diversity are a comparative advantage and a source of continuing creativity and innovation.[11]

Die pragmatische, von wirtschaftlichen Gesichtspunkten bestimmte Förderung von Einwanderung und das Ethos des Multikulturalismus scheinen in einem Modell nationaler Entwicklung verschmolzen, in dem für negative Images von Einwanderern kaum Platz ist. In der politischen Kultur und Parteienlandschaft des Landes besteht weitgehend Konsens darüber, dass Einwanderung aus sozio-ökonomischer Sicht nicht nur unverzichtbar, sondern auch und gleichzeitig normativ wünschenswertes Kennzeichen der modernen kanadischen Gesellschaft ist.

c) Die Rolle der Zivilgesellschaft und von Einwandererorganisationen
Aus dem bisher Gesagten könnte leicht der Schluss gezogen werden, dass der Multikulturalismus im Kern ein von oben oktroyiertes und im staatlichen Handeln reproduziertes Projekt ist. Allerdings wäre aus einer solchen Perspektive schwer

---

9 Clarkson selbst sieht ihre Benennung als wichtige symbolische Anerkennung der chinesischen Minderheit in Kanada: „I am the first immigrant, I am originally a refugee and I think this is a very important evolution for Canada." (William Walker, Clarkson Reflects Canada's Profile. *The Toronto Star* (9 September, 1999), S. A7)
10 Diesen Begriff benutzt Abu-Laban als Titel für ihr im Jahr 2001 erschienes Buches.
11 Canada, Canadian Heritage, *Annual Report on the Operation of the Canadian Multiculturalism Act 1999-2000* (Ottawa: Minister of Public Works and Government Services Canada, 2001), S. 3.

zu erklären, wie ein Programm, das sich mit Blick auf konkrete Maßnahmen anfänglich weitgehend in der Unterstützung der kulturell-folkloristischer Aktivitäten von Minderheiten erschöpfte, einen solch nachhaltigen Einfluss auf die kanadische Gesellschaft und Politik zu entwickeln imstande war. Tatsächlich ist es so, dass das Verhältnis zwischen den kulturellen Gruppen und das Prinzip des Multikulturalismus zu einem hoch umstrittenen und sensiblen Thema in den politischen Auseinandersetzungen der Zivilgesellschaft wurde. Allgemein gefasst kann gesagt werden, dass die Frage der Minderheitenrechte und das Gebot der Chancengleichheit für alle ethnisch-kulturellen Gruppen in der kanadischen Gesellschaft das politische Selbstverständnis vieler Gruppen radikal veränderte und zentrale politische Konfliktlinien etablierte. Bürgerrechtsbewegungen und Organisationen wie Einwanderergruppen, Gewerkschaften oder auch Interessengruppen haben den normativen Kern des Multikulturalismus, die Forderung nach Gleichberechtigung und Chancengleichheit für alle kulturellen Gruppen, zu einem Politikum und einem Kernbestandteil ihrer politischen Ansprüche gemacht.

Ein Beispiel hierfür ist, wie stark die kanadische Frauenbewegung von Fragen der kulturellen Differenz beeinflusst worden ist. Das Ethos der Gleichberechtigung hat die Frauenbewegung in besonderem Maße für Themen des Antirassismus und der Minderheitenrechte aufgeschlossen sein lassen. So verpflichtete sich etwa der NAC *(National Action Committee on the Status of Women)*, die nationale Dachorganisationen für viele Frauengruppen, auf eine Quote für Angehörige von Minderheiten und Ureinwohnern in der Besetzung seiner Spitzenpositionen. In Analogie zur Frauenbewegung ist das Prinzip der Gleichberechtigung in verschiedenen politischen Arenen eng an die Vergabe von Minderheitenrechten und der Inklusion von Einwanderern in den *mainstream* der kanadischen Gesellschaft gebunden. Das Thema der Minderheitenrechte berührt die kanadische Debatte um hoch normative Begriffe wie Gleichheit und Gerechtigkeit an zentraler Stelle.[12]

3. Einwanderung in Zeiten der Globalisierung: Herausforderungen und Defizite des kanadischen Modells

Die grundsätzliche Kritik am kanadischen Einwanderungsmodell fällt in zwei Kategorien. Während die eine Diskussion sich den Kriterien der Auswahl von Einwanderern zuwendet, bezweifelt eine andere Gruppe die unterstellten nur positiven

[12] Dies hat seinen Niederschlag bis hinein in die theoretische Diskussion von Minderheitenrechten und die eingeklagte Reform unitaristischer Demokratievorstellungen gefunden. Nicht zufällig sind zwei der einflussreichsten Theoretiker (Kymlicka 1995, 1998 und Tully 1995), die auf das Problem ethnisch-kultureller Identität in liberalen Demokratien aufmerksam gemacht haben, Kanadier. Auch mag es für den europäischen Leser überraschend sein festzustellen, dass in einer autoritativen Einführung in kanadische Politik, die Beiträge zu Einwanderung und Multikulturalismus unter der Rubrik „Electoral Politics and Social Movements" erscheinen (Bickerton/Gagnon 1999).

Das kanadische Einwanderungsmodell

Resultate einer multikulturellen Politik. Zum ersten Punkt: Die starke Orientierung der kanadischen Einwanderungspolitik an wirtschaftlichen Effizienzkriterien hat kritische Fragen danach laut werden lassen, ob die grundsätzlichen Ziele tatsächlich erreicht worden sind. Auf der einen Seite wird argumentiert, dass sich die Vergabe von Quoten und die Formulierung der Zugangsbedingungen als viel zu inflexibel erwiesen hätten, um auf die konkreten Bedürfnisse des Arbeitsmarktes einzugehen. Das Ministerium für *Immigration and Citizenship Canada* orientiere sich zu sehr an langfristigen volkswirtschaftlichen Überlegungen und sei unfähig oder politisch unwillig, auf das ökonomisch Gebotene zu reagieren (etwa das drastische Zurückfahren von Einwanderung in Zeiten hoher Arbeitslosigkeit). Politische Überlegungen und die ethnische Selbstverpflichtung des kanadischen Einwanderungsmodells stünden der offen marktorientierten Regelung der Zuwanderung im Weg. Die von dem System selbst reklamierte Flexibilität habe sich in der administrativen Praxis und politischen Willensbildung im Bereich der Einwanderung nicht durchsetzen können (Green/Green 1999; De Voretz 1995).

Auf der anderen Seite des politischen Spektrums wird just diese Marktorientierung zum Ansatzpunkt der Kritik. Hier wird unterstellt, dass der kanadische Staat sein humanitäres Engagement gänzlich hinter das wirtschaftliche Eigeninteresse zurückstellt. Der relative Rückgang der Quote für Flüchtlinge sowie der Anstieg der Gruppe Einwanderern, die sich über Investitionen das Aufenthaltsrecht in Kanada „erkauften", seien Indizien für die Kapitulation des Staates gegenüber einer marktkonformen Logik. Aus dieser Perspektive werde auch deutlich, warum die staatlichen Leistungen für aufwendige Integrationsprogramme immer weiter zurückgeschraubt würden und es Einwanderern selbst überlassen werde, sich in

Abbildung 3: Durchschnittliches Einkommen unter neu Immigrierten in Kanada (1981-1995)

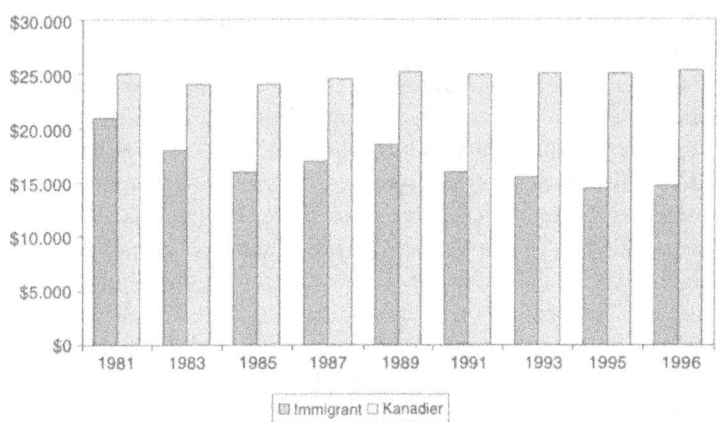

Quelle: IMDB, Einkommen gemessen auf der Grundlage von 1992 (100%).

Abbildung 4: Einkommen von Einwanderern ein Jahr nach der Einwanderung (1986 in Can$)

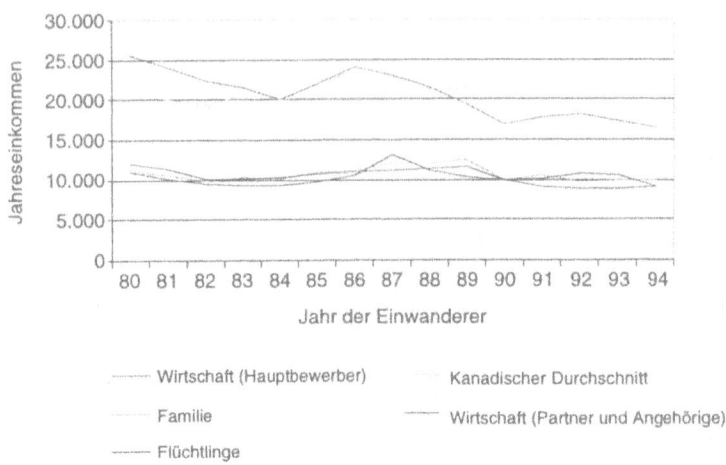

 Wirtschaft (Hauptbewerber)   Kanadischer Durchschnitt
 Familie   Wirtschaft (Partner und Angehörige)
 Flüchtlinge

Quelle: IMDB, Einkommen gemessen auf der Grundlage von 1992 (100%).

dem neuen Gastland zurechtzufinden. Die Daten für die relative Stellung von Einwanderern im Arbeitsmarkt in den neunziger Jahren unterstrichen, dass die bislang relativ erfolgreiche Integration von Neuankömmlingen gefährdet sei. Die beiden obenstehenden Abbildungen geben Auskunft darüber, wie sich das Einkommen von Einwanderern gegenüber dem kanadischen Durchschnitt in den achtziger und neunziger Jahren entwickelt hat.

Auffällig ist, dass sich die Situation für Einwanderer in den letzten beiden Jahrzehnten deutlich verschlechtert hat. Die Daten des im letzten Jahr erhobenen Zensus zeigen, dass die zwischen 1990 und 1999 eingewanderten Immigranten zwar besser ausgebildet sind als früher (über 40% haben einen universitären Abschluss), doch gleichzeitig im Durchschnitt 25% weniger als die Gruppe der in Kanada Geborenen verdienen. Das durchschnittliche Jahreseinkommen der männlichen Einwanderer im Alter zwischen 25 und 54 ist im Vergleich zu den achtziger Jahren sogar real gefallen (von $ 40.100 auf $ 33.900).[13] Dies hat mit Faktoren zu tun, die im Kontext dieses Beitrags nur stichwortartig benannt werden können. Ein bedeutender Faktor liegt in dem Wandel der Herkunftsländer: Einwanderer aus nichteuropäischen Ländern haben Qualifikationen und berufliche Erfahrungen, die häufig nur schwer auf den kanadischen Arbeitsmarkt übertragbar sind. Darüber hinaus hat die Tendenz, dass sich Einwanderer vermehrt in den städtischen Ballungsräumen ansiedeln, und der Umstand, dass sich die kanadische Wirtschaft bis Mitte der neunziger Jahre hinein einem schwierigen Strukturwandel gegenüber

---

13 Daten aus der *Globe and Mail,* „Immigrants losing ground on income", 12.03.2003, S. A6.

sah, zu einem Anstieg der Armut bei Einwanderern geführt. Auch kulturelle Faktoren, sprachliche Distanz und Diskriminierung gegenüber *visible minorities* mögen dazu beigetragen haben, dass die wirtschaftliche Integration der Zuwanderer über den Arbeitsmarkt nur noch eingeschränkt funktioniert. Die neuen Herausforderungen, denen sich nationale und regionale Einwanderungs- und Integrationspolitik stellen müssen, bestehen daher darin, die großen Schwierigkeiten der jüngsten Einwandererkohorten, sich in den Arbeitsmarkt einzugliedern, zu mindern. Augenblicklich vermag die Wirtschaft die Rolle als primäre Agentur der Integration der Neuankömmlinge nur eingeschränkt zu spielen (Dupleep/Regets 1997; Kurthen 1997).

Kanada scheint in einigen Aspekten den Strukturen der US-amerikanischen Gesellschaft zu folgen: Besonders im großstädtischen Kontext bilden sich zunehmend räumlich segregierte Armutsviertel heraus, die zu einem Großteil von bestimmten Einwanderergruppen bewohnt werden (Harder 1996). Zwar scheint es übertrieben, im kanadischen Kontext von einer mehrheitlich aus Einwanderern bestehenden *urban underclass* zu sprechen, aber die Zahlen für die letzten Jahre zeigen, dass die Übergangsphase, die Einwanderer bis zur Integration in den qualifizierten Arbeitsmarkt brauchen, sich verlängert und oftmals zu verstetigenden Perioden der Armut führen kann.

Ein anderer Fokus der kritischen Diskussion des kanadischen Einwanderungsmodells bezieht sich auf den multikulturellen Wandel der nationalen Identität. Auch hier stehen sich zwei politisch gegensätzlich motivierte Positionen gegenüber. Auf der einen Seite wird der Verlust eines integrierenden Sinns dessen beklagt, was Kanada als nationale Gemeinschaft ausmacht. Kanada leide an seiner Unfähigkeit, eine verbindliche nationale, multikulturell geprägte Identität zu entwickeln und seine oft beklagte innere Zerrissenheit zu überwinden. Vielbesprochene Bücher, die Diskussionen um die Wirkung multikultureller Modelle seit ihrer Einführung begleitet haben, tragen Titel wie: *The Roots of Disunity, Mosaic Madness, The Unmaking of Canada, The Collapse of Canada* (Harles 1979, S. 712). Die kritische Frage bezieht sich hier darauf, bis zu welchem Grad man den Kanon an gemeinschaftstiftenden kulturellen Werten und Praktiken immer weiter ausdünnen könne, ohne die Integrationskraft einer national verfassten Gesellschaft zu gefährden (Howard-Hassmann 1999).

Von einer diametral entgegen gesetzten Position wird argumentiert, dass der Multikulturalismus einer offiziell gestützten Fassade gleiche, hinter der sich Praktiken der Marginalisierung und der Exklusion von ethnisch-kulturellen Minderheiten verberge. Der Fehlschluss vieler Beobachter der kanadischen Gesellschaft bestehe darin anzunehmen, dass das Aufweichen einer nationalen Identität in der Tradition kolonialer Loyalität notwendig mit einem Verschwinden xenophober oder offen rassistischer Praktiken einher ginge. Es sei zu einfach zu argumentieren, dass Kanada als klassisches und fortwährend durch Einwanderung geprägtes Land keine starken narrativen Traditionen nationaler Identität besäße, auf deren Grundlage sich die Exklusion und xenophobische Marginalisierung gesellschaftlich rechtfertigen ließen. Es gebe einen flagranten, öffentlich aber wenig diskutierten Widerspruch zwischen dem offiziellen Selbstverständnis Kanadas als Einwanderungsgesellschaft und der noch immer die soziale Praxis prägenden Dominanz eines eurozentrischen kulturellen Modells. So verstelle das Image des Multikulturalismus den Blick auf tatsächlich bestehende Formen der sozialen Exklusion und der Diskriminierung von Minderheiten in der kanadischen Gesellschaft (Abu-Laban 1999; Bissoondath 1994; Satzewich 1992).

Gegenüber dieser letzten Interpretation kann ins Feld geführt werden, dass die lebhafte Debatte um die gleichen Lebenschancen für alle ethnisch-kulturellen Gruppen in der kanadischen Gesellschaft selbst als ein Zeichen des Reifegrades der politischen Diskussion interpretiert werden kann. Das dem Ethos des Multikulturalismus eingeschriebene Gebot der Fairness und Gleichbehandlung hat gesellschaftliche Standards für die Integration von Einwanderern geschaffen, die sich im Vergleich zum europäischen Kontext durch ein sehr hohes Niveau auszeichnen. An ihnen gemessen mag die kanadische Realität defizitär sein, doch haben staatliche Initiative und die fest etablierten multikulturellen Werte eine gesellschaftliche Praxis und ein Anspruchsniveau geschaffen, das sich weit von Formen der sozialensymbolischen Exklusion und des Assimilationszwangs fortbewegt hat, mit denen viele europäische Gesellschaften zu kämpfen haben (Rauer/Schmidtke 2001).

4. Der kanadische Migrationsstaat im Zeitalter der Globalisierung

Kanada hat im zwanzigsten Jahrhundert einen Prozess durchlaufen, der dieses Land zu einem der erfolgreichsten Migrationsstaaten hat werden lassen. Das gezielte und an langfristigen volkswirtschaftlichen Zielen orientierte Anwerben von Einwanderern aus aller Welt und deren relativ gelungene Integration in die kanadische Gesellschaft hat Einwanderung zu einem ausschlaggebenden Faktor in der Modernisierung des Landes gemacht. So ist Einwanderung zum integralen Bestandteil staatlicher Wirtschafts- und Beschäftigungspolitik geworden, ebenso wie sie entscheidend dazu beigetragen hat, das kollektive Selbstverständnis der national verfassten kanadischen Gesellschaft zu verändern. Auch wenn man Gefahr läuft, schlicht das Bild staatlicher Hochglanzbroschüren zu reproduzieren, so kann im Rückblick auf das zwanzigste Jahrhundert gesagt werden, dass die Einwanderung und mit ihr die ethnisch-kulturelle Pluralisierung des Landes Kanada zu einer weltoffen-toleranten und wirtschaftlich agilen Gesellschaft hat werden lassen.

Gleichzeitig aber können die Offenheit des kanadischen Einwanderungsmodells und die staatlich sanktionierte Selbstverpflichtung der kanadischen Gesellschaft auf eine multikulturell ausgerichtete Integration der Einwanderer nicht darüber hinweg täuschen, dass dieses Modell nach wie vor auf einem nationalstaatlichen Ausschlussmechanismus beruht. Es ist der kanadische Staat, der die Quoten für

Einwanderer festlegt, die Bewertung von deren Qualifikationen vornimmt und hierdurch zum Teil willkürlich über Zugangsbedingungen befindet. Aus dieser Perspektive ist im kanadischen Beispiel keineswegs das grundlegende „liberale Paradox" (siehe Hollifield 1992; auch in diesem Band; Joppke 1998b) außer Kraft gesetzt, dass es zwischen dem wirtschaftlichen Imperativ der Offenheit der Grenzen und dem politisch-rechtlichen Insistieren auf dem Schutz und der Integrität souveräner Nationalstaaten zu grundlegenden und durch die Globalisierung verschärften Konflikten kommt. Das kanadische Modell ist gutes Beispiel dafür, wie die immer größere Durchlässigkeit der Grenzen für Einwanderer an eine eindeutig formulierte und durch staatliche Agenturen geschützte Idee nationalen Interesses gebunden ist (Joppke 1998a; Schmidtke 2001). Trotz des Umfangs und der herkunftsspezifischen Vielfalt der Einwanderung nach Kanada (und damit der tendenziellen Aufgabe nationaler Schließungsmuster) folgte diese doch politischen Zielen, deren Rationalität sich an den historisch jeweils ausschlaggebenden Interessen und der Identität einer nationalstaatlichen Gemeinschaft orientiert.

Dieser Gedanke ist nicht allein unter normativen Gesichtspunkten aufschlussreich, sondern er erlaubt auch, die Herausforderungen, mit denen sich der kanadische „Immigrationsstaat" gegenwärtig konfrontiert sieht, besser zu fassen. Die Beschleunigung der Globalisierung im letzten Jahrzehnt droht die Gestaltungsfähigkeit des kanadischen Staates zu unterlaufen: So sehr Kanada von der Internationalisierung profitiert hat und zum Anziehungspunkt von Migrationswilligen aus aller Welt wurde, so sehr sieht sich das kanadische Einwanderungsmodell durch just diese Globalisierungsprozesse auch gefährdet. Zum einen sieht Kanada sich in den letzten Jahren einem erhöhten Konkurrenzdruck in seinem Bemühen gegenüber, die am höchsten qualifizierten und motiviertesten Migranten anzuziehen. So wie in der Vergangenheit Kanada stark von der gewachsenen Mobilität von Migranten profitierte, so erhöht die immer weniger durch Grenzen segregierte Welt die Möglichkeit, dass die begehrten Gruppen gar nicht erst ins Land kommen oder aber vom Ausland abgeworben werden. Der *brain-drain* in die USA ist ein Politikum ersten Ranges und Anlass für verschiedenste Programme, Spezialisten zur Einwanderung (oder zur Rückkehr) nach Kanada zu bewegen.

Der andere für die heutige Situation aufschlussreiche Zusammenhang ergibt sich aus der Art der politisch-staatlichen Intervention im Bereich der Einwanderung: Kanada kann sich nicht den Tendenzen entziehen, die Nationalstaaten immer stärker auf die kompetitive Logik des Weltmarktes verpflichten und damit deren Gestaltungsspielraum fortschreitend beschneiden (Scharenberg/Schmidtke 2003). Dies heißt nun keineswegs, dass die Einwanderung nach Kanada schlicht stärker dem Markt selbst überlassen werde. Vielmehr werden die staatlichen Steuerungs- und Schließungsmechanismen so umgestaltet, dass sie uneingeschränkter die (privat-)wirtschaftlichen Interessen des Landes zum Maßstab ihres Handelns erheben. Zu den Opfern einer solchen neoliberalen Neuorientierung der Einwanderungspolitik gehören etwa Asylsuchende oder die politisch anfechtbaren Integrationsprogramme für Neuankömmlinge. So geraten die eher normativen Aspekte, die auch ein treibendes Element in der Formulierung der modernen kanadischen Einwanderungspolitik waren, immer mehr ins Hintertreffen. Die staatlichen Maßnahmen, die unter wohlfahrtsstaatlichen Gesichtspunkten die Gleichheit und zwanglose Eingliederung von Neuankömmlingen befördern sollen, sehen sich aus dieser Perspektive nicht zufällig dem Zwang massiver Einsparungen gegenüber (Arat-Koc 1999). Es wäre sicherlich übertrieben zu unterstellen, dass das kanadische Einwanderungsmodell sich in gleicher Richtung entwickelte wie das australische, doch steht zumindest die starke Verpflichtung auf humanitäre Erwägungen zur Debatte (Abu-Laban 1998; Kymlicka 1998).

Die Anschläge des 11. September können diese Tendenzen des kanadischen Einwanderungsregimes weiter verstärken. Die neuen, nicht zuletzt auch aufgrund des politischen Drucks der USA dringlich erscheinenden Sicherheitserwägungen bei der Auswahl und Kontrolle von Einwanderern haben bereits nationale Schließungsmechanismen verschärft. Auch ist eine politische Debatte über mögliche Risiken einer vermeintlich zu offenen Einwanderungspolitik entbrannt, die einige der liberalen Säulen des kanadischen Modells zur Disposition stellen. Gleichzeitig aber vermag das weltpolitische Klima und die zur Zeit äußerst restriktive Einwanderungspolitik der USA Kanada in eine vielversprechende Position bringen: Der internationale Konkurrenzkampf um hochqualifizierte Einwanderer wird nicht zuletzt auch dadurch entschieden, in welchem Maße Migrationssysteme offen gehalten und Einwanderern attraktive Lebens- und Arbeitsbedingungen ermöglicht werden. Im Licht der Entwicklungen seit den sechziger Jahren ist zu erwarten, dass Kanada in dieser Hinsicht wohl auch in absehbarer Zeit eines der erfolgreichsten Einwanderungsmodelle bleiben wird.

Literatur

Abu-Laban, Y., 1998: Welcome/STAY OUT: The Contradiction of Canadian Integration and Immigration Policies at the Millennium, in: Canadian Ethnic Studies, XXX, S. 3.
Abu-Laban, Y., 1999: The Politics of Race, Ethnicity and Immigration, in: J. Brickerton und A. Gagnon (Hrsg.), Canadian Politics, Peterborough: Broadview Press.
Abu-Laban, Y., 2001: Selling Diversity. Immigration, Multiculturalism, Employment Equality, and Globalization, Peterborough: Broadview Press.
Abu-Laban, Y. und T. Nieguth, 2000: Reconsidering the Constitution, Ethnic Minorities, and Politics in Canada, in: The Canadian Journal of Political Science, 33 (3), S. 465-497.
Arat-Koc, S., 1999: Neo-Liberalism, State Reconstructing, and Immigration: Changes in Canadian Policies in the 1990s, in: Journal of Canadian Studies, 34.2.
Badgley, K., 1998: „As long as He is an Immigrant from the United Kingdom": Deception, Ethnic Bias and Milestone Commemoration in the Department of Citizenship and Immigration, 1953-1965, in: Journal of Canadian Studies, Vol. 33, No. 3, S. 130-144.
Bickerton, J. und A. Gagnon, 1999: Canadian Politics (3rd edition), New York/Peterborough: Broadview.

Bissoondath, N., 1994: Selling Illusions: The Cult of Multiculturalism in Canada, Toronto: Penguin.
Breton, R., 1988: From Ethnic to Civil Nationalism: English Canada and Quebec, in: Ethnic and Racial Studies, 11 (1), S. 79-102.
Broadfoot, B., 1986: The Immigrant Years: From Britain and Europe to Canada, 1945 to 1967, Vancouver: Douglas and McIntyre.
Brodie, J. und C. Gabriel, 1998: Canadian Immigration Policy and the Emergence of the Neo-Liberal State, in: Journal of Contemporary International Issues, 1.11.
Brubaker, Roger, 1992: Citizenship and Nationhood in France and Germany, Cambridge, MA: Harvard University Press.
Day, R.J.F., 2000: Multiculturalism and the History of Canadian Diversity, Toronto: University of Toronto Press.
De Voretz, D., 1995: Diminishing Returns: The Economics of Canada's Recent Immigration Policy, Toronto: C.D. Howe Institute.
Dirks, G.E., 1995: Controversy and Complexity. Canadian Immigration Policy during the 1980s, Montreal/Kingston: McGill-Queen's University Press.
Dupleep, H. O. und M.C. Regets, 1997: The decline in immigrant entry earnings: less transferable skills or lower ability, in: Quarterly Review of Economics and Finance, 37 (Special issue), S. 189-207.
Foster, L., 1998: Turnstile Immigration: Multiculturalism, Social Order, and Social Justice in Canada, Toronto: Thompson Educational Press.
Green, A.G. und D.A. Green, 1999: The Economic Goals of Canada's Immigration Policy, Past and Present, in: Canadian Public Policy, Vol. 25, Issue 4, S. 425-451.
Harder, S., 1996: Poverty in Canada, Ottawa: ON: Minister of Supply and Services.
Harles, J.C., 1997: Integration before Assimilation: Immigration, Multiculturalism and the Canadian Polity, in: Canadian Journal of Political Science, XXX: 4, S. 711-738.
Hawkins, F., 1988: Canada and Immigration. Public Policy and Public Concern (2nd edition), Kingston/Montreal: McGill-Queen's University Press.
Hollifield, J., 1992: Immigrants, Markets, and States: The Political Economy of Postwar Europe, Cambridge, MA: Harvard University Press.
Howard-Hassmann, R.E., 1999: Canadian as an ethnic category: implications for multiculturalism and national unity, in: Canadian Public Policy, 25 (4), S. 523-537.
Inglis, C., 1996: Multiculturalism: New Policy Responses to Diversity, Paris: UNESCO MOST Policy Papers no. 4.
Jenson, J. und S. Phillips, 1996: Regime Shift: New Citizenship Practices in Canada, in: International Journal of Canadian Studies, 14, S. 111-135.
Joppke, C., 1998a: Challenge to the Nation-State: Immigration in Western Europe and the United States, Oxford: Oxford University Press.
Joppke, C., 1998b: Why Liberal States Accept Unwanted Migration, in: World Politics, 50 (2), S. 266-293.
Kaplan, W., 1993: Who Belongs? Changing Concepts of Citizenship and Nationality, in: W. Kaplan (Hrsg.), Belonging: The Meaning and Future of Canadian Citizenship, Kingston: McGill-Queens University Press.
Knowles, V., 1997: Strangers at our Gate: Immigrants and Immigrant Policy, 1540-1997, Toronto: Dundurn Press.
Kurthen, H., 1997: The Canadian Experience with Multiculturalism and Employment Equity: Lessons for Europe, in: New Community, 23 (2), S. 249-270.
Kymlicka, W., 1995: Multicultural Citizenship. A Liberal Theory of Minority Rights, New York, NY: Oxford University Press.
Kymlicka, W., 1998: Finding Our Way: Rethinking Ethnocultural Relations in Canada, Don Mills: Oxford University Press.

Kymlicka, W. und M. Opalski (Hrsg.), 2001: Can Liberal Pluralism be Exported? Western Political Theory and Ethnic Relations in Eastern Europe?, Oxford: Oxford University Press.
Magsino, R., J. Long und G. Théberge, 2000: Canadian Pluralism, the Charter, and Citizenship Education, in: Canadian Ethnic Studies, XXXII, No. 1, S. 89-110.
Rauer, V. und O. Schmidtke, 2001: „Integration als Exklusion? Zum medialen und alltagspraktischen Umgang mit einem umstrittenen Konzept", in: Berliner Journal für Soziologie, 3, S. 277-296.
Reimers, D. und H. Troper, 1992: Canadian and American Immigration Policy Since 1945, in: B. Chiswick (Hrsg.), Immigration, Language and Ethnicity: Canada and the United States, Washington, DC: American Entreprise and Institute Press.
Satzewich, V. (Hrsg.), 1992: Racism and Inequality in Canada, Toronto: Thompson.
Scharenberg, A. und O. Schmidtke, 2003: Das Ende der Politik? Globalisierung und der Strukturwandel des Politischen, Münster: Westfälisches Dampfboot.
Schmidtke, O., 2001: Trans-National Migration: A Challenge to European Citizenship Regimes, in: World Affairs, September, 164 (1), Summer, S. 3-16.
Stasiulis, D. und R. Jhappan, 1995: The Fractious Politics of a Settler-Society: Canada, in: D. Stasiulis und N. Davis (Hrsg.), Unsettling Settler Societies: Articulations of Gender, Race, Ethnicity and Class, London: Sage.
Stolcke, V., 1995: Talking culture. New boundaries, new rhetorics of exclusion in Europe, in: Current Anthropology, 36, S. 1-24.
Taras, D. und B. Rasporich (Hrsg.), 2001: A Passion for Identity. Canadian Studies for the 21st Century, Scarborough: Thompson.
Troper, H. und M. Weinfeld (Hrsg.), 1999: Ethnicities, Politics and Public Policy: Case Studies in Canadian Diversity, Toronto: Toronto University Press.
Tully, J., 1995: Strange Multiplicity: Constitutionalism in an Age of Diversity, Cambridge: Cambridge University Press.
Whitaker, R., 1987: Double Standard: The Secret History of Canadian Immigration, Toronto: Lester und Orpen Dennys.
Whitaker, R., 1991: Canadian Immigration Policy, Ottawa: Canadian Historical Association.
Wilson, V.S., 1993: The Tapestry Vision of Canadian Multiculturalism, in: Canadian Journal of Political Science, XXVI: 4, S. 645-669.

Tomas Hammar

Einwanderung in einen skandinavischen Wohlfahrtsstaat: die schwedische Erfahrung*

In den fünfziger und sechziger Jahren begannen europäische Wohlfahrtsstaaten Arbeitskräfte aus dem Ausland anzuwerben. Später schlossen sie ihre Türen wieder, in den siebziger Jahren zunächst für die ausländischen Arbeitskräfte, dann in den achtziger Jahren für deren Familien und schließlich in den neunziger Jahren für Asylbewerber und Flüchtlinge. Zweifellos sind die europäischen Wohlfahrtsstaaten noch immer für Einwanderer aus weniger entwickelten und kriegsgeschüttelten Staaten außerhalb Europas attraktiv, und sowohl legale als auch illegale Einwanderung dauern an. Aber aus ökonomischen und politischen Gründen sind die Einwanderer nicht mehr willkommen. Die europäischen Wirtschaftsräume leiden seit langem unter geringem wirtschaftlichen Wachstum und hoher Arbeitslosigkeit, der Wohlfahrtsstaat steckt in einer langwierigen Krise. Er wurde kritisiert, zurückgeschraubt und geschwächt.

Auch wenn alle EU-Mitgliedsstaaten Wohlfahrtsstaaten sind, so unterscheiden sie sich doch hinsichtlich ihrer Ideologie, der gesetzlichen Grundlagen und der Verwaltung beträchtlich. Gemäß einer bekannten Kategorisierung werden die skandinavischen Wohlfahrtsstaaten als „sozialdemokratisch" bezeichnet, während man die sozialen Sicherungssysteme des Vereinigten Königreichs „liberal" nennt und das deutsche „konservativ".[1] Im „sozialdemokratischen" Modell ist der Staat für ein System starker und universeller sozialer Sicherung verantwortlich, in dem alle Einwohner die selben sozialen Grundrechte haben.[2] In „liberalen" Wohlfahrtsstaaten ist die Sicherung schwach und rudimentär, und nur die Bedürftigen erhalten Sozialleistungen. Die Wohlfahrt ist hier in erster Linie Sache des Marktes, nicht des Staates. Der „konservative" Wohlfahrtsstaat schließlich ist korporativ. Hier haben diejenigen, die Geld verdienen, und ihre Familienmitglieder die größten sozialen Ansprüche.

---

* Aus dem Englischen übersetzt von Susanne In der Smitten, Universität Münster.
1 Gøsta Esping-Andersen, The Three Worlds of Welfare Capitalism, Cambridge 1990; und Social Foundations of Postindustrial Economies, Oxford 1999. Walter Korpi hat zahlreiche Studien über soziale Bürgerrechte in Wohlfahrtsstaaten veröffentlicht (2002).
2 Ibid., Walter Korpi, Velfaerdsstat og socialt medborgarskap. Danmark i ett komparativt perspektiv 1930-1995, Magtutredningen Aarhus 2002.

Abbildung 1: Sozialstaatlichkeit und Migration

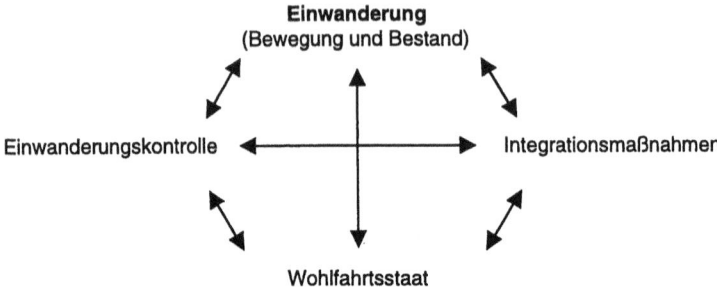

Sozialstaatlichkeit und internationale Migration sind eng miteinander verbunden, aber wir wissen zu wenig darüber, wie sie in Theorie und Praxis zusammenwirken. Von Staat zu Staat und von Zeit zu Zeit können Änderungen im Bereich der Sozialpolitik Folgen für die Einwanderung und die Strategien zu ihrer Kontrolle und Integration haben. Dennoch kann die Kausalverbindung in beide Richtungen gehen. Einwanderungspolitik kann auch Folgen für das Sozialsystem haben. Selbst wenn Europa ein neuer Einwanderungskontinent geworden ist, auf dem man sich intensiv darum bemüht, die unterschiedlichen Einwanderungspolitiken der Einzelstaaten zu harmonisieren, gibt es immer noch große Unterschiede zwischen den Staaten hinsichtlich ihrer Wahrnehmung von Einwanderung, ihrem Bedarf an ausländischen Arbeitskräften und ihrer Angst vor neuen Minderheiten. Einige Staaten haben in der Vergangenheit Gastarbeiter angeworben, andere haben viele Einwanderer aus ihren früheren Kolonien aufgenommen, die skandinavischen Länder haben eine dritte Alternative gewählt. Die unterschiedlichen Einwanderungsformen hatten jeweils unterschiedliche Folgen für die sozialen Sicherungssysteme, und ebenso hatten die unterschiedlichen Wohlfahrtsstaatsformen Folgen für die Einwanderungspolitik. Es ist nicht einfach, die Richtung und die Stärke der „Pfeile" zwischen Einwanderung und Einwanderungspolitik, zwischen Strategien der Kontrolle und der Integration und zwischen alledem und der Sozialstaatlichkeit abzuschätzen. Aber es ist einen Versuch wert.

Ziel dieses Aufsatzes ist es zu untersuchen, wie das Wohlfahrtsstaatsmodell eines ausgewählten Staates (Schweden) mit dessen Einwanderung und Einwanderungspolitik in Beziehung steht. Aber bevor ich mich der Beschreibung des schwedischen Beispiels zuwende, möchte ich intensiver auf die Zusammenhänge zwischen Einwanderungskontrolle und Integrationspolitik einerseits und zwischen internationaler Migration und Sozialstaatlichkeit andererseits eingehen.

1. Maßnahmen der Kontrolle und der Integration

In der jüngeren europäischen Migrationsgeschichte wurden Maßnahmen der Migrationskontrolle sehr früh eingeführt. Integrationsmaßnahmen folgten erst sehr viel später. Einige industrialisierte Staaten Nordeuropas hatten zunächst nur große Auswanderungswellen in die USA und eine kleine, aber wachsende Einwanderungsbewegung aus Osteuropa erlebt, vor allem durch polnische und russische Juden. Kontrollinstrumente für Ausländer, d.h. vor allem Ausweise und Visa-Systeme wurden deswegen kurz vor bzw. während des Ersten Weltkrieges eingeführt. Die chronologische Übersicht in Tabelle 1 beginnt daher mit einer freien und unkontrollierten internationalen Migration, auf die ab etwa 1914 eine individuelle Einwanderungskontrolle folgte, die bis 1945 sehr streng und danach lockerer gehandhabt wurde, ehe in den siebziger Jahren die Kontrollen wieder restriktiver und erste Integrationsmaßnahmen eingeführt wurden. Diese Abfolge gilt nicht allein für Schweden, sondern kann als Muster eines allgemeinen europäischen Trends angesehen werden. Schon vor dem goldenen Zeitalter des Wohlfahrtsstaates, das nach dem Zweiten Weltkrieg begann, war ein modernes System der Einwanderungskontrolle eingerichtet worden, das auf Ausländergesetzen und Einwanderungsbehörden basierte. Obwohl eine massive Arbeitsmigration aus Südeuropa nach Nordeuropa bereits in den fünfziger und sechziger Jahren einsetzte, ließen die ersten Integrationsmaßnahmen bis in die siebziger Jahre auf sich warten.

Tabelle 1: Chronologie europäischer Einwanderungspolitik: Das Beispiel Schweden

– 1914	1914 – 1945	1945 – 1973	1973 –
Unbeschränkte Migration	Strenge Kontrolle: Visa & Ausweise	Geringe Kontrolle: Arbeitsmigration	Integrationspolitik & strengere Kontrolle

Schon vor 1914 hatten Protektionisten in einigen Staaten Einwanderungskontrollen verlangt, um vor allem jüdische Emigranten, landwirtschaftliche Saisonarbeiter, internationale Streikbrecher und russische „Spione" und Revolutionäre von der Einwanderung abzuhalten. In weiten Teilen Europas konnte man jedoch ohne Reisepaß und Visum reisen. Die internationale Migration blieb frei und unkontrolliert.

Die ersten Kontrollsysteme waren zeitlich befristet und basierten auf Notstandsgesetzen. Nach dem Krieg wurden sie in reguläre Ausländergesetze transformiert, um die nationale Souveränität und die Arbeitsmärkte zu schützen, die in den zwanziger Jahren und dann wieder in den dreißiger Jahren von Flauten und einer hohen Arbeitslosigkeit betroffen waren. Am Ende der dreißiger Jahre waren die Einwanderungskontrollen effizient genug, um verfolgten jüdischen Flüchtlingen den Zutritt zu beinahe allen europäischen Staaten zu versperren.

Nach dem Zweiten Weltkrieg veränderte sich die Situation wiederum drastisch. Formal waren die Ausländergesetze und Kontrollsysteme noch dieselben, aber sie wurden nun liberaler gehandhabt. Während des Krieges hatten Massendeportationen stattgefunden, und um 1945 kam es zu einer großen Flüchtlingsbewegung. Der Wiederaufbau der bombardierten und verwüsteten Städte und Industrien verursachte eine große Nachfrage auf dem Arbeitsmarkt, und bald begannen auch die Anwerbung und Einwanderung ausländischer Arbeitskräfte. Am Ende ließen sich rund 20 Millionen eingewanderte Arbeiter und ihre Familien in Mittel- und Nordeuropa nieder. Die Mehrheit kam als junge Arbeiter; die meisten waren Männer, es gab aber auch einige Frauen. Die meisten kamen als Singles, zumal Familien in vielen Staaten nicht willkommen waren.

In dieser Zeit konzentrierte sich die Einwanderungskontrolle auf einzelne Landstreicher und Kriminelle. Eine umfassende Migrationskontrolle, also die Kontrolle des Umfangs der Migrationsströme und ihrer Zusammensetzung, war mehr oder weniger aufgehoben. Arbeitgeber suchten sich ihre Arbeiter weitgehend selbst aus, und ihr Bedarf bestimmte die Menge der Arbeitsanwerbungen aus dem Ausland. Damit wurde dem Markt faktisch die Kontrolle der Einwanderung übergeben. Migration war kein politisch prioritäres Thema.

Zwischen 1972 und 1974 kam es jedoch innerhalb weniger Jahre in einem Land nach dem anderen zum Ende der Arbeitsmigration, und die Staaten übernahmen die Einwanderungskontrolle wieder selbst. Sie nutzten dabei vor allem Instrumente der Arbeits- und Aufenthaltserlaubnis, die entsprechend den Interessen des Landes von Verwaltungsbeamten, Einwanderungsbehörden oder der Polizei ausgestellt wurden. Dass die europäischen Staaten in dieser Hinsicht vergleichbare Einwanderungspolitiken betrieben, kann dadurch erklärt werden, dass alle Staaten in gleicher Weise von internationalen Trends betroffen waren und in einer engen Wechselbeziehung zueinander standen. Die Arbeitsmigration wurde aber nicht vollständig unterbunden, sondern auf einem niedrigeren und stärker selektivem Niveau fortgesetzt. Der Staat hatte jedoch erfolgreich interveniert und sich einen Teil des Einflusses vom Markt zurückerobert.

Diese Veränderung in den Jahren 1972 bis 1974 sind für das Verständnis der Zusammenhänge von Einwanderungs- und Integrationspolitik sehr wichtig. Erst der Anwerbestopp und die Staatsintervention ebneten einer öffentlichen Integrationspolitik den Weg. Erstmals wurde politisch anerkannt, dass eine „Stabilisierung" der Einwanderungszahlen notwendig war, um die Situation der Millionen eingewanderter Arbeiter zu verbessern, die sich bereits ganz oder teilweise niedergelassen hatten. Viele dieser Migranten hatten zwar einen Arbeitsplatz jedoch keine angemessene Unterkunft gefunden. Sie lebten in segregierten Nachbarschaften mit einer hohen Migrantenkonzentration. Vielen Familien wurde es erst nach Jahren ermöglicht, wieder zusammen zu wohnen. Die Eltern hatten nicht genügend Sprachunterricht erhalten, und viele Kinder hatten demzufolge Probleme in der Schule.

In den zwanziger und dreißiger Jahren, als ebenfalls eine strikte Einwanderungskontrolle vorherrschte, dachte noch niemand an Integrationspolitik. In den siebziger Jahren jedoch, als die staatliche Kontrolle wieder belebt wurde, stellte sich die Situation anders dar. Da sich bereits eine große Zahl von Migranten niedergelassen hatte, war eine Integrationspolitik notwendig geworden. Dies ist wahrscheinlich eine Folge der schnellen Entwicklung der sozialstaatlichen Regime nach 1945. Weitere Hintergründe waren neue Erlebnisse und Erfahrungen über die Komplexität von Assimilations- und Adaptionsprozessen sowie eine neue Wertschätzung von Volkszugehörigkeit und dem Überleben ethnischer Gruppen und ethnischer Minderheiten in multikulturellen Gesellschaften.

Im letzten Viertel des 20. Jahrhunderts stellten Kontroll- und Integrationsmaßnahmen die beiden Bereiche nationaler Migrationspolitik in Europa dar. In den neunziger Jahren wurden die Einwanderungskontrollen an den Grenzen zwischen EU-Mitgliedsstaaten gelockert und gleichzeitig an den EU-Außengrenzen verschärft, wobei letzteres auch eine Reaktion auf den starken Zuwachs der Flüchtlingsmigration war. Ein gemeinsames europäisches Visa-System und ein elektronisches Informationssystem wurden eingerichtet. Über die Einführung einer gemeinsamen europäischen Flüchtlings- und Kontrollpolitik wird ebenfalls ernsthaft nachgedacht. In dieser Situation, in der Einwanderungskontrollen, Asylrecht und der Umgang mit Flüchtlingen eher auf europäischer als auf nationaler Ebene verrechtlicht werden, bleibt die Integrationspolitik nichtsdestotrotz weiterhin eine nationale Angelegenheit.

Im Feld 3 in Tabelle 2 erfolgt die Migration weitgehend ohne Kontrolle, Einwanderer werden durch keinerlei Integrationspolitik unterstützt. Vor 1970 gab es praktisch keine Integrationspolitik in Europa, und später gab es sie auch nur in zwei Fällen. Im ersten Fall (Tabelle 2, Feld 4) können sich die Bürger eines Mitgliedsstaates innerhalb eines geschützten Gebietes frei bewegen, wie es seit 1954 durch den gemeinsamen skandinavischen-finnischen Arbeitsmarkt gegeben war und nun in der Europäischen Union (mit 15 Mitgliedsstaaten) der Fall ist. Solche Regionen kontrollieren an ihren Außengrenzen die Einwanderung aus Drittländern, und solange es innerhalb der Zone des freien Marktes nicht zu größeren internen Migrationsströmen kommt, kann diese Kontrolle mit einer funktionie-

Tabelle 2: Einwanderung und Integrationspolitik

	Integrationspolitik	
	Nicht vorhanden	Vorhanden
Kontrollierte Einwanderung	(1) 1914 – 1945	(2) 1973 – (von Drittstaaten)
Freie/tolerierte Einwanderung	(3) – 1914 1945 – 1972	(4) Utopisch oder regional (innerhalb Skandinaviens, EU)

renden Integrationspolitik verbunden werden. Der zweite Fall (Tabelle 2, Feld 2) entspricht dem System, das die EU im Hinblick auf den Rest der Welt praktiziert: Strenge Kontrollen gegenüber Einwanderern aus Drittstaaten und eine Integrationspolitik, die sich an die richtet, die bereits als Einwanderer in einen EU-Mitgliedsstaat zugelassen wurden.

Die Phase zwischen 1945 und 1972 scheint eine historische Ausnahme zu sein. In dieser Zeit wurde Arbeitsmigration aus ökonomischen Gründen begrüßt, gleichzeitig wurde jedoch am „Mythos der Rückkehr" festgehalten. Integrationspolitik war nicht notwendig, bzw. sogar ungeeignet, da sie im Hinblick auf eine mögliche Rückkehr kontraproduktiv hätte sein können. Eine solche Phase kann gleichwohl wiederkehren. Im Jahr 2003 gab es in vielen Ländern eine Diskussion um eine neue Anwerbepolitik, besonders für hochgebildete und qualifizierte Arbeitskräfte aus Drittländern, die in speziellen Wirtschaftszweigen gesucht werden, sowie um eine Einwanderungspolitik im großen Stil, um den negativen Folgen der alternden Bevölkerung und der starken Abnahme des Arbeitskräfteangebots in Europa zu begegnen.

Kontroll- und Integrationspolitik werden oftmals als die zwei Gesichter der Migrationspolitik beschrieben, als ein hartes Gesicht und ein freundliches. Ihre Beschreibung und Analyse in dieser Perspektive erweist sich sowohl für die Politik als auch für die Forschung als fruchtbar. Allerdings muss zwischen diesen beiden Gesichtern noch eine Zeitdimension und eine funktionale Differenzierung eingeführt werden. Die Vier-Felder-Tafel (Tabelle 2) kann dabei hilfreich sein.

Tabelle 1 hat gezeigt, dass zuerst Migration einsetzte und sich Einwanderungspolitik zunächst auf Kontrolle beschränkte, während eine Integrationspolitik erst gegen Ende des 20. Jahrhunderts entwickelt wurde. Kontrolle beeinflusst jedoch nicht nur die Größe und die Zusammensetzung von aktuellen Einwanderungsströmen, sondern auch die zukünftigen Migrationsströme. Insofern kann Kontrolle dem Beginn einer ungewollten und befürchteten Einwanderung vorausgehen.

Ausländische Bürger müssen mehrere Schranken überwinden, um in ein Land einzureisen. Drei zentrale Schranken sind hierbei: 1. die Zugangsschranke (Visa-, Ausweis- und Grenzkontrollen, zeitlich begrenzte und zu erneuernde Aufenthaltserlaubnis etc.), 2. die Niederlassungsschranke (dauerhafte Aufenthalts- und Arbeitsberechtigung) und 3. die Einbürgerungsschranke.[3] Auf verschiedene Weise kombiniert, zielen diese Schranken auf die Kontrolle des Rechts 1.) einzureisen, vorläufig zu bleiben und zu arbeiten, 2.) auf einen permanenten Wohnsitz (des bürgerlichen Grundrechts auf Domizil) und 3.) auf eine Vollmitgliedschaft im Gemeinwesen (Staatsangehörigkeit). Nur die, die alle Schranken erfolgreich überwunden haben, erreichen volle Rechte und die Freiheit von jeglicher Migrationskontrolle.

Kontrolle ist das „harte Gesicht" der Einwanderungspolitik, der Einschluss

---

3 Tomas Hammar, Democracy and the Nation State, Aldershot 1990, S. 9 ff.

oder Ausschluss von Ausländern als Einwohner, als Wohnbürger (Denizens) oder als eingebürgerte Vollbürger. Diese Politik wird durch offizielle Entscheidungen durchgesetzt, in denen die Behörden, die über die Schranken wachen, einzelnen Migranten einen neuen Rechtsstatus zuerkennen oder verweigern. Integrationspolitik ist das andere, das „freundliche Gesicht" der Einwanderungspolitik. Auch hier geht es um den Einschluss oder Ausschluss von Einwanderern, aber in anderer Hinsicht. Integration setzt voraus, dass die Einwanderung schon stattgefunden hat und dass die Einwanderer die erste und vielleicht auch die zweite Schranke überwunden haben, so dass angenommen werden kann, dass sie zumindest für längere Zeit bleiben. Integration in eine neue Gesellschaft ist ein Prozess, der Jahre dauert, vielleicht ein ganzes Leben oder sogar mehrere Generationen. Dieser Prozess ist nicht nur sehr wichtig für die, die neu ankommen, sondern auch für die, die schon lange da sind und die zweite oder sogar schon die dritte Schranke überwunden haben.

Integration kann mit politischen Mitteln gefördert (oder verhindert) werden, aber das Ergebnis des Prozesses ist auch abhängig von ökonomischen und sozialen Bedingungen, von der aufnehmenden Bürgergesellschaft insgesamt und zuallererst von den Einwanderern selbst, ihren Familien, Nachbarn und von Migrantengruppen. Integration kann sich über Jahre hinziehen, ohne jemals in eine volle Eingliederung in alle Bereiche der neuen Gesellschaft zu münden.

Kontrolle und Integration sind somit zwei Seiten der Einwanderungspolitik, und obwohl sie in der Forschung und der öffentlichen Diskussion oft vermischt werden, haben sie sehr unterschiedliche Zielsetzungen und Zielgruppen. Sie hängen voneinander ab, funktionieren aber sehr unterschiedlich. Jeder der beiden Aspekte muss vor dem Hintergrund seiner eigenen Bedingungen verstanden und bewertet werden. Die Wechselbeziehungen sind oft nur indirekt und bleiben nicht selten unvollständig. Das Wohlfahrtsstaatsregime ist einer der zentralen Faktoren, die für beide Bereiche bedeutsam sind.

Integrationspolitik kann *indirekt* genannt werden, wenn ihre Programme regelmäßiger Bestandteil des allgemeinen Sozialstaatssystems sind, das allen Mitgliedern der Gemeinschaft dient und Einwanderer dabei einschließt. Um *direkte* Integrationspolitik handelt es sich, wenn für die Einwanderer spezielle Programme aufgelegt werden.[4] In einem starken Wohlfahrtsstaat kann die indirekte Integrationspolitik schon alle Bedürfnisse erfüllen, in einem weniger ausgebauten Sozialstaat mögen direkte Maßnahmen dringlicher sein. Es ist wahrscheinlich, dass die tatsächlichen Bedürfnisse in einem starken Wohlfahrtsstaat aus ideologischen und institutionellen Gründen eher beachtet werden.

---

4 Tomas Hammar, Introduction, in: Tomas Hammar (Hrsg.), European Immigration Policy, Cambridge 1985, S. 9 f.

2. Wohlfahrtsstaatsregime

Die Literatur über Einwanderungspolitik einerseits und die Literatur über Sozialstaatlichkeit andererseits wirken wie aus zwei verschiedenen Welten.[5] Die Wissenschaftler aus den beiden Welten vergleichen oft dieselben europäischen Staaten im selben Zeitraum, aber bis vor kurzem haben sie selten ernsthaft die Verbindungen zwischen den beiden Feldern diskutiert.

Gøsta Esping-Andersen hat die Staaten gemäß den bereits erwähnten drei Typen von Wohlfahrtsstaatsregimen klassifiziert, dem „liberalen", dem „sozialdemokratischen" und dem „konservativen" (Tabelle 3). Er erklärt die Unterschiede in den sozialstaatlichen Ideologien beispielsweise zwischen dem Vereinigten Königreich, Deutschland und Skandinavien mit unterschiedlichen historischen Traditionen der Mobilisierung der Arbeiterklasse im 20. Jahrhundert. Sein Interesse konzentriert sich eher auf formale Programme der Sozialpolitik als auf ihren tatsächlichen Ertrag.

In einem „liberalen" Regime wie zum Beispiel dem der USA liegt die Hauptverantwortung für die Wohlfahrt beim Individuum, das die Möglichkeit hat, soziale Unterstützung und Absicherung am Markt zu kaufen. Nur in wenigen Fällen können in Not geratene Menschen auf Unterstützung hoffen. Im Gegensatz dazu garantiert der Staat im „sozialdemokratischen" Regime – hier ist Schweden das Beispiel – jedem allgemeine und gleiche soziale Rechte auf hohem (umfassendem) Niveau.

Diese starken Unterschiede gehen nach Esping-Andersen auf die enge Zusammenarbeit zwischen Arbeiterorganisationen und sozialistischen Parteien in Skandinavien zurück, die zu dem Fehlen und der Schwäche einer organisierten Arbeiterklasse in den USA im Gegensatz steht. In einem „konservativen" Regime, wie in Deutschland, hat die Familie die Hauptverantwortung zu tragen. Das korpo-

---

[5] Ein neuer Ansatz ist zu finden in Michael Bommes und Andrew Geddes (Hrsg.), Immigration and welfare, London: Routledge 2000. – Ich danke Diane Sainsbury für ihren Hinweis auf diese Kluft innerhalb der Disziplin. Sie untersucht „formal and substantive social rights of immigrants of both sexes" (formelle und substantielle soziale Rechte von Einwanderern beiderlei Geschlechts), und sie betreute die Doktorarbeit von Welat Songur, Sociala rättigheter och invandrares makt. En jämförande studie av äldre invandrare från Mellan Östern i Stockholm, London/Berlin 2002 (Soziale Rechte und die Macht von Einwanderern. Eine vergleichende Untersuchung von älteren Einwanderern aus dem Mittleren Osten in Stockholm, London/Berlin). Englische Zusammenfassung. Universität Stockholm – Beispiele für Studien zum Thema Wohlfahrtsstaat findet man bei Gøsta Esping-Andersen, The Three Worlds of Welfare Capitalism, Cambridge 1990: Polity Press; und Social Foundations of Postindustrial Economies, Oxford 1999: Oxford University Press; Walter Korpi, Velfaerdsstat og socialt medborgarskap. Danmark i ett komparativt perspektiv 1930-1995, Aarhus 2002: Magtutredningen. – Zu den Forschungen von IMER vgl. Stephen Castles und Mark J. Miller, The Age of Migration, International Population Movements in the Modern World, 1993.

Tabelle 3: Modelle des Sozialstaats

Modell	Regime	Soziale Rechte	Ideologische Prinzipien	Arbeiterparteien/ -vereinigungen	Staaten
Liberal	Markt	Gering	Residual	Schwach	USA
Sozialdemokratisch	Staat	Hoch	Universell	Stark	Schweden
Konservativ	Familie	Hoch für Berufstätige	Korporativ	Nach Berufsgruppen getrennt	Deutschland

rative soziale Versicherungssystem Bismarcks garantiert denjenigen Familien umfassende Sozialleistungen, deren (zumeist männlicher) Brotverdiener einer Korporation angehört, die durch eine Versicherung abgedeckt ist, der also einen Beruf ausübt, der in das System integriert ist.

Auf den ersten Blick scheint Esping-Andersens Typologie auch wichtige Unterschiede in der Migrationspolitik zu erklären, zumindest zwischen Schweden und Deutschland. Schwedens Integrationspolitik könnte mit den engen Verbindungen der starken Arbeitervereinigungen zu einer sozialdemokratischen Partei erklärt werden, die seit Jahren an der Macht ist.[6] Der Schwerpunkt liegt auf sozialen Rechten, die jedem ohne besondere Kontrollen gewährt werden. Einwanderer werden nicht ausgeschlossen. Wer dauerhaft in Schweden als Wohnbürger (Denizen) lebt, hat daher dieselben sozialen Rechte wie Vollbürger. Ein „Gastarbeiter"-System war mit den Grundprinzipien der Arbeiterbewegung nicht vereinbar.

Esping-Andersens Typologie hatte großen Einfluss, wurde aber auch oft kritisiert, und es gab mehrere Versuche, sie zu verbessern. Ein Beispiel ist der starke feministische Protest, dessen Argument es war, dass das Schema die meisten Aspekte von Geschlechterverhältnissen vernachlässige. Nach einem anderen Kritikansatz hätte Esping-Andersen seinen Vergleich eher auf soziale Institutionen, Mechanismen und ihre Wirkungen stützen sollen als auf das historische Erbe und die Ideologien. Seine Typologie ist wertvoll, um die Entstehung der Wohlfahrtsstaatsregime zu verstehen, weniger jedoch hinsichtlich ihrer tatsächlichen Funktionsweise im Lebensalltag von Bürgern und Nicht-Bürgern, Männern und Frauen.

Ein Vertreter des zuletzt genannten Kritikansatzes ist der schwedische Soziologe Walter Korpi, der ein Social Citizenship Indicator Program (SCIP), also ein Indikatorenschema zur Messung sozialer Bürgerrechte, für die Jahre 1930-95 entwickelt hat, das auf den Renten- und Krankenversicherungssystemen basiert. Für

---

6 Die sozialdemokratische Partei bildet seit 1914 die größte Fraktion im Riksdag. Die Partei war (oft in Koalitionen) 62 der letzten 70 Jahre an der Regierung beteiligt, nämlich von 1932-1976 sowie 1982-1991 und seit 1994. Bei den letzten Wahlen zum nationalen Parlament im September 2002 erreichten die Sozialdemokraten über 40 Prozent der Stimmen.

jedes Land werden Gesetze und Praktiken detailliert erfasst, wobei Veränderungen im Laufe der Zeit berücksichtigt werden. Insgesamt werden 18 industrialisierte Staaten abgedeckt, darunter das Vereinigte Königreich, Deutschland und Skandinavien, aber auch Frankreich, Belgien und die Niederlande. Korpi schlägt eine Gliederung in fünf Modelle vor, die er 1.) „residual/an Bedürftigkeitsprüfung gebunden", 2.) „freiwillig subventioniert", 3.) „Staatskorporatismus", 4.) „Basissicherung" und 5.) „umfassend" nennt.[7] Die ungeraden Zahlen (1, 3 und 5) ähneln dabei Esping-Andersens „liberalem", „konservativem" und „sozialdemokratischem" Regime, während die Nummern 2 und 4 andere Zwischentypen von Wohlfahrtsstaatsmodellen repräsentieren. Korpi widerspricht Esping-Andersens „ideologischer und politischer" Typisierung, und lehnt es ab, Staaten nach Wohlfahrtsregimes zu klassifizieren; vielmehr will er einen Datensatz für den empirischen Vergleich von Organisationsformen, Funktionsweisen und Auswirkungen verschiedener Sozialstaatlichkeitsmodelle aufbauen – Modelle, die auch für Studien über die Folgen von Migration und Integrationspolitik hilfreich sein könnten.

3. Vergleich von Modellen der Integrationspolitik

Im Jahre 1978, sechs Jahre nach dem Ende der Arbeitsmigration, gab die schwedische Regierung eine Studie über europäische Einwanderungspolitik in Auftrag, die sechs Einwanderungsländer verglich. Die Länder wurden entsprechend einer vagen Klassifikation in Gastarbeiterstaaten (Deutschland und die Schweiz), ehemalige Kolonialmächte (Frankreich, die Niederlande und das Vereinigte Königreich) und Länder, die Einwanderer einluden, dauerhaft zu bleiben (Schweden und auch das Vereinigte Königreich), ausgesucht. Das Hauptaugenmerk dieses Projekts lag auf der Einwanderung und Migrationskontrolle, aber im Vergleich der Gastarbeiterstaaten einerseits, der Staaten mit dauerhafter Einwanderung andererseits und Frankreich und den Niederlanden dazwischen (als Staaten mit einem mittelmäßigen Interesse an Integration) spielte auch die Integrationspolitik eine Rolle.[8] Viele Jahre später veröffentlichten Stephen Castles und Mark Miller eine Typologie von Integrationspolitik (Tabelle 4).

Das imperialistische Modell war bis 1789 vorherrschend, wurde aber in vielen Demokratien, wie im Vereinigten Königreich und Skandinavien, auch noch im 20. Jahrhundert formal fortgesetzt. Der Herrscher bot seinen Untertanen Schutz, im Gegenzug schuldeten sie ihm Treue. Im ethnischen und republikanischen Modell sind aus den Untertanen Mitglieder geworden. Die ethnische Gemeinschaft basiert auf einem Volk oder einer Nation mit einer gemeinsamen Abstammung, Sprache und Kultur. Neue Einwanderer werden nur integriert, wenn sie dieser Nation angehören. Das republikanische Modell ist eine politische Gemeinschaft

---

7 Korpi, S. 32.
8 Hammar (Hrsg.) 1985; Castles/Miller, S. 39 f. und 196 ff.

Tabelle 4: Modelle der Integrationspolitik

Modell	Staatsbürgerschaftsrecht	Rechtliche Grundprinzipien	Staaten
Imperialistisch	Untertanen des Königs	Loyalität/Schutz	UK
Ethnisch/völkisch	Volk/Nation	Zusammengehörigkeit nach dem ius sanguinis	Deutschland, Israel
Republikanisch	Politische Mitgliedschaft	ius soli	Frankreich, USA
Multikulturell	Gruppenrechte	ius soli und domicilis	Schweden, Niederlande

von Bürgern mit politischen Rechten. Neue Einwanderer müssen sich an die politischen Regeln sowie an die nationalen Gesetze halten und sich weitgehend an die nationale Kultur assimilieren. Das multikulturelle Modell schließlich ist noch offener gegenüber Einwanderern, denn es akzeptiert kulturelle Unterschiede und die Bildung ethnischer Gemeinschaften und gesteht bisweilen sogar Minderheitengruppen besondere Rechte zu.

Dieses Schema gibt einen guten Überblick und eine Art historischen Abriss über die Entwicklung von imperialistischen zu nationalen Modellen und von ethnischer Geschlossenheit hin zu mehr Offenheit und kultureller Verschiedenheit. Die vier Modelle scheinen an spezielle Kontexte und Zeiträume gebunden zu sein. Sie bleiben aber auf einem hohen Abstraktionsniveau und bieten daher nicht immer das beste Instrumentarium für eine detaillierte komparative Analyse der Organisation, Funktionsweise und der Ergebnisse verschiedener Integrationsverfahren. Vor diesem Hintergrund hat Han Enzinger eine Analyse der Integration aus der Perspektive des Staates, der Nation und des Marktes sowohl auf der Ebene der Individuen als auch auf der Ebene von Gruppen vorgeschlagen.[9]

Steven Castles und Mark Miller schlagen ein didaktisches Modell vor, von dem Han Enzingers Idee abweicht. Beide Typologien sind nützlich und tragen zu unserem Verständnis bei. Die Unterteilungen von Enzinger sind allgemeiner gehalten, aber sie können helfen, spezifischere Forschungsfragen zu stellen. Wenn wir Integrationsmodelle und Modelle von Sozialstaatlichkeit gegenüberstellen wollen, um zu sehen, wie sie zusammenhängen, müssen wir neue, spezifizierte Fragen stellen und jede der sechs Zellen des Schemas weiter ausarbeiten. Das Ziel dieses Beitrages ist jedoch bescheidener; er sucht nur nach Verbindungen zwischen dem „sozialdemokratischen" Wohlfahrtsstaat und der spezifischen Einwanderungspolitik in Schweden. Die vergleichenden Modelle von Sozialstaatlichkeit und Einwanderungspolitik werden dabei, einer Landkarte vergleichbar, der Orientierung dienen.

---

9 Han Enzinger, The dynamics of Integration Policies: A Multidimensional Model, in: R. Koopmans und P. Statham (Hrsg.), Challenging Immigration and Ethnic Relations Politics, Comparative European Perspectives, Oxford 2000, S. 97-118.

Tabelle 5: Modelle der Eingliederungspolitik

Modell	Staat	Nation	Markt
Analyseebene	Rechtliches und politisches System	Kultur und Religion	Soziale Wohlfahrt
Individuum	Gleiche Rechte für Ausländer, liberale Naturalisation (Einbürgerung)	Liberaler Pluralismus, Anti-Diskriminierung	Chancengleichheit
Gruppe	Gruppenrechte, Einwanderer- und religiöse Minderheiten	Multikulturalität, Minderheitenschutz	Ergebnisgleichheit, Gerechtigkeit

4. Wohlfahrtsstaat und Einwanderungspolitik in Schweden

Hinsichtlich seiner Bevölkerungsgröße von 9 Millionen Einwohnern kann Schweden mit einem deutschen Bundeslands verglichen werden. Hingegen ist die Fläche Schwedens mit 450.000 km² sogar größer als die gesamte Bundesrepublik.[10] Schweden liegt im äußersten Norden von Europa und blieb während der beiden Weltkriege neutral. In den Jahren nach 1945, als der schwedische Wohlfahrtsstaat aufgebaut wurde, begann auch die Einwanderung, zunächst aus nördlichen Ländern und bald auch aus den Auswanderungsländern in Südeuropa, die Arbeitskräfte auch nach Deutschland entsandten. Gute Beschäftigungsaussichten, hohe Löhne und viel versprechende Arbeitsbedingungen zogen viele Arbeiter an, fast 60 Jahre später haben sich über eine Million Einwanderer dauerhaft in Schweden niedergelassen. Ein ethnisch homogenes Land wurde dadurch zu einem multikulturellen Staat, sowohl de facto (mehr als 100 verschiedene Nationen sind in den großen Städten und vielen anderen Kommunen vertreten) als auch im Hinblick auf den Umgang miteinander, und zwar in dem Sinne, dass nun kulturelle Unterschiede positiv konnotiert und toleriert werden.

Schwedens Integrationspolitik war in der Vergangenheit eine der ehrgeizigsten und ist es wahrscheinlich noch heute. Ein großer öffentlicher Sektor sorgt für soziale Sicherheit für alle Einwohner, für Ausländer ebenso wie für Staatsbürger. Gleichheit der Rechte, Gerechtigkeit, Solidarität und Kooperation sind Kernwerte dieser Wohlfahrtsideologie. Alle Bereiche des Lebens werden eingeschlossen: Gesundheit, Bildung, Arbeit, Wohnung etc. Sowohl Individuen als auch Gruppen werden vor Diskriminierung geschützt. Ethnische Gruppen, die ihre Sprache und Kultur erhalten wollen, erhalten finanzielle Unterstützung.

In Schweden ist Sozialpolitik wie in jedem anderen industrialisierten Land sowohl national als auch international bedingt. Sowohl der Sozialstaat als auch

---

10 Die Bevölkerungsdichte lag 1999 in Schweden bei 22 Personen pro Quadratkilometer und in Deutschland bei 230.

die Einwanderungspolitik sind national bedingt, weil sie auf nationalen Interessen und Vorstellungen über Staat und Nation sowie Sprache und Kultur basieren und von historischen Traditionen und Erfahrungen der Sozialgeschichte herrühren – die Geschichte von Auswanderung und Einwanderung eingeschlossen. Sie sind gleichzeitig international bedingt, weil sie sowohl vom internationalen Wirtschaftsgeschehen und politischen Trends als auch von der technologischen Entwicklung abhängen.

In dieser Hinsicht gab es in den achtziger und neunziger Jahren größere Veränderungen. Wie in anderen europäischen Staaten ist auch in Schweden das System sozialer Wohlfahrt auf eine größer werdende Gegnerschaft gestoßen und durch individualistische und marktorientierte Ideen herausgefordert worden. Mehrere Sozialreformen wurden verschoben und viele Programme verhindert. Das Sozialbudget wurde bisweilen drastisch reduziert. Von 1991 an stieg die Arbeitslosenquote von etwa zwei auf acht Prozent. Eine lange Phase von annähernder Vollbeschäftigung ging zu Ende, unglücklicherweise ausgerechnet dann, als Bürgerkriege und Genozid eine Massenauswanderung aus dem ehemaligen Jugoslawien auslösten. Die Auswirkungen auf den nationalen Sozialhaushalt waren enorm, und die Folgen waren besonders schlimm für die neu eingetroffenen Einwanderer und Flüchtlinge, die keine Beschäftigung finden konnten und daher segregiert und in das gesellschaftliche Abseits gedrängt wurden. Die öffentlichen Ausgaben zur sozialen Unterstützung von Asylbewerbern, Flüchtlingen und Einwanderern stiegen, und um einen weiteren Anstieg der Asylbewerberzahlen zu verhindern, wurden die Einwanderungskontrollen Schritt für Schritt effizienter und restriktiver gestaltet.

5. Die Kontroll- und Integrationspolitik Schwedens

1917 hatte Schweden sowohl eine externe (Reisepass und Visum) als auch eine interne (Arbeits- und Aufenthaltserlaubnis) Einwanderungskontrolle eingeführt (vgl. Tabelle 1). Das erste Ausländergesetz aus dem Jahr 1927 galt nur für fünf Jahre und musste mehrfach verlängert werden. Bis 1954 blieb es bei zeitlichen Befristungen, ehe schließlich erklärt wurde, dass auch unter normalen Bedingungen nicht auf Einwanderungskontrollen verzichtet werden könne.[11]

Die erste Behörde mit einer Zuständigkeit für Ausländer und Einwanderer war eine Abteilung der Stockholmer Polizei. 1937 zog eine „drohende Invasion" von (nur ein paar Hundert!) Juden aus Nazi-Deutschland die öffentliche Aufmerksamkeit auf sich und führte zur Einrichtung einer speziellen Ausländerbehörde innerhalb der nationalen Sozialbehörde (Socialstyrelsen). In den 25 Jahren von 1944 bis 1969 gab es vorübergehend eine unabhängige Behörde, die sich Auslän-

---

11 Tomas Hammar, Closing the Door to the Swedish Welfare State, in: Grete Brochmann und Tomas Hammar, Mechanisms of Immigration Control, Oxford 1999, S. 169-201.

derbehörde nannte, und schließlich durch die Schwedische Einwanderungsbehörde (Swedish Immigration Authority = SIV) ersetzt wurde, die nun sowohl für die Kontrolle als auch für die Integration verantwortlich war. Im internationalen Vergleich war diese Kombination eine bemerkenswerte Neuerung, da normalerweise ein einzelnes Ministerium oder eine einzelne staatliche Einrichtung nicht mit beiden Seiten der staatlichen Einwanderungspolitik befasst ist.[12] Im Jahr 2000 entschied sich Schweden dann wieder für ein System mit zwei staatlichen Einrichtungen. Die eine, die Migrationsbehörde, erhielt die Zuständigkeit für die Kontrolle, die andere war eine neue spezielle Integrationsbehörde.

Als Antwort auf eine plötzliche und unorganisierte Einwanderung von Arbeitern aus Jugoslawien im Jahr 1965 verabschiedete die schwedische Regierung ein Dekret von fundamentaler Bedeutung. Zwar wurden weiterhin Arbeitsberechtigungen für ausländische Arbeitskräfte ausgestellt, jedoch nur, wenn sie sich aus dem Ausland darum bewarben. 1972, sieben Jahre später, wurde die Anwerbung nicht-nordischer Arbeiter beendet, und ab 1981 musste auch die Aufenthaltserlaubnis vor der Ankunft vorliegen, wobei nur für Asylbewerber Ausnahmen gemacht wurden. Die Arbeitsmigration nach Schweden erreichte 1969-70 ihren Höhepunkt, unmittelbar vor dem Ende der Anwerbungen (vgl. Übersicht 1 im Anhang), aber die Einwanderung aus nordeuropäischen Ländern, der Familiennachzug und die Immigration von Flüchtlingen dauerten an.

Ausländische Arbeitskräfte, die mit Zustimmung der Gewerkschaften angeworben wurden, erhielten schon nach zwei oder drei Jahren ihrer Anwesenheit einen dauerhaften Status als Denizen. Ihnen wurden grundlegende Wohnrechte, soziale Rechte und Zuweisungen und auch einzelne politische Rechte zuerkannt. Man erwartete, dass sie im Lande bleiben und irgendwann eingebürgert würden. Das Prinzip, dass eingewanderte Arbeiter ohne Verzögerung dieselben Rechte wie die im Land geborenen Arbeitskräfte genießen können sollten, machte die Verlängerung von Aufenthalts- und Arbeitserlaubnis zu einer bloßen Formalität. Ausländische Einwohner wurden dadurch schnell von den meisten Einwanderungs- und Ausländerkontrollen befreit. Sie wurden eingeladen zu bleiben, und das ermunterte sie zur Integration. Aber dieser permanente Status hatte noch eine andere Folge. Schweden konnte die Zahl seiner ausländischen Arbeitskräfte weder durch Abschiebungen in Einzelfällen noch durch Massenausweisungen reduzieren. Der einzige Weg, die Zahlen zu begrenzen, war der, neue Einwanderung durch effiziente Kontrollen zu verhindern.

Selbst wenn diese Politik der permanenten Wohnberechtigung, die zugleich auch Kontrollinstrument war, in erster Linie auf die Integration ausländischer Arbeiter abzielte, hatte sie andere unvorhergesehene Konsequenzen. Schweden galt noch lange danach als ungewöhnlich großzügiges und für Einwanderung relativ offenes Land. Aber dieses Bild war alles andere als zutreffend, denn seit mehr als

---

12 Hammar (1985, S. 290).

zwei Jahrzehnten wurden nur zwei Gruppen nicht-nordischer Einwanderer in großem Stil aufgenommen, nämlich Flüchtlinge und Familienmitglieder. Als in den neunziger Jahren die Einwanderungsbewegung von Flüchtlingen stieg und die Nachfrage nach Arbeitskräften stark nachließ, wurde das Image der Großzügigkeit zu einem Problem: Schweden musste – wahrscheinlich noch klarer und offener als zahlreiche andere Länder – seinen Willen und seine Kraft, die Einwanderungszahlen streng zu begrenzen, demonstrieren. Es herrschte die Überzeugung, dass vor allem die Zahl der Asylbewerber begrenzt werden müsse. Der Druck auf die sozialstaatlichen Ressourcen des Landes war zu groß, besonders da die öffentlichen Haushalte ohnehin überlastet waren und größere Einschnitte bei den regulären Leistungen des Sozialstaates gemacht werden mussten. Die notwendige Bedingung für eine erfolgreiche Integrationspolitik war daher eine effiziente Einwanderungskontrolle.

Als in den sechziger und siebziger Jahren ausländische Arbeitskräfte nach Schweden kamen, fanden sie überall freie Stellen. Viele Industriezweige boten Unterkünfte an, und auch die Gewerkschaften beteiligten sich an der Integration der Neuankömmlinge. Arbeitgeber wurden für illegale Beschäftigung bestraft; daher konnten Ausländer ohne Arbeitserlaubnis keine Stellen finden. Die soziale Kontrolle ist in Schweden insgesamt stark ausgeprägt, da das Land klein ist und alle Einwohner persönliche Identifikationsnummern besitzen, die sie benötigen, um Steuern zu zahlen, Sozialleistungen zu erhalten und Bankgeschäfte zu tätigen etc. Hierdurch war es möglich, die Zahlen illegaler Arbeitskräfte gering zu halten, geringer als in vielen südeuropäischen Staaten. Schweden brauchte daher auch niemals Amnestien, um größere Gruppen undokumentierter Einwanderer zu legalisieren oder zu regulieren. Diese Situation änderte sich jedoch in den neunziger Jahren, als der graue und schwarze Arbeitsmarkt sowohl unter Einwanderern als auch unter Schweden stark anwuchs.

Die Integrations- und Kontrollpolitik veränderte sich am Ende der achtziger Jahre sowohl aus internationalen als auch aus innenpolitischen Gründen. Der Anteil der Einwanderung aus nordeuropäischen Ländern, die zuvor zwei Drittel der gesamten Einwanderung ausgemacht hatte, reduzierte sich auf ein Drittel und noch weniger, während der Anteil der Einwanderung aus Ländern außerhalb Europas auf über die Hälfte der jährlichen Netto-Einwanderung anstieg. Flüchtlingsmigration begann die Arbeits- und Familiennachzugsmigration zu übersteigen. Asylsuchende kamen aus dem kurdischen Unabhängigkeitskampf, aus dem Krieg zwischen Irak und Iran, aus dem Bürgerkrieg im Libanon und mehreren anderen politischen Konflikten. Ihre Zahl stieg von 5.000 auf etwa 30.000 pro Jahr von 1988 bis 1991. Der Höhepunkt wurde 1992 erreicht, als eine Rekordzahl von 84.000 Asylbewerbern eintraf, hauptsächlich aus dem ehemaligen Jugoslawien.

Die Integrationspolitik von 1975 hatte, wie wir gesehen haben, die Gültigkeit der allgemeinen sozialen Wohlfahrtsideologie auf alle legalen Einwohner ausgedehnt, d.h. auf Staatsbürger wie auf Denizens gleichermaßen. Soziale Gleichheit und politische Partizipation waren, wie bereits erwähnt, zentrale Zielsetzungen. Hinzu kamen vage Vorstellungen über die Rechte ethnischer Minderheiten in einem zukünftigen multikulturellen Schweden. Diese Politik wurde 1975 offiziell als „Einwanderungs- und Minderheitenpolitik" tituliert, aber dieses Etikett wurde bald als unrealistisch empfunden, und zehn Jahre später wurde die Idee der Minderheitenpolitik ganz fallengelassen. Das Ziel der multikulturellen Integrationspolitik in Schweden sollte bescheidener sein, aber immer noch pluralistisch. Es sollte allen Einwanderern und ihren Familien erlauben, ihre Sprache, Kultur und Religion beizubehalten. Aber die Einwanderergruppen sollten keine speziellen ethnischen Minderheitenrechte bekommen, die den Rechten der alteingesessenen Bevölkerungsminderheiten vergleichbar gewesen wären.[13] In den neunziger Jahren erhielten Einwanderervereinigungen zur Pflege ihrer Sprache und Kultur noch weniger öffentliche Aufmerksamkeit und weniger Steuergelder. Im Jahr 2000 wurde Schwedens „Einwanderungspolitik", wie bereits erwähnt, zweigeteilt, nämlich in einen Zweig für Kontrolle, der „Migrationspolitik" genannt wird, und einen Zweig für „Integrationspolitik", wobei jeder Zweig einem anderen Ministerium untersteht und eine eigene staatliche Behörde zur Durchführung der Politik hat.

6. Der Bruch der apolitischen Tradition

Am Ende der achtziger Jahre kam es zu einer Politisierung der Migration. Ein breiter stillschweigender Konsens, den man auch als apolitische oder korporative Tradition bezeichnen könnte, wurde gebrochen. Wichtige politische Reformen im Bereich der Einwanderung waren im Laufe des 20. Jahrhunderts fast immer durch den Riksdag oder durch Regierungsdekrete und Verwaltungsentscheidungen durchgesetzt worden, ohne dass es größere Parteienkonflikte oder gar eine öffentliche Debatte und Meinungsbildung gegeben hätte. Beispiele dafür sind das Ende der spontanen Arbeitsmigration 1966-67 und die Entscheidung aus dem Jahr 1972, als die Gewerkschaften der Anwerbung von nicht-nordischen Arbeitskräften ein Ende setzten, indem sie von ihrem Vetorecht gegen neue Arbeitsberechtigungen Gebrauch machten.[14] Als 1975 die Prinzipien einer neuen „Einwanderungs- und Minderheitenpolitik" verabschiedet wurden, gab es im Riksdag nur eine kurze Debatte, und die Entscheidungen fielen einstimmig. In den späten achtziger Jahren häuften sich jedoch die Beschwerden, dass örtliche Integrationsmaßnahmen nicht öffentlich diskutiert würden, sich die Politiker nicht um das Thema kümmerten und die Medien nur über Sensationsereignisse berichteten. Obwohl über eine

---

13 1999 gab Schweden fünf historischen Sprachen den offiziellen Status als „Minderheitensprachen"; das betraf Finnisch, Jiddisch, Romani, Sämisch und „Meänkieli" (oder Tornedalisches) Finnisch.

14 Christer Lundh und Rolf Ohlsson, Från arbetskraftsimport till flyktinginvandring (Vom Import von Arbeitskräften zur Flüchtlingseinwanderung), 1994, S. 77 f.

Millionen im Ausland geborene Menschen (immerhin elf Prozent der gesamten Bevölkerung) als Einwohner registriert waren und obwohl in privaten Gesprächen viel Kritik geübt wurde, gab es keine öffentliche politische Debatte mehr.[15]

Die Politisierung hatte sich durch mehrere Ereignisse abgezeichnet. Das spektakulärste war ein lokales Flüchtlingsreferendum in Sjöbo in Südschweden im Jahr 1988. 65 Prozent der dortigen Wahlberechtigten stimmten gegen die Aufnahme von 15 Flüchtlingen in Sjöbo. Zu dieser Zeit hatten noch nicht einmal die nationalen politischen Parteien derart extreme Positionen eingenommen, obwohl diese Meinungen relativ weit verbreitet waren. Drei Jahre später nutzte bei den Wahlen auf nationaler Ebene erstmals eine populistische Partei namens „Neue Demokratie" diese breite Unzufriedenheit und gewann auf Anhieb acht Prozent der Stimmen. Die anderen politischen Parteien reagierten alarmiert, und einige von ihnen versuchten, Wählerstimmen zurück zu gewinnen, indem sie ihre Strategien dieser neuen Entwicklung anpassten. Damit war die apolitische Tradition in Schweden gebrochen. Im Verlauf dieses Prozesses und innerhalb dieses neuen politisierten Kontextes wurde im Dezember 1989 eine restriktivere Kontrollpolitik eingeführt.[16]

7. Kontrollmaßnahmen in den neunziger Jahren

Nicht nur in Schweden, sondern überall in Westeuropa gab es in dieser Zeit Bemühungen, Einwanderungskontrollen effizienter zu gestalten und aufeinander abzustimmen. Vom Maastricht-Gipfel 1991 an, und besonders nach dem Treffen in Amsterdam im Jahre 1997, fand der größte Teil dieser Abstimmungen innerhalb der EU und des Schengener Abkommens statt.

Schweden beteiligt sich aktiv an diesen Anstrengungen, illegale Einwanderung zu unterbinden. Hierbei werden moderne Technologien eingesetzt, nicht nur um den illegalen Handel mit Gütern und Drogen aufzudecken, sondern auch Menschenhandel. Es werden Fingerabdrücke genommen, internationale Datensysteme vereinheitlicht. Die natürlichen Landesgrenzen Schwedens sind günstig, denn die skandinavische Halbinsel wird vom Atlantik und von der Ostsee umgeben und hat nur im äußersten Norden Landgrenzen. Kleine Boote haben die Ostsee oftmals illegal überquert, und teilweise waren das Fälle von großer historischer Bedeutung. Seit den neunziger Jahren werden die Ostsee-Anrainerstaaten daher darin unterstützt, eine effiziente Einwanderungskontrolle westlichen Stils aufzubauen. Die schwedischen Behörden arbeiten hierbei intensiv mit ihren russischen Kollegen

---

15 Hammar (1999, S. 178 f.).
16 Björn Fryklund und Tomas Peterson, 'Vi mot dom' Det dubbla främlingsskapet i Sjöbo ('We against them' The dual Alienism, English Summary), Lund 1989; Gunnar Alsmark und Paula Uddman, Att möta främlingar. Vision och vardag (Begegnung mit Ausländern. Vision und Realität), Lund 1990.

zusammen. Das Ziel ist es, unberechtigte Asylsuchende ohne die notwendigen Papiere sowie Mitglieder krimineller Vereinigungen und den Frauenhandel zu stoppen. Reguläre Transportunternehmen, sei es für den Luft- oder für den Seeweg, müssen die Rückführung von Passagieren, denen der Zutritt verweigert wurde, übernehmen. Aber weder Überwachung noch Bestrafung kann die illegale Einwanderung vollkommen unterbinden.

Legal nach Schweden Reisende wurden bis 1999 auf den Autobahnen und Schienenwegen an der dänisch-deutschen Grenze und zusätzlich an den schwedischen Flug- und Fährhäfen kontrolliert. Seit 1999 findet die Kontrolle aller EU-Bürger jedoch nur noch an den äußeren Grenzen der EU statt. Viele Jahre lang erlaubten Transitstaaten Asylsuchenden aus dem Mittleren Osten die Reise nach Schweden auch ohne gültige Visa. Eine ganze Reihe internationaler Abkommen hat diese Wege aber nun versperrt. Trotzdem dauern Schmuggel und Menschenhandel weiter an, und das obwohl Schweden die Überwachung intensiviert, mehrere Seefahrzeuge beschlagnahmt und die Kapitäne und sogar Mitglieder der Besatzung verhaftet hat. In den siebziger Jahren lag es noch im internationalen Trend, Staatsbürger der meisten Länder von Visa-Anforderungen auszunehmen, seit den neunziger Jahren kehrt sich dieser Trend jedoch zusehends um. Eine umfassende Länderliste, die für alle Mitglieder des Schengener Abkommens gilt, wurde zu einem effizienten Mittel, um unerwünschte Einwanderung zu reduzieren oder zu beenden. Humanitäre Organisationen und Flüchtlingsgruppen bekräftigen, dass die Praktiken dieses Visa-Systems das Recht auf Asyl verletzen, indem sie Flüchtlinge davon abhalten, in Länder zu reisen, wo sie um Asyl bitten könnten. Schweden hat offiziell erklärt, dass das Asylrecht im vollen Umfang gewährt wird und dass diejenigen, die nicht nach Schweden reisen können, in einem anderen Land um Asyl bitten können. Aus der Perspektive der Flüchtlinge ist das natürlich ein zynischer Standpunkt. Denn Asylgesuche können nur an die Einwanderungsbehörden innerhalb der EU-Staaten gerichtet werden und nicht – wie kürzlich vorgeschlagen – auch in EU-Botschaften außerhalb des Gebiets der Union. Unter diesen Bedingungen können viele nirgendwo Asyl suchen, und andere müssen vielleicht internationalen Schmugglern große Geldsummen für einen gefährlichen Transport bezahlen.

8. Integrationspolitik in den neunziger Jahren

In den drei Jahren von 1992 bis 1994 kamen über 100.000 Flüchtlinge infolge politischer Krisen, ethnischer Vertreibungen und von Bürgerkriegen im ehemaligen Jugoslawien nach Schweden. Viele erhielten nur eine temporäre Aufenthaltserlaubnis, und nicht wenige kehrten später zurück. Eine größere Zahl von Flüchtlingen blieb jedoch. Sie erhielten nur eine zeitlich befristete Aufenthaltsberechtigung, hatten Probleme, eine Beschäftigung zu finden und waren lange Jahre von der Sozialhilfe abhängig. Als 1993 die offizielle Arbeitslosenrate auf 8 Prozent bei Schweden und auf 21 Prozent bei Ausländern stieg, geriet die schwedische Integrationspolitik unter Druck, da die Öffentlichkeit die Gründe der Krise nicht in den wirtschaftlichen Umständen sah, sondern vielmehr der Politik die Schuld gab. Im Riksdag wurden daher mehrere Reformvorschläge diskutiert und 1997 die Prinzipien einer neuen Integrationspolitik festgelegt.

Die Regierung schrieb in einem Dokument, dass die bisherige Integrationspolitik versagt habe, weil sie die Unterschiede zwischen Gruppen von Menschen zu sehr betont habe, zwischen dem „wir" der geborenen Schweden einerseits und dem „sie" der Einwanderer andererseits. Die neue Integrationspolitik solle dagegen Ähnlichkeiten betonen und auf den Zusammenhalt der gesamten Gesellschaft zielen. Gesonderte Einwanderungsprogramme wurden nur für neu eingetroffene Flüchtlinge eingerichtet, und diese Programme sollten nicht mehr als die ersten beiden Jahre ihrer Anwesenheit abdecken. Danach sollten nur noch die allgemeinen Sozialstaatsprogramme zugänglich sein, und zwar unter denselben Bedingungen wie für jeden anderen im Land.

In ihrer exzellenten Analyse der schwedischen Integrationspolitik der letzten drei Jahrzehnte des 20. Jahrhunderts führt Karin Borevi aus, dass es das Ziel der neuen Politik gewesen sei, die öffentliche Stigmatisierung, der die Einwanderer ausgesetzt waren, zu verringern.[17] Die alte Politik habe versagt, weil sie ausschließlich für Einwanderer entwickelt worden sei, um deren Wohlergehen hinsichtlich Unterkunft, Bildung und Gesundheitsfürsorge zu verbessern. Die Reaktion der einheimischen Bevölkerung sei deshalb negativ gewesen, weil die gewöhnlichen Steuerzahler sich gefragt hätten, warum sie die Kosten für die besonderen Unterstützungsleistungen für Einwanderer tragen müssten.

In städtischen Regionen mit einer hohen Ausländerkonzentration hatte es bereits vorher relativ hohe Beihilfen gegeben. Diese Form der Unterstützung wurde unter der neuen Integrationspolitik beibehalten, sollte aber von nun an die „betroffenen Regionen" zum Ziel haben und nicht wie vorher direkt die Einwanderer bzw. Minderheiten in der Bevölkerung. Jedoch sollte bei der Auswahl dieser betroffenen Regionen denjenigen eine besondere Aufmerksamkeit zukommen, „die aufgrund ihrer Herkunft oder ihres ethnischen oder kulturellen Hintergrunds weniger gute Chancen haben oder schlechtere Bedingungen vorfinden als die übrige Bevölkerung".[18] Karin Borevi schließt daraus, dass 1997 die Zielgruppe tatsächlich genau wie vorher die Einwanderer und die ethnischen und kulturellen Gruppen gewesen seien. Ein großer Teil der politischen Maßnahmen sei unverändert geblieben, man habe den Dingen lediglich einen neuen Namen gegeben und sie unter der neuen Terminologie diskutiert. Diese rhetorische Strategie sei benutzt worden, um die Steuer zahlenden Wähler zu beschwichtigen.

17 Karin Borevi, Välfärdsstaten i det mångkulturella samhället (Der Wohlfahrtsstaat in der multikulturellen Gesellschaft), Politikwissenschaftliche Dissertation, Uppsala 2002.
18 Borevi, S. 128, Riksdag Regierungsdokument (1997/98, S. 16, 22).

Die Bezeichnung „Einwanderungs- und Minderheitenpolitik", die 1975 eingeführt wurde, war, wie bereits erwähnt, 1985 zu „Einwanderungspolitik" gekürzt und 1997 in „Integrationspolitik" umgewandelt worden. Schweden, das vor 1997 noch als „multikulturelle Gesellschaft" bezeichnet worden ist, wurde nun eine „vielfältige Gesellschaft" genannt. Gleichzeitig wurden die offiziellen Bezeichnungen für Ministerien und Behörden geändert. Schulunterricht in einer „Heimatsprache" (d.h. in der ersten Sprache des jungen Schülers aus einer Einwandererfamilie) wurde umbenannt in „Muttersprachenunterricht". Die Wichtigkeit, Schwedisch zu lernen, wurde stark betont, und es gab Sondergelder für Kinder in den betroffenen städtischen Regionen.

Im Wahlkampf 2002 war die Integrationspolitik erstmals ein Thema, das in den meisten politischen Reden erwähnt wurde und eine umfangreiche Medienberichterstattung auslöste. Obwohl in Meinungsumfragen vor der Wahl die Wichtigkeit von Integration weit hinter den zehn bedeutsamsten Themen rangierte, setzten die großen Parteien sie in ihrer Wahlkampagne ganz weit nach oben, und Kandidaten aller Parteien beklagten, dass die Integrationspolitik in Schweden ein großer Misserfolg sei. Bei der Wahl erhielt die sozialdemokratische Partei über 40 Prozent der Stimmen und konnte mit Unterstützung der Linken und Grünen in der Regierung bleiben. In seiner Eröffnungsrede vor dem neuen Riksdag nannte Premierminister Göran Persson die Integration eine der beiden wichtigsten Aufgaben für seine Regierung. Er sagte:

„Zwei Probleme – die hohe Rate krankgemeldeter Arbeitnehmer und die vielen fremden Einwanderer – überschatten in dieser Legislaturperiode alles andere auf der Regierungsagenda." Um die große Entfremdung zu überwinden, müssen „viel mehr schwedische Einwanderer Zugang zum Arbeitsmarkt bekommen. Die Tatsache, dass Menschen arbeiten wollen, ist das wertvollste Kapital der Nation. Wir müssen uns diesen von allen geteilten Wunsch zunutze machen, wenn wir Schweden zusammenhalten wollen."

Der Integrationspolitik wurde hier eine Bedeutung wie niemals zuvor eingeräumt. Der Premierminister betonte, dass „schwedische Einwanderer" Arbeitsplätze bräuchten. Wenn sie keine bekämen, wäre der gesellschaftliche Frieden gefährdet. Schweden könnte in zwei Lager gespalten werden, in „Wir" und „die Anderen". Vielleicht benutzte Göran Persson den mehrdeutigen Ausdruck „schwedische Einwanderer", um das Wort „Einwanderer" aufzuwerten, das bisher eine stark negative Konnotation hatte. Auf jeden Fall verdeutlicht seine Erklärung sowohl das neue politische Gewicht der Integrationspolitik als auch die damit verbundenen rhetorischen Probleme.

9. Doppelte Staatsbürgerschaft zur Förderung von Integration

Parallel zur Integrationsreform wurde 2001 das neue Staatsbürgerschaftsrecht eingeführt. Die Einbürgerung junger Leute, die in Schweden aufgewachsen waren, wurde erleichtert, die doppelte Staatsbürgerschaft voll akzeptiert. Diese Reformvorschläge waren seit Jahren diskutiert und in mehreren parlamentarischen Ausschüssen untersucht, bis dahin aber immer abgelehnt worden. Aus verschiedenen Gründen war aber in Schweden, wie in mehreren anderen Ländern auch, die Zeit für eine mehrfache Staatsangehörigkeit gekommen.

Schweden war ein multinationales bzw. „vielfältiges" Land geworden. Die Einbürgerungsrate war seit jeher hoch und wies eine steigende Tendenz auf (insgesamt wohnten in Schweden im Jahr 2001 700.000 eingebürgerte Personen). Zahlreiche ausländische Einwohner hatten jedoch von der Einbürgerungsmöglichkeit nicht Gebrauch gemacht, weil sie ihre frühere Nationalität hätten aufgeben müssen. Viele andere waren von dieser Regel ausgenommen, weil sie, beispielsweise als Flüchtlinge, ihre Nationalität nicht aufgeben mussten. Viele Kinder, die in Schweden geboren waren, hatten mit der Geburt sowohl die schwedische als auch eine andere Nationalität erhalten. Infolgedessen besaßen schon vor der Reform von 2001 über 300.000 schwedische Bürger mehr als eine Staatsangehörigkeit.

Es war offensichtlich, dass das über 50 Jahre alte Staatsbürgerschaftsrecht schon aus praktischen Gründen einer Modernisierung bedurfte. Ein interessantes, neues und starkes Argument besagte, dass die Einbürgerung und die doppelte Staatsangehörigkeit die Integration fördern könnten. Die Staatsangehörigkeit wurde als Basis für die Identifikation des Einzelnen mit der Gemeinschaft angesehen und galt daher als integrationsfördernd. In einem Zeitungsartikel erklärte die Integrationsministerin, Integration sei eine Frage des Willens und der Bereitschaft, an einer anderen Kultur und gesellschaftlichen Umwelt zu partizipieren. Daher sei es, schrieb sie weiter, in einem vielfältigen Land wie Schweden ganz natürlich, dass eine Person mehr als einen Ausweis habe. Es gebe nicht nur eine, sondern viele Arten, schwedisch zu sein, und alle Schweden könnten nur gemeinsam das neue Schwedischsein formen.[19]

10. Diskussion

Kontrolle und Integration sind die beiden Seiten der Einwanderungspolitik, die wechselseitig von einander abhängen, aber auch sehr verschieden sind. Kontrolle hat eine negative Konnotation als Selektionsprozess, der es nur einigen erlaubt zu bleiben, während andere gezwungen werden zu gehen. Integration gilt hingegen

---

19 Riksdagen Regierungsdokument (1999/2000, S. 147); Ulrika Messing in Göteborgs Posten 21. Juli 2000.

als positives Programm zur Unterstützung derjenigen, die ein oder zwei Kontrollschranken überwunden und eine zeitlich begrenzte oder dauerhafte Aufenthalts- und Arbeitserlaubnis haben. Die Integrationspolitik ist daher, anders als eine unverzügliche Entscheidung in der Kontrollpolitik, nicht kurzfristig angelegt, sondern ist oft ein lebenslanger Prozess.

In einem fortgeschrittenen Wohlfahrtsstaat kann die Einwanderungskontrolle eine notwendige Bedingung für die Integration der Einwanderer sein. Aber Kontrolle bringt noch mehr Kontrolle hervor, und dennoch bleibt sie oft ineffizient. Einwanderung kann nicht vollständig unterbunden werden angesichts der vielen Kriege, der politischen Unterdrückung und der Rechtlosigkeit wie auch angesichts der enormen Unterschiede hinsichtlich des Einkommens- und Lebensstandards weltweit. Für Einwanderungsländer sind zukünftige Migrationsströme schwierig vorherzusehen und zu handhaben, und es ist auch nicht leicht herauszufinden, ob die gefürchteten „Invasionsdrohungen" nur angenommen oder real sind.

Aus mehreren Gründen kam es Ende der achtziger Jahre zu großen Veränderungen im Bereich der Einwanderung und der Einwanderungspolitik. Die Flüchtlingsmigration aus nicht-europäischen Staaten nahm zu. Wirtschaftliche Stagnation hatte auch in Schweden höhere Arbeitslosenzahlen zur Folge, und die Wohlfahrtsstaaten waren einer kritischen Neubewertung ausgesetzt. Es gab große Einschnitte bei den Sozialausgaben, und viele öffentliche Dienstleistungseinrichtungen wurden privatisiert. Es lag im Trend, die Verantwortung vom Staat auf den Markt zu verschieben. In dieser wirtschaftlichen, sozialen und politischen Lage wurden die Kontrollen restriktiver, die Eingliederung in den Arbeitsmarkt scheiterte, und es kam zu einer Politisierung.

Die genauen Kausalverbindungen bleiben jedoch unklar. Die meisten der europäischen und internationalen (und nicht nur speziell schwedischen) Einwanderungs- und Flüchtlingsfragen wurden innerhalb der EU und des Schengener Abkommens behandelt, wobei sich Schweden aktiv an der Koordinierung beteiligte. Die neue restriktive Kontrollpolitik Schwedens folgte dem europäischen Muster, bedeutete aber gleichzeitig eine Verteidigung nationaler Interessen in einer Situation, in der Sozialleistungen gekürzt wurden und die Arbeitslosenraten ungewöhnlich hoch waren.

Das schwedische Beispiel zeigt, dass Kontrolle und Integration eng verbunden sind und vielleicht dem skandinavischen Wohlfahrtsstaatsmodell besonders eigen sind. Die Kontrolle wurde benötigt, um das umfassende Wohlfahrtssystem vor großen, ungewollten Einwanderungsströmen zu schützen, die sonst möglicherweise die Gesellschaft, den Sozialhaushalt und die Verwaltungen überlastet und Chaos verursacht hätten. Effiziente Kontrollmaßnahmen waren auch eine notwendige Voraussetzung für die Integration derjenigen Einwanderer, die schon im Land lebten.

Nun, in den ersten Jahren des 21. Jahrhunderts sind es in erster Linie Einwanderer von weniger entwickelten nicht-europäischen Staaten, die als „ungewollt"

Einwanderung in einen skandinavischen Wohlfahrtsstaat 249

ausgeschlossen werden. Sie kommen oft aus armen, kriegsgeschüttelten, unterdrückten Ländern. Aus ihrer Perspektive haben sie gute Gründe zu kommen, viele von ihnen werden dennoch abgelehnt, weil sie die Bedingungen nicht erfüllen, die die schwedischen Gesetze vorschreiben und von den Verwaltungen umgesetzt werden. Das Asylrecht wird in Gesetz und Praxis eng interpretiert, und die Familienzusammenführung wurde, obwohl sie immer noch praktiziert wird, eingeschränkt. Es ist zwar richtig, dass sich Schwedens Solidarität mit den Entwicklungsländern in recht großzügigen Entwicklungsprogrammen ausdrückt. Aber die Entwicklungshilfe wird nicht an die einzelnen Asylbewerber ausgezahlt, sondern an die Entwicklungsländer und in direkter Zusammenarbeit mit den Regierungen dieser Länder. Flüchtlingsmigration und Entwicklungshilfe sind heute in Schweden zwei eng verbundene Felder von Politik und Verwaltung. Der Flüchtlingsminister ist daher für beides verantwortlich und hat seinen Sitz im Außenministerium. Im Mai 2003 wurde in diesem Zusammenhang eine vorsichtige Förderung von Einwanderung aus weniger entwickelten Ländern vorgeschlagen, um diesen Staaten zu helfen.

Kontrollmaßnahmen haben oft unvorhergesehene Konsequenzen. Selbst in einer Phase, in der Kontrollen streng durchgesetzt werden, kann die illegale Einwanderung ansteigen. Touristen und Besucher bleiben länger, als ihnen gestattet wurde. Viele von ihnen beantragen anschließend Asyl, obwohl sie wissen, dass ihre Antragsgründe nicht ausreichend sind. Aber dies ist oftmals die einzige Möglichkeit, zumindest zeitlich begrenzt Unterkunft und Arbeit zu finden, während der Fall geprüft wird. Die Bearbeitung der Asylanträge braucht einige Zeit, weil viele ohne Papiere einreisen, aus denen ihre Staatsangehörigkeit oder persönliche Informationen hervorgingen. Einige arbeiten illegal auf dem Schwarzmarkt, andere tauchen unter, um ihrer Abschiebung zu entgehen. Werden Flüge und Fähren untersucht, um Menschen schon an den Reiseschaltern ausländischer Flugplätze und Häfen zu stoppen, setzt Schmuggel und Menschenhandel ein, um die bestehenden Kontrollen zu umgehen. Es kommt zu einer spiralförmigen Entwicklung, bei der Einwanderer immer neue und ausgeklügeltere Methoden finden, um den Kontrollen zu entkommen, während die Kontrollbehörden immer strengere Methoden anwenden, die dann nicht selten Menschenrechten und humanistischen Werten zuwider laufen.

Die Folge dieser gesteigerten Kontrollen kann auch eine Stigmatisierung nicht nur der Asylbewerber, sondern auch der vorherigen Generationen von Einwanderern sein, von Menschen also, die bereits einen permanenten Status erreicht haben. Für die allgemeine Öffentlichkeit ist es schwierig zu verstehen, warum einigen Asylbewerbern der Zugang verwehrt wird und sie abgeschoben werden, während andere aus denselben Regionen bleiben dürfen. Diese Situation provoziert Verdächtigungen, Vorurteile und Diskriminierung und kann der Integration entgegenwirken. Sie kann sogar indirekt für mehr Kontrollen sorgen, um diejenigen von „uns" zu beruhigen, die sich bedroht fühlen, und Xenophobien gegenüber „den anderen" zu begegnen.

11. Schlussfolgerung

Am Ende des 20. Jahrhunderts hatten Einwanderer in westeuropäischen Staaten beinahe die vollen sozialen und ökonomischen Rechte erreicht. Die Wohlfahrtsstaatstypen sind jedoch nicht überall gleich, und so haben Schweden, Deutschland und das Vereinigte Königreich unterschiedliche Modelle praktiziert. Während in Schweden der Staat die Hauptverantwortung für soziale Reformen übernahm, fiel diese Aufgabe in Deutschland in erster Linie der Familie zu und in England eher dem Markt. Daher haben Einwanderer nicht überall die gleichen Arten und das gleiche Ausmaß an sozialen Rechten und sozialen Leistungen erhalten. In diesem Beitrag habe ich den Einfluss des schwedischen Wohlfahrtsstaates auf die Einwanderung in das Land und auch auf Einwanderungskontrolle und Integrationspolitik untersucht.

Schwedens Wohlstand und die Gleichbehandlung aller Einwohner scheint zu einem Anwachsen der *Einwanderung* geführt zu haben. Es ist schwierig, die Stärke dieses Einflusses zu messen – viele andere Faktoren mögen eine Rolle spielen –, aber der Einfluss ist zunächst wahrscheinlich gering geblieben. Solange auf dem Arbeitsmarkt eine große Nachfrage nach ausländischen Arbeitskräften bestand, blieben die öffentlichen Kosten gering und die Wirtschaft profitierte insgesamt. Aber als in den achtziger und neunziger Jahren die Arbeitslosigkeit anstieg und es für die Neuankömmlinge keine Stellen mehr gab, stiegen die Kosten für die Integration der Einwanderer für die Steuerzahler.

In dieser Situation wurde Einwanderung zu einem stark emotional besetzten Thema, das von populistischen Politikern genutzt wurde. Das Wohlfahrtsstaatssystem brauchte den Schutz durch effiziente *Einwanderungskontrollen,* und diese Kontrollen mussten besonders restriktiv sein, da Schweden als sehr großzügiges Einwanderungsland bekannt war. Dieses Image wurde nun zu einem Problem für Schweden und sollte daher geändert werden. Zugleich war Einwanderungskontrolle auch ein wichtiges europäisches Anliegen, weil Einwanderung im großen Stil aus Staaten außerhalb der EU gefürchtet wurde und Populisten und ausländerfeindliche Parteien das Thema erfolgreich politisierten.

Und schließlich ist *Integration,* im Gegensatz zur Kontrolle, eine eher nationale als eine europäische Angelegenheit und ein spezifisches Produkt des schwedischen Wohlfahrtsstaates. Die Rolle des Staates im Wohlfahrtssystem wurde jedoch mehr und mehr kritisiert, der Wohlfahrtsstaat selber deutlich geschwächt. Immer mehr Institutionen werden privatisiert. Der Markt hat wichtige Aufgaben übernommen, beispielsweise im Bereich der Bildung oder der Gesundheit. Es ist noch nicht abzusehen, ob dieser Trend auch in Zukunft anhalten und langfristig zu einem kompletten Bruch mit dem skandinavischen Wohlfahrtsstaatsmodell führen wird, oder ob am Ende nur kleinere Anpassungen vorgenommen werden. Weil Wohlfahrtsstaat und Integrationspolitik stark voneinander abhängen, wird das Ergebnis für beide Bereiche von großer Wichtigkeit sein.

Anhang

Tabelle A1: Ausländische Einwohner in Schweden nach Kontinenten 1980-2000

Ausländische Bevölkerung	in Prozent			
Kontinente	1980	1990	2000	2000
Europa	84	64	71	352.700
davon Nord-Europäer	57	40	29	142.800
andere EU-Bürger	13	10	19	93.300
andere Nationalitäten	14	14	23	116.600
Afrika	2	4	4	24.400
Asien	9	21	18	92.200
Nordamerika	2	3	3	12.700
Südamerika	3	7	4	18.000
Gesamt	100	99	100	500.000

Quelle: Schwedische Statistik; Brochmann/Hammar (1999).

Tabelle A2: Schweden: Asylbewerber nach Kontinenten und Regionen 1984-2002

Kontinente	1984-88 5 Jahre	1989-93 5 Jahre	1994-97 4 Jahre	1998-02 5 Jahre	1984-02 Gesamt	19 Jahre Prozent
Europa	7.800	128.900	18.100	38.900	193.700	46
davon ehemaliges Jugoslawien	*1.900*	*115.900*	*17.000*	*30.700*	*165.500*	*39*
Afrika	4.500	14.400	2.900	5.900	27.700	7
Mittlerer Osten	40.600	43.000	12.200	31.100	126.900	30
Lateinamerika	11.600	3.200	2.400	1.900	19.100	4
andere Staaten	10.200	19.200	7.500	19.000	55.900	13
Gesamt	74.700	208.700	43.100	96.800	*423.300*	100

Quelle: Einwanderungsbehörde (2002) und Polizeistatistiken; Schwedische Statistik, Meddelanden Be 1995-2001.

Übersicht 1: Phasen schwedischer Einwanderungskontrollen im 20. Jahrhundert

Vor 1914	freie internationale Migration aber ab 1906 Kontrolle der Einwanderung aus dem zaristischen Russland
1917 – 45	schrittweise Entwicklung von Einwanderungsgesetzgebung und speziellen Ausländer- und Einwanderungsbehörden
1945 – 72	der Import von Arbeitskräften unterliegt einem Marktsystem und wird durch einen Konsens von Industrie und Gewerkschaften durchgesetzt
1972 – 89	staatliches Kontrollsystem für Flüchtlingseinwanderung und Familiennachzug, zunächst liberal, dann allmählich restriktiver
1989 –	strenge *staat*liche Kontrollen, aber dennoch Anstieg von illegalen Aufenthalten und illegaler Arbeit

Übersicht 2: Phasen schwedischer Integrationspolitik im 20. Jahrhundert

1. Vor 1945	keine Integrationspolitik. Seit den 1920er Jahren soziale und ökonomische Rechte für Ausländer. 1939 beschließt das Parlament erstmals, Flüchtlingen Unterstützungsleistungen zu gewähren (0.5 Million SEK).
2. 1945 – 64	immer noch keine Integrationspolitik. Man betrachtet *Assimilation* als automatischen sozialen Prozess und erwartet von den Einwanderern, dass sie die schwedischen Normen und Verhaltensweisen übernehmen.
3. 1964 – 75	Phase, in der integrationspolitische Maßnahmen entwickelt werden. Dabei verschiebt sich die Zielsetzung über *wechselseitige Anpassung* zur Wahlfreiheit für ethnische Minderheiten in einem multikulturellen Schweden: Sprachunterricht für Erwachsene und Kinder, kommunale Service Büros etc.
4. 1975 – 85	Umsetzung und Evaluierung der *neuen Einwanderer- und Minderheitenpolitik von 1975* (Wahlrecht für Ausländer, Unterstützung von Einwandererorganisationen, aber *keine* spezielle Minderheitenpolitik).
5. 1985 – 97	ein lange vorbereitetes neues Programm zur lokalen Aufnahme von Flüchtlingen, das auf dem allgemeinen System sozialer Sicherung basiert, gerät schnell in eine ernsthafte Krise, als eine große Zahl neu angekommener Flüchtlinge über Jahre vom Arbeitsmarkt ausgeschlossen bleibt. Beginn von Privatisierungen und „neoliberaler" Kritik am System sozialer Wohlfahrt.
6. 1997 –	*Integrationspolitik.* Besondere Integrationsangebote für Neuankömmlinge nur für einen kurzen Zeitraum. Politische Neubewertung und Einführung einer neuen Terminologie (die das Wort „Einwanderer" vermeidet). Betonung der Wichtigkeit sich anzupassen und die schwedische Sprache und Kultur zu erlernen. Eingeschränkte Unterstützung für ethnische Gruppierungen und Einschnitte beim Unterricht in der Heimatsprache. 1999 wird fünf autochtonen Sprachen ein besonderer Status als Minderheitensprachen zuerkannt.

Quelle: Frühere Versionen der Übersichten 1 und 2 wurden in Hammar (1999, S. 171 f.) veröffentlicht.

Giuseppe Sciortino

Einwanderung in einen mediterranen Wohlfahrtsstaat:
die italienische Erfahrung*

Einwanderung ist zur Zeit in der öffentlichen Meinung der meisten westeuropäischen Länder ein strittiges Thema. Kontroversen und Konflikte löst auch das Funktionieren und die Zukunft der europäischen Sozialstaaten aus. Es ist deshalb nicht überraschend, dass auch die Beziehung zwischen beiden Phänomenen viel Besorgnis erregt. Laut Eurobarometer 2000 glauben 52% der europäischen Bürger, Migranten missbrauchten das Wohlfahrtssystem. Diese Meinung ist besonders in Frankreich und Belgien weit verbreitet (66%), in Italien (42%) und Spanien (42%) ist sie seltener.[1] Eine bessere Kenntnis des Verhältnisses von Zuwanderung und Sozialstaat ist damit zweifellos notwendig.

Allerdings ist es nicht einfach, dieses Verhältnis zu untersuchen. Auf beiden Gebieten fehlen adäquate Daten für die komparative Forschung. Die einzelnen Länderinformationen basieren auf strukturell höchst unterschiedlichen Rahmenbedingungen. Es ist oft schwierig, die rechtliche und empirische Bedeutung der vielen verschiedenen Regelungen für eine vergleichende Analyse richtig zu bestimmen. Außerdem korreliert der Anteil der wohlfahrtsabhängigen Migranten in hohem Maße mit der staatlichen Regulierung des Ausländerstatus. So sind zum Beispiel Asylbewerber in vielen europäischen Ländern wegen der Ausgestaltung des Asylsystems von Wohlfahrtsleistungen abhängig. Deswegen ist es nicht erstaunlich, dass die Forschung bisher keine klare und eindeutige Beziehung zwischen Einwanderung und Sozialstaat in Europa formulieren konnte, abgesehen von einigen sehr spezifischen Bereichen.[2]

---

* Der Autor bedankt sich bei Paolo Barbieri, Stefanie Scherer, Asher Colombo, Tomas Hammar, Maurizio Ambrosini und Dietrich Thränhardt für ihre Anmerkungen. Aus dem Englischen übersetzt von Ines Michalowski, Universität Münster.
1 E. Thalhammer, V. Zucha, E. Enzhofer, B. Salfinger und G. Ogris, Attitudes Towards Minority Groups in the European Union. A Special Analysis of the Eurobarometer Year 2000 Survey, Wien 2000: European Monitoring Center on Racism and Xenophobia.
2 Die beste Übersicht aus der Literatur, die ich kenne, ist H. Brucker, G. Epstein, B. McCormick, G. Saint-Paul, A. Venturini und K. Zimmerman, Managing Migration in the European Welfare State, Fondazione Debenedetti, Mimeo 2001. Siehe auch T. Faist, Boundaries of Welfare States: Immigrants and Social Rights on the National and Supranational Level, in: R. Miles und D. Thränhardt (Hrsg.), Migration and European Integration:

Derartige Untersuchungen leiden aber auch unter einem theoretischen Defizit. Auf Grund des geringen Abstands der wissenschaftlichen Forschung zum öffentlichen Diskurs scheinen viele Forscher ihre Forschung in unangemessener Weise mit Blick auf öffentliche Ängste angelegt und sich nur auf Wohlfahrtsabhängigkeit von Migranten bezogen zu haben. Meist wird nur untersucht, ob und warum Ausländer wohlfahrtsstaatliche Ressourcen stärker als Einheimische nutzen und ob großzügige Wohlfahrtsangebote als Magnete für unerwünschte Migranten wirken. Mit anderen Worten: Migranten werden beinahe immer als Verbraucher von Wohlfahrtsleistungen gesehen.[3] Das reicht aber nicht aus. Um das Verhältnis zwischen Wohlfahrtsstaaten und Wanderungsströmen zu verstehen, muss man auch das Verhältnis zwischen den Wohlfahrtsregimen einerseits und der Nachfrage nach ausländischer Arbeitskraft andererseits untersuchen. Wie interagieren Migrationsregime und Wohlfahrtssysteme? Produzieren bestimmte wohlfahrtsstaatliche Ordnungen einen bestimmten Bedarf an Arbeitskräften – und wenn ja, warum?

Auf den folgenden Seiten werden die vielfältigen Beziehungen zwischen Einwanderung und Sozialstaat anhand des italienischen Wohlfahrtsstaates beleuchtet. Die Untersuchung beginnt mit der Beschreibung Italiens im Kontext der anderen westeuropäischen Wohlfahrtssysteme. Im zweiten Teil wird dargelegt, auf welche Weise die Struktur des italienischen Wohlfahrtssystems mit den Dynamiken des italienischen Migrationssystems interagiert. Ich argumentiere, dass unterschiedliche wohlfahrtsstaatliche Ordnungen auch unterschiedliche Nachfrage an ausländischen Arbeitskräften erzeugen. Anschließend geht die Analyse zu den Arten der sozialstaatlichen Leistungen über, zu denen die Migranten Zugang haben. Es wird gezeigt, dass die empirische Reichweite und der Einfluss von Sozialprogrammen – die im Allgemeinen unter dem Begriff „Integrationspolitik" zusammengefasst werden – von den Besonderheiten der Migrationsordnung eines Landes abhängen (Teil 3).

1. Der italienische Wohlfahrtsstaat: eine vergleichende Perspektive

Der Vergleich von Wohlfahrtssystemen wird mittlerweile in großem Umfang betrieben. In den letzten zwanzig Jahren haben sich wichtige sozialwissenschaftliche

---

the Dynamics of Inclusions and Exclusions, London 1995: Pinter. U. Wenzen und M. Bos, Immigration and the Modern Welfare State: the Case of USA and Germany, in: New Community 23 (4) 1997. M. Baldwin-Edwards, Immigration and the Welfare State: a European Challenge to American Mythology, Universita Pompeu Fabra, conference on Europe-Mediterranean Immigration Policy, Barcelona 2002. G. Freeman, Migration and the Political Economy of the Welfare State, in: Annals of the American Academy of Political and Social Sciences 485, 1986, S. 51-63.

3 Eine bemerkenswerte Ausnahme aus der Perspektive der Geschlechterbeziehungen ist E. Kofman, A. Phizacklea, P. Raghuram und R. Sales, Gender and International Migration in Europe. Employment, Welfare and Politics, London 2000: Routledge.

Tabelle 1: Öffentliche Sozialausgaben in % des BIP 1998

	Italien	Deutschland	Frankreich	Schweden	Großbritannien
Direktleistungen für alte Menschen	12,84	10,46	10,59	7,46	9,77
Direktzahlungen an Behinderte	0,99	1,05	0,87	2,10	2,64
Arbeitsunfälle und Krankheit	0,45	0,34	0,24	0,32	0,32
Leistungen im Krankheitsfall	0,71	0,32	0,51	1,13	0,14
Dienste für ältere und behinderte Menschen	0,17	0,75	0,66	3,71	0,81
Kriegsversehrte	2,60	0,49	1,59	0,69	1,01
Direktzahlungen an Familien	0,58	1,93	1,46	1,63	1,73
Dienste für Familien	0,30	0,80	1,23	1,68	0,49
Aktive Arbeitsmarktpolitik	0,67	1,26	1,30	1,96	0,31
Arbeitslosigkeit	0,71	1,32	1,32	1,93	0,32
Gesundheit	5,51	7,80	7,27	6,64	5,62
Wohngeld	0,01	0,18	0,92	0,81	1,61
Andere Leistungen	0,00	0,61	0,40	0,93	0,21
Sozialausgaben insgesamt	25,54	27,31	28,36	30,99	24,98

Quelle: OECD, Social Expenditure Database (2001).

Studien der Suche nach einem angemessenen Analyserahmen für Wohlfahrtsstaaten und der Erklärung ihrer Entwicklung gewidmet.[4] Bedeutsame Unterschiede in der Struktur der europäischen Wohlfahrtsstaaten sind dabei herausgearbeitet worden. Auch gab es eine lebhafte Debatte über die Typen bestehender Wohlfahrtsordnungen sowie über die Auswahl der Kriterien für ihre Klassifizierung.

Betrachtet man die Sozialleistungen im engeren Sinne, also die Berechtigungen und Leistungen, die durch den Staat vergeben oder von ihm garantiert werden, so kann man einige Charakterika des italienischen Systems benennen, die im internationalen Vergleich besonders hervorstechen. Die Sozialausgaben sind, berechnet als Anteil am Bruttoinlandsprodukt, in Italien niedriger als im EU-Durchschnitt.[5] Der größte Unterschied liegt jedoch in der Struktur dieser Ausgaben: Italien hat höhere Ausgaben für Pensionen, und zwar sowohl Alterspensionen als auch Pensionen für Kriegsversehrte. Ein zweites wichtiges Charakteristikum ist der sehr begrenzte Einsatz von bedürftigkeitsabhängigen Leistungen. Die Höhe dieser Leistungen ist in Italien nur halb so hoch wie im europäischen Durchschnitt (Tabelle 1).

In seiner Struktur kann der italienische Wohlfahrtsstaat in komparativer Hinsicht wie folgt beschrieben werden:

---

4 F. Castles, Families of Nations. Pattern of Public Policy in Western Democracies, Adelshot 1993. G. Esping-Andersen, The Three Worlds of Western Capitalism, Cambridge 1990: Polity Press.
5 Der Unterschied beträgt -4%, berechnet als Kaufkraftparität der Bevölkerung. Siehe Eurostat, European Social Statistics. Social Protection 1980-1998, Brüssel 2000: Eurostat.

Tabelle 2: Sozialleistungen nach Auswahlkriterien und Art der Leistung (1998)

	bedürftigkeits-abhängig in Geldleistungen	bedürftigkeits-abhängig in Sachleistungen	nicht bedürftig-keitsabhängig in Geldleistungen	nicht bedürftig-keitsabhängig in Sachleistungen
Italien	2,3	2,0	75,1	20,6
Deutschland	4,9	4,9	64,8	25,4
Frankreich	6,4	5,1	59,9	28,6
Schweden	3,0	2,6	56,2	38,1
Großbritannien	8,4	8,6	56,5	26,6
EU-15	*5,6*	*4,8*	*63,3*	*26,3*

Quelle: Eurostat (2000). European Social Statistics. Social Protection 1980-1998.

- sehr großzügige Programme mit Rentenleistungen für ältere Personen und (ältere) Kriegsversehrte,
- Fehlen von Einkommensunterstützung für junge Personen, die noch nie oder nur kurz gearbeitet haben,
- Fehlen von Einkommensunterstützung für Langzeitarbeitslose,
- großzügige Zuschüsse, wenn auch je nach Wirtschaftssektor und Firmengröße verschieden, für Arbeitslosigkeit, die durch wirtschaftliche Krisen und Konjunktureinbrüche hervorgerufen wird (die so genannte cassa integrazione guadagni),
- recht großzügige Arbeitslosenunterstützung für Saisonarbeiter im Agrarbereich,
- vergleichsweise geringe Einkommensunterstützung für alleinerziehende Eltern (weniger als 50% des EU-Durchschnitts),
- Behindertenrenten und -subventionen aus zweiter Hand, oftmals durch klientelistische Netzwerke verteilt,
- universelle, vollständige Gesundheitsfürsorge durch ein nationales Gesundheitssystem (teils bedürftigkeitsabhängig),
- unbedeutende und einkommensabhängige Programme in den Bereichen Wohnen, Kinderbetreuung und Unterstützung für Studenten.

Ähnliche Charakteristika weisen auch die anderen mediterranen EU-Mitgliedsstaaten auf. Deswegen ist die These aufgestellt worden, es gebe eine mediterrane Gruppe von Wohlfahrtsstaaten mit einer besonderen Identität.[6] Die Zusammenfassung einer mediterranen Gruppe hebt einige wichtige Züge der meisten südeuropäischen Wohlfahrtsstaaten hervor. Allerdings stützt sich eine derartige Gruppierung nur auf Ähnlichkeiten bei den Wohlfahrtsprogrammen und den Regulie-

---

6 Siehe M. Ferrera, Il Modello Sud-Europeo Di Welfare State, in: Rivista Italiana Di Scienza Politica 26 (1) 1996, S. 67-101. S. Leibfried, Towards a European Welfare State?, in: G. Room (Hrsg.), European Development in Social Policy, Bristol 1991: Bristol University Press.

rungen der Arbeitsmärkte.[7] Zudem gibt es keine eindeutige Evidenz für die Existenz eines südeuropäischen Regimes.[8]
Eine andere Option ist die Klassifizierung wohlfahrtsstaatlicher Ordnung nach ihrer strukturellen Logik (liberal, sozialdemokratisch oder konservativ), wie von Esping-Andersen 1990 vorgeschlagen und 1999 revidiert.[9] Esping-Andersens Arbeit zeigt die strukturellen Ähnlichkeiten auf, die mediterrane Wohlfahrtsysteme mit anderen westeuropäischen konservativen Wohlfahrtsstaaten verbinden. Mediterrane Wohlfahrtsstaaten sind dann Teil einer viel größeren Gruppierung, die Deutschland, Österreich und – mit deutlichen Unterschieden bei den familienbezogenen Leistungen – Frankreich und Belgien einschließt.[10] In allen Fällen findet man folgende Merkmale:

- die Leistungen werden hauptsächlich in obligatorischen Sozialversicherungen organisiert, und zwar bei starker Statussegmentierung und mit korporatistischen Zügen,
- letztlich werden die Familien mit dem Wohlergehen ihrer Mitglieder betraut (einschließlich normierter Verantwortung für erwachsene Kinder und alte Familienmitglieder), sie werden zudem als bestmögliche Betreuungsinstanz betrachtet,
- die Beschäftigungspolitik wird passiv betrieben, sie wird aber durch starke Arbeitsmarktregulierungen ergänzt, die bereits Beschäftigte (meist erwachsene Männer und Familienoberhäupter) schützt und ihnen so etwas wie einen „Familienlohn" garantiert,
- Wohlfahrtsprogramme zielen mehr auf Geldzahlungen an Haushalte als auf Dienstleistungen.

In theoretischer Hinsicht hat Esping Andersens Herangehensweise den Vorteil, Wohlfahrtsstrukturen in einer Matrix struktureller Beziehungen zwischen privaten Haushalten, Staat und Wirtschaft eingebettet zu sehen. Ich möchte hier argumentieren, dass die Beziehung zwischen Wohlfahrtsstrukturen und Migrationsprozessen in diesem Bezugsrahmen ebenfalls angemessen untersucht werden kann.

Das italienische Wohlfahrtsregime wird stark durch die Schlüsselrolle charakterisiert, die der Familie für die meisten Sozialleistungen zukommt. Die Verant-

---

7 Dieser Sicht zufolge würden ähnliche Eigenschaften von einer stark polarisierten Arbeitsstruktur herrühren oder zumindest mit ihr in Verbindung stehen. Ein Großteil der Bevölkerung (öffentlicher Dienst, Beschäftigte mittelgroßer und großer Firmen, einige Agrarbereiche) ist vor kurz- und mittelfristigen Risiken geschützt und erhält zudem großzügige Renten, während andere Bereiche (Beschäftigte in kleinen Firmen, Langzeitarbeitslose, Jugendliche, die noch nie gearbeitet haben und die Angehörigen der Schattenwirtschaft) ungeschützt bleiben oder nur marginal durch politische Patronage einbezogen werden.
8 G. Esping-Andersen, Social Foundations of Postindustrial Economies, Oxford 1999: Oxford University Press.
9 Esping-Andersen (1990; 1999).
10 Siehe Esping-Andersen (1999).

wortung der Familien für ihre Mitglieder ist nicht nur rechtlich normiert – sowohl in Bezug auf die Eltern als auch auf die Kinder –, sondern die meisten Arrangements bauen auch auf der Annahme auf, dass sie diese Funktion auch wahrnimmt. Familien wirken damit als wichtigster institutioneller Puffer. In den Familienhaushalten werden die Ressourcen der Erwerbstätigen mit den nicht oder nur teilweise Erwerbstätigen geteilt. Renten der alten Generation können arbeitslose Söhne finanzieren oder aber das Studium eines Neffen ohne Einkommen. Die Festanstellung des Ehemanns kann viele Risiken der fragmentierten oder der informellen Beschäftigung der Frau abfangen, die gute Absicherung für Kriegsversehrte kann das Fehlen einer Altersvorsorge in der Schattenwirtschaft weniger bedrohlich erscheinen lassen. Die zentrale Bedeutung des Modells des männlichen Ernährers in der Beschäftigungsstruktur hängt zu einem großen Teil von der zentralen Bedeutung der Familie und von der weitgehenden Verantwortung ab, die solch ein Ernährer für den Haushalt übernimmt.

Klar wird diese Beziehung in der Ausformung der Sozialleistungen. Konservative Wohlfahrtsregime konzentrieren sich auf die obligatorische Sozialversicherung und entsprechende Einkommenstransfers, sie bieten nur wenige Dienstleistungen an. Dementsprechend gibt es in Italien einen vergleichsweise hohen Prozentsatz an bedürftigkeitsunabhängigen Leistungen (75% der vergebenen Sozialleistungen, im Vergleich zu 63% im EU-Durchschnitt) und andererseits einen sehr niedrigen Prozentsatz an Sachleistungen im Sozialbereich (23% gegen einen EU-Durchschnitt von 31%).[11] Die wenigen Bereiche mit stärkeren Sachleistungen wie wohnungs- und familienbezogene Leistungen sind auch die Bereiche, in denen die öffentlichen Ausgaben in Italien niedrig bleiben und eher den Charakter einer Restkategorie haben. Italienische Familien haben somit eine recht große Chance, Empfänger einer monetären Transferleistung aus öffentlichen Kassen zu werden und genießen zugleich meist für ein Familienmitglied starken Schutz auf dem Arbeitsmarkt.

Gleichzeitig sind jedoch mit Ausnahme der Gesundheitsvorsorge nur wenige allgemeine soziale Dienstleistungen zugänglich. Italienische Familien müssen daher einen großen Teil der persönlichen Dienstleistungen für ihre Mitglieder selbst aufbringen (Tabelle 3). Viele italienische Haushalte fungieren so als „Generalunternehmer" für einen großen Teil der persönlichen Dienstleistungen, die sie teils selbst erbringen, teils von öffentlichen Einrichtungen erhalten und teils kaufen.

---

11 Eurostat, European Social Statistics. Social Protection 1980-1998, Brüssel 2000: Eurostat.

Tabelle 3: Kinder in öffentlicher Tagespflege und Senioren in Einrichtungen (in %)

	Kinder (von 0-3) in Tagespflegeeinrichtungen	Senioren (65 Jahre oder älter) in Einrichtungen
Österreich	4	4,9
Belgien	30	6,4
Dänemark	64	7,0
Finnland	22	5,3-7,6
Frankreich	29	6,5
Deutschland	8	6,8
Irland	38	5,0
Italien	6	3,9
Niederlande	6	8,8
Norwegen	40	6,6
Portugal	3-5	
Spanien	5	2,9
Schweden	48	8,7
Großbritannien	34	5,1

Quelle: OECD, Society at a Glance. OECD Social Indicators, Paris: OECD (2001).

2. Die Nachfrage nach ausländischen Arbeitskräften geht aus der Art des Wohlfahrtsregimes hervor

Das italienische Wohlfahrtsregime arbeitet mit direkten und indirekten Transfers von Ressourcen und Absicherungen an das (meist männliche) Familienoberhaupt, das dann wiederum den günstigsten Weg für die Verteilung auf Mitglieder des Haushaltes und den Haushalt in seiner Gesamtheit sucht, entweder durch Eigentätigkeit oder durch Zukauf von außen. Diese Lösung hat sicherlich einige Vorteile, wie die geringe Zahl von Haushalten ganz ohne Beschäftigte und den niedrigen Prozentsatz von Menschen, die in Heimen und öffentlichen Einrichtungen betreut werden.[12] Sie bringt aber auch besondere Probleme. Der größte Schwachpunkt dieses Modells besteht darin, dass es nicht einfach ist, persönliche Dienstleistungen zuzukaufen.

Schon in den sechziger Jahren ist beschrieben worden, dass die Produktivitätsentwicklung im Dienstleistungsbereich hinter der in der Industrie zurückbleibt. In den meisten Dienstleistungsbereichen ist es nicht möglich, die Produktivität wesentlich zu erhöhen.[13] Dies hat ernstzunehmende Konsequenzen für die Ent-

---

12 In Italien leben nur wenige Menschen über 65 in Einrichtungen. 1999 waren durchschnittlich 4,3 Behinderte auf je 10.000 Personen in Einrichtungen untergebracht (Istituto nazionale di statistica 2002).
13 W. Baumol, The Macroeconomics of Unbalanced Growth, in: American Economic Review 57, 1967, S. 415-426. W. Baumol, S. Batey Blackman und E. Wolff, Unbalanced Growth Revisited: Asymptotic Stagnancy and New Evidence, in: American Economic Review 75, 1985, S. 806-817.

wicklung des Dienstleistungssektors und wird in der Literatur als *Baumol cost disease* bezeichnet. Bei den Dienstleistungen besteht entweder das Risiko einer starken Verringerung des Angebotes (falls die Löhne entsprechend der stagnierenden Produktivität gleich bleiben) oder das Risiko einer starken Verringerung der Nachfrage (falls die Löhne der Produktivitätsentwicklung in der Industrie folgen und damit so hoch werden, dass die Nachgefrage abbricht). Letzteres entspricht der Situation in Westeuropa, Italien eingeschlossen, wo die relativen Kosten für persönliche und Haushaltsdienstleistungen wegen ihrer Arbeitsintensität sehr hoch sind.

In einigen Wohlfahrtsstaaten werden die Produktivitätsdifferenzen abgefangen, indem der Staat die Leistungen direkt anbietet. Wo dies nicht geschieht, so wie in Italien, wirkt die Produktivitätsdifferenz als starker Anreiz, diese Dienste selbst bereitzustellen. Da die Eigenproduktion solcher Dienste meistens Frauenarbeit ist, hat dies strukturell eine niedrige Beteiligung von Frauen im Arbeitsmarkt zur Folge. Eine weitere indirekte Folge ist eine niedrige Geburtenrate und ein später Zeitpunkt für die Geburt des ersten Kindes, da es teurer wird, Kinder aufzuziehen. Beides sind wohlbekannte Merkmale der italienischen Situation.[14]

Doch auch Eigenerzeugung ist eine immer schwieriger werdende Strategie sowohl für die immer größere Gruppe der Doppelverdiener-Haushalte wie für die Senioren-Haushalte. Resultat ist eine steigende Nachfrage nach persönlichen Dienstleistungen. Meist werden diese Dienstleistungen informell erbracht, was offizielle Statistiken unzuverlässig macht. Trotz solcher Unzulänglichkeiten zeigen die in Tabelle 4 zusammengestellten Daten, dass dieses Arbeitsmarktsegment in den Mittelmeerländern umfangreicher ist als in Nordeuropa. Ebenso ist festzustellen, dass der Sektor der persönlichen und Haushalts-Dienstleistungen in allen transferzentrierten Wohlfahrtsstaaten größer ist. Wegen der steigenden weiblichen Beschäftigungsrate und der wachsenden älteren Bevölkerung nimmt dieser Bedarf außerdem stark zu.

In einem geschlossenen System würde die Nachfrage nach persönlichen Diensten schnell Baumols *cost disease* entsprechen. Die Löhne würden schnell die Produktivitätsentwicklung überholen und diese Dienstleistungen würden somit zu teuer. Ein derartiges Ergebnis würde wiederum die Beziehung zwischen dem männlichen Ernährer-Modell – eingebettet in die wohlfahrtsstaatliche Ordnung – und der wachsenden Teilnahme von Frauen am Arbeitsmarkt auf eine harte Probe stellen. Eine derartige Spannung kann nur dann bewältigt werden, wenn ein Weg gefunden wird, um das Angebot an Haushaltsdienstleistungen relativ preisgünstig und flexibel zu halten.

Genau an diesem Punkt kommt die Migration ins Spiel. Historisch gesehen ist die strukturelle Nachfrage nach persönlichen Dienstleistungen in Italien immer mit der Etablierung von Migrationssystemen bewältigt worden. Zuerst basierten

---

14 Obwohl die Beschäftigungsrate der Frauen in Italien steigt, bleibt sie weit unterhalb des Anstiegs im übrigen Westeuropa.

Tabelle 4: Beschäftigung in ausgewählten Dienstleistungssektoren als Prozentsatz der Bevölkerung im arbeitsfähigen Alter 1997

	Gesundheit und Sozialarbeit	Persönliche und Haushaltsdienste	Dienstleistungen insgesamt
Schweden	13,6	0,5	26,0
Dänemark	13,0	0,8	27,3
Belgien	6,2	0,9	19,5
Niederlande	9,5	1,0	22,3
Griechenland	2,5	1,2	12,5
Großbritannien	7,8	1,3	21,4
Deutschland	5,7	1,4	17,8
Irland	3,0	1,7	15,2
Italien	3,0	1,7	13,5
Spanien	2,7	1,8	11,8
Frankreich	6,3	2,0	20,4
Portugal	3,1	3,2	16,9
EU 15	*5,7*	*1,5*	*21,4*

Quelle: Employment Rates Report (1998), European Commission.

solche Systeme auf Land-Stadt-Migrationen, später auf Migrationen vom Süden und Nordosten in die entwickelten Städte des industriellen Dreiecks Mailand-Turin-Genua und die administrative Zentrale Rom. Über weite Strecken des 20. Jahrhunderts waren häusliche Dienstleistungen im engeren Sinn, wie etwa Köchin, Wäscherin und Kindermädchen, das italienische und weibliche Gegenstück zur Fließbandarbeit in der Industrie.[15] Wie dort waren die Arbeitsbedingungen stark stratifiziert. Es gab sowohl im Haushalt lebende Bedienstete (mit nur einem halben freien Tag pro Woche) wie auch bezahlte spezialisierte Lohnarbeit, die zum Teil für verschiedene Arbeitgeber ausgeführt wurde. Die Bedeutung dieses Sektors war so hoch, dass Italien eines der wenigen Länder ist, in dem in der unmittelbaren Nachkriegszeit Versuche unternommen wurden, Hausangestellte kollektiv zu organisieren.[16] Hausarbeit wurde (aufgrund ihrer symbolischen Verknüpfung mit Familienwerten) als adäquate Beschäftigung für Frauen gesehen, deren Ehrbarkeit während der Migration gerade dadurch geschützt war, dass sie den bürgerlichen Haushalten, in denen sie arbeiteten, „anvertraut" wurden.[17] Außerdem war es

---

15 Für eine Geschichte des italienischen Hausdienstsektors siehe R. Sarti, Quali diritti per la donna? Servizio domestico e condizione femminile dalla Rivoluzione francese ad oggi, erscheint in: Maura Palazzi und Simonetta Soldani (Hrsg.), Lavoratrici e cittadine nell'Italia contemporanea, Turin 2003: Rosenberg & Sellier.
16 J. Andall, Gender, Migration and Domestic Service. The Politics of Black Women in Italy, Aldershot 2000: Ashgate.
17 Solch eine familiäre Sicht der Dinge half auch, die Tätigkeit von Hausangestellten sehr flexibel zu handhaben. Selbst das Gesetz von 1958 setzte noch keine Höchstdauer für den Arbeitstag fest und wahrte auch den traditionellen Ausschluss von Hausarbeit aus einer ganzen Reihe von sichernden Arbeitsnormen.

eines der sehr wenigen Beschäftigungsfelder, das italienischen Frauen offenstand, was wiederum ein verlässliches Angebot an Arbeitskräften garantierte.

Mitte der siebziger Jahre ergaben sich polarisierende Veränderungen. Einerseits wurde die Nachfrage nach Hausarbeit dadurch verstärkt, dass mehr Mittelschicht-Frauen berufstätig wurden und der Lebensstandard stieg. Waren Haushaltsangestellte traditionsgemäß ein Schlüsselelement der Zugehörigkeit zum Bürgertum gewesen, so bekam ihre Präsenz nun auch eine funktionale Rolle zur Freisetzung von Frauen für gehobene Tätigkeiten. Gleichzeitig verringerte sich jedoch die Gruppe der potentiellen Arbeitskräfte dadurch, dass Frauen neue Beschäftigungsmöglichkeiten für ungelernte Tätigkeiten in der Industrie fanden. Arbeiterfamilien schickten ihre Töchter nicht mehr in bürgerliche Haushalte. Auf diese Weise veränderte sich auch die Balance bei den Vereinbarungen über Art und Länge der Arbeit. Diejenigen, die weiter im Haushalt arbeiteten, bevorzugten immer häufiger stundenweise entlohnte Arbeitsstellen statt der traditionellen Variante, mit im Haushalt zu leben. Diese Veränderungen, die 1969 von der Einführung eines nationalen Tarifvertrags begleitet wurde, trugen dazu bei, dass Arbeitskräfte im Haushalt immer teurer und unflexibler wurden und schwererer zu bekommen waren.

Seit Ende der sechziger Jahre gab es mehrere Versuche, das italienische Wohlfahrtssystem in eine eher sozialdemokratische Richtung zu lenken, was auch den Ausbau öffentlicher sozialer Dienste beinhaltet hätte. Derartige Versuche sind jedoch weitgehend gescheitert.[18] Weil der Wohlfahrtsstaat die Produktivitätsunterschiede nicht ausglich, war die Situation durch einen drastischen Anstieg der Nachfrage nach Haushaltsdienstleistungen auf der einen und einen rapiden Rückgang des Angebotes auf der anderen Seite gekennzeichnet. Im Einklang mit Baumols These wurde Hausarbeit zu teuer.

Das Ergebnis war eine verstärkte Nachfrage nach ausländischen Arbeitskräften für den Haushalt. Seit Mitte der sechziger Jahre kamen daher immer mehr Frauen nach Italien, um dort als Hausangestellte zu arbeiten.[19] Die Migrantinnen stammten meist aus den ehemaligen italienischen Kolonien am Horn von Afrika und aus katholischen Ländern wie den Philippinen, den Kapverden und Lateinamerika, und wurden über die katholische Kirche und ihr Missionsnetzwerk rekrutiert. Die italienische Presse berichtete über sie, und zwar viel früher als über andere zur gleichen Zeit anlaufende Migrationsströme.[20] Die Zahl der ausländischen Haus-

---

18 A. Ferrera, Il Welfare State in Italia, Bologna 1984: Il Mulino.
19 J. Andall, Catholic and State Construction of Domestic Workers: the Case of Cape Verdeans Women in Rome in the 1970s, S. 124-141, in: K. Koser und H. Lutz (Hrsg.), The New Migration in Europe, London 1998: Palgrave. Siehe auch R. Salazar Parrenas, Servants of Globalization: Women, Migration and Domestic Work, Stanford 2001: Stanford University Press. G. Vicarelli (Hrsg.), Le mani invisibili. La vita e il lavoro delle donne immigrate, Ediesse, Rom 1994.
20 Für eine frühe Auswertung siehe E. Crippa, Lavoro Amaro. Le estere in Italia, Api-Colf, Rom 1979.

Tabelle 5: Ausländische Einwanderer in Italien – ausgewählte Nationalitäten 1970-1990 in Prozent

	1970	1975	1980	1985	1990	davon Frauen (1990 in %)
EU 15	43,8	44,5	39,7	37,7	20,9	
Kapverden		0,8	0,8	0,8	0,6	86
Kolumbien	0,4	0,4	0,4	0,5	0,7	71
Brasilien	1,0	0,9	0,9	1,1	1,8	68
Philippinen	0,2	0,4	1,4	1,8	4,4	67
Äthiopien	0,3	1,3	1,7	1,7	1,5	66
Peru	0,3	0,3	0,3	0,3	0,7	64
Somalia	0,3	0,4	0,4	0,4	1,2	61
Polen	1,0	0,9	1,1	1,9	2,2	56
Chile	0,2	0,2	0,5	0,6	0,5	54
Argentinien	1,4	1,3	1,2	1,2	1,6	52
Mauritius	0,0	0,0	0,1	0,1	0,7	47
Nigeria	0,1	0,1	0,6	0,9	0,9	43
Indien	0,7	0,9	1,1	1,3	1,4	43
Volksrepublik China	0,1	0,1	0,2	0,4	2,4	40
Ehemaliges Jugoslawien	4,4	4,0	4,1	3,3	3,8	37
Iran	1,2	1,2	3,1	3,1	1,9	35
Türkei	0,6	0,6	0,6	0,6	0,6	32
Sri Lanka	0,1	0,1	0,3	0,6	1,6	31
Libanon	0,5	0,5	0,7	0,9	0,7	24
Albanien	0,1	0,1	0,2	0,2	0,2	14
Ägypten	0,6	0,6	1,1	1,6	2,5	14
Marokko	0,1	0,2	0,3	0,6	10,0	10
Tunesien	0,2	0,3	0,5	1,0	5,3	9
Senegal	0,0	0,0	0,0	0,1	3,2	3
Bangladesch	0,0	0,0	0,0	0,0	0,6	3
Andere	42,5	40,9	38,7	37,1	27,8	
Gesamt	146.989	185.715	272.163	422.904	781.158	40

Mit freundlicher Genehmigung von A. Birindelli, Farina-Archiv.

angestellten hatte sich in der ersten Hälfte der siebziger Jahre fast verdoppelt, während die Zahl der ausländischen Einwohner insgesamt um 26% stieg. In dieser aktiven Arbeitskräfteanwerbung liegen die Wurzeln des gegenwärtigen italienischen Migrationssystems. Sie war ein früher Hinweis auf den Übergang Italiens vom Auswanderungs- zum Einwanderungsland.[21] Nicht zufällig war der Großteil der

---

21 Die frühe Geschichte der italienischen Einwanderung ist schlecht dokumentiert und wenig erforscht. Natürlich war der Zustrom von Hausangestellten nur einer, wenn auch ein grundlegender Zustrom. Migration aus China wurde schon in den dreißiger Jahren dokumentiert. Lokale Migrationssysteme haben traditionell Sizilien mit Nordafrika und den italienischen Nordosten mit den Gebieten der ehemaligen jugoslawischen Föderation verbunden. Eine weitere Verbindung wurde durch Afrikaner und Asiaten geschaffen, die mit den Nachwirkungen des Einwanderungsstopps in den nördlichen europäischen Staaten

ausländischen Wohnbevölkerung in den Anfangsjahren zwischen 1970 und 1980 weiblich. Die Zahl der Frauen wird in der offiziellen Statistik jedoch notorisch unterschätzt. Die Anwerbung von Hausangestellten war außerdem für die Ingangsetzung der nichteuropäischen Einwanderungsströme wichtig.

Die Zunahme ausländischer Hausarbeit war sowohl nachfrageinduziert als auch politikgesteuert. Schon 1972 beschränkte das Arbeitsministerium ausländische Hausarbeit auf Live-in-Verträge, um so einheimische Hausangestellte vor Konkurrenz zu schützen. Dadurch wurde ausländischen Frauen die attraktivere Möglichkeit der bezahlten Lohnarbeit verweigert. Dieselbe Verwaltungsverordnung verstärkte die Abhängigkeit ausländischer Arbeitskräfte, indem sie den Arbeitsvertrag mit dem Aufenthaltsrecht verknüpfte: ein Wechsel des Arbeitgebers hatte eine mindestens dreijährige Rückkehr ins Herkunftsland zur Folge.[22] Diese Regelungen, die bis 1986 gültig waren, begünstigten den weitgehend irregulären Charakter der frühen Einwanderungsströme. Sie machten das Angebot zugleich sehr flexibel und ließen ausländische Hausarbeit so zu einem attraktiven Ersatz für andere Quellen persönlicher Dienstleistungen werden.

Obwohl in den letzten Jahren andere Wanderungsströme hinzugekommen sind,[23] ist ausländische Hausarbeit sehr relevant geblieben, vor allem als Stütze

Tabelle: 6: Beschäftigung von Einheimischen und Ausländern in der Lombardei nach Wirtschaftssektor

	Erwerbspersonen gesamt	Ausländische Arbeitnehmer	davon illegal (%)
Landwirtschaft	2,1	1,2	17,1
verarbeitendes Gewerbe	32,6	30,8	10,5
Bauindustrie	7,9	11,2	35,2
Dienstleistungen	57,5	56,8	
davon:			
– Produktionsbegleitend	13,0	9,4	29,7
– Distributiv (Handel)	19,4	10,1	23,4
– Sozial	17,1	3,3	5,6
– Persönlich	7,9	33,5	34,2

Quelle: Istat, Labor Force Survey (2001) and Fondazione Cariplo-Ismu, Lombardei-Survey (2001).

in den siebziger Jahren nach Italien kamen. Seit 1989 wurde Italien durch den Zusammenbruch des Sowjetblocks wieder für Einwanderer aus Osteuropa und dem Balkan zugänglich gemacht. Vgl. A. Colombo und G. Sciortino, Italy's Many Immigrations, in: Journal of Modern Italian Studies, erscheint 2003.
22 J. Andall (2000).
23 M. Ambrosini, La Fatica di integrarsi. Immigrati e lavoro in Italia, Bologna 2001: Il Mulino.

des italienischen Wohlfahrtssystems. 46% der registrierten Hausangestellten in Italien sind Ausländerinnen. Hinzu kommen die vielen undokumentierten Arbeitskräfte. Einen Eindruck hierüber vermittelt der Untersuchungsbericht der Fondazione Ismu Lombardei über legale und illegale Ausländer.[24] Darüber hinaus zeigen die Daten des Ismu-Berichts die strukturelle Bedeutung ausländischer Arbeit bei den persönlichen Diensten und den Diensten im Haushalt. Während die sektorale Verteilung ausländischer Arbeiter der der Einheimischen ähnelt, sind Migranten bei den persönlichen Dienstleistungen stark überrepräsentiert. Zur Zeit arbeiten 22% der Ausländerinnen in einem Haushalt. So ist es auch nicht verwunderlich, dass persönliche Dienstleistungen zusammen mit dem Baugewerbe den Sektor mit dem höchsten Anteil illegaler Migranten bilden.

Die Rolle ausländischer Hausangestellter zur Erhaltung des italienischen Wohlfahrtsregimes ist allgemein anerkannt, sogar im Rahmen der politischen Debatten in Italien. Über die gesamten neunziger Jahre hinweg wurde fast die Hälfte der knapp bemessenen legalen Zulassungen ausländischer Arbeitskräfte an Hausangestellte vergeben. Ausländische Hausangestellte erfuhren zudem ein recht großes Maß an Toleranz in den meisten Amnestieprogrammen, die das Jahrzehnt bestimmt haben. Außerdem ist erwähnenswert, dass die Regierung Berlusconi, die seit April 2001 an der Macht ist, das neue Einwanderungsgesetz mit einer neuerlichen Amnestie verbunden hat, die ausschließlich auf die Bereiche Haushalt und Pflege

Tabelle 7: Ausländerbeschäftigung nach Dienstleistungssektor, Durchschnitt 1999-2000

Land	Gesundheits- und Gemeinnützige Dienste	Haushalte
Österreich	11,3	0,8
Belgien	12,4	0,8
Dänemark	26,8	–
Frankreich	8,7	7,1
Deutschland	12,3	0,6
Griechenland	4,2	19,6
Italien	6,7	10,9
Niederlande	12,4	0,2
Portugal	10,3	6,8
Spanien	8,1	18,0
Schweden	23,1	–
Großbritannien	20,2	1,6

Quelle: OECD, Trends in International Migration (2001). Paris: OECD.

24 Siehe Fondazione Ismu, Report on migrations in Lombardy 2001, Fondazione Ismu, Mailand 2002. Die Lombardei ist nicht nur einer der Motoren der italienischen Wirtschaft, sondern hat mit Mailand eine dynamische großstädtische Struktur und eine vergleichsweise hohe weibliche Erwerbsquote. Es ist eine Region, in der die genannten strukturellen Spannungen besonders stark zu spüren sind.

abzielt. Obwohl das Parlament die vorgeschlagene Amnestie später auf alle Arbeitskräfte ausgeweitet hat, kamen dennoch 341.121 von 702.156 Bewerbungen aus dem Haushaltssektor.[25]

Ist die starke Nachfrage nach ausländischen Hausangestellten nun eine italienische Besonderheit oder handelt es sich um ein generelles Phänomen in den konservativen Varianten des Wohlfahrtsstaates? Vergleichende Daten sind nicht verlässlich genug, um hierzu eine abschließende Antwort zu geben. Doch zeigen die existierenden Daten, dass ausländische Arbeitskräfte in mehreren europäischen Ländern im persönlichen Dienstleistungssektor überrepräsentiert sind und zwar auf eine Art, die offenbar die Struktur der wohlfahrtsstaatlichen Ordnung widerspiegelt (Tabelle 7).

3. Der Aufenthaltsstatus als Zugangsfilter für Integrationsrechte

Im vorhergehenden Abschnitt wurde dargelegt, dass die verschiedenen Typen der Wohlfahrtsregime deutlich unterschiedliche Einflüsse auf die Strukturen der Einwanderungssysteme haben. Konservative Typen des Wohlfahrtsstaates sind vom Angebot vielfältiger Dienstleistungen im Haushalt abhängig. Die Beschäftigung von Einwanderern ist in diesem Zusammenhang ein Weg, um Baumols *cost disease* unter Kontrolle zu halten. Niedrige Einwandererlöhne sind eine funktionale Alternative zur direkten Bereitstellung von Dienstleistungen durch den Staat. Einwanderung wird dadurch zu einer strukturellen Ressource für das Funktionieren des Wohlfahrtsstaates.

Eine derartige Sicht hat interessante Folgen für die Analyse der Integrationspolitik der westlichen Demokratien. In den meisten Fällen konzentrieren sich die Studien der Integrationspolitik auf die Art und Weise, in der Aufnahmeländer die Inklusion von Migranten in ihre Wohlfahrtsprogramme bewältigen. In vielen Fällen wird „Integrationspolitik" mit der Untersuchung des Bündels an wohlfahrtsstaatlichen Leistungen für Migranten gleichgesetzt. Nicht genug Aufmerksamkeit wird aber den Vorbedingungen geschenkt, die ex ante den Zugang zum Wohlfahrtssystem steuern.

Vergleichende Arbeiten zeigen, dass ein wichtiges Merkmal des gegenwärtigen Migrationskontextes in Westeuropa die Fähigkeit der ausländischen Wohnbevölkerung ist, Zugang zu relevanten Wohlfahrtsleistungen zu erhalten. In den meisten europäischen Ländern haben legal ansässige Ausländer beinahe das gleiche Recht auf Wohlfahrtsprogramme wie Staatsbürger.[26] Ein ebenso wichtiges Element ist das Prinzip des gleichen Lohnes für gleiche Arbeit – unabhängig von der Natio-

---

25 Daten des Innenministeriums, 16.12.2002.
26 Als Versuch, den Einfluss solch einer Situation auf die Bedeutung der Staatsbürgerschaft in der gegenwärtigen politischen Arena zu bemessen siehe J. Soysal, Limits of Citizenship. Migrants and Postnational Membership in Europe, Chicago 1994: University of Chicago Press.

nalität. Derartige Prinzipien liegen allen Regelungen der westeuropäischen Staaten zugrunde. Dies unterscheidet sie stark von denen der Golfstaaten oder der kürzlich industrialisierten Länder Südostasiens.[27]

Es ist auch bekannt, dass ein derart ausgebauter sozialer Rechtsstaat in ständiger Spannung mit den Strategien der staatlichen Zuwanderungsbegrenzung steht, die von beachtlichen Teilen der einheimischen Bevölkerung gefordert werden.[28] Der Fall der Hausangestellten zeigt jedoch, dass eine ähnliche Spannung zwischen dem sozialen Rechtsstaat und den wirtschaftlichen Mechanismen besteht, die die Zuwanderung ausländischer Arbeiter im Dienstleistungsbereich auslösen. Mit anderen Worten: Was Wohlfahrtsregime von ausländischen Migranten brauchen, ist nicht das, was sie ihnen gemäß der von ihnen proklamierten Prinzipien geben müssten. Wenn Migration ein Weg ist, um die Spannungen zwischen Löhnen und Produktivität im Dienstleistungssektor zu bewältigen, so würde die Integration und Gleichberechtigung von Migranten eine ständige Erneuerung von Baumols *cost disease* bedeuten. Nach kurzer Zeit würden auch legale ausländische Hausangestellte nicht mehr im Haushalt ihres Arbeitgebers leben und jederzeit verfügbar sein wollen. Sie würden stattdessen lieber zu frei ausgehandelter Arbeit für mehrere Arbeitgeber übergehen.[29] Mittelfristig könnten sie sogar den Haushaltssektor vollständig verlassen. Ohne weitere Einwanderung befände der Haushalts-Dienstleistungssektor sich dann wieder in dem Dilemma von unzureichendem Angebot und steigenden Preisen.

Dass Arbeitskräfte den häuslichen Dienstleistungssektor verlassen können, hängt jedoch vom Zugang zu einem legalen Aufenthaltstitel ab. Ein derartiger Aufenthaltstitel ist eine Voraussetzung sowohl für das Verlassen des Dienstleistungssektors als auch für das Aufsteigen innerhalb dieses Sektors. Illegale Arbeiter übernehmen in dieser Hinsicht eine Pufferfunktion. Die Verabschiedung einer restriktiven Gesetzgebung gegenüber neuer Zuwanderung nach 1973 schuf eine beträchtliche Gruppe von Ausländern mit illegalem Status, die als Arbeitskräfte zur Verfügung standen, aber von Sozialprogrammen und vom Prinzip „gleicher Lohn für gleiche Arbeit" ausgenommen waren. Wie zu erwarten, waren viele von ihnen langfristig in Haushalten und im Sektor der persönlichen Dienstleistungen beschäftigt, da illegale Arbeitskräfte einen starken Anreiz haben, als Hausangestellte zu arbeiten: Haushalte können vielfach eine Unterkunft bieten, und es ist relativ unwahrscheinlich, dass sie durch Arbeitsinspektoren kontrolliert werden. Ergebnis ist eine Gruppe von Hausangestellten, die eine Vielzahl von Haushaltsdienstleistungen zu bezahlbaren Preisen anbieten.

27 G. Sciortino, L'ambizione della frontiera. Le politiche di controllo migratorio in Europa, Mailand 2000: Franco Angeli.
28 Siehe J. F. Hollifield, The Migration Crisis in Western Europe: The Search for a National Model, in: K. Bade (Hrsg.), Migration, Ethnizität, Konflikt, Osnabrück 1996: Universitätsverlag Rasch, S. 367-402.
29 Solch ein Prozess scheint bereits stattzufinden, siehe E. Zontini, Female Domestic Labor Migrants and Local Policies in Bologna, in: R. Grillo und J. Pratt (Hrsg.), The Politics of Recognizing Difference, Aldershot 2002: Ashgate, S. 159-176.

Ein derartiger Prozess ereignet sich jedoch nicht nur hinsichtlich der illegalen Arbeiter. Er findet auch gegenüber legal niedergelassenen Ausländern statt, verschlechtert den Zugang von Migranten zu wohlfahrtsstaatlichen Leistungen insgesamt und beeinflusst auch ihre Arbeitsaufnahme-Strategie. Integrationspolitiken wirken vor allem durch die Gewährung von Rechten, doch hängt der Genuss dieser Rechte sehr stark von der Sicherung eines legalen Aufenthaltsstatus ab. In den meisten westeuropäischen Ländern bilden Asylbewerber das eine Extrem: Bei ihnen ist Wohlfahrtsabhängigkeit eine beinahe automatische Konsequenz ihres Status, der ihnen nicht erlaubt zu arbeiten. Das andere Extrem entsteht durch die recht liberale Vergabe von Rechten an niedergelassene Ausländer mit Restriktionen bei der Vergabe des Niederlassungsstatus. Letzteres beschreibt recht zutreffend die Situation in Italien wie auch die Situation anderer Länder mit einem konservativen Typ wohlfahrtsstaatlicher Ordnung.

Italien hat seine Einwanderungspolitik in den frühen achtziger Jahren praktisch von Grund auf neu entwickelt. Das erste nationale Einwanderungsgesetz wurde erst 1986 durch beide Kammern angenommen. In der Gestaltung seiner Zuwanderungspolitik war Italien jedoch durch eine Reihe internationaler Verträge gebunden.[30] Das Ergebnis war eine frühe und schnelle Einführung des Prinzips der gleichen Behandlung und des gleichen Zugangs zu Wohlfahrtsleistungen für Staatsbürger und niedergelassene Ausländer. Die nachfolgende gesetzliche Entwicklung hat deutliche restriktive Veränderungen in der italienischen Kontrollpolitik mit sich gebracht, aber gleichzeitig auch eine nicht zu unterschätzende Kontinuität mit Blick auf die Gleichbehandlung und den Zugang zum Wohlfahrtsstaat gezeigt. Ein Beispiel: Die Regierung Berlusconi, hat sich nach ihrer Regierungsübernahme im April 2001 sofort daran gemacht, mehrere restriktive Veränderungen in der italienischen Zuwanderungskontrollpolitik einzuführen. Gleichzeitig hat sie sich jedoch bemüht, dramatische Veränderungen in der bestehenden Integrationspolitik tunlichst zu vermeiden. Der Teil des Einwanderungsgesetzes, der Integrationsmaßnahmen gewidmet ist, hat im Grunde unverändert überlebt, obwohl seine Umsetzung stark verlangsamt wurde.[31]

Das prinzipielle Zugeständnis der Inklusion in Wohlfahrtsprogramme ent-

---

30 G. Sciortino, Planning in the Dark: the Evolution of Italian Immigration Control, in: G. Brochmann und Hammar (Hrsg.), Mechanisms of Immigration Controls, Oxford 1999: Berg, S. 233-260.

31 Für eine Analyse der wesentlichen Veränderungen, die durch die Rechtsregierung in der italienischen Zuwanderungspolitik eingeführt wurden, siehe Fondazione Ismu, Nono Rapporto sulle Migrazioni 2003, Maiand 2003: Franco Angeli. Das Prinzip der gleichen Behandlung scheint auch in der italienischen Bevölkerung Zustimmung (oder zumindest keine deutliche Ablehnung) zu erfahren. Meinungsumfragen zeigen, dass eine recht negative Sicht der Zuwanderung Hand in Hand mit einer ziemlich liberalen Einstellung in Bezug auf die Rechte von Ausländern mit legalem Status einhergeht. Siehe I. Diamanti, Immigrazione e Cittadinanza in Europa. Venezia 2001: Quaderni fondazione Nord-Est and Ispo. L'Atteggiamento Degli Italiani Nei Confronti Degli Immigrati, Roma 2000: Commissione per le politiche d'integrazione degli immigrati.

spricht jedoch nicht ihrer tatsächlichen Präsenz in dem System. Die Inanspruchnahme von Wohlfahrtsprogrammen durch legale Migranten ist in Italien in der Praxis eingeschränkter und unsicherer als es die Zunahme der ausländischen Bevölkerung vermuten ließe.³² Dieses Phänomen hängt sicherlich mit dem Lebenszyklus zusammen, da die meisten Einwanderer derzeit mehrheitlich jung und im arbeitsfähigen Alter sind. Allerdings beruht es auch auf einer strengen Selektion und auf eingebauten Verzögerungen beim Zugang zum legalen Status. Die Struktur des Zuwanderungsregimes teilt eine Reihe von Aufenthaltsstatus zu, denen sehr verschiedene Ebenen von Rechten und entsprechenden Ansprüchen entsprechen. Es ist offensichtlich, dass die Gesamtstruktur dieses Regimes in der Weise wirkt, dass Migranten so lange wie möglich in den Kategorien bleiben, in denen sie wenig Rechte haben und in denen diese Rechte wenig geschützt sind.

Die am stärksten exkludierte Gruppe ist die der undokumentierten Migranten. Wie in den meisten westeuropäischen Ländern hat diese Gruppe nur Zugang zu medizinischer Notversorgung und in begrenztem Maße zur Schulbindung für ihre Kinder. Eine zweite Gruppe ist die der Asylsuchenden, Flüchtlinge und zeitweilig aufgenommenen Personen. Diese Gruppe, deren Zahl in Italien allerdings recht klein ist, hat nur Zugang zu speziellen Unterstützungsprogrammen, deren Umfang und Dauer sehr begrenzt sind. In der Praxis ist die soziale Betreuung dieser Gruppe vor allem den NGOs und einer Handvoll Kommunen überlassen. Die dritte und bei weitem größte Gruppe sind Einwanderer mit einer (befristeten) Aufenthalts*erlaubnis*. Diese Gruppe hat zu den gleichen Bedingungen wie Einheimische Zugang zu allen beschäftigungsbezogenen Sozialversicherungen sowie – solange sie beschäftigt sind – zu den meisten Sachleistungen. In Anbetracht der weiten Verbreitung der illegalen Beschäftigung, entweder als eine Konsequenz der Arbeit in der Schattenwirtschaft oder als Strategie zur Vermeidung von Besteuerung, ist der Zugang zu beschäftigungsbezogenen Sozialversicherungen oft eine Illusion. Eine vierte Gruppe besteht aus Migranten mit einer dauerhaften Aufenthalts*berechtigung*. Dieser Aufenthaltstitel, der erst 1998 eingeführt wurde, wird nach 6 Jahren regulärem Aufenthalt vergeben, wenn das Einkommen für den eigenen Unterhalt und den der Familie ausreicht. Besitzer einer (unbefristeten) Aufenthalts*berechtigung* werden vollständig in das Sozialsystem aufgenommen, da dieser Aufenthaltstitel auch Zugang zu beitragsfreien Geldleistungen und einkommensunterstützenden Programmen gewährt.

Das Langzeitmuster der Zuwanderungspolitik Italiens (und in ähnlicher Weise anderer Mittelmeerstaaten) kann als negative Selektion charakterisiert werden, mit dem die Migranten so lange wie möglich in den am wenigsten geschützten Statusgruppen gehalten werden. Schon das Ausbleiben der Entwicklung einer angemessenen Zuwanderungspolitik – und dies sogar angesichts einer starken und

---

32 Commissione per le politiche d'integrazione degli immigrati in Italia, in: G. Zincone (Hrsg.), Secondo Rapporto Sull'Integrazione Degli Immigrati in Italia, Bologna 2001: Il Mulino.

anerkannten Nachfrage nach ausländischen Arbeitskräften – führt zur ständigen Reproduktion irregulärer Verhältnisse am unteren Ende der Hierarchie. Von Anfang an hat Zuwanderung nach Italien meist durch die Hintertüren der Visumsüberschreitung und illegaler Grenzübertritte stattgefunden.

In den letzten fünfzehn Jahren wurden regelmäßig Amnestien ausgerufen, um den Übergang vom illegalen Status zum regulären Aufenthalt zu bewerkstelligen. Tatsächlich haben die meisten niedergelassenen Ausländer ihren Status durch eine Amnestie erlangt.[33] Die Häufigkeit dieser Amnestien ist oft als Indiz für eine relativ tolerante Haltung der italienischen Behörden gegenüber illegalen Migranten betrachtet worden. Weniger Aufmerksamkeit wird jedoch der dunklen Kehrseite dieser Toleranz gewidmet: nämlich dem großen Ermessensspielraum, der den Behörden gegenüber regulären Migranten zugestanden wird. Aufenthaltstitel müssen in regelmäßigen Abständen erneuert werden. Auch ein niedergelassener Ausländer muss sich regelmäßig einer solchen Kontrolle unterziehen, da die Aufenthaltstitel normalerweise nur für ein bis zwei Jahre gültig sind. Veränderungen in den zu erfüllenden Anforderungen, weitgehender Ermessensspielraum für Polizeibeamte und die allgemeine Organisation der Ausländerbehörden führen dazu, dass solch eine Verlängerung alles andere als ein einfacher Vorgang ist. Tatsächlich ist der reguläre Status vieler Einwanderer vielfach vom guten Willen der Polizeibehörde und der Verwaltungsangestellten abhängig.[34] Ergebnis ist ein eher perverser Mechanismus, in dem der prekäre Aufenthaltsstatus und der schlechte Zugang zu sozialen Diensten ein Anreiz für Beschäftigung in der Schattenwirtschaft und insbesondere im Haushalt sind. Im Gegenzug machen solche Beschäftigungsbedingungen den Übergang zu einem legalen Status (bzw. dessen Erhalt) noch fragiler.

Die Instabilität des Besitzes einer gültigen Aufenthaltserlaubnis ist das Nebenprodukt einer allgemeineren und weitreichenderen Suche nach behördlicher Ermessensfreiheit bei Entscheidungen über Zuwanderung.[35] Während die Präsenz der ausländischen Bevölkerung im Großen und Ganzen akzeptiert wird, wird die Idee, dass Ausländer durch eine klar formulierte Gesetzgebung und durch eindeutige Verfahren geschützt werden sollten, faktisch abgelehnt. Die meisten ad-

---

33 M. Carfagna, I sommersi e i sanati. Le regolarizzazioni degli immigrati in Italia, in: A. Colombo und G. Sciortino (Hrsg.), Assimilati ed esclusi, Bologna 2002: Il Mulino, S. 53-90.

34 Es ist ziemlich offensichtlich und auch durch viele juristische Untersuchungen belegt, dass der Besitz eines dauerhaften Aufenthaltstitels weit davon entfernt ist, ein stabiler unproblematischer Zustand zu sein. Auf der Seite des Antragstellers haben viele Einwanderer Schwierigkeiten, bei der Verlängerung eine ausreichende Beschäftigung nachzuweisen, während eine große Zahl möglicher kleiner Vergehen gegen Zuwanderungsregelungen sich negativ auf die Aufrechterhaltung eines solchen Status auswirken kann. Auf der Seite derer, die den Aufenthaltstitel ausstellen, gibt es Hinweise für enorme Unterschiede in der Art und Weise, wie selbst geographisch benachbarte Behörden die Verfahren durchführen und Normen interpretieren.

35 G. Sciortino, Troppo Buoni? La Politica Migratoria Tra Controlli Alle Frontiere e Gestione Del Mercato Del Lavoro, in: Sociologia Del Lavoro 46, 1997, S. 50-84.

ministrativen Dekrete und Erlasse, die üblicherweise der Verabschiedung neuer Einwanderungsgesetze folgen, interpretieren das jeweilige Gesetz so, dass es Raum für lokalen Ermessensspielraum in einem oft weitreichenden Maße schafft oder beibehält. Eine derartige Instabilität hat weitreichenden Einfluss auf die Möglichkeit, tatsächlich Zugang zu sozialstaatlichen Leistungen zu erlangen.

Eine ähnliche Präferenz für den Ermessensspielraum an Stelle einer geregelten Berechtigung ist beim Hürdenlauf im Übergang von einer Aufenthaltserlaubnis zu einer Aufenthaltsberechtigung zu erkennen. Als der Status einer Aufenthaltsberechtigung im Jahr 1998 von der Mitte-Rechts-Regierung eingeführt wurde, zielte sie klar auf die Schaffung eines stabilen Denizen-Status für Ausländer mit langem Aufenthalt ab.[36] Im Gesetz waren die Anforderungen für die Ausstellung einer solchen Aufenthaltsberechtigung recht eindeutig: fünf Jahre legaler Aufenthalt, kein Eintrag im Strafregister und der Nachweis einer legalen Beschäftigung. Als das Zuwanderungsgesetz durch beide Kammern verabschiedet wurde, lebten rund 65% der legalen ausländischen Bevölkerung länger als die verlangten fünf Jahre in Italien. Deswegen wurde erwartet, dass die Zahl der Inhaber einer Aufenthaltsberechtigung Hunderttausende betragen würde. Dies war aber nicht der Fall. Einerseits erhielt der gesamte Prozess nur eine geringe administrative Priorität, wobei geographisch benachbarte Ämter unterschiedliche Verfahren durchführten und unterschiedliche – auch zusätzliche – Angaben und Dokumente verlangten.[37] Auf der staatlichen Ebene erließ das Innenministerium andererseits eine Verwaltungsverordnung, die es nur einem kleinen Prozentsatz der ausländischen Einwohner erlaubte, sich um die Aufenthaltsberechtigung zu bemühen. Obwohl diese restriktive Verwaltungsverordnung im Sommer 2002 gerichtlich für ungültig erklärt wurde, liegt die Zahl der Aufenthaltsberechtigten derzeit bei nur knapp über 20.000, bei einer ausländischen Gesamt-Wohnbevölkerung von anderthalb Millionen.

Noch offensichtlicher ist eine derart restriktive Handhabung des Status von Migranten im Staatsangehörigkeitsgesetz. 1992 reformierten beide Kammern das Staatsangehörigkeitsgesetz auf eine Art und Weise, die die Möglichkeit der Einbürgerung aufgrund langen Aufenthalts empfindlich einschränkte. Diese Reform, die durch eine große parlamentarische Mehrheit ohne sichtbare Opposition angenommen wurde, kann als Beweis einer starken, wenn auch wenig sichtbaren exkludierenden Strömung in der italienischen Politik angesehen werden. Vor dem Staatsangehörigkeitsgesetz von 1992 konnte man nach fünf Jahren und in Sonderfällen nach drei Jahren eine Einbürgerung beantragen. Die Reform von 1992 verlangt demgegenüber einen ununterbrochenen Aufenthalt in Italien von zehn Jahren, bevor ein Antrag auf italienische Staatsangehörigkeit gestellt werden kann. Darüber hinaus macht das Gesetz die Einführung eines ethno-kulturellen Prinzips

36 Für den Begriff „denizen" siehe T. Hammar, Democracy and the Nation-State: Aliens, Denizens and Citizens in a World of International Migration, Avebury 1990: Aldershot.
37 Fondazione Ismu, Sesto Rapporto Sulle Migrazioni 2000, Milano 2000: Franco Angeli.

deutlich. Dem neuen Gesetz zufolge werden nun auch entfernte Nachkommen italienischer Auswanderer vom Staatswesen akzeptiert, während die Einbürgerung von Personen ohne italienische Vorfahren erschwert wird. Die Betonung des *ius sanguinis* zeigt sich darin, dass z.B. das Recht auf Staatsbürgerschaft auf jeden Enkel und jede Enkelin eines italienischen Staatsbürgers ausgeweitet wird (unter der Bedingung, dass sie drei Jahre in Italien gelebt haben), während das *ius soli* nur noch für Kinder gilt, die in Italien von unbekannten Eltern geboren wurden. Der Erfolg dieser Strategie zeigt sich darin, dass seit Einführung des Gesetzes im Jahr 1992 die Zahl der eingebürgerten Ausländer relativ gering ist.[38]

Die Analyse des italienischen Migrationsregimes zeigt eine tief verwurzelte Präferenz für einen behördlichen Ermessensspielraum sowie eine automatische Selektion, die darauf abzielt, Migranten so lange wie möglich in den am wenigsten geschützten Statusgruppen zu halten. Dass diese Selektion direkt auf eine Beschränkung des Zuganges zu wohlfahrtsstaatlichen Leistungen für Ausländer abzielt, oder dass solch ein Herausfiltern darauf abzielt, eine große Zahl von Migranten im Bereich der abhängigen Hausarbeit zu halten, lässt sich jedoch nicht beweisen.[39] Diese Ermessensfreiheit ist eher das Produkt einer allgemeinen Präferenz für Entscheidungsstrukturen, in denen Ansprüche vor Ort und von Fall zu Fall bewertet werden. Gleichzeitig kann kaum geleugnet werden, dass eine derartige allgemeine Präferenz quasi als Nebenprodukt die folgenden zwei bedeutsamen Konsequenzen hat: Sie verringert zum einen den Zugang von Migranten zu den Leistungen des Wohlfahrtssystems und liefert zum anderen einen strukturellen Anreiz für eine dauerhafte Präsenz auf dem Markt für persönliche Dienste und Dienstleistungen im Haushalt. Mit anderen Worten: Die gegenwärtige Gestaltung des Migrationsregimes schafft einen Kontext, in dem eine durch das Wohlfahrtsregime hervorgerufene Nachfrage nach ausländischer Arbeitskraft gestillt werden kann.

4. Zusammenfassung

Unser Beitrag stellt eine erste Untersuchung der Wege dar, auf denen Wohlfahrtsregime mit Migrationsregimen interagieren. Mit Italien als Untersuchungsgegenstand wurde aufgezeigt, dass solch eine Interaktion nicht begriffen werden kann, wenn man ausschließlich die Wohlfahrtsleistungen betrachtet, in deren Genuss Einwanderer eventuell kommen könnten. Die befürchtete Überbeanspruchung des

---

38 F. Pastore, La Comunità sbilanciata. Diritto della cittadinanza e politiche migratorie nell'Italia post-unitaria, Roma, mimeo.

39 Tatsächlich wird – abhängig von Zeit und Umständen – der Interpretationsraum, der den lokalen Entscheidungsträgern durch die Gesetzgebung offen gelassen wird, manchmal auf pauschale Art und Weise gebraucht. Siehe G. Zincone, Illegality, Enlightment and Ambiguity: a Hot Italian Recipe, in: M. Baldwin-Edwards und J. Arango (Hrsg.), Immigrants and the Informal Economy in Southern Europe, London 1999: Frank Cass, S. 43-82.

Sozialstaats durch Migranten ist eine ernst zu nehmende Besorgnis. Dennoch ist, wie gezeigt wurde, die spezifische Nachfrage nach ausländischen Arbeitskräften, die durch verschiedene Wohlfahrtsregime hervorgerufen wird, ein ebenso wichtiger Aspekt. Wohlfahrtsstaaten können tatsächlich zu „Magneten für Migration" werden. Dies ist jedoch nicht nur eine Frage der Art der Wohlfahrtsleistungen, in deren Genuss Migranten kommen können. Migration ist auch eine Ressource zur Bewältigung der Beziehung zwischen Haushalten, Arbeitsmarkt und Staat. Vor diesem Hintergrund hat der Beitrag gezeigt, dass das italienische Migrationssystem kaum begriffen werden kann, ohne die strukturelle Spannung zwischen einem Wohlfahrtssystem, das weitgehend nach der Logik des männlichen Ernährers konzipiert ist, und der wachsenden Teilnahme italienischer Frauen am Arbeitsmarkt einzubeziehen. Es wurde argumentiert, dass eine solche Spannung vermutlich in den meisten anderen Wohlfahrtsstaaten konservativen Types ebenfalls besteht, sowohl in mediterranen als auch kontinentalen.

Ein zweites, hiermit im Zusammenhang stehendes Argument wurde in Bezug auf die Grundlage der Integrationspolitik westeuropäischer Staaten entwickelt. Es wurde dargelegt, dass staatliche Integrationspolitik nicht adäquat analysiert werden kann, indem entweder ein undifferenziertes Verständnis des Wohlfahrtsbegriffes oder aber ein undifferenziertes Verständnis des Begriffes „Einwanderer" zu Grunde gelegt wird. Es ist bekannt, dass unterschiedliche Programme innerhalb eines Wohlfahrtssystems sehr unterschiedliche Zugangsraten haben können, abhängig von ihrer inhärenten Logik. Ein anderer wichtiger Punkt besteht jedoch auch darin, dass jedes Programm seine eigenen Teilnahmebedingungen hat. Diese Teilnahmebedingungen hängen von der Art des legalen Status ab, den der niedergelassene Ausländer erlangt. Der Einfluss von Zuwanderung auf das Wohlfahrtssystem kann, selbst bei einer liberalen Interpretation der Zugangsrechte, begrenzt sein, und zwar eben durch eine ermessensbezogene und restriktive Regelung bei der Vergabe des Aufnahmestatus. Mit Bezug auf den italienischen Fall wurde gezeigt, wie eine vergleichsweise liberale Wohlfahrtsgesetzgebung mit einer restriktiven Regelung des legalen Aufenthaltes koexistieren und damit die Chancen von Ausländern auf Zugang zu Wohlfahrtsprogrammen und einen Übergang aus dem Hausarbeits-Arbeitsmarkt auf den allgemeinen Arbeitsmarkt deutlich reduzieren kann.

Susan Martin

Öffnung, Schließung, Ausbeutung: Drei Modelle amerikanischer Einwanderungspolitik*

1. Einleitung

Die Vereinigten Staaten von Amerika standen Einwanderung lange Zeit zwiespältig gegenüber. Zwar sind die Amerikaner stolz, eine Nation von Einwanderern zu sein, und neigen dazu, frühere Einwanderungswellen durch eine rosarote Brille zu betrachten, gleichzeitig äußern sie aber offen Bedenken, ob die aktuellen und zukünftigen Einwanderungsströme zu verkraften sind. Meinungsumfragen zeigen häufig, dass die amerikanische Öffentlichkeit eine Reduzierung der Einwandererzahlen befürwortet, die gleichen Umfragen machen aber auch deutlich, dass es eine breite Unterstützung dafür gibt, nahe Familienangehörige, qualifizierte Arbeitskräfte und Flüchtlinge als Einwanderer zuzulassen – also genau jene drei Gruppen, die den Großteil der amerikanischen Einwanderung ausmachen. Den größten Widerstand gibt es gegen illegale Einwanderung; die Öffentlichkeit glaubt, dass sich die überwiegende Mehrheit der Ausländer illegal in den USA aufhielte, obwohl das Gegenteil der Fall ist.

Trotz der zwiespältigen Haltung in Bezug auf Einwanderung hat die Zulassung von neuen Einwanderern die Entwicklung des Landes lange Zeit entscheidend beeinflusst. In seinem wegweisenden Buch *The American Kaleidoscope* beschreibt Lawrence Fuchs drei in der Kolonialzeit entwickelten Grundgedanken, die das Denken über Einwanderer und ihre Mitgliedschaft in der amerikanischen Gesellschaft beeinflusst haben:

> Einfach gesagt: Pennsylvania suchte Einwanderer, die unabhängig von ihrem religiösen Hintergrund gute Bürger sein konnten; Massachusetts wollte als Gesellschaftsmitglieder nur die mit unverfälschter Religion, und Virginia, das zunehmend auf die Plantagenwirtschaft baute, wollte möglichst billige Arbeitskräfte, ohne sie notwendigerweise auch als Mitglieder der Gesellschaft willkommen zu heißen.[1]

Fuchs führt aus, dass das Modell Pennsylvanias, Einwanderer (insbesondere weiße Siedler aus Europa) als gleichberechtigte Mitglieder der Gesellschaft aufzunehmen,

---

* Aus dem Englischen übersetzt von Susanne In der Smitten, Universität Münster.
1 Lawrence H. Fuchs, The American Kaleidoscope, Hanover/New Hampshire 1990, S. 8.

zwar vorherrscht, aber immer mit den beiden anderen Leitbildern konkurrierte. Das Modell Massachusetts „hatte ebenfalls Einfluss auf die Entwicklung der nationalen Ideologie eines Amerikanismus, aber es war letztlich zu restriktiv, als dass man hierauf eine Einwanderungs- und Einbürgerungspolitik hätte aufbauen können".[2] Das Ideal Virginias wurde als Modell für die Arbeitsmigration begriffen, jedoch immer mit Argwohn betrachtet, da es seine extremste Form in der Sklaverei gefunden hatte. Fuchs' Ansicht nach hat sich das Leitbild Pennsylvanias, das die Inklusion von Einwanderern betont, gegenüber den Modellen Massachusetts und Virginias, die beide den Ausschluss propagierten, deswegen durchgesetzt, weil es die grundlegenden staatsbürgerlichen Werte – Gleichheit und Gerechtigkeit vor dem Gesetz, Rede- und Religionsfreiheit und die repräsentative Regierung – widerspiegelt, die zu wesentlichen Bestandteilen der bürgerlichen Kultur in den Vereinigten Staaten geworden sind.

Obwohl die Einwanderung sogar in der Kolonialzeit Gegner hatte (vor allem Benjamin Franklin, der befürchtete, dass die deutschen Einwanderer niemals die englische Sprache und die nationalen Bräuche annehmen würden), setzte sich bei den Amerikanern generell die Ansicht durch, dass Einwanderung für das Wachstum der jungen Nation wichtig sei. Dementsprechend macht die Unabhängigkeitserklärung König Georg III zum Vorwurf, die Einwanderung in die Kolonien beschnitten zu haben, indem sie als Rechtfertigung für die Unabhängigkeit anführt: „Er hat sich bemüht, die weitere Bevölkerungszunahme dieser Staaten zu unterbinden, hat zu diesem Zweck Gesetze zur Einbürgerung von Fremden blockiert, hat sich geweigert, andere Gesetze auszufertigen, die die Migration nach hier gefördert hätten, und hat die Voraussetzung für den Erwerb von Ländereien erhöht." Einwanderung galt damals als überaus sinnvoll für ein Land mit einer kleinen Bevölkerung, weiten unbesiedelten Flächen, einer wachsenden Wirtschaft und dem Glauben an das Vermächtnis, für den Rest der Welt ein Leuchtturm der Demokratie zu sein.

Die Gründungsväter waren jedoch nicht uneingeschränkt optimistisch, was die möglichen Folgen der Einwanderung für die neue Nation anbelangte. Jefferson beispielsweise fragte, ob die Einwanderer sich den demokratischen Prinzipien und den verfassungsrechtlichen Grundlagen der amerikanischen Regierungsform anschließen würden: „Wäre unsere Regierung nicht vielleicht homogener, friedfertiger und dauerhafter"[3] ohne Einwanderung im großen Stil? Mit anderen Gründungsvätern teilte er besonders die Befürchtung, dass die Untertanen europäischer Despoten, Monarchen und Aristokraten die republikanische Regierungsform untergraben könnten, wenn man von ihnen nicht verlangte, ihre frühere Loyalität zu ihren Herrschern aufzugeben.

Trotz solcher Bedenken erkannten die Gründungsväter an, dass Einwanderung für das Wachstum der Republik notwendig sei und dass Einwanderer, zumindest

---

2 Fuchs, S. 8.
3 Fuchs, S. 13.

aus Europa, in die Gesellschaft eingegliedert werden sollten. Bis 1802 wurde ein Rahmen zur Einbürgerung geschaffen, der dann zwei Jahrhunderte lang Bestand hatte: Wenn die Einwanderer die Bedingung einer Aufenthaltszeit von fünf Jahren erfüllt hatten, wurden diejenigen, die einen Loyalitätseid schworen und somit ihre frühere Untertanentreue aufgaben, als vollwertige Gesellschaftsmitglieder anerkannt. Indem sie also Gesetze zur Einbürgerung schufen, schoben sie ihre Befürchtungen beiseite und nahmen an, dass die Einwanderer sich rasch den staatsbürgerlichen Werten des neuen Landes anpassen könnten und würden.

Als Folge davon wurden Einwanderer als potentielle Bürger angesehen, die in kurzer Zeit Amerikaner werden könnten und damit auch die selben Rechte und Privilegien genießen sollten wie Amerikaner. Aus dieser Perspektive wurde Einwanderung als gut für das Land bewertet und Einwanderer als die Zukunft des Landes angesehen. Dieses Gründungsideal, dem George Washington immer wieder Gehör verschafft hatte, folgte den grundlegenden Prinzipien der Inklusion, wie sie einst in Pennsylvania niedergelegt worden waren.

Das Tor nach Amerika steht nicht nur dem reichen und ehrwürdigen Fremden offen, sondern den Unterdrückten und Verfolgten aller Nationen und Religionen, die wir willkommen heißen, an all unseren Rechten und Privilegien teilzuhaben, sofern sie nach Anstand und Schicklichkeit ihres Verhaltens den Anschein machen, diesen Genuss zu verdienen.[4]

Und noch 1996 lobte die frühere Kongressabgeordnete Barbara Jordan als Vorsitzende der U.S. Kommission zur Einwanderungsreform den Prozess, an dem Amerika gewachsen sei:

Die Vereinigten Staaten sind die erfolgreichste multi-ethnische Nation der Geschichte. Diese Nation hat Einwanderer und ihre Nachkommen aus allen Teilen der Erde in ihrer Bindung an demokratische Ideale und verfassungsrechtliche Prinzipien vereint. Diese Ideale und Prinzipien sind von Menschen mit unglaublich vielen verschiedenen Religionen und ethnischen Hintergründen angenommen worden, zum Teil gerade weil sie religiöse und kulturelle Vielfalt innerhalb eines Rahmens nationaler politischer Einheit erlauben und schützen.[5]

Die Übernahme dieses Ideals aus Pennsylvania bedeutet nicht, dass die Vereinigten Staaten alle Neuankömmlinge gleichermaßen willkommen geheißen hätten. Es gab auch eine stark auf das Geburtsrecht fixierte, rassistische Seite der US-Einwanderungspolitik. Immer wieder wechselte die Einwanderungspolitik von vergleichsweise offenen Standards zu solchen, die eher auf Ausgrenzung abzielten. Die restriktiven Tendenzen hatten ihre traurigsten Auswirkungen in den dreißiger Jahren, als die Vereinigten Staaten vielen Flüchtlingen, die vor der Unterdrückung durch die Nazis flohen, den Zutritt verweigerten. Unterscheidungen, wer in das Land durfte und volle Rechte bekam, wurden auch im 20. Jahrhundert noch auf

---

4 Fuchs, S. 1.
5 U.S. Commission on Immigration Reform, Americanization and Integration of Immigrants: Appendix to Becoming An America, Washington, DC 1997.

Drei Modelle amerikanischer Einwanderungspolitik 277

der Basis von rassischen Kriterien und Nationalitäten getroffen. Die zwiespältige Haltung gegenüber Einwanderung blieb bestehen. Bedenken kamen immer dann auf, wenn die Massenmigration mit ökonomischer und/oder politischer Instabilität zusammentraf.

Wiederholt konnten sich auch Elemente der Modelle von Massachusetts und Virginia durchsetzen. Beispielsweise gab es Exklusionen auf der Basis ideologischer Einstellungen, die mit einer verstärkten Zulassung von Flüchtlingen aus kommunistischen Regimen einhergingen und so im 20. Jahrhundert ein Gegenstück zu den religiösen Bekenntnissen aus Massachusetts darstellten. Der Import chinesischer Arbeiter zum Bau von Schienenwegen und für Hilfsarbeitertätigkeiten, auf den das Gesetz zur Zurückweisung von Chinesen von 1882 folgte („chinese exclusion act"), war vergleichbar mit der ursprünglichen Haltung Virginias, Einwanderer als verbrauchbare Arbeitskräfte zu sehen statt als Mitglieder der Gesellschaft. Auch das Bracero-Programm, durch das mexikanische Arbeiter zeitlich befristet zugelassen wurden, um einen kriegsbedingten Mangel an Arbeitskräften zu überbrücken, folgte diesem Muster.

In den letzten Jahren geht die US Politik zunehmend dazu über, legale Einwanderer vor allem über ihre soziale und rechtliche Stellung zu definieren und die zuvor überwundenen Modelle der Abweisung wieder aufzugreifen. Trotz dieser Rückschläge bleibe ich aber optimistisch, was die Zukunft der Einwanderung in die Vereinigten Staaten angeht. Die Aufnahmefähigkeit des Landes ist nach wie vor groß. Wie der Schlussabsatz dieses Kapitels erläutert, wirken die grundlegenden Elemente effektiver Integration noch immer. Und solange dies der Fall ist, wird das Pendel wieder in die Richtung des Modells aus Pennsylvania zur Einwandererintegration ausschlagen können.

2. Koalitionen für Inklusion und Exklusion in der Einwanderungspolitik

Um zu verstehen, inwiefern sich die Einwanderungspolitik in den letzten Jahren verändert hat, ist es wichtig, die politischen Debatten, die hinter den Maßnahmen stehen, zu begreifen. Die Reformpolitik im Bereich der Einwanderung ist heute – wie auch in der gesamten amerikanischen Geschichte – hochgradig komplex. Die Akteure, die im Bereich der Einwanderungspolitik Interessen haben, lassen sich in vier große Gruppen unterteilen, die jeweils unterschiedliche Allianzen bilden, wenn es spezifischen Interessen dienlich ist. Diese vier Gruppen können entlang von zwei Dimensionen charakterisiert werden: zum einen hinsichtlich ihrer Einstellung zur *Einwanderung;* zum anderen hinsichtlich ihrer Meinung über die *Rechte von Einwanderern*. In ihren Ansätzen können Spuren der Ur-Modelle aus Pennsylvania, Virginia und Massachusetts gefunden werden:

Fürsprecher: Die Mitglieder dieser Gruppe befürworten eine großzügige Einwanderung und die volle Inklusion der Einwanderer. Sie weiten das Modell aus Pennsylvania auf nicht-europäische Einwanderer aus und unterstützen die aktuelle US-Politik, die den Familiennachzug großzügig regelt und die Zulassung von sowohl hochqualifizierten als auch unqualifizierten Arbeitskräften liberal handhabt und darüber hinaus versucht, beachtliche Flüchtlingsströme aufzunehmen. Die Gruppe tritt zudem dafür ein, legalen Einwanderern volle Rechte und den Zugang zu allen öffentlichen Dienstleistungen und Unterstützungsleistungen zu gewähren. Sie vertritt darüber hinaus die Überzeugung, dass die Vereinigten Staaten Einwanderer in großer Zahl aufnehmen und die Einwanderer für ihre neue Gesellschaft von Nutzen sein können. Hierbei wird jedoch streng zwischen legaler und illegaler Einwanderung unterschieden, da man der Ansicht ist, dass letztere erstere untergräbt. Dennoch unterstützt diese Gruppe im allgemeinen Maßnahmen, die es illegalen Einwanderern erlauben, einen legalen Status zu erlangen, sofern die betroffenen Einwanderer ansonsten alle Aufnahmekriterien erfüllen. Die Gruppe spricht sich auch für die Beibehaltung angemessener Prozessrechte für Einwanderer in Abschiebungsverfahren aus.

Anhänger des freien Marktes: Die Mitglieder der zweiten Gruppe sprechen sich ebenfalls für eine großzügige Einwanderung aus, sind aber gleichzeitig für eine Beschränkung der Rechte von Einwanderern. Bei ihnen finden sich viele Elemente aus dem Modell Virginia: Sie laden die Einwanderer ein, nach Amerika zu kommen, aber die Neuankömmlinge dürfen kein soziales Sicherheitsnetz und kaum Mitgefühl erwarten für den Fall, dass sie nicht für sich selber sorgen können oder mit dem Gesetz in Konflikt geraten. Die Vertreter dieser Gruppe prägten 1996 während der Einwanderungsdebatten den Slogan: Einwanderung ja, Sozialleistungen nein. Die Anhänger einer solchen freien und marktgesteuerten Einwanderung befürworten eine zeitlich befristete Zulassung von Einwanderern als Arbeitskräfte, die man zurückschicken kann, wenn sie nicht mehr gebraucht werden oder der amerikanischen Wirtschaft nicht mehr nützlich sind. Diese Position findet sich in vielen Zeitungsredaktionen wie dem *Wall Street Journal,* in Expertenkommissionen wie dem Cato Institute und auch unter vielen Mitgliedern der republikanischen Führungsriege im Kongress. Ihrer Meinung nach sollten Unternehmen Menschen aus dem globalen Arbeitskräftebestand anwerben dürfen, um die besten Arbeitskräfte zu den geringsten Kosten zu bekommen. Sie sehen Einwanderung als einen Schlüsselbestandteil für ökonomisches Wachstum und neigen dazu, Bedenken der Arbeiterschaft, von Umweltschützern und anderen Gruppen über mögliche negative Folgen für die amerikanischen Arbeitnehmerschaft und die Gesellschaft insgesamt herunterzuspielen. Obwohl die Anhänger des freien Marktes illegale Migration nicht unterstützen, nähern sie sich immer mehr der Auffassung an, dass Unternehmen generell unbegrenzten Zugang zu ausländischen Arbeitskräften haben sollten, so dass der Begriff „illegale Migration" mehr und mehr seinen ursprünglichen Sinn verliert.

Begrenzungsbefürworter: Die Anhänger der dritten Gruppe propagieren sowohl eine zahlenmäßige Begrenzung legaler Einwanderung als auch eine Einschränkung des Zugangs der Einwanderer zu Rechten und sozialen Unterstützungsleistungen. Diese Gruppe neigt dazu, Einwanderung eher unter Problem- als unter Nutzenaspekten zu sehen. Sie befürworten strenge Maßnahmen im Kampf gegen illegale Einwanderung, darunter auch Einschränkungen der Prozessrechte. Dabei führen sie unterschiedliche Gründe an, Beschränkungen durchzusetzen. Einige machen sich Sorgen um den Arbeitsmarkt und die ökonomischen Folgen der Einwanderung, insbesondere hinsichtlich der Wirkung der legalen und illegalen Einwanderer auf die Teile der einheimischen Bevölkerung, die keine gute Ausbildung haben. Sie weisen auch auf die Kosten der Einwanderung hin. Andere unterstützen Einwanderungsbeschränkungen aufgrund demografischer Faktoren; für sie ist zentral, dass Einwanderung das Bevölkerungswachstum zu stark beschleunigt, was sich als schädlich für die Umwelt erweisen wird. Wieder andere, bei denen sich Elemente des Massachusetts-Modells wiederfinden, argumentieren, dass Einwanderung, vor allem von ethnischen und religiösen Minderheiten, die „weiße, angelsächsische, kulturelle Basis der Nation" bedrohe. Peter Brimelow z.B. hat diese Ansicht in seinem Buch *Alien Nation* vertreten. Eine abgeschwächten Abwandlung dieser Position fragt danach, ob die Vereinigten Staaten einen anhaltenden Strom von Einwanderern überhaupt integrieren können. Es wird in diesem Zusammenhang oftmals die Behauptung aufgestellt, frühere Einwanderer hätten sich nur deshalb so gut in die Gesellschaft einfügen können, weil es immer wieder Phasen mit deutlich geringerer Einwanderung gegeben habe, die eine Art Atempause bedeutet hätten.

Während einige oder sogar alle dieser Bedenken von der nachfolgend untersuchten „integrationsorientierten" Gruppe geteilt werden können, ist es eine Eigenheit der „Begrenzungsbefürworter", dass sie auch die Rechte derjenigen Einwanderer beschränken wollen, die sich bereits in den Vereinigten Staaten aufhalten.

Integrationsbefürworter: Die Mitglieder der vierten Gruppe glauben, dass der Prüfstein der amerikanischen Einwanderungspolitik nicht darin liegen sollte, wie hoch die Einwanderungszahlen irgend eines Jahres sind, sondern darin, wie die zugelassenen Einwanderer behandelt und welche Rechte ihnen gewährt werden. Sie befürworten für die legal zugelassenen Einwanderer die Vergabe aller Bürgerrechte und ziehen tendenziell dauerhafte Zulassungen, die die vollständige ökonomische, soziale und politische Integration ermöglichen, einer zeitlich begrenzten Aufenthaltserlaubnis vor. Die Gruppe erkennt an, dass Einwanderung sowohl Kosten verursacht als auch Nutzen bringt. Wenn sich abzeichnet, dass die Kosten vor allem die treffen, die sie am wenigsten tragen können (zum Beispiel bereits niedergelassene Arbeiter mit schlechtem Ausbildungsstand oder durch Einwanderung stark betroffene Gemeinden), erwägen die „Integrationsbefürworter" eine Reihe unterschiedlicher Lösungen, darunter eine Reduzierung der Einwanderungszahlen, Veränderungen der Zulassungskriterien, um die negativen Einflüsse besser zu verteilen, und/oder Hilfsprogramme, um Einwanderer und die einheimische Bevölkerung zu unterstützen. Die Gruppe lehnt illegale Einwanderung entschieden ab, weil diese die Rechtsstaatlichkeit ernsthaft verletze, legale Einwanderung untergrabe und einen besonders unfairen Wettbewerbs für schlecht ausgebildete Einwohner und Einwanderer schaffe.

Diese vier Gruppen bilden zur Durchsetzung bestimmter Position immer wieder neue Allianzen, die eine Reform der Einwanderungspolitik der Vereinigten Staaten zusätzlich erschweren. Die Allianzen entstehen über traditionelle Parteigrenzen hinweg, so dass es zu bestimmten Themen neue Parteienblöcke gibt. So schlossen sich z.B. während der Einwanderungsdebatten im Jahr 1996 konservativ-liberale Anhänger eines freien Marktes mit Einwanderungsanwälten und liberalen Menschen- und Bürgerrechtsgruppen zusammen (die eher dem linken Spektrum zuzuordnen sind), um Änderungsvorschläge abzulehnen, die die legalen Zulassungszahlen gesenkt und die Prioritäten zugunsten von Kernfamilien und hochqualifizierten Einwanderern verschoben hätten.[6] Eine ähnliche Koalition setzte später erfolgreich die Erweiterung der H-1B Visa-Kategorie zur Zulassung von Experten und Spezialisten durch und verlängerte für Einwanderer, die sich unbefugt im Staatsgebiet der USA aufhielten, die Frist, eine dauerhafte Aufenthaltsberechtigung zu bekommen, sofern sie ansonsten die Zulassungskriterien erfüllten. Zudem führten sie Regelungsmechanismen für die Legalisierung von Menschen aus Nicaragua, El Salvador, Guatemala und Haiti ein.

Gleichzeitig schlossen sich einzelne Mitglieder dieser Koalition (z.B. die Befürworter eines freien Marktes und Konservativ-Liberale) mit Beschränkungsbefürwortern zusammen, um den Zugang zu öffentlichen Leistungen für legale Einwanderer zu begrenzen, sehr zum Ärger der in ethnischer, religiöser und allgemein sozialer Hinsicht liberalen Mitglieder der Ursprungskoalition. Sie setzten sich auch erfolgreich für die Erhöhung der Einkommensgrenzen ein, durch die ein Familienoberhaupt nachweisen muss, dass seine neu ankommenden Verwandten dem Sozialsystem nicht zur Last fallen werden. Zudem lockerte die selbe Koalition die Regelungen zur Abschiebung legaler Einwanderer, die straffällig geworden sind, und zwar unabhängig davon, wann die Einwanderer in die Vereinigten Staaten gekommen sind oder wie lange die Straftat zurückliegt. Die neuen Regeln reduzierten zudem die Prozessrechte legaler Einwanderer, vor allem indem sie die Berufungsmöglichkeiten vor Gericht und den Ermessensspielraum der Verwaltung, auf die Ausweisung zu verzichten, beschnitten. Auch wenn die rückwirkende Anwendung einiger neuer Wohlfahrtskürzungen 1997 zurückgenommen wurde, be-

---

6 James G. Gimpel und James R. Edwards, Jr., The Congressional Politics of Immigration Reform, Boston 1999.

treffen die Veränderungen des Jahres 1996 immer noch alle Einwanderer, die nach dem 22. August 1996 einreisten.

Im Endeffekt liefen die gesetzgeberischen Auseinandersetzungen der Jahre 1996 bis 1998 auf eine Erhöhung der potenziellen Zahlen legaler Einwanderer hinaus, erhöhten aber gleichzeitig die finanziellen Hürden für die tatsächliche Zulassung und höhlten die sozialen und gesetzlichen Rechte der noch nicht eingebürgerten Einwanderer aus. Diese politischen Maßnahmen bildeten dann den Hintergrund für die Antwort der Vereinigten Staaten auf die terroristischen Attacken des Jahres 2001 und führten zu weiteren Beschränkungen der Rechte von Nicht-Bürgern (und sogar von einigen Bürgern). Die folgenden Abschnitte beschreiben diese politischen Maßnahmen detaillierter.

3. Zulassung von Einwanderern

Die Vereinigten Staaten erleben gerade eine der größten und lang anhaltendsten Einwanderungswellen ihrer Geschichte. Es gibt grundsätzlich drei Wege, um die Vereinigten Staaten einzuwandern und dort zu arbeiten: 1. Die Erteilung einer Aufenthaltserlaubnis (für Einwanderer), 2. die zeitlich begrenzte Zulassung als ausländischer Student oder Arbeiter (sog. Nicht-Einwanderer = NON-Immigrant) und 3. unberechtigte Einwanderung. Im Haushaltsjahr 2001 wurden über eine Million legaler Einwanderer zugelassen. Schon zu Beginn des vorigen Jahrhunderts hatten die USA ähnlich hohe Einwanderungszahlen. Der Höchstwert wurde 1907 mit einem Bruttowert von fast 1,3 Millionen Einwanderern erreicht, wobei die geschätzte Rückkehrrate bei 30 Prozent lag.

Insgesamt liegt der Bestand an im Ausland geborenen Einwohnern in den Vereinigten Staaten bei über 30 Millionen. Hiervon sind mehr als 30 Prozent eingebürgert. Den Rest bilden den Schätzwerten von Jeffrey Passel zufolge ungefähr 12 Millionen legale Einwanderer (diejenigen eingerechnet, die in den achtziger Jahren Amnestie erhielten), 5 Millionen Ausländer ohne Berechtigung und mindestens eine Million Nicht-Einwanderer. Die absoluten Zahlen der Menschen mit ausländischer Nationalität befinden sich auf Rekordniveau, wenngleich der Anteil der ausländischen Bevölkerung mit etwa 11 Prozent unter seinem früheren Höhepunkt von fast 15 Prozent am Ende des 19. Jahrhunderts liegt.

In den letzten Jahren haben befristete Arbeitsprogramme beachtliches politisches Interesse auf sich gezogen, so dass das ursprüngliche Modell der Arbeitsmigration aus Virginia wieder aufzuleben scheint. Der Trend geht hier weiter in Richtung Expansion. So hat der Kongress in den Jahren 1998 und 2000 Gesetze verabschiedet, um die Zahl der Fachleute und Spezialisten im H1-B Visaprogramm zu erhöhen. Damit reagierte der Kongress auf die Wünsche der Industrie, die einen Mangel an Experten im Bereich der Informationstechnologien beklagte. Die Erhöhungen der Zahlen infolge dieser Gesetze blieben jedoch zeitlich begrenzt, und es ist wahrscheinlich, dass sie wieder auf ihre Ursprungswerte zurückfallen, wenn die amerikanische Wirtschaft weiterhin nicht so stark wächst, insbesondere im Bereich der Informationstechnologien.

Das beste Beispiel für die Rückkehr zum Modell der Arbeitsmigration aus Virginia stellt aber die stillschweigende Akzeptanz des hohen Niveaus illegaler Einwanderung dar, solange die Neuankömmlinge nur gewinnbringend beschäftigt werden. Als die Wirtschaft in den späten neunziger Jahren florierte, gaben INS-Funktionäre an, dass sie in Betrieben keine Razzien durchführen würden. Zum Teil zeigt sich in diesem Einstellungswandel eine gewisse Frustration darüber, dass sich Sanktionen gegen Arbeitgeber im Großen und Ganzen als ungeeignet erwiesen haben. Daneben spielt eine Rolle, dass die aggressive Durchsetzung der Gesetze in den Betrieben zu Protesten einflussreicher Wählergruppen geführt hat, als die Arbeitslosenrate auf dem niedrigsten Niveau seit Jahrzehnten war. Als der INS z.B. mitten in der Erntezeit einige Razzien auf Vidalia-Zwiebelfarmen durchführte und anschließend öffentlich bekannt gab, führte dies sogar bei Kongressabgeordneten, die sonst für eine strenge Kontrolle illegaler Einwanderung waren, zu Protesten. Obwohl der INS immer wieder betont, dass die Verringerung seiner Aktivitäten bei Betriebsrazzien keinen Freifahrtschein für Arbeitgeber bedeutet, illegale Einwanderer anzuwerben, kommt vor allem die Botschaft an, dass der INS diesen Bereich kaum noch überwacht.

Überraschender Weise ist auch die AFL-CIO-Gewerkschaftsföderation von ihrer traditionellen Linie, harte Maßnahmen gegen illegale Einwanderung zu ergreifen, abgewichen und hat das Ende der Bestrafung von Arbeitgebern ebenso wie ein Amnestieprogramm für die Einwanderer, die bereits in den Vereinigten Staaten sind, befürwortet. Der augenscheinliche Grund für diesen Politikwandel war, dass die Sanktionen gegen die Arbeitgeber zur Reduzierung illegaler Beschäftigung wirkungslos geblieben und ausländische Arbeiter gleichzeitig diskriminiert worden waren. Man nimmt weiterhin an, dass die Partialinteressen von Gewerkschaften in Industriezweigen, die stark von illegalen Arbeitskräften abhängen, den Politikwechsel herbeigeführt haben.

Nach dem 11. September rückte statt der Zahl der Zulassungen von Einwanderern die weitere Verfolgung ihres Aufenthaltes in den Vereinigten Staaten ins Zentrum der Aufmerksamkeit. Alle Flugzeugentführer der Terroranschläge waren zeitlich begrenzt als Besucher oder Studenten in die USA gekommen; einige hatten die Dauer ihres Visums überschritten, andere hatten stets einen legalen Status gehabt. Zwei Probleme wurden hierbei deutlich. Zum einen hatten die Einwanderungsbehörden nicht genügend Zugriff auf Geheimdienstinformationen über Personen, die in Verbindung mit dem Terrorismus standen, so dass diese Personen ein Visum bekommen konnten. Zum anderen war es sogar mit einer guten Informationsbasis schwierig, wenn nicht sogar unmöglich, verdächtige Personen aufzuspüren, die sich bereits in den USA aufhielten. Seit dem 11. September hat sich die Regierung daher darum bemüht, bei der Ausgabe von Visa und bei der

Kontrolle von Ausländern in Häfen und Flughäfen verstärkt auf Geheimdienstinformationen zurückzugreifen. Auch gab es Bemühungen, verschiedene Überwachungssysteme zu entwickeln, mit denen der Zutritt bzw. das Verlassen des Staatsgebiets sowie der Aufenthaltsort von Nicht-Einwanderern in den USA verfolgt werden kann. Das kontroverseste dieser Systeme ist das National Security Entry-Exit Registration System (NSEER), das für alle männlichen Nicht-Einwanderer angewendet wird, die 16 Jahre oder älter sind und aus einem der 25 als gefährlich eingestuften, überwiegend arabischen oder muslimischen Staaten kommen. In diesem System müssen sich neu ankommende Ausländer bei ihrer Ankunft und auch Einwanderer, die bereits in den Vereinigten Staaten sind, von einer Einwanderungsbehörde registrieren lassen. Die registrierten Einwanderer müssen sich jährlich zurückmelden, hinzu kommen persönliche Gespräche mit Behördenbeamten. Außerdem müssen Adressänderungen sowie ein Wechsel der beruflichen Anstellung oder Ausbildungseinrichtung fristgerecht gemeldet werden. Diese Gruppe von Ausländern darf die Vereinigten Staaten auch nur an ausgewiesenen Stellen verlassen. Am Tag ihrer Ausreise müssen sie persönlich bei einem Mitarbeiter der Einwanderungsbehörde vorsprechen.

Diese spezielle Registrierung und die gesonderten Gespräche, die mit Ausländern aus jenen 25 Staaten in den Wochen nach dem 11. September geführt worden sind, wurden als ethnische und religiöse Profilbildung kritisiert. Eine solche Profilbildung ist nicht an sich problematisch, sofern sie der Identifizierung potenzieller Terroristen dient, mit anderen Instrumenten der Strafverfolgung kombiniert wird und auf soliden Informationen basiert, die viele unterschiedliche Indikatoren berücksichtigen. Wenn Profilbildung jedoch auf groben Charakteristika – wie Rasse, Volkszugehörigkeit und Religion – fußt, kann sie für die Strafverfolgung[7] kontraproduktiv sein und unschuldige Personen unnötig belasten.

4. Die Rechte von Einwanderern

Die Gesetze aus dem Jahr 1996 bedeuten eine Schmälerung der Rechte von Einwanderern, die darauf hinweist, dass die gegenwärtige Politik mit dem ursprünglichen Prinzip, Einwanderer als gleichberechtigte Mitglieder der Gesellschaft anzusehen, in Konflikt geraten ist. Zwei Gesetze sind hierbei besonders strittig: das Antiterrorismus- und Todesstrafengesetz einerseits sowie die Reform illegaler Einwanderung und das Einwanderungsverantwortungsgesetz andererseits. Obwohl die meisten Abschnitte der beiden Gesetze sich mit der Kontrolle irregulärer Einwanderer befassen, haben beide auch bedeutsame Veränderungen hinsichtlich der Rech-

---

7 Die erstellten Profile basieren tendenziell auf der zuletzt wahrgenommenen Bedrohung statt auf der Analyse zukünftiger Bedrohungen. Ein Beispiel: Als die US-Regierung gerade damit begann, 5.000 junge Männer aus arabischen und muslimischen Ländern zu verhören, begingen zur gleichen Zeit zwei palästinensische Frauen Attentate.

te legaler Einwanderer mit sich gebracht. Besonders zu beachten ist dabei die Beschneidung der Prozessrechte bei den Anhörungen in Abschiebungsverfahren, unabhängig davon, ob die Betroffenen legal oder illegal eingewandert sind. Nach dem 11. September kam es zu weiteren Einschränkungen der Rechte von Einwanderern, insbesondere durch das „USA-Patrioten-Gesetz".

Die grundlegendsten Veränderungen betreffen Personen, die in der amerikanischen Einwanderungsgesetzgebung als Schwerverbrecher definiert werden. Sicherlich ging auch das Gründungsideal nicht davon aus, dass Einwanderer, die schwere Straftaten begehen, mit offenen Armen aufgenommen würden. Die Aussage Washingtons, die in der Einleitung zitiert wurde, heißt nur die willkommen, die „nach Anstand und Schicklichkeit ihres Verhaltens den Anschein machen, diesen Genuss zu verdienen". Und dennoch gibt es zahlreiche Belege dafür, dass sogar Kriminelle in Amerika eine zweite Chance bekommen; dies geht nicht zuletzt auf den Stolz der frühesten Gründer der USA zurück, von denen viele aus englischen Gefängnissen entlassen worden waren.

Vielleicht ist die Haltung gegenüber denen, die vom rechten Weg abgekommen sind, der beste Maßstab für die Bereitschaft einer Gesellschaft, Neuankömmlingen die volle Mitgliedschaft zu ermöglichen. Es ist vergleichsweise einfach, gegenüber denjenigen großzügig zu sein, die alle Spielregeln beachten; dagegen ist es weitaus schwieriger, diejenigen herzlich aufzunehmen, die die Regeln verletzen. Es war immer schwierig, einen Einwanderer wegen krimineller Aktivitäten abzuschieben, obwohl es – vielfach berechtigte – Sorgen über die Kriminalitätsrate in Einwandererviertlen gab. Während der neunziger Jahre jedoch wurden die Gesetze mehrfach geändert, um derartige Abschiebungen zu erleichtern. So gab es im Einwanderungsgesetz von 1990 verschiedene Bestimmungen, die die Ausweisung von „Schwerverbrechern" erleichterten, worunter vor allem solche Personen verstanden wurden, die einen Mord oder Raub begangen hatten. Die Justiz konnte allerdings von der Abschiebung absehen, wenn sie eine unangemessene Härte bedeutet hätte. Verschiedene Faktoren sollten hierbei berücksichtigt werden, darunter die Schwere des Verbrechens, der Zeitpunkt der Tat, in welchem Alter der Einwanderer in die USA gekommen war, ob sein nachfolgendes Verhalten eine Besserung andeutete und ob der Einwanderer in den USA Familienangehörige hatte.

Durch die Gesetzesänderungen aus dem Jahr 1996 ist das Ausweisungsrisiko für Einwanderer, die straffällig geworden sind, weiter gestiegen. Vor allem wurde die Definition von Schwerverbrechern erweitert, so dass sie nun auch bei weit weniger schwerwiegenden Verbrechen greift. Nahezu jedes Delikt, das potenziell, nicht notwendigerweise tatsächlich, zu einer Verurteilung für ein Jahr oder mehr führen könnte, kann nun Grund für die Abschiebung eines Ausländers sein. Diese neue Regelung gilt rückwirkend, so dass jetzt auch Straftaten, die vor vielen Jahren begangen wurden, als Begründung für eine Abschiebung herangezogen werden können, selbst wenn nachgewiesen ist, dass auf die Tat keine weiteren Vergehen folgten. Die sogenannte „ein Schlag und du bist draußen"-Politik betrifft auch diejenigen, die als kleine Kinder in die Vereinigten Staaten gekommen sind und ihr kriminelles Verhalten wahrscheinlich erst dort gelernt haben. Der Ermessensspielraum der Justiz bei der Anordnung einer Abschiebung wurde abgeschafft. Darüber hinaus wurde das Berufungsrecht vor Gericht beschnitten. Bis zur Abschiebung müssen die Betroffenen inhaftiert werden. Wenn die Regierung bestimmte nationale Sicherheitsinteressen geltend machte, können die Beweise, auf deren Grundlage die Entscheidung für die Abschiebung getroffen worden ist, dem Einwanderer vorenthalten werden.

Bei der Formulierung der Maßnahmen gegen „Schwerverbrecher" aus dem Jahr 1996 war Senator Spencer Abraham federführend, der auch eine Reihe von Gesetzen förderte, die die legale Einwanderung ausweiteten und zur Zulassung von zeitlich befristeten Arbeitskräften führten. Wie bei der Wohlfahrtsdebatte, auf die weiter unten eingegangen wird, sorgten die neuen Abschiebungsregeln dafür, dass auch legale Einwanderer überwacht wurden. Einwanderer wurden infolgedessen keine gleichberechtigten Gesellschaftsmitglieder, sondern durften nur bleiben, solange sie keine Gesetze verletzten.

Die Anti-Terror-Maßnahmen der Gesetzgebung aus dem Jahr 1996 hatten zusammen mit dem USA-Patrioten-Gesetz auch Auswirkungen auf legale Einwanderer, Nicht-Einwanderer und illegale Einwanderer. Die Regelungen betreffen nicht nur diejenigen, die Terrorakte begehen, sondern auch all diejenigen, die sich einer Vereinigung anschließen oder eine Vereinigung unterstützen, die als terroristische Organisation eingestuft werden könnte. Die vielleicht umstrittenste Regel in diesem Zusammenhang erlaubt die Abschiebung jedes Ausländers, der Mitglied einer ausländischen Vereinigung ist, die vom Außenminister als terroristisch bezeichnet worden ist, sofern der Ausländer hätte wissen sollen, dass es sich um eine terroristische Vereinigung handelt. Das USA-Patrioten-Gesetz, das nach dem 11. September verabschiedet worden ist, weitete die Definition von terroristischen Aktivitäten aus, so dass dadurch nun beispielsweise auch Personen erfasst werden, die „in irgend einem Land eine bedeutende Position genutzt haben, um terroristische Aktivitäten zu befürworten oder zu fördern oder andere dazu zu bringen, terroristische Aktivitäten oder eine terroristische Vereinigung zu unterstützen, und zwar in einer Form, die nach Ansicht des Außenministers den Bemühungen der Vereinigten Staaten zuwiderläuft, den Terrorismus zu bekämpfen bzw. auszuschalten".

Das Einwanderungsgesetz sieht auch spezielle Abschiebeverfahren in den Fällen vor, in denen Geheimdienst-Informationen notwendig sind, um nachzuweisen, dass ein Ausländer ein Terrorist ist. Durch das Gesetz wird ein spezielles Abschiebegericht geschaffen, das sich aus fünf Richtern auf District-Ebene, die vom Vorsitzenden des Supreme Court ernannt werden, und aus einer Gruppe von Spezial-Anwälten zusammensetzt, die für den Zugang zu vertraulichem Material autorisiert sind. Der Angeklagte und sein Anwalt bzw. seine Anwältin haben kein Recht, die vertraulichen Informationen einzusehen; die Spezial-Anwälte des Gerichts sollen dem Angeklagten aber helfen, indem sie die Materialien prüfen und, falls erforderlich, den Wahrheitsgehalt der Informationen in Frage stellen. Dabei dürfen die Spezial-Anwälte aber dem Angeklagten und seinem Anwalt die Informationen nicht offenbaren. Der Angeklagte darf nicht einmal eine Zusammenfassung der vertraulichen Informationen einsehen, falls eine solche existiert.

5. Soziale Rechte von Einwanderern

Einige der tiefgreifendsten Veränderungen der Einwanderungspolitik gehen auf die Reform der Wohlfahrtsgesetzgebung aus dem Jahr 1996 zurück. Das „Personal Responsibility and Work Opportunity Reconciliation Act" (Wohlfahrtsreformgesetz) reduzierte zusammen mit dem Einwanderungsgesetz aus dem Jahr 1996 den Zugang legaler Einwanderer zu öffentlichen Leistungen für Bürger wesentlich. Ein Teil dieser Gesetze wurde seither schon wieder zurückgenommen, aber die Aufhebungen betreffen nur die rückwirkende Anwendung der neuen Standards auf Einwanderer, die sich schon in den USA befanden, als das Gesetz verabschiedet wurde. Für legale Einwanderer, die jetzt und zukünftig in den Vereinigten Staaten eintreffen, hat sich nichts geändert.

Bis 1996 gab es kein Programm öffentlicher Unterstützungsleistungen, das Einwanderern, die einen permanenten Wohnsitz in den USA hatten, Ansprüche allein aufgrund der Tatsache verweigerte, dass sie keine amerikanischen Staatsbürger waren. Die im Laufe der siebziger und achtziger Jahre gefällten Gerichtsurteile, die dem Kongress (nicht aber den Einzelstaaten) erlaubten, Unterschiede zwischen unterschiedlichen Einwandererstatus und zwischen Staatsbürger und Nichtstaatsbürgern zu machen, ebneten den Veränderungen des Jahres 1996 aber bereits den Weg. Das Oberste Gericht der USA vertrat die Auffassung, dass Unterschiede zwischen Staatsbürgern und Nicht-Staatsbürgern nicht gänzlich unbegründet seien und der Kongress sie daher in Gesetzesform bringen dürfe. Infolgedessen wurden in mehreren Gesetzen und Verordnungen Unterschiede zwischen Einwanderern, die dauerhaft und legal in den Staaten leben, einerseits und undokumentierten Einwanderern andererseits festgeschrieben. Der erstgenannten Gruppe wurde ein Anspruch auf Unterstützungsleistungen zuerkannt, während letztere von diesen Programmen grundsätzlich ausgeschlossen wurde.

Zu Beginn der achtziger Jahre wurden, nicht zuletzt aus Kostengründen, verschiedene Gesetzesänderungen verabschiedet, die den Zugang der Einwanderer zu den einzelnen Sozialprogrammen beschränkten, ihre Anspruchsberechtigung jedoch nicht völlig ausschlossen. Um die Ansprüche in drei Programmen, nämlich hinsichtlich der Hilfe für Familien mit Kindern „Aid to Families with Dependent Children (AFDC)", der Einkommenszuschüsse für Ältere und Behinderte „Supplementary Security Income (SSI)" und der Austeilung von Essensmarken, zu bestimmen, wurde das Einkommen der Bürgen während der ersten drei bis fünf Jahre nach der Ankunft in den USA zu Grunde gelegt. Bei diesen Beurteilungsmaßnahmen wird davon ausgegangen, dass das Einkommen und die Ressourcen des Bürgen dem betreffenden Einwanderer zu dem Zeitpunkt zur Verfügung stehen, zu dem er den Antrag auf öffentliche Unterstützungsleistungen stellt. In einer solchen Vorgehensweise wurden mehrere Vorteile gesehen: Sie forcierte zum einen das Verantwortungsbewusstsein der Bürgen für ihre Familienmitglieder, die in die USA einreisten, sie öffnete zum anderen aber den Zugang zu öffentlichen Programmen für den Fall, dass sich die finanzielle Lage des Bürgen verschlechterte, nachdem der Angehörige bereits in den USA eingetroffen war. Weil schließlich die Beurteilungsmaßnahmen zeitlich befristet waren, wurden aus den Einwanderern nicht dauerhaft Bürger zweiter Klasse, die zwar Steuern bezahlten, aber keinen Zugang zu Leistungen erhielten.

Vorüberlegungen für eine weitreichende Wohlfahrtsreform, die auch die Ansprüche von Einwanderern beschränken sollte, setzten im Kongress bereits 1994 ein. Der Anstoß für eine Verringerung der Ansprüche im Rahmen öffentlicher Unterstützungsprogramme resultierte aus einer Vielzahl verschiedenartiger Probleme. Haushaltsnöte waren wahrscheinlich der wichtigste Anlass für die Diskussion über die anstehenden Kürzungen. In einer Zeit, in der Gelder für neue Programme sowohl auf Bundesebene als auf Ebene der Einzelstaaten durch Einschnitte in bestehende Programme eingespart werden mussten, wurde im Ausschluss von Einwanderern eine mögliche Einnahmequelle gesehen. Auch der Eindruck, dass die Verantwortung der Bürgen für die Neueinwanderer zurückging, gab Anlass zur Sorge. In einigen Sozialleistungsprogrammen des Bundes war der Anteil der Fälle, an denen Ausländer beteiligt waren, in den achtziger Jahren drastisch angestiegen. Besonders betroffen war das SSI-Programm. Ein großer Anteil der Einwanderer stellte einen Antrag für das Programm untermittelbar nach Beendigung der Phase, in der das Einkommen des Bürgen zur Beurteilung ihrer Anspruchsberechtigung herangezogen wurde. Dies war nicht wirklich ungesetzlich, viele Kongressabgeordnete sahen hierin aber einen Verstoß gegen die Grundidee des Einwanderungsgesetzes.

Unter den Befürwortern der neuen Restriktionen im Wohlfahrtsbereich fanden sich auch viele, die ansonsten hohe Einwanderungszahlen befürworteten. Senator Spencer Abraham, der erfolgreich gegen Beschränkungen der Zahl der zugelassenen Ausländer kämpfte, war ein überzeugter Fürsprecher der Veränderungen im Bereich der Wohlfahrt und brachte seine Haltung auf den Punkt „Einwanderung ja, Sozialleistungen nein". Rick Santorum, einer der Senatoren, die für die Organisation der Debatten im Senat verantwortlich waren, widersprach Vorschlägen zur Beibehaltung der Anspruchsberechtigung von Einwanderern, die sich bereits im Land befanden, mit den folgenden Worten:

Ich bin für Einwanderung. Ich bin der Sohn eines Einwanderers. Ich bin keiner von denen, die sagen 'Ich bin drin. Okay. Jetzt könnt ihr die Tür zumachen.' Ich glaube, dass Einwanderung für die Zukunft dieses Landes von Bedeutung ist [...] Wenn wir [den Missbrauch der Sozialprogramme] beseitigen, verbessern wir meiner Ansicht nach das öffentliche Bild von der Einwanderung, und es gibt weniger Druck, die Zahlen zu begrenzen und andere Maßnahmen zu ergreifen, die meines Erachtens im Bereich der Einwanderung großen Schaden anrichten können, und ich denke, wir könnten den Steuerzahlern durch diese Vorgehensweise eine schöne Stange Geld sparen.[8]

Den Gegenpol zu dieser Stimmung bildeten Argumente, die in der Verbindung von sozialen Ansprüchen und Staatsbürgerschaft, besonders im Bereich der sozialen Sicherungsnetze, eine Herabsetzung der Staatsbürgerschaft sahen, die entgegen der amerikanischen Tradition stehe, Einwanderer in die Gesellschaft ein- statt von ihr auszuschließen. Bereits im August 1994 äußerte Barbara Jordan, die Vorsitzende der US Kommission zur Einwanderungsreform, vor dem Finanzausschuss des Repräsentantenhauses diese Bedenken:

Ich glaube fest daran, dass die Staatsbürgerschaft in diesem Land etwas ist, das in Ehren gehalten und geschützt werden muss. Ich möchte, dass alle Einwanderer Staatsbürger werden. Ich möchte, dass sie die Staatsbürgerschaft anstreben, weil sie der Schlüssel zur vollen Partizipation in unserem politischen Gemeinwesen ist – um die amerikanische Demokratie aus erster Hand kennen zu lernen und zu verstehen. Ich möchte, dass unnötige Hürden vor der Einbürgerung – und davon gibt es viele – beseitigt werden. *Ich möchte aber nicht, dass Einwanderer die Staatsbürgerschaft nur anstreben, weil es der einzige Weg in die sozialen Sicherungssysteme ist. Für mich wäre das eine Entwürdigung unserer Auffassungen von Staatsbürgerlichkeit.* (Hervorhebung eingefügt).[9]

Der Ausschuss betonte auch, dass eine verantwortungsvolle Einwanderungspolitik wechselseitige Verpflichtungen beinhalte, die durch die Veränderungen in der sozialen Sicherung untergraben würden:

Einwanderer müssen die Verpflichtungen akzeptieren, die wir ihnen auferlegen – die Gesetze einzuhalten, Steuern zu zahlen, andere Kulturen und ethnische Gruppen zu respektieren. Gleichzeitig übernehmen die Bürger die Verpflichtung, ein Umfeld zu schaffen, in dem Neuankömmlinge vollständig partizipierende Mitglieder unserer Gesellschaft werden können.[10]

Die Reformgegner führten ferner aus, dass auch Einwanderer Steuerzahler seien und mit ihrer Arbeit der amerikanischen Wirtschaft jedes Jahr Milliarden von Dollars einbrächten. Daher sollten sie dieselben Ansprüche an die soziale Sicherung haben wie andere Amerikaner.

Der Kongress ignorierte diese Argumente jedoch größtenteils, so dass die Wohlfahrtsreformen des Jahres 1996 die Ansprüche legaler Einwanderer auf öffentliche Leistungen beträchtlich reduzierten. Im Detail versagte das Wohlfahrtsgesetz legalen Einwanderern Ansprüche aus dem SSI-Programm und auf Essensmarken,

---

8 Congressional Record. Proceedings and Debates of the 104th Congress, Second Session, Washington, DC 1996: Government Printing Office, July 18, S. 8146.
9 U.S. Commission (1997a).
10 U.S. Commission on Immigration Reform, Becoming An American, Washington, DC 1997.

solange sie nicht die amerikanische Staatsbürgerschaft erreicht oder 40 Vierteljahre in den USA gearbeitet hatten. Auch schloss das Gesetz legale Einwanderer in den ersten fünf Jahren ihres Aufenthalts von anderen einkommensabhängigen Leistungen aus. Anders als das SSI-Programm und die Essensmarken betreffen viele dieser anderen Programme Gelder sowohl auf einzelstaatlicher als auch auf Bundesebene.

Weiter gibt das Gesetz den Einzelstaaten das Recht zu entscheiden, ob legale Einwanderer (mit Ausnahme der oben genannten Gruppen) zeitlich befristete Unterstützungsleistungen für bedürftige Familien (Aid to Families with Dependent Children), bestimmte soziale Dienstleistungen und Gesundheitsleistungen erhalten können oder nicht. Bis 1996 war dieses Recht allein der Bundesregierung vorbehalten. Das Gesetz aus dem Jahr 1996 gesteht den Staaten einen weiten Ermessensspielraum dabei zu, den Zugang von Migranten zu den eigenen Sozialleistungsprogrammen zu beschränken. Es liegt in der Macht der Staaten, im Bereich ihrer eigenen Programme den Zugang für legale Einwanderer und Nicht-Einwanderer zu beschneiden oder das Einkommen und Vermögen eines Bürgen zu berücksichtigen.

Welche Folgen die Reformen im Wohlfahrtsbereich für die Einwanderer genau haben werden, ist noch nicht abzusehen. In der Vergangenheit erlaubten Haushaltsüberschüsse infolge einer florierenden US-Wirtschaft immer wieder Veränderungen in den Bundesgesetzen und eine großzügige Handhabung der Gesetze in den einzelnen Bundesstaaten, wodurch die Folgen für den betroffenen Einwanderer abgefedert wurden. Es bleibt aber eine offene Frage, inwiefern die Staaten in der Lage sein werden, die Unterstützungsleistungen, die von der Bundesregierung nicht abgedeckt werden, auch im Fall einer Rezession fortzusetzen. Zumindest der Bundesstaat Colorado hat bereits ein Gesetz eingeführt, das den Zugang legaler Einwanderer zu medizinischen Hilfeleistungen verringert, um damit dem drohenden Haushaltsdefizit im Jahr 2003 entgegen zu wirken.

Die Folgen dieser Gesetze für das Einwanderungsverständnis im allgemeinen sind meines Erachtens jedoch gravierend. In einer Zeit, in der die Vereinigten Staaten Rekordzahlen von Einwanderern einreisen lassen, ein beträchtlicher Anteil von ihnen jedoch in Armut leben und arbeiten muss, bedeutet die Kürzung der Ansprüche auf Sozialleistungen, dass Einwanderer zwar als Arbeitskräfte willkommen sind, jedoch nicht als vollwertige Mitglieder der Gesellschaft. Als ein weiteres Zeichen der Rückkehr zum Einwanderungsmodell aus Virginia besagen die Wohlfahrtsreformen des Jahres 1996 letztendlich, dass alle Verpflichtungen einseitig sind: Die Einwanderer müssen weiterhin Steuern zahlen, zum wirtschaftlichen Leben beitragen, den Gesetzen gehorchen und auf andere Arten ihren Beitrag leisten, aber die Masse der Gesellschaft hat umgekehrt keinerlei Verpflichtungen ihnen gegenüber.

6. Fazit

Aus diesem Überblick über die Maßnahmen der Legislative und der Verwaltung im Laufe des letzten Jahrzehnts ergeben sich viele Fragen im Hinblick auf die zukünftige Richtung der amerikanischen Einwanderungspolitik. Obwohl die Vereinigten Staaten nach wie vor ein Land sind, das Einwanderung wertschätzt, ist es fraglich geworden, ob es seinen Einwanderern auch ausreichend Schutz bietet. Vielleicht ist das Modell aus Pennsylvania in der Geschichte niemals so sehr unter Druck geraten wie jetzt. Denn die Ansätze, die Mitgliedschaft der Einwanderer in der Gesellschaft zu beschränken, gehen nun auch von denjenigen aus, die Einwanderung im großen Stil unterstützen, und nicht nur von Einwanderungsgegnern.

Natürlich gibt es auch Zeichen, die dieser pessimistischen Sichtweise widersprechen (oder zumindest den Anhängern des Pennsylvania-Modells Hoffnung geben). Da Einwanderer sich einbürgern lassen, gewinnen sie in vielen bevölkerungsreichen Staaten politischen Einfluss. Diese politische Macht hat zusammen mit der wachsenden Wirtschaft der neunziger Jahre dafür gesorgt, dass viele der tiefgreifendsten Einschnitte in die Rechte von Einwanderern hinsichtlich ihres Zugangs zu öffentlichen Programmen zurückgenommen wurden.

Letztendlich wird die Zukunft des Einwanderungsmodells aus Pennsylvania auch davon abhängen, inwieweit sich die neuen Einwanderer trotz aller Beschränkungen ihrer Rechte in den Vereinigten Staaten integrieren werden. In dieser Hinsicht gibt es viele positive Hinweise, denn die Integration wird durch ein breites Spektrum von Faktoren erleichtert, die weiter reichen als die legislativen Veränderungen des letzten Jahrzehnts. Anders als andere große Einwanderungsländer wie Kanada oder Australien haben die Vereinigten Staaten keine ausdrückliche Integrationspolitik für Einwanderer oder Programme, die von der Regierung unterstützt würden. Vielmehr spielt sich die Integration weitgehend im privaten Sektor ab. Nahezu alle Einwanderer werden durch Familienmitglieder oder Arbeitgeber unterstützt, die damit die Hauptverantwortung dafür übernehmen, dass die Anpassung an das Leben in dem neuen Land gelingt.[11] Ihr Einsatz wird durch einen flexiblen Arbeitsmarkt erleichtert, der es Einwanderern relativ leicht macht, eine Beschäftigung zu finden. Obwohl viele Jobs schlecht bezahlt sind, ist es den Einwanderern gleichwohl möglich, beruflich aufzusteigen oder ihr eigenes Unternehmen zu gründen. Für höher qualifizierte Einwanderer kann es besonders attraktive Vergütungen geben. Angesichts der hohen Beschäftigungsquote werden

---

11 Die Ausnahme bestätigt die Regel. Die einzigen größeren Gruppen ohne diese Form der Unterstützung sind umgesiedelte Flüchtlinge und Menschen, die in den USA Asyl erhalten haben. Die Bundesregierung bezuschusst private Einrichtungen sowie einzelstaatliche und kommunale Regierungen, damit sie diese Menschen in die örtliche Gemeinschaft aufnehmen und ihnen Sprachunterricht und Beratung und Hilfe bei der Arbeitssuche anbieten. Für andere Einwanderergruppen gibt es keine ähnlichen Hilfen des Bundes.

die Einwanderer zudem als hart arbeitende Menschen wahrgenommen, die zum ökonomischen Wohl der Nation beitragen – ein Ruf, der den Integrationsprozess ebenfalls erleichtert.

Obwohl die Bundesregierung Integrationsprogramme für Einwanderer in der Regel nicht direkt unterstützt, wird Integration über die allgemeine Gesetzgebung gefördert. Am wichtigsten ist in diesem Zusammenhang das amerikanische Staatsangehörigkeitsrecht, das die amerikanische Staatsangehörigkeit durch Geburt auf dem Territorium vergibt. So ist die Existenz als Ausländer per definitionem auf eine Generation beschränkt. Dies gilt auch für die Kinder illegaler Einwanderer. Ebenfalls wichtig sind die Regeln, die sowohl Staatsbürger als auch Einwanderer vor Diskriminierung aufgrund ihrer Rasse, Religion, Nationalität und in manchen Fällen auch ihrer Staatsbürgerschaft schützen. Darüber hinaus gibt es sogar Gesetze, die Personen vor „ungerechten Einstellungspraktiken mit Bezug zur Einwanderung" schützen. Sollten zum Beispiel eine Arbeitgeberin oder ein Arbeitgeber einen Bewerber ablehnen, weil sein Name ausländisch klingt oder er fremdländisch aussieht, so dass sie fürchten, dass es sich um einen illegalen Arbeiter handeln könnte, oder sollten sie zusätzliche oder andere Unterlagen zum Nachweis der Arbeitsberechtigung verlangen, können sie wegen unangemessener diskriminierender Praktiken bestraft werden. Ebenso stellt die Regierung auch Gelder bereit, damit Kinder mit begrenzten Sprachkenntnissen zusätzlich Englischunterricht in der Schule erhalten

Schließlich wird die Integration von Einwanderern in den USA auch durch die Geschichte erleichtert, die die Vereinigten Staaten zu einer Nation von Einwanderern macht. Die USA haben Phasen mit Stimmungen für und gegen Einwanderung durchgestanden und bleiben den Millionen von Einwanderern, die sich im Lande niedergelassen haben, verpflichtet. Und so werden die USA auch diesen jüngsten Angriff auf ihre besten Traditionen überstehen.

Literatur

Congressional Record, 1996: Proceedings and Debates of the 104th Congress, Second Session, Washington, DC: Government Printing Office, July 18, S. 8146.
Fuchs, Lawrence H., 1990: The American Kaleidoscope. Hanover/New Hampshire: Wesleyan University Press.
Fuchs, Lawrence H. und Susan S. Forbes (Martin), 1998: Immigration and U.S. History: The Evolution of the Open Door, in: Thomas Alexander Aleinikoff, David A. Martin und Hiroshi Motomura, Immigration and Citizenship: Process and Policy, St. Paul, Minnesota: West Group.
Gimpel, James G. und James R. Edwards, Jr., 1999: The Congressional Politics of Immigration Reform, Boston: Allyn and Bacon.
Smith, James P. und Barry Edmonston, 1997: The New Americans: Economic, Demographic and Fiscal Impacts of Immigration, Washington, DC: National Research Council.

U.S. Commission on Immigration Reform, 1995: Legal Immigration: Setting Priorities, Washington, DC: Government Printing Office.
U.S. Commission on Immigration Reform, 1997: Becoming An American, Washington, DC: Government Printing Office.
U.S. Commission on Immigration Reform, 1997a: Americanization and Integration of Immigrants: Appendix to Becoming An America, Washington, DC: U.S. Commission on Immigration Reform.

Hon-Chu Leung

Reiche Talente statt arme Kinder. Bürgerrecht und Exklusion von Festland-Chinesen in Hongkong*

1. Einleitung

Hongkong wird oft als „Einwanderer-Gesellschaft" bezeichnet, da die Bevölkerung Hongkongs größtenteils aus Einwanderern und ihren Nachkommen besteht, Wenn wir aber die offiziellen Restriktionen und die verbreiteten Vorurteile betrachten,[1] kann Hongkong nicht gerade als einwandererfreundlich gelten – obwohl oder gerade wenn die Neu-Einwanderer aus Festland-China kommen, wo auch die Mehrheit der Bevölkerung herstammt. Dieses offenkundige Paradox, mit dem sich unser Aufsatz beschäftigt, kann mit einer Analyse der Einwanderung und der Einwanderungspolitik Hongkongs erklärt werden. Anhand eines Überblicks über die Bedeutung des Bürgerrechts und einer historischen Untersuchung der offiziellen Integrationsstrategien erörtern wir, wie das besondere Bürgerrecht in Hongkong zur Entstehung der „new immigrants" als ausgeschlossener Gruppe geführt hat. Ausgehend von der Kontroverse über das Recht auf Aufenthalt in Hongkong nach Ende der Kolonialzeit diskutieren wir, wie die Eskalation des Anti-Einwanderungs-Diskurses – der mit dem Verweis auf die Notwendigkeit des Aufbaus einer „Qualitäts-Bevölkerung" diskriminierende Einwanderungsbestimmungen zu rechtfertigen versucht – zu einer regelrechten Marktförmigkeit des Bürgerrechts geführt hat. Ausgeschlossen werden, so argumentieren wir, nicht nur die Familien, die durch Einwanderungsbeschränkungen getrennt werden, sondern auch Arme, schlecht Ausgebildete und Menschen mit unbrauchbaren Qualifikationen – alle, die nicht in die offizielle postkoloniale Vision von Hongkongs als einer „national world city" hineinpassen. Warum sozial exkludierende und ökonomie-zentrierte Diskurse und Politiken bei der Bevölkerung Hongkongs auf Unterstützung stoßen, wird im Fazit aufgezeigt.

* Aus dem Englischen übersetzt von Vivian Hermann, Universität Münster.
1 Vgl. als Gutachten über Diskriminierung der Neuankömmlinge aus Festland-China: Hong Kong Psychology Association, Equal Opportunities for New Immigrants, Hongkong 1997 (chinesisch). Ein aktueller Pressespiegel bei Sing Pao, New Immigrants Forbear, Wair, Complain, and Swallow towards Incorporation into Community, 21. März 2003 (chinesisch).

2. Bürgerrecht und Einwanderung: die Politik der sozialen Zugehörigkeit

Staatsbürgerschaft (citizenship) kennzeichnet die volle Mitgliedschaft in einer Gesellschaft und ist ein wichtiger Bezugspunkt in den aktuellen Studien zur Integration von Einwanderern.[2] Das Staatsbürgerschafts-Konzept ist jedoch vieldeutig und kontrovers, da es sich sowohl auf einen Rechtsstatus als auch auf die Partizipation in einer Gesellschaft bezieht. Als Rechtsstatus impliziert Staatsbürgerschaft die Rechte, die der Staat verleiht und die Pflichten, die er durch Gesetze einfordert. Als politische Partizipation ist das Bürgerrecht eine erwünschte Aktivität, es impliziert die aktive Teilnahme der Bürger an den öffentlichen Angelegenheiten.

In beiden Bedeutungszusammenhängen impliziert Staatsbürgerschaft sowohl Inklusion als auch Exklusion. Als Rechtsstatus bedingt das Vorhandensein der Staatsbürgerschaft bei einer Gruppe das Fehlen bei einer anderen, also bei jenen Menschen, die die Kriterien eines Staates für die Staatsbürgerschaft nicht erfüllen. In antiken Stadtstaaten und in kolonialen Gesellschaften machten Personen ohne Bürgerrechte den Großteil der Bevölkerung aus. In modernen Nationalstaaten sind hauptsächlich Einwanderer von formaler Exklusion betroffen. Entsprechend den jeweiligen Aufnahmeregelungen können Einwanderer und ihre Kinder grundsätzlich von der vollen Staatsbürgerschaft ausgeschlossen werden, und zwar ungeachtet ihrer Aufenthaltsdauer in einem Land.[3] Andererseits setzt Staatsbürgerschaft im Hinblick auf die Partizipation soziale Kompetenzen voraus, die auf der Gleichheit der Zugangsbedingungen beruhen.[4] Deshalb gründet Staatsbürgerschaft neben dem formalen Rechtsstatus auch auf substantiellen sozialen und kulturellen Voraussetzungen.

Auf die Bedeutung substanzieller Voraussetzungen für die aktive Staatsbürgerschaft weist T. H. Marshalls klassische Definition der modernen Staatsbürgerschaft hin, die aus den drei interdependenten Komponenten zivile, politische und soziale Rechte besteht. Die zivilen Elemente der Staatsbürgerschaft verweisen auf die individuelle Freiheit des Individuums – also das Recht der persönlichen Freiheit, des Besitzes, der rechtlichen Gehörs etc. Die politischen Elemente verweisen auf die Teilhaberechte bei der politischen Willensbildung. Die sozialen Elemente bestehen, wie Marshall schreibt, aus „einer ganzen Reihe von Rechten, die vom Recht auf ein Mindestmaß wirtschaftlicher Wohlfahrt über das Recht auf Teilhabe am sozio-kulturellen Erbe bis hin zum Recht auf ein zivilisiertes Leben, das den

---

[2] William R. Brubaker, Immigration and the Politics of Citizenship in Europe and North America, Lanham 1989: University Press of America; Stephen Castles und Alastair Davidson, Citizenship and Migration, London 2000: MacMillan.

[3] Castles/Davidson (2000, S. 84-102). Als Reaktion auf die Forderung nach Inklusion entstand in vielen Ländern eine Art 'Teil'-Staatsbürgerschaft, die den Einwanderern zwar nicht alle, jedoch einen bedeutenden Teil der Bürgerrechte zugestanden. Siehe Tomas Hammar, Democracy and the Nation State, Aldershot/Hants/England 1990: Avebury.

[4] Bryan S. Turner, Equality, New York 1986: Tavistock Publications.

allgemeinen Lebensstandards der Gesellschaft entspricht", reichen.[5] Für Marshall vervollständigt das Aufkommen der sozialen Rechte die Entwicklung der Staatsbürgerschaft, da sie die Bedingungen für die Aufnahme der Arbeiterklasse, also der wirtschaftlich Benachteiligten, in die politische Gemeinschaft geschafft hat.

Eine Schwäche des Marshallschen Konzepts besteht darin, dass es ausschließlich auf britischen Erfahrungen beruht. Den verschiedenen politischen Rahmenbedingungen, in denen sich die verschiedenen Wohlfahrtsstaaten in den einzelnen Ländern historisch herausgebildet haben, wird nicht genügend Rechnung getragen. Auch wird die gegenseitige Abhängigkeit zwischen den verschiedenen Dimensionen der Staatsbürgerschaft nicht genügend berücksichtigt. Zum Beispiel werden autoritäre Staaten versuchen, die Partizipation zu begrenzen. Sie werden zwar zivile und soziale Rechte einräumen, gleichzeitig aber versuchen, ihren Bürgern politische Rechte so weit wie möglich vorzuenthalten.[6] Andererseits kann der Vorrang ziviler Rechte die Legitimität sozialer Rechte verringern, in dem der freie Austausch zwischen Individuen als überragender Wert festgeschrieben wird.[7] Deshalb können die drei Dimensionen der Staatsbürgerschaft in unterschiedlicher Abstufung und in verschiedenen Kombinationen auftreten. Es gibt keinen Grund, warum die drei Arten von Rechten in allen Gesellschaften gleichrangig nebeneinander stehen sollten, wie Marshall dies unterstellt hat.[8] Darüber hinaus hat die Rücknahme sozialer Rechte in westlichen Wohlfahrtsstaaten gezeigt, dass auch Rechte, die einmal als notwendige Komponenten der Staatsbürgerschaft erachtet wurden, aufgehoben werden können, wenn sich die politisch-ideologischen Grundlagen verändern.[9]

Wirtschaftliche Sicherheit, die durch die sozialen Rechte gegeben wird, ist jedoch nur eine Voraussetzung für die politische Partizipation von Staatsbürgern. Marshalls Ansatz vernachlässigt auch die kulturellen Voraussetzungen der Staatsbürgerschaft. Erfolgreiche Partizipation setzt Verständnis der politischen Institutionen und ein Gefühl der Zugehörigkeit zur jeweiligen Gemeinschaft voraus. Staatsbürgerschaft ist deshalb auch auf den Zugang zu gemeinsamen kulturellen Gütern und auf gemeinsame Identifikationssymbole angewiesen. Mit anderen Worten: Staatsbürgerschaft hat eine identitäre Komponente, die den Willen zur Aufhebung von Unterschieden sowie ein Minimum kultureller Vereinheitlichung vo-

---

5 T.H. Marshall, Citizenship and Social Class, in: Bryan Turner und Peter Hamilton (Hrsg.), Citizenship: Critical Consepts, New York 1994 [1964]: Routledge, S. 5-44.
6 Bryan S. Turner, Contemporary Problems in the Theory of Citizenship, in: Bryan Turner (Hrsg.), Citizenship and Social Theory, London 1993: Sage Publications, S. 1-18.
7 Nancy Fraser und Linda Gordon, Contract versus Charity, in: Gershon Shafir (Hrsg.), The Citizenship Debates, Minneapolis 1998: University of Minnesota Press, S. 113-130.
8 Gershon Shafir, Introduction: The Evolving Tradition of Citizenship, in: Gershon Shafir (Hrsg.), The Citizenship Debates, Minneapolis 1998: University of Minnesota Press, S. 15-16.
9 Michael B. Katz, Epilogue: Work, Democracy and Citizenship, The Price of Citizenship, 2001, S. 345.

raussetzt.[10] Kulturelle Aktivität, die das erforderliche Maß an kultureller Einheit unter den Bürgern einer Gemeinschaft schafft, ist daher eine kritische Größe.[11] Die vereinheitlichenden kulturellen Symbole, die Wege zur Inklusion in eine Gemeinschaft definieren, sind gleichzeitig auch eine Barriere, die benachteiligte Gruppen ausschließt. Die Rückseite der Definition der USA als individualistisches Land der unbegrenzten Möglichkeiten ist eine von Wohltätigkeit abhängige „underclass", die am kulturellen Ideal der Leistung gescheitert ist.[12] Wie das Beispiel der „underclass" zeigt, können kulturelle und wirtschaftliche Exklusion eng miteinander verbunden sein. In dem Maße, in diese von der gleichberechtigten Partizipation in der Gemeinschaft ausgeschlossen werden, genießt sie, ungeachtet ihres Rechtsstatus, effektiv kein Bürgerrecht.[13]

Für Migrationsforscher verdeutlicht die Beziehung zur Staatsbürgerschaft sowohl die formalen Bedingungen als auch die substanziellen Voraussetzungen der Integration von Einwanderern und zeigt den dynamischen und facettenreichen Charakter des Integrationsprozesses als Wechselspiel von Inklusion und Exklusion. Aus der Staatsperspektive betrachtet, können wir untersuchen, wie sich die Bedeutung der Staatsbürgerschaft verändert, wenn Staaten verschiedene Systeme der Einwanderungskontrolle anwenden und Einwanderern unterschiedliche Rechte zugestehen.[14] Aus der Perspektive der Betroffenen können wir untersuchen, wie Einwanderer versuchen, ihre Integration in die Aufnahmegesellschaft durch individuelles ebenso wie kollektives Handeln zur forcieren und dabei sowohl der Staatsbürgerschaft neue Akzente geben, indem sie Aktivitäten entfalten.[15] Die Betrachtung der Staatsbürgerschaft von dem einen oder dem anderen Blickwinkel zeigt die Auseinandersetzungen um die jeweilige Bedeutung von sozialen und politischen Rechten, die Konstruktion kultureller Bindungen und Abgrenzungen, indem Einwanderer in die jeweilige Gemeinschaft aufgenommen oder aus ihr ausgeschlossen werden.

10 Will Kymlicka und Wayn Norman, Return of the Citizen, Ethics, Vol. 104, Januar 1994, S. 352-381.
11 Jean Leca, Questions on Citizenship, in: Chantal Mouffe (Hrsg.), Dimensions of Radical Democracy, New York 1992: Verso, S. 17-32; gemäß Leca, S. 31, bezieht sich die kulturelle Industrie hier auf die Bereitstellung von Bildung und Informationen zum Großteil durch spezialisierte Institutionen, wie z.B. Massenmedien und Schulen.
12 Nancy Fraser und Linda Gordon; Maurice Roche, Rethinking Citizenship, Cambridge, MA 1992: Polity Press, S. 55-68.
13 Stephan Castles, Underclass of Exclusion: Social Citizenship for Ethnic Minorities, in: Ellie Vasta (Hrsg.), Citizenship, Community and Democracy, New York 2000: St. Martin's Press, S. 22-44.
14 Miriam Feldblum, Managing Membership: New Trends in Citizenship and Nationality Policy, in: T. Alexander Aleinkoff und Douglas Klusmeyer (Hrsg.), From Migrants to Citizens, Washington, D.C. 2000: Carnegie Endowment for International Peace, S. 475-499.
15 John Friedmann, The Prospect of Cities, Minneapolis 2002: University of Minnesota Press, S. 67-86.

Im Falle Hongkongs ist das Konzept der Staatsbürgerschaft, das von demokratischer Beteiligung ausgeht, nur bedingt anwendbar, da Hongkong bis zum Jahr 1997 britische Kolonie war und dann in eine Sonderverwaltungszone Chinas umgewandelt wurde. Auch heute noch hat Hongkong ein Wahlsystem, das die Wirtschafts-Elite begünstigt und die Partizipationsmöglichkeiten der Bürger auf ein Minimum reduziert. Die Menschen in Hongkong bezeichnen sich daher selten als 'gongmun', was wörtlich öffentliche Menschen heißt und in der gängigen chinesischen Übersetzung einen Bürger als Mitglied eines Nationalstaates bezeichnet. Nichtsdestotrotz verfügt ein staatlich anerkannter Bewohner Hongkongs über gewisse Rechte wie das Aufenthalts- und Arbeitsrecht sowie das Recht, soziale Leistungen zu erhalten. Ihre besondere Bürger-Identität reflektierend bezeichnen die Einwohner Hongkongs daher üblicherweise ihre öffentliche Stellung als 'shimun', was wörtlich übersetzt „Menschen einer Stadt" heißt und eine andere mögliche Übersetzung für Bürger ist.[16] Mit anderen Worten, trotz des abhängigen politischen Status des Territoriums und der Restriktionen der politischen Beteiligung scheinen in Hongkong einzelne Dimensionen der Staatsbürgerschaft zumindest für einen Teil der zugewanderten Bevölkerung gültig zu sein.

Die schwierige Stellung der Einwohner Hongkongs im Hinblick auf die Staatsbürgerschaft spiegelt den anormalen Charakter Hongkongs als einer Nicht-Staats-Gesellschaft wider. Zugleich beleuchtet dies aber auch die Grenzen des nationalen Konzepts der Staatsbürgerschaft in einer Welt, die durch Veränderung politischer Grenzen und grenzübergreifender sozialer Mitgliedschaften charakterisiert ist.[17] Deshalb kann die Analyse der ambivalenten Situation in Hongkong uns helfen, die Veränderungen im Konzept der Staatsbürgerschaft und bei der Inkorporation von Einwanderern zu verstehen.

In den folgenden Abschnitten werde ich anhand eines historischen Überblicks über die staatliche Einwanderungs- und Integrationspolitik Hongkongs die Geschichte der Integration von Einwanderern aus China als Ergebnis des unterschiedlichen Verständnisses der Staatsangehörigkeit darstellen, und zwar als Rechtsstatus und als Modus sozialer Partizipation. Der erste Abschnitt umfasst die Periode von der Wiederherstellung der britischen Herrschaft im Jahr 1945 bis zum Ausbruch der Unruhen 1966 und 1967. In dieser Zeit galten Einwanderer aus China, ungeachtet ihres zahlenmäßigen Gewichts und ihrer funktionalen Bedeutung in der Bevölkerung, offiziell als Ausländer, die Schutz in einem „fremden" Territorium suchten. Der zweite Teil untersucht die Zeitspanne zwischen den späten sechziger Jahre bis 1997. In dieser Zeit dehnte man eine partielle Staatsbürgerschaft auf den Großteil der Einwohner Hongkongs aus, während die „neuen Einwanderer" aus China für diejenigen zu Außenseitern wurden, die Hongkong als ihre Heimat betrachteten. Der dritte Teil diskutiert die Entwicklungen von 1997 bis heute.

---

16 Wing-sun Chow, A Witness to Fifty Years of Hong Kong, Hongkong 2000: Minnpao Publisher, S. 121 (chinesisch).
17 Hammar (1990).

In dieser Zeit endete die britische Kolonialherrschaft, und Hongkong wurde Sonderverwaltungszone der Volksrepublik China. Dies ist die Zeit, in der die „Qualität der Bevölkerung" zusätzlich zur zahlenmäßigen Kontrolle der Einwanderung zu einem politisches Ziel wurde. Im Fazit werden die Folgen der Veränderungen über diese drei Perioden hinweg betrachtet.

3. Ein „Bevölkerungsproblem": Koloniale Unterkünfte für die Flüchtlinge

Als Großbritannien nach dem Ende der japanischen Besatzung im Jahr 1945 die Macht wieder übernahm, hatte sich die Bevölkerung Hongkongs auf 600.000 Menschen verringert. Bis 1956 wuchs sie um mehr als das Vierfache auf 2,5 Millionen Menschen an. Ein Teil der Bevölkerungszunahme ist auf die Rückkehr von Menschen zurückzuführen, die bereits vor dem Krieg in Hongkong gelebt hatten. Außerdem kamen aber auch etwa eine Million Neuankömmlinge aus China, von denen 700.000 als Flüchtlinge bezeichnet wurden. Der massive Zustrom brachte die Hongkonger Behörden dazu, Grenzkontrollen einzuführen und die Zuwanderung aus China ab 1950 zu begrenzen. Abgesehen von einer Periode von sieben Monaten im Jahr 1956 existiert seitdem eine Quotenregelung für die Einwanderung aus China.[18]

Das schnelle Anwachsen der Bevölkerungszahl brachte große Probleme bei der Bereitstellung von Wohnraum und öffentlichen Einrichtungen mit sich. Das Anfangskapitel des offiziellen Jahresbericht Hongkongs für 1956 trug die Überschrift „Ein Bevölkerungsproblem". Dies spiegelt die Dringlichkeit einer Lösung für dieses Problem wider. In diesem Kapitel des Jahresberichts beschrieb die Regierung Hongkongs das Problem einer riesigen Einwandererbevölkerung als enorme Herausforderung für die Politik. Die Regierung erklärte, das Problem sei insbesondere wegen der Landknappheit immens. Sie schätzte die normale Bevölkerungskapazität Hongkongs auf etwa 1,2 Millionen Menschen, also auf weniger als die Hälfte der Bevölkerungszahl im Jahr 1956.[19] Dieses Kapitel wurde mit dem selben Titel noch mehrere Male als Broschüre neu aufgelegt. Die These, dass Hongkong aufgrund seiner Landknappheit durch die Einwanderung aus China gefährdet sei, wurde zu einem der prägenden Kennzeichen der öffentlichen Debatte in Hongkong.

Da in den fünfziger Jahren die Hin- und Herwanderung zwischen Hongkong und China noch gang und gäbe war, äußerte die Hongkonger Regierung während des beginnenden Bevölkerungszustroms die Hoffnung, dass viele der Einwanderer in ihre Heimat zurückkehren würden, sobald sich der Zustand in China stabili-

---

18 Hong Kong Information Services, A Problem of People, Hongkong 1960: Government Printer.
19 Hong Kong Information Services (1960, S. 2-3).

sieren würde. Die erwartete Rückwanderung trat aber niemals ein. Als die Hoffnung auf die Rückkehr der Zuwanderer nach China abnahm, führte die Kolonialregierung Mitte der fünfziger Jahre Programme ein, die die Integration der Einwanderer in das Sozialsystem Hongkongs erleichtern sollten.[20]

Am wichtigsten war das beispiellose Projekt der Umsiedlung von Landbesetzern – meist Einwanderern – in von der Regierung errichtete Apartmentblöcke. Der Auslöser für dieses Umsiedlungsprogramm war 1953 ein Feuer, bei dem Tausende ihre Wohnungen verloren. Der eigentliche Grund aber waren die zunehmenden Landbesetzungen in der Stadt, hervorgerufen vor allem durch den starken Zuzug von Einwanderern. Das Ansiedlungsprogramm war notwendig, gestand der verantwortliche Beamte ein, weil die Besetzungen eine ernsthafte Gefahr für die öffentliche Sicherheit und Ordnung Hongkongs darstellten und weil sie Land okkupierten, das für die Stadtentwicklung gebraucht wurde.[21] Die Regierung war gezwungen, zum größten Wohnungsbauunternehmer in Hongkong zu werden. Sehr zurückhaltend war sie zunächst gegenüber langfristigen Verpflichtungen wie dem Ausbau des Ausbildungssystems und des Gesundheitswesens, die die Ansiedlungsprogramme mit sich brachten. Die Kolonialregierung versuchte, möglichst wenig öffentliche Mittel einzusetzen und gemeinnützige Organisationen und internationale Unterstützung bei der Bereitstellung von öffentlichen Dienstleistungen einzubinden.[22] Die Begrenzung sei gerechtfertigt, betonte die Regierung wiederholt, weil es in Hongkong andere bedürftige Menschen gäbe, die die Hilfe der Regierung benötigten und als länger Ansässige Vorrang vor den Bedürfnissen der neuen Einwanderer haben müssten.[23]

Das Ansiedlungsprogramm der Hongkonger Regierung war eine wichtige Maßnahme, um mit den Veränderungen fertig zu werden, die durch den Zuzug der Festlandschinesen entstanden waren. Davon abgesehen blieben die kolonialen Einrichtungen bestehen, die aus der Vorkriegszeit stammten, als Hongkong vor allem ein Ort für durchreisende Geschäftsleute und Arbeiter war. Rechtlich war die Regierung Hongkongs nur der britischen Krone verantwortlich. Während es konsultative Mechanismen für die Elite und karitative Maßnahmen für Bedürftigen gab, hatte die Mehrheit der Einwohner kein Wahlrecht. Sie bestand aus Kolonialuntertanen, die das „Privileg" genossen, auf „ausländischem" Territorium zu leben. Dieser politische status quo wurde aber mehr und mehr unhaltbar, als die Einwanderer sich in Hongkong niederließen und eine neue Generation junger Menschen in Hongkong aufwuchs. Wie notwendig ein Wandel war, wurde der abwartenden Regierung klar, als es in den Jahren 1966 und 1967 zu Straßenkrawallen kam. „Menschen werden sich um eine Gesellschaft, die sich um sie nicht

---

20 Hong Kong Information Services (1960).
21 Commissioner for Resettlement, 1955, zitiert in: Catherine Jones, Promoting Prosperity, Hongkong 1990: The Chinese University Press, S. 184.
22 Hong Kong Information Services (1960); Jones (1990, S. 161-208).
23 Hong Kong Information Services (1960).

kümmert, auch nicht kümmern",[24] formulierte die Regierung die Lektion, die sie erhalten hatte. Sie führte in den folgenden Jahrzehnten umfassende Reformen ein, um der Gefahr weitreichender politischen Entfremdung entgegenzuwirken.[25]

4. „Vom Zufluchtsort zur Heimatstadt": Aufbau einer Gemeinschaft, Einwanderungskontrolle und soziale Exklusion

„From Shelter to Home" lautet der Titel der offiziellen Geschichte des öffentlichen Wohnungsbaus in Hongkong, die von der Wohnungsbaubehörde herausgegeben worden ist.[26] Treffend fasst dieser Titel die Strategie der Kolonialregierung von den späten sechziger bis zu den neunziger Jahren zusammen. Ihr Ziel war es, durch den Aufbau einer „Community" ihre soziale Basis in der Bevölkerung Hongkongs zu vergrößern. Nach den Straßenkrawallen Mitte der sechziger Jahre kam die Regierung zu dem Schluss, dass Hongkong nicht regierbar sei, wenn der Großteil der Bevölkerung Untertanen ohne Rechte blieben. Als die jüngere Generation heranwuchs – in Hongkong geboren und zum Großteil Kinder von Einwanderern aus China – wurden die kolonialen Strukturen immer mehr obsolet, da sie auf vorübergehend Anwesende abgestellt waren, deren langfristiger Lebensmittelpunkt nicht in Hongkong lag. Reformvorschläge in Richtung demokratischer Partizipation der Bevölkerung wurden jedoch letztendlich zugunsten eines konservativeren Ansatzes zurückgestellt, dessen Schwerpunkt in der Erweiterung des Aufgabenprofils der Regierung als Hüter des öffentlichen Interesses in Hongkong lag. Ein Schwerpunkt der Strategie bestand in der Ausweitung der Rechtsstaatlichkeit auf die einfachen Leute, der andere in der Ausweitung der Regierungstätigkeit bei den öffentlichen Dienstleistungen.[27]

Ein zentraler Bereich der Aufgabenerweiterung war der soziale Wohnungsbau, der bis zur Versorgung etwa der Hälfte der Bevölkerung ausgeweitet wurde. Die neuen Wohnungen bestanden im Gegensatz zu den vorher im Rahmen der Ansiedlung gebauten aus abgeschlossenen Einheiten mit Küche und Bad. Den Familien wurde in den Sozialwohnungen somit mehr Privatsphäre gegeben, zunächst nur in bescheidenem Umfang, aber nach und nach weitgehender. Das öffentliche Gesundheitswesen wurde ebenfalls ausgebaut und bezahlbare medizinische Versorgung stand allen zur Verfügung, die bereit waren, dafür Warteschlangen in Kauf zu nehmen. Zum ersten Mal wurde die Grundschulbildung kostenfrei, so dass alle Familien es sich leisten konnten, ihre Kinder zur Schule zu schicken.

24 Rede von Sir MacLehose, Gouverneur von Hongkong 1971 bis 1982, zu Eröffnungssitzung des Legislative Council am 6. Oktober 1976, zitiert aus Catherine Jones, S. 210.
25 Ian Scott, Political Change and the Crisis of Legitimacy in Hong Kong, Hongkong 1989: Oxford University Press, S. 39-126.
26 Mei-yee Leung, From Shelter to Home, Hongkong 1999: Hong Kong Housing Authority.
27 Catherine Jones; Carol Jones, Politics Postponed, in: Kanishka Jayasuiriya (Hrsg.), Law, Capitalism and Power in Asia, New York 1999: Routledge, S. 45-68.

1978 wurde eine gebührenfreie Schulausbildung von neun Jahren obligatorisch. Arbeitsschutzgesetze wurden eingeführt, die den Arbeitern Rechtsmittel gegen die schlimmsten Ausbeutungsexzesse öffneten. 1971 wurde ein staatliches Unterstützungsprogamm eingeführt, das wirklich Notleidende vor Hunger retten sollte.[28]

Ergebnis dieser Reformen war ein Grad von Sicherheit im Alltagsleben, den die meisten Bewohner Hongkongs vorher nie gekannt hatten. Die erhöhte Sicherheit ermöglichte im Kontext der wachsenden Beschäftigungsmöglichkeiten durch den industriellen Aufschwung in den siebziger und achtziger Jahren eine deutliche Verbesserung des Lebensstandards. Die Baby-Boomer traten ins Erwerbsleben ein und immer mehr Familien konnten sich auf mehrere Einkommen stützen.[29] Indem die Kolonialregierung im wörtlichen Sinne Heimstätten für viele Bewohner schuf und funktionsfähige Dienstleistungen gewährleistete, konnte sie eine weitgehende entpolitisierte Identifikation mit Hongkong als neuem „Zuhause" herstellen und ihre Legitimität erhöhen.[30] Dass Hongkong als „Zuhause" gesehen wurde, konnte man etwa daran ablesen, dass sich Ausdrücke wie „my home is Hong Kong" oder „Hong Kong is my home" einbürgerten. Die Wahl des Wortes „home" verdeutlicht einen sehr strategischen Sprachgebrauch. Es vermeidet die komplizierte Problematik des Kolonialstatus von Hongkong und den damit verbundenen Ausschluss der Mehrheit von politischer Partizipation, schafft aber gleichzeitig ein Zugehörigkeitsgefühl zum Territorium. Auf diese Weise entstand eine privatisierte Form von Staatsangehörigkeit, gegründet auf die Rechte der Einwohner des Territoriums.

Das „home", um das es hier geht, ist nicht nur ein Ort, in dem man lebt, sondern auch die Grundlage für den eigenen sozialen Aufstieg. Wenn man ein Zuhause in einer Sozialwohnung gefunden hatte, war damit zumeist ein erster Schritt im sozialen Aufstieg in Hongkong getan. Das Heim in Hongkong war also gleichzeitig ein Land der Chancen, und Hongkong „home" zu nennen, schloss die Möglichkeit oder wenigstens den Wunsch nach Aufstieg ein.[31] Nicht jeder war jedoch berechtigt, in den von der Regierung gebauten Wohnungen zu leben, und nicht jeder konnte daher Hongkong sein „Zuhause" nennen, nicht einmal alle diejenigen, die bereits viele Jahre in Hongkong lebten. Ausgeschlossen blieben vor allem Einwanderer, die sich nicht legal in Hongkong aufhielten oder die keine Familienzusammenführung in Hongkong erhielten.

Als die Regierung ihre breit angelegten Sozialleistungen ausbaute, begrenzte sie gleichzeitig die Einwanderung immer mehr. Trotz der 1950 eingeführten Grenzkontrollen wurde Einwanderern aus China, die die Grenze überwunden hatten,

---

28 Catherine Jones; Scott, S. 39-126.
29 Chun-hung Ng, Power, Identity, and Economic Change – 25 Years of Family Studies in Hong Kong, in: Benjamin Leung und Teresa Wong (Hrsg.), 25 Years of Social and Economic Development in Hong Kong, Hongkong 1994: The Centre of Asian Studies, University of Hong Kong, S. 94-110.
30 Tai-lok Lui, Check, Please!, Hong Kong 1997: Xianrenxing, S. 47-77 (chinesisch).
31 Lui (1997); Thomas Wong und Tai-lok Lui, Morality and Class Inequality, in: Benjamin Leung und Teresa Wong, S. 76-93.

in den sechziger und siebziger Jahren noch erlaubt, in Hongkong zu bleiben. In den frühen siebziger Jahren schränkte die Regierung Jahre das Bleiberecht auf diejenigen ein, die die Stadt selbst erreicht hatten, die sogenannte „touch base"-Politik. Seit 1980 werden alle illegalen chinesischen Einwanderer nach China zurückgeschickt. Die legale Einwanderung von China nach Hongkong blieb durch das Quotensystem ebenfalls stark begrenzt.[32]

Die meisten illegalen Einwanderer, denen es in den sechziger und siebziger Jahren gelungen war, Hongkong zu erreichen, waren Männer. Einige von ihnen waren verheiratet, als sie nach Hongkong kamen. Viele andere kehrten nach China zurück, um dort zu heiraten, da es selbst ohne den einwanderungsbedingten Männerüberschuss sehr schwierig für einen gering verdienenden Einwanderer gewesen wäre, in Hongkong eine Frau zu finden.[33] Die Einreise von Frauen und Kindern gestaltet sich sehr schwierig, da sie sich auf Grund der bestehenden Quotenregelung separat um Aufenthaltsgenehmigungen bewerben müssen und diese erst nach langen Wartezeiten in Hongkong bekommen können. „Alleinstehende" Männer, die in China verheiratet sind, haben kein Recht auf eine Sozialwohnung in Hongkong. Diese sind für „normale" Kernfamilien reserviert. Die in Festland-China lebenden Ehefrauen sind andererseits im Gegensatz zu den Frauen der „normalen" Familien nicht berechtigt, in Hongkong zu arbeiten. Damit können sie auch nicht den Nettoverdienst der Familie erhöhen und sich so gegen Schwankungen im Einkommen des Ehemannes, die bei Gelegenheitsbeschäftigungen typisch sind, absichern. Die Kinder müssen zumindest einen Teil ihrer Schulzeit in China verbringen und verlieren dadurch die Chance auf eine „ordentliche" Bildungskarriere im Hongkonger Schulsystem. Falls schließlich nach und nach alle Familienmitglieder doch nach Hongkong einreisen dürfen, müssen sie trotzdem noch lange auf eine Sozialwohnung warten. Bis zur teilweisen Aufhebung der Beschränkungen im Jahr 2000[34] konnten diese Familien nur dann eine Sozialwohnung zugeteilt werden, wenn die Hälfte der Familienmitglieder bereits seit mehr als 7 Jahren in Hongkong gelebt hatte.

Keine Berechtigung für eine Sozialwohnung zu haben, hat im Regelfall zur Folge, dass „Alleinstehende", getrennt lebende Familien und frisch zusammengeführte Familien einen viel größeren Anteil ihres Einkommens für Miete aufbringen müssen. Es bedeutet auch, dass sie jedes Mal eine Mieterhöhung befürchten müssen, wenn der Mietvertrag erneuert wird. Die große Diskrepanz zwischen öffentlichen und privaten Mieten stärkt die „normalen" Familien und hält unverheiratete

---

32 Yat-ming Siu, Population and Immigration, The Other Hong Kong Report 1996, Hongkong 1996: The Chinese University Press, S. 326-47.
33 Siu (1996).
34 Seit diesem Zeitpunkt kam eine Sozialwohnung zugewiesen werden, wenn die Hälfte der volljährigen (18 Jahre und älter) Familienmitglieder mehr als sieben Jahre in Hongkong gelebt hat. Dies bedeutet, dass auch Familien, in denen nur ein Ehepartner eine offizielle permanente Aufenthaltsgenehmigung für Hongkong verfügt, die Berechtigung für eine Sozialwohnung, besitzen.

Kinder davon ab, auszuziehen.³⁵ Andererseits verringern die Beschränkungen beim Zugang zu Sozialwohnungen und die durch die Einwanderungskontrollen bedingten Probleme der Familienzusammenführung die Selbsthilfe-Möglichkeiten getrennt lebender Familien stark. Im letzten Abschnitt wurde bereits darauf aufmerksam gemacht, wie die Ehefrauen und Kinder dieser Familien von den Mobilitätschancen in Hongkong über Doppel-Einkommen und Schule ausgeschlossen werden. Erschwerend kommt hinzu, dass die Familien wegen der Einzel-Antragsverfahren den Zeitpunkt der Einwanderung nicht koordinieren können. Wenn die Mutter ihre Einreiseerlaubnis vor ihren Kindern erhält, dann muss sie möglicherweise regelmäßig zwischen beiden Ländern hin- und herpendeln, um sich um die getrennt lebenden Familienmitglieder kümmern zu können. Falls die Kinder vor der Mutter nach Hongkong einreisen können, dann muss sich die Mutter andererseits entweder illegal in Hongkong aufhalten oder der Vater muss seine Arbeit aufgeben, damit er die Kinder versorgen kann.³⁶ In all diesen Szenarien werden die Möglichkeiten der Familienhaushalte zum Zusammenlegen der Ressourcen stark eingeschränkt.

Manuel Castells hat argumentiert, dass Arbeiter und Kleinunternehmer in Hongkong nur deshalb wirtschaftliche Risiken übernehmen können, weil ihnen das Wohnen in günstigen Sozialwohnungen Sicherheit gibt.³⁷ Analog kann man argumentieren, dass die Restriktion der Familienzusammenführung und die Zuweisungspraxis der Sozialwohnungen Schlüsselerklärungen für den Ausschluss „Alleinstehender" und getrennt lebender Familien von der „normalen" Aufwärtsmobilität in Hongkong sind. Es ist kein Zufall, dass „Alleinstehende" und Familien mit neuzugewanderten Mitgliedern in den letzten Jahren in der Gruppe der Armen überrepräsentiert sind.³⁸ Als Arme wurden sie in dem mehr und mehr wohlhabenden Hongkong der achtziger und neunziger Jahren zu Außenseitern.

Die getrennt lebenden Familien sind in Hongkong nicht nur insofern Außenseiter, als ihnen der Zugang zum normalen Lebensstandard verschlossen bleibt. Wenn sie als Festland-Chinesen identifiziert werden, erfahren sie in ihrer Notlage von den etablierten Einwohnern Hongkongs kein Mitgefühl. Dieses fehlende Mitgefühl den Neuankömmlingen gegenüber Neueinwandern kann teilweise durch den öffentlichen Diskurs erklärt werden, in dem Einwanderer als „Problem" für Hongkong identifiziert werden. Indem die Regierung die Kontrolle der Einwanderung aus China übernahm, legitimierte sie sich als Hüterin der Interessen der

---

35 Alan Smart, Making Room, Hongkong 1992: Center of Asian Studies, University of Hong Kong.
36 Hon-Chu Leung und Rachel Wong, Policy Traps and Identities: The Making of Social Disadvantages in „The Other" Tsuen Wan, präsentiert auf der Conference on Social Exclusion and Marginality in Chinese Societies, Hong Kong Polytechnic University, 16.-17. November 2001.
37 Manuel Castells, The Shek Kip Mei Syndrome, London 1990: Pion.
38 David Faure, Society. A Documentary History of Hong Kong, 1997, S. 359-362; Hon-Chu Leung und Rachel Wong.

Kolonie. Um die harten Beschränkungen zu rechtfertigen stellte sie die potentiellen Einwanderer als Konkurrenten um öffentliche Ressourcen und als Gefahr für die Lebensqualität der bereits in Hongkong Ansässigen hin.[39]

Der Anti-Einwanderungs-Diskurs stieß in der Öffentlichkeit auf wenig Widerstand, weil der Diskurs den Negativ-Stereotypisierungen der chinesischen Einwanderer seit den späten siebziger Jahren entsprach. Die Einwohner Hongkongs beglückwünschten sich zu ihrem immer komfortabler werdenden Leben und sahen sich als fortschrittliche, moderne 'Stadtmenschen'. Gleichzeitig distanzierten sie sich von ihren chinesischen 'Cousins', indem sie die Chinesen als rückständig und zügellos charakterisierten.[40] Negativstereotypisierungen der Festland-Chinesen wurde durch die Konkurrenz auf dem Arbeitsmarkt verstärkt, als eine neue Einwanderungswelle in den achtziger Jahren auf den Arbeitsmarkt kam. Über den Vorwurf der Faulheit und Verwöhntheit hinaus wurden sie – im glatten Widerspruch dazu –, bezichtigt, sich mit ihrer Übereifrigkeit Jobs unter den Nagel zu reißen.[41] Die länger anwesenden Einwohner Hongkongs sind sehr empfänglich für diese Vorurteile, unterstützen die Einwanderungsbeschränkungen gegenüber Festland-Chinesen und ignorieren die Probleme, die durch die Aufsplitterung der Familien entstehen.

Die Vorurteile gegenüber den Festland-Chinesen sind darüber hinaus nur ein Teil des generell fehlenden Mitgefühls gegenüber Armen. Ah Oi hat dies treffend als Teil der Lebenserfahrung vieler Einwohner Hongkongs beschrieben, die vielfach selbst Einwanderer gewesen sind.[42] Die Begründung hierfür liegt auf der Hand. Wenn der soziale Aufstieg einer Vielzahl von Familien gezeigt hat, dass Hongkong ein Land der Möglichkeiten ist und eine Durchschnittsfamilie durch kontinuierliche harte Arbeit besser leben kann, muss die Misere derer, die in Hongkong in armen Verhältnissen leben, Ergebnis ihrer eigenen Fehler sein. Wenn die Neuankömmlinge aus China Probleme haben, den durchschnittlichen Lebensstandard zu erreichen, werden sie deshalb mit Argwohn betrachtet. Der weitverbreitete umgangssprachliche Ausdruck 'sun yimun' (neue Einwanderer) spiegelt die verbreitete Gleichsetzung der Armen mit den Neuankömmlingen wider. Er bezieht sich nicht auf alle Menschen, die neu einwandern, sondern nur auf jene, die aus China kommen und nicht so leben können, wie es 'normalen' Familien in Hongkong möglich ist. Menschen, die sich den konsumorientierten „Hong Kong way of life" nicht leisten können, werden daher als 'sun yimun' wahrgenommen, un-

---

39 Hong Kong Government Secretariat, Background to the Problem of Illegal Immigration from China into Hong Kong, Hongkong 1980: Government Printer.
40 Agnes Ku, Culture, Identity, and Politics, in: Kwun-choi Tse (Hrsg.), Our Place, Our Time, Hongkong 2000: Oxford University Press, S. 343-374 (chinesisch); Kit-wai Ma, Television and Identity, Hongkong 1996: Breakthrough Ltd. (chinesisch).
41 Mei-lin Wu, Gender, Work, Ethnicity and Out-migration of Capital, Alternative Discourses, No. 1, 1998, S. 69-76 (chinesisch).
42 Ah Oi, The Whereabouts of Poverty?, in: Iam-chong Ip und Oi-wan Lam (Hrsg.), The Poor People Are Lazy? Hongkong 1999: Streetcorners, S. 2-10 (chinesisch).

abhängig von der Länge ihres Aufenthalt in Hongkong.[43] Mit anderen Worten: Wer in Hongkong als 'Neueinwanderer' gilt, wird nicht am Zeitpunkt der Ankunft festgemacht, sondern an der Anpassung an den kulturellen Lifestyle Hongkongs. Durch solch eine Definition wird Armut mit sozialen und persönlichen Attributen von Neuankömmlingen verquickt.

5. Von der Qualität des Lebensstandards zur 'Qualität der Bevölkerung': Neue Exklusionslinien in einer „National World City"[44]

Viele Menschen sahen dem 1. Juli 1997, dem Tag, an dem Hongkong zu einer Sonderverwaltungszone der Volksrepublik China wurde, mit Sorge und Ungewissheit entgegen. Die getrennt lebenden Familien, deren Zusammenführung durch die Quotenregelung behindert wurde, erwarteten diesen Tag jedoch mit großer Hoffnung. Sie waren hoffnungsvoll, weil das Grundgesetz, die 'Mini'-Verfassung der Sonderverwaltungszone, den Kindern von Einwohnern Hongkongs, die außerhalb geboren worden waren, ein Aufenthaltsrecht zubilligte. Hunderte von „undokumentierten Kindern" wollten ihr Recht einfordern und gingen am ersten Arbeitstag der Sonderverwaltungsbehörden zum Einwanderungsamt, um sich als rechtmäßige Einwohner Hongkongs anerkennen zu lassen. Die Regierung der neuen Sonderverwaltungszone zeigte sich aber bei der Anerkennung der in China geborenen Kinder von Hongkong-Eltern nicht liberaler als ihre kolonialen Vorgänger. Binnen drei Tage verabschiedete die neue Sonderverwaltungszone ein Gesetz mit retrospektiver Wirkung, das das Aufenthaltsrecht in Hongkong an einen zu erbringenden Nachweis koppelt, der effektiv gleiche Wirkungen wie die Quotenregelung hat. Die Rechtmäßigkeit dieses Gesetzes wurde gerichtlich überprüft, und das Berufungsgericht in Hongkong entschied letztendlich zugunsten der Kläger. Die Begründung war, dass Rechte, die im Grundgesetz festgeschrieben sind, nicht durch unangemessene administrative Praktiken eingeschränkt werden sollten.[45]

Anstatt die juristische Niederlage zu akzeptieren, bat die Regierung der Sonderverwaltungszone aber den Nationalen Volkskongress Chinas um eine Interpretation des Grundgesetzes, mit der sie sich über das Gerichtsurteil hinwegsetzen wollte – ungeachtet der Kritik, dass ein solches Vorgehen sowohl die Unabhängigkeit des Gerichtswesen als auch die Autonomie der Sonderverwaltungszone

---

43 Von den zwei Familien mit neu eingetroffenen Familienmitgliedern, die Ah Oi besuchte, werden nur diejenigen als 'Neueinwanderer' wahrgenommen, die von staatlicher Unterstützung leben.
44 „Asia's World City" ist die Überschrift des Einführungskapitels des von Tung Chee Hwa, Generaldirektor der Regierung Hongkongs, verfassten Artikels in Hongkong 2000, dem offiziellen Jahresbericht für Hongkong.
45 Johannes M.M. Chan, H.L. Fu und Yash Ghai, Hong Kong's Constitutional Debate, Hongkong 2001: Hong Kong University Press.

unterminieren würde. Um öffentliche Unterstützung zu mobilisieren, veröffentlichte die Regierung Statistiken, die beweisen sollten, dass die neuen Zulassungsregelungen für in China geborene Kinder von Einwohnern Hongkongs zu einem großen Bevölkerungszustrom führen und enorme Belastungen für die öffentliche Hand bedeuten würde. Die Statistiken provozierten eine lebhafte Auseinandersetzung, weil sie dem gesunden Menschenverstand widersprachen.[46] Es war nicht das erste Mal, dass eine Regierung in Hongkong versuchte, die Öffentlichkeit von der Notwendigkeit einer strikten Einwanderungskontrolle gegenüber dem Festland zu überzeugen. Abgesehen von den Zahlen glichen die Argumente der Regierung der Sonderverwaltungszone 1999 ganz weitgehend denen der Regierung von 1980, als sie die Beendigung der 'touch base-Politik' für notwendig erklärte.[47] Und beide Male wurden Argumente der Kolonialregierung aus ihrer „klassischen" Erklärung von 1956 wiederholt, Hauptproblem Hongkongs sei das 'Bevölkerungsproblem' und die Regierung müsse sich hauptsächlich um den Schutz der Interessen der ansässigen Bevölkerung sorgen.[48]

Trotzdem hat die alte Geschichte, Hongkong werde durch den großen Zuzug von Personen aus China bedroht, eine neue Wendung genommen. In seiner Eröffnungsrede zur Debatte um das Aufenthaltsrecht im Gesetzgebenden Rat Hongkongs brachte Tung Chee Hwa, der Chef der Sonderverwaltungszone, nicht nur das alte Thema wieder auf die Tagesordnung, Einwanderer vom Festland gefährdeten die Lebensqualität. Er argumentierte darüber hinaus, Hongkong müsse in Zukunft stärker auf die „Zusammensetzung der Gesellschaft" achten. Hongkong sei auf dem Weg zu einer wissensbasierten Gesellschaft, führte er aus und es müsse deshalb Hochqualifizierte aus China und aus anderen Teilen der Welt importieren, um diese Entwicklung zu fördern. Die Wirtschaft Hongkongs werde dienstleistungs- und technologieorientiert umgestaltet, fügte er auf die Nachfrage eines Abgeordneten hinzu, und könne deshalb nicht wie bisher Auffangbecken für Billig-Lohnkräfte aus China sein.[49] Mit anderen Worten, im Zuge der ökonomischen Umstrukturierung Hongkongs ist nicht einfach die Zahl der Zuwanderer das Problem, weil sie die Konkurrenz um knappe Ressourcen verstärken. Sie sind auch die falsche Sorte Zuwanderer für Hongkong, wenn es neue wirtschaftliche Erfolge haben will. Ein Kommentator[50] formulierte in diesem Zusammenhang, es gehe

---

46 Die Regierung wies darauf hin, dass eine Lockerung der Beschränkungen, wie sie vom Gericht angeordnet wurde, zu einer Einwanderung von 1,67 Millionen Chinesen nach Hongkong führen würde, was einer Größenordnung von zwei Nachkommensgenerationen der Bewohner Hongkongs entsprochen hätte. 75% der ersten und 65% der zweiten Generation waren unehelich geboren. Siehe Bericht in der Apple Daily, 29. April 1999 (chinesisch).
47 Chan/Fu/Ghai (2001, S. 265-287); Hong Kong Government Secretariat (1980).
48 Hong Kong Information Services.
49 Siehe den Bericht von Wen Hui Po, 7. Mai 1999 (chinesisch).
50 Shing-mo Yau, Human Tide Disrupts Population Policy – Tung Strives to Aasmit New Immigrants That Can Contribute to Hong Kong, Hong Kong Economic Daily, 7. Mai 1999 (chinesisch).

nicht mehr einfach um die 'Quantität', sondern auch um die 'Qualität' der Einwanderer, als darum, ob die Einwanderer ausgebildet seien und Qualifikationen hätten, die zur wirtschaftlichen Entwicklung Hongkongs beitragen könnten.

Die Position der Regierung der Sonderverwaltungszone wurde zwar von einer lautstarken Kampagne angegriffen, die von den Klägern auf Aufenthaltsrecht und ihren Verwandten geführt wurde und Unterstützung von religiösen Gruppen und Menschenrechtsaktivisten erhielt.[51] Die meisten Einwohner Hongkongs waren jedoch offenbar bereit, die Argumente der Regierung zu unterstützen. Umfrageergebnissen zufolge teilte die Mehrheit der Hongkonger den entschiedenen Standpunkt der Regierung zur Begrenzung der Einwanderung aus China. Zwar wurde immer wieder die Rechtmäßigkeit der von der Regierung eingeführten Verfahren debattiert, aber nur eine sehr kleine Minderheit kritisierte die offizielle Vision, Hongkong in erster Linie als „Wirtschaft" zu betrachten (und nicht als Gesellschaft oder Gemeinschaft) und der ökonomischen Entwicklung höhere Priorität einzuräumen als anderen sozialen Werten, wie z.B. der Familienzusammenführung.[52]

Als Bestätigung ihres Interesses zur Auswahl der richtigen Einwanderer stellte die Regierung kurz nach ihren Manövern zur Aufrechterhaltung der Familienzusammenführung im Dezember 1999 ein neues Verfahren für die Einwanderung von 'herausragenden Talenten' vom Festland vor. Sie gab außerdem eine Expertise zur Einwanderungspolitik für Hochqualifizierte in Auftrag, die schließlich 2001 zum 'Admission of Mainland Professionals Scheme' führte.[53] Nach der Veröffentlichung eines Berichts zur Bevölkerungspolitik im März 2003, der die Notwendigkeit einer Erhöhung der 'Qualität der Bevölkerung' in Hongkong betonte,[54] gab die Regierung bekannt, dass die beiden Entwürfe miteinander kombiniert werden sollten, um fortan Bewerber mit guter Ausbildung und einem Arbeitsplatz in Hongkong zuzulassen. Ehepartner und Kinder sollen sich ebenfalls in Hongkong niederlassen können.[55] Derselbe Bericht schlug auch die Zulassung von Investoren von außerhalb Chinas vor, die bereit sind, 6,5 Mill. HK$ in Hongkong zu investieren.[56]

---

51 Dokumente der Kampagnen und ein Profil der Kläger in: Hong Kong Catholic Committee for Justice and Peace et al. (Hrsg.), Years in Drift, No Date for Reunion?, Hongkong 2002 (chinesisch).
52 Agnes Ku, Hegemonic Construction, Negotiation and Displacement: The Struggle over Right of Abode in Hong Kong, International Journal of Cultural Studies, Vol. 4, Nr. 3, 2001, S. 259-278.
53 Information Services Department, Hongkong 2000, S. 418-419; Information Services Department, LCQ6: Population Policy, Presseerklärung, 20. November 2002.
54 Task Force on Population Policy, Report of the Task Force on Population Policy, 2003. Http://www.info.gov.hk/info/population.
55 Die Experten aus China werden damit den Experten aus anderen Ländern gleichgestellt. Für die anderen Arbeitskräfte bleibt die ungleiche Behandlung bestehen, da die Quotenregelung bezüglich der Familienzusammenführung nur für Chinesen gilt. Siehe South China Morning Post, Equal Treatment for Mainland Professionals, 12. März 2003.
56 South China Morning Post, 12. März 2003, Policy Puts Hong Kong in Hunt for Wealthy

Da die Einwohner Hongkongs die Regierung schon in ihrer Politik gegenüber „illegalen" Einwanderern unterstützt hatten, sträubten sie sich auch kaum gegen die Einreise von 'Talenten', 'Experten' und 'Investoren', die die Entwicklung einer 'wissensbasierten Wirtschaft' fördern sollten. Nachdem sie mit dem Argument einverstanden waren, schlecht ausgebildete Kinder stellten für Hongkong eine Belastung dar, konnten sie dem Standpunkt, dass Hongkong an einem „human resources mismatch" leide und die Wirtschaft deswegen seit der Finanzkrise von 1997 stagniere, wenig entgegensetzen. Die 'Qualität' der Bevölkerung (im Sinne von Humankapital) zu erhöhen, wurde dadurch zu einem gerechtfertigten, ja sogar zwingend notwendigen Ziel der Regierungspolitik der Sonderverwaltungszone. Der Import von 'Talenten' und 'Experten' war ein erster Schritt in diese Richtung. Ein „vernünftiger" nächster Schritt besteht in der Überarbeitung der derzeitigen Quotenregelung, so dass die Einreise von 'unqualifizierten Personen' (d.h. der „Bevölkerung von geringer Qualität") durch Familienzusammenführung weiter eingeschränkt werden kann.[57] Die Gewährung von sozialen Leistungen soll stärker an Aufenthaltskriterien gekoppelt werden, um damit „unqualifizierte" Einwanderer abzuschrecken.[58] Indem sie die Politik der Regierung unterstützte, der wirtschaftlichen Entwicklung Hongkongs den Vorrang vor sozialen Werten zu geben, machte die Öffentlichkeit Hongkongs es politisch möglich, die Aufenthaltsrechte von Einwanderern an ihr ökonomisches Potential zu koppeln.

Es sind aber nicht nur die potentiellen Einwanderer und die getrennten Familien, die den Druck spüren, die 'Qualität der Bevölkerung' in Hongkong zu verbessern. Wenn unzureichend qualifizierte Personen in Hongkong auch dann nicht willkommen sind, wenn sie Familie in Hongkong haben, dann liegt die Folgerung nahe, dass auch schlecht ausgebildete Einwohner Hongkongs eine Belastung darstellen. Angesichts der Voreingenommenheit gegenüber der „Bevölkerung niedriger Qualität" wundert es nicht, dass die Sonderverwaltungsbehörden die arbeitende Bevölkerung in Hongkong immer wieder dazu drängen, sich zu qualifizieren. Unter dem Begriff „lebenslanges Lernen"[59] werden die Arbeitskräfte

Investors, 12. März 2003. Investoren aus China waren aufgrund von Währungskontrollen in China von dieser Maßnahme ausgeschlossen.
57 U.a. befürwortet ein Professor der Sozialverwaltung die Reduzierung der Quote von 150 pro Tag. Siehe: Hong Kong Economic Daily, Chow Wing Sun Urgees that One-Way Permit be Reduced by Half to 75, and Set Up Point System of Professionals to Enter Hong Kong with Families, 29. Juli 2002 (chinesisch).
58 Der Bericht zur Bevölkerungspolitik empfiehlt eine siebenjährige Aufenthaltsklausel, bevor man zur staatlichen Unterstützung berechtigt ist. Die Verfügbarkeit von Zuschüssen für das öffentliche Gesundheitswesen für Bewohner, die weniger als 7 Jahre in Hongkong leben, soll überprüft werden. Siehe Task Force on Population Policy, S. 66-67. Weitere allgemeine Beschränkungen der sozialen Rechte können am Abbau der staatlichen Unterstützung, den steigenden Gebühren des öffentlichen Gesundheitswesen und den verschärften Einkommensvoraussetzungen für Sozialwohnung abgelesen werden.
59 „Lebenslanges Lernen" ist der Titel einer amtlichen Bekanntmachung für Reformvorschläge zur Ausbildung, die von der Kommission für Ausbildung der Regierung in Hongkong

angehalten, sich ständig weiterzubilden, um ihre Beschäftigungsfähigkeit aufrechterhalten. „Add to the value of self" wird für alle Arbeitenden zur Pflicht.[60] Diejenigen, die für Arbeitgeber in Hongkong nicht interessant sind, werden aufgefordert, sich anderswo zu bewerben. Es gibt Vorschläge, dass Arme und Arbeitslose Hongkong verlassen sollten, um in Festland-China Möglichkeiten zu suchen.[61]

Da die wirtschaftliche Entwicklung das wichtigste Ziel der Regierung ist und eine 'Bevölkerung hoher Qualität' als wichtige Voraussetzung für diesen Erfolg angesehen wird, wird nicht nur das Recht auf Zusammenführung für Familien aus China in Frage gestellt. Bedroht ist auch das Recht gering Qualifizierter, unverwertbar Qualifizierter und wirtschaftlich Erfolgloser auf Unterstützung oder sogar auf Aufenthalt in Hongkong. Indem die Einwohner Hongkongs dem Bestreben der Regierung, die Familienzusammenführung aus wirtschaftlichen Gründen zu beschränken, sehr schnell gefolgt sind, haben sie gleichzeitig – wohl nicht bewusst – auch die Legitimität ihres eigenen Anspruchs in Frage gestellt, Hongkong als ihre Heimat zu betrachten.

6. Fazit und Diskussion

Trotz des Regimewechsels war die Einwanderungspolitik Hongkongs in den drei Zeitphasen immer durch die Ideologie geprägt, Hongkong sei durch die Einwanderung aus China bedroht und die Regierung müsse die Einwohner aus diesem Grund durch strikte Einwanderungsbegrenzung schützen. Die Gewährung von Rechten an die Einwohner Hongkongs und die Akzentuierung der Immigrations-

herausgegeben wurde. Siehe Education Comission, Life-long Education, Whole-Person Development, 2000. Die Bedeutung dieses Slogans wird durch die Tatsache angedeutet, dass 1991 noch 36.000 Studenten eine post-sekundäre Teilzeit-Ausbildung machten und es im Jahr 2001 bereits 120.000 Studenten waren. Siehe Apple Daily, There Are More Women Than Men in Higher Education, 12. April 2002. Dies geschieht in einer Stadt, die bereits eine der längsten Arbeitszeiten der Welt hat. Siehe Kin-shing Choi und Tai-ki Mok, Reduce Work Hours to Increase Employment, Poverty Watch, Nr. 6, Dezember 1998 (chinesisch).

60 Der Ausdruck „adding value to self" rührt wahrscheinlich von dem Ausdruck „adding value to resources" her, der wörtlichen Übersetzung des chinesischen Titels des Enhanced Productivity-Programms der Sonderverwaltungszone. Die praktische Bedeutung von „adding value to self" wird gut von der Schlagzeile einer Zeitung eingefangen, die mit dem Schlagwort endet: „Gegenüber Schwierigkeiten: Erarbeite einen Wert von Dreizehntausend Dollar für Zehntausend Dollar." (Hong Kong Economic Daily, 16.11.2002 (chinesisch)

61 Ein ehemaliger Gewerkschafter – momentan Mitglied des Executive Councils und Oberster Gremium-Berater des Chief Executive – befürwortete zum Beispiel, dass die Armen nach China umziehen sollten. Siehe Ming Pao, Cheng Yiu Tong, Advocates that Low-Income Families Move to Mainland, 23. August 2002 (chinesisch). Ein von der Regierung in Auftrag gegebener Bericht über arbeitslose Schulabbrecher schlug ebenfalls vor, die Arbeitssuche in China auszudehnen. Siehe Hong Kong Economic Daily, „Shuangshi" Report Complete, Advocate Employment in Pearl River Delta, 6. Dezember 2002 (chinesisch).

bedrohung veränderten sich. In der Zeit nach dem Zweiten Weltkrieg gab es zum ersten Mal Grenzkontrollen zwischen Hongkong und China. Mit den Kontrollen wurde jedoch erst begonnen, als es bereits eine große Zuzugswelle nach Hongkong gegeben hatte. Da die Kontrollen relativ locker gehandhabt wurden, kamen auch in den fünfziger und sechziger Jahren viele Menschen von China nach Hongkong. Als Flüchtlinge, die Schutz in einer „ausländischen" Kolonie suchten, waren die Einwanderer und ihre Kinder, obwohl sie die Mehrheit der Bevölkerung ausmachten, in Hongkong politische Außenseiter. Sie waren in wörtlicher und metaphorischer Bedeutung nur aufgenommen worden, soweit die Kolonialregierung dies nützlich fand.

Als in den sechziger Jahren eine jüngere Generation in Hongkong aufwuchs, wurden die kolonialen Arrangements obsolet, die auf einer sich selbst exkludierenden Bevölkerung ohne Bleibeabsicht beruhten. Alarmiert von den Straßenkrawallen Mitte der sechziger Jahre unternahm die Kolonialregierung erste Schritte, das Verhältnis zu ihren Untertanen in Hongkong zu verbessern. Da die Regierung den Bürgern jedoch keine politischen Rechte gewähren wollte, versuchte sie, sich zum Beschützer Hongkongs als „Land der Möglichkeiten" für die legitimen Einwohner zu stilisieren. Im Kontext des anhaltenden Wirtschaftsaufschwung in Hongkong ergaben sich viele Aufstiegmöglichkeiten, insbesondere wegen des Schutzes der Individuen durch das Gesetz, d.h. zivile Bürgerrechte sowie durch die Gewährung von sozialen Bürgerrechten, insbesondere dem Zugang zu Sozialwohnungen. Diese sind jedoch primär für „normale" Familien gedacht und an die Länge des Aufenthalts in Hongkong gebunden. Mit der Erweiterung der sozialen Rechte ging gleichzeitig auch eine Verschärfung der Einwanderungskontrollen gegenüber Festland-Chinesen einher. Familien, die infolge der Einwanderungsbeschränkungen getrennt leben mussten, blieben vom sozialen Bürgerrecht ausgeschlossen. Da ihnen die Voraussetzungen zum Erwerb des sozialen Bürgerrechts vorenthalten wurden, wurden sie zu „unerwünschten Armen" und zu exkludierten Außenseitern in einem Hongkong der Mobilität nach oben und der Konsumorientierung.

Die Hoffnungen, dass die Regierung der Sonderverwaltungszone gegenüber Einwanderern aus China nach dem Ende der Kolonialära nachsichtiger sein würde, erfüllten sich nicht. Sie verwirklichte sich nur für eingewanderte 'Experten' und 'Talente'. Beflügelt von der Idee, Hongkong zu einer Drehscheibe der Weltwirtschaft zu machen und damit dem Interesse Chinas nach Modernisierung[62] zu dienen, ist die Regierung sehr darauf bedacht, Einwanderer fernzuhalten, die sie als ungeeignet für ihre Aspirationen betrachtet. Ihre Vision hat nicht die in Hongkong lebenden Menschen und ihre Bindungen im Blick. Statt dessen verbindet sich über Diskurse von der „Bevölkerungsqualität" und den globalen Wettbewerb

---

62 Für eine kurze Beschreibung zur amtlichen Vision Hongkongs als Drehscheibe der Wirtschaft und dem Interesse Chinas, siehe Tung Chee Hwa, Hong Kong, Asia's World City, Hongkong 2000, Hongkong: Information Services Department, 2000, Kapitel 1, S. 1-6.

Nationalismus mit Neoliberalismus. Dies definiert Hongkong als Plattform für Wirtschaft und rechtfertigt es, die Einwohnerrechte nach dem ökonomischen Nutzen zu definieren.[63]

Die Mehrheit der Bevölkerung in Hongkong ist mit der Erklärung Hongkongs zum Wirtschaftszentrum einverstanden. Sie haben sich auf die Seite der Regierung geschlagen, als es darum ging, Kindern von Hongkong-Bürgern Aufenthaltsrechte mit der Begründung zu verweigern, sie seien eine ökonomische Bürde. Da mit ihrem Einverständnis der wirtschaftlichen Entwicklung höhere Priorität gegeben wird als sozialen Werten, können sie auf der ideellen Ebene wenig Widerstand leisten, wenn soziale und politische Rechte immer mehr an wirtschaftliche Leistungsfähigkeit gekoppelt werden, d.h. die Bürgerrechte an den Markt angepasst werden.[64] Da der Anspruch auf eine Aufenthaltsgenehmigung in Hongkong an die potentiellen Beiträge zur Wirtschaftsleistung gebunden ist, stehen die Einwohner Hongkongs ebenfalls unter Druck, ihrerseits ihren 'Marktwert' zu erhöhen. Mit der Absicht, die „Qualität" der Bevölkerung zu verbessern, hat die Regierung auch ihre Anstrengungen zur Einschätzung und Klassifizierung der heutigen und der zukünftigen Bevölkerung Hongkongs und zur Vorgabe von Zielen für sie forciert. Ausbildung, Weiterbildung und bessere Leistung für den Arbeitgeber wird auch für den Durchschnittsarbeiter zwingend notwendig, da er sich nicht erlauben kann, auf dem Weg zu einem 'wettbewerbsfähigeren' Hongkong den Anschluss zu verlieren.[65]

Ein gemeinsames Problem für die Regierungen von Einwanderungsländern ist, wie James Hollifield beobachtet, die Aussage des Schweizer Schriftstellers Max Frisch: „Wir riefen Arbeitskräfte, aber es kamen Menschen".[66] Die Einwanderer, die nach dem zweiten Weltkrieg aus China nach Hongkong kamen, haben durch den über vier Jahrzehnte anhaltenden Wirtschaftsboom in Hongkong bewiesen, dass sie gute Arbeitskräfte sind. Dass sie auch Menschen sind, die ihre Unzufriedenheit in die Öffentlichkeit bringen, brachte die Kolonialregierung in Hongkong

---

63 Mit Neoliberalismus beziehe ich mich auf den Versuch, die Marktwerte als Kriterium der Ressourcenallokation und sozialen Koordination zu verallgemeinern. Siehe Pierre Bourdieu, Neoliberlism, the Utopia (Becoming a Reality) of Unlimited Exploitation, in: Pierre Bourdieu, Acts of Resistance, New York 1998: The New Press.
64 Neben der Koppelung von Aufenthaltsrechten an ökonomische Werte wird die Vermarktung der Staatsbürgerschaft in Hongkong auch durch die wachsende Kommerzialisierung der öffentlichen Dienstleistungen und des funktionalen Wahlsystems deutlich, das Reiche begünstigt. Zum Vergleich siehe, Teil I in Colin Crouch et al. (Hrsg.), Citizenship, Markets and the State, New York 2001: Oxford University Press.
65 Zusammen mit ihren Plänen, 'Talente' und 'Experten' zu importieren, unterstützt die Regierung Hongkongs auch vergleichende Leistungstests für einheimische Arbeitnehmer und entwickelt ein einheitliches Schema, mit dem alle Beschäftigten in Hongkong im Hinblick auf ihre berufliche Qualifikation klassifiziert werden können.
66 James F. Hollifield, The Politics of International Migration, in: Caroline Brettell und James F. Hollifield (Hrsg.), Migration Theory, New York 2000: Routledge, S. 148-151. Er zitiert Max Frisch, Öffentlichkeit als Partner, Frankfurt a.M. 1967.

dazu, den 'normalen Familien' unter ihnen Zugeständnisse zu machen und ihnen eine Teil-Staatsbürgerschaft in der Form ziviler und sozialer Rechte zu gewähren, nicht unähnlich dem, was Regierungen anderswo eingewanderten Einwohnern einräumten. Die Regierung der Sonderverwaltungszone hat andererseits, indem sie die Aufenthaltsrechte an ökonomische Fähigkeiten knüpft und die sozialen Bürgerrechte beschränkt, zumindest einen gewissen Erfolg damit, Menschen, die in Hongkong leben oder leben wollen, wieder stärker auf ihre Eigenschaft als Arbeitskräfte zu reduzieren.

Das Beharren der Regierung auf den Vorrang der wirtschaftlichen Entwicklung vor sozialen Zielsetzungen rührt von dem Wunsch einer nichtrepräsentativen Elite nach Legitimität ohne Partizipation der Bürger her. Diese werden ohne aktive politische Bürgerrechte gelassen. Ähnliche Beispiele sind auch aus anderen postkolonialen Staaten bekannt.[67] Der Glaube, Wirtschaftswachstum sei die beste Vorsorge gegen alle Leiden, ist nicht nur in Hongkong vorzufinden.[68] Diese Überzeugung spricht jedoch gerade diejenigen an, deren Lebensverhältnisse sich während der Wachstumsjahre in Hongkong stark verbessert haben, bevor die derzeitige Krise einsetzte. Insofern sehen sie Hongkong weiterhin als 'Land der Möglichkeiten' und machen ihr Selbstwertgefühl an wirtschaftlichem Erfolg fest. Wenn die auf wirtschaftlichem Erfolg basierende Identität der Menschen weiterhin von so großer Bedeutung bleibt, dann dürften Gruppen, die für eine stärker auf die sozialen Dimensionen bedachte Konzeption der Staatsbürgerschaft einstehen, schwer haben, andere davon zu überzeugen, dass die Menschen, die in Hongkong leben oder leben möchten, Menschen sind, die einen Wert haben, der mehr ist als ihr Marktwert.

---

67 Partha Chatterjee, The Nation and Its Fragment, Princeton, 1993: Princeton University Press, S. 202-205.
68 Siehe z.B. Robert M. Collins, More: The Politics of Economic Growth in Postwar America, New York 2000: Oxford University Press.

Christine B.N. Chin

Organisierte Randständigkeit als staatliches Modell:
Frauen und Migration in Südostasien*

1. Einleitung

Die Region, die heute als Südostasien bezeichnet wird, kann auf eine lange Migrationsgeschichte zurückblicken, die bis in vorkoloniale Zeiten zurückreicht. Zu jener Zeit konnten sich Menschen relativ frei über Land und Meer bewegen, um Handel zu treiben. Unter der europäischen Kolonisierung erleichterten Migrationen zwischen und innerhalb von Territorien den Aufbau von Kolonialökonomien, die auf der Ausbeutung von Naturressourcen basierten. Die Niederlassung von Einwanderergruppen führte schließlich zur Formierung multiethnischer Bevölkerungsstrukturen in den Grenzen der Länder, die ihre Unabhängigkeit erlangten. Im 20. Jahrhundert wurde Migration schwieriger, als die neuen Staaten sich mit den politischen, ökonomischen und sozialen Herausforderungen auseinander setzten, die mit der Unabhängigkeit von den Kolonialmächten zusammenhingen.[1]

Zwischen der Mitte und dem Ende des 20. Jahrhunderts entwickelte sich das Phänomen der überseeischen und der transnationalen Arbeitsmigration immer mehr zu einem wichtigen Indikator und einer Triebkraft der ökonomischen Neustrukturierung vieler südostasiatischer Länder. Was als Auswanderung Tausender hauptsächlich indonesischer, philippinischer und thailändischer männlicher Arbeitskräfte in den Mittleren Osten zur zeitlich begrenzter Arbeit in Infrastrukturprojekten begann, hat sich zu einer Massenwanderung ausgeweitet, bei der Millionen Frauen und Männer ihre Heimatländer verlassen, um vor allem innerhalb der südostasiatischen Region, aber auch in Ostasien, dem Mittleren Osten, Europa und Nordamerika zu arbeiten.

---

* Aus dem Englischen übersetzt von Vivian Herrmann, Universität Münster.
1 In den vierziger Jahren wurde das Wort „Südostasien" benutzt, um das Operationsgebiet der Alliierten Streitkräfte im Gebiet südlich von China und östlich von Indien zu bezeichnen. Heutzutage subsumiert man unter Südostasien im allgemeinen zehn Länder: Burma, Thailand, Kambodscha, Laos, Malaysia, Singapur, Indonesien, Brunei und die Philippinen. Thailand war das einzige Land, das nicht von einem europäischen Staat oder den USA kolonisiert wurde. Siehe Amitav Archary (Hrsg.), The Quest for Identity: International Relations of Southeast Asia, Singapur 2000.

Bezeichnend für die heutige Migration ist die Dominanz niedrig bezahlter Arbeitsmigranten in geschlechtsspezifischer Aufteilung: „männliche" Jobs in der Bauwirtschaft, auf großen Agrarfarmen und in der verarbeitenden Industrie, „weibliche" Jobs in Haushalten, in der Unterhaltungsindustrie (Sängerinnen und Tänzerinnen) und in anderen Dienstleistungsbereichen. In den beiden wichtigsten Arbeitsausfuhrländern, den Philippinen und Indonesien, übersteigt die Zahl der regulär auswandernden Frauen (als jener, die legal einreisen und in staatlich anerkannten Jobs arbeiten) die Zahl der ausgewanderten Männer um das zwölffache bzw. um das zweifache. Die Zahl der irregulären Migrantinnen wird deutlich höher geschätzt. Unter anderem gehören dazu Frauen, die keinen legalen Status haben, weil sie illegal eingereist sind, Frauen, die ihren Arbeitgeber ohne vorherige offizielle Genehmigung gewechselt haben und Frauen, die an mehrere Arbeitgebern „verkauft" worden sind.[2] In den zwei Hauptaufnahme-Ländern der Region, Singapur und Malaysia, arbeitet die Mehrheit der Migrantinnen in Dienstleistungen für Haushalte.

Diese Veränderungen in den Mustern niedrig bezahlter Arbeitsmigration hängt mit den neo-liberalen Globalisierungsprozessen in Südostasien zusammen. Sie wird von diesen genährt und nährt sie wiederum. Die Staaten ziehen sich immer mehr aus der Wirtschaftslenkung zurück, um Wettbewerb, Effizienz und Produktivität zu anzuregen. Die Entsendeländer profitieren wirtschaftlich von den steigenden Geldüberweisungen der Migranten und der nachlassenden Arbeitslosigkeit, während die Empfängerländer die Flexibilität und die niedrigeren Arbeitskosten nutzen, die sie mit temporär beschäftigten Migranten erzielen.

Es ist wohlbekannt und sichtbar, dass viele Migranten in sekundären Arbeitsmärkten beschäftigt sind, in denen sie wenig Rechte haben und wenig Leistungen beziehen. Gleichwohl variiert die Schutzlosigkeit niedrig entlohnter Arbeitsmigranten nach Geschlecht und Branche. Im Unterschied zu Arbeitskräften, die in Gruppen im öffentlichen Raum beschäftigt sind, sind im häuslichen Dienstleistungssektor beschäftigte Migrantinnen infolge ihrer isolierten und individualisierten Arbeitsumgebung in den Haushalten weniger geschützt. Gleiches gilt für Migrantinnen in der Entertainment-Branche in Japan und Südkorea, die oft als Sexarbeiterinnen oder Hostessen in Bars und Nachtclubs enden.[3] Die Ausbeutung bestimmter Kategorien von Migrantinnen wird also durch die Art ihrer Arbeit noch wesentlich gesteigert.

An die steigende Zahl von Migrantinnen im Niedriglohnsektor knüpfen sich wichtige Fragen: Fördert oder reguliert der Staat die Migration von Frauen in Südostasien? Wenn ja, auf welche Art und mit welchen Konsequenzen für die Frauen? Unser Aufsatz liefert eine Analyse der staatlichen Politik der größten Ar-

2 Lim Lin Lean und Nana Oishi, International Migration of Asian Women: Distinctive Characteristics and Policy, in: Graziano Batistella und Anthony Paganoni (Hrsg.), Asian Women in Migration, Quezon City 1996, S. 23-54.
3 Migration News, Vol. 9, Nr. 10, 2002.

beitskräfte-Entsendeländer, der Philippinen und Indonesiens, sowie der größten Aufnahmeländer für Arbeitsmigranten, Singapurs und Malaysias, um den staatlichen Einfluss bei der Migration von weiblichen Arbeitskräften im Niedriglohnsektor zu bestimmen. Unsere Analyse zeigt den Zusammenhang zwischen der institutionalisierten Migrationspolitik der südostasiatischen Staaten in Reaktion auf die neoliberalen Entwicklungen und der institutionalisierten Marginalisierung der Arbeitsmigrantinnen im Niedriglohnsektor. Arbeitskräfte entsendende Länder stellen die Förderung der Auswanderung von Frauen über den Schutz ihrer Rechte, ebenso wie Arbeitskräften empfangende Länder den Schutz ihrer Bürger über die Durchsetzung der Rechte der „fremden" Migrantinnen stellen.

2. Der Staat, die transnationale Arbeitsmigration und die Frauen

Bereits in den siebziger Jahren erkannten Migrationsforscher die Bedeutung der transnationalen Arbeitsmigration im Niedriglohnbereich für die Bewältigung der ökonomischen Herausforderungen in Südostasien, als Tausende von Männern in erdöl-exportierende Länder des Mittleren Ostens migrierten. Als Erklärungszusammenhang diente damals der 'push-pull'-Ansatz. Danach wurden die Arbeiter aus dem Heimatland 'abgestoßen' und von einer anderen Region durch höhere Löhne 'angezogen'. Dieser Perspektive, die sich auf internationale Lohndifferentiale bezieht, liegt die Annahme der Geschlechtsneutralität wie auch die Annahme einer problemlosen Migration über staatliche Grenzen hinweg zu Grunde.[4]

Als Frauen begannen, unabhängig und in großer Anzahl in andere Länder innerhalb und außerhalb Asiens zu migrieren, um in Niedriglohnjobs zu arbeiten, begann die Forschung alternative Ansätze zu entwickeln, die die Präsenz (oder Nichtpräsenz) vom Frauen in den verschiedenen Migrationsströmen in Abhängigkeit von den spezifischen Angebotsstrukturen in den Aufnahmeländern in die Analyse einbezogen. Die Erklärungsmuster reichten von historisch-strukturellen Ansätzen, die die Beziehungen zwischen geschlechtsspezifischer Migration und Strukturveränderungen in der Weltwirtschaft untersuchten, über Ansätze sozialer Netzwerke, die die Antriebskräfte der Migration in Freundschafts- und Verwandtschaftsnetzwerken über Kontinente hinweg sehen, bis hin zu dem 'Haushaltsstrategie-Ansatz', der Haushalte als wichtigste Entscheidungseinheiten bei Migrationsprozessen sieht.[5]

Die Forschungsliteratur über die Migration von Frauen im heutigen Südostasien hat wesentlichen Erkenntnisse über die Beziehungen zwischen Haushalten und der globalisierten Wirtschaft erbracht. Hervorgehoben sollte werden, dass die globalen Verbindungen zwischen Haushalten extrem wichtig bei der Analyse der kom-

---

4 Für eine Darstellung früherer Migrationstheorien siehe z.B. Paul R. Shaw, Migration Theory and Fact: A Review and Bibliography of Current Literature, Philadelphia 1975.
5 Sylvia Chant (Hrsg.), Gender and Migration in Developing Countries, New York 1992.

plexen Strukturen sind, denen Frauen in der Migration und am Arbeitsplatz ausgesetzt sind. Die Migration von Arbeiterinnen im Niedriglohnsektor wird von Faktoren wie den Bildungsniveaus, der Haushaltsdynamik, kulturellen Erwartungen und Praktiken sowie lokalen und transnationale Beschäftigungsmöglichkeiten beeinflusst.[6]

Nur unzureichend untersucht ist bisher jedoch die Rolle des Staates bei der Unterstützung und der Regulierung der geschlechtsabhängigen Migrationsströme und der bestehenden Beschäftigungsstrukturen. Untersuchungen über Migrantinnen sollten dabei nicht nur die Dynamik und die Veränderungen der Haushalte in der globalen Wirtschaft mit einbeziehen, sondern auch die nationalen Entwicklungspfade der Abgabeländer, die die Auswanderung der weiblichen Arbeitskräfte gezielt fördern. Ebenso wird die Möglichkeiten, Beschäftigung im Ausland anzunehmen, zu einem großen Teil durch die Politik und die Gesetzesbestimmungen der Aufnahmeländer bestimmt, die für Migrantinnen meist spezifische Jobs „reservieren". Was kann also zu den Beziehungen zwischen Staat, transnationaler Arbeitsmigration und Frauen geagt werden?

Wie bereits erwähnt ist das heutige Phänomen der transnationalen Arbeitsmigration eng an die neoliberale Globalisierung in Südostasien geknüpft, vor allem nach der währungsinduzierten Wirtschaftskrise von 1997/98, in der die neoliberalen Grundsätze des wirtschaftlichen Wettbewerbs, der Effizienz und der Produktivität zum Mantra der wirtschaftlichen Entwicklung geworden sind. Politiken der transnationale Arbeitskräftemigration wurden in diesem Kontext als wirksame Strategien von exportorientierter Entwicklungspfade betrachtet. Für ärmere Länder machte dies die Auswanderung ihrer Bürger zur Beschäftigung in Übersee nötig. Für reichere Länder bedeutete es die Einwanderung von Arbeitskräften hauptsächlich im Niedriglohnsektor.

Dem Arbeitskräfteexport-Politik der Philippinen und Indonesiens als Haupt-Entsendeländern folgten entsprechende staatliche Entsendepolitiken Thailands und Vietnams. Sogar ein kommunistischer Staat wie Vietnam, der die Auswanderung seiner Bürger ins nicht-kommunistische Ausland früher strikt kontrollierte, versucht jetzt aktiv, Arbeitsmärkte im Ausland zu identifizieren, um inländische Arbeitslosigkeit und Unterbeschäftigung zu mildern und im Zug der Liberalisierung der Wirtschaft dringend benötigte Devisen ins Land zu bringen.[7] Andererseits werden in der Arbeitskräfteimport-Politik der Haupt-Aufnahmeländer Singapur und Malaysia Migranten als Lösung des Arbeitskräfteengpasses im Niedriglohnsektor betrachtet, um die Wettbewerbsfähigkeit der Export zu sichern.[8]

---

6 Nana Oishi, Gender and Migration: An Integrative Approach, Working Paper Nr. 49, The Center for Comparative Immigration Studies, San Diego 2002. http://www.ccis_usd.org/publications/wrkg49.pdf.
7 Cu Chi Loi, Vietnam, in: OECD, Migration and the Labour Market in Asia: Recent Trends and Policies, Paris 2002. Für Analysen der irregulären Migration: Asian Migrant Center, Migration in the Greater Mekong Region: Needs, Issues and Responses, Hong Kong 2002.
8 Bei der irregulären Migration stehen Thailand und Malaysia an der Spitze der Empfänger-

Das Verhältnis zwischen Staat und Wirtschaft ist jedoch viel komplexer, als es die Befürworter des neoliberalen Globalisierungsprojekts einer grenzenlosen Welt für Kapital, Güter und Personen zeichnen.[9] Anfangs konnte die Privatisierung von Staatsbetrieben, die mit der Deregulierung und Liberalisierung bestimmter Wirtschaftssektoren einher ging, als Indikator für den staatlichen Rückzug aus der Wirtschaft gesehen werden. Wer jedoch glaubte, der Staat büße in diesem Prozess an Macht ein, unterschätzt den Einfluss des Staates auf veränderte Arbeitsmarktpraktiken, die neoliberale Politiken der Privatisierung, Deregulierung und Liberalisierung in Südostasien unterstützen.

Neoliberale Globalisierung erfordert eine „soziale Rekonstruktion" der Arbeit für eine neue Ära nie da gewesener Kapitalmobilität und -akkumulation innerhalb von Ländern und über Grenzen hinweg. Der Ausdruck 'Flexibilität der Arbeit' ist jedoch ein Euphemismus, denn häufig bedeutet er nichts anderes als die Arbeit im Verhältnis zum Kapitaleinsatz günstiger zu gestalten. Staaten erleichtern Flexibilisierung der Arbeit über die Einführung oder Nichteinführung von Mindestlöhnen, die Erweiterung der Möglichkeiten, Teilfertigungen oder Subkontrakte zu vergeben (um sich von der Verantwortung gegenüber und für ihre Arbeitskräfte zu befreien), die Beschneidung des Streikrechts der Arbeitnehmer und ähnlichen Maßnahmen, die neue Arbeitsmaßstäbe und -bedingungen als „natürlich" darstellen.[10]

Wir sind Zeugen, wie die aktive Rolle des Staaten in der transnationalen Arbeitsmigration die Flexibilität der Arbeit als Konzept umsetzt, indem Millionen von Frauen und Männern offiziell ermutigt werden, ihre Heimatländer zu verlassen und Arbeitsverhältnisse im Niedriglohnsektor inner- und außerhalb Südostasiens aufzunehmen. In den Entsendeländern werden durch die Förderung der Arbeitsauswanderung die politischen, ökonomischen und sozialen Kosten der Unterbeschäftigung und der Arbeitslosigkeit gemindert. Im Aufnahmeland fördert die Arbeitsmigration die Zweiteilung oder Segmentierung des Arbeitsmarktes.

Der primäre Arbeitsmarkt wird durch legale qualifizierte und professionelle Arbeitskräfte besetzt, darunter auch willkommene hochqualifizierte ausländische Experten und Nicht-Einheimische, die für den Wissenstransfer benötigt werden und/oder Lücken im Arbeitsmarkt schließen. Der sekundäre Arbeitsmarkt besteht dagegen aus den sog. 3D-Jobs (dirty, degrading und dangerous/difficult) oder wie

länder, vor allem wegen ihrer geographischen Lage und ihrer Geschichte. Nach Thailand kommen vor allem irreguläre Migranten aus Burma. Malaysia ist Empfängerland vor allem für irreguläre Migranten aus Indonesien.
9 Siehe z.B. Kenichi Ohmae, The Borderless World: Power Strategies in the Interlinked Economy, New York 1990.
10 Für Datenmaterial in Bezug auf Frauen und den Prozessen der Arbeitsflexibilisierung auf nationaler Ebene in verschiedenen Regionen der Welt, siehe Guy Staanding, Global Feminization Through Flexible Labour: A Theme Revisited, World Development, Vol. 27, Nr. 3, 1999, S. 583-602.

Böhning sie nennt, den „SALEP" Jobs (shunned by all except the poorest).[11] Charakteristisch für diese Arbeitsplätze sind niedrige Löhne, ein geringer Schutzniveau am Arbeitsplatz sowie geringe Chancen auf sozialem und beruflichem Aufstieg. Dieser Teil des Arbeitsmarkts wird in Einwanderungsländern mit steigender Tendenz mit Ausländern oder „Gastarbeitern" mit befristeten Verträgen besetzt. Die Migranten können nach Belieben des Arbeitgebers eingestellt und entlassen werden und besitzen im Allgemeinen nur wenig Rechte, da sie keine Staatsbürger sind.

Die gegenwärtigen geschlechtsspezifischen Muster der Migration im Niedriglohnbereich in Südostasien lassen spezifische Schnittmengen von Geschlecht, Klasse oder Nationalität erkennen. Die sektorale Nachfrage nach Arbeitskräften im Niedriglohnbereich wird nicht einfach durch Einwanderung befriedigt, sondern sich bei der Besetzung unterschiedlicher 3D-Jobs bilden sich spezifische Nationalitätenmuster heraus. Mit der Zeit werden bestimmte 3D-Jobs mit bestimmten ausländischen Frauen und Männern assoziiert, die aus unterschiedlichen Ländern kommen und auch eine unterschiedliche ethnische Herkunft haben können.

Zum Beispiel genießen philippinische Hausangestellte, die Englisch sprechen und die höhere Löhne erhalten, in Empfängerländern wie Malaysia, Singapur und Hongkong im Vergleich zu ihren indonesischem Kolleginnen einen vergleichsweise angesehenen Sozialstatus. Filipinas gelten jedoch in Hongkong auch als selbstbewusst in Bezug auf die Einforderung ihrer Rechte und im Vergleich zu Migrantinnen aus anderen Ländern als weniger gefügig. Ähnlich schätzen Arbeitgeber in Taiwan Filipinos als Industriearbeiter ein: als „faul und träge, schneller in der Forderung nach Rechten als bei der Arbeit und mit einer Tendenz, den Arbeitsplatz zu verlassen". Die Arbeitgeber stellen deshalb lieber indonesische und thailändische Arbeiter ein.[12] Burmesische Migranten haben in Thailand den Ruf, gute Arbeiter zu sein, die 150 kg schwere Reissäcke tragen können. Sie dominieren deshalb auch in Fischereibetrieben, in der Männer für den Fischfang und Frauen für das Sortieren des Fangs verantwortlich sind.[13] In Malaysia dürfen indonesische Arbeiter nur auf Plantagen und indonesische Frauen nur im Bereich der häuslichen Dienstleistungen arbeiten, während Arbeiter aus Thailand, Kambodscha, Nepal, Burma, Vietnam und den Philippinen nur auf Plantagen, in der Verarbeitenden Industrie und im Dienstleistungssektor beschäftigt werden dürfen.[14]

Die Art der Niedriglohnjobs, die Frauen einnehmen, verdeutlicht, wie die soziale Konstruktion der Arbeit die fundamentale patriarchalische Annahme affirmiert, dass Frauen dazu geboren seien, reproduktive Arbeit innerhalb und außerhalb des Hauses zu verrichten. Frauen werden in bestimmten Tätigkeiten beschäf-

---

11 W.R. Böhning, Employing Foreign Workers: A Manual on Policies and Procedures of Special Interest to Middle-and-Low-Income Countries, Genf 1996.
12 Interpress, 11. Dezember 2001.
13 The Straits Times, 26. Mai 2001.
14 The Star On-Line, 6. Februar 2002.

tigt, die ihren „natürlichen" Fähigkeiten entsprechen, Hausarbeiten erledigen (z.B. als Hausangestellte), andere zu bedienen (z.B. als Kellnerinnen und Hostessen), geduldig und detailorientiert zu sein (z.B. bei bestimmten Arbeiten in der Fabrik) oder die Käufer ihrer Dienste in den Aufnahmeländern zu unterhalten (z.B. als Sängerinnen und Tänzerinnen, was zumeist dasselbe wie Sexarbeit ist). Auf diese Weise schafft die transnationale Arbeitsmigration zwar den Frauen Beschäftigungsmöglichkeiten, aber gleichzeitig werden sie mehrheitlich in verschiedenen Arten schlecht bezahlter Arbeit marginalisiert. In Bezug auf ihre Arbeitsbedingungen, Rechte und Sozialleistungen genießen sie in diesen unterschiedlichen Ausformungen reproduktiver Arbeit keinen oder nur ansatzweise Schutz. Eine kritische Betrachtung der staatlichen Politik kann zeigen, welche Rolle der Staat direkt (de iure) und indirekt (de facto) bei dieser institutionalisierten Marginalisierung der Migrantinnen im Niedriglohnbereich spielt.[15]

3. Frauen als Exporteinnahmequelle: die Arbeitskräfte-Entsendeländer

Die Philippinen und Indonesien sind das größte und das zweitgrößte Arbeitskräfte-Entsendeland für reguläre Arbeitsmigrantinnen in Südostasien. Die Förderung der Auslandsbeschäftigung seitens des Staates begann bereits in den siebziger Jahren. Auslöser war die Nachfrage nach Arbeitskräften im Niedriglohnsektor im Nahen und Mittleren Osten (für Infrastrukturprojekte) und im geringeren Maße auch in Malaysia (für Plantagenarbeit). Größtenteils handelte es sich damals um männliche Arbeitsmigranten, obwohl auch einige Frauen auswanderten, um als Hausangestellte zu arbeiten. Ihre Zahl war allerdings relativ gering. Später überstiegen die Auswanderungszahlen der Frauen aber die der Männer, Grund war die große Nachfrage nach Hausangestellten vor allem in den genannten Regionen und auch darüber hinaus.

Was als temporäre Lösung für Arbeitslosigkeits-Problem begonnen hatte, wurde in diesen beiden Staaten zu einer permanenten Strategie als Antwort auf die unausgewogene Implementation einer neo-liberalen Wirtschaftspolitik. Derzeit ist die „Entsendung" bzw. der „Export" von Migrantinnen und Migranten als zentrales Element in die nationalen Entwicklungspläne eingebaut: der Export von Menschen läuft parallel zum Export von Rohstoffen und Fertigwaren. Die drei Hauptziele der Arbeitsmigrationspolitik sind: 1. den Druck auf den Arbeitsmarkt angesichts der hohen Arbeitslosenraten abzubauen (in den letzten 10 Jahren lag die Rate im Durchschnitt im zweistelligen Bereich), 2. die Migranten dazu zu ermuntern, Geld zu überweisen, um die sinkenden Haushaltseinkommen und Handelsbilanzen

---

15 Stuart Rosewarne, The Globalization and Liberalization of Asian Labour Markets: Stat-Orchestrated Labour Market Segmentation, 1999. http://www.caprn/bc/ca/tnmonitor/rosewarne.html.

auszugleichen und 3. die Erleichterung von Qualifikationstransfers durch Rückwanderung.

Die Auswanderung aus den Philippinen stieg exponentiell von 75.000 im Jahr 1975 auf schätzungsweise 7,3 Millionen Emigranten im Jahr 2001 an. Durchschnittlich wurden im Monat rund 80.000 Arbeitsmigranten ins Ausland geschickt. 2001 überwiesen die Arbeitsmigranten zusammen etwa 8 Milliarden US-Dollar an ihre Heimatländer und machten damit die Geldüberweisungen zur einer der größten Devisenquellen.[16]

Der Anteil der Migrantinnen an den Wanderungsbewegungen wuchs von 15 Prozent im Jahr 1975 auf 27 Prozent im Jahr 1987 und über 50 Prozent in den späten neunziger Jahren an.[17] Im Jahr 2000 stellten Frauen über 70 Prozent der neu entsandten Arbeitsmigranten. Die Mehrheit arbeitete in den Bereichen „Unterhaltung", „Dienstleistungen" und „Haushalt". Die Hauptempfängerregionen waren der Mittlere Osten (z.B. Haushaltsangestellte in Saudi-Arabien), Asien (z.B. Hausangestellte in Hongkong, Singapur und Entertainerinnen in Japan) und Europa (z.B. Hausangestellte in Italien). Die jüngst aufgetretene Nachfrage nach Krankenschwestern und anderem medizinischen Personal in Nordamerika und Europa hat den philippinischen Staat dazu veranlasst, auch die Auswanderung von qualifizierten Krankenschwestern zu fördern.[18] Der Grund für die Beliebtheit von Filipinas in so vielen Empfängerländern liegt an ihrem relativ hohen Bildungsniveau und der Beherrschung der englischen Sprache.

Das Ausmaß und die Anzahl der regulären indonesischen Arbeitsmigranten verblasst im Vergleich zu den Zahlen der philippinischen Arbeitsmigranten. Die Entwicklungspläne der indonesischen Regierung, die jeweils auf fünf Jahre angelegt sind, rechnen jeweils mit der Anzahl der zu erwartenden Migranten und den entsprechenden Geldüberweisungen aus dem Ausland. So ging beispielsweise die Repelita VI. (1994-1999) von der Entsendung von 1,2 Millionen Migranten und einer erwarteten Geldüberweisung von etwa 3 Milliarden US-Dollar aus.[19] Im Jahr 2000 machten Frauen über 70 Prozent der eine Million Arbeitskräfte im Ausland aus, was im Vergleich zum fünfzigprozentigen Anteil während der neunziger Jahre noch einmal eine deutliche Steigung bedeutete.[20] Die Geldüberwei-

---

16 Migration News, Vol. 9, Nr. 12, 2002.
17 Migration News, Vol. 8, Nr. 3, 2001.
18 Scalabrini Migration Center, Asian Migration Atlas 2000. http://www.scalabrini.asn.au/atlas/amatlas.htm.
19 Prijono Tjiptoherijanto, International Migration: Process, System and Policiy Issues, in: Abdul Sukamdi, Abdul Harris und Patrick Brownlee (Hrsg.), Labour Migration in Indonesia: Policies and Practices, Indonesia 1998. Siehe auch Agus Sutanto, Legal Aspects of International Labour Migration in Indonesia, in: Patrick Brownlee (Hrsg.), Migration and Citizenship in the Asia Pacific: Legal Issues, APMRN Working Paper Nr. 5, Australien 1998.
20 Migration News, Vol. 9, Nr. 3, 2002. Siehe auch Recky Supit, Exploited Indonesian Migrant Workers, in: Asia Pacific Forum on Women, Law and Development, Tripartite Conference on Migrant Women's Rights, Manila, 11.-14. November 2001. http://www.apwld.org/proceedings-TRIPARTITE.

sungen der Migranten betrugen im Jahr 2000 2,6 Milliarden US$. Obwohl die Anzahl der Migrantinnen die Anzahl der Migranten übersteigt, werden sie aufgrund der kulturellen, religiösen und/oder sprachlichen Verbundenheit vor allem in Asien und im Nahen und Mittleren Osten im häuslichen Dienstleitungsbereich beschäftigt (die Mehrheit der Frauen sind Muslime, sprechen aber teilweise nur Bahasa Indonesia). 2001 wurden schätzungsweise 300.000 Frauen in die drei wichtigsten Empfängerländer geschickt: 110.000 nach Malaysia, 38.000 nach Singapur und 103.000 nach Saudi-Arabien. Diese Statistiken sind jedoch mit Vorsicht zu genießen, da sie die Hunderttausende irreguläre Migrantinnen, vor allem in Malaysia, nicht einbeziehen.[21]

Die Beschäftigungsmöglichkeiten für Filipinas und Indonesierinnen im Ausland hängen von der Nachfrage und den Einwanderungsbestimmungen im Arbeitskräfte-Empfängerland ab. Aber die auf Arbeitskräfte-Entsendung spezialisierten staatlichen Behörden, die Philippine Overseas Employment Agency (POEA) und das Office for Overseas Employment (AKAN) Indonesiens tragen ebenfalls zu einer Ausdehnung der Nachfrage bei. Diese Behörden haben die Aufgabe, die besondere Eignung einheimischer Frauen für bestimmte Berufe im Ausland zu bewerben, die ausländischen Arbeitsmärkte zu erweitern und Informationen über potentielle Beschäftigungsmöglichkeiten im Ausland weiter zu geben. Im Jahr 2000 veranstaltete die POEA zehn Jobmessen und gab ihre Informationen an 424 Provinzstellen für Personalrekrutierung weiter.[22] Mit der langsamen Erholung Indonesiens von der Wirtschaftskrise in diesem Jahr und der Rückgewinnung politischer Stabilität veröffentlichte die Regierung Pläne, die Beschäftigung im Ausland auszuweiten.[23]

Aufgrund ihrer Marketing- und Koordinierungstätigkeiten können die POEA und die AKAN als Teil einer „Migrationsindustrie" angesehen werden, der öffentliche Behörden genauso wie Unternehmen (Einwanderungsbehörden, private Rekrutierungs-, Personal- und Reiseagenturen usw.) angehören und die sich mit den verschiedenen Aspekten der Massenmigration befasst.[24] Während der siebziger Jahre begann der philippinische Staat, der den privaten Sektor bis dahin erfolgreich aus dem Rekrutierungsprozess von Migranten heraus gehalten hatte, den Personalrekrutierungs-Agenturen angesichts der hohen Zahl der Arbeitsmigrantinnen Zuständigkeiten zu übertragen. Bis 2001 kooperierte die AKAN in Indonesien mit der Indonesia Manpower Supplier Association (die über 400 Personal-Rekrutierungs-Agenturen im privaten Sektor koordiniert), um die Auswanderung zu regulieren. Angesichts der regionalen Dezentralisierungstendenzen wird der Druck

---

21 Migration News, Vol. 9, Nr. 3, 2002.
22 Migration News, Vol. 7, Nr. 4, 2000.
23 Migration News, Vol. 7, Nr. 6, 2000.
24 Graeme Hugo, Women on the move: Changing Patterns of population movements in Indonesia, in: Sylvia Chant (Hrsg.), Gender and Migration in Developing Countries, London 1992.

auf die verschiedenen Regionen des Landes, Werbung für die Auswanderung von Arbeitskräften zu betreiben, weiter steigen. Es wird erwartet, dass die regionale Arbeitslosigkeit hierdurch deutlich gesenkt und die Geldüberweisungen aus dem Ausland gesteigert werden können, und zwar auf 2,5 bis 11 Prozent des jeweiligen regionalen BIP.[25]

Die staatliche Regulierung der Personalrekrutierungs-Agenturen bezieht sich größtenteils auf Lizenzvergabe und die Einhaltung der Standards. In Anbetracht der Bedeutung der Auswanderungspolitik für den Arbeitsmarkt und die Devisenbeschaffung sind die Bemühungen zur Überwachung der Agenturen aber immer gegen die potentiellen Kosten sinkender Migrationszahlen abzuwägen: „Einerseits sind die privaten Vermittler bei der Steigerung der Arbeitskräfte-Nachfrage sehr effizient, und die Entsendeländer wollen sie dabei nicht entmutigen. Andererseits können sehr hohe Gewinne erzielt werden, wenn die Richtlinien nicht eingehalten werden, während Strafen sehr schwierig durchzusetzen sind."[26] Für Frauen, die auf offiziellem Weg auswandern, haben die Staaten klare Rekrutierungs- und Auswanderungsverfahren eingeführt, um mögliche Ausbeutungspraktiken durch die Personalvermittler auszuschließen. Insbesondere im Falle Indonesiens sind diese Maßnahmen jedoch kontraproduktiv gewesen, weil die Vermittler ebenso wie die Migranten die offiziellen Regelungsverfahren als zu kostspielig, kompliziert und zeitraubend und sogar als korruptionsanfällig ansehen.

Die Entsendeländer haben auch versucht, bilaterale Abkommen mit verschiedenen Empfängerländern zu schließen, z.B. um Standard-Arbeitsverträge einzuführen wo es irgend geht. Angesichts der harten Wettbewerbssituation auf den transnationalen Arbeitsmärkten werden diese bilateralen Abkommen jedoch immer wieder abgeschwächt oder gänzlich wirkungslos, wenn die Entsendeländer strikt auf vertraglichen Vereinbarungen zur Regelung der Migration und Beschäftigung der Frauen insistieren. So musste sich im Jahr 2002 die philippinische Regierung bereit erklären, einer Verringerung der Monatsgehälter für die im Haushalt beschäftigten Migrantinnen bei einer gleichzeitigen Aufrechterhaltung ihres Arbeitskräfteanteils in Saudi-Arabien zuzustimmen.[27]

Anstelle der Schwäche der bilateralen Abkommen haben die Philippinen und Indonesien länder- und berufsspezifische Einwanderungsstopps eingeführt. So haben in den achtziger Jahren beide Staaten mehrfach Verbote gegen die Einwanderung von Hausangestellten nach Saudi-Arabien aufgrund häufig auftretender Missbräuche und Misshandlungen ausgesprochen. Der Bann wurde jedoch aus wirtschaftlichen Gründen immer wieder gelockert. Statt dessen wurden Schulungen

---

25 Suahasil Nazara, Indonesia, in: OECD, Migration and the Labour Market in Asia: Recent Trends and Policies, Paris 2002, S. 177.
26 Manolo Abella und A. Abrera-Mangahas, Sending Worker Abroad: A Manual for Low and Middle-Income Countries, Genf 1995.
27 Migration News, Vol. 9, Nr. 7, 2002.

für Migrantinnen angeboten und ein Mindestalter für Beschäftigung im Ausland eingeführt.

Konkret haben die Philippinen für Entertainerinnen vorgeschrieben, dass sie mindestens 23 Jahre alt sein, ein „Artist Record Book" besitzen und vor ihrer Abreise eine Test-Show absolvieren müssen.[28] Diese Einschränkungen dienten dazu sicherzustellen, dass tatsächlich nur qualifizierte Entertainerinnen auswandern. Gleichwohl werden viele philippinische Entertainerinnen trotzdem oft von Personalagenturen betrogen oder gezwungen, nach Ablauf ihrer Arbeitsgenehmigung weiter zu arbeiten. Sie können als „Hostessen" und/oder Prostituierte enden, um ihre durch die Migration entstandenen Schulden zurückzahlen zu können. Von den schätzungsweise 60.000 philippinischen Entertainerinnen in Japan halten sich aufgrund solcher Praktiken mindestens die Hälfte illegal im Land auf.

Auch wenn man argumentieren kann, dass das Prinzip der nationalen Souveränität die Migrantinnen nach ihrer Auswanderung außerhalb der Reichweite der Entsendestaaten stellt, macht das Beispiel der Aufhebung oder Lockerung von Auswanderungsstopps die Priorität der Förderung der Entsendung von Migrantinnen vor ihrem Schutz deutlich. Vergleicht man die beiden Staaten, so hat der philippinische Staat jedoch eine größere Bereitschaft gezeigt, gegen den Missbrauch und die Misshandlung philippinischer Frauen vorzugehen. Beispielsweise hat die Regierung kürzlich zugunsten von 11 Filipinas, die in Südkorea zur Prostitution gezwungen wurden, ein Gerichtsverfahren angestrengt.[29]

Ebenso wichtig ist die Arbeit der philippinischen Behörde Overseas Workers Welfare Administration (OWWA). Sie unterhält in fast allen Arbeitskräfte-Empfängerländern Büros, in denen sie Beratungen anbietet und missbrauchten Frauen und Männern Schutz gewährt. Die Finanzierung der Einrichtungen erfolgt durch die Migranten selbst, die vor ihrer Ausreise aus den Philippinen 25 US-Dollar zahlen, die zur Deckung der Kosten im Falle einer Notfall-Rückführung erhoben werden.

Darüber hinaus ist der umfassende Migrant Workers and Overseas Filipino Act von 1995 zu erwähnen. Dieses Gesetz wurde als Reaktion auf den Fall Flor Contemplacion verabschiedet, einer philippinischen Hausangestellten, die des Mordes angeklagt, für schuldig befunden und vom Staat Singapur hingerichtet wurde. Das Gesetz verdeutlicht die Position der philippinischen Regierung, die sich inzwischen der Arbeitsmigration angenommen hat. In dem Gesetz heißt es:

Der Staat fördert die Beschäftigung im Ausland, nicht um das Wirtschaftswachstum und die wirtschaftliche Entwicklung zu stärken. Das Bestehen der Auslandsbeschäftigungsprogramme beruht einzig auf der Zusicherung, dass die Würde und die allgemeinen Menschenrechte und die Freiheit aller philippinischen Bürger zu keiner Zeit gefährdet oder missachtet werden sollen. Der Staat soll deshalb zügig lokale Beschäftigungsmöglichkeiten schaffen und eine gerechte Verteilung des Wohlstands und der Entwicklung voranbringen.

28 Lim/Oishi (1996, S. 41).
29 Migration News, Vol. 9, Nr. 11, 2002.

Indem die aktive Rolle des Staates bei der Förderung der Arbeitsmigration immer mehr zurückgedrängt wird, wandelt sich der philippinische Staat von einem Arbeitskräfte-Exporteur zu einem Manager der Arbeit im Ausland. Das offizielle Ziel des philippinischen Staates ist mittelfristig die vollständige Deregulierung der Beschäftigung im Ausland, langfristig ist das Ziel die Reduzierung der Auslandsbeschäftigung.[30] Neben dem zitierten Gesetz bestehen weitere Programme zur Entsendung von qualifizierten Arbeitskräften, zur Schaffung von Transparenz in den ausländischen Märkten und zur Etablierung von Teams, die die Arbeit der Konsulate, der POEA, des OWWA, des Außenministeriums und des Ministerium für Arbeit und Beschäftigung in den jeweiligen Ländern koordinieren sollen.

Ungeachtet ihrer Position zum 'Arbeitskräfte-Export' oder '-Management' trägt die staatliche Beschäftigungspolitik dazu bei, den Flexibilisierungsprozess der Arbeit im Ausland zu unterstützen. Dies wird bei der Arbeitsmigration von Frauen zur Aufnahme einer zeitlich befristeten Beschäftigung deutlich, die keinerlei Arbeitsrechte und Sozialleistungen umfasst. In diesem Zusammenhang werden die Probleme, die im Hinblick auf die Entsendung und den Schutz von Migrantinnen bestehen, nur umso deutlicher.

Einerseits schafft das Gesetz zwar eine Grundlage für staatlichen Schutz der Migrantinnen, die als Hausangestellte, im Unterhaltungsgewerbe oder in anderen Dienstleistungsbereichen im Ausland beschäftigt sind. Auf der anderen Seite schützt er die Frauen nicht vor Ausbeutung durch Rekrutierungsagenturen, insbesondere wegen der Deregulierung der Anwerbung. Die 639 Anzeigen, die von der POEA im Jahr 2001 gegen Personalrekrutierungs-Agenturen registriert worden sind, erbrachten nur in 66 Fällen Empfehlungen für eine strafrechtliche Verfolgung. Der Grund hierfür ist in einer Vielzahl von Faktoren zu suchen, wie etwa dem Versagen des Justizwesen und der Weigerung der Migrantinnen, gegen Personalvermittler auszusagen, die Freunde oder Verwandte sind.[31]

Der Vorschlag des Arbeitsministeriums, das Gesetz dahingehend zu ändern, dass die staatliche Förderung der Auslandsbeschäftigung als Teil der offiziellen Entwicklungsstrategien anerkannt wird, ebenso wie die Betonung der Auswanderung qualifizierter Arbeitskräfte, zeigt die Bedeutung, die die Auswanderung von Frauen im Niedriglohnsektor immer noch hat.[32] Allein die Einnahmen, die der Staat pro Jahr durch Gebühren erzielt, die den Arbeitsmigranten vor der Ausreise in Rechnung gestellt werden (POEA-Bearbeitungsgebühr, OWWA-Gebühren usw.), belaufen sich im Durchschnitt auf 2 Milliarden US-Dollar pro Jahr.[33]

---

30 Stella P. Go, Philippines, in: OECD, Migration and the Labour Market in Asia: Recent Trends and Policies, Paris 2002, S. 268.
31 Migration News, Vol. 9, Nr. 2, 2002.
32 Scalabrini Migration Center, Philippines – Migration in 2002. http://www.scalabrini. asn.au/atlas/philippines00.htm.
33 Joy Sison de Guzman, Globalisation and Migrant Women Workers, in: Asia Pacific Forum on Women, Law and Development, Proceedings of the Tripartite Conference on Migrant Women's Right, 11.-14. November 2001. http://www.apwld.org/proceedings-TRIPARTITE.

Im Gegensatz zu den Philippinen muss Indonesien ein Schutz-System für Migrantinnen erst noch errichten. Aber schon bei den bereits ergriffenen Maßnahmen zeigen sich ähnliche Widersprüchlichkeiten zwischen Förderung der Entsendung und Schutz wie im Falle der Philippinen. Bis heute verfügen die indonesischen Konsulate nicht einmal über einheitliche Verwaltungsvorschriften zur Bereitstellung von Dienstleistungen und/oder zum Schutz misshandelter Arbeiterinnen. Es ist berichtet worden, dass einige Konsulate Migranten sogar davor gewarnt haben, sich im Empfängerland zu organisieren oder sich Migrantenunterstützungsgruppen anzuschließen.[34] Um das Problem des Schutzes für Arbeitsmigrantinnen im Ausland dennoch anzugehen, kündigte die Regierung im Jahr 2002 an, eine Behörde zum Schutz der Arbeiter (Manpower Protection Agency) zu errichten, die die Tätigkeit der staatlichen Behörden, der Personalrekrutierungs-Agenturen und der Nichtregierungsorganisationen koordinieren soll.

Die Bemühungen des Staates, die Arbeiterinnen im Ausland zu schützen, werden jedoch immer wieder von den wirtschaftlichen Erfordernissen der Auslandsbeschäftigung konterkariert. In der Repelita VI kündigte der Staat beispielsweise an, die im Haushalt beschäftigten Migrantinnen dadurch schützen zu wollen, dass in Zukunft nur noch die Auswanderung von qualifizierten Arbeitskräften gefördert werden sollte. Da die Mehrzahl der Migrantinnen jedoch im häuslichen Dienstleistungsbereich arbeitet, lief die Maßnahme darauf hinaus, dass der Staat die Auswanderung von 'ausgebildeten' Babysittern unterstützt.[35] Migrantinnen müssen nun 10 US-Dollar zahlen, um an Schulungen teilzunehmen, auf denen sie über ihre Rechte informiert werden und eine Versicherung für den Fall einer Rückführung abschließen.[36] Ähnlich wie die philippinischen Migrantinnen werden also auch die Migrantinnen aus Indonesien zur Kasse gebeten, damit ihre jeweiligen Regierungen sich um ihren Schutz im Ausland kümmern.

Die Philippinen und Indonesien unterstützen aktiv die geschlechtsspezifische Auswanderung, um die Bedarf der aufnehmenden Länder innerhalb und außerhalb der Region zu decken. Sobald Arbeitsemigration eine Einnahmen generierende Exportstrategie im Zusammenhang mit dem neoliberalen Entwicklungswege wird, und Staaten sich direkt und indirekt mit dem Marketing, der Anwerbung und der Entsendung niedrig bezahlter Frauen befassen, trägt das zur Betrachtung von Frauen als Waren bei, mit denen Einnahmen erzielt werden. Im Kontext des Wettbewerbs zwischen den Staaten, ihren Arbeitsplatz-Anteil in Übersee zu behalten, müssen Bemühungen zum Schutz gering verdienender Frauen hinter den Erfordernissen des ökonomischen Überlebens und des Wachstums zurücktreten.

---

34 Suko Bandiyono und Fadjri Alihar, A Review of Research Work on International Migration in Indonesia, in: Abdul Harris und Patrick Brownlee (Hrsg.), Labour Migration in Indonesia Policies and Practices, Indonesien 1998.
35 Lim/Oishi (1996, S. 31).
36 Migration News, Vol. 7, Nr. 6, 2000.

Die Marginalisierung von Migrantinnen wird dann in der Migrationspolitik und in der Verwaltungspraxis institutionalisiert.

4. Frauen als ausländische Körper: die Arbeitskräfte-Empfängerländer

Singapur und Malaysia sind die beiden bedeutendsten Empfängerländer regulärer Arbeitsmigrantinnen in Südostasien. Die aktuellen Entwicklungspläne beider Länder fördern jeweils die Einwanderung hochqualifizierter Arbeitskräfte ebenso wie für die Aufnahme von Arbeitskräften für Jobs im Niedriglohnbereich, die bei den einheimischen Arbeitskräften als unbeliebt gelten.[37] Obwohl Migrantinnen grundsätzlich auch in bestimmten Dienstleistungsbereichen und in der verarbeitenden Industrie arbeiten dürfen, ist der Großteil von ihnen im häuslichen Dienstleistungssektor tätig. Im Jahr 2001 waren in Singapur schätzungsweise 150.000 Migrantinnen im häuslichen Dienstleistungsbereich beschäftigt, davon etwa 80.000 Filipinas, gefolgt von Indonesierinnen und kleineren Anzahlen von Frauen aus Thailand und Sri Lanka.[38] Prozentual gesehen steht Singapur hinter Luxemburg an der Spitze aller Länder, die Migrantinnen für den häuslichen Dienstleistungsbereich anwerben.[39] Malaysia zählte im selben Jahr ungefähr 160.000 regulär beschäftigte Migrantinnen im häuslichen Dienstleistungsbereich.[40] Der Großteil kam aus Indonesien, gefolgt von den Philippinen und in geringerem Ausmaß Sri Lanka, Thailand und Kambodscha. Wenn man die Zahl irregulärer Migrantinnen berücksichtigt, kommt man inoffiziellen Schätzungen zufolge auf eine Zahl zwischen 200.000 und 220.000.[41]

Die Nachfrage nach ausländischen Arbeitskräften im häuslichen Dienstleistungssektor entwickelte sich vor allem in den späten sechziger und frühen siebziger Jahren. Auslöser war eine massive Industrialisierungspolitik, die Beschäftigungsmöglichkeiten für einheimische Frauen in der verarbeitenden Industrie und in Dienstleistungsbereichen schuf. Die Öffnung der Lohnarbeit für einheimische Frauen wurde in beiden Ländern vor allem durch die internationalen Standortverlagerungen von Produktions- und Fertigungsverfahren beschleunigt. Die Betriebe zogen dabei 'fügsame' Arbeiterinnen männlichen Arbeitskräften vor. Als Folge wurden die entstandenen Lücken auf dem Arbeitsmarkt mit ausländischen Dienstmädchen besetzt. Seither wurde die Nachfrage insbesondere durch das stetige

---

37 Stella P. Go, Singapore, in: OECD, Migration and the Labour Market in Asia: Recent Trends and Policies, Paris 2002; Azizah Kassim, Malaysia, in: OECD, Migration and the Labour Market in Asia: Recent Trends and Policies, Paris 2002.
38 Associated Press, 25. August 2001.
39 Interpress, 26. Dezember 2002.
40 Migration News, Vol. 9, Nr. 2, 2002.
41 Irene Fernandez, Globalization and Migrant Women Workers, in: Asia Pacific Forum on Women, Law and Development, Tripartie Conference on Migrant Women's Rights, Manila, 11.-14. November 2001. http://www.apwld.org/proceedings-TRIPARTITE.

Wirtschaftswachstum aufrechterhalten. Dies führte zu einer Vergrößerung der Mittelschicht, in der nun Ehefrauen wie Ehemänner am Arbeitsprozess beteiligt waren. Seit in den Kernfamilien der Mittelklasse doppelte Einkommen immer mehr zur Regel wurden, verbreitete sich die Einstellung ausländischer Hausarbeitskräfte, die Verantwortung für den Haushalt von den Frauen aus der Mittelklasse übernahmen. Die gegenwärtige Politik, die darauf abzielt, mehr Humankapital heranzubilden, um im antizipierten Wettbewerb wissensbasierter Volkswirtschaften zu bestehen, hat die Nachfrage nach Personal im häuslichen Dienstleistungsbereich noch weiter verstärkt, da die Frauen der Mittelklasse weiter ermutigt werden, auch nach der Heirat und der Geburt ihrer Kinder ihre Beschäftigung beizubehalten. Dank der bestehenden staatlichen Einwanderungs- und Beschäftigungsbestimmungen für Migrantinnen im häuslichen Dienstleistungsbereich ist dies weiterhin eine kostengünstige Lösung für die Familien. Hilfen bei der Kinderbetreuung, der Haushaltsführung und der Betreuung älterer Menschen in den Mittelschichtsfamilien, bei denen beide Elternteile arbeiten, können auf diese Weise zu geringen (politischen, ökonomischen und sozialen) Kosten angeboten werden. Erst durch die Beschäftigung zehntausender Migrantinnen wird die Freisetzung der inländischen Erwerbsbevölkerung für den ökonomischen Umstrukturierungsprozess ermöglicht.

Die Einwanderungsbestimmungen, die die Beschäftigung der im häuslichen Dienstleistungsbereich tätigen Migrantinnen regeln, sind in Singapur und Malaysia ziemlich ähnlich gestaltet. Migrantinnen müssen sich vor und nach der Einreise einer Gesundheitsuntersuchung unterziehen; im Haushalt beschäftigte Migrantinnen müssen in Singapur zudem im Abstand von einigen Monaten einen Schwangerschaftstest machen. Die Migrantinnen dürfen nur für ausgesuchte Arbeitgeber arbeiten, und es ist ihnen verboten, während ihrer Aufenthaltsdauer Einheimische zu heiraten oder schwanger zu werden. Ein Verstoß gegen diese Bestimmungen führt zur sofortigen Ausweisung. Zudem ist es untersagt, an Arbeitskämpfen teilzunehmen oder einer Gewerkschaft beizutreten.

Obwohl die philippinische Regierung mit Malaysia einen Standardarbeitsvertrag ausgehandelt hat, der auch Ruhetage vorsieht, ist es erlaubt, die Löhne der Migrantinnen nach 'Marktbedingungen' festzusetzen. In Malaysia liegen die Löhne üblicherweise zwischen 70 und 150 US$, in Singapur zwischen 112 und 196 US$. Wie im Fall Singapur bereits erwähnt, lässt der Staat dem Markt weitgehend freie Hand bei der Festlegung der Löhne oder anderer Arbeitsbedingungen für die ausländischen Dienstmädchen.[42] Singapurs explizite Politik des No-Minimum-Wage soll die Konkurrenzfähigkeit der Wirtschaft des Landes stärken. Paradoxerweise wird die Nachfrage nach ausländischen Hausangestellten hier durch das marktbestimmte niedrige Lohnniveau noch verstärkt. In Singapur und in Ma-

---

42 B.S.A. Yeoh und S. Huang, Spaces at the margins: migrant domestic workers and the development of civil society in Singapore, in: Environment and Planning, Vol. 31, 1999, S. 1156.

laysia wurden aus diesem Grund Gebühren eingeführt, um die Nachfrage nach ausländischen Hausangestellten zu regulieren bzw. zu reduzieren.

Während Arbeitgeber in Malaysia eine jährliche Abgabe von ungefähr 105 US$ für jede ausländische Hausangestellte zahlen müssen, liegt die monatliche Abgabe in Singapur bei ca. 190 US$ je Hausangestellte. Die monatliche Abgabe an den singapurischen Staat ist damit ungefähr genauso hoch wie der monatliche Verdienst der ausländischen Dienstmädchen, wenn nicht sogar höher. Beamte rechtfertigen diese hohen monatlichen Abgaben damit, dass hierdurch die Nachfrage nach ausländischen Hausangestellten reduziert werde. Gerade die hohen Abgaben sorgen aber dafür, dass die Löhne der Hausangestellten noch weiter sinken und den Migrantinnen noch mehr Arbeit abverlangt wird. Eine im Jahr 2002 durchgeführte Studie zeigt, dass angesichts der langsamen wirtschaftlichen Erholung einheimische Frauen eine Arbeit im häuslichen Dienstleistungssektor nur bei einem Monatslohn von über 570 US$ aufnehmen würden.[43] Die aktuelle Tendenz zu mehr Arbeitsmarkt- und Lohnflexibilisierung sorgen aber dafür, dass die Nachfrage nach Migrantinnen für den Niedriglohnbereich bestehen bleibt.

In beiden Ländern verdienen Filipinas mehr als Indonesierinnen, da erstere verhältnismäßig besser ausgebildet sind, über Englischkenntnisse verfügen und ein grundlegendes Verständnis moderner Haushaltsführung aufweisen. Indonesierinnen sind dagegen verhältnismäßig schlecht ausgebildet, weniger kompetent und in Folge dessen auch weniger durchsetzungsfähig gegenüber ihren Arbeitgebern.[44] Dies führt dazu, dass sich eine Hierarchie unter den im Haushalt beschäftigten Migrantinnen herausgebildet hat, die im wesentlichen auf ethnisch-nationalen Unterschieden basiert. Die Filipinas und die Indonesierinnen, die den Großteil der ausländischen Angestellten im häuslichen Dienstleistungsbereich ausmachen, bilden dabei die Spitze bzw. die unterste Stufe der Hierarchie.

Alle im häuslichen Dienstleistungsbereich beschäftigten Migrantinnen erhalten bei ihrer Ankunft einen Status als befristete ausländische Gastarbeiterinnen im Niedriglohnsektor. Die Möglichkeiten, während des Aufenthalts den Arbeitgeber oder die Branche zu wechseln, sind sehr eingeschränkt. Die Gesundheitsvorschriften, deren Ziel eigentlich die Kontrolle der Frauen ist, spiegeln die Angst der Haushalte und der Gesellschaft vor einer potentiellen „Verseuchung" durch die ausländischen Hausangestellten wider. Was Einwanderungsbestimmungen hierbei jedoch nicht berücksichtigten, sind die vielen Möglichkeiten, durch die reguläre Migrantinnen nach ihrer Ankunft zu irregulären Migrantinnen werden können, zum Beispiel wenn sie in der Privatwirtschaft bei verschiedenen Arbeitgebern oder für verschiedene Tätigkeiten eingestellt werden. Berücksichtigt wurden auch nicht

---

43 Interpress, 26. Dezember 2002.
44 Christine B.N. Chin, In Service and Servitude: Foreign Females Domestic Workers and the Malaysian „Modernity" Project, New York 1998; B.S.A. Yeoh und S. Huang, Spaces at the margins: migrant domestic workers and the development of civil society in Singapore, in: Environment and Planning, Vol. 31, 1999, S. 1149-1167.

die Umstände, durch die Migrantinnen Krankheiten übertragen können oder durch die sie schwanger werden können, etwa durch Vergewaltigungen.

Während der Staat in Singapur und Malaysia weitgehend die Einreise der Migrantinnen regelt, übernehmen die Personalvermittlungs-Agenturen die Verantwortung für die Einstellung der Migrantinnen durch interessierte Arbeitgeber vor Ort. Die Agenturen werden in Singapur durch das „Ministry of Manpower" (Ministerium für Arbeitskräfte) zugelassen und reguliert, in Malaysia ist das „Ministry of Human Ressources" zusammen mit der Einwanderungsbehörde hierfür verantwortlich. Die Personalvermittlungs-Agenturen werden in Singapur durch die „Association of Employment Agencies" und in Malaysia durch die „Association of Malaysian Foreign Maid Agencies" vertreten. Die Vereinigungen haben nach eigener Auskunft für die Personalvermittlungs-Agenturen „optimale Verfahren" entwickelt, die von einem Ausbildungsprogramm für die Migrantinnen vor der Abreise über Hilfestellungen bei der Ankunft in den Haushalten bis hin zur Beratung der Arbeitgeber bei der Einstellung von Hausangestellten reichen. Gleichwohl verdecken diese „optimalen Verfahren" die Marginalisierungsprozesse, denen Migrantinnen durch die Praktiken der Arbeitgeber bei der Auswahl und der Bewerbung der Hausangestellten unterliegen.

In beiden Ländern hat das Internet die Möglichkeiten der Personalvermittlungs-Agenturen erweitert, da potentielle Arbeitgeber nun über mehr Information verfügen als früher. So haben viele Unternehmen einen Online-Zugang zu den „Bio-Daten" von potentiellen Hausangestellten eingerichtet. Diese Datensätze beinhalten persönliche Informationen wie Gewicht, Familienstatus und eine Beurteilung ihrer Fähigkeiten in der Hausarbeit. Tyner vergleicht die Datenbank der „Bio-Daten" mit Warenkatalogen, die Auftraggeber vor Einreichung des Auftrag ansehen können.[45] Auf diese Weise soll die Auswahl der Frauen für potentielle malaysische Arbeitgeber erleichtert werden. Eine Agentur vereinfachte beispielsweise die Auswahl der Arbeiterinnen, in sie sie in vier Kategorien einteilte: „Photo" (der Hausangestellten), „Code" (die Aktenziffer), „Beschreibung" (Auskunft über Name, Gewicht, Größe und Familienstand) und „Endverkaufspreis", der für allein stehende Frauen ein Fragezeichen und für verheiratete Frauen den Betrag von 3.890,– Malaysischen Ringgit enthielt.[46]

Die im häuslichen Dienstleistungsbereich beschäftigten Migrantinnen können die Art und Weise nicht kontrollieren, in der die persönlichen Daten präsentiert und an die potentiellen Arbeitgeber weitergeleitet werden. Die Empfängerstaaten regulieren Zugang und Inhalte der Biodaten nicht. Die im häuslichen Dienstleistungsbereich beschäftigen Migrantinnen werden im Internet wie Waren angepriesen. Ähnlich wie beim Gütereinkauf aus anderen Online-Katalogen ist die volle

---

[45] James A. Tyner, The web-based recruitment of female foreign domestic workers in Asia, Singapore Journal of Tropical Geography, Vol. 20, Nr. 2, 1999, S. 200.
[46] Website von RCAMALL: http://www.rcamall.com/merchant/maid, aufgerufen im April 2002.

Bezahlung bei „Lieferung" der Hausangestellten durch die Auftraggeber erforderlich. Die Agenturen geben ihrerseits eine „Garantie" auf die „Anwesenheit" der Hausangestellten für eine festgelegte Zahl von Monaten. Einige Agenturen geben sogar ein einmalig kostenfreies Ersatzgestellung für den Fall, dass die Hausangestellte ihren Arbeitsplatz verlässt. Die potentiellen Auftraggeber können damit die „Produkte", die mit genauen Preisangaben, einer Gebrauchsanleitung und einer bestimmten Garantiezeit ausgestattet sind, online begutachten und erwerben.

Einige Online-Kataloge offenbaren dabei auf schamlose Weise die Diskriminierung der Migrantinnen. Potentielle Arbeitgeber können zum Beispiel eine philippinische Hausangestellte nach ihrer Hautfarbe („gebräunt", „dunkel", „hell") und ihrer Kompetenz in Englisch aussuchen.[47] Da es weder nationale und internationale Vorschriften gibt, die die internetgestützte Vermarktung der Hausangestellten durch die Personalvermittlungs-Agenturen regulieren, ist dieses Vorgehen nicht nur rechtmäßig, sondern es wird von einigen Arbeitgebern ausdrücklich gewünscht. Die potentiellen Arbeitgeber wollen, dass die Hautfarbe der ausländischen Hausangestellte unter vielen anderen Auswahlkriterien zur Auswahl steht, da sie glauben von der Hautfarbe die Fähigkeit zur Haushaltsführung ableiten zu können.

Ankündigungen der singapurischen Regierung, Zulassungsvoraussetzungen für die Personalagenturen einzuführen, stießen auf großen Widerstand. Die Agenturen befürchten, dass der Staat z.B. durch hohe Zulassungsgebühren versuchen könnte, hierüber indirekte Einnahmen zu erzielen.[48] Es sollte jedoch erwähnt werden, dass die Akkreditierungsbestimmungen nichts darüber enthalten, wie die im Haushalt beschäftigten Migrantinnen an potentielle Arbeitgeber vermarktet werden sollen und auch nicht auf das Faktum eingehen, dass der Staat selbst die Migrantinnen gegenüber Ausbeutung anfällig macht, indem er darauf besteht, dass der freie Markt die Löhne und Arbeitsbedingungen der Frauen regeln soll.

Die institutionalisierte Marginalisierung der Migrantinnen wird auch dadurch unterstützt, dass der Staat es ablehnt, gesetzliche Bestimmungen zur Regelung von Beschäftigung im Haushalt zu erlassen, und zwar im Gegensatz zu anderen Beschäftigungsbereichen. In Malaysia lautet die offizielle Begründung hierfür, dass der Staat „Probleme z.B. bei der Bestimmung der Arbeitsstunden (der Hausangestellten) und der Identifizierung der Qualität ihrer Unterbringung hätte".[49] Der singapurische Staat vertrat ebenfalls diesen Standpunkt bzw. ging sogar noch weiter, indem er im Jahr 2002 darauf bestand, dass Auseinandersetzungen zwischen Arbeitgebern und Arbeitnehmern nur den Personalagenturen oder den diplomatischen Vertretungen überlassen werden sollten, weil es „wegen der Art der Arbeit im häuslichen Dienstleistungsbereich für die Regierung nicht realistisch ist, Stan-

---

47 Website von Agensi Pekerjaan Gateway: http://www.aptg.com.my, aufgerufen im April 2002.
48 Strait Times, 3. August 2002.
49 Chin (1998, S. 83-84).

dard-Beschäftigungsbedingungen festzulegen und sie durchzusetzen, wie etwa arbeitsfreie Tage, Arbeitszeiten, disziplinarische Vorgehen und die Qualität des Essens für die Dienstmädchen".[50]

Die offizielle Ablehnung, den häuslichen Dienstleistungssektor in das Beschäftigungsgesetz („Employment Act") aufzunehmen, hängt nicht direkt mit dem Einwanderungsstatus der Migrantinnen zusammen. Entscheidender ist, dass die Arbeit, die die Frauen im Haus verrichten, als ein „nicht-ökonomischer" Wert angesehen wird. Zwar genehmigen und unterstützen die Empfängerländer die Einreise von Dienstmädchen als temporäre Arbeitskräfte, ihre Beschäftigung wird formell jedoch nicht als „Arbeit" anerkannt, da Hausarbeit von Frauen ohnehin erwartet wird. Aus Sicht des singapurischen Staates scheint diese Position des Nicht-Intervenierens allein wegen der beiden Attribute „Ausländer" und „Nicht-Arbeit" gerechtfertigt. Im Übrigen sind weder die Personalagenturen noch die diplomatischen Vertretungen gesetzlich befugt, zum Schutz der Migrantinnen in die Dienstverhältnisse einzugreifen.

Die Prozesse zur Marginalisierung der ausländischen Hausangestellten, die in den Entsendeländern beginnen, werden in den Haushalten der Empfängerländer fortgeführt. Im Gegensatz zu Frauen und Männern, die in frei zugänglichen Branchen arbeiten (z.B. Arbeiter in der verarbeitenden Industrie und im sonstigen Dienstleitungsbereich), verrichten die im Haushalt beschäftigten Migrantinnen in Singapur und Malaysia ihre bezahlte Arbeit in einem isolierten Arbeitsumfeld, das sie gegenüber Misshandlung und Missbrauch verletzlich macht. Da entsprechende Gesetze fehlen, die die Beziehungen zwischen den Arbeitgebern und Arbeitnehmern regeln, bestimmt allein der Arbeitgeber über die Arbeitsbedingungen. Was eigentlich als klassische Form der Ausbeutung in den meisten Fällen angesehen werden könnte, also z.B. zu lange Arbeitsstunden, Lohnabschläge für Kost und Logis usw., wird in der Realität weitgehend als Selbstverständlichkeit angesehen, weil die Migrantinnen im Haus ihrer Arbeitgeber wohnen und man davon ausgeht, dass sie jederzeit auf Zuruf zur Verfügung stehen sollten. In diesem Zusammenhang erinnerte jüngst ein singapurianischer Richter die Öffentlichkeit jedoch daran, dass „ein Dienstmädchen zwar ihre Dienstleistung verkauft, nicht aber ihre Person. Ein Arbeitgeber sollte nicht die Abhängigkeit des Dienstmädchens durch Essen und Unterkunft ausnutzen, da es sich hierbei um elementare Grundrechte handelt".[51]

In beiden Staaten werden die Beziehungen zwischen Arbeitgeber und Hausangestellte durch die Einführung von Sicherheitsanleihen für die im Haushalt angestellten Migrantinnen noch verschlechtert. Diese Sicherheitsanleihen werden konfisziert, wenn die Hausangestellten ihren Arbeitsplatz verlassen, was zur Folge hat, dass nun viele Arbeitgeber eine noch größere Kontrolle über die Migrantinnen ausüben.

50 Strait Times, 17. September 2002.
51 Interpress, 26. Februar 2002.

Staatlicher Schutz für misshandelte und missbrauchte Frauen existiert, wenn Arbeitgeber besonders auffällig die Sicherheit der Angestellten gefährden. In Singapur berichteten Rechtsanwälte, dass über 90% der gemeldeten Missbrauchsfälle gegen Frauen auf Arbeitgeberinnen zurückzuführen sind. In einem spektakulären Fall biss ein Arbeitgeberin der Hausangestellten die Brustwarzen ab und verbrühte sie anschließend mit heißer Flüssigkeit.[52] Obwohl beide Staaten angemessen reagierten, indem sie Arbeitgeber, die ihre Angestellten misshandeln, inhaftieren, darf nicht vergessen werden, dass ihre anhaltende Weigerung, den häuslichen Dienstleistungsbereich gesetzlich zu regeln, entscheidend zu den Übergriffen im häuslichen Bereich beitragen. Wenn in Malaysia ausländische Hausangestellte ihren Arbeitsplatz verlassen, herrscht bis heute die Meinung vor, dass sie aufgrund besserer wirtschaftlichen Möglichkeiten gehen und nicht wegen Misshandlungen durch ihre Arbeitgeber.

Darüber hinaus erkennt keines der Empfängerländer die Bemühungen lokaler Nicht-Regierungsorganisationen an, die sich für die ausländischen Hausangestellten einsetzen. Die Staaten sind auch nicht bereit, regionale Bemühungen zur Koordinierung und Regulierung der Arbeitskräftemigration zu unterstützen.[53] Was die staatliche Politik und die staatlichen Regulierungen vermitteln, ist dass der Zugangs und die Beschäftigung von im häuslichen Dienstleistungsbereich tätigen ausländischen Frauen eher einen Schutz der Gesellschaft erfordert als einen Schutz der Migrantinnen.

5. Abschließende Bemerkung

Wie die transnationale Arbeitsmigration inzwischen zu einem festen Bestandteil der Entwicklungspläne fast aller Entsende- und Empfängerländer in Südostasien geworden ist, hat sich auch die Marginalisierung der Arbeitsmigrantinnen im Niedriglohnbereich der meisten Empfängerländer fest institutionalisiert. Entsendeländer wie die Philippinen und Indonesien fördern die Arbeitsaufnahme der Migrantinnen im Ausland, um Geldtransfers anzuregen und den Druck auf dem einheimischen Arbeitsmarkt abzumildern. Aus diesem Grund werden staatliche Bemühungen, die betroffenen Frauen zu schützen, durch die Vermarktungspolitik unterminiert, die sie in 3D-Jobs vermittelt, die verschiedene Dimensionen der reproduktiven Arbeit von Frauen in fürsorglicher oder sexueller Hinsicht reflektieren. Die Arbeits-Exportpolitiken, die auf das Marketing und die Entsendung der Frauen in verschiedene Regionen der Welt zielen, behandeln Frauen als flexible, nicht zum

---

52 Malay Mail, 27. März 2002.
53 Siehe insbesondere Amy Gurowitz, Migrant Rights and Activism in Malaysia: Opportunities and Contraints, in: Journal of Asian Studies, Vol. 59, Nr. 4, S. 863-888; B.S.A. Yeoh und S. Huang, Spaces at the margins: migrant domestic workers and the development of civil society in Singapore, in: Environment and Planning, Vol. 31, 1999, S. 1149-1167.

Staat gehörige und niedrig entlohnte Arbeitskräfte für sekundäre Arbeitsmärkte im Ausland.

Arbeitskräfte-Empfängerländer wie Singapur und Malaysia fördern die Einwanderung von Arbeiterinnen, vor allem um die anhaltend hohe Nachfrage nach Haushaltshilfen zu befriedigen. Die bestehenden Einwanderungsbestimmungen und Arbeitsgesetze konstruieren die Migrantinnen in einer Hinsicht als Arbeitskräfte und in einer anderen Hinsicht als Nicht-Arbeitskräfte. Obwohl es Migrantinnen erlaubt ist, zur Arbeit einzureisen, gehören sie weder zum Haushalt noch zur Wirtschaft oder zur Gesellschaft dieser Länder.

Der Staat mag zwar durch sein Handeln Beschäftigungsmöglichkeiten für die Migrantinnen öffnen, aber diese Möglichkeiten werden durch zwei ineinandergreifende Bedingungszusammenhänge eingeschränkt: durch den restriktiven Einwanderungsstatus der Migrantinnen und durch die Beschäftigung im Niedriglohnsektor, der wegen seiner Reproduktionsfunktionen in ökonomischer Hinsicht als wenig wertvoll eingeschätzt wird. Die Frauen werden auf Grund einer Niedriglohn-Politik marginalisiert, die mit einer geringen Willigkeit bzw. Fähigkeit des Staates gekoppelt ist, ihre Rechte als Arbeitskräfte zu schützen. Die Arbeitsmigrantinnen werden auf diese Weise zu Opfern flexibilisierter transnationaler Arbeit. Sei bleiben ohne festen Beruf, ohne Einkommenssicherheit und ohne Möglichkeiten des sozialen und beruflichen Aufstiegs. Eine auf lange Sicht wirksame Lösung für dieses Problems kann nicht allein aus der freien Wirtschaft kommen, ebenso wenig wie von den privaten Personalagenturen, da weder Markt noch Personalagenturen die Einhaltung der bestehenden Arbeitsrechte bzw. die Würde der Arbeiter als ihr ureigenes Interesse betrachten. Entscheidend für die Auflösung der institutionalisierten Marginalisierung der Migrantinnen ist daher die Klärung der Frage, wer welche Arbeit ausführen darf und wer zu welcher Gesellschaft gehören darf. Bis diese Frage geklärt ist, werden die offizielle Versuche, Arbeitsmigrantinnen zu schützen, in den großen Arbeitskräfte-Entsendeländern und den -Empfängerländern Südostasiens bestenfalls widersprüchlich und marginal bleiben.

Dirk van den Boom

Migration und Migrationspolitik in schwachen afrikanischen Nationalstaaten am Beispiel der Bundesrepublik Nigeria

1. Einleitung

Es ist schwierig, genaue Angaben über Umfang und Form von Migrationsströmen in Afrika zu machen. Das erste Problem ist ein statistisches. Da es weder verlässliche Informationen über die tatsächliche Bevölkerungszahl der meisten afrikanischen Staaten noch über Grenzübertritte der notorisch porösen zwischenstaatlichen Grenzen gibt, sind alle Beschreibungen von Migrationsphänomenen auf teilweise waghalsige Schätzungen angewiesen. Das zweite Problem hat ebenfalls mit Erfassung, jedoch hier vor allem mit Prioritäten in der auch wissenschaftlichen Wahrnehmung zu tun. Selbst für große Empfängerländer zwischenstaatlicher, regionaler Migration – wie Südafrika oder Nigeria – liegen nur vereinzelte und punktuelle Untersuchungen vor, die sich dann auch nur mit entsprechenden Ausschnitten befassen. Es wird immer wieder der Versuch unternommen, trotz dieser empirischen Lücke in Gesamtdarstellungen über das „mobile Afrika" ein Bild des gesamten Kontinents zu zeichnen,[1] meist mit der Konsequenz, dass die notwendige Generalisierung eines so komplexen Migrationsgeschehens in erster Linie dafür dienlich ist, die empirische Lücke durch ein Wortgebäude zu überdecken.

Der vorliegende Beitrag befasst sich mit einem Land, das neben der Republik Südafrika schon immer einer der attraktivsten Zielorte für Migration gewesen ist: Die Bundesrepublik Nigeria hat einerseits die zweitgrößte Wirtschaftskraft Afrikas südlich der Sahara, sie ist der größte Erdölexporteur des Kontinents und besitzt trotz aller ökonomischer Einbrüche einen nicht unerheblichen Vorrat an Devisen. Sie ist außerdem der volkreichste Staat Afrikas und zieht im regionalen Kontext viele Migranten an („Pull-Faktor"). Andererseits stellt Nigeria auf Grund seiner

---

1 Beispielsweise Mirjam de Bruijn, Rijk van Dijk und Dick Focken (Hrsg.), Mobile Africa. Changing patterns of movement in Africa and beyond, Leiden/Cambridge/Boston 2001 oder Robert Skeldon, Migration & Development. A Global Perspective, Essex 1997, in dem afrikaspezifische Angaben zu vollständiger Beliebigkeit degradiert werden. Interessanterweise sind es meist rechtswissenschaftliche Untersuchungen, die sich mehr um eine akkurate Beschreibung der tatsächlichen Realität bemühen als politikwissenschaftliche oder soziologische. Die wichtigsten Internetquellen zur nigerianischen Migration sind: http://www.unhcr.ch/world/afri/nigeria.htm; http://www.nopa.net; http://www.ecowas.int

politischen Volatilität und seiner internen Spannungen auch eine wichtige Quelle von Migration dar und trägt zur afrikanischen Diaspora überall in der Welt bei. Während Südafrika spätestens seit der erfolgreichen Abschaffung der Apartheid zumindest tendenziell das Interesse der ansonsten eher westlich orientierten Migrationsforschung gewonnen hat, findet Nigeria – von einer „flash attraction" Anfang der achtziger Jahre einmal abgesehen – auch heute, vier Jahre nach der Rückkehr zur formalen Demokratie, wenig Interesse – und dies, obwohl sich an diesem Land wie an keinem anderen vor allem die Wechselwirkung zwischen Wohlstands- und Arbeitsmigration sowie den Steuerungsbemühungen eines oftmals autokratisch-repressiven, dann aber auch bemerkenswert schwachen oder zumindest desinteressierten Staates beschreiben lässt. Dieser Beitrag soll daher neben einer Einführung in die Migrationswirklichkeit und -politik eines Staates in einem schwierigen Transformationsprozess vor allem auch das Interesse für Migrationsforschung außerhalb des ungleich attraktiver erscheinenden Themas „Südafrika" wecken helfen.

2. Die nigerianische Migrationsgeschichte

Die Bundesrepublik Nigeria nimmt als der größte Erdölproduzent Afrikas und bevölkerungsreichstes Land des Kontinents eine Sonderstellung im afrikanischen Kontext ein. Die Entwicklung der Migrationspolitik Nigerias war immer stark abhängig vom ökonomischen Entwicklungsstand der betreffenden Zeitspanne sowie von den politischen Rahmenbedingungen, innerhalb derer strategische Entscheidungen getroffen wurden.

Zu den äußeren Bestimmungsfaktoren gehörte vor allem in den siebziger und frühen achtziger Jahren die hohe Attraktivität des nigerianischen Arbeitsmarktes für Ausländer aufgrund des Ölbooms und der daraus resultierenden massiven Deviseneinnahmen, die in dem parallel verlaufenden allmählichen ökonomischen Zusammenbruch vieler unmittelbarer Nachbarländer der Region Westafrika ihre Entsprechung fand. Im westafrikanischen Kontext war Nigeria in Bezug auf Arbeitsmigration ein „Spätzünder". Noch in den sechziger Jahren waren die Côte d'Ivoire, der Senegal und Ghana die bevorzugten Ziele vor allem von westafrikanischen Arbeitsmigranten gewesen,[2] der erstgenannte Staat bis zum Beginn des Bürgerkrieges vor allem aufgrund saisonaler Arbeitsmigration zur Kakaoernte, Senegal aufgrund des relativ deutlichen Entwicklungsgefälles zu den sahelischen Nachbarländern.

Der völlige Kollaps vor allem der ghanaischen Ökonomie Ende der siebziger Jahre und die Suche der anglophonen Bevölkerung nach neuen wirtschaftlichen Möglichkeiten, die fast vollständige wirtschaftliche Abhängigkeit der frankophonen

---

2 A.A. Afolayan, Immigration and Expulsion of ECOWAS Aliens in Nigeria, in: International Migration Review 22 (1), S. 6-7.

Tabelle 1: Ausländische Arbeitskräfte in Nigeria 1970-1984

Nationalität	1970	1975	1980	1984
Ghana	129.872	312.904	511.859	680.834
Gambia	30.600	38.979	48.680	52.134
Sierra Leone	28.000	29.112	38.190	43.458
Togo	19.021	26.989	25.908	29.003
Benin	9.981	15.767	27.103	29.979
Côte d'Ivoire	3.879	5.721	8.931	19.432
Burkina Faso	45.890	52.732	65.579	72.328
Liberia	6.980	5.789	6.998	8.547
Senegal	2.542	3.381	3.920	5.468
Insgesamt	*361.768*	*584.030*	*737.168*	*1.044.703*

Quelle: Victor A. Adetula, The Political Economy of Intra-ECOWAS Labour Migration, in: Nigerian Journal of International Affairs 21 (1), S. 90. Es ist darauf hinzuweisen, dass dies die „offiziellen" Zahlen sind, mit denen die zahllosen „illegalen" Arbeitsmigranten jener Zeitabschnitte selbstverständlich nicht erfasst sind.

Kleinstaaten Benin und Togo von Nigeria sowie schließlich die sich zunehmend verschärfende ökologische Situation in den angrenzenden Sahelstaaten – vor allem Niger und dem Tschad, in letzterem Land noch durch bürgerkriegsähnliche Zustände und Unruhen verschärft – führte zu einer massiven, zumeist illegalen und nicht erfassten Arbeitsmigration nach Nigeria. Die Migranten wurden in der boomenden Volkswirtschaft schnell in den Bereichen der Bauindustrie sowie der großen Hafenanlagen absorbiert, die erheblichen Bedarf an preiswerten Arbeitskräften hatten. Darüber hinaus fanden sie Anstellung in solchen Berufen, für die sich die aufstrebende nigerianische Mittel- und Oberschicht zunehmend „zu schade" war, also für einfache und unqualifizierte manuelle Tätigkeiten und Dienstleistungen.[3]

Mit dem Zusammenbruch des Erdölbooms Anfang der achtziger Jahre kam es zu den beiden historisch massivsten Abstoßungsreaktionen in der Migrationspolitik westafrikanischer Staaten: Der Ausweisung illegaler Einwanderer aus Nigeria in den Jahren 1983 und 1985,[4] die insgesamt über zwei Millionen Migranten betraf. Es war diese auch international wahrgenommene politische Aktion, die zu der eingangs erwähnten, kurzzeitigen „flash attraction" Nigerias auch für die internationale Migrationsforschung führte.

Viel wichtiger für die aktiv handelnde nigerianische Politik – außer in der unmittelbaren Krisenzeit nach dem Ende des Ölbooms – war immer die Frage der *internen* Migration. Interne Migration ist ein traditionelles Phänomen in Nigeria. Neben der bekannten Landflucht gehört dazu auch die Migration von Bewohnern aus den trockeneren nördlichen Regionen während der Trockenzeit in

---

[3] Afolayan, S. 13.
[4] Aderanti Adepoju, Illegals and Expulsions in Africa: The Nigerian Experience, in: International Migration Review 18 (3), S. 426-436.

den Süden oder die Migration durch Bevölkerungsdruck innerhalb des Südens, z.T. bis über die Landesgrenzen hinweg.[5] Im Verlauf der Repressionen der diversen Militärdiktaturen sowie eingeleitet durch das „Displacement" von mehr als einer Million Bürgern aus der Ethnie der Ibo im Zuge des Biafra-Bürgerkrieges 1967-1970 kam es zudem während der achtziger und neunziger Jahre verstärkt zu Vertreibungen und internen Fluchtbewegungen aufgrund von politischer, ethnischer und religiöser Gewalt.[6] Zuletzt haben im Jahr 2000 über 50.000 zumeist christliche Nigerianer ihre Wohnsitze in jenen Bundesstaaten des Nordens aufgeben müssen, in denen es nach Einführung der Sharia zu gewaltsamen Auseinandersetzungen, Pogromen und massiven Zerstörungen von Eigentum gekommen war. Interne Fluchtbewegungen und die sich daraus ergebende Flüchtlingsproblematik war für die nigerianische Politik daher immer ein wichtigeres Problem als das Management der externen Migration, auch wenn die Reaktionen darauf eher hilflos erschienen und im Regelfall den Einsatz staatlicher, repressiver Gewalt beinhalteten. Ein weiteres zentrales Politikfeld nigerianischer Außenpolitik stellt die Problematik illegaler nigerianischer Migranten vor allem nach Europa und in die USA, aber auch in die wohlhabenderen Erdölstaaten dar. Vor allem die neue IV. Republik (seit 1999) sah sich in diesen Fällen zu erheblichem Krisenmanagement gezwungen, so etwa die Übernahme der Repatriierungskosten für illegale nigerianische Einwanderer in Libyen, deren z.T. menschenunwürdige Zusammenführung in libysche Lager in Nigeria zu einem großen, negativen Medienecho führte, den Abschluss von Abkommen zur Kontrolle des massiven Frauenhandels in Richtung Italien[7] und zuletzt 2001 ein Vertrag mit der irischen Regierung zur Rückführung von illegal nach Irland eingereister Nigerianer.[8] Vergleichbare Abkommen sind ein Jahr zuvor mit Rumänien, Polen und Bulgarien vereinbart worden. Beständige Beschwerden nigerianischer Migranten über eine unzureichende, halbherzige und uninteressierte Vertretung ihrer Interessen durch die nigerianischen Botschaften im Ausland werden seit Jahren immer wieder laut.

Relative Offenheit – und damit kongruentes Verhalten zur allgemeinen Aufnahmepraxis afrikanischer Staaten – hat sich Nigeria immer in Bezug auf Flüchtlinge aus dem Ausland bewahrt. Diese haben jedoch nie einen bedeutenden Zustrom von Migranten ausgemacht. Erst mit Beginn der Bürgerkriege in Liberia und Sierra Leone waren erstmals wieder signifikante Flüchtlingswanderungen auch nach Nigeria nachzuweisen. Die meisten der Flüchtlinge werden nicht unterstützt, der UNHCR betreibt lediglich ein kleines Camp in Oru, in dem vor allem libe-

---

5 Stephen Ekpenyong, Ikpe migrant cocoa farmers in south-western Cameroon: causes, problems and prospects, in: Africa 54 (1), S. 21-30.
6 Leo Dare, Political Instability and Displacement in Nigeria, in: Paul E. Lovejoy und Pat A.T. Williams (Hrsg.), Displacement and the Politics of Violence in Nigeria, Leiden/New York/Köln 1997, S. 22-32.
7 George Onah, Immigration creates new units, in: Vanguard, 6. Januar 2003, (Lagos).
8 o.V., Government, Ireland to Sign Pact On Deportation of Illegal Immigrants, in: Vanguard, 6. April 2001 (Lagos).

rianische Flüchtlinge betreut werden. Derzeit halten sich etwas mehr als 10.000 Flüchtlinge in Nigeria auf, davon rund 4000 aus Sierra Leone, 3.000 aus dem Tschad, weitere 3.000 aus Liberia und der Rest aus mindestens fünf anderen Staaten.[9]

3. Das politische System, die Entscheidungsstrukturen und die Migrationspolitik

Die politische Geschichte Nigerias ist die einer Abfolge von Militärdiktaturen, die nur zweimal – 1979-1983 sowie seit 1998 – durch länger andauernde Versuche ziviler Herrschaft unterbrochen worden ist.[10] Politische Entscheidungen in autokratischen oder diktatorischen Systemen kommen anders zustande als in solchen, in denen wichtige Grundsatzmaßnahmen Ergebnis eines langen, internen Diskussions- und Findungsprozesses sind. Vor diesem Hintergrund sind viele der inneren wie auch äußeren Bestimmungsfaktoren nigerianischer Migrationspolitik zu erfassen.

Hinzu kommt, dass Nigeria nicht über eine klare einwanderungspolitische Doktrin verfügt. Politische Entscheidungen in diesem Kontext wurden immer kurzfristig und zur Erlangung schneller Vorteile gefällt. Auch zu Zeiten des größten Migrationsbooms war klar, wie Addo festhielt, dass „Nigeria [...] is able to receive foreign workers and so far tolerated a large number but appears to be wavering as to what final official policy she should adopt [...]".[11] 18 Jahre später kommt Maxwell Gidado, bis 2003 Präsidentenberater für Verfassungs- und Rechtsfragen, zu einem ähnlichen Urteil und forderte die politischen Entscheidungsträger auf: „The Federal Government should reform the immigration policy of the country to bring it in line with current national interests".[12] Bezeichnenderweise wurde dieser gute Ratschlag bis heute nicht befolgt: Es gibt keine Migrationspolitik und auch keinen festen Standpunkt, was eigentlich das „nationale Interesse" in diesem Politikfeld konkret sein soll.

Lediglich in der Indigenisierungspolitik der siebziger Jahre, mit der die Rolle der „Expatriates" in der nigerianischen Wirtschaft und die Förderung des Aufbaus einer indigenen Management- und Unternehmerschicht erreicht werden sollte, hat es Anklänge einer langfristigen und strategischen politischen Entscheidung gegeben. Auch die bewusste Anwerbung ghanaischer Lehrer während des Zusam-

---

9 Alle aktuellen Angaben dieser Natur entstammen dem Länderbericht Nigeria auf der Website des UNHCR (www.unhcr.ch/world/afri/nigeria.htm).
10 Einen Überblick bis zur IV. Republik bietet Eghosa E. Osaghae, Crippled Giant: Nigeria since Independence, Bloomington/Indianapolis 1998.
11 N.O. Addo, Government-induced Transfer of Foreign Nationals, in: J.I. Clark und L.A. Koisiski (Hrsg.), Redistribution of Population in Africa, London 1982.
12 Maxwell Gidado, Issuance of Formal Residence Permit in Nigeria: Procedures, Problems and Prospects, in: Nigerian Journal of International Affairs 24 (2), S. 44.

menbruches des ghanaischen Bildungssystems in den siebziger Jahren durch das nigerianische Bildungsministerium war eine, wenngleich vereinzelte, migrationspolitische Entscheidung.[13] Die entsprechenden rechtlichen Rahmenbedingungen sind jedoch, wie alle gesetzlichen Vorgaben in dieser Hinsicht, nie stringent umgesetzt und kontrolliert worden. Politik in Nigeria ist stark auf die Position des Präsidenten zugeschnitten, unabhängig von der bundesstaatlichen Verfassung. Zentrale politische Weichenstellungen finden nur statt, wenn der jeweils regierende Präsident dafür Aufmerksamkeit und Zeit findet. Er allein ist der politische „Trendsetter", der Themen besetzt, Richtungen formuliert und im Zweifelsfall auch für Durchsetzung sorgt. Tatsache ist jedoch, dass sich bisher kein nigerianischer Präsident der Migrationspolitik auf besondere Art und Weise angenommen hat. Daraus folgt die Konsequenz einer „Patchwork-Politik", die gerade anstehende Phänomene kurzfristig abdeckt, jedoch kein Konzept beinhaltet.

Der wegen massiver Korruption ineffektiv arbeitende Staatsapparat bot und bietet außerdem zu jeder Zeit genug Möglichkeiten, politische Strategien und Grundsatzentscheidungen in der Praxis zu unterlaufen. Dementsprechend haben sich alle wichtigen Entwicklungen in der Einwanderungspolitik im Regelfalle ohne effektive staatliche Regelung vollzogen – von den Massenausweisungen der frühen achtziger Jahre einmal abgesehen. Diese Maßnahme war im wesentlichen durch sich verändernde innere Bestimmungsfaktoren bedingt: Dem Druck auf die vor dem Zusammenbruch stehende II. Republik sowie die nachfolgende Militärregierung, etwas gegen die zunehmend schwierige Arbeitsmarktlage und die sich daraus ergebenden sozialen Spannungen zu tun, wurde durch die Identifizierung eines „Sündenbocks" entsprochen – und dies weitgehend ohne jede Rücksicht auf regionale Kooperationen etwa im Rahmen der „Economic Community of West African States" (ECOWAS) oder die damit verursachte katastrophale Lage im von Krisen heimgesuchten Ghana, das den Großteil der Remigranten wieder aufnehmen musste.[14] Diese einschneidenden Ereignisse haben sich in der Geschichte Nigerias trotz der andauernd schwierigen ökonomischen Situation sowie der allmählichen Rückwanderung vieler illegaler Migranten in das Land jedoch nicht mehr wiederholt. Die an sich völlig sinnlose Aktion – viele der Ausgewiesenen kehrten über die durchlässigen Grenzen rasch wieder nach Nigeria zurück – bewies eindeutig, dass die nigerianische Regierung sich in keiner Form systematisch mit dem Phänomen der Arbeitsmigration befasst hatte. Ein Journalist fasste die Inkompetenz, die dieser Entscheidung zugrunde lag, ironisch zusammen: „At least, those illegal aliens are gone. Unemployment has become a thing of the past [...] uninterrupted water supply has greeted every home; no more inflated contracts [...] no more inferno in public buildings; above all, Africa still remains the centrepiece of our foreign policy."[15]

13 Adetula, S. 77.
14 Dirk van den Boom, Regionale Kooperation in Westafrika. Politik und Probleme der ECOWAS, Hamburg 1996, S. 110 ff.
15 Zit. nach Adetula, S. 82.

Das Management externer Migration, wenn diese nur regional begrenzt stattfand – etwa die wiederholte illegale Einwanderung von Bürgern aus dem Niger in die nördlichen Bundesstaaten, vor allem aufgrund von Dürren und ökonomischer Not –, wurde oftmals den Regierungen der betroffenen Bundesstaaten überlassen. Diese griffen wahlweise zu Mitteln der Repression oder zu Hilfsmaßnahmen. Die kaum umfassend zu kontrollierenden Außengrenzen Nigerias machen jedoch ein effektives Grenzkontrollverfahren nahezu unmöglich:[16] Migration findet permanent und unregistriert statt und wird erst wahrgenommen, wenn die Migranten bereits dort angekommen sind, wo sie hin wollten.

4. Rechtliche, soziale und politische Situation von Migranten

Gerade in Bezug auf Nigeria ist stark zwischen der rechtlichen Absicherung der staatlichen Migrationspolitik auf der einen und ihrer konkreten Umsetzung auf der anderen Seite zu unterscheiden. Zahlreiche Gesetze und Bestimmungen sind nur auf höchst marginale und wenig durchsetzungsstarke Art und Weise umgesetzt worden. Migranten wie auch nigerianische Bürger können in Nigeria nicht immer auf Rechtssicherheit und Berechenbarkeit staatlichen Handelns hoffen.

Grundlage der formalrechtlichen Rahmenbedingungen für die Einwanderung und den Aufenthalt ausländischer Staatsbürger ist der „Immigration Act" von 1963, der durch Militärdekrete 1969 und 1972 ergänzt wurde und ohne größere Änderungen bis heute Gültigkeit hat. Das Gesetz regelt die Beschränkung des legalen Zugangs in das Land auf solche Reisende, die gültige Papiere besitzen und ein Visum haben. Für einen längeren Aufenthalt sind Aufenthaltsgenehmigungen, Arbeitsgenehmigungen und, im Falle von Studien- und Forschungsaufenthalten, Forschungsgenehmigungen erforderlich. Darüber hinaus sind die zuständigen Behörden berechtigt, andere, nicht im Gesetz ausdrückliche Beschränkungen etwa bei der Wahl des Wohnorts zu erlassen, so lange diese menschenwürdig sind. Die Bestimmungen des Immigration Act gelten notwendigerweise nur für „anerkannte Reiserouten", an deren Endpunkten nigerianische Grenzbeamte die Einhaltung überprüfen können. De facto findet jedoch der Großteil der Migration über die „Buschpfade" an den weiten, völlig unkontrollierten Land- und Seegrenzen statt.

Weitaus größeren Einfluss auf die Situation von Migranten in Nigeria hatte daher ein anderes Gesetz: Der „Nigerian Enterprises Promotion Act" von 1977 führte eine Quote von ausländischen Arbeitskräften pro Firma ein und beschränkte die Möglichkeiten für Ausländer, eigene Unternehmen zu führen oder Anteile an nigerianischen Unternehmen zu erwerben.[17] Da der Staat während des Ölbooms und auch danach für einen Großteil der Investitionen im Inland verantwortlich

---

16 Vgl. Gidado, der zu diesem Tatbestand immer wieder zurückkommt.
17 Paulina Makinwa-Adebuyose, The Nature and Scope of International Migration Data in Nigeria, in: International Migration Review 21 (4), S. 1258-1264.

zeichnet und staatliche Aufträge oft die einzige Einnahmequelle vieler Unternehmen waren und sind, waren die in diesem Gesetz ausgesprochenen Beschränkungen zumindest in einigen ökonomischen Bereichen wirksamer. Parallel dazu schränkten sie jedoch trotz einiger Aufweichungen durch spätere Militärregierungen ausländische Investitionstätigkeit und Know-How-Import stark ein. Es ist daher folgerichtig mittlerweile außer Kraft gesetzt. Ebenfalls relevant ist das „Nigerian Refugee Law", das im Prinzip nichts anderes ist als die gesetzliche Entsprechung internationaler Flüchtlingsabkommen.[18]

Zentrales Rechtsinstrument der illegalen wie der legalen Migration nach Nigeria ist jedoch das „Protocol on the Free Movement of Persons, Right of Residence and Establishment", dessen erste Phase – „Free Movement" – nach der Beschlussfassung durch die ECOWAS 1979 im Jahre 1980 in Nigeria ratifiziert und in Kraft gesetzt wurde. Das Protokoll sieht die Möglichkeit visafreier Einreise und des Aufenthalts von Bürgern der ECOWAS-Mitgliedsländer für einen Zeitraum von bis zu drei Monaten vor, vorausgesetzt, sie verfügen über gültige Reisepapiere.[19] Während dieser drei Monate ist es ihnen allerdings nicht gestattet, berufstätig zu werden. Eine Vielzahl von Arbeitsmigranten, oft auch in Unkenntnis der Detailregelungen des Protokolls, nutzte und nutzt diese Bestimmungen, um legal nach Nigeria einzureisen, dann aber auf dem Arbeitsmarkt zu „verschwinden" und das Land nicht wieder zu verlassen.[20] Bezeichnenderweise setzte die nigerianische Bundesregierung zu Krisenzeiten das Protokoll mehrmals außer Kraft. Die notwendigen Bestimmungen zum visafreien Aufenthalt („Residence") und zur wirtschaftlichen Tätigkeit („Establishment") sind bis Anfang der neunziger Jahre gleichfalls ratifiziert worden, jedoch im Regelfalle mit einem lästigen bürokratischen Verfahrensweg verbunden, dem sich viele Migranten nicht aussetzen wollen.

Wichtig für den Status von Migranten ist schließlich die Möglichkeit der Erlangung der nigerianischen Staatsbürgerschaft, die in Kapitel III der nigerianischen Verfassung geregelt ist. Wie in vielen afrikanischen Staaten differieren hier die hohen rechtlichen Hürden (z.B. mindestens 15jähriger Aufenthalt in Nigeria und Nachweis eines „guten Charakters" sowie die Bereitschaft zur Assimilierung in die nigerianische Gesellschaft) mit dem tatsächlichen Interesse von Ausländern, nigerianische Staatsbürger zu werden. Erwartungsgemäß sind die Einbürgerungszahlen gering, der korrupte Staat hat außerdem immer wieder solchen Migranten, die über genügend Geldmittel verfügen, auch außerhalb des geregelten Verfahrens die Möglichkeit gegeben, in den Besitz eines Passes zu kommen. Inwieweit die landesweite Einführung eines Personalausweises („National Identity Card") ab dem Jahr 2003 diese Situation ändern wird, bleibt abzuwarten. Damit einhergehend wird erstmals so etwas wie ein staatliches Meldewesen in Nigeria etabliert. Die

---

18 R.C. Chhangani, Determination of Refugee Status in Nigeria, in: Nigerian Journal of International Affairs 23 (1), S. 1-18.
19 Afolayan, S. 4-5.
20 Adetula würdigt die Konsequenzen des Protokolls ausführlich.

bisherigen Erfahrungen beim Registrationsprozess lassen jedoch eher die Vermutung zu, dass neben den Ausländern ohne Aufenthaltstitel auch zahlreiche Nigerianer selbst kein Interesse an der Teilnahme an diesem Meldewesen haben und die empirische Reichweite daraus gewonnener Informationen begrenzt sein dürfte.

In diesem Kontext sollte der Vollständigkeit halber auch noch erwähnt werden, dass mit der Verabschiedung des „Protocol relating to the definition of Community Citizen" der ECOWAS von 1982 auch eine Definition eines „Gemeinschaftsbürgers" enthalten ist (in Anklängen vergleichbar mit der Unionsbürgerschaft in der EU). Interessant ist in diesem Kontext vor allem die Klausel, dass nur der Gemeinschaftsbürger sei, der Bürger eines der ECOWAS-Mitgliedsländer sei und *nicht* gleichzeitig Bürger eines Nicht-Mitgliedslandes. Angesichts der Tatsache, dass einige westafrikanische Staatsbürgerschaftsbestimmungen – inklusive des nigerianischen – durchaus die doppelte Staatsangehörigkeit zulassen, erscheint diese Klausel zumindest verwirrend.

Nach den Ausweisungswellen der achtziger Jahre hat es keine staatlich gesteuerten repressiven Maßnahmen generell gegen Migranten in Nigeria mehr gegeben. Die soziale und ökonomische Situation vieler Migranten kann jedoch weiterhin als prekär bezeichnet werden. Dies lässt sich vor allem auf die Tatsache zurückführen, dass die meisten illegal eingewanderten Arbeitssuchenden sich durch Beschäftigungen im niedrigen Dienstleistungsbereich – etwa als Hausangestellte und Türwachen – oder durch selbständige Tätigkeit im informellen Sektor, etwa als Betreiber von Straßenrandgeschäften, ernähren müssen. Im formalen Sektor finden illegale Zuwanderer ohne spezielle Qualifikationen allenfalls in der Bauindustrie eine Anstellung, die seit den massiven Infrastrukturinvestitionen der IV. Republik etwa seit 1999 wieder auf der Suche nach preiswerten Arbeitskräften ist. Generell wird die Anwesenheit der illegalen Migranten aber geduldet. Legalisierungskampagnen, wie sie etwa aus südeuropäischen Ländern bekannt sind, fanden in Nigeria bisher nicht statt. Trotz ihrer relativ niedrigen sozialen Stellung erfreuen sich die Einwanderer in Nigeria einer relativ ruhigen, wenig durch Feindseligkeiten oder gar genuin auf Ausländer gerichtete Gewalttaten geprägten Situation. Beeinträchtigt wird dies durch die in Wellen auftretende Suche nach Sündenböcken in politisch krisenhaften Zeiten. Regelmäßig werden etwa die Einwanderer aus der Republik Niger für gewaltsame Ausbrüche des islamischen Fundamentalismus, ökonomische Probleme oder politische Unruhen vor allem in den nördlichen Bundesstaaten verantwortlich gemacht. Selbst bei den Sharia-Unruhen des Jahres 2000 kam von einer Reihe von Regierungen der betroffenen Bundesstaaten beinahe reflexartig die Behauptung, diese seien durch „Ausländer" aus den nördlichen Sahelstaaten angestiftet worden. In solchen Fällen kann es auch immer wieder zu regional und zeitlich begrenzten repressiven Übergriffen kommen.

Eine strukturierte und von einem Konzept begleitete Stellung zur Frage der Einwanderungspolitik von Seiten der NGOs, der politischen Parteien oder von Kirchen und Verbänden ließ sich im Laufe der Zeit nur schwer feststellen. Tatsächlich sind auch diese Organisationen meist hoch politisiert und richten ihre Aktivitäten auf kurzfristige Reaktionen in Bezug auf anstehende Probleme. Der nigerianische Unternehmerverband etwa hat sich immer sehr zurückhaltend oder gar schweigsam in Bezug auf die Migrationsfrage geäußert, nicht zuletzt, weil manche seiner Mitgliedsunternehmen die illegalen Arbeitskräfte aus dem Ausland zu Dumpinglöhnen beschäftigen. Die hoch politisch agierende „Christian Association of Nigeria" (CAN) ist für eine kritische Haltung vor allem gegenüber islamischen Einwanderern aus dem Norden bekannt, die sich gerade in Krisensituationen auch einmal hysterisch äußern kann. Die drei großen politischen Parteien, die derzeit das politische System Nigerias ausmachen, haben gar keine dezidierten migrationspolitischen Standpunkte. So sie überhaupt über nennenswerte politische Plattformen verfügen, drehen sich die Aussagen um andere, als zentral empfundene Fragen. Migrationspolitik und Zuwanderungssituation sind keine wichtigen, die öffentliche Diskussion bestimmenden Themen in Nigeria und führen im Regelfalle ein randständiges Dasein, unterbrochen nur dann, wenn plötzliche Eruptionen politischer Spannungen gewollt oder aus Faktengründen mit der Involvierung von Migranten in Zusammenhang gebracht werden. Gerade im Frühjahr 2003, im Vorfeld der geplanten Präsidentschaftswahlen und im Rahmen der Diskussion um politische Gewalt ist die Thematik in der nigerianischen Presse wieder stärker beachtet worden, verbunden mit Aufforderungen an die Grenzbehörden, den Zustrom ausländischer „Unruhestifter" zu begrenzen, meist unmittelbar gefolgt von vollmundigen Absichtserklärungen in exakt diese Richtung, deren reale Umsetzung zumindest nach bisherigem Kenntnisstand jedoch weit von den meist markigen Worten entfernt ist.

Von einer generellen Tendenz zur Ausländerfeindlichkeit kann jedoch nicht gesprochen werden. Nigeria ist im Umgang mit Ausländern und der eigenen Selbstdefinition weit von der engen und tendenziell chauvinistischen Politik etwa in der Côte d'Ivoire entfernt. Auch der aus dem europäischen Kontext bekannte Rechtsradikalismus ist als solcher in Nigeria kaum nachweisbar. Nationalismus wird von der politischen Elite Nigerias immer noch im Sinne einer Befreiungsideologie verstanden und ist, zumindest rhetorisch, immer noch mit panafrikanischen Haltungen durchwoben. Ein aggressiver nigerianischer Nationalismus im Sinne einer identitätsstiftenden Ideologie durch gezielte Abgrenzung gegen andere hat in Nigeria aufgrund der eigenen ethnischen Vielfalt und der sicherheits- wie außenwirtschaftspolitischen Interessen des Landes in der Region wenig Nährboden, von der stark nationalistisch geprägten Phase des Buhari-Regimes zwischen 1983 und 1985 einmal abgesehen, das hierdurch aber letztendlich auch gescheitert ist. Daran ändert auch der auf Assimilation von Einwanderern in die „nigerianische Gesellschaft" ausgerichtete Grundton der entsprechenden Passagen in der Verfassung und den Gesetzesvorgaben in der Praxis kaum etwas. Nigeria als Vielvölkerstaat hat, allein schon, um der Existenz dieses aus kolonialer Eroberungspraxis entstandenen, künstlichen Staatswesens weiterhin so etwas wie eine Legitimitätsgrundlage zu geben, immer das Prinzip des „Multi-Ethnischen", des friedfertigen Zusammenlebens kulturell und historisch diverser Völker propagiert. In diesem Kontext ist es zumindest schwierig, einen Staatsnationalismus zu betreiben, der grundsätzlich gegen die Aufnahme von Ausländern gerichtet ist. Ob bewusst oder nicht, Nigeria hat sich seit den siebziger Jahren mit dem Status als Einwanderungs- und Auswanderungsnation wenn nicht angefreundet, so doch abgefunden. Es ist demnach eine Mischung aus Unwillen und Unfähigkeit, sich dieses Problems im Sinne einer staatlichen Kontroll- und Regelungspolitik anzunehmen. Dies bedeutet aber nicht, dass Nigeria im Zweifelsfalle nicht in der Lage wäre, entsprechende staatliche Ressourcen zu mobilisieren, sollte die Regierung sich zu einer konzisen Migrationspolitik entschließen: Obgleich das Diktum des „schwachen Staates" auch für Nigeria in vielerlei Hinsicht zutreffend ist, bleibt dieses Land eines derjenigen afrikanischen Staatswesen, die zumindest über das Potential direkter und dauerhafter Eingriffe in gesellschaftliche Vorgänge verfügt, dieses in der Vergangenheit – nicht nur im Bereich der Einwanderung – jedoch vorwiegend für die Extraktion des Ölmehrwertes für eine reiche Führungsschicht sowie den grundsätzlichen Zusammenhalt der politisch divergierenden Volksgruppen genutzt hat.

5. Perspektiven nigerianischer Migrationspolitik

Seit Beginn der IV. Republik und der sich daraus ergebenden langsamen Erholung der Wirtschaft, eines deutlichen Anstiegs privater Direktinvestitionen auch im Nicht-Öl-Sektor, der durch den anhaltend hohen Erdölpreis – wenngleich mit Schwankungen – reichhaltig gefüllten staatlichen Kassen und der massiven Investitionen vor allem im Bereich der Infrastruktur haben sich die ökonomischen Sogfaktoren für weitere Migration im regionalen Kontext wieder verbessert.[21] Sollte die Bundesregierung es schaffen, den derzeitigen ökonomischen Liberalisierungskurs, gekoppelt mit einer erfolgreichen Bekämpfung der Staatsverschuldung und einer Verhinderung erneuter Militärputsche oder anderer gravierender Instabilitäten, so fortzusetzen, dann ist damit zu rechnen, dass Nigeria in Westafrika erneut ein attraktiver Ort für Arbeitsmigranten wird. Bereits 1994, nach der massiven Abwertung des Franc CFA, kam es zu einer signifikanten Einwanderung aus den frankophonen Staaten Westafrikas nach Nigeria, dessen ökonomische Situation damals, unter der Abacha-Diktatur, nur als katastrophal bezeichnet werden konnte. Es ist daher davon auszugehen, dass die Etablierung positiver Rahmenbedingungen die Sogwirkung in den nächsten Jahren noch potenzieren wird. Dennoch ist keine konzeptionelle Strategie der Bundesregierung erkennbar, die diese mögliche Perspektive antizipieren würde. Die nigerianische migrationsbezogene Politik dreht sich primär um das Management illegaler nigerianischer Migranten im Ausland,

---

21 Vgl. zur generellen Einschätzung: Daniel Omoweh und Dirk van den Boom, Democratization in Nigeria. The experience of the IV. Republic, Abuja 2003.

die eher rhetorische Bekämpfung des in den achtziger Jahren begonnenen „brain drain" und die halbherzige Implementierung eines ECOWAS-Migrationsregimes, das jedoch bisher über die Vereinbarung gemeinsamer Formularvordrucke nicht herausgekommen ist.

Auch künftig ist daher keinesfalls auszuschließen, dass es zu kurzfristigen repressiven Maßnahmen gegen Ausländer in Nigeria kommen wird. Das politische Klima in diesem Land ist seit geraumer Zeit aufgeheizt. Sollte sich die ökonomische Lage wieder deutlich verschlechtern oder sich andere destabilisierende Faktoren ergeben – etwa eine Ausweitung des religiösen Fundamentalismus –, dann wird die Suche nach Sündenböcken sicher erneut auch die Migranten in Nigeria finden, unabhängig von ihrem tatsächlichen Beitrag zur Problematik. In dieser Situation ist nicht mit einer konzeptionell ausgereiften Einwanderungs- und Ausländerpolitik der nigerianischen Regierung zu rechnen, wenngleich diese sich bei Verbesserung der Attraktivität als Einwanderungsland gerade im regionalen Kontext sehr bald wieder als nötig erweisen könnte. Ungeachtet dessen bleibt grundsätzlich die kritische Fragestellung, ob ein weitgehend von Korruption und Ineffizienz gekennzeichnetes Staatswesen wie das nigerianische überhaupt in der Lage wäre, eine elaborierte Konzeption auch in die Tat umzusetzen.

Frank Gesemann

Arbeitskräfte ohne Rechte: Migration im Nahen Osten

Es gibt eindrucksvolle Fernsehbilder aus dem Emirat Kuwait in der ersten Nacht des Irak-Krieges 2003. Während internationale Medienvertreter beim Luftalarm in der Personalkantine des Sheraton-Hotels nervös mit ihren Schutzmasken hantieren, trinkt das Küchenpersonal in Ruhe seinen indischen Tee und löffelt genussvoll Bohnen in Tomatensoße. Da das Hotelmanagement für die asiatischen Arbeitsmigranten keine Schutzmasken vorgesehen hat, bleibt diesen beim Heulen der Sirenen nichts anderes übrig, als sich Stoffservietten vor das Gesicht zu halten. Diese Bilder können als Emblem für die vor allem durch mangelnde Rechtssicherheit und Diskriminierung geprägte Situation der ausländischen Arbeitskräfte in den Golfstaaten gesehen werden.[1] Zwar sind im Jahr 2003 nicht wie im Kuwaitkonflikt 1990/91[2] mehrere Millionen Arbeitsmigranten in der Golfregion zu Flüchtlingen geworden, aber von den angekündigten Zielen Freiheit, Frieden und Wohlstand, die Präsident Bush proklamiert hat,[3] werden die ausländischen Arbeitskräfte am Golf wohl kaum profitieren.

Das Lawyers Committee for Human Rights hat 1991 in einem Memorandum, das unmittelbar nach dem Ende des Kuwaitkonflikts veröffentlicht wurde, unterstrichen, dass die Behandlung von Arbeitsmigranten in den arabischen Golfstaaten nicht den internationalen Standards zum Schutz von Menschenrechten entspricht. Zugleich haben die Autoren darauf hingewiesen, dass das Ende der Golfkrise, der Beginn des Wiederaufbaus in Kuwait und Irak sowie das Überdenken politischer Strategien in der Region eine einzigartige Gelegenheit bieten würde, notwendige Reformen beim Umgang mit den Arbeitsmigranten am Golf in Angriff zu nehmen.[4] Zwölf Jahre nach der Befreiung Kuwaits durch die Alliierten Streitkräfte ist diese

---

1 Siehe „Luftalarm im Stundentakt". Tom Sievers' Tagebuch aus Kuwait, 22.03.2003, im Internet unter http://www.zdf.de/ZDFde/inhalt/7/0,1872,2038855,00.html.
2 Siehe hierzu das Kapitel „Der Wandel des regionalen Migrationssystems nach dem Kuwaitkonflikt 1990/91", in: Frank Gesemann, Flucht, Migration und gesellschaftlicher Wandel im Nahen und Mittleren Osten, Frankfurt a.M. 1999, S. 171-201.
3 „Der Tyrann wird bald weg sein", Fernsehansprache von US-Präsident George W. Bush, in der er Iraks Diktator Saddam Hussein ein letztes Ultimatum stellte und den Krieg ankündigte, abgedruckt in: Frankfurter Rundschau, 18.03.2003.
4 The Treatment of Migrant Workers in Saudi Arabia, Kuwait and Iraq: Achiving Fairness in the Post-War Reconstruction. A Memorandum by the Lawyers Committee for Human Rights, New York, Mai 1991.

Hoffnung weitgehend verflogen. In den Trümmern der „Neuen Weltordnung" ist unter Führung der USA das Experiment eines unilateralen Präventivkrieges und „humanitären Imperialismus" entstanden, dessen Premiere die Welt im Frühjahr 2003 staunend und ohnmächtig im Irak erlebte.[5] Die Tragik des Vorderen Orients besteht offenbar darin, dass der einzigartige Erdölreichtum der Region[6] autoritäre Regime stabilisiert und westlichen Interventionsansprüchen Vorschub leistet. Demokratisierungsansprüche wurden hierdurch nachhaltig an einer erfolgreichen Entfaltung gehindert.[7]

Der folgende Beitrag behandelt die Situation der Arbeitsmigranten in den arabischen Mitgliedsländern des Golfkooperationsrates.[8] Er geht von der These aus, dass die Golfstaaten den Kuwaitkonflikt 1990/91 genutzt haben, um das System der Rotation von Arbeitskräften zu verfeinern. Zu den Elementen dieser Strategie gehören vor allem die Vertreibung von Jemeniten und Palästinensern aus Saudi-Arabien und Kuwait sowie die zunehmende Verdrängung arabischer Migranten durch asiatische Arbeitskräfte. Ausländische Arbeitnehmer sind zu einem unverzichtbaren strukturellen Bestandteil der Golfökonomien geworden, so dass das seit Mitte der neunziger Jahre verfolgte Ziel einer „Nationalisierung" des Arbeitskräftepotenzials auf systemimmanente Grenzen stößt. Das konsequente Festhalten am Rotationsprinzip von Arbeitskräften sowie die systematische Vorenthaltung von grundlegenden Menschenrechten wirkt hierbei einer Entstehung und Verfestigung ethnischer communities entgegen.

Der Beitrag präsentiert (1) einen knappen Überblick über Wanderungsbewegungen im Nahen und Mittleren Osten, skizziert (2) die verschiedenen Phasen der Migration in den arabischen Golfstaaten sowie (3) die Arbeits- und Lebensbedingungen der Migranten, analysiert (4) das regionale Migrationsregime und diskutiert (5) die Zusammenhänge zwischen Migration und politischem System in den arabischen Golfstaaten.

---

5 Siehe die Analyse von Kai Hafez, „Humanitärer Kolonialismus", Die US-amerikanische Nahostpolitik von 1947 bis zum erneuten Irak-Krieg, in: Frankfurter Rundschau vom 22.03.2003.
6 In der Golfregion befinden sich knapp zwei Drittel der nachgewiesenen Welterdölreserven, davon entfallen etwa 45 Pozent auf die sechs Staaten des Golfkooperationsrates sowie 19 Prozent auf Irak und Iran.
7 Siehe hierzu den Beitrag von Peter Pawelka, Der Staat im Vorderen Orient: Über die Demokratie-Resistenz in einer globalisierten Welt, in: Leviathan, 30/4, 2002, S. 431-454.
8 Der Golfkooperationsrat (Gulf Cooperation Council, GCC) wurde im Jahr 1981 von Bahrain, Kuwait, Oman, Qatar, Saudi-Arabien und den Vereinigten Arabischen Emiraten gegründet, um die gemeinsamen wirtschaftlichen und (sicherheits)politischen Interessen zu vertreten. Allgemeines Kennzeichen dieser Länder ist die relativ geringe Größe ihrer Bevölkerungen, die hohe Abhängigkeit ihrer Ökonomien von Erdölexporten und Arbeitskräfteimporten sowie die Nachbarschaft bevölkerungsreicher Staaten, die ihnen in kultureller, wirtschaftlicher und militärischer Hinsicht überlegen sind.

1. Migration im Nahen und Mittleren Osten

Die Entwicklung des Nahen und Mittleren Ostens[9] ist in besonderem Maße durch Wanderungsbewegungen geprägt. Hierzu gehören verschiedene Formen der Binnenmigration (Land-Stadt-Wanderungen, Umsiedlungsprogramme, Fluchtbewegungen), der regionalen Migration (grenzüberschreitende Fluchtbewegungen, Bildungs- und Arbeitsmigration) und der transregionalen Migration (Einwanderung von Juden nach Israel, temporäre Migration von asiatischen Arbeitskräften in die arabischen Golfstaaten, Auswanderung aus der Region vor allem in die westlichen Industrieländer).

Flüchtlinge und Arbeitsmigranten im Nahen und Mittleren Osten sind Bestandteile eines komplexen Wanderungsgeschehens, das vielfältige soziale, wirtschaftliche und politische Ursachen hat.[10] Hierzu gehören vor allem die Anzahl, Dauer und Intensität gewaltförmiger Konflikte,[11] der Mangel an demokratischen Strukturen, die Verbreitung von Menschenrechtsverletzungen und die Diskriminierung von Minderheiten, aber auch massive soziale und wirtschaftliche Entwicklungsprobleme wie hohes Bevölkerungswachstum, erhebliche Verbreitung von Arbeitslosigkeit und Armut sowie mangelnde Zukunftschancen der nachwachsenden Generationen in den erdölarmen Staaten. Eine zentrale Ursache für Wanderungsbewegungen in der Region ist zudem die ungleiche Verteilung von Reichtum, Einkommen und Lebenschancen.

Mit der Vervielfachung der Einnahmen aus dem Erdölexport ist im Nahen und Mittleren Osten eine neue Sozial- und Wirtschaftsordnung entstanden, die durch die millionenfache Migration von Arbeitskräften aus den ärmeren Ländern in die erdölreichen Staaten der Region geprägt ist. Die wichtigsten Aufnahmeländer von Arbeitsmigranten waren in den siebziger Jahren Saudi-Arabien, Kuwait und Libyen. Anfang der achtziger Jahre wurden auch Jordanien und der Irak zu bedeutenden Zielländern von Migranten. Während im Irak das dynamische Wirtschaftswachstum der siebziger Jahre und der langjährige Krieg mit dem Iran die Nachfrage nach ausländischen Arbeitskräften erhöhte, kam es in Jordanien infolge der Abwanderung eines großen Teils der nationalen Erwerbsbevölkerung zu Engpässen auf dem Arbeitsmarkt, die nur durch die Zuwanderung ausländischer Arbeitskräfte behoben werden konnten. In Israel hat der Aufstand der Palästinenser in den besetzten Gebieten in der zweiten Hälfte der neunziger Jahre zu ihrer

---

9 Der Nahe und Mittlere Osten bezeichnet den Raum zwischen Mauretanien und Marokko im Westen sowie Afghanistan und Pakistan im Osten.
10 Zu Ursachen und Folgen von Migrationsbewegungen in der Region siehe die Darstellung von Gesemann (1999, a.a.O.).
11 Studien zu nationalen und internationalen Konflikten zeigen, dass der Nahe und Mittlere Osten die konfliktreichste und konfliktträchtigste Region der Welt seit dem Zweiten Weltkrieg ist, siehe z.B. Frank R. Pfetsch und Peter Billing, Datenhandbuch nationaler und internationaler Konflikte, Baden-Baden 1994.

Verdrängung vom israelischen Arbeitsmarkt geführt, die nur durch den massiven Zustrom ausländischer Arbeitskräfte kompensiert werden konnte.

Die Bedeutung von Wanderungsbewegungen für die Region verdeutlichen einige ausgewählte Zahlen: Im Jahr 2000 lebten 27,5 Millionen Migranten im Nahen und Mittleren Osten. Nahezu jeder sechste Zuwanderer (15,8%) lebt somit in einem Raum, auf den nur 9,2 Prozent der Weltbevölkerung entfallen.[12] Bemerkenswert sind vor allem die hohen Bevölkerungsanteile von Migranten in einigen Staaten.[13] In den Vereinigten Arabischen Emiraten und in Kuwait stellen Zuwanderer sogar die Mehrheit der Bevölkerung. Mit 8,5 Millionen Personen entfielen im Jahr 2000 zudem mehr als die Hälfte der weltweit registrierten Flüchtlinge auf den Nahen und Mittleren Osten.[14] Und schließlich befinden sich in der Region die vier Länder bzw. Gebiete mit dem weltweit höchsten Verhältnis von Flüchtlingen zur Gesamtbevölkerung: Es handelt sich um den Gazastreifen (1:2), Jordanien (1:3), das Westjordanland (1:3) und den Libanon (1:11).[15]

2. Phasen der Migration im Nahen und Mittleren Osten

In den arabischen Golfstaaten lassen sich fünf Phasen der Migration unterscheiden (siehe Abbildung 1).[16] In der *ersten Phase* (bis zum Jahr 1973) dominierte eine staatlich geförderte Zuwanderung. Die Abordnung von höher qualifizierten Arbeitskräften vor allem aus den stärker industrialisierten arabischen Nachbarländern (Ägypten, Jordanien) erfolgte überwiegend auf der Grundlage bilateraler Regierungsvereinbarungen und diente dem Aufbau von Staat und Verwaltung in den unterentwickelten Golfstaaten. Die Kosten dieser Entsendung wurden anfangs von den Herkunftsländern getragen und erst später, insbesondere nach dem Beginn des Erdölzeitalters in den Jahren 1973/74, von den arabischen Zielländern übernommen.[17]

12 Die meisten Migranten leben in Saudi-Arabien (5,3 Mio.), Pakistan (4,2 Mio.), Iran (2,3 Mio.), Israel (2,3 Mio.), Jordanien (1,9 Mio.), Vereinigte Arabische Emirate (1,9 Mio.), Gazastreifen Westjordanland (1,7 Mio.) und Kuwait (1,1 Mio.), siehe United Nations, Department of Economic and Social Affairs, Population Division, International Migration Report 2002, New York 2002.
13 Sechs der acht Länder mit den weltweit höchsten Anteilen von Migranten an der Gesamtbevölkerung befinden sich im Nahen und Mittleren Osten: Vereinigte Arabische Emirate (73,8%), Kuwait (57,9%), Jordanien (39,6%), Israel (37,4%), Oman (26,9%) und Saudi-Arabien (25,8%); siehe United Nations, a.a.O.
14 Eigene Berechnungen nach Angaben der Vereinten Nationen, siehe United Nations, a.a.O.
15 U.S. Committee for Refugees (USCR), World Refugee Survey 2001. Washington 2001 (siehe auch im Internet unter http://www.refugees.org).
16 Ein anderes Phasenmodell findet sich bei Nazli Choucri, New Perspectives on Political Economy of Migration in the Middle East, in: Reginald Appleyard (Hrsg.), Emigration Dynamics in Developing Countries (Vol. IV): Arab Region, Aldershot, England/Brookfield, USA 1999, S. 22 ff.
17 Siehe Suzanne A. Messiha, Export of Egyptian School Teachers to Saudi Arabia and Kuwait: A Cost-Benefit Analysis, Cairo Papers in Social Science, Vol. 3, Nr. 4, Kairo 1983 [2. Aufl.].

Abbildung 1: Phasen der Migration in den arabischen Golfstaaten

Zeitraum	Politische und wirtschaftliche Entwicklungen	Migrationsbewegung	Migrationsregime
bis 1973	Entstehung unabhängiger Nationalstaaten in Saudi-Arabien (1932), Kuwait (1961), Oman (1970), Bahrain (1971), Katar (1971), V.A.E. (1971); Beginn der Erdölförderung in den dreißiger Jahren; Aufstieg der Region zum Zentrum der Welterdölproduktion nach dem Zweiten Weltkrieg.	Palästinensische Migranten nach den israelisch-arabischen Kriegen von 1948 und 1967; Ägyptische und jordanische Lehrer und Verwaltungsbeamte in den fünfziger und sechziger Jahren.	Abordnung von Arbeitskräften auf Grund von Regierungsvereinbarungen zwischen den Herkunfts- und Zielländern; Individuelle Migration, soziale Netzwerke der Migranten; Liberale Migrationspolitik der Golfstaaten.
1973 bis 1980	Entstehung neuer Wachstumspole in den erdölexportierenden Staaten und einer neuen regionalen Sozial- und Wirtschaftsordnung; Vervielfachung des Erdölpreises und der Einnahmen aus dem Erdölexport ermöglicht den Golfstaaten die Finanzierung ambitionierter Entwicklungsvorhaben.	Dynamische Entwicklung eines regionalen Arbeitsmarktes in den bevölkerungsarmen und erdölreichen Golfstaaten; Arbeitskräfte aus den erdölarmen arabischen Nachbarländern sowie einige Inder und Pakistanis; Ende der siebziger Jahre zunehmende Zahl von Arbeitskräften aus Indien, Pakistan und Bangladesch.	Liberalisierung der Ausreisebestimmungen in den arbeitskräfteexportierenden arabischen Ländern; Ende der siebziger Jahre Förderung und Steuerung des Arbeitskräfteexports in den asiatischen Herkunftsländern; Restriktionen in den Golfstaaten, um eine Integration der ausländischen Arbeitskräfte zu verhindern.
1981 bis 1990	Verfall des Erdölpreises hat in den Golfstaaten einen dramatischen Rückgang der Staatseinnahmen zur Folge; Wirtschaftliche Rezession mit negativen Wachstumsraten und hohen Haushaltsdefiziten.	Konsolidierung des regionalen Arbeitsmarkes, die befürchtete massive Rückkehrbewegung bleibt aus; Diversifizierung der Herkunftsländer und Wandel in der nationalen Zusammensetzung der Arbeitsmigranten; Verringerung der Rotation durch Verlängerung von Arbeitsverträgen.	Konkurrenz zwischen arabischen und asiatischen Herkunftsländern von Arbeitsmigranten; Die Golfstaaten versuchen die Migrationsströme stärker zu steuern, den Import von Arbeitskräften einzuschränken und einheimische Arbeitskräfte besser zu qualifizieren.

Fortsetzung *Abbildung 1*

Zeitraum	Politische und wirtschaftliche Entwicklungen	Migrationsbewegung	Migrationsregime
1990/91 – 1998	Kuwait-Konflikt Irakische Invasion in Kuwait am 2.8.1990, Befreiung des Emirats am 27.2.1991 durch die Alliierten unter Führung der USA.	Flucht der Arbeitsmigranten aus Kuwait und dem Irak (August 1990-Februar 1991); Flucht und Vertreibung von Jemeniten aus Saudi-Arabien (September-Dezember 1990); Flucht und Vertreibung von Palästinensern aus Kuwait nach der Befreiung des Emirats (April-Dezember 1991).	Saudi-Arabien und Kuwait nutzen den zweiten Golfkonflikt für eine Neuausrichtung der Migrationspolitik; Vertreibungen von Migranten in Saudi-Arabien und Kuwait haben die Zerstörung etablierter communities zur Folge; Ägyptische und asiatische Migranten ersetzen Palästinenser und Jemeniten in Kuwait und Saudi-Arabien.
seit 1998	Anhaltende Instabilität der Erdölpreise hat chronische Haushaltsdefizite zur Folge; Versorgung von Einheimischen mit Arbeitsplätzen im öffentlichen Sektor stößt auf finanzielle Grenzen; Zunehmende Arbeitslosigkeit von Einheimischen auf Grund des begrenzten Aufnahmepotenzials des privaten Sektors.	Feminisierung der Migration insbesondere durch eine zunehmende Zahl von Hausangestellten aus Sri Lanka; Asiatische und einheimische Arbeitskräfte verdrängen zunehmend arabische Migranten.	Die Golfstaaten spielen eine zunehmend stärker kontrollierende und steuernde Rolle; Keine Erneuerung von Arbeitsverträgen, Reduzierung des Arbeitskräftebedarfs, Ausweisungen von Migranten.

Die *zweite Phase* von 1974 bis 1980 ist durch eine Vervielfachung der Erdölpreise,[18] die den Golfstaaten die Finanzierung ambitionierter Entwicklungsvorhaben ermöglicht, gekennzeichnet.[19] Diese umfassen den massiven Ausbau der grund-

---

18 In den Jahren 1973/74 konnte die Organisation der Erdöl exportierenden Staaten (OPEC) einen beispiellosen historischen Erfolg erzielen, als es ihr – begünstigt durch den israelisch-arabischen Krieg und eine stark gestiegene Weltmarktnachfrage – gelang, den Erdölpreis von 1,83 US-Dollar pro Barrel (Januar 1973) über 3,45 (Juni 1973) und 9,31 (Januar 1974) auf 11,65 US-Dollar (November 1974) zu erhöhen. Zu einem zweiten Preissprung kam es in den Jahren 1979/80, als der Erdölpreis – infolge der iranischen Revolution – von 14,54 US-Dollar (Oktober 1979) auf einen mittleren Wert von 31,28 US-Dollar (April 1980) stieg; siehe Fred Scholz, Erdölreserven, Finanzreichtum und Wirtschaftskraft, Die globale Bedeutung der arabischen Golfstaaten, in: ders. (Hrsg.), Die Golfstaaten: Wirtschaftsmacht im Krisenherd, Braunschweig 1985, S. 111 ff.
19 In den sechs Staaten des Golfkooperationsrates stiegen die Investitionen in den siebziger

legenden Infrastruktur (Straßen, Flughäfen, Kraftwerke), den Aufbau umfangreicher sozialer Dienstleistungen (Schulen, Krankenhäuser, Wohnungsbau) sowie die Diversifizierung der Wirtschaftsstruktur durch eine gezielte Förderung von Industrie und Landwirtschaft. Das rasche Wachstum der Konsum- und Investitionsausgaben in den erdölexportierenden Staaten hat bedeutende Auswirkungen auf die ärmeren und bevölkerungsreicheren Nachbarländer. Angesichts der ambitionierten Entwicklungsprogramme und des begrenzten eigenen Arbeitskräftepotentials vervielfacht sich die Nachfrage nach ausländischen Arbeitskräften. Es kommt zu einer millionenfachen Migration von Arbeitskräften aus den ärmeren Herkunftsländern in die arabischen Golfstaaten sowie in den Irak und nach Libyen.[20] Ende der siebziger Jahre treiben die Golfstaaten eine Diversifizierung der Herkunftsländer von Migranten voran, um die Abhängigkeit von arabischen Arbeitskräften zu verringern. Die Regierungen der asiatischen Herkunftsländer beginnen mit der Entwicklung von Maßnahmen und Instrumenten, um die Migration ihrer Staatsangehörigen zu erleichtern und zu fördern.

Die *dritte Phase* von 1981 bis 1990 ist durch einen starken Rückgang und eine krisenhafte Entwicklung des Erdölpreises gekennzeichnet,[21] der in den Golfstaaten eine wirtschaftliche Rezession mit negativen Wachstumsraten und hohen Haushaltsdefiziten auslöste. In Saudi-Arabien gingen die Öleinnahmen von 108 Milliarden (1981) auf 21 Milliarden US-Dollar (1987) zurück, so dass die Haushaltsdefizite in der zweiten Hälfte der achtziger Jahre nur durch den massiven Rückgriff auf die Staatsreserven kompensiert werden konnten. Dennoch kam es nicht zu der von vielen befürchteten Rückkehrwelle von Migranten. Kennzeichen

---

Jahren von 13 Milliarden US-Dollar (1970-74) auf 123 Milliarden US-Dollar (1975-79), vgl. Manolo Abella, International Migration in the Middle East: Patterns and Implications for Sending Countries, in: Miroslav Macura und David Colemann (Hrsg.), International Migration: Regional Processes and Responses. United Nations Economic Commission for Europe/United Nations Population Fund, New York/Genf 1994, S. 164.

20 Siehe beispielsweise Malcom Kerr und El Sayed Yassin, Rich and Poor States in the Middle East, Boulder/Kairo 1982.

21 Die Hochpreispolitik der OPEC und die Rezession in den Industrieländern hatten in den achtziger Jahren einen Rückgang der weltweiten Nachfrage nach Erdöl zur Folge. Die Einsparung von Energie, die Substitution von Öl durch andere Energieträger und die Erschließung von neuen kapitalintensiven Lagerstätten außerhalb der OPEC führten zu einem Überangebot auf dem Welterdölmarkt und zu sinkenden Preisen. Saudi-Arabien versuchte in der ersten Hälfte der achtziger Jahre den Erdölpreis zu stützen, indem es die eigene Förderung drastisch reduzierte und damit gewaltige Verluste seiner Marktanteile in Kauf nahm. Nach dem Scheitern dieser Politik fiel der Erdölpreis von 27 auf unter 10 US-Dollar Mitte 1986. Zwar gelang es in der Folgezeit den Erdölpreis zu stabilisieren und ein Auseinanderbrechen der OPEC zu verhindern, aber nach dem Ende des Krieges zwischen Iran und Irak verschärften sich die Konflikte zwischen den arabischen Erdölproduzenten am Golf und der Irak annektierte im August 1990 Kuwait; vgl. Frank Gesemann, Krieg um Macht und Öl, Die Auseinandersetzung um das Schwarze Gold, in: Werner Ruf (Hrsg.), Vom Kalten Krieg zur Heißen Ordnung? Der Golfkrieg: Hintergründe und Perspektiven, Münster 1991, S. 152 ff.

dieser Phase waren vielmehr die Konsolidierung des regionalen Arbeitsmarktes, die Veränderungen in der nationalen Zusammensetzung und den Qualifikationen der Wanderarbeiter sowie die Tendenz zur Verlängerung der Arbeitsverträge und zur Verringerung der Rotation von Arbeitskräften. Parallel zu dieser Entwicklung kommt es vor dem Hintergrund demografischer Entwicklungen und wirtschaftlicher Probleme erstmals zu (wenig erfolgreichen) Versuchen, ausländische Arbeitskräfte durch Einheimische zu ersetzen.

In der *vierten Phase* (1990/91 bis 1998) wandelt sich das regionale Migrationssystem als Folge der irakischen Invasion in Kuwait und der anschließenden Befreiung des Emirats durch die alliierten Streitkräfte unter Führung der USA in weitreichender Weise. Mehr als zwei Millionen Arbeitsmigranten werden im Verlauf dieser Krise zu Flüchtlingen. Im Schatten des Kuwaitkonflikts nutzen Saudi-Arabien und Kuwait die Gelegenheit, mit der Ausweisung und Vertreibung von Palästinensern und Jemeniten zwei besonders etablierte Gemeinschaften zu zerstören, die nationale Zusammensetzung der ausländischen Arbeitskräfte zu verändern und dem Rotationsprinzip wieder stärker Geltung zu verschaffen. Der Kuwaitkonflikt bietet den Golfstaaten die Möglichkeit, eine Restrukturierung der Migrantenbevölkerung und Neuorientierung der Migrationspolitik zu sehr geringen politischen und wirtschaftlichen Kosten vorzunehmen.[22]

Weder die partielle Enteignung und faktische Vertreibung jemenitischer Arbeitsmigranten aus Saudi-Arabien noch die Ausweisung der Palästinenser aus Kuwait wurden vom Sicherheitsrat verurteilt, von Forderungen nach einer angemessenen Entschädigung der Opfer ganz zu schweigen.[23] Internationale Forderungen zur Gewährleistung grundlegender Menschenrechte für die Arbeitsmigranten und die Sanktionierung diskriminierender Praktiken in den Golfstaaten[24] wurden nicht aufgegriffen. Die Zerstörung der palästinensischen *community* in Kuwait und die Vertreibung der Jemeniten aus Saudi-Arabien haben erneut den prekären Status der Arbeitsmigranten und ihrer Familienangehörigen in den arabischen Golfstaaten deutlich gemacht. Sie haben gezeigt, dass die Existenz relativ etablierter Migrantencommunities von einem Tag auf den anderen in Frage gestellt werden kann.

Die *fünfte Phase* (seit 1998) ist durch die zunehmende Arbeitslosigkeit von Staatsangehörigen der Golfstaaten geprägt. Die schwachen Erdölpreise, die hohen Kosten des Kuwaitkonfliktes von 1990/91 und das geringe Wirtschaftswachstum in der Region haben die Haushalte der Golfstaaten belastet und ihre Auslandsreserven verringert. Der öffentliche Sektor kann wegen finanzieller Probleme nicht mehr wie gewohnt Arbeitsplätze für Staatsbürger zur Verfügung stellen und im

22 Vgl. Gesemann (1999, a.a.O., S. 171 ff.).
23 Die Verluste und Schäden dieser Migranten fielen nicht in die Zuständigkeit der *Entschädigungskommission der Vereinten Nationen* (UNCC), da diese nur Ansprüche gegen den Irak verhandelt hat.
24 Zur Analyse nationaler Gesetze und Praktiken in Saudi-Arabien, Kuwait und Irak sowie den entsprechenden Empfehlungen zur Gleichstellung von Arbeitsmigranten siehe Lawyers Committee for Human Rights, a.a.O.

privaten Sektor sind ihre Beschäftigungschancen auf Grund mangelnder Qualifikationen und höherer Lohnerwartungen eher begrenzt. Vor diesem Hintergrund verfolgen die Golfstaaten seit Mitte der neunziger Jahre eine Politik der zunehmenden Nationalisierung des Arbeitsmarktes. Ausländische Arbeitskräfte sollen langfristig in allen Bereichen der Gesellschaft durch Einheimische ersetzt werden.

Im Jahr 2000 lebten in den Mitgliedsländern des Golfkooperationsrates nur 0,5 Prozent der Weltbevölkerung, aber 5,5 Prozent der internationalen Migranten. Von den 9,6 Millionen Migranten entfielen hierbei 8,3 Millionen auf die drei Länder Saudi-Arabien, Vereinigte Arabische Emirate und Kuwait. Von 1975 bis 1995 hat sich die Zahl der Migranten am Golf fast verfünffacht, wobei in der zweiten Hälfte der neunziger Jahre erstmals ein Rückgang um etwa acht Prozent zu verzeichnen ist. Die Zahlen der einzelnen Golfstaaten deuten allerdings auf sehr unterschiedliche Entwicklungsdynamiken hin. Während in Bahrain, Oman, Qatar und den Vereinigten Arabischen Emirate auch in den letzten Jahren des 20. Jahrhunderts Zuwächse zu verzeichnen sind, ist die Entwicklung in Saudi-Arabien und Kuwait durch einen deutlichen Rückgang der Migrantenzahlen gekennzeichnet (siehe Tabelle 1).[25]

Charakteristisch für die Golfregion ist die hohe Zahl der Migranten im Verhältnis zur nationalen Bevölkerung. Die Anteile der Zuwanderer an der Gesamtbevölkerung reichen von 25,8 Prozent in Saudi-Arabien bis zu 73,8 Prozent in den Vereinigten Arabischen Emiraten (siehe Tabelle 1). Während Saudi-Arabien mit 5,3 Millionen über die achtgrößte Migrantenbevölkerung der Welt verfügt (noch vor Großbritannien), entfallen auf die Vereinigten Arabischen Emirate und Kuwait die höchsten Anteile von Migranten an der Gesamtbevölkerung (in Ländern mit einer Bevölkerung von mehr als einer Million Menschen). Noch höher sind die Anteile der Migranten bei den Arbeitskräften: Sie stellen beispielsweise in Saudi-Arabien 55,8 Prozent, in Kuwait 81,9 Prozent und in den Vereinigten Arabischen Emiraten 89,8 Prozent aller Arbeitskräfte.[26]

Die Datenlage zu den Herkunftsländern der Migranten ist sehr unbefriedigend, so dass es schwierig ist, langfristige Veränderungen in der Zusammensetzung der ausländischen Bevölkerungen im Einzelnen nachzuvollziehen. Hinzu kommen erhebliche Unterschiede zwischen den sechs Staaten des Golfkooperationsrates. Wäh-

---

25 Zu den Zahlen der Migranten in den Golfstaaten gibt es kaum verlässliche statistische Angaben. Offizielle Quellen bieten häufig nur unregelmäßige, fragmentarische und unzuverlässige Informationen. Neuere statistische Informationen bieten vor allem die informativen Beiträge von Lynne Evans/Ivy Papps (1999) und Maurice Girgis (2002); siehe Lynne Evans/Ivy Papps, Migration Dynamics in the GCC Countries, in: Reginald Appleyard (Hrsg.), Emigration Dynamics in Developing Countries (Vol. IV): Arab Region, Aldershot, England/Brookfield, USA 1999 und Maurice Girgis, Would Nationals and Asians Replace Arab Workers in the GCC? Fourth Mediterranean Development Forum, Amman, Jordanien, Oktober 2002.
26 Die Zahlen basieren auf aktuellen Angaben der Vereinten Nationen, siehe United Nations, International Migration Report 2002, New York 2002.

Tabelle 1: Migranten in den Mitgliedsländern des Golfskooperationsrats, 1975 bis 2000 (in absoluten Zahlen und in Prozent der Gesamtbevölkerung)

	1975		1980		1985		1995		2000	
	in Tausend	in Prozent	in Tausend	in Prozent	in Tausend	in Prozent	in Tausend	in Prozent	in Tausend	in Prozent
Bahrain	61	22,9	103	30,7	159	36,5	224	38,2	254	39,8
Katar	84	56,9	12	59,1	126	52,3	385	70,4	409	72,4
Kuwait	687	69,1	971	71,5	1.227	72,3	1.251	63,9	1.108	57,9
Oman	100	13,1	179	18,2	220	18,4	586	27,3	682	26,9
Saudi-Arabien	937	13,3	2.382	24,6	3.878	30,7	6.262	32,1	5.255	25,8
V.A.E.	331	63,0	697	71,3	713	63,8	1.781	74,9	1.922	73,8
Insgesamt	2.199	22,6	4.455	32,9	6.322	36,5	10.489	38,6	9.630	33,7

Quelle: Die Zahlen für die Jahre 1975 bis 1995 stammen aus Maurice Girgis, Would Nationals and Asians Replace Arab Workers in the GCC? Fourth Mediterranean Development Forum, Amman, Jordanien, Oktober 2002, S. 8; die Angaben für das Jahr 2000 wurden entnommen aus: United Nations, Population Division, Department of Economic and Social Affairs: International Migration 2002, New York, Oktober 2002.

rend in Bahrain, Katar, Oman und den Vereinigten Arabischen Emiraten seit Mitte der siebziger Jahre rund drei Viertel der Migranten aus Asien kommen, verfügen Saudi-Arabien und Kuwait über erhebliche Anteile arabischer Migranten. Allerdings ist der Anteil der Arbeitsmigranten aus arabischen Herkunftsländern auch in diesen beiden Ländern seit Ende der siebziger Jahre deutlich gesunken.[27] Inzwischen stammt die Mehrheit der Migranten in allen Golfstaaten aus asiatischen Herkunftsländern.

Im Jahr 1995 entfielen in Saudi-Arabien auf arabische Staaten 38,0 Prozent und auf asiatische Staaten 53,4 Prozent der ausländischen Bevölkerung. Die wichtigsten Herkunftsländer waren Ägypten (19,1%), Jemen (6,8%), Jordanien/Palästina (4,3%) und der Sudan (3,9%) in der arabischen Welt, Indien (19,6%), Pakistan (12,4%), Bangladesch (7,1%) in Ostasien sowie die Philippinen (7,2%) in Südostasien. In Kuwait ist der Anteil der Migranten aus arabischen Herkunftsländern nach dem zweiten Golfkonflikt 1990/91 von 65,4 Prozent (Dezember 1989) auf 45,7 Prozent (Januar 2000) deutlich gesunken.[28] Die Diversifizierung der Herkunftsländer und die zunehmende Bedeutung asiatischer Arbeitskräfte sind vor allem die Folge von ökonomischen und (sicherheits)politischen Überlegungen in den Zielländern. Migranten aus Ost- und Südostasien sind offenbar eher und länger bereit, geringe Löhne, rigide Arbeitsbedingungen, die Ungleichbehandlung gegenüber der nationalen Bevölkerung sowie den Verzicht auf ein Zusammenleben

---

27 Vgl. Nasra M. Shah, Arab Labour Migration: A Review of Trends and Issues, in: International Migration, Vol. 32, Nr. 1 (1994), S. 21.
28 Vgl. Maurice Girgis, a.a.O., S. 9 f.

mit Familienangehörigen in Kauf zu nehmen als Migranten aus arabischen Herkunftsländern.

3. Diskriminierung von Migranten in den Golfstaaten

Die Migrationspolitik der arabischen Golfsstaaten war in den Anfängen – den entwicklungspolitischen Zielvorstellungen dieser Länder entsprechend – eher liberal. Spätestens Ende der siebziger Jahre setzte sich aber in allen Ländern eine zunehmend restriktivere Politik durch. Diese ist streng am Rotationsprinzip orientiert und versucht eine Integration der am Golf lebenden ausländischen Arbeitnehmer sowie den Nachzug ihrer Familienangehörige durch strengere aufenthalts- und arbeitsrechtliche Regelungen zu begrenzen.[29] In diesem Zusammenhang wird die Frage, ob es den Golfstaaten gelingen kann, an der Rotation von Arbeitskräften festzuhalten und eine Integration der Migranten dauerhaft zu verhindern oder ob es wie in westlichen Gesellschaften zwangsläufig zur Entstehung von Einwandererminderheiten kommen wird, kontrovers diskutiert.[30]

Vernachlässigt werden dabei häufig die Zusammenhänge zwischen nationalstaatlichen und gesellschaftlichen Grundstrukturen sowie den gegenüber Arbeitsmigranten und ethnischen Minderheiten verfolgten Politiken:

Unlike Germany and the USA, however, countries such as Saudi Arabia, Kuwait, Bahrain, Qatar, Oman, and the United Arab Emirates were not open, secular, pluralist democracies, but homogeneous Islamic societies led by hereditary monarchs who presided over centralized, non-democratic States.[31]

Die Regierungen der Golfstaaten sind daher auf Grund ihrer inneren Verfasstheit wesentlich stärker als die westlichen Einwanderungsländer in der Lage, die Beschäftigung von Arbeitsmigranten auf die damit verbundenen wirtschaftlichen Interessen zu reduzieren und eine soziale und politische Gleichstellung der Migranten zu verhindern. Die Bedeutung der erdölexportierenden Golfstaaten für die Weltwirtschaft und die Energieversorgung der westlichen Industrieländer haben zudem bislang verhindert, dass die internationale Gemeinschaft von ihnen eine stärkere Beachtung internationaler Konventionen und Übereinkünfte zum Schutz von Flüchtlingen, Wanderarbeitnehmern und ihren Familienangehörigen eingefordert hat.

29 Vgl. Heiko Körner, Internationale Mobilität der Arbeit, Darmstadt 1990, S. 110.
30 Siehe beispielhaft die Beiträge von Myron Weiner (1986) und Georges Sabagh (1990): Myron Weiner, Labor Migrations as Incipient Diasporas, in: Gabriel Sheffer (Hrsg.), Modern Diasporas in International Politics, London/Sydney 1986, S. 47-74; Georges Sabagh, Immigrants in the Arab Gulf Countries: 'Sojouners' or 'Settlers'?, in: Giacomo Luciani (Hrsg.), The Arab State, London 1990, S. 349-372.
31 Douglas S. Massey et al., Worlds in Motion. Understanding International Migration at the End of the Millenium, Oxford 1998, S. 135.

Kein Mitgliedsstaat des Golfkooperationsrates ist bislang dem Abkommen von 1951 und/oder dem Protokoll von 1967 über die Rechtsstellung der Flüchtlinge („Genfer Flüchtlingskonvention") beigetreten. Keiner der Golfstaaten hat das Übereinkommen über Wanderarbeiter (Nr. 97 von 1949) und/oder das Übereinkommen über Missbräuche bei Wanderungen und die Förderung der Chancengleichheit und der Gleichbehandlung der Wanderarbeitnehmer (Nr. 143 von 1975) ratifiziert, die internationale Mindeststandards in der Behandlung von Arbeitsmigranten festlegen. Es ist daher nicht überraschend, dass auch die noch nicht in Kraft getretene Internationale Konvention zum Schutz der Rechte aller Wanderarbeitnehmer und ihrer Familienangehörigen (Generalversammlung der Vereinten Nationen, Resolution 45/158 vom 18. Dezember 1990) keine Unterstützung in den Golfstaaten gefunden hat.

Kein Land gewährt ausländischen Staatsbürgern ein Aufenthaltsrecht ohne einen Arbeitplatz und keines gesteht Arbeitsmigranten ein Recht auf Familienzusammenführung zu.[32] Einbürgerungen sind nur in seltenen Fällen möglich und von der Fürsprache eines einflussreichen Patrons abhängig. Arbeitsmigranten erhalten in den Golfstaaten in der Regel nur eine befristete Aufenthaltsgenehmigung (von einem Jahr in den meisten Golfstaaten bis zu fünf Jahren in Saudi-Arabien), allerdings mit der Möglichkeit der Verlängerung. In allen Fällen wird eine Aufenthaltserlaubnis erst dann erteilt, wenn ein Arbeitsplatz nachgewiesen wird. Ein Verlust des Arbeitsplatzes führt in jedem Fall zur Aufhebung der Erlaubnis. Von den vielfältigen sozialen Leistungen (Zugang zum Bildungs- und Gesundheitssystem, Zuweisung von Grundstücken und Wohnungen etc.) sind Migranten zudem häufig ausgeschlossen.

Die Arbeitsmigranten in den Golfstaaten sind darüber hinaus mit einer Reihe zusätzlicher Beschränkungen konfrontiert. Den Ausweis müssen sie häufig ihrem Bürgen überlassen, was ihre räumliche Bewegungsfreiheit erheblich einschränkt. Das Verlassen des Landes und ein Wechsel des Arbeitsplatzes ist in der Regel ohne seine Zustimmung nicht möglich. Die Abhängigkeit von ihrem Bürgen reduziert die Handlungsmöglichkeiten der Migranten in Arbeitskonflikten.[33] Die Wahrnehmung des Streikrechts, die Beteiligung an kollektiven Verhandlungen und die Gründung von Gewerkschaften ist ihnen zudem verwehrt.[34] In Saudi-Arabien

---

32 In Kuwait wurde dieses Privileg Anfang der neunziger Jahre höher bezahlten Fachkräften gewährt, wenn sie mehr als 1.573 US-Dollar im Regierungsdienst oder 2.270 US-Dollar im privaten Sektor verdienten. Zu dieser Zeit lag das durchschnittliche Monatseinkommen von unqualifizierten Arbeitskräften bei etwa 140 US-Dollar, siehe Peter Stalker, The Work of Strangers: A Survey of International Migration, Genf 1994, S. 244.
33 Siehe Anh Nga Longva, Keeping Migrant Workers in Check, The Kafala System in the Gulf, in: Middle East Report, Vol. 29, Nr. 2 (1999), S. 20-22.
34 Von den Golfstaaten hat überhaupt nur Kuwait eine der beiden grundlegenden Übereinkommen der ILO über Vereinigungsfreiheit und Schutz des Vereinigungsrechtes (Nr. 98, 1949) und Vereinigungsrecht und Recht zu Kollektivverhandlungen (Nr. 98, 1949) ratifiziert.

dürfen zwar seit kurzem Arbeitnehmer in Unternehmen mit mehr als einhundert Beschäftigten ihre Interessen durch die Gründung von Betriebsausschüssen vertreten.[35] Allerdings können nur saudische Staatsangehörige, die älter als 25 Jahre sind und mindestens zwei Jahre in dem Unternehmen gearbeitet haben, Mitglieder in diesen Arbeitnehmervertretungen werden. Die Ausschüsse und ihre Mitglieder benötigen zudem eine Einverständniserklärung des Arbeits- und Sozialministeriums.[36]

Besonders hart sind die Bedingungen für ausländische Frauen, die als Hausangestellte in saudischen Familien arbeiten. Viele leiden unter unmenschlichen Arbeitsbedingungen, extrem langen Arbeitszeiten, niedrigen und/oder vorenthaltenen Löhnen, unzureichender Verpflegung und ärmlichen Lebensbedingungen. Immer wieder gibt es zudem Berichte von Vergewaltigungen und körperlichen Misshandlungen. Nach offiziellen saudischen Regierungsangaben flohen allein im Jahr 2000 mehr als 19.000 Frauen vor ihren Arbeitgebern.[37] Migranten, die ein anderes religiöses Bekenntnis praktizieren als das des offiziellen sunnitischen Islam, drohen Festnahmen, Misshandlungen und Deportationen selbst dann, wenn sie ihren Glauben gemeinsam mit anderen in privaten Räumen pflegen.[38]

Die Innenminister der Golfstaaten haben nahezu unbegrenzte Möglichkeiten, Migranten ohne Angabe von Gründen auszuweisen. Der Kuwaitkonflikt 1990/91 und die Ausweisung der Jemeniten aus Saudi-Arabien und der Palästinenser aus Kuwait haben zudem gezeigt, dass die Regierungen der Golfstaaten in bestimmten Situationen auch nicht davor zurückschrecken, von dieser Möglichkeit massenhaft Gebrauch zu machen. Das Damoklesschwert einer vorzeitigen und unfreiwilligen Ausreise schwebt daher über allen in den Golfstaaten lebenden Migranten. Zudem ist ein Verbleib der Arbeitsmigranten und ihrer Familienangehörigen in den Golfstaaten im Falle von Alter und Krankheit ausgeschlossen. Sogar im Todesfall werden Zuwanderer diskriminiert, zumindest dann wenn sie keine Muslime sind. So dürfen beispielsweise Nicht-Muslime in Saudi-Arabien nicht bestattet werden, um einer Verbreitung fremder Bekenntnisse entgegenzuwirken. Die Überführung der Leichen in ihre Heimat kostet ungefähr 3.000 US-Dollar, was in etwa dem jährlichen Verdienst vieler Arbeitsmigranten entspricht.[39]

Mit Diskriminierungen sind Migranten auch im saudischen Strafrechtssystem konfrontiert. Inhaftierten Ausländern wird häufig über einen langen Zeitraum

---

35 Pressemitteilung der ILO vom 18.04.2002 „Boost for workers' rights in Saudi Arabia" (ILO/02/17); siehe unter http://www.ilo.org.
36 „Only Citizens can join Labor Unions", in: Arab News, 20. Mai 2001; siehe unter http://www.arabnews.com.
37 Human Rights Watch, Human Rights in Saudi Arabia: A Deafening Silence, Washington 2001, S. 3.
38 Amnesty International, Saudi Arabia – Asian workers continue to suffer behind closed doors, Pressemitteilung vom 01.05.2000 (MDE 23/033/2000).
39 Migration News, Vol. 9, Nr. 5 (May 2002), http://migration.ucdavis.edu/mn/archive_mn/may_2002-20mn.html.

hinweg der Kontakt zur Außenwelt verwehrt. Angesichts des fehlenden Zugangs zu Rechtsanwälten, des unzureichenden Schutzes durch die diplomatischen Vertretungen der Herkunftsländer sowie der nicht vorhandenen sozialen Unterstützung durch Familienangehörige sind sie in Verhörsituationen oftmals Folter und körperlichen Misshandlungen ausgeliefert sowie ohne einen wirksamen Rechtsbeistand in nicht öffentlichen Gerichtsverfahren.[40] Saudi-Arabien hat zudem eine der höchsten Hinrichtungsraten in der Welt, von der Migranten besonders betroffen sind. Von den 1.409 Menschen, die – nach Angaben von Amnesty International – zwischen 1980 und November 2002 hingerichtet worden sind, waren mehr als die Hälfte ausländische Staatsangehörige.[41]

4. Das regionale Migrationsregime

Die Entwicklung des regionalen Migrationssystems im Nahen und Mittleren Osten ist vor allem von der Entwicklung der Staatseinnahmen der erdölexportierenden Staaten sowie von der Migrationspolitik der Aufnahme- und Herkunftsländer geprägt. Allerdings gibt es kaum zwischenstaatliche Abkommen über die Arbeitsmigration wie in Westeuropa in den fünfziger und sechziger Jahren. Vereinbarungen zwischen einzelnen Regierungen beschränken sich zumeist auf informelle Verständigungen über den freien Zugang von Migranten zum nationalen Arbeitsmarkt.[42] Arbeitskräfteabkommen nach europäischem Muster wurden im Nahen und Mittleren Osten lediglich zwischen Libyen und Syrien sowie zwischen Libyen und der Türkei abgeschlossen. Zur Begrenzung der arabischen Zuwanderung und zur Diversifizierung der Herkunftsländer haben allerdings Staaten wie Saudi-Arabien, Irak, Oman und Jordanien eine Reihe von Abkommen mit asiatischen Ländern geschlossen, die neben Quotenregelungen auch Schutzbestimmungen enthalten.[43]

Die Migrationspolitik der Herkunftsländer reichte in den siebziger Jahren von Auswanderungsverboten über selektive Kontrollen und eine laisser-faire Politik bis hin zur aktiven Förderung der internationalen Arbeitsmigration. Alle Versuche,

---

40 Human Rights Watch, Human Rights in Saudi Arabia: A Deafening Silence, Washington 2001, S. 11.
41 Amnesty International, Fear of Execution, http://webamnesty.org/web/content.nsf/pages/gbr_Saudi_Arabia; siehe auch die Berichte Saudi Arabia Remains a Fertile Ground for Torture with Impunity (MDE/23/04/2002) und Defying World Trends: Saudi Arabia's Exetensive Use of Capital Punishment (MDE 23/15/2001).
42 Vgl. George Dib, Laws Governing Migration in Some Arab Countries, in: Reginald Appleyard (Hrsg.), International Migration Today, Band 1: Trends and Prospects, Paris/Nedlands, Western Australia 1988, S. 172; Manolo Abella, International Migration in the Middle East: Patterns and Implications for Sending Countries, in: Miroslav Macura und David Colemann (Hrsg.), International Migration: Regional Processes and Responses. United Nations Economic Commission for Europe/United Nations Population Fund, New York/Genf 1994, S. 172.
43 Vgl. Heiko Körner, a.a.O., S. 110 ff.

die Migration von Arbeitskräften in die arabischen Staaten zu unterbinden oder zu beschränken, erwiesen sich als wenig erfolgreich.[44] Die Aufnahmepolitik der bevölkerungsarmen und erdölreichen Zielländer war in den sechziger Jahren zunächst sehr liberal. Mit dem Aufstieg politischer Ideologien (arabischer Nationalismus, islamischer Fundamentalismus) sowie der Zunahme von Konflikten in der Region (Palästina-Konflikt, Bürgerkrieg im Libanon, Revolution im Iran) spielten politische Allianzen und Sicherheitsüberlegungen eine zunehmend wichtige Rolle bei der Zulassung von Migranten zu den nationalen Arbeitsmärkten.[45] Zudem versuchten die Regierungen seit Ende der siebziger Jahre verstärkt, die Niederlassung, den Familiennachzug und die Integration der Arbeitsmigranten durch strenge aufenthalts- und arbeitsrechtliche Regelungen und eine Diversifizierung der Herkunftsländer zu verhindern. Die restriktive Integrationspolitik der Golfstaaten orientiert sich weitgehend am Rotationsprinzip, wenngleich die privatwirtschaftliche Anwerbung und Vermittlung der Arbeitskräfte diesem Ziel zumindest zum Teil entgegenläuft.[46]

Von zentraler Bedeutung für die Organisation und Steuerung der Arbeitsmärkte in den Golfstaaten ist das System der „Bürgschaft" (arabisch: *kafāla*). In diesem System benötigen die angeworbenen Arbeitsmigranten einen „Bürgen" (arabisch: *kafīl*), der sie gegenüber staatlichen Stellen vertritt. Die Tätigkeit des Bürgen ist ein vom Staat verliehenes Privileg, das diesen Macht und Einnahmequellen verleiht. Das Bürgschaftssystem wird daher in den Golfstaaten vor allem als Mittel zur Reproduktion der bestehenden sozialen Strukturen genutzt. Alle ausländischen Arbeitskräfte müssen direkt von einem *kafīl* oder über einen Vermittler angeworben werden. Der *kafīl* tritt entweder als Arbeitgeber, als Vertragspartner eines ausländischen Unternehmens oder als Anwerber und Vermittler auf. Von einem als Arbeitgeber fungierenden Bürgen sind die Arbeitsmigranten vollständig abhängig. Dieser kann beispielsweise Arbeitsverhältnisse einseitig verändern, Lohnauszahlungen verzögern oder besondere Arbeitsleistungen erzwingen. Der *kafīl* behält die Pässe der angeworbenen Migranten ein, die ihren Arbeitsplatz nur mit seiner ausdrücklichen Zustimmung wechseln können.[47]

Von Bedeutung ist aber in diesem Zusammenhang vor allem, dass das Recht zur Anwerbung von Arbeitskräften durch den *kafīl* häufig die arbeitsmarktpolitischen Strategien und Instrumente des Staates unterläuft. Es liegt in der Logik dieses Systems, dass vielfach Arbeitskräfte angeworben werden, für die es zunächst noch gar keinen Bedarf gibt. Das Bürgschaftssystem dient damit nicht nur der politischen Stabilisierung traditioneller gesellschaftlicher Strukturen in den Golf-

---

44 Vgl. I.J. Seccombe und R.I. Lawless, State Intervention and the International Labour Market: A Review of Labour Migration Policies in the Arab World, in: Reginald Appleyard (Hrsg.), The Impact of International Migration on Developing Countries, Paris 1989.
45 Vgl. Manolo Abella, a.a.O., S. 167 f.
46 Vgl. Heiko Körner, a.a.O., S. 110 ff.
47 Vgl. Horst Unbehaun, Türkische Arbeitsmigration nach Saudi-Arabien und Libyen, Berlin 1991, S. 78 ff.; Peter Stalker, a.a.O., S. 243 ff.

staaten, sondern es schränkt auch den Handlungsspielraum des Staates ein. Die vielfältigen Bemühungen der Regierungen, die Zuwanderung von ausländischen Arbeitskräften zu begrenzen, wurden bislang immer wieder durch das ökonomische Interesse einflussreicher Kräfte an der ungehinderten Mobilität von Arbeitskräften unterlaufen.

Trade in labor is a higly lucrative activity for recruiting agents, in both the sending and receiving countries. Business owners in Kuwait obtain visas for the import of workers which some of them then sell to individuals or recruitment agents from a sending country.[48]

Das Bürgschaftssystem wurde seit Ende der siebziger Jahre durch das „Enklavensystem" ergänzt.[49] Die Golfstaaten bevorzugten in den achtziger Jahren zunehmend Arbeitsmigranten aus Ost- und Südostasien, da diese zu sehr viel niedrigeren Löhnen als arabische Migranten beschäftigt werden konnten und politisch als weniger problematisch galten. Die weitgehende Organisation der Migration durch private und staatliche Arbeitsvermittler bietet zudem ein Höchstmaß an Flexibilität bei der Versorgung mit ausländischen Arbeitskräften und stellt die Segregation der Migranten von der einheimischen Bevölkerung sowie die Rotation der Arbeitskräfte sicher. Seit Ende der siebziger Jahre wurden vor allem im Bausektor zunehmend Aufträge an ausländische Firmen vergeben, die die benötigten Arbeitskräfte selbst mitbrachten. Diese werden für die Dauer der Projekte in eigens errichteten und zumeist abgelegenen Lagern untergebracht und versorgt. Nach der Fertigstellung der Projekte sorgen die Firmen dafür, dass alle Arbeitskräfte das Land wieder verlassen. Dieses System der kurz- bis mittelfristig orientierten Kontraktmigration verringert die Kosten für die Infrastruktur in den Golfstaaten, reduziert die Kontakte zur lokalen Bevölkerung auf ein Minimum und erleichtert die Kontrolle und Überwachung der Arbeitsmigranten. Mit der strikten Rotation der Arbeitskräfte wird zudem verhindert, dass sie nach der Fertigstellung der Projekte im Lande bleiben, später ihre Familienangehörigen nachholen und sich im Lauf der Zeit entsprechende Zuwanderercommunities herausbilden und verfestigen. Der Nachteil dieses Modells ist allerdings, dass es nur auf Großprojekte im Bausektor angewandt werden kann.[50]

Als Folge der restriktiven Zuwanderungspolitik hat sich in den achtziger und neunziger Jahren offenbar auch die Zahl der illegalen Migranten in den arabischen Golfstaaten deutlich erhöht. Allerdings gibt es hierzu kaum verlässliche Angaben. Der Umfang der nicht dokumentierten Migration lässt sich anhand einiger Zahlen zu den abgeschobenen Ausländern allenfalls erahnen. In Saudi-Arabien hat sich die Zahl der Ausländer, die ohne gültige Aufenthaltserlaubnis abgeschoben wurden,

---

48 Nasra M. Shah, Structural Changes in the Receiving Country and Future Labor Migration – The Case of Kuwait, in: International Migration Review, Vol. 29, Nr. 4 (1995), S. 1019.
49 Vgl. Günter Meyer, Arbeitsemigration in die Golfregion und die Folgen des irakischen Überfalls auf Kuwait, in: Die Erde, 122/2 (1991), S. 81-96.
50 Vgl. Günter Meyer, a.a.O.

von 88.000 (1979) über 150.000 (1985/86) auf 230.000 (1986/87) erhöht.[51] Offiziellen Angaben zufolge deportiert das Königreich inzwischen jedes Jahr mehr als 700.000 illegale Migranten.[52] Arbeitgebern, die illegale Arbeitskräfte beschäftigen, drohen seit dem 1. September 2000 Schließungen ihrer Betriebe, hohe Geldstrafen (etwa 13.500 US-Dollar) sowie dreimonatige Gefängnisstrafen.[53]

Wiederholt haben die Golfstaaten „Amnestien" für illegale Migranten beschlossen, die unter Androhung hoher Strafen aufgefordert wurden, entweder ihre Papiere in Ordnung zu bringen oder das Land zu verlassen. Im Dezember 2002 haben die Vereinigten Arabischen Emirate eine viermonatige Amnestie für Migranten angekündigt, die sich ohne gültige Aufenthaltsgenehmigungen im Land aufhalten. Die Amnestie gilt sowohl für Migranten, die illegal in die Emirate eingereist sind, als auch für solche, deren Visa und Aufenthaltsgenehmigungen abgelaufen sind. Illegalen Zuwanderern, die das Land nicht bis zum 30. April 2003 verlassen haben, drohen drakonische Strafen. Nach inoffiziellen Angaben wird in diesem Zeitraum mit der Ausreise von mehr als 300.000 Migranten gerechnet. Das entspricht einem Anteil von etwa 10 bis 15 Prozent der Gesamtbevölkerung. Bereits während der ersten Amnestie im Jahr 1996 haben etwa 200.000 illegale Zuwanderer das Land verlassen.[54]

5. Migration als sozialpolitische Strategie im Rentierstaat

Die politischen Systeme in den arabischen Golfstaaten können als „bürokratische Monarchien" kategorisiert werden.[55] Es dominieren Fürstenfamilien, die meist aus einer traditionalen Handelsschicht hervorgegangen sind und ursprünglich einem Bündnis von Stämmen vorstanden. Bis zum Beginn des Erdölzeitalters herrschten in den bürokratischen Monarchien überwiegend patriarchalische Strukturen vor. Als das gewählte Oberhaupt einer aristokratischen Familie war der Herrscher mit den Repräsentanten der verschiedenen sozialen Gruppen (Stammesälteste, Großkaufleute, Notabeln) in „ein komplexes Netz von Konsultationsstrukturen eingebunden", die seine Macht deutlich begrenzten.[56] Mit der Vervielfachung der Einnahmen aus dem Erdölexport änderten sich diese Strukturen grundlegend: „Auf der Basis internationaler Renten konnten die aristokratischen Herrscher die

---

51 Vgl. J.S. Birks et al., Labour Migration in the Arab Gulf States: Patterns, Trends and Prospects, in: International Migration, 26. Jg., Nr. 3 (1988), S. 270.
52 Migration News, Vol. 9, Nr. 6 (June 2002), siehe http://migration.ucdavis.edu/mn/archive_mn/jun_2002-18mn.html.
53 Migration News, Vol. 7, Nr. 10 (October 2000), http://migration.ucdavis.edu/mn/archive_mn/oct_2000-21mn.html.
54 Gulf News, 26. December 2002, „Special Report: Asian embassies, airlines gear up for illegal's departure", http://www.gulfnews.com/Articles/news.asp?ArticleID=72090.
55 Peter Pawelka, a.a.O., S. 432.
56 Peter Pawelka, a.a.O., S. 436.

politische Macht monopolisieren und mit Hilfe umfangreicher Bürokratien abstützen, ohne die traditionalen Beziehungen zu den gesellschaftlichen Gruppen zu zerstören".[57]

Mit der Vervielfachung der Einnahmen in den erdölexportierenden Staaten und der indirekten Partizipation der erdölarmen Staaten an diesem Reichtum (infolge von Arbeitsmigration und Finanztransfers) ist im Vorderen Orient in den siebziger Jahren „eine ganze Hierarchie finanziell und politisch dominanter und abhängiger Rentierstaaten" entstanden.[58] Rentierstaaten sind nach der Definition von Hazem Beblawi[59] Staaten, deren Wirtschaft (1) vornehmlich durch Rentenverhältnisse und (2) *externe* Renteneinnahmen gekennzeichnet ist. In Rentierstaaten – als einem Sonderfall von Rentenökonomien – sind (3) nur wenige Arbeitskräfte für die Erzeugung der Renten notwendig, die Mehrheit der Gesellschaftsmitglieder ist nur in der Verteilung und Verwendung des damit verbundenen Reichtums engagiert. Der Staat ist (4) der Hauptempfänger der externen Renteneinkommen. Seine zentrale Rolle bei der Aneignung und Verteilung des Reichtums stärkt die Macht der politischen Eliten. Parallel zu dieser Entwicklung verbreiten sich in der Gesellschaft (5) spezifische Einstellungs- und Verhaltensmuster, die Beblawi als „rentier mentality" bezeichnet:

A rentier mentality [...] embodies a break in the work-reward causation. Reward – income or wealth – is not related to work and risk-bearing, rather to chance or situation. For a rentier, reward becomes a windfall gain, an *isolated* fact, situational or accidental as against the conventional outlook where reward is integrated in a process as the end result of a long, systematic and organised production circuit. The contradiction between production and rentier ethics is, thus, glaring.[60]

Die politischen Eliten der erdölreichen Staaten haben den unerwarteten Reichtum, der sich aus der Reorganisation des Weltenergiemarktes in den siebziger Jahren ergab, vor allem zur Selbstprivilegierung und zur Stabilisierung ihrer Machtposition genutzt, aber auch zur politischen Legitimation ihrer Herrschaft. In Rentierstaaten versuchen die politischen Eliten ihre Legitimität durch eine „politische Allokation der Rente" zu festigen. Es „herrscht ein *Typus von Sozialkontrakt* zwischen Staat und Gesellschaft vor, der den *Tausch politischer Loyalität gegen Wohlfahrtssteigerung und soziale Sicherheit* zum Inhalt hat".[61] In den Golfstaaten werden beispielsweise die umfangreichen sozialstaatlichen Leistungen (kostenlose Schulausbildung, umfassende medizinische Versorgung, kostenlose Versorgung mit Wasser und Elek-

---

57 Peter Pawelka, a.a.O., S. 436.
58 Peter Pawelka, a.a.O., S. 442.
59 Vgl. Hazem Beblawi, The Rentier State in the Arab World, in: Giacomo Luciani (Hrsg.), The Arab State, London 1990, S. 87 f.
60 Hazem Beblawi, a.a.O., S. 88.
61 Claudia Schmid, Das Konzept des Rentier-Staates. Ein sozialwissenschaftliches Paradigma zur Analyse von Entwicklungsgesellschaften und seine Bedeutung für den Vorderen Orient, Münster/Hamburg 1991, S. 70.

trizität, subventionierte Wohnungen etc.) überwiegend aus den Renteneinnahmen finanziert, so dass auf eine systematische Besteuerung der Gesellschaft verzichtet werden kann.

Diese Struktur des politischen Systems hat weitreichende Auswirkungen sowohl auf die Artikulation von Partizipationsansprüchen[62] als auch auf die Organisation sozialer und wirtschaftlicher Interessen. In Rentierstaaten ist es für alle Teile der Bevölkerung wichtig, enge Beziehungen zur staatlichen Bürokratie und Elite zu pflegen, um sich über die zahlreichen Verteilungsmechanismen (Arbeitsplätze, Aufträge, Grundstücke, Kredite, Monopole, Subventionen, Wohnungen etc.) einen möglichst großen Anteil der staatlichen Renteneinnahmen zu sichern. Ein zentrales Verteilungskriterium ist hierbei die Staatsangehörigkeit. Während eine Beschäftigung im staatlichen Sektor in den Golfstaaten zu den traditionellen Privilegien der Staatsbürger gehört, werden Tätigkeiten mit einfachen und mittleren Qualifikationen in der Privatwirtschaft fast ausschließlich von ausländischen Arbeitskräften ausgeführt.

Das System der Bürgschaft (*kafāla*) ist ein integraler Bestandteil des Rentierstaates. Das Recht zur Anwerbung und Beschäftigung von ausländischen Arbeitskräften wird den Staatsbürgern der Golfstaaten auf Grund ihrer Nationalität und in Abhängigkeit ihrer Beziehungen zur politischen Elite gewährt. Es bietet einen privilegierten Zugang zur Nutzung einer zusätzlichen Einnahmequelle und dient der politischen Stabilisierung traditioneller gesellschaftlicher Strukturen. In einer durch die Aneignung und Verteilung externer Renteneinnahmen geprägten Gesellschaft ist Migration daher nicht nur eine wirtschaftspolitische, sondern auch eine sozialpolitische Strategie zur Verteilung der Erdöleinnahmen und zur Abschöpfung von Gewinnen aus der Beschäftigung ausländischer Arbeitskräfte.

Die Rentierstaaten am Golf stehen allerdings vor enormen innenpolitischen Herausforderungen. In den nächsten Jahren wird die Zahl der jungen Menschen, die auf den Arbeitsmarkt drängen, rasch zunehmen. In Saudi-Arabien wächst die Bevölkerung im arbeitsfähigen Alter jährlich um 3,9 Prozent. Der Zuwachs des Arbeitskräftepotenzials wird allein im Zeitraum 2000 bis 2004 auf 817.300 Personen geschätzt. Der siebte Entwicklungsplan des Landes sieht daher die maximale Beschäftigung von saudischen Staatsbürgern vor. Hierbei ist die Ersetzung von Ausländern durch Saudis ein zentraler Bestandteil der gegenwärtigen Entwicklungsstrategie. Von den 817.300 benötigten Jobs sollen 40 Prozent durch die Schaffung neuer Arbeitsplätze und 60 Prozent durch die Verdrängung von Migranten bereitgestellt werden. Dies entspricht einer (angestrebten) Reduzierung der ausländischen Arbeitskräfte um 12,1 Prozent.

Unabhängig vom Erfolg dieser politischen Strategien kann kein Zweifel daran bestehen, dass die Golfstaaten auch auf lange Sicht auf die Migration von Ar-

---

62 Siehe hierzu Hazem Beblawi, a.a.O., S. 89: „With virtually no taxes, citizens are far less demanding in terms of political participation". In Umkehrung einer historischen Erfahrung könnte man formulieren: No representation without taxation.

beitskräften angewiesen sein werden. Welche Folgen hat die Abhängigkeit von ausländischen Arbeitnehmern für die soziale Integration dieser Gesellschaften? Robert Mabro[63] hat in diesem Zusammenhang von einem doppelten Paradoxon gesprochen, mit dem die Golfstaaten konfrontiert seien. Dieses bestehe zum einen darin, dass die Zukunftsfähigkeit dieser Gesellschaften nur gesichert werden kann, wenn sie die Einnahmen aus dem Erdölexport in die wirtschaftliche Entwicklung ihrer Länder investieren. Dieses Ziel kann ohne den massiven Import von Arbeitskräften nicht realisiert werden. Zum anderen bedroht die soziale Exklusion der Migranten die politische Zukunftsfähigkeit dieser Gesellschaften:

The Gulf countries have chosen [...] to treat migrants of *all* origins as temporary residents rather than permanent settlers. In doing so they have created a dichotomized society with a population divided between those who enjoy rights and those who do not. Such a dichotomized society cannot uphold the values that make civilized intercourse valuable, beneficial or even, at the limit, possible. And this disregard for values, slowly but surely, destroys them everywhere in the society. Migration is needed but migration corrodes the social fabric. More precisely, one should say that the policies towards migrants are the acids that corrode the society. These policies (which keep the migrants apart and in an insecure position) are meant to preserve the integrity of the host. Over the long period, they may well achieve the opposite effects.[64]

Der rasche Erfolg der USA und ihrer Verbündeten hat mit dem menschenverachtenden Regime von Saddam Hussain im Irak eine zentrale Quelle regionaler Stagnation und Unsicherheit beseitigt. Allerdings deutet auch in diesem Fall einiges auf die historische Erfahrung hin, dass militärische Siege in politische Niederlagen umschlagen können, wenn es nicht gelingt, in relativ kurzer Zeit eine legitime und tragfähige Nachkriegsordnung zu etablieren. Ein Scheitern des irakischen Experiments dürfte „verheerende Folgen" nicht nur für das Land zwischen Euphrat und Tigris, sondern auch für die gesamte Region haben.[65] Eine langfristig erfolgreiche Transformation des Irak kann hierbei nur gelingen, wenn sie in eine zukunftsfähige regionale Struktur eingebettet wird, welche die Sicherheitsbedürfnisse aller Akteure berücksichtigt und eine Beilegung des israelisch-arabischen Konflikts ermöglicht.

Der „Arab Human Development Report 2002" der Entwicklungsorganisation der Vereinten Nationen (UNDP) hat gezeigt, dass es in arabischen Ländern erhebliche Defizite vor allem in Bezug auf bürgerliche und politische Freiheiten, den Status von Frauen in der Gesellschaft und den Zugang zu Bildung gibt. Nach Ansicht der arabischen Autoren können nur grundlegende rechtliche Reformen, eine wirkliche Demokratisierung und neue Ansätze im Bildungswesen das Potenzial

---

63 Vgl. Robert Mabro, Economic and Social Effects of Migration in the Gulf Countries, in: Hans Hopfinger und Horst Kopp (Hrsg.), Wirkungen von Migration auf aufnehmende Gesellschaften, Neustadt an der Aisch 1995, S. 87-96.
64 Robert Mabro, a.a.O., S. 93.
65 Siehe hierzu die überzeugende Argumentation von Herfried Münkler in seinem Beitrag „Militärischer Sieg, politische Niederlage", in: Frankfurter Rundschau, 7. April 2003.

der überdurchschnittlich jungen Bevölkerungen erfolgversprechend mobilisieren. Ansonsten droht ein massiver Verlust von Humankapital: 51 Prozent der jungen Menschen, die im Zusammenhang dieses Berichts befragt wurden, äußerten den Wunsch, in andere Länder auszuwandern, was ihre Unzufriedenheit mit der gegenwärtigen Lage verdeutlicht. Schon jetzt ist der Verlust wertvoller menschlicher Ressourcen erheblich. So wurde die Zahl der hochqualifizierten Bürger arabischer Staaten, die in Ländern der OECD arbeiten, Ende des 20. Jahrhunderts auf etwa eine Million geschätzt.[66]

In den Debatten über die Konturen der regionalen Nachkriegsordnung ist der zukünftige Status der Migranten in den arabischen Golfstaaten bislang kein Thema gewesen, dem die Beteiligten besondere Beachtung geschenkt hätten. Dies verwundert um so mehr, als die Verwirklichung von Freiheit und Demokratie in der Region nicht denkbar ist ohne die Gewährleistung fundamentaler Menschenrechte für die Millionen von Arbeitsmigranten, die entscheidenden Anteil an der Schaffung des Wohlstands in diesen Ländern haben. Es wäre unverzeihlich, wenn nach dem Kuwaitkonflikt 1990/91 nun auch die zweite Chance für grundlegende Reformen in der regionalen Migrationspolitik nicht genutzt oder geostrategischen Überlegungen geopfert würde.

---

66 UNDP, Arab Human Development Report 2002, Creating Human Opportunities for Future Generations, New York 2002, S. 29 ff. und S. 71.

Verzeichnis der Autorinnen und Autoren

Hans van Amersfoort, Dr., Professor emeritus für Bevölkerungsgeografie am Institute for Migration and Ethnic Studies (IMES) der Universität Amsterdam.

Steffen Angenendt, Dr., Wissenschaftlicher Mitarbeiter der Deutschen Gesellschaft für Auswärtige Politik, Berlin.

Anita Böcker, Dr., Senior Researcher für Rechtssoziologie am Center for Migration Law der Universität Nijmegen.

Michael Bommes, Dr., Professor für Soziologie/Methodologie interkultureller und interdisziplinärer Migrationsforschung am Institut für Migrationsforschung und Interkulturelle Studien (IMIS) der Universität Osnabrück.

Dirk van den Boom, Dr., Privatdozent am Institut für Politikwissenschaft der Universität Münster und wissenschaftlicher Mitarbeiter bei der Arbeitsgruppe Entwicklung und Fachkräfte (AGEF), Saarbrücken/Berlin.

Christine B.N. Chin, Ph.D., Professorin für Politikwissenschaft an der School of International Service, American University, Washington, D.C.

Frank Gesemann, Dr., Wissenschaftlicher Angestellter an der Fachhochschule für Verwaltung und Rechtspflege, Berlin.

Tomas Hammar, Dr., Dr. h.c., Professor emeritus für Politikwissenschaft am International Migration and Ethnic Relations (IMER) der Universität Stockholm.

James F. Hollifield, Ph.D., Professor für Politikwissenschaft und Direktor des John Goodwin Tower Center for Political Studies an der Southern Methodist University, Dallas, Texas.

Uwe Hunger, Dr., Wissenschaftlicher Assistent am Institut für Politikwissenschaft der Universität Münster.

Hon-Chu Leung, Ph.D., Professor für Politikwissenschaft an der Hong Kong Baptist University, Hongkong.

Susan Martin, Ph.D., Professorin für Politikwissenschaft an der Georgetown University, Washington D.C.

Mies van Niekerk, Dr., Senior Researcher für Kulturanthropologie am Institute for Migration and Ethnic Studies (IMES) der Universität Amsterdam.

Oliver Schmidtke, Dr. Professor für Politikwissenschaft an der University of Victoria, Vancouver, Kanada.

Giuseppe Sciortino, Dr., Professor für Soziologie an der Universität Trient.

Thomas Straubhaar, Dr., Präsident des Hamburger Weltwirtschaftsarchivs (HWWA) und Professor für Wirtschaftswissenschaft an der Universität Hamburg.

Dietrich Thränhardt, Dr., Professor für Politikwissenschaft an der Universität Münster.

Dita Vogel, Dr., Wissenschaftliche Mitarbeiterin im Arbeitsbereich Niederlande-Studien der Universität Oldenburg.

English abstracts

H. van Amersfoort / M. van Niekerk: Immigration as a colonial inheritance: diversity in experiences

As in France and Britain, immigration into the Netherlands since World War II is partly an inheritance of the colonial past. In this paper we consider these postcolonial migration-flows to the Netherlands, two from the East Indies: the Dutch Eurasians and the Moluccans, and two from the West Indies: the Surinamese and the Antilleans. Although all these immigrants may be labelled 'postcolonial immigrants', the term is misleading to the extent that it suggests homogeneity. A wide variety exists regarding the volume of the migration flow; the composition of the immigrant population as regards social class, ethnic origin and cultural background; the timing of the migration and the perceptions and expectations of the immigrants. The context of reception also varies considerably, due to the economic situation at the time of arrival, government policies vis-à-vis these immigrant groups, and the perception and acceptance by the general public. What these postcolonial immigrants share, at least to a large extent, is their Dutch citizenship and their familiarity with Dutch language and culture.

St. Angenendt: Management and Meditation: The Role of International Migration Organizations

What kind of role will international migration organizations play in the future? It can be expected that they become even more important than they are now: International migration will increase worldwide, and governments will face growing difficulties to manage these flows and to cope with their political, economic and social consequences. The need for international regulation, mediation and advice will increase. For many migration organizations, this will give rise to conflicts between the universalistic and humanitarian goals stated in their mandates, and the obligation to support the interests of their donors. Such conflicts can already be seen in some organizations. This essay gives an overview on the mandates and policies of the most important international organizations (IOM, ILO, UNHCR), and it also analyzes the contribution of the main regional consultation processes set up for this policy field. In addition, a review on international legal norms relevant for migrants and refugees is presented.

A. Böcker / D. Thränhardt: Naturalization and Multiple Citizenship in Germany and the Netherlands

In the last decades Western countries are becoming more tolerant of multiple citizenship, particularly for children from mixed marriages, dropping the strict principle of *one and only one nationality*. What do people make of this? Comparing the Netherlands and Germany, we find that such tolerance is a prerequisite for high naturalisation rates for most immigrant groups, e.g. the immigrants from Turkey who are now largely citizens in the Netherlands, but not in Germany. However, there are two exceptions: refugee groups such as the Vietnamese try to naturalize under any circumstances and abandon their former citizenship, and most citizens of the richest countries such as the U.S., the E.U. and Japan are not interested in a second citizenship, even if they can get it easily. Moreover, as the Dutch example demonstrates, naturalization must not necessarily mean full and unrestricted acceptance into the national community.

M. Bommes: The Myth of "A Transnational Space". Or: Is Transnationalism a Challenge for Migration Research?

The first part of this chapter argues that the substance of the debate between transnationalists and assimilationists is to be found less in the difference of the preferred theoretical approaches and more in empirical assumptions about the social conditions of assimilation and integration in a globalising society. The second part argues that transnationalists seem to underestimate the continuing importance of the nation state. The proposition to focus research much more on "transnational spaces" and "networks" is theoretically underdeveloped and ironically much more influenced by the concept of the nation state than its opponents realise. The third part demonstrates that this is due to a lack of reference to general sociological theory and the theory of society.

D. van den Boom: Migration and Migration Policy in Weak African Nation States: The example of the Federal Republic of Nigeria

The Federal Republic of Nigeria has a long standing history as a recipient of labour-migration in West Africa. Especially during the oil-boom of the 1970's, several million migrants came from the neighbouring countries to live and work in Nigeria. Despite the economic downturn, Nigeria is still the largest recipient of migration in the region. Nevertheless, political response to this phenomenon has always been short-sighted and without concept or strategy. The short-term expulsion of illegal migrants in the early 1980's and the ways and means by which especially internal migration – including internal displacement because of ethnic and religious conflicts – is "managed" are good examples. As the decision-making process is centred around the president, and subsequent presidents did not take the matter seriously, migration-policy has never been high on the agenda. On the positive side, migrants generally enjoy a relatively settled and undisturbed life in Nigeria. Laws and regulations which might be detrimental to their stay can easily be circumvented because of the high level of corruption in the country. Despite the return to democratic rule in 1999, the political elite has not identified migration-policy as an important issue in Nigerian politics until now. The management of external migration – i.e. the issue of mostly illegal migrants to the North – is the only visible aspect which enjoys political attention.

Ch. B. N. Chin: Institutionalized Marginalization as State Policy. Women and Migration in Southeast Asia

A distinguishing feature of contemporary migration in Southeast Asia is the predominance of low wage migrant women workers in households, and/or entertainment and other service industries of receiving countries. This article offers an analysis of migration policies in the largest labour-sending countries of the Philippines and Indonesia, and the largest labour-receiving countries of Singapore and Malaysia, to ascertain the nature of state involvement in gender-selective migratory flows and employment patterns. It is argued that as labour migration becomes an institutionalised response of these Southeast Asian states to the challenges of neoliberal-based development paths, so too has the institutionalised marginalization of low wage migrant women workers. Labour-sending states privilege the promotion of women's out-migration over the protection of their rights, as labour-receiving states privilege the protection of citizens over the promotion of rights for "foreign" women workers engaged mostly in entertainment and domestic service industries.

F. Gesemann: Workers without Rights: Migration in the Middle East

The multiplication of revenues from oil exports in the Middle East has led to a new social and economic order which is characterized by the migration of millions of workers from poorer countries to the oil-rich states in the region. In the rentier economies of the Arab Gulf foreign workers have become an indispensable part of the socio-economic order a result of which all attempts to "nationalize" the labour market have had little success so far. In view of their small populations and high dependence on labour imports the Gulf states strive to prevent the integration of foreign workforce living in the Gulf region by rigid residence and labour legislation. In this context the strict adherence to the rotation principle and the systematic refusal of fundamental human rights hamper the emergence and consolidation of ethnic communities.

T. Hammar: Immigration into a Scandinavian Welfare State: The Swedish Case

European welfare systems may be restrained and weakened, but they remain attractive for both legal and illegal immigrants. This article traces the parallel history and development of European social welfare and migration policy, and analyses the interrelations between these two fields. The two very different faces of migration policy are analysed, the control of immigration (and aliens) on one hand, and the integration of foreigners on the other hand. The connections between them and then also between international migration and social welfare are complex and still often underrated, both in research and in practise. Sweden is taken as an empirical example of how one special country's welfare model (the Scandinavian or Social-Democratic model) is interrelated to its immigration and immigration policy.

J. F. Hollifield: The Emerging Migration State

Since 1945 immigration in the core industrial democracies has been increasing. The rise in immigration is a function of market forces (demand-pull and supply-push) and kinship networks, which reduce the transactions costs of moving from one society to another. These economic and sociological forces are the necessary conditions for migration to occur, but the sufficient conditions are legal and political. States must be willing to accept immigration and to grant rights to outsiders. How then do states regulate migration, in the face of economic forces that push them toward greater openness, while security concerns and powerful political forces push them toward closure? States are trapped in a "liberal" paradox – in order to maintain a competitive advantage, governments must keep their economies and societies open to trade, investment and migration. But unlike goods, capital and services, the movement of people involves greater political risks. In both Europe and North America rights are the key to regulating migration, as states strive to fulfil three key functions: maintaining security, building trade and investment regimes and regulating migration. The garrison state was linked with the trading state in the eighteenth and nineteenth centuries. The twentieth and twenty-first centuries have seen the emergence of the migration state, where regulation of international migration is as important as providing for the security of the state and the economic well being of the citizenry.

U. Hunger: Brain Drain or Brain Gain: Migration and Development

The paper discusses a new perspective on the migration of highly skilled labour from developing countries to industrialized countries. To date, development and migration theories state that the emigration of elites from developing countries has almost exclusively negative impacts on the Third World. This loss of important intellectual and technical resources is labeled with the catchword "brain drain". New studies expand this perspective by predicting long-term positive effects in the case of a return to the developing country or network building processes of the emigrated Third World elites (brain gain). Thus, "brain drain" is not seen as the (dead) end of a negative development that intensifies the economic and social crises of developing countries. Instead, it is considered a temporary stage within a long-term process with the possibility of a final resource profit for the developing country. The paper discusses studies which suggest a positive relationship between economic development and the return migration of Third World elites (brain gain), including the establishment of social networks through migrant diasporas from China and Taiwan. The paper also presents its own empirical data for India, which is beginning to profit from the re-migration of its experts in the IT-sector, previously 'lost' to the USA, and examines the situation in Mexico, which is also trying to attract its diasporas in the US for the Mexican development process. The aim of this article is to illustrate the positive effects of brain gain in various countries and to discuss the preconditions for this process for other developing countries.

H.-C. Leung: Rich Talents, Instead of Poor Children: Citizenship and Exclusion of Mainland Chinese Immigrants in Hong Kong

Immigration policies in Hong Kong over the postwar period are unified by the claim that the government need to protect Hong Kong from the threat posed by immigration from Mainland China, but with the transition from British to Chinese rule, the characterization of the threat has changed. In the 1970s, as residents in Hong Kong gained social rights, a quota system was strictly enforced to limit the number of immigrants from the Mainland. The restrictions disrupted family self-help, and families split by the quota system became outsiders to an upwardly mobile Hong Kong. There were hopes that restrictions on immigration from the Chinese Mainland could be relaxed after the end of colonial rule. Arguing for a need to match immigration with the demands of economic restructuring, however, the new Hong Kong SAR government continues restrictions on immigration for family reunion, as it introduces schemes for the admission of Mainland 'talents'. To justify the discriminatory rules, the notion of 'population quality' is invoked, which serve also as the basis for a marketization of citizenship. In this tying of social rights to economic contribution, threatened are not just families split by immigration control, but also the poor, the lowly educated, and the inappropriately skilled.

S. Martin: Inclusion or Exclusion: Future of U.S. Immigration

This chapter discusses historical models of immigrant inclusion and exclusion in the United States, examining the complex politics surrounding debates on immigration policy. It argues that in recent years, US policies regarding legal immigrants, particularly defined by their social and legal rights, increasingly are coming to reflect the here-to-fore discarded models of exclusion. Despite these setbacks, however, the author is optimistic about the future of immigrants in the United States. The absorption capacity of the country remains strong. As the final section of this chapter explains, the principal elements for effective integration continue to operate: birthright citizenship, strong anti-discrimination policies, family sponsorship networks, and flexible labour markets, among other factors. As long as these processes work, the pendulum should shift back towards the traditional model of immigrant integration.

O. Schmidtke: The Canadian Immigration Model: Well-Understood National Interests and the Ethos of Multiculturalism

This paper examines the foundations of the Canadian immigration model. Throughout the twentieth century Canada has transformed itself from a colonial settler society with a discriminatory practice against non-European immigrants to one of the most advanced immigrant societies in the world. Two complementary forces are identified as driving this process of radical transformation: First the socio-economic interest of attracting highly educated and qualified immigrants from around the world. In this respect Canada has freed its immigration and integration policies from any bias towards migrants from certain origins and based its system of selecting immigrants solely on criteria that are deemed advantageous to its economy and society. Second, Canada has developed a distinct and widely held ethos of multiculturalism that portrays immigrants as an integral and desirable part of its own society. In manifold ways the state and civil society are involved in spreading this ethos and in facilitating the integration of newcomers into Canadian society. As a result, the socio-economic life, key policies and the communal self-understanding of this country are critically linked to and shaped by immigration and the experience of ethnic-cultural diversity. The final part of the paper discusses the "Canadian model" in light of the challenges that it has to face in times of globalisation and an enhanced competition for highly qualified migrants on the global scale.

G. Sciortino: Immigration in a Mediterranean Welfare State: The Italian Experience

The relationship between immigration and welfare is currently an issue of popular concern in Western Europe. A significant sector of public opinion fears that migrants are, or are bound to be, a burden on the welfare state. The paper stresses a different point of view: Current migratory systems are actually sustained by the labour needs produced, among others, by the welfare regimes institutionalised in Western European countries. Migration can thus be seen as a way to manage the strains embedded in the Western European welfare policies. The dynamics of migration to Italy may be seen in this context as a particularly strong instance of a more general pattern.

Th. Straubhaar: Is Citizenship just Membership?

In the age of globalization the cost of migration is decreasing. It becomes socially and economically easier to escape from individual, family, social and national bindings. More and more people have the opportunity and are willing to search for and join new communities in order to improve their standard of living. These mobile people ask themselves where they should go to get the best quality of life. To answer this question we have to look at the immobile people. They have to ask what they should do in order to attract and keep the mobile people and to make the best out of the place where they live and stay. Taking the two questions together, we see that there is competition between the immobile people for the mobile people. Globalization intensifies this competition. It changes the nature of the nation states and makes them compete for their citizens (or at least for their tax payers). Citizenship becomes similar to membership of a club. Nation states have to be attractive to people that provide a positive economic contribution to the financing of public goods and services. In return they offer participation and membership. As a consequence, the design of an optimal club policy becomes one of the most important challenges of the nation states in the future.

D. Thränhardt: The Nation State as an Actor in Migration Policies

In the age of globalisation, states are increasingly assuming an active role in migration policies. They try to optimise their population, attract the best and the brightest and create growth. The rich and open countries are destined to profit from such immigration, but in a free world the poorer countries can also gain from such brain circulation. Three migration regimes can be distinguished: a regime of equality and planned integration in the European Union, a market model in the United States and dualistic models in Asia. These excluding models focus on state control in South East Asia, on private dependency in the Middle East, and on illegalization in Japan. In contrast to Europe and America, they do not concede passage towards membership over time, and have a particularly degrading effect on women, combining the notion of privacy of the household and of an organized outsider status in the state. This combination, however, can also be found in some Western countries.

D. Vogel: Illegal Residence – Concepts, Research Approaches, Realities, Policy Options

Illegality can be conceptualised as residence without the required documents, but there are different ways to name and frame the phenomenon according to entry ways and conceived legitimacy. As the phenomenon is illegal, research methods are restricted. Nonetheless, it can be argued that illegal residence in Germany reached a peak in the nineties and has since stabilised at a high level. Qualitative studies have revealed a wide variety of living situations among undocumented immigrants in Germany. Their scope for opportunity not only depends on migration control measures, but also on general practices concerning the documentation of individual identity and data exchange. Relatively strict practices make life more difficult for undocumented immigrants in Germany than in other states. As neither regularisation nor prevention strategies will reduce illegal residence to zero, the protection of elementary rights is a policy approach that has gained ground in recent policy discussions in Germany.

Helge Peters
Soziale Probleme und soziale Kontrolle
2002. 217 S. Br. EUR 19,90
ISBN 3-531-13668-2

Herkömmliche Untersuchungen sozialer Probleme erörtern die Strukturen, die Verbreitung und die Ursachen sozialer Probleme. Unbeantwortet bleibt oft die Frage, wie und warum Verhaltensweisen und Zustände als soziale Probleme definiert werden. Im ersten Teil des Buches wird deshalb dem Zusammenhang zwischen Problemdefinition und bezeichnetem Sachverhalt nachgegangen (Ein Beispiel: Haschischkonsum als soziales Problem oder privater Genuss). Im zweiten Teil geht es um die Bearbeitung sozialer Probleme. Als eine wichtige Bearbeitungsform gilt die soziale Kontrolle. Sie wird ausführlich erörtert. Unterschieden werden drei Kontrollvarianten: Ausschließungen, Repressionen, die auf „Integration" zielen, und Bedingungsveränderungen, die auf „Integration" zielen.

Paul B. Hill, Johannes Kopp
Familiensoziologie
Grundlagen und theoretische Perspektiven
2., überarb. und erw. Aufl. 2002. 352 S. Br. EUR 26,90
ISBN 3-531-33734-3

Die Familiensoziologie behandelt ein breites Spektrum an praxisrelevanten Fragen, welche die private Lebensführung ebenso wie die Sozialpolitik und die Demographie berühren. Zunächst werden die historischen und ethnologischen Variationen der Formen familialen Lebens thematisiert und die wichtigsten Theorietraditionen der Familiensoziologie vorgestellt. Für die zentralen Gegenstandsbereiche - etwa Partnerwahl, Heiratsverhalten, innerfamiliale Interaktion, Fertilität, Familienformen sowie Trennung und Scheidung - wird der theoretische und empirische Stand der Forschung vorgestellt und diskutiert.

Thomas Bulmahn
Lebenswerte Gesellschaft
Freiheit, Sicherheit und Gerechtigkeit im Urteil der Bürger
2002. 237 S. Br. EUR 24,90
ISBN 3-531-13890-1

Freiheit, Sicherheit und Gerechtigkeit sind neben Wohlstand und Glück zentrale Leitbilder der gesellschaftlichen Entwicklung in westlichen Demokratien. Inwieweit diese Ziele aus Sicht der Bundesbürger erreicht sind, welche Wertschätzung diesen Ordnungsvorstellungen entgegengebracht wird und wie sich die Wahrnehmung der gesellschaftlichen Wirklichkeit auf das individuelle Wohlbefinden und die Akzeptanz der Demokratie auswirkt - das sind die Fragen, die der Autor auf der Grundlage repräsentativer Bevölkerungsumfragen untersucht.

AUS DEM PROGRAMM

Sozialpolitik

www.westdeutscher-verlag.de

Abraham-Lincoln-Str. 46
65189 Wiesbaden
Tel. 06 11. 78 78 - 285
Fax. 06 11. 78 78 - 400

Erhältlich im Buchhandel oder beim Verlag.
Änderungen vorbehalten. Stand: Juli 2003.

Westdeutscher Verlag

Wilhelm Heitmeyer, John Hagan (Hrsg.)
Internationales Handbuch der Gewaltforschung
2002. 1.583 S. mit 54 Abb. und 32 Tab. Geb. EUR 99,90
ISBN 3-531-13500-7

Das Handbuch informiert umfassend über Gewalt als soziales Phänomen. Dabei wird fast allen Facetten dieses Themas Rechnung getragen: Sozialstrukturelle Verhältnisse und Gewalt, Sozialisation und Lernen von Gewalt, Gewalterfahrungen und Gewalttätigkeit, Gewaltopfer, Gewalt in gesellschaftlichen Institutionen, Gewalt durch politische Gruppen, Gewaltdiskurse etc. In 62 Artikeln von Autorinnen und Autoren aus zehn Ländern liefert der Band ein komplexes, transdisziplinäres Bild eines Forschungsfeldes zwischen Ordnung, Zerstörung und Macht.

Hans-Peter Müller, Michael Schmid (Hrsg.)
Hauptwerke der Ungleichheitsforschung
2003. 304 S. Br. EUR 29,90
ISBN 3-531-13320-9

Das Nachschlagewerk stellt die wichtigsten Beiträge zur sozialen Ungleichheitsforschung zusammen. Die einzelnen Artikel informieren Leserinnen und Leser über den Entstehungszusammenhang der besprochenen Werke, referieren in kondensierter Form deren thematischen Inhalt und geben Auskunft über ihren Einfluss auf die weitere Diskussion. Auf diese Weise ergibt sich ein ebenso leicht zugänglicher wie umfassender Überblick über eines der zentralen sozialwissenschaftlichen Problem- und Forschungsfelder.

Sven Papcke, Georg W. Oesterdiekhoff (Hrsg.)
Schlüsselwerke der Soziologie
2001. XII, 547 S. Br. EUR 38,50
ISBN 3-531-13235-0

Einen schnellen Zugang zu den großen Köpfen der Soziologie bietet der vorliegende Band. 202 zentrale Werke – die Klassiker der Soziologie – werden von ausgewiesenen Experten besprochen. Dabei folgen die jeweils mehrseitigen Beiträge einem einheitlichen Muster, das ausführlich sowohl Entstehung und Gehalt als auch Wirkungsgeschichte des „Schlüsselwerks" berücksichtigt. Mehrere Register erleichtern dem Leser die praktische Arbeit mit diesem Nachschlagewerk.

www.westdeutscher-verlag.de

Abraham-Lincoln-Str. 46
65189 Wiesbaden
Tel. 06 11. 78 78 - 285
Fax. 06 11. 78 78 - 400

Erhältlich im Buchhandel oder beim Verlag.
Änderungen vorbehalten. Stand: Juli 2003.

Westdeutscher Verlag

GPSR Compliance

The European Union's (EU) General Product Safety Regulation (GPSR) is a set of rules that requires consumer products to be safe and our obligations to ensure this.

If you have any concerns about our products, you can contact us on

ProductSafety@springernature.com

In case Publisher is established outside the EU, the EU authorized representative is:

Springer Nature Customer Service Center GmbH
Europaplatz 3
69115 Heidelberg, Germany

www.ingramcontent.com/pod-product-compliance
Lightning Source LLC
LaVergne TN
LVHW010334260326
834688LV00036B/709